ニューヨーク

New York City

コナー・ゴーリー
Conner Gorry

この本は、ロンリープラネット・ガイドブックの
「New York City 3rd edition／ニューヨークシティ第3版」を
メディアファクトリーが翻訳したものである。

原書
New York City
第3版-2002年11月
初版-1997年9月

原書発行者
Lonely Planet Publications Pty Ltd ABN 36 005 607 983
90 Maribyrnong St, Footscray, Victoria 3011, Australia

本書
ロンリープラネットの自由旅行シティガイド　ニューヨーク
2003年6月20日　初版第1刷発行

発行者　清水能子
発行所　株式会社メディアファクトリー
〒104-0061東京都中央区銀座8-4-17
Tel: 0570-002-001　Tel: 03-5469-4740（編集部）
印刷・製本　凸版印刷株式会社

乱丁、落丁本はお取り替えいたします。
本書の内容を無断で複製・複写・放送・データ配信することは、かたくお断りいたします。
定価は表紙に表示してあります。
ISBN4-8401-0803-X C2326
Printed in Japan

本ガイドブックに掲載のほとんどの写真は
ロンリープラネット・イメージズ Lonely Planet Images から
使用許諾を得ることが可能。
w www.lonelyplanetimages.com

表紙写真
上：タクシーキャブの氾濫、ニューヨーク（Kim Grant）
下：自由の女神の堂々とした顔つき、ニューヨーク（Jeff Greenberg）

本文・地図© Lonely Planet Publications Pty Ltd 2003
写真© 記載の写真家2003

Lonely Planet、Lonely Planet logo、Lonely Planet Images、CitySync、eKnoは
Lonely Planet Publications Pty Ltdの登録商標である。
その他は各所有者の登録商標である。

下記の掲載許可を受けたことに感謝する。
ニューヨーク市地下鉄路線図 MTA: New York City Subway Map©2002
マンハッタン・バス路線図 Manhattan Bus Map©2001

E.B.ホワイトの引用は、インターナショナル・クリエイティヴ・マネジメント社
International Creative Management, Inc.の許可を受けて掲載した。©1948 E.B.ホワイト

ミノル・ヤマサキの言葉は、下記文献から引用した。
ヘイヤー、ポール Heyer, Paul著
「Architects on Architecture: New Directions in America（現代建築をひらく人びと）」
ニューヨーク、ウォーカー・アンド・カンパニー社 Walker & Company、1966年出版

日本語版編集スタッフ
編集長／小野アムスデン道子
翻訳／武富博子　岡嵜郁奈　太田円　堀内久美子　三角和代
編集／手島早苗
校正／畑本真一　畑本久美子　向川浩子　安河内理弥（プレーンドット）
リサーチ／野村幸子
DTP・レイアウト／室田素子　大塚志乃　亀井由美（プレーンドット）
表紙・アートディレクション／山田伸哉

原書・本書発行者と
執筆者および翻訳者は
可能な限り正確な情報を
記載するよう
努めているが、
本書の使用により被った
損失、傷害、不都合に
対しては
責任を負うものではない。

Contents - 本文

執筆者	6
原書について	7
情報ありがとう	8
はじめに	9
ニューヨークの魅力	11
ニューヨークについて	12

歴史	12	政治	18	社会・風習	29
地理	17	経済	19	宗教	29
気候	17	住民	20	言語	30
環境	18	芸術	22		

9月11日	31
基本情報	40

いつ行くか	40	新聞・雑誌	55	同性愛の旅行者へ	59
オリエンテーション	40	ラジオ	56	身体の不自由な旅行者へ	60
地図	40	テレビ	57	高齢の旅行者へ	60
観光案内所	41	写真・ビデオ	57	子供のためのニューヨーク	60
渡航書類	41	時差・時間	57	大学	62
大使館・領事館	43	電圧・電源	57	図書館	62
通関	43	計測単位	58	文化センター	62
お金	43	ランドリー	58	治安・トラブル	63
郵便・通信	46	トイレ	58	違法行為	64
参考サイト	49	荷物預かり	58	営業時間	64
参考になる本	50	健康	58	祝日・年中行事	64
参考になる映画	53	女性旅行者へ	59	アクティビティ	68

アクセス	70

空から	70	車・オートバイで	74	ツアー	75
バスで	73	ヒッチハイクで	75		
鉄道で	74	船で	75		

交通手段	76

空港へのアクセス	76	車	80	自転車	83
バス	78	タクシー	81	歩いて	83
鉄道	78	フェリー	82	ツアー	83

観光スポットと楽しみ方	87

マンハッタン	87	ソーホー	111	グラマシー・パーク	124
ロウアー・マンハッタン	88	グリニッチ・ヴィレッジ	113	ミッドタウン	125
トライベッカ	103	イースト・ヴィレッジ	120	アッパー・ウェスト・サイド	136
チャイナタウン&		チェルシー	121	モーニングサイド・ハイツ	139
リトル・イタリー	104	ユニオン・スクエア	123	セントラル・パーク	140
ロウアー・イースト・サイド	109	フラットアイアン地区	123	アッパー・イースト・サイド	145

ハーレム ……………150	ワシントン・ハイツ ………154	ブルックリン ………………160
ハミルトン・ハイツ&	周辺区 ………………………156	クイーンズ …………………170
シュガー・ヒル …………153	ブロンクス …………………156	スタテン島 …………………175

宿泊　　　　　　　　　　　　　　　　　　　　　　　　　　　　　　　　　　　　　178

ユースホステル ……………178	B&Bとアパート ……………181	ホテル ………………………183

食事　　　　　　　　　　　　　　　　　　　　　　　　　　　　　　　　　　　　　192

ロウアー・マンハッタン …193	グリニッチ・ヴィレッジ …202	アッパー・イースト・サイド …215
トライベッカ ………………194	イースト・ヴィレッジ&	ハーレム ……………………216
チャイナタウン ……………195	アルファベット・シティ …202	ブロンクス …………………219
リトル・イタリー …………197	チェルシー、フラットアイアン地区&	ブルックリン ………………220
ロウアー・イースト・サイド …197	グラマシー・パーク ……206	クイーンズ …………………224
ソーホー ……………………198	ミッドタウン ………………209	スタテン島 …………………227
ウェスト・ヴィレッジ ……200	アッパー・ウェスト・サイド …213	

エンターテインメント　　　　　　　　　　　　　　　　　　　　　　　　　　　　　229

演劇 …………………………229	ジャズ&ブルース …………248	映画 …………………………252
バー&ラウンジ ……………232	フォーク&民族音楽 ………250	コメディー・クラブ ………254
クラブ ………………………241	クラシック …………………250	スポーツ観戦 ………………255
ゲイ&レズビアン向け ……244	オペラ ………………………251	
ロック ………………………246	ダンス ………………………251	

ショッピング　　　　　　　　　　　　　　　　　　　　　　　　　　　　　　　　　258

何を買うか …………………258	どこで買うか ………………270	

近郊に足をのばす　　　　　　　　　　　　　　　　　　　　　　　　　　　　　　　274

ニューヨーク州 ……………274	ニュージャージー …………288	アトランティック・シティ ……294
ロングアイランド …………274	リバティ・ステート・パーク …288	ケープ・メイ ………………302
ハドソン峡谷 ………………286	ホーボーケン ………………289	

Index　　　　　　　　　　　　　　　　　　　　　　　　　　　　　　　　　　　　308

本文 …………………………308	食事 …………………………317	
宿泊 …………………………316	コラム ………………………319	

MAP 凡例　　　　　　　　　　　　　　　　　　　　　　　　　　　　　　　　　　344

単位換算表　　　　　　　　　　　　　　　　　　　　　　　　　　　　　　　　　巻末

Contents - 地図

観光スポットと楽しみ方

ロウアー・マンハッタンの
　散策コース ……………………91
チャイナタウン&リトル・
　イタリーの散策コース ……106
グリニッチ・ヴィレッジの
　散策コース …………………115
セントラル・パークの
　散策コース …………………142
ブルックリン・ハイツの
　散策コース …………………163

近郊に足をのばす

近郊に足をのばす ……………275
ロングアイランド ……………276
ロングアイランドのワイナリー…283
ホーボーケン …………………290
アトランティック・シティ ……296
ケープ・メイ …………………304

地図

ニューヨーク・シティ ……MAP 1
マンハッタン ………………MAP 2
ロウアー・マンハッタン ……MAP 3
ダウンタウン・マンハッタン MAP 4
ミッドタウン・マンハッタン…MAP 5
タイムズ・スクエアと
　劇場地区 …………………MAP 6
アッパー・ウェスト&
　イースト・サイド …………MAP 7
ハーレム ……………………MAP 8
ブルックリン・ハイツと周辺…MAP 9
プロスペクト・パークと周辺 MAP 10
アストリアと周辺 …………MAP 11
フラッシング ………………MAP 12
ブロンクス …………………MAP 13
マンハッタン・バス路線図
　……………………………MAP 14
マンハッタン・地下鉄路線図
　……………………………MAP 15
ニューヨーク市・地下鉄路線図
　……………………………MAP 16

執筆者

The Authors

コナー・ゴーリー
Conner Gorry

8歳のときにプエルトリコの東の島ヴィエクスに旅行し、初めて外国を味わったことが一つのきっかけとなり、世界観の全く異なるカリブ海の島々に、限りない情熱を注ぐようになった。ラテンアメリカ研究の学士号と国際政策の修士号を取得しているものの、本当の意味での教育は実生活から得ている。たとえばハワイでは慢性アロハ熱に侵され、キューバでは神のように崇められる人物たちと踊った経験もある。現在はハバナとニューヨークを生活の拠点に、愛情と信頼を育みながら両都市の神秘を解明し、執筆活動を行っている。

「ニューヨーク*New York City*」(英語版) の初版と第2版を著したのはDavid Ellisである。過去15年にわたり、タイム*Time*誌、ピープル*People*誌、ウォール・ストリート・ジャーナル*Wall Street Journal*紙などの記事を執筆してきた。他のロンリープラネットの書籍「ニューヨーク、ニュージャージー、ペンシルヴェニア*New York, New Jersey & Pennsylvania*」と「*Out to Eat – London*(外で食べる——ロンドン)」も担当している。

執筆者より

都会ニューヨークのビートは、非常に独特のものがある。これまで私は自分自身の心の中のドラムに合わせてスイングしてきたのだが、本書は大勢の多彩な方々の助力なしには生まれなかっただろう。この本に息吹を与えてくれたのは、第一に姉Carolyn(姉妹のうち、優しくて賢いほう)と、兄Brian(聖エリザベス・セトンの聖地については勘違いしていたものの、ダウンタウンに関する貴重な情報源となってくれた)の2人である。Claudia Milneは、ファイヴ・ポインツからフラッシングまであらゆることの知識の泉で、Tom Naughtonと一緒に、一度ならず土曜の夜に快くソファを提供してくれた。ありがとう！ Scott 'Rockero' Goodmanはつねにインスピレーションを与えてくれた。またJoseph Aguilarのおかげでアップタウンの記述が充実したものになった。Stephen CulpとRob Muraskinは、私にとって永遠の"ヴィレッジ・ピープル"だ。マンハッタンで最高のカクテルについて教えてくれたStephen Walshに、盛大なオブリガード*obrigado*(ありがとう)。イースト・ヴィレッジのショッピングやエンターテインメントの情報を伝授してくれたAsli Pelitに、ムチャス・グラシアス*muchas gracias*(どうもありがとう)。Sandy Levinsonは、まさにインサイダー情報の宝庫でいてくれた。

この本をハバナで仕上げることができたのは、Centro Memorial Martin Luther Kingの皆様のおかげである。特に"ITの女神"Gladys Ibarraにはお世話になった。それからロンリープラネットオークランド事務所のスタッフ全員(特にAnnette OlsonとSuki Gear)の真の強さと、ロンリープラネットオーストラリア事務所のMelanie Dankelの不屈の忍耐力に感謝する。

最後に、最も貴重ですばらしい夢を共有してくれているJoel Suárezへ。"nothing compares to you(あなたのような人はいない)"。

この本を9月11日の犠牲者と遺族の方々に捧げる。

原書について

This Book

本書日本語版「ニューヨーク」の初版は、英語版「ニューヨーク・シティNew York City」の第3版を原書として翻訳したものである。英語版「ニューヨーク・シティ」第3版はConner Gorryが執筆した。初版と第2版の執筆者はDavid Ellisである。

原書スタッフ

原書の制作は、ロンリープラネットメルボルン事務所が担当したが、ロンリープラネットオークランド事務所の多大な協力を得た。編集はMelanie Dankelの調整のもと、Peter Cruttenden、Susannah Farfor、Isabelle Youngが協力した。地図はJoelene Kowalski主導のもと、Piotr Czajkowski、Simon Tillema、Lachlan Rossが協力した。デザインはCris Gibcusが担当し、すてきな本に仕上げてくれた。

　また下記の方々に感謝したい。Kieran Grogan、Marcel Gaston、Suki Gear、Adriana Mammarella、Hilary Ericksen、Kerryn Burgess、Bruce Evans、Michelle Glynn、Alison Lyall、Gabrielle Green、Michele Posner、Ray Thomson、Mark Germanchis、Ryan Evans、Glenn Beanland、Gerard Walker、LPI（ロンリープラネット・イメージズ）。地図の疑問点を解消するために大いに尽力してくれたFiona Sisemanに、多大なありがとうを贈る。

　最後に、このプロジェクトに本物のニューヨークの風を吹きこみ、"最高！"の本を執筆してくれたConner Gorryに感謝する。

情報ありがとう

Thanks

英語原書の前回版を利用して旅をし、ロンリープラネットに有益なヒントやアドバイス、また興味深い逸話を寄せていただいた読者の皆様に感謝いたします。

Tim Allen, Florian Ansorge, Arthur Armstrong, Jessie Attri, Victoria Ayres, Saeed Azam, Sandra Badelt, SM Baghdad, Cristiano Barberis, MG Bateman, Rosemary Behan, Matt Bellingham, Tim Bewer, Steven Bluestine, Christian Bosselmann, Harald Botha, Tammy Botsford, Margaret Boulos, Lesley Brett, Isabelle Broz, Ondine Bue, Katherine Burton, Matthew Caddock, Eileen M Cannaday, Birgitt Carlier, Emma Chadd, Niel Chivers, EM Clements, Toby Cox, Mark Davey, Kurt Davies, Alfonso DeGennaro, Dave Del Rocco, Tina Desai, Nancy Douglas, Fiona Eadie, Mike Earnest, June Egglestone, Madelaine Eisenlauer, Christina Eliason, Stephanie Engelsen, RA Escoffey, Curt Evans, Mike Evans, Yesim Evrensel, Zorana Fabrici, Jeff Fair, Chris Falkous, Alfredo Falvo, Bert Flower, Barbara Friedrich, Isabelle & Yves Gensane, Robert Gibson, Aaron Glazer, Jemma Golding, Joanne Goodwin, Kim Graham, Ronalie Green, Dina Hall, Paula Hanigan, Soren Mandrup Hansen, Helen Hardaker, Esther Hardiman, Hans Heerens, Patrick Hetherington, Peter & Joyce Hewitt, Andrew Hindmarch, Sarah Holland, Jamie Hunter, Miki Jablkowska, Markus Jakobsson, Rachel James, Polly Jantzen, Afton Johnston, Sade Jones, Patricia Kempf, Maia Kern, Iain Kimmins, Barbara Kingsman, Zoe Knights, Oscar Laforge, Sue Landy, Penny Lee, Adam Levy, Dave Lieberman, William Littleboy, Diego Marin, Annette Maudsley, Miranda B Maunsell, Nina Maynard, Phylip McConnon, Philip Michelbach, Adrian Millington, Chris Mirakian, Dodd Mohr, Lisa Motz-Storey, James Moult, J Munsee, Kaja Nyhuus, Steve Oades, Joanna Ogden, Camila Olaso, Louise O'Sullivan, Richard Owen, Ornella Panzera, Stuart Pattullo, Stefano Petroli, Mark W Pickens, Jonathan & Susan Powles, Marcelo Horacio Pozzo, Sian Regan, Graeme Reid, Laura Richter, Peter Riddell, Melanie Rieger, Lucy Roberts, Mees Roelofs, Mariette Rommers, Nicolas Rossier, Beth Ryan, Joanne Ryan, Nina Sander, Ginny Schug, Elizabeth Sercombe, Sarah Sheridan, Mirjam Skwortsow, Margot Smith, Maurice & Anne Smith, Tiffany Smith, Victoria Spackman, Vincent Stegman, Peter Steiner, Jo Taylor, Christy Themar, Diane Tider, Igor Tikhonov, Grahame Treasure, Marie Trimboli, Jenny Trott, Mike Vagianos, Jeroen Van Damme, Bodil van Dijk, Susanne van Iersel, Jef Van In, Bob Walter, T Watanabe, Julie Webb, Stephanie Weiss, Scott Weston, Martin White, Averil Williams, Paula Wilson, Roslyn Woods, Fenella Woodward, Rochelle Yeo, Greg Yeste, Andrew Young, Janey Young, Georges Zucka

はじめに

Foreword

ロンリープラネットとは

物語はある古いトラベルアドベンチャーとともに始まる。

　トニー＆モーリン・ホイーラー夫妻が1972年にヨーロッパ、アジアを横断してオーストラリアに旅行した。当時は陸路をたどる旅行に関する有益な情報は得られなかったので、トニーとモーリンは高まりつつある必要性に応えるべく、初めてロンリープラネット・ガイドブックを発行した。

　キッチンテーブルから始まったロンリープラネットは、メルボルン（オーストラリア）、オークランド（アメリカ）、ロンドン（イギリス）、パリ（フランス）に事務所を構える世界最大の独立系旅行出版社に成長した。

　現在、ロンリープラネットのガイドブックは全世界をカバーしている。さまざまなメディアにおいて書籍および情報のリストは増加しつつあるが、変わらない事柄もある。依然として主な目的は冒険好きな旅行者が世界を探検し、理解を深める手助けをすることにある。

　ロンリープラネットは、旅行者が訪問する地域社会に敬意を払い賢明な消費をすれば、訪問国に積極的な貢献をしたことになると考える。1986年以降、書籍による収入の数％を援助プロジェクトや人権活動に寄付しており、最近では野生生物保護団体にまでその幅を広げている。

> 概してガイドブックではおすすめの場所すべてを紹介することはできないため、掲載しないからといって必ずしも批判を意味するわけではない。実際、掲載できない理由は多数あり、なかには、単に旅行者の殺到を防ぐためという場合もある。

改訂および読者へのフィードバック

情勢は常に変化しています。物価は上昇し、スケジュールは変更され、評判の良かった場所は悪化し、評判の悪かった場所は倒産するなど、変化しないものなど何もないのです。改善点や悪化点、最近開店した店やずいぶん前に閉店した店など、新しい発見についてお知らせいただければ、次の版をより正確で役立つものにすることができます。

　ロンリープラネットはガイドブックの完全改訂をできるだけ頻繁に（地域により改訂期間は異なるものの、たいていは2年ごとに）行っています。改訂中は、ロンリープラネットのホームページを通して、世界の様々な地域に関する情報を見つけることができます。

　また、ホームページの「ゾーン・ツリー Thorn Tree」掲示板や「ポストカードPostcards」セクションをチェックすれば、旅行者から寄せられた未確認とはいえ興味深い情報がご覧いただけます。

　寄せられたご意見についてはロンリープラネットが誠意を持って判断いたしますので、ぜひ英語にて下記のeメールアドレス、もしくはオーストラリアの本社郵送先まで情報をお寄せください。

　投稿者の名前は、適切にガイドブックの新版に掲載します。

　また、最優秀投稿者にはガイドブックを無料でプレゼントいたします。あなたのコメントをガイドブック、ホームページ、デジタル製品などのロンリープラネット商品に掲載することがあります。

　コメントの掲載または名前の公表を希望されない場合はその旨をお知らせください。

ロンリープラネット受付デスク

オンライン：✉talk2us@lonelyplanet.com.au　🌐www.lonelyplanet.com/japan

エアメール：Locked Bag 1, Footscray, Victoria 3011, Australia

ニューヨークの魅力

Introduction

　ニューヨークの魅力や危険について知ろうと思うなら、ガイドブックなんか要らない、人生が要る！──冗談、冗談、──今のは、心の準備をしていただくための、ちょっとしたニューヨーク流ユーモアだ。しかしまじめな話、この都市は勢いがあって栄えており、南の端のほうで暗く悲しい色合いを帯びているものの、今は毅然と落ち着きをもって追悼の日々から復興と再生へと移行しつつある。ニューヨーカーたちの感情、プライド、創造力がこのように目に見えやすい今は、ここを訪れるのに絶好の機会であり、きっと忘れられない経験となるに違いない。

　ようこそ、めくるめく万華鏡の世界へ。この変幻自在の魔法の都市は、かたくなな心を解かし、偉大な精神をつくり上げ、たくましい肉体をぼろぼろにすり減らし、強靭な魂をやわらげるといわれている。永遠に変貌しながら進化と革新を続けるこの多彩ですばらしい都市について、ただ一つはっきりしていることは、外観がどれほど変わろうとも、ここに住む人々は絶対に変わらないということだ──良くも悪くも！　ここでは多様性は人種や宗教や素性経歴を超える。黒もあれば白もあり、無限のグレーのグラデーションがある。平和と暴力が共に存在し、億万長者が歩く同じ通りの上で、身を寄せ合う大衆が、眠る場所を確保するために闘う。無数の多様な小宇宙がニューヨークで一体となり、この都市の奥深さと美しさをつくり出している。ここでは、いつなんどき、言語も行動のしかたもエネルギーの源も全く異なる人々の住む、別の惑星の軌道に乗せられてしまうかわからない。ソーホーからシュガー・ヒル、リンカーン・センターからウォール街へと探訪すると、そんな発見の可能性を実際に肌で感じられる。その本物の感覚こそが、ニューヨークをとてつもなくエキサイティングな街にしているのだ。

　ニューヨークは世界の文化や言語、哲学、風習の多くを、その狭い領域の中に包み込んでいる。どんな味わいを求めても、ニューヨークでそれを得ることができるはずだ。さらに言えば、どんな気分でいるときも、ニューヨークはそれを2倍にして味わせてくれるだろう。急いでイライラしていれば、電車はことごとく遅れ、エレベーターのドアは鼻先で閉まり、自分の前でATMを使う人は暗証番号の入力にもたつくだろう。逆に気持ちが愛に満ちているときは、赤の他人が妊娠中の女性に席を譲るのが目に入るだろうし、ダンディーな銀行員が迷路のようなダウンタウンで迷子になったカップルを助けたり、売り子が食料雑貨店のカートに全財産を乗っけて押している男にリンゴを差し出したりする光景に気づくに違いない。

　しかし、種々個別の世界がニューヨークの大宇宙をただよっているにもかかわらず、誰もが共にこの場所にいるのだという認識から生まれる共通の連帯意識を持っている。現実を直視しよう。悪臭を放つゴミ、すし詰めの地下鉄車両、致命的な蒸し暑さは、万人に無差別だ。ここで生き抜いて楽しむためには、この都会の最高の美点と最悪の難点を同時に受け入れる必要がある。9月11日の事件は、このことを際立たせた。ここで生まれ育った人も、住み始めたばかりの人も、名誉市民やこれから住む予定の人も、この島がいかに大きく強かろうと、もろいのだということ、そして自分たちもまたもろいのだということを、はっきりと理解したのである。この都市はつねに多種多様な特質を併せ持っていたが、あの日の朝以来、新たに類を見ない優しく力強く思いやり深い面が現れるようになった。ニューヨークを何回も訪れた人も、初めての人も、そしてニューヨークで生まれ育った人々も、そのことをはっきりと感じ取れるだろう。

　あらゆることが、ここ"ビッグ・アップル"で起こる。毎日毎日、最新のできごとが起こるのだから、あなたが訪れるときにも、きっと何かあるはずだ。それはゲリラ的な広告キャンペーンかもしれないし、パリを席巻するような若くてセクシーなファッション・デザイナーたちの派手なイベントかもしれない。地元で生まれたばかりの最新の音楽からスラング、はたまた社会のはみ出し者が発する物議をかもす一言かもしれない。残念なことに（あるいは見方によっては幸運なことに）、ニューヨークという稲妻をビンづめにできるようなガイドブックは存在しない。正直に申し上げると、このガイドブックの唯一の目的は、あなたの都市感覚とレーダーを鍛えることにある。あとはあなた自身で、興味のわくもの、刺激を受けるもの、気持ちを落ち着かせるもの、自分を満足させるものなどを嗅ぎ分けられるであろうから。ようこそ、あなたの、そして私たちの、夢の都市へ。

ニューヨークについて

Facts about New York City

歴史

最初のニューヨーカーたち

現在ニューヨーク・シティと呼ばれる地域は、最初のヨーロッパ人の到来からさかのぼること1万1000年前、アメリカ先住民の居住地だった。先住民はマンシー語Munseeという、現在のニューヨークからデラウェアまでの広い範囲で使われていた共通語を話し、自分たちをその地域のレナペLenape（住民）と呼んでいた。マンシー語には、現在のマンハッタン島を表す言葉がいくつかあった。たとえばマナハトウManahatouh（弓の材料の木を集める場所）、メナテイMenatay（島）、そして筆者が密かに気に入っているマナハクタニエンクManahactanienk（酔っぱらいの場所）などである。

考古学者や人類学者や歴史家は、16世紀初頭の入植者たちの記録や絵、そして古代の集落から出土した手工品などを手がかりに、先住民レナペの暮らしぶりを描き出していった。それによると、もともとレナペは狩猟と採集を行う半遊牧民で、夏は水辺で暮らし、寒い季節になると内陸の森へと移動していたようだ。弓矢を用い、たくさん生息していた小動物（七面鳥、ウサギ、シカ）を狩ったり、貝（主にカキ）、野イチゴやトウモロコシを採ったりしていたと見られている。

現在のニューヨークの道路には、昔のレナペの道をたどっているものがある。その一つがブロードウェイで、マンハッタン島を斜めに横切り、途中で形を変えながらオルバニーまでずっと続いている。

ヨーロッパ人の到来

フィレンツェ市民ジョヴァンニ・ダ・ヴェラツァーノは、フランス人に雇われてアメリカ北東部の沿岸を探検し、1524年にニューヨークの岸辺を発見した（ヴェラツァーノの名前は、スタテン島とブルックリンの間の海峡と橋に残されている）。2年後にエステバン・ゴメスというポルトガルの黒人の船乗りがハドソン川の一部を航海したとされている。しかし、この地域の地形や住民について初めて本格的な記述がされたのは、1609年9月、イギリスの探検家ヘンリー・ハドソンが、大西洋から太平洋へ通じる北西航路を探す航海の途中で、帆船「半月号」を10日間ニューヨークの港に停泊させたときのことだ。その後ハドソンはハドソン川をさかのぼっていったが、ニューヨークについて「人が足を踏み入れることを望める最も美しい土地である」と記している。

ニューヨーク支配をめぐる争い

1625年には最初のオランダ人が入植し、交易場がつくられていた。やがてこの土地はニュー・アムステルダムと呼ばれるようになり、オランダの植民地ニュー・ネザーランドの中心地になった。マンハッタン島を先住民から

5番街の雑踏はニューヨークの活気を象徴する

60ギルダー（24ドル）相当の品物で買い取ったという嘘のような話があるが、歴史家の間では、実話の可能性があると考えられている（より正確な換算では、60ギルダーは約600ドルに相当するようだ。いずれにせよ、まさに極めつきのニューヨーク流取引である）。

1647年に、植民地の総督としてピーター・スタイヴサントという教条主義者が派遣されてきた。オランダ政府は、無秩序な植民地に規律を取り戻そうとしたのである（おそらくマンハッタンの語源マナハクタニエンク〈酔っぱらいの場所〉の傾向があったのだろう）。スタイヴサントはアルコールを禁止し、宗教の自由を制限したので（特にユダヤ人とクエーカー教徒が迫害された）、植民者の間に不安が広まった。そのため、1664年にイギリスが無血でニュー・アムステルダムを奪取したとき、悲しむ植民者はほとんどいなかった。

イギリス王チャールズ二世の弟ヨーク公に敬意を表してニューヨークと改名された後も、町は18世紀半ばまでオランダ風なたたずまいを残していた。その頃にはイギリスの過剰な植民地支配に反発する人が増え、ニューヨーカーたちはジョン・ピーター・ゼンガー発行の有力紙「ウィークリー・ジャーナルWeekly Journal」に不満の声を寄せるようになった。多くのニューヨーカーはイギリスから独立するための戦争には反対だったが、現在市庁舎が立っている広場では反イギリスの抗議集会が数多く開かれた。アメリカ独立戦争のほとんどの期間中、イギリス王ジョージ三世の軍隊がニューヨークを支配していた。ようやく軍隊が引き上げたのは、戦争が終結して2年後の1783年になってからであった。

ニューヨーク・シティと周辺には、独立戦争の主要な戦場など数多くの史跡が残っているため、歴史愛好家には格好の探訪場所となるだろう。

急速な発展

1789年、ウォール街のフェデラル・ホールのバルコニーで、ジョージ・ワシントンが新しい共和国の大統領に宣誓就任した。その頃にはニューヨークは活気にあふれた海港都市になっていて、人口は3万3000人に達していた。しかし、翌年にコロンビア特別区（ワシントンDC）ができると、アメリカ議会はニューヨークから移転してしまった。今では、わずかな期間とはいえ、ニューヨークがアメリカ合衆国の最初の首都であったことを記憶している人はほとんどいない。アメリカ建国の父たちが首都を移転した理由は、トーマス・ジェファーソンが「人間のあらゆる悪が流れる下水管」と評したニューヨークを嫌ったからで

あろう。しかし今ではワシントンDCをそのように評する人がいるのは、なんと皮肉なことか！

ニューヨークは19世紀初頭に急速に発展した。1830年には人口が25万人に達しようとしていた（たった40年間でなんと750％も増加したのだ）。しかし、1860年代の南北戦争の時代になるまでたいした治安維持組織はなかった。1842年に、当時としては異例の1200万ドルをかけてクロトン水道が完成し、毎日約27万kℓの新鮮な水が都市に供給されるようになった。その結果、都市の衛生環境が向上しただけでなく、市民が定期的に入浴できるようにもなった。

南北戦争で北軍が勝利すると、ニューヨークの民間人にも公務員にも繁栄の時代が訪れた。ニューヨークの民主党の政治団体タマニー協会を牛耳っていた悪名高い"ボス"ウィリアム・トゥイードは、公共事業を利用して市の資金を何百万ドルも横領した。漫画家トーマス・ナストの風刺漫画も原因となって、トゥイードは権力の座から引きずり下ろされ、1878年に獄中で死んだ。一方、鉄道事業家ジェイ・グールドのような悪徳資本家たちは、1億ドル近い資産を非課税で蓄えることができた。

混乱する「人種のるつぼ」

貧富の差が拡大し人種間の摩擦が生じてきたことから、19世紀半ばには歴史に残る事件がいくつも起きるようになっていた。1863年7月、貧しいアイルランド移民たちが暴動を起こし、工場を荒らし、鉄道を止め、警察官を襲い、徴兵事務所に火をつけた。この「徴兵一揆」の主な原因は、（裕福な人なら）300ドル支払えば南北戦争のための徴兵が免除されるとした法律にあった。数日の間に、暴動者たちは怒りの矛先を黒人に向けるようになった。黒人が南北戦争のきっかけであり（ちなみに黒人は市民と見なされなかったので徴兵されなかった）、また働き口を奪い合う競争相手であると考えたのである。残念なことに11人の黒人男性が路上でリンチされ（首を吊られた後、焼かれた者もいた）、黒人のための孤児院が焼き払われた。合計105人が死亡したこの事件は、史上最多の死者を出した都市暴動として記録されている。

ヨーロッパから様々な民族が流れ込むにつれ、経済的・人種的な摩擦はさらに拡大していった。1850年から1880年にかけてニューヨーク・シティの人口は51万5547人から116万4673人へと倍以上に膨れ上がった。より良い暮らしを求めて南部から黒人が移住し、またアイルランドやヨーロッパ中部から貧しい移

ニューヨークについて － 歴史

民が「黄金の街」のうわさを聞いて押し寄せてきた。しかし、身を寄せ合い疲れ切ってやってくる大勢の貧しい人々の旅路の末に待っていたのは、肉体労働の生活と孤立感だった。その結果、最も貧しいニューヨーカーたちが危険な工場で働き悲惨なテネメント（安アパート）に住むという、スラム文化ができあがってしまった。

社会改革者のジャーナリスト、ジェイコブ・リースは「恵まれない人々」の暮らしを記事に書き、それを読んだ中産階級の人々に衝撃を与え、意識を目覚めさせた。自治的な保健衛生施設が設立され、各職場の労働環境が改善されていった。一方、大富豪のアンドルー・カーネギー、ジョン・D・ロックフェラー、ジョン・ジェイコブ・アスターなどが公共事業に資金を注ぐようになり、たとえば1891年にはカーネギー・ホール、1895年にはニューヨーク市立図書館などと、大規模な施設が建設されていった。

19世紀後半にはニューヨークの人口は市の境界を超える勢いで増加したため、自治体合併の動きが起こった。新しいニューヨーカーたちをすべて受け入れるため、近接地区のクイーンズ、スタテン島、ブロンクス、そして資金不足に陥っていたブルックリンの住民が1898年に投票を行い、ニューヨーク・シティの区となることを決定した。大量の移民の波が押し寄せていた時期、実に移民の4人に1人がニューヨークに定住した。1905年には、ニューヨーカーの5人に4人までが移民もしくは移民の子供になっていた。

未知の土地で新たに生活を築くには苦労が伴うものだが、これらのニューヨーカーは新しい道を切り開き、故郷とは異なる自由を受け入れ、その自由の意味と問題点を明らかにしていった。特に労働に関する自由が問題になっていた。20世紀初頭のニューヨークは労働組合の結成運動や直接行動の温床だった。たとえば1909年に2万人以上の女性労働者がストを行ったが、これは女性のストとしてはアメリカ史上最大規模のものである。それでも市政に絶大な影響力を有する富裕な実業家たちのやり方を変えるにはいたらず、労働者は市内に点在する「労働搾取工場」で奴隷のように働かされ続けた。1911年3月25日、トライアングル・シャツウェスト社の縫製工場で惨事が起こった。火災が発生し、大量の布地や床に散らばる端切れが猛烈な勢いで燃えだした。労働者たちはすべて女性で、ほとんどが移民、なかにはまだ14歳の少女たちもいた。パニックが起こり、全員がドアに殺到したが、鍵がかかっていて出られなかった。炎に包まれ絶叫しながら建物の8階から飛び降りて死んでいく女性たちを、通りがかりの人々が見ていた。消防士たちは無力に立ちつくしているままだった。消防ホースが6階までしか届かなかったのだ。このトライアングル火災では146人の女性が死亡した。この事件がきっかけでニューヨーク火災予防局と国際婦人衣料労働組合が設立されることとなった。

それでも、当時は今日と同様"アメリカン・ドリーム"の魅力に惹きつけられる人々が後を絶たず、ニューヨークにはヨーロッパから第二の移民の波が押し寄せた。再び人口爆発が起こり、1900年の300万人強から1930年には700万人に膨れ上がった。この時代になると馬車は廃れ、大規模な高架鉄道の線路網が張りめぐらされ、誰でも簡単に市外に出られるようになった。この鉄道と後に登場する地下鉄、そして現在も存続する料金均一制度のおかげで、あらゆるニューヨーカーたちが、貧富の差や皮膚の色を問わず、自由にいろいろな人とつきあい、様々な場所に行けるようになった。このような自由が、ニューヨークのとびきり民主的な雰囲気をつくり出しているようだ。

1930年代の大恐慌の時代、改革派の市長フィオレロ・ラ・ガーディアは市政の腐敗と戦い、社会福祉ネットワークを広げた。一方、都市計画担当のロバート・モーゼズは公園管理官に任命された政治的立場を利用し、有権者に義務を負うことなく権力をふるった。モ

ひとかじり

ニューヨークはなぜ「ビッグ・アップル」と呼ばれているのか？　不思議に思う人が多いだろう。果樹園なんかないし（昔もなかった）、この大都会の中で真っ赤に輝いているようなものといったら神出鬼没のパトカーのサイレンくらいだ。では、由来は何か？　長い間、「ビッグ・アップル」という名前をつけたのは、ハーレムで演奏できれば一流の証だと考えたジャズ・ミュージシャンたちだと思われていた。しかしアマチュア歴史家のバリー・ポピックが徹底的な調査を行い、その説をくつがえした。ポピックの調査によれば「ビッグ・アップル」という言葉が初めて登場したのは、1920年代、ジョン・フィッツジェラルドが「モーニング・テレグラフ」紙に書いた競馬に関する記事の中だったそうだ。当時ニュー・オーリンズの馬屋番たちの間では、ニューヨークの競馬場に行くことが優秀なサラブレッドにとって最高のご褒美—「ビッグ・アップルThe Big Apple」—であると言われていたらしい。内輪で使われていたその言葉が正式に認知され、当の新聞および記事の執筆者よりもはるかに長生きをすることになったというわけだ。

ーゼズは公共事業を推し進め、公共交通機関を犠牲にして自動車文化を礼賛するような高速道路を開通させ、都市の景観をつくり変えた。それらのプロジェクト（トライボロ橋、リンカーン・センター、複数の高速道路、ロウアー・イースト・サイドの公営住宅群など）のせいで、いくつもの住宅地がまるごと破壊され多数の住民が住み慣れた土地を追い出された。現在「モーゼズたたき」は一種の娯楽になっているようだ。地元の人や内情に詳しい人と長く話していれば、誇大妄想者モーゼズはニューヨークのスーパー・ハイウェイを約416マイル（約670km）も建設したのに、自分では車を運転できなかったのだという皮肉な話をきっと聞かされるに違いない。

混乱と再生

1945年に第2次世界大戦が終結したとき、ニューヨークは活気にあふれ、すぐにでも商売を始められる体制にあった。戦争の被害を被らなかった世界でも数少ない大都市であり、大きな港を擁し、文化の中心であり、急成長中のテレビ放送事業の本場でもあった。生まれたばかりの国際連合が本部をニューヨークに設置したのも当然のことに思われた。

しかし1950年代を通して、中産階級の人々はマンハッタンを離れ郊外に移り住むようになり、ニューヨークは少しずつ、しかし確実に衰退していった。テレビ放送事業も各種製造業も他の場所に移り、伝説的野球チームのブルックリン・ドジャーズや、隣町のライバルだったニューヨーク・ジャイアンツまで西海岸へと去っていった。多くの製造工場が閉鎖されたが、重工業に取って代わるサービス産業はまだ芽生えていなかった。毎月、都市を象徴する何らかの建物──レストラン、有名なナイトクラブ、デパート、歴史的建造物──が閉鎖され、明け渡され、または取り壊されていった。

1970年代には、時間に不正確で落書きにまみれた地下鉄が、ニューヨークの経済的没落の象徴として国際的に有名になっていた。アメリカ政府が巨額の貸付金を提供したおかげで、市の財政はかろうじて破綻を免れることができた。1977年の夏、ニューヨーク・シティはどん底にあった。数カ月にわたって猛烈な熱波が押し寄せていた一方、後に"サムの息子（Son of Sam）"と称されるようになった連続殺人鬼が現れて若者たちを殺害していた。その上、大規模な停電が起き（電力会社の役員が広範囲にわたる停電は起こり得ないと明言した数日後のことだった）、その夜のうちに数千人もの暴徒が商店を略奪してまわり、何百万ドルにも相当する品物を盗み出したのである。無秩序と恐怖。ニューヨークは落ちるところまで落ちていた。

しかし世界金融の中心地としての地位が、ニューヨークの命綱となった。世界貿易センタービルが1976年にようやく完成し、経済の最悪な状態は脱したということを力強く印象づけた。どん底の1977年の直後、ニューヨークは文化的にはわずかに復活を見せた。路上で映画の撮影が行われ、ブロードウェイではミュージカルが再演され、市民が愛する野球チームのヤンキースがワールド・シリーズで連続優勝を果たしたのだ。しかし保健衛生面では予想もしない危機がエイズとクラック（安価なコカイン）という形で訪れた。クラックが引き起こす激しい中毒症状や衰弱状態は、ニューヨークの基準から見ても恐ろしいものだった。クラックのせいで犯罪率が急上昇した。エイズとクラックの対策は、すでに社会福祉や警察費用で圧迫されていた市の財政にさらに重い負担をかけることになった。

これがエド・コッチ市長の時代である。3期連続で市長を務めた派手で独断的なコッチは、人を魅了すると同時にいらだたせるというニューヨーカーの特性をそのまま体現しているような人だった。なんでもありのレーガノミックス（レーガン大統領の経済政策）のもと、ウォール街のヤッピーたちが何十億ドルも稼ぎ出したことから（詳しくは映画「ウォール街」を見るとよい）、ニューヨークはかつての権勢をかなり取り戻した。しかし1989年に、コッチは民主党の予備選挙でデイヴィッド・ディンキンズに敗れた。ディンキンズはニューヨーク初の黒人市長となったが、改革が必要なときにただトップの座にすわっているだけだと絶えず批判され、1期で降りることとなった。僅差で次期市長に選出されたのは共和党のルドルフ・ジュリアーニ、愛称ルディRudyもしくはヒゾナーHizzonerである。

生まれ変わった都市

ジュリアーニ市長の時代に、全国的な好景気の追い風を受けたこと、また「都市の生活環境に悪影響をもたらす犯罪」（大道芸、公共の場所での飲酒、売春などが含まれる）に対する厳しい取り締まりの結果、ニューヨークは安全で魅力ある裕福で清潔そうな都市に生まれ変わった。もちろん犯罪率は急降下し、地下鉄は料金を抑えたまま時間に正確に動くようになり、統計的に見てもニューヨークは米国一安全な大都市になった。世界中の市長たちが、ジュリアーニの青写真を用いて自らの街を改革しようとした。この頃にはニューヨークがあまりにもすばらしい都市になったため、ヒラリー・ロダム・クリントン元大統領

夫人までしゃれた郊外の町に引っ越してきて、ニューヨーク州選出上院議員の議席を首尾よく手に入れたほどだった。

当然、物事には表だけでなく裏がある。ほとんどの旅行者はわからないし、ニューヨーカーでも気づかない人がいるのだが、富裕層と貧困層の格差が極端に拡大してしまったのである。ニューヨークはホームレスに厳しく、貧しい人や若者、アーティストやよそ者に対し閉鎖的な都市になってきている。労働者が社会の辺境に追いやられるにつれ、庶民は代わりの居場所を周辺の地区に求めるようになった。つまりニューヨーク特有の多彩な最先端サブカルチャーをマンハッタン島で見ることはもはや難しくなっているのだ。総体的にニューヨークの住民はますます均質化されてきている。彼らに商品を提供する小売店はどんどん標準化されている。街全体が偏狭で視

ゲイ&レズビアンのニューヨーク

サンフランシスコの名だたる評判にもかかわらず、アメリカン・ゲイ・カルチャーの真の中心地は昔からニューヨーク・シティだった。少なくとも2つの地区——チェルシーとグリニッチ・ヴィレッジ——が一般人の意識の中では、ゲイの街と同義語になっている。ゲイやレズビアンの旅行者は、この2つの地区およびニューヨークのあらゆる場所で、大変居心地よく感じることだろう（人前で愛情表現を行うことを含め）。

20世紀初頭、ゲイやレズビアンたちはバワリー通り近辺の秘密のクラブで密会をしていたらしい。その後、ゲイは劇場の多い地区に移り、レズビアンはハーレムのドラッグ・クラブdrag club（男装などを行うクラブ）に集うようになった。第2次世界大戦後、グリニッチ・ヴィレッジ（かつて最大の黒人居住区だった）がニューヨーク最大のゲイ居住区になった。しかしアップタウンにも隠れたゲイ・クラブやバーが存在していた。現在もその傾向は変わらない。

50年代、警察はゲイやレズビアンを公序良俗に反する罪で一様に逮捕していた。その結果、マタシン協会というアメリカ最大のゲイ人権団体がつくられた。かつて、女性が男装するのは違法だったため、男装のレズビアンは逮捕されて女性拘置所に連行されることが多かった。女性拘置所は6番街と8丁目の角にあったが、現在そこにはジェファーソン・マーケット公立図書館が建っている。ゲイの男性は60年代後半まで、タイムズ・スクエアのいわゆる「ティーハウス（ゲイの集まる公衆トイレ）」に集まり、ミッドタウンの通りで相手探しの「クルージング」を行っていた。ティーハウスやクルージングの習慣は、今も好まれている。

現在のゲイの人権運動のきっかけになったのは1969年6月27日の事件である。その夜、警察はクリストファー通りのストーンウォール・インという男性専用バーの手入れを行った。常連客たちはゲイ社会の偶像的存在だった歌手ジュディ・ガーランドの自殺を悼んでいる最中だったので、警察に激しく抵抗した。翌日から3夜連続で暴動が起きた。この事件の他にも抗議が行われ、1971年に初めて同性愛に対する偏見に基づく差別を禁止する条例案が提出されるにいたった。論争の的となった条例案はとうとう1986年に市議会で可決され、その7年後にゲイのカップルが法的保護を受けられるようになった。ゲイの「結婚」を登録できるようになったのだ。2001年9月11日のテロ攻撃により、ゲイの人権拡大に関する予期せぬ新たな問題が起きている。事件でパートナーを亡くしたゲイが遺族給付金を受け取れるように訴えているのである。

現在、ゲイ・パレードが毎年6月の最後の週末に5番街で行われ、世界中から旅行者を集めている。ゲイの多いグリニッチ・ヴィレッジを訪れる旅行者も多い。地元のゲイは、ハドソン通りやクリストファー通り近辺が、ゲイの生活ぶりを見にくる日帰り行楽客などに荒らされていると嘆いている（西4丁目や近くの7番街に密集する低級なバーにも大いに責任がありそうだが）。観光客の存在に圧倒され、またウェスト・ヴィレッジのべらぼうに高い家賃を嫌って、多くのゲイがチェルシーへ引っ越していった。現在、8番街の14丁目から23丁目にいたるあたりはニューヨークで最も活気のあるゲイの街になっている。クラブ、カフェ、スポーツジム、レストランなどは、のきなみ虹色の旗（ゲイを歓迎する印）を掲げている。偶然ではないかもしれないが、ゲイの引っ越しと同時期に、きわめて優れたギャラリーの多くがソーホーからチェルシーへと移転していった。

レズビアン向けのクラブやレストランはヒューストン通りの北側、ハドソン通り沿いの10ブロックほどの間に集中している。イースト・ヴィレッジにはゲイ・クラブが集中している地域がある。またアップタウンにも多数のゲイ・バーが点在している。詳しくは、「エンターテインメント」の「ゲイ&レズビアン向け」を参照。

野が狭くなっているように感じられる。たしかにタイムズ・スクエアは、東京やカンザス州都トピーカと変わらないほど近づきやすい場所になった。しかし、それではニューヨークを他の都市と差別化する魅力はどこにあるのだろうか？

9月11日以降

2001年9月11日はニューヨークにとってごく普通の日だった。特別な予定といえば、市長選の予備選挙があることだけだった。ルディ・ジュリアーニはまもなく2期目を終え、市庁舎を離れることになっていたのだ。市長選は2人の民主党候補マーク・グリーンとフェルナンド・フェラーとの一騎打ちになると見られていた。選挙戦は大いに加熱し、両候補が優位に立とうとしのぎを削っているうちに、時計の針が8時46分26秒を刻み、世界貿易センタービルのノース・タワーにアメリカン航空11便が突っ込んだ。1時間あまり後にサウス・タワーが崩壊した頃には、この日が普通の日ではないこと、そしてニューヨークは二度と以前の状態には戻れないということが、痛いほど明らかになっていた（事件とその影響については「9月11日」を参照）。投票開始から4時間近くたってから、予備選挙は中止された。

事件後の大混乱の中、市長選に対する市民の反応は定かではなかった（もっと深刻な問題が山積していたのだ）。ニューヨークの法をねじ曲げてジュリアーニ市長にもう1期任せるべきだと言い出す人までいた。ジュリアーニを最も辛辣に批判していた人々までが、緊急部隊を出動させ、市内の平静を保ち、都市機能を回復させ、しかるべき権限委譲を行ったジュリアーニの手腕に脱帽し賛辞を惜しまなかった。ジュリアーニはたちまち世界中で英雄視され、2001年10月にはイギリスのエリザベス女王からナイト（騎士）の称号を授与されるにいたった。

民主党予備選挙は9月25日になってやっと実施されたが、グリーン候補もフェラー候補も当選に必要な40％の票を獲得できなかったため、決選投票が行われることになった。10月11日にマーク・グリーンが僅差で勝利したが、11月6日の本選挙では共和党候補マイク・ブルームバーグに敗退した。詳しくは後出の「政治」を参照。

地理

ニューヨーク・シティは総面積約800km²で、有名なマンハッタン島をはじめとする50あまりの島からなる。シティ島のそばのラット島やキューバン・レッジなどの極端に小さな島もあれば、ニューヨークの区であるスタテン島や、クイーンズとブルックリンを西の端に据えるロング・アイランドのような大きな島もある（地図上は、クイーンズとブルックリンがロング・アイランドの一部だということが明示されていない）。実際にはブロンクス区のみがアメリカ本土と陸続きになっているが、ブロンクスの区域には漁港である前述のシティ島も含まれている。ニューヨーク・シティ全体には約1万km以上の道路と約800kmを超える水辺と1700の公園がある。

ブルックリンとスタテン島の間の水路は最初のヨーロッパ人がこの地に入ったときの通り道だったが、現在はニューヨーク港の入り口となっている。なお、北側のロング・アイランド湾経由で船が入港することも可能だ。マンハッタン島は、西のハドソン川と東のイースト川の2本の川にはさまれている。どちらも厳密には河口域であり、潮の満ち引きがある。

気候

どの本を見ても、たいていニューヨークの気候は"温和"だと書いてある。しかし平均気温を見ただけでは、ニューヨーク滞在をダンテの「地獄編」なみの厳しい試練にしてしまうような極端な温度変化を読みとることはできない。驚くことに、夏は延々と蒸し暑い日が続く一方、12月から2月にかけては凍りつくほど寒くて風が強く、たまに気まぐれのように暖かい日が訪れるのである。

年間降水量は約1143mmである。11月と4月には長雨が続くことが多い。雪や氷雨はもっぱら12月から2月にかけて降り、平均の総積雪量は約762mmである。4年に1回ほど激しい吹雪が起こり、都市機能が麻痺してしまうこともあるが、雪景色は格別の美しさがある。

冬は強風とカナダから南下する前線の影響が相まって、0℃（偶然にも1月の平均気温である）をはるかに下回ることがある。特にマンハッタン西側のハドソン川沿いは激しい強風に見舞われる。強風の日は、現地の天気予

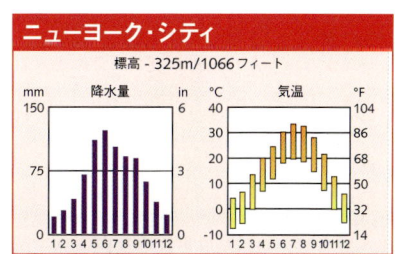

報では決まって体感温度の予測が出る。

夏は平均気温が25℃で、快適な日もあるが、湿度が60〜90%まで上昇すると不快に感じる。マンハッタンでは熱がコンクリートやアスファルトに吸収されるため、気温が高めになる。特にひどい日には、地元の人は"暑さではなく、湿気のせい"で汗だくで不愉快になるのだとこぼす。8月には湿度が連日99%になることも珍しくない。スペイン語でいうところの「サル・シ・プエデス*salsipuedes*」(外出できるもんなら、してごらん)といった状態だ。

環境

近年、ニューヨークの大気と水質の状態は大いに改善した。このように環境が改善される前、ニューヨーク港は数十年にわたり衰退の一途をたどっていた。大型貨物船がマンハッタンを離れ、ニュージャージーの"超大型港"へ移っていったからだ。しかし旅行者の目には、ニューヨークの狭い道路については、とても清潔な環境とはいえず、すぐにでも都市設備の改修が必要だと映るところもある(道路は穴ぼこだらけだし、1世紀前のひび割れた水道管からあふれた水がほぼ隔週ごとに道路を冠水させている)。またスタテン島のゴミ投棄場がとうとう閉鎖されたため、別の場所を探す必要に迫られている。

ハドソン川には、かつて毎日7億5700万ℓの下水が流されていた。しかし1986年に西125丁目に下水処理施設が設置されたため、事態は改善された。むしろ過去最悪の環境問題は、今は閉鎖されたオルバニー近郊のゼネラル・エレクトリック社の工場がPCBを川に流し、魚を汚染したことである。保健当局によると、現在はハドソン川のシマスズキやニシン、イエロー・パーチやワタリガニを実際に取って食べても安全だそうだ。食べたいと思えばの話であるが。

ロウアー・マンハッタンの大気の状態については2001年9月11日以降激しい議論がなされている。米環境保護局(EPA)、市当局、企業、市民団体などがそれぞれ独自の調査を行い、空中にどのような物質が浮遊しているのか見極めようとしている。調査結果を解釈するのが特に難しい。一部の浮遊微少粒子に関しては基準がないからだ。それでも米労働省の報告書の一つでは、ビル崩壊以降に堆積した塵には"アスベストが含まれていると推定される"としている。実際には、おびただしい数の緊急隊員がいわゆる"世界貿易センタービル咳"にかかっていると診断されており、また付近の住民が家に高性能空気清浄機を取り付ける費用を連邦緊急管理庁(FEMA)が100%負担している。さらに2002年3月にクリントン上院議員とブルームバーグ市長がロウアー・マンハッタン大気環境タスクフォース Lower Manhattan Air Quality Task Forceを鳴り物入りで発足させ、大気環境に関する電話相談窓口を設けた(☎212-221-8635)。

とはいえ、普通の旅行者がカナル通りの南に足を踏み入れても問題はないはずだ。むしろ四六時中続く騒音公害——車のクラクション、アラーム、サイレン、ドリル、トラックなどの音——のほうが、地球上のもっと静かな場所に慣れ親しんでいる人には苦痛だろう。

政治

ニューヨークは長年、民主党に投票してきた歴史がある(ただしブルーカラー層の多いクイーンズやブルックリンには一部保守的な地域があるし、スタテン島郊外の住民はもっぱら共和党に投票している)。しかし民主党支持の伝統があっても、社会問題に関し進歩的な立場をとる共和党の改革者が市長に選任されることもある。2期務めたルドルフ・ジュリアーニ市長が良い例だ。

元連邦検察官のジュリアーニは1993年、非難され続けていたデイヴィッド・ディンキンズを破り、2回目の出馬で市長に選出された。ジュリアーニは市の行政組織を大改革し、犯罪率の継続的な低下に大きく貢献したが、一方では支配欲が強く、部下にほとんど自由裁量を認めなかったことで知られている。公立学校担当官と警察署長がそれぞれ教育改革と犯罪取り締まり強化に関し実績を上げて賞賛されるようになると、ジュリアーニは両分野における自分の評価が相対的に弱まることを恐れ、2人を更迭した。

1997年、ジュリアーニは再び市長選に出馬し大勝した。1期目で実績を上げたこと、そして民主党の対立候補が弱かったためである。しかしジュリアーニ体制における警察の取り締まり強化に関しては、様々な問題が出てきた。特に警察暴力が問題になった。アマドゥ・ディアロとアブナー・ルイマの残虐な事件が最も有名だが、それは当時のニューヨーク市警本部(NYPD)の汚点のたった2例にすぎない。ジュリアーニが自らの失政の責任を取ることはめったになかった。そのことを非常にはっきり示したのは、ジュリアーニが市長としては初めて、市政に関わる文書を公文書書庫に保管することを断り、他人に読まれないようにしたことだった。

2001年の市長選挙は混乱と悲しみの中で行われ、新任のブルームバーグ市長の目の前には実に困難な仕事が待ち受けていた。ブルー

ムバーグは緊縮財政政策をとっているため非難されており、本書執筆時点で、市の予算が50億ドル近く削減されている（さらに削減は進むと見られる）。ブルームバーグは、このような厳しい措置はジュリアーニ時代の無責任な浪費の後には必要なことだとしている。とはいえ、ブルームバーグは党に属さないため、党争いに巻き込まれずに客観的な立場で市政を運営できている。また財務経験が豊富なことから、まだ楽観的な見方をしている大半のニューヨーカーたちの信任を得ているのである。ブルームバーグ市長にとって最大の争点は教育システムだ。PTAや教育委員会を廃止しようとしているため、それらの組織と争いになっている。ブルームバーグはジュリアーニ時代の犯罪取り締まり政策を継続し、"犯罪一掃作戦Operation Clean Sweep"を実施している。その結果、公共の場所での飲酒や強引な物乞い行為なども含む、「都市の生活環境に悪影響をもたらす犯罪」に対する裁判所への出頭命令が3万件、逮捕者が3500人出ている。

ニューヨークの市政府機構には5つの区の区長も含まれ、それぞれ独自の行政スタッフと小規模な予算を持ち、地域レベルの事業や支援を行っている。歴代の区長には雇われ政治家や次期市長候補が就任してきた。このほかに市の行政官として、市会計検査官（予算管理と監査を行う）と護民官（主に消費者保護問題などに関わっている）がいる。

ニューヨークの市議会は51名の議員で構成されている。市議会議員は選挙で選任され、年間7万ドルを超える給与を得ている。彼らは各地区の利益を代表し、また市長の権限を監視する役割を持つ。しかし実際には、4年間の任期中に議員職に専念する人はおらず、たいていがフルタイムの弁護士として活動している。

経済

ニューヨーク・シティの予算は年間420億ドルで、独立都市国家としてやっていける規模がある。またニューヨークはアメリカの金融、観光、海運、交通の各分野で主導的、あるいは重要な役割を担っている。内外の有力企業にとって、この地に事務所を置くことは今でも一流の証とされているようだ。しかし2001年9月11日の事件以降、ロウアー・マンハッタンに事務所を構えていた有名企業の多くが、ハドソン川の向こうのニュージャージー州や北部のウェストチェスターに移転していった。完全にニューヨークから撤退した大企業はないが、事件によって安全神話が崩れ、将来の危険への可能性が幅広く認識されたため、経営者の多くは事務所をマンハッタン南端に集中させる代わりに、隣接3州に点在させるようになった。

2001年には3900万人の観光客がニューヨークを訪れた。市の財政にとって観光客は非常に重要だ。9月11日の事件から半年後、財政は破綻を免れてはいるものの、依然として危機的な状態にある。2002年3月までの間、地元やアメリカ国内の人々が空前の規模でニューヨーク入りしたため、ホテルや劇場、美術館や小売店などは収入を得ることができたが、これらの財源にも限界があり、海外からの観光客がまとまった数で戻ってこなければ深刻な問題が起こると市当局は見ている。

その上、テロ攻撃で生じた損失は、会計年度2002年度には7億5000万ドル、2003年度には13億ドルにも及ぶと推定されている。しかも、ニューヨークは1970年代以降最大の財政赤字に直面している（本書執筆時点で50億ドル近くの厳しい予算削減を実施しているにもかかわらず、2003年には財政赤字は48億ドル近くまで達すると推定される）。依然として将来の見通しは実に暗い。ダウンタウンの小企業やハーレムやチャイナタウンなどの地区の住民たちは観光客のもたらす収入に大きく依存していたため、厳しい影響を被っている。テロ攻撃後3カ月間に失業した人の1割がチャ

ウォール街　富が生まれ、失われる場所

イナタウンで働いていたため、この地区では特に厳しい経済状況が長引いている。

住民

ニューヨーク州の人口の約半数がニューヨーク・シティに住んでいる。その過半数が主要な民族集団に属している。最新の国勢調査（2000年）によると、人口の35％が"ラテンアメリカ系以外の白人"である。黒人は24.5％、アジア・太平洋地域の人は9.8％となっている。ラテンアメリカ系（全人種を含み、人数の多い順に、プエルトリコ人、ドミニカ人、メキシコ人と続く）は27％だった。今回の国勢調査では初めてラテンアメリカ系住民が少数民族集団の中で最大になった。ただし設問の言い回しがわかりにくかったため、この数値の正確さには疑問もあるようだ。

公式推計値によると、1990年と2000年の国勢調査の間にニューヨーク・シティの人口は9.4％増加して800万人になり、うち120万人が移民であるとのことだ。最も急増しているのがメキシコ人で、1990年に比べて3倍になっている（6万1722人から18万6872人に増加）。次いでインド人で、2倍近くになっている（9万4590人から17万899人に増加）。中国、台湾、香港からの移民も増え続けているため、チャイナタウンの境界がリトル・イタリーやイースト・ヴィレッジの方面へ押し広げられている。クイーンズは相変わらずアメリカで最も多種多様な民族の集まる地区である。

また最近では一時的な少数民族集団ともいえるものもある。現在イースト・ヴィレッジには5000人を超える若い中産階級の日本人が住んでいるとする推計がある。彼らは最先端の場所だという評判に惹かれて来ており、ドル安のおかげで上昇を続ける家賃にも対応できるのだ。イースト・ヴィレッジを散策すると、突飛なアフロ・スタイルのブリーチ・ヘアに"ヒップホップ"ファッションの日本人の若者たちと、レトロな町並みとの奇妙なコントラストを見ることができる。

1980年代から90年代にかけて、アメリカ政府は永住権抽選プログラムでアイルランドとポーランドからの移民に偏って大量の居住権ビザを発給した。その結果、大勢のポーランド人が、ブルックリンのウィリアムズバーグやグリーンポイントなど、すでに東欧系移民の多い地域に移り住んだ。またアイルランド人（彼らは基本的にはどこにでも住んでいる）は、従来から同郷人が多いブロンクスのリヴァーデールの新たな住民となった。

全体的に見ると、ニューヨークは世界でも類のない多様な人種の集まりである。外国から訪れた観光客は地下鉄に乗ると、一つの車両に多様多様な人がいるにもかかわらず、その中で外国人は自分だけかもしれないのだという事実に、たいてい衝撃を受ける。アメリカ国内で最も大勢の中国人とインド人が暮らしている場所はニューヨークである。「労働者の日」（アメリカの祝日。9月の第1月曜日）には、ブルックリンで「西インド諸島出身アメリカ人の日West Indian-American Day」を祝し、何十万人ものカリブ海出身移民がパレードを行い、歌って踊ってにぎやかに過ごす。ニューヨークは、イスラエル以外で最もユダヤ人が多く、アテネ以外で最もギリシャ人が多く、モスクワ以外で最もロシア生まれのロシア人が多く、イギリス諸島以外で最もアイルランド人が多い場所だと地元の人は考えている。文化の違いや不法移民の問題もあるため、この主張は統計的には証明不可能だが、街を歩いていると、それほど見当はずれな意見でもないという印象を受ける。

アフリカ系アメリカ人

ニューヨーク・シティには200万人以上のアフリカ系アメリカ人が暮らしている。アフリカからニューヨークに初めて奴隷が連れてこられたのは1626年、まだオランダ植民地ニュー・ネザーランドの一部だった頃のことである。アメリカ独立戦争の頃には、ニューヨークの黒人人口（大半は西インド諸島出身）は2000人くらいだった。奴隷たちは自由を得たいと願い、アメリカとイギリスの両方の側に立って戦った（独立戦争の後、ニューヨーク州は地元の軍隊に入隊して戦った奴隷たちを解放した）。19世紀前半には奴隷制度廃止運動がニューヨーク・シティに定着し、アメリカで最初の黒人所有の新聞「フリーダムズ・ジャーナル*Freedom's Journal*」が発行された。奴隷制度は1841年に完全に廃止されたが、黒人男性の選挙権が認められたのは南北戦争が終結して数年後の1870年になってからである。同時に黒人たちは、自分たちの経済基盤がアイルランドや東欧から来た移民に奪われていることに気づくようになった。

20世紀前半には南部から移住してきたアフリカ系アメリカ人たちが中心となり、アッパー・マンハッタンのハーレムを発展させた。きちんとした地域共同体をつくり、教会や黒人所有の会社やナイトクラブを設立し、他の地域の白人を迎え入れた。この現象は"ハーレム・ルネッサンス"と呼ばれ、ラングストン・ヒューズの著作やジェームズ・ヴァンダージーの写真に描かれているが、大恐慌による経済的な打撃で終焉を迎えることとなった。

第2次世界大戦後、黒人は再び白人移民の二

世や三世に比べ、経済的に後れを取るようになった。しかし市当局はこの問題に本格的に取り組もうとしなかった。そのうち1964年および1968年にハーレムで暴動が起きた。アメリカのどの都市も同じだったが、低所得層の黒人たちは、汚く崩れかかった公営アパートで、犯罪、貧困、ヘロイン中毒にまみれた環境で暮らすしかなかった。まだ残っていた中産階級の黒人の大半は1970年代にはニューヨーク・シティを見捨て、以前の白人たちと同じように郊外へ移住していった。

1994年に、インウッド、ワシントン・ハイツ、イースト・ハーレム、ウェスト・ハーレム、セントラル・ハーレムの5つの地区がアッパー・マンハッタン特別区Upper Manhattan Empowerment Zoneに指定され、ハーレムUSA（ショッピング・センターと映画館の複合施設）がオープンすると、経済状態が復活してきた。就職口が数百単位で増え、アッパー・マンハッタンで文化的な催しが行われるようになり、ハーレムは新しい時代を迎えることとなった。ホワイトハウスを去ったクリントン前大統領も、この地域に事務所を設置したほどである。

ラテンアメリカ系

ニューヨーク在住の210万人のラテンアメリカ系住民のうち、3分の1弱がプエルトリコ人の子孫である。大恐慌の頃にまとまった人数で移民し、イタリア人と入れ替わりにイースト・ハーレムに定住するようになった。1960年代、自称"ヌヨリカンNuyorican"（「ニューヨーカー」のプエルトリコ風な言い方）たちが市民運動を起こしたため、彼らの都市への貢献が広く認識されるようになり、いくつかの重要な文化施設が設立された。その一つがエル・ムセオ・デル・バリオ（ヒスパニック居住地の博物館）である。また、ニューヨーク最大のお祭りの一つであるプエルトリカン・パレードが行われるようになった。

過去20年にわたり、プエルトリコ以外のラテンアメリカ諸国から大勢の移民が入ってきた。たとえば母国の政治不安から逃れる中米の人や、メキシコやアメリカの他の地域から移転してくるメキシコ人などである。エクアドルやコロンビアからの移民はクイーンズに新しい地域共同体をつくった。マンハッタンのワシントン・ハイツには多くのドミニカ人やエルサルバドル人が住むようになった。ニューヨークはスペイン語を話す旅行者を気持ちよく迎え入れてくれる。たどたどしい「ブエノス・ディアスbuenos dias」（おはよう）の一言で、きっと温かい笑顔を向けてもらえるに違いない。

ユダヤ人

最初にニューヨークに来たユダヤ人は、1654年にブラジルから迫害を逃れてきた23人の避難民であった。当時ニューヨークはまだオランダの植民地だった。以降、ユダヤ人はニューヨークの人口と政治の両面で重要な役割を果たしてきた。20世紀初頭まで、ほとんどのユダヤ人はマンハッタンのロウアー・イースト・サイドに住んでいた。現在もこのあたりはユダヤの伝統を色濃く残しているが、たいていのユダヤ系住民は別の地域に暮らしている。ブルックリンのクラウン・ハイツやウィリアムズバーグには今も多数の正統派ユダヤ教徒が住んでいる。80年代にソビエト連邦から大勢の移民が入ったためにユダヤ人人口は増加した。現在、ニューヨーク・シティには約150万人のユダヤ人がいる。黒人に次いで2番目に人数の多い民族集団だが、投票率が高いため、他の民族集団より政治的な影響力が強い。

民族問題

デイヴィッド・ディンキンズ元市長は折に触れ、ニューヨーク・シティは様々な民族の"華麗なモザイク"であると述べていた。しかしいくつかの有名な事件が示すように、現実はそれほど美しいものではない。特にアフリカ系アメリカ人と他の民族集団の間の不信感が増していることが問題になっている。1986年にブルックリンのハワード・ビーチで黒人男性が白人のティーンエイジャーの集団に殴り殺された。その結果、当局は人種的な偏見に基づく犯罪（憎悪犯罪）を厳しく取り締まることを約束するにいたった。

近年ではユダヤ人とアフリカ系アメリカ人の間の摩擦の結果、2つの別の事件が起こり、市民を動揺させた。1991年夏、ブルックリンのクラウン・ハイツで敬虔派ユダヤ教徒の一人が、誤って黒人の少女を車で轢いてしまった。その後、救急車のユダヤ人の隊員がその少女の処置を拒んだという噂が流れた。そして続く数日間の暴動で、無実な敬虔派ユダヤ教徒の男性が一人、暴徒に殺害されてしまったのだ。

ジュリアーニ市長の犯罪取り締まり強化策の結果、人種による取り締まりの差別が進み、警察官が黒人に対し暴力行為または過剰な弾圧を行ったとされる事件が増えていった。マスコミで大きく取り上げられ論議を呼んだアブナー・ルイマの事件では、警察官がハイチ出身の移民アブナー・ルイマに暴行した罪で30年の禁固になったが、暴行に加わった他の3人の警察官は無罪放免となった。また、2000年のプエルトリカン・パレードの後、セント

ニューヨークについて － 芸術

政治と精神性を結びつけたキング牧師

ラル・パークで50人の女性が暴行された事件では、それを防げなかったニューヨーク市警が非難の的となった。

しかし、このような悲劇的な事件が報道されてはいるものの、たいていの何百万人ものニューヨーカーたちは、互いに交流しながら平和に生活している。したがって、旅行者には民族集団の居住地区を訪れてみることをおすすめしたい。「国際都市」ニューヨークの魅力を感じることができるだろう。

芸術

ダンス

イサドラ・ダンカン（1877～1927年）がニューヨークの聴衆に初めてモダン・ダンスを披露して以来、アメリカの傑出したダンス・カンパニーや振付家のほとんどがニューヨークに本拠を置くようになった。その一人マーサ・グレアム（1894～1991年）は、140を超えるダンスの振りつけを行い、新しいテクニックを築き上げた。「ストーリーを演劇的に表現すること dramatic narrative」を重視する手法は、現在も彼女の設立したマーサ・グレアム・スクールで教えつがれている。

1948年にニューヨーク・シティ・バレエを創設したのは、ロシア生まれの振付家ジョージ・バランシン（1904～83年）である。バランシンは伝説的な大スターで、伝統的なバレエの手法にモダン・ダンスの要素を取り入れた。1983年にバランシンの後任となったジェローム・ロビンズ（1918～98年）は、以前はレナード・バーンスタインと共にブロードウェイ・ミュージカルの傑作をいくつか手がけていた。その一つが「ウエスト・サイド・ストーリー West Side Story」（1957年）である。

ポール・テイラー（1930年～）とトワイラ・サープ（1942年～）は、共にマーサ・グレアム・スクールの生徒だった。二人ともポップ・カルチャーの要素をダンスに取り入れている。テイラーはマース・カニンガム・ダンス・カンパニーに所属していたが、後に自分のカンパニーを率いるようになった。一方、サープは現在アメリカン・バレエ・シアターと仕事をしている。

アルヴィン・エイリー（1931～89年）は1958年にアルヴィン・エイリー・アメリカン・ダンス・シアターを創設し、アフリカ系アメリカ人ダンサーによる優れた前衛作品の公演を行った。最も有名な「リベレーションズ Revelations」（1960年）は、ゴスペル音楽を用いた、精神的に高揚するようなダンス作品である。同シアターの現在の芸術監督は非凡な才能を持つジュディス・ジャミソンである。マーク・モリス（1956年～）は有名な舞踏家および振付家で、1988年にダンス・グループを設立し、オリジナル作品の公演を行っている。その一つがブルックリン音楽アカデミーで上演された、「くるみ割り人形 The Nutcracker」の改訂版「ハード・ナット The Hard Nut」だ。ダンス・シアター・オブ・ハーレムは、1969年にアーサー・ミッチェルによってハーレムに創設された。初の一流黒人バレエ団で、リンカーン・センターで定期公演を行っている。今日、エイリー、グレアム、テイラーのカンパニーの公演は、ミッドタウンのシティ・センターで行われている。また、カニンガムや新しいカンパニーの公演は、チェルシーのジョイス・シアターで行われている。

詳しくは、「エンターテインメント」の「ダンス」を参照。

音楽

クラシック 世界有数のクラシック音楽やオペラの団体がニューヨークを本拠にしている。リンカーン・センターでは、名高いニューヨーク・フィルハーモニック・オーケストラ、メトロポリタン・オペラ・カンパニー、そしてニューヨーク・シティ・オペラが公演を行っている。100年の歴史を誇るカーネギー・ホールでは、オーケストラ公演やソロ・リサイタルが催される。

ニューヨークには世界でも一流の録音施設がそろっていたため、長年にわたり、海外から大勢の作曲家や指揮者が訪れた。グスタ

フ・マーラー（1860～1911年）は晩年、ニューヨーク・フィルの音楽監督を務めた。アルトゥーロ・トスカニーニ（1867～1957年）はニューヨーク・フィルとNBCオーケストラを指揮し、アメリカで名声を博した。

レナード・バーンスタイン（1918～90年）はマサチューセッツ州で生まれ育ったが、指揮者としてのキャリアはニューヨークで築き、初のアメリカ生まれの一流クラシック指揮者になった。バーンスタインが有名になったのは1943年のことである。病気のブルーノ・ワルターが急に降板したとき、その代役として見事にニューヨーク・フィルを指揮し、翌朝のニューヨーク・タイムズ紙 New York Times の一面を飾ることとなったのだ。後にバーンスタインはニューヨーク・フィルの音楽監督に就任した。一方でポピュラー音楽にも手を広げた。特にミュージカルの「オン・ザ・タウン On the Town」、「キャンディード Candide」、「ウエスト・サイド・ストーリー West Side Story」が有名である。

ジョン・ケージ（1912～92年）は1940年代に故郷ロサンゼルスからニューヨークに移り、前衛作曲家の第一人者として知られるようになった。有名な作品には、無調や無音の音楽がある。ケージの原譜はピアモント・モーガン図書館で見ることができる。（「観光スポットと楽しみ方」を参照）

ジャズ　ジャズの前身であるラグタイムは、20世紀前半にニューヨークで大流行した。その発展に貢献したのは、典型的ラグタイム形式の見本「メープル・リーフ・ラグ Maple Leaf Rag」を作曲したスコット・ジョプリン（1868～1917年）、そしてティン・パン・アレー版ラグタイムの「アレグザンダーズ・ラグタイム・バンド Alexander's Ragtime Band」を作曲した若手のアーヴィング・バーリン（1888～1989年）の2人である。

1940年代にアメリカのジャズの中心はカンザス・シティやニュー・オーリーンズからニューヨークへ移り、すべての「音符を奏でる者」（および数千人の志望者）が名を成そうとマンハッタンを目指した。ジャズは主流の音楽になり、クラブからオーケストラへと演奏場所を移していった。ジャズの発展に貢献し

ニューヨーク・サウンド

1970年代に音楽業界は西海岸へ移転した。一足先に移転していた映画やテレビ産業を後追いした形だった。ところがティン・パン・アレー（ポピュラー音楽の作曲家、演奏家、楽譜出版社が集まっていたニューヨークの一角）の天才ソングライターたちが太陽のふりそそぐ土地に落ち着くと、彼らの音楽にも自己満足感が表れ、それが「大人向けのロック」となって放送電波を席巻した。60年代のプロテスト・ミュージックなど、街のエネルギーから生まれたロックは、もはや対抗できなかった。かつてハーレムの地下室から52丁目のクラブにいたるまで都市全体を揺り動かしたビ・バップ・ジャズも、商業流通性や創造性の戦いに破れ、フュージョンに優位を譲ることとなった。

しかしニューヨークの音楽は滅びてはおらず、眠ってもいなかった。70年代後半に、黒人やプエルトリコ人の新しい世代のニューヨーカーたちが、まったく新しいストリート・ミュージックであるラップを作り出した。そして黒人と白人の対立、スラム地区の若者と警官の闘争、ギャング団同士の対決など、物議をかもすテーマを表現したのだった。この骨太な音楽が、後にヒップホップといわれるようになった都会的サブカルチャーを生み出し、音楽だけでなくファッションや落書きアートをも取り込んでいった。それから約20年、今では世界中のどこのラジオをつけても、70年代のニューヨークのストリートで生まれたヒップホップ・サウンドに強い影響を受けた音楽が聞こえてくるようになった。

ラップ・ミュージックの基盤となるヒップホップ・ビートは1976年頃にサウス・ブロンクスで生まれた。生みの親は、クール・ハークというブロンクスのDJである。クール・ハークは、同じレコードを2枚使って、曲のブレイクを何回も繰り返しつないでいくと、踊っている人が圧倒的に楽しめる音楽になることを発見した（ブレイクとは、曲の一番かっこいい短い断片で、たいていドラムとベースが同時に同じ拍を打つ瞬間を指す）。やがてグランドマスターと呼ばれる人気DJたちは、ターンテーブルの上でレコードをスクラッチ（レコードを手で押さえて前後に擦ることで独特のリズムをつくる手法）するようになった。そして、そのようにして作り出された強烈なビートの上にしゃべる歌詞が乗っかり、ラップ・ミュージックが生まれたのである。

70年代にラップが登場したときは、当時流行していた高額所得層向けのディスコ・ミュージックとは反対の指向性を持っていた。しかし1979年にシュガーヒル・ギャングの「ラッパーズ・ディライト」が出ると、ラップとしては初めての世界的なヒットとなった。この曲は、ディスコ・ミュージックであるシックというグループの「グッド・タイムズ」という曲から完璧なベースラインを借用して作られた。ラップがメジャーな音楽になってくると、メジャー・バンドが、次々とラップのエネルギーを取り入れるようになった。ポップ・グループのブロンディは、いち早くラップの要素を取り入れた「ラプチャー」を発表してヒットさせた。曲の中にブロンクスのラッパーたち、グランドマスター・フラッシュとファブ・ファイヴ・フレディの名前が登場する。

たのは、ジョージ・ガーシュウィン（1898〜1937年）とデューク・エリントン（1899〜1974年）である（エリントンの有名な曲「A列車で行こう*Take the A train*」は、彼が作曲家ビリー・ストレイホーンに、ハーレムの自宅アパートに来る道順を教えたときの出だしの言葉から生まれたものである）。

40年代にトランペット奏者ディジー・ガレスピー（1917〜93年）やサックス奏者チャーリー・パーカー（1920〜55年）がビ・バップ・スタイルを導入し、その後トランペット奏者マイルズ・デイヴィス（1926〜91年）やサックス奏者ソニー・ロリンズ（1929年〜）などが、より自由な表現をするようになっている。20年代の禁酒法時代にもぐりの酒場だった店——特に52丁目沿い——の多くが、第2次世界大戦後にジャズ・クラブになった。

1960年代前半、ジャズの構造を重視する人と、束縛されずに自由な表現を求める人の間で対立が起こった。70年代後半には、ジャズにおける表現の制限はいっさい取り払われた。しかし近年、伝統主義の動きが起きている。その先頭に立っているのが、トランペット奏者ウィントン・マルサリスと、若手の大物サックス奏者ジョシュア・レッドマンである。

現在、グリニッチ・ヴィレッジにはまだ多数のジャズ・クラブが存在している。その一つが、50年の歴史を誇るヴィレッジ・ヴァンガード（「エンターテインメント」を参照）で、世界で最も有名なジャズ・クラブといってよいだろう。ニューヨークでは毎年夏に、少なくとも3つの大規模なジャズ・フェスティバルが開催される。またウィントン・マルサリスが1996年から毎年「ジャズ・アット・リンカーン・センター」プログラムの公演を行うようになり、現在活躍しているジャズ・ミュージシャンを大勢ニューヨークに呼び戻した。ハーレムでは昔から激しいジャム・セッションが行われ、地元や外から来た名ミュージシャンたちが即興で共演を行っていた。今もその伝統を残しているのが、レノックス・ラウンジ、セント・ニックス・パブ、ショーマンズといったジャズ・クラブである。

ロック、フォーク、パンク アメリカの傑出したポップ・アーティスト（ボブ・ディランやジミ・ヘンドリックスを含む）たちは、別の地域で活動を始めた後に、人気と名声を得よ

ニューヨーク・サウンド

80年代前半には、ヒップホップに新しいテクノロジーの波が入ってきた。ディスコ・ミュージックで使われたドラムマシーン（打楽器の音を出すシンセサイザー）やサンプラー（音のデータを取り込んで加工できる機材）が、レコードプレーヤーやミキサーに取って代わるようになったのだ。しかしレコードプレーヤーなどが完全に廃れることはなかった。人気ラジオ番組で毎週DJを務めるファンクマスター・フレックスは、今も「鉄の回転盤」を愛用している。

ラップのスタイルも80年代に変化し始めた。ニューヨークでは、詩のような芸術的な歌詞をつけた「ニュースクール」と呼ばれるラップが急速に広まった。ア・トライブ・コールド・クエストやデ・ラ・ソウルなどの新しいスターたちは、知的で洗練された「ストリートの詩」と呼ばれるような歌詞で有名だ。また一部の批評家に「最高のラップ・グループ」と評価されているパブリック・エネミーは、鋭いサウンドを用い、人種問題に関する力強い政治的意見を表し、ラップ・ミュージックに新たに息吹を吹き込んだ。

90年代前半には「ギャングスタ・ラップ」と呼ばれる、都会の暴力・ドラッグ・セックスをテーマにした過激なラップが現れ、ヒップホップの世界で最も人気を集めるようになった。しかし、やがてギャングスタ・ミュージシャンの中で東西対立が起こり、ライバル同士だったヒップホップの大スター、ロサンゼルスのトゥパック・シャクールとニューヨークのビギー・スモールズがそれぞれ撃ち殺されるという恐ろしい事態が起きた。

その結果、ギャングスタ・ラップは衰退し、代わって女性ラッパーが活躍するようになった。たとえば、ブルックリン出身のリル・キム、ニュージャージー州ニューアーク出身のクイーン・ラティファとローリン・ヒルなどである。彼女たちの音楽には、フェミニズムなどの社会問題について表現しているものもある。

今日、ニューヨーク以外の場所で無数のヒップホップ・グループが活躍している。しかしどのグループも、ルーツをさかのぼれば必ずサウス・ブロンクスのブレイクマスターたちにたどりつくはずだ。そして現在ニューヨークのすべてのダンス・クラブが、彼らの影響を反映したサウンドを鳴らし続けているのである。クラブの情報に関しては、「エンターテインメント」の章を参照。

ハウスで歌うクイーン・ラティファ

うとニューヨークに移ることが多かった。実は「ロックンロール」という言葉を作って広めたディスク・ジョッキーのアラン・フリードも、もともとクリーヴランドのアナウンサーで、名を挙げようとニューヨークに出てきたのである。

60年代にはニューヨークは世界のロック・クラブの中心地になっていた。当時、ジミ・ヘンドリックスは「カフェ・ワ？」などのクラブでセンセーションを起こし、ボブ・ディランは「フォーク・シティ」というクラブを本拠地にしてシンガーたちを率いて歌っていた。70年代にはニューヨーク出身のオルタナティヴ（代替の意味。メインストリームに対抗して新しい価値観を打ち出すこと）ロック・グループのラモーンズやニューヨーク・ドールズが、今は残っていないマックス・カンザス・シティというクラブで演奏していた。

70年代で最も有名なクラブはイースト・ヴィレッジのバワリー通りにあるCBGBだ（ちなみにCBGBはカントリー、ブルーグラス、ブルースの略である）。CBGBは、70年代のパンクやオルタナティヴのアーティストを生み出した店として有名になった。CBGB（ここ20年はCBの略称で呼ばれる）のステージには、かつてポリス、デッド・ケネディーズ、ブラック ブラック、トーキング・ヘッズなどが立っていた。

現在最も影響力を持つニューヨークのミュージシャンはルー・リード（1943年〜）だろう。リードはヴェルヴェット・アンダーグラウンド（VU）の創設メンバーだった。リードがVU時代およびその後のソロ時代に作った作品（「Sweet Jane（スウィート・ジェーン）」、「A Perfect Day（ア・パーフェクト・デイ）」）の前衛的で都会的なサウンドは、たくさんのバンドに模倣されている（いずれもオリジナルを超えてはいない）。リードは現在、伴侶でシンガーのローリー・アンダーソンと共にウェスト・ヴィレッジに住んでいる。

演劇

おおざっぱには、ニューヨークの演劇はアメリカの演劇であるといえるだろう。ニューヨークの最初の劇場地区Theater Districtは現在のヘラルド・スクエア付近にあった。初代のメトロポリタン・オペラ・ハウスとたくさんのミュージカル劇場があった場所だ。

かつてタイムズ・スクエア近辺では、ヴォードヴィル（イギリスのミュージカル・コメディのアメリカ版）が興行されていた。現在"正統な劇場"が集中している場所である（これに対し"正統でない劇場"とは、90年代後半にジュリアーニ市長が一掃するまでタイムズ・スクエアにたくさんあったストリップ劇場、ポルノ映画館、のぞき部屋などを指す。注意して見れば、これらの劇場がそこここに隠れているのが見つかるだろう）。初めてヴォードヴィルの大規模興行を行ったのはフローレンツ・ジーグフェルド（1867〜1932年）だった。「ジーグフェルド・フォリーズ」という、肌の露出が多い衣装をまとった女性ダンサーたちのショーで有名である。また、有名なバスター・キートン、ジェームズ・キャグニー、ジョージ・バーンズ、マルクス・ブラザーズ、アル・ジョルソンなどは、ヴォードヴィルで才能を磨いてからそれぞれの分野で活躍していった。

1930年代には実験的な演劇であるオルタナティヴ・シアターが登場した。この時代の最も優れた劇作家はユージン・オニール（1888〜1953年）だ。作品には「氷人来たる The Iceman Cometh」や自伝劇「Long Day's Journey into Night（夜への長い旅路）」などがある。

現在アメリカで最も影響力のある劇作家はアーサー・ミラー（1915年〜）であろう。ピュリッツァー賞を受賞した「セールスマンの死 Death of a Salesman」のほかに、「A View from the Bridge（橋からの眺め）」（1955年）や「The Crucible（るつぼ）」（1953年）などの作品がある。「The Crucible」はマサチューセッツ州セイラムの魔女裁判を描いているが、間接的に当時のマッカーシー上院議員を中心とするヒステリックな反共運動を批判したものだった。ミラーは今も作品を制作し続けている。また「The Crucible」と「The Man Who Had All The Luck（運を味方につけた男）」は現在ブロードウェイで再演されている。

オルタナティヴ・シアターはここ数十年間、アメリカで最も優れた劇作家を何人も輩出してきた。なかにはブロードウェイで作品が上演されている作家もいる。その一人であるサム・シェパード（1945年〜）は、「Buried Child（埋められた子供）」など、見る者を考えさせる作品で知られている。

オーガスト・ウィルソン（1945年〜）はアメリカで最も有名な黒人劇作家である。「ピアノ・レッスン The Piano Lesson」や「フェンス Fences」、「Seven Guitars（7つのギター）」などがブロードウェイで成功した。そのほかにもアフリカ系アメリカ人の経てきた体験を掘り下げた作品を描いている。デイヴィッド・マ

ショーほど素敵な商売はない

メット（1947年～）はアメリカ人の負の面を追求して「スピード・ザ・プラウSpeed the Plow」や「アメリカン・バッファローAmerican Buffalo」などの作品を描いた。

ニール・サイモン（1927年～）は、デビュー当時はテレビの寸劇の脚本を書いていた。サイモンはニューヨークと最も関連が深い現代の劇作家である。その作品「おかしな二人The Odd Couple」、「Barefoot in the Park（裸足で散歩）」、「プラザ・スイートPlaza Suite」、「Brighton Beach Memoirs（思い出のブライトン・ビーチ）」、「ビロクシー・ブルースBiloxi Blues」は、すべて映画化されている。サイモンの名を冠した劇場がブロードウェイにある。また、サイモンは現在も当たる作品を生み出し続けている。最近の作品「ロンドン・スイートLondon Suite」がその適例である。

いつの時代も、ニューヨークの演劇の主力はミュージカルだった。ポピュラー・ミュージックの作曲家ジョージ・ガーシュウィン（1898～1937年）とコール・ポーター（1893～1964年）は、不朽の名作を世に送り出した。ガーシュウィンの代表作は「ポーギーとベスPorgy & Bess」、ポーターは「キス・ミー・ケイトKiss Me Kate」である。スティーブン・ソンダイム（1930年～）は、大衆向けの実験的なブロードウェイ作品を制作した。たとえば「ウエスト・サイド・ストーリーWest Side Story」の作詞、および「A Funny Thing Happened on the Way to the Forum（会場に向かう途中で不思議なことが起きた）」や「Sunday in the Park with George（ジョージと一緒に日曜日の公園で）」の作詞・作曲を行っている。

最近のブロードウェイ作品の一部は、オフ・ブロードウェイ作品のように見せようとしている。舞台装置をやや質素にして、型破りなテーマを扱うようになっているのだ。このような"オルタナティヴ（新しい価値を打ち出す）"なミュージカル公演には「シカゴChicago」や「レントRent」が含まれており、どちらもブロードウェイで大ヒットとなっている。しかし今も「まじめな」出し物は、ロンドンから入ってきているものが多い。

絵画

ニューヨークでは絵画の取引が、制作と同じくらい盛んである。世界的に影響力を持つ絵画コレクター、ギャラリーや美術館がニューヨークを本拠にしている。一方で、ニューヨークは長年にわたり前衛美術の中心地でもあり、業界に度々大論争を引き起こしてきた。

たとえば1913年にフランスの画家マルセル・デュシャン（1887～1968年）がアーモリー・ショー（正式には国際近代美術展）に出品した作品「Nude Descending a Staircase（階段を降りる裸体）」は、来場した30万人の間にセンセーションを巻き起こした。批評家たちはそのキュービズム様式の絵には、裸体も階段も描かれていないように見えると指摘した。デュシャンはそれが狙いなのだと答え、そこから芸術運動ニューヨーク・ダダが始まった。ダダとはフランス語で木馬の意味である。デュシャンと、同郷のフランシス・ピカビア（1879～1953年）とアメリカ人のマン・レイ（1890～1976年）の3人を中心としたダダイストたちは、反戦的な態度や非構成主義的な芸術によって人に衝撃を与え、既存の価値を否定しようとした。20年代にはほとんどのダダイストが別の表現手段へ移行していったが、ダダの影響は20世紀の間ずっと残った。

一方、写実主義画家エドワード・ホッパー（1882～1967年）は、ニューヨークの長い夜や孤独な市民の姿を描いた作品で有名だ。代表作の一つ「ナイト・ホークスNight Hawks」は、真夜中のコーヒー・ショップに集う客に焦点を当てている。この絵はシカゴ美術館で展示されている。

第2次世界大戦後、アメリカ美術は抽象表現主義またはニューヨーク派と呼ばれる画家の出現によって繁栄期を迎えた。抽象表現主義とは、簡単に定義すると、自然な表現方法と偶然に構成された形を組み合わせた手法のことである。抽象表現主義は1980年代半ばまで世界の美術の中で最も強い影響力を持っていた。代表的な画家はジャクソン・ポロック（1912～56年）とウィレム・デ・クーニング（1904～97年）の2人である。オランダの画家ピエト・モンドリアン（1872～1944年）は1940年にニューヨークに移住し、ジャズ音楽からインスピレーションを得て一連の有名な抽象作品を描いた。

1950年代から、現代美術はイメージやテーマをポップ・カルチャーから得るようになった。ニューヨークのアンディ・ウォーホル（1928〜87年）が「ファクトリー」と名付けた自分のスタジオで、取り巻きたちと共に文化について語る様子は様々なメディアに登場した。ウォーホルはポップ・アート・ムーブメントを起こしたが、その中には自身で大量生産したアート作品、実験映画「チェルシー・ガールズ*The Chelsea Girls*」、月刊誌「インタヴュー*Interview*」などがすべて含まれる。60年代には他の現代主義的な画家も活躍した。ジャスパー・ジョーンズ（1930年〜）やロイ・リキテンシュタイン（1923〜97年）などである。

80年代になると、ウォーホルの影響で画家が有名人としてもてはやされる風潮が定着し、批評家から見るとその価値に疑問が残るような作品を作る大勢の「よく知られた」画家やイラストレーターが出てきた。しかしその中の数人は、ギャラリーのひしめくソーホー地区を飛び出し、世界的に有名になった。ジュリアン・シュナベル、ケニー・シャーフ、そして元地下鉄の落書きアーティストだったキース・ヘリングなどである。

彫刻

ニューヨークでは優れた彫刻作品を美術館だけでなく、路上や広場や建物のロビーなどで見ることができる。公共の場所に彫刻を設置する伝統は根強く、有名なパブロ・ピカソやジャン・デュビュッフェ、ルイーズ・ネーヴェルソンなどの作品が街のいたるところに展示されている。残念なことに、世界貿易センターのショッピング・プラザやロビーを飾っていた貴重な作品の数々が2001年9月11日に失われてしまった。

他の公共の記念像はもっと恵まれた状態にある。たとえば、ユニオン・スクエアのジョージ・ワシントン像（1856年）やワシントン・スクエア・パークの凱旋門（1889年）（両方とも初代大統領に捧げられている）、またシティ・ホール・パークにある植民地時代の愛国者ネーサン・ヘールの像（1890年）などだ。セントラル・パークの一角のモール*The Mall*にはベートーヴェンやシェークスピア、ロバート・バーンズなどの有名な芸術家や政治家のブロンズ像（1876〜1908年）が並ぶ。マディソン・スクエア・パークには南北戦争の北軍の英雄の像がいくつか建っている。セントラル・パーク南通りと7番街の交差点にあるアーティスト・ゲート*Artist's Gate*には、キューバの愛国者ホセ・マルティなどラテンアメリカの英雄の像が並んでいる。ニューヨークで最も気味の悪い記念像は、バッテリー・パークのピアA（桟橋A）の南側に半分水沈したマーチャント・マリーン・メモリアル*Merchant Marine Memorial*（商船員記念碑）だろう。バッテリー・パークには他にもたくさんの彫像がある。

近代の彫刻作品は、国連本部の庭園など様々な場所に見られる。華やかなロックフェラー・センター周辺では、ポール・マンシップ作「プロメテウス*Prometheus*」（1934年）が噴水またはスケート場を見下ろすように設置されており、AP通信社ビルの正面玄関上には、イサム・ノグチの「ニュース*News*」（1940年）が据えられている。リンカーン・センターでは、ニューヨーク舞台芸術図書館にアレグザンダー・コールダーの「ル・ギシェ*Le Guichet*」（1963年）があり、ヴィヴィアン・ボーモント劇場前の池の水面に映るようにヘンリー・ムーアの「*Reclining Figure*（横たわる人）」（1965年）が置かれている。

写真

19世紀末に写真が芸術に高められた背景には、アルフレッド・スティーグリッツ（1864〜1946年）の影響が大きかった。彼はニューヨーク・シティを写した作品を多く残している。

1920年代から30年代にかけて、マン・レイ（1890〜1976年）がモダニズム運動の先導者となり、伝統的表現を離れて新しいテクニックを試し、シュールレアリスムの表現方法を用いた。しかしダダの時代が終わると、レイはニューヨークを離れパリに移住した。

ニューヨークは出版事業の中心地だったため、写真家にとって仕事は多かった。特に広告、ファッション、報道関係の会社が新たに増えたことで、仕事の機会が広がった。ジェイコブ・リースは著書「*How the Other Half Lives*（ほかの半分はいかに生きているか）」で19世紀後半のニューヨークのスラム（特にファイヴ・ポインツ地区）の荒廃ぶりを初めて公にした。その後、雑誌「ライフ*Life*」の影響でフォトジャーナリズムが発展した。当時ニューヨークで最も活躍していたのは、アメリカ軍に所属した最初の女性カメラマンの一人、草分け的な存在のマーガレット・バーク＝ホワイト（1904〜71年）、そして第2次世界大戦の終戦日に看護婦にキスをする水兵の有名な写真を撮った、人物写真や報道写真専門のアルフレッド・アイゼンシュテット（1898〜1995年）である。また、パパラッチ兼「救急車追いかけ屋」兼フォトジャーナリストのウィージー（1899〜1968年）は、無線で常に警察の動きを追い、凄惨な犯罪現場に早々と駆けつけていた。写真集「*Naked City*（裸の都市）」には、痛ましくも忘れがたい写真が収められ

ている。

　時代が下ると、写真家の多くは芸術写真だけでなく商業写真で有名になっていった（たとえば、リチャード・アヴェドン、ハーブ・リッツ、アニー・リーボウィッツなど）。一方、一般大衆には目に触れることのない作品を制作し続けている写真家もいる。たとえばナン・ゴールディンは70年代から現在にいたるまで、服装倒錯や麻薬中毒の友人たちの人生（および死）を撮り続けてきた。またシンディ・シャーマンは概念写真の連作を制作している（映画のスチール写真や犯罪現場の写真からインスピレーションを得た写真などがある）。

建築

過去の貴重な建築物がいくつも失われているとはいえ（たとえば、1960年代前半に惜しまれつつ取り壊されたペンシルヴェニア駅など）、ニューヨークを訪れる人は、建物を見てまわることで都市の歴史を感じ取ることができるだろう。マンハッタンには各種様式の貴重な建物がたくさんあるが、周辺の区でもアメリカで最も古い時代の建築物などを見ることができる。たとえば、クイーンズには17世紀の「ジョン・ボーンの家John Bowne House」があり、スタテン島にはウィリアムズバーグのような復元村「リッチモンド・タウン歴史村Richmond Town Restoration」が

スタンフォード・ホワイトのニューヨーク

ニューヨークの有名な建築物の一覧を見ていると、19世紀末から20世紀初頭にかけて、スタンフォード・ホワイト以外に建築家はいなかったのかという思いにとらわれる。ホワイトは「金ぴか時代」（南北戦争後から19世紀末にかけて、産業が急発展し成金趣味が横行した時代）における最も才能と勢いのある建築家で、彼の建築事務所「マッキム・ミード＆ホワイト」はニューヨーク・シティのボザール様式建築の傑作を多数制作した。1911年竣工の最初のペンシルヴェニア駅はホワイトの最高傑作と評価されていたが、建て替えのため1965年に取り壊されてしまった。当時、モダニズムの建築家フィリップ・ジョンソンをはじめ、多くの著名人が取り壊しに抗議した。

ワシントン・スクエアの凱旋門

　昔の優雅な宮殿のような駅が、現在のミッドタウンに建っている醜悪で非機能的なペンシルヴェニア駅とマディソン・スクエア・ガーデンの複合施設に入れ替わると、世間から激しい抗議の声がわき起こり、その結果、ニューヨーク歴史的建造物保存委員会Landmarks Preservation Commissionが設立されることとなった（ちなみに現在、同委員会は2001年9月11日のテロ事件後のロウアー・マンハッタンの保存と復興に関し重要な役割を果たしている）。歴史的建造物の保存に関する条例や市民の建築物に対する意識の向上のおかげで、グラマシー・パークのプレイヤーズ・クラブ、ワシントスクエアの凱旋門、ブルックリン美術館など、ホワイトの他の作品は解体を免れることになった。チャイナタウンに行く場合は、昔の**バワリー貯蓄銀行 Bowery Savings Bank**（バワリー通り130番地）に注目されたい。1894年にホワイトが設計した建物である。ロマネスク様式のアーチと金箔の施された半円筒形の内部天井を備えたこの建物の落ち着きは、バワリー通りとグランド通りの角を覆う交通や商売の喧噪とまったく対照的だ。

　ホワイト自身は不名誉な最期を遂げた。道楽の美術品収集で散財したため、1905年には破産寸前になっていたのだ。金がなくなるとセックス・現実逃避・不義密通の3つほど慰めになるものはないが、ホワイトは社交界で有名な若き人妻エヴリン・ネズビットと不倫関係になり、その慰めを3つとも手に入れた。二人は昔のマディソン・スクエア・ガーデンの上階にあったホワイトのアパートで逢い引きを重ねた。そしてまさにその建物の屋上のレストランで、ホワイトは嫉妬に駆られたネズビットの夫ハリー・K・ソーに射殺されたのである。ソーの公判で、5月から12月まで続いた情事の詳細が明らかにされ、**ホワイトの名声は失墜した**。そしてその結果、ソーは精神障害を理由に、陪審員から無罪と宣告されたのである。

　ニューヨークの建築に興味があるなら、ノーヴァル・ホワイト著「AIA Guide to New York City（2000）」がおすすめだ。ニューヨークの全5区にある重要な建築物すべてを網羅し、臨場感あふれる解説をしている決定版である。

マンハッタン北部では驚くほど立派な建築物に出会える。たとえばクロイスターズ美術館には中世の修道院が移築されている。またあまり知られていないが、オーデュボン・テラスにある大理石に覆われたアメリカ・ヒスパニック協会やアメリカ貨幣協会の建物もすばらしい。ローズヴェルト島には荒廃したゴシック様式の建物が残っている。マンハッタンにあるコロンビア大学と、ブロンクス・コミュニティ・カレッジ（元はニューヨーク大学の北キャンパス）の建物はいずれも壮麗なボザール様式で、これと比較すると他の学校は見劣りしてしまいそうだ。

特徴ある建物が一番多く見られるのはロウアー・マンハッタン、グリニッチ・ヴィレッジ、そしてミッドタウンのあたりであろう。たとえば、ヴィレッジのボヘミアンたちが出入りする18〜19世紀の建物、ミッドタウンのクライスラー・ビルに代表される戦前の超高層ビル、ソーホーの19世紀のカーストアイアン様式の建物、そしてモダニズム様式を予感させるシーグラム・ビルなどがある。現在も新しいビルが建てられている。最近では、5番街から57丁目を東へ歩いていくと見える真新しいLVMHタワーに驚かされるだろう。正面が一面クリスタル細工のこの建物を設計したのはピュリッツァー賞受賞の建築家クリスチャン・ド・ポルツァンパルクである。

お好みの建築様式がコロニアルであれ、アール・デコやロマネスク・リヴァイヴァルやムーア式やフレンチ・ゴシックであれ、そのすばらしい実例をニューヨークで見つけることができるだろう。建物や細部装飾を見るのが目的なら、上を見上げるのに慣れること、そして双眼鏡を携えることをおすすめする。一流の職人技による建築装飾が、ビルと同じくらい空高い場所に据えられている場合もあるのだ。

社会・風習

ビジネス風の格好でいるのがニューヨーク流かもしれないし、またどんな服でも黒ならヒップに見えるのはたしかである。だが、ニューヨークに溶け込むための特定の服装というのはない。結局はニューヨーカーの言うとおり「金がものを言い、嘘もまかりとおる」ので、服装がどうであれ、お金さえ払えば大丈夫なのだ。ただし、アッパー・イースト・サイドの高級レストランに行くなら話は別で、ジャケットとタイ着用が求められる。最近気取ったホテルのバーや専用ラウンジでは、ジーンズまたはスニーカーの客を断る傾向があるので、そういう場所に行く予定があるなら、それなりの服装の準備が必要だ。

しかし現地に溶け込んでいると自負する旅行者でも、ちょっとしたことでよそ者だと見破られる可能性がある。たとえば、歩いているときにビルを見上げること（2001年9月11日以降は事情が変わり、大勢の地元の人が、記憶にとどめておこうとさかんに摩天楼を見渡している）、または道を斜めに渡る代わりに交差点まで歩いて行ったり、車が来ないのに信号が変わるのを待ったりすることである。それから満員の地下鉄でニューヨーク・タイムズを読む際に、まず縦に二つ折りしてから横に半分に折らなければ、完全によそ者だとばれてしまう。また絶対にしてはいけないのは、タクシーを捕まえるために人の前を歩いていき、その人のタクシーを横取りしてしまうことである。

「電球を取り付けるのに、何人のニューヨーカーが要るんだ？」「そんなことあんたに関係ないだろ！」これは古いジョークだが、今のニューヨーカーにはほとんど当てはまらないようだ。もちろん、ラッシュアワー時に地下鉄の回転式改札口でメトロカードをごそごそ捜したり、ミッドタウンで大きな傘を差してゆっくり歩いたりすれば、地元の人たちはいらいらするだろうし怒るだろう。けれども多くの旅行者が驚くのは、ニューヨーカーたちが本当に優しくて親切だということである。本書執筆のために調査をしていたときも、以前は危険で行ったことのない地域で、大勢の地元の人が助けてくれ、道案内や情報提供、アドバイスをしてくれた。ニューヨーカーは誇り高い人々であり（あの"I Love NY"キャンペーンがなぜあれほど成功しているか、考えたことがあるだろうか？）、自分たちの知識や経験を人に示したい気持ちがあるのだ。そのようにして教えてもらったことは、"危険な街"に不案内な者にとって貴重な宝である。

宗教

"敬虔な"よそ者たちは、ニューヨーク・シティを現代のソドム（住民が邪悪だったために天上の火で滅ぼされた古代都市）だとあざけるようだが、実はこの地には6000を超える宗教施設が建てられている。その中にはヒンドゥー教や仏教の寺院もあれば、エホバの証人の王国会館もある。

ニューヨーク・シティで最大の宗教グループはカトリックで、人口の44％を占めている。教区が2つもあるほどだ（1つはブルックリン地域、もう1つが残りの地域である）。ユダヤ人は人口の12％を占め、バプテスト派、メソ

教会につき、落書き禁止

ジスト派、ルター派、長老派、米国聖公会が合計で10％に達する。人口の約8％は特定の宗教を信仰していない。

イスラム教徒は1950年代後半からニューヨークに入り、現在は人口50万人を超えている。ほとんどがスンニー派だ。ニューヨークで最も急速に人数が増加しているのがイスラム教徒で、それを象徴するように1991年に96丁目と3番街の角に巨大なモスクが建てられた。

カトリックとアフリカの信仰が結びついたアフリカ系カリブの宗教（サンテリアなど）は、ニューヨークのプエルトリコ人、キューバ人、ハイチ人社会で幅広く信仰されている。公式な数字は得にくいが、信者が数万人単位でいるのは確実だ。ハーレム、ブロンクス、そしてブルックリンの一部の地域で気をつけていれば、ボタニカ *botánica*（薬草、宗教的な絵、ろうそくなどを売り、客の相談に乗る店）をあちこちに見かけることだろう。なお教義上、動物を捧げるため、動物保護団体との間でたびたび衝突が起きている。

言語

アメリカ英語は、次々とニューヨークにやってくる移民たちの母国語から言葉を取り入れてきた。ドイツ人からは"フッドラム hoodlum"（ギャング、フーリガン）、イディッシュ語を話すユダヤ人からは"シュマック schmuck"（ばか）、アイルランド人からは"ガローア galore"（たくさんの）などの言葉が入ってきた。

ニューヨーク・シティの住人が母音を長く発音することにすぐ気づくだろうが、地元の人（特にマンハッタン）の話し方は映画やテレビでおなじみの"ヌーヤーク・ターク Noo Yawk Tawk"（ニューヨーク言葉）と比べるとかなり穏やかである。それでもマンハッタン以外の区ではニューヨーク・アクセントが強くなる。もちろん、その人が外国生まれでなければの話だが。慣れてくれば、重々しいしゃべり方のブルックリンの人、ゆっくり話すスタテン島の人、鼻にかかった話し方のクイーンズの人のアクセントを聞き分けられるようになる。

ニューヨークにはラテンアメリカ系の住民が多いため、スペイン語が第二の公用語のようになってきている。しかし今のところ、スペイン語と英語を組み合わせたような言語は生まれていない。それでも、ボデガ *bodega* というのがその辺のコンビニエンス・ストアを意味する俗語として使われていることは誰でも知っている（スペイン語でワイン貯蔵庫を意味するボデガの転用だ）。

ニューヨーカーの多くが使う（使わなくても認知はしている）独特の言い回しは、聞けば比較的すぐにわかるだろう。けれどもラップ・ミュージックの影響で言葉の使い方が大きく変わっている（しかもどこにも載っていない）ので油断がならない。またニューヨークの中でも地域によっては意味が違う言葉もある。

たとえば、ミッドタウンでコーヒーの"レギュラー"を注文すると、ミルクに砂糖が2杯ついてくるが、ウォール街あたりの店で同じ注文をすると、砂糖を山盛り3杯入れられる。常に興奮状態にある証券マンや弁護士たちの好みに合わせているようだ。

9月11日

9月11日

この都市は、その長い歴史の中で、初めて無防備となった。V字型の隊列をなして飛ぶ雁の群と変わらないほどの大きさの飛行機がたった一機飛行するだけで、たちまちこの夢の島を壊滅できてしまうのだ。塔を燃やし、橋を崩して……死すべき運命の暗示、それはもはやニューヨークの属性である……すべての都会の住人は、消滅という揺るぎない事実を抱えて生きなければならない。ニューヨークではその事実がより凝縮されている。都市自体が凝縮されているからだ。標的が多いため、ニューヨークは明らかに優先度が高くなる。雷を放ち得るいかなる歪んだ夢想家の心にも、ニューヨークは確かなあらがいがたい魅力を持っているに違いない。

E.B.ホワイト、1948年

美しい夜明けとともに始まったその火曜日、都市の子供たちは夏の思い出にひたりながら目を覚まし、予備選挙の候補者たちはニューヨーク市長選に向けて最後の選挙演説を行っていた。すでに報道陣や識者が、どの候補が本選挙まで行きつくか論じていた。一方では、多くのニューヨーカーたちが、ルディ・ジュリアーニ市長の任期が終わるのを単純に喜んでいた。投票所が開いてから2時間は経過しようかというとき、1機の民間航空機が世界貿易センターのタワー1に衝突した。その後のことは、世間で言われるように、すでに歴史である。

しかし、必ずしもそうとは言えない。歴史とは過去の出来事だが、不幸なことに、その日に起きたことはそう簡単には新千年紀の年代記に移行しないだろう。ニューヨーカーたちの人生は2001年9月11日に変わってしまい、広い意味でも狭い意味でも、もう二度と元には戻れなくなったのだ。上院の調査員たちが、ブッシュ政権がテロ攻撃以前にどの程度情報を持っていたか調べている間も、ニューヨーカーたちの心にある歌は変わらない。愛する都市への鎮魂歌だ。

世界貿易センターは権力と富以上のものを象徴しており、ダウンタウンの摩天楼を形作る単なる2つのタワー以上の存在だった。それはニューヨークが、犯罪や暴動や経済的苦境に見舞われどん底にあっても、力を結集すれば誰も見たことがないすばらしいものを作り出せるのだということを世界に示していたのである。今回、必ずや再びそれを示すことだろう。

タイトルページと写真
上：消防士の活躍をたたえる星条旗模様（Photograph by Angus Oborn）

写真左：在りし日のツインタワーを見上げて

ビルと建築家

世界貿易センターの建設計画は、1962年日系人の建築家ミノル・ヤマサキとの契約締結で始まった。ヤマサキが抱いた構想は、「人間とは、人間愛を信じ、個人の尊厳を尊重し、互いに協力することを信じ、その協力を通して偉大なものを作り出せるものだということを、具体的に象徴する建築物」を造ることだった。彼の設計に誰もが賛成したわけではなく、ツインタワーの建設中も抗議が続いた（建築家や都市計画者たちは「ひどい！」と叫び、地域の人々は、これほど巨大で、人によっては怪奇的であるとさえ感じられる建築物にたじろいだ）。しかし建設は進められ、1970年に最初のビル数棟がオープンした。世界貿易センター完成のテープカットは1973年4月4日に行われ、1988年にセンター内の最後のビルがオープンした。

世界貿易センターのプラザはベネチアのサン・マルコ広場を模して建設されており、その設計や装飾にはっきりとしたイスラムの影響がうかがえることに、多くの人が気づいている。興味深いことに、ヤマサキは世界貿易センター建設の前後に、サウジアラビアで多くの仕事を手がけており、主要な建築物には、キング・ファハド・ダーラン空港やサウジアラビア通貨局などがある。世界貿易センターのセントラル・プラザは、メッカの中庭と比較されることもあった。メッカの「聖なる泉」を思い起こさせる噴水があり、また空間をはっきり区切る設計がなされていたためだ。タワー自体は、下から見上げると（おなじみの遠景のシルエットよりも気分が高揚するようなすばらしい眺めだった）、多数の尖塔アーチが際立ち、美しさと機能性の両方を兼ね備えていた。この両方を兼ね備える点は、イスラム建築によく見られる特色である。タワーの外観が、マシュラビヤというモスクの窓を特徴づける優美で緻密な細工に似ていると指摘する人もいた。

2つのタワーは実際にはまったく同じではなく、タワー1は高さ1368フィート（約417m）だが、タワー2は1362フィート（約415m）だった（資料により数字が異なるが、おおむねこの数字であるとされている）。両タワーとも110階建てで、晴れた日には高層階から四方へ45マイル（約70km）先まで見晴らすことができた。各タワー基部の辺の長さは400フィート（約122m）、基礎構造の深さは700フィート（約213m）だった。合計900万平方フィート（約83万6100㎡）の事務所スペースがあり、平日には毎日約4万人が通勤していた。彼らは104ある乗用エレベーターのうちの1台でオフィスへ上がっていたが、1日平均1万人訪れる観光客と同乗することもあっただろう。

世界貿易センターの敷地面積は16エーカー（約6万4750㎡）で、うち5エーカー（約2万235㎡）がセントラル・プラザに充てられていた。ツインタワーのほかに、付近の主要な10の建物がテロ攻撃後に倒壊した。

写真下：テロ攻撃の被害を受けた近くのビル

9月11日 ― テレビは現実ではない

テレビは現実ではない

テレビの映像は衝撃的だが、現実のほうがはるかに恐ろしく、とてもテレビ、ビデオゲーム、インターネット、ハリウッドなどの無菌化されたバーチャル世界の枠に収まるものではない。崩れゆくタワーをCNNで見ても喉が焼けつくことはないし、不気味な静けさや大惨事の後の粉塵も、すべてを覆い尽くしてしまったわけではなく、局のアナウンサーはその被害を受けずに事件を解説できていたのである。いかなる優秀なカメラマンも、その新しい景色──6番街から南に、ニューヨーク港から水面越しに、またはホーボーケンやウィリアムズバーグの向かい側から見渡す、永久に不快感を催させるその現場──をとらえることはできなかった。「ない……ない」これは、真っ先に現場にかけつけたニューヨーク消防隊の「エンジン7・ラダー1」消防署の隊員がやっと口にした言葉だ。それから6カ月、9カ月、12カ月、あるいはもっと長い月日が過ぎた現在も、私たちはまったく同じ言葉を発し、同じくらい信じられない気持ちでいる。

展望台 テレビは現実ではない。そのため世界中から大勢の人がニューヨークに集まり、二次元の画面ではどうしても頭や心で理解しきれないものを、実際に体感しようとしている。かつてここに何があり、これからどうなるのかを見に訪れるすべての人を受け入れるために、巨大な展望台が造られ、作業員が1日24時間、週7日間、235日を超える日数働き続け、汚され破壊された現場をすっかり片づけた。

私は、連日眠れない夜と涙にくれる昼を過ごし、さまざまなニューヨーカーと話をした結果、この悲劇の立会人になることが──たとえ事件から長い時間がたっても──この出来事が事実であると認めていく努力なのだと考えるようになった。災害現場に集まって弔意を表し、自らの無知を嘆き、その場所で何が起こったのか理解しようとする、それが私たち人間の本質なのである。展望台や、印象深くて慰めになる（と同時に心を乱す）昔の摩天楼の写真、そして不定期にいつ

写真下：跡地付近に残された旧案内板

9月11日 ― テレビは現実ではない

までも続く弔問、それらはこの事件を理解して自分と結びつけようとする人々の試みである。それは、テレビが必死に作ろうとする現実(たとえば「Temptation Island(誘惑の島)」や「Survivor(サバイバー)」のようなリアリティ・ショー)では、満たされないことなのだ。裏を返すと、そのことが、私の周囲のニューヨーカーたちが一人も展望台を訪れていない理由になるのだろう。すでに見なくてよいものを見てしまった彼らにとって、この事件はあまりにも現実的な出来事なのである。

「昔の」ニューヨークをもう少しやんわりと思い起こさせてくれるのは、彫刻「Sphere(球)」である。世界貿易センターの瓦礫から発掘され(傷やへこみがあるものの)、バッテリー・パークに移設された。失われた景観を悼むために、ここを訪れるほうが気が休まると感じる人は多い。

従来の展望台は世界貿易センター跡地の東側のチャーチ通りにあったが、その後、跡地の南側のブロードウェイからグリニッチ通りにかけて設けられた展望エリアviewing areaに移り、毎日9:00から21:00まで見学ができるようになった。整理券は必要ないので、直接訪れればよい。

前向きに、上向きに ダウンタウン再建計画は複雑だ。都市計画、公共交通機関、建築、史跡保存などの統制があるうえに、感情的、政治的、経済的な圧力がかかっているためである。2002年3月から4月にかけて一時的に"光による追悼Tribute in Light"が行われ、はかないタワーのように見える光が空に向かって伸びていた。また、以前に世界貿易センターの下を通っていたパス(ニュージャージー州からの通勤電車)のトンネルが再建されることになった。しかし、本書

写真下:にわか仕立ての追悼場所の一つ

執筆時点では、この2つ以外の計画は何一つ定まっていない。

確かに、この巨大な墓場の上に何かを建設するべきなのかという倫理的な問題が残っている（2002年5月初旬現在、2843人の犠牲者のうち、869人の遺体が発見されただけである。作業員はそれ以外に、遺体の一部を1万9000発見している）。しかし、「復興」と「テロリズムに対する民主主義の勝利」の名のもとに、再建は確実に行われるだろう。最大の難題は、誰がこの跡地の今後の利用方法を決めるのかということである。

この難題は真剣に検討されており、犠牲者の遺族、史跡保存主義者、政治家、財政担当者、ダウンタウンの住民などの意見が取り入れられている。提案の一つは、ツインタワーを復元することであり、一定の支持を集めている（2002年6月実施の世論調査では、ニューヨーク市在住者の48％が、完全な復元を望んでいた）。しかしそれでは、この地域の恒常的にひどい交通渋滞を緩和し、公共交通を合理化するなどといった改善ができなくなる。そのうえ、今でも（そしておそらくこの先もずっと）ツインタワーの構造が完璧だったのかという疑問が残っているため（ツインタワー内部には、柔軟性を得るため、鉄の"皮"が使用されたのに対し、他の超高層ビルの内部には鉄の"骨"が使われている）、この案が採用されることはないだろう。

ロウアー・マンハッタンの再建は"アメリカ史上最大の都市再開発計画"と呼ばれている。具体的にどのような方法で行うのかはっきりしていないが、2002年7月に6つの試案が出された。これらの試案と、一般からの意見を吸収するために市庁舎で開催するミーティングに基づき、最終的な計画案が2003年前半までにまとめられる予定である。

残念なことに、試案に盛り込む要件が厳しかったため（事務所スペース1100万平方フィート（約102万㎡）、店舗スペース60万平方フィート（約5万5740㎡）、客室数800のホテルなど）、6つの案はどれも革新性や魅力に乏しく、似たり寄ったりのものが多かった。ブルームバーグ市長は提出された案に落胆し、これはあくまでも"出発点"であるとしか述べなかった。また地域改革推進派は、どの案にも新たな住宅が組み込まれていないことを嘆いた（それでもほとんどの案が、跡地に隣接する既存のビルのいくつかを住宅に変えている）。

どの案も、記念公園を設けている。跡地面積全16エーカー（約6万4750㎡）のうち、3分の2を公園にしている案もある。また、いくつかの案では、崩壊したタワーの痕跡を残す設計をしている。どの案も試案段階ではあるが、設計者たちは、最終案では確実にグリニッチ通りをつなげることで意見が一致している（この通りは世界貿易センターで行き止まりになっており、同センター最大の批判の的だった）。芸術的要素としては、いくつかの案に共通してガラスのタワーあるいは標識灯が用いられた。複数の案では、そのガラス構造物のてっぺんを元のツインタワーよりも高くしている。6つの案に対する批判や失望も多いが、計画担当者たちは、最終案もこれらの試案の特徴を取り入れたものになるだろうとしている。

時間経過

8:46am	9:02am	9:17am	9:21am
アメリカン航空11便がタワー1（北タワー）に衝突。	アメリカン航空175便がタワー2（南タワー）に衝突。	米連邦航空局（FAA）がニューヨークのすべての空港を閉鎖。	ニューヨークとニュージャージーの港湾管理委員会が、ニューヨーク地区のすべての橋とトンネルを封鎖。無数の通勤者がマンハッタンで立ち往生となる。

10:10am	10:28am	10:53am
ユナイテッド航空77便がペンシルヴェニア州の田園地帯に墜落。	北タワーが崩壊。	ニューヨーク市長選の予備選挙が延期となる。

9月11日 — 時系列

9月11日

写真上：バッテリー・パークと昔のマンハッタンの景観

写真右：9月11日以降のマンハッタン。ステテン島行きフェリーより撮影

時間経過

9:40am	9:43am	9:45am	9:59am
FAAが史上初めてアメリカのすべての航空機を運航停止にする。	アメリカン航空77便が米国防総省（ペンタゴン）に衝突。	ホワイトハウスから全職員が避難。	南タワーが崩壊。

2:49pm	5:25pm
ジュリアーニ市長が一部の地下鉄とバスの運転再開を発表。死者の数をきかれ、「そのようなことを考えたくない。誰にも耐えられないことだ」と答える。	世界貿易センター第7ビルが崩壊。

一人のニューヨーカーとして

あの日からちょうど6カ月目に、私はこの文章を書いている。けれどもカレンダーやマスコミが経過を追っていなければ、日にちに気づかなかっただろう。悲しみと回復、嘆きと再編成、ここニューヨークでは時間は奇妙に屈折して非直線的に、かつまたたく間に流れ、毎日カレンダーに印をつけていても、その復興の状況を把握するのは難しい。

マンハッタン全体、そして近接する区やその先の郊外の方まで、追悼の意識が根づき育っている（追悼会への参列や追悼基金への振り込みは、そのささやかな気持ちである）。そして、私たちは春に地面を押しのけ大胆に再生の若芽を出すスイセンの花を迎えるのである。私たちはその花から春の芽生えのエネルギーをもらったふりをして、廃墟から立ち上がるこの不死鳥について報じる。けれどもそうする間にも、思わず涙がこぼれ、ダウンタウンの毒気におびえ、変わり果てたマンハッタンの景観に改めて嘔吐を催す。そのすべてを、何が起こったのか理解できない呆然とした気持ちが覆い尽くしているのだ。

特に愛する者を亡くした方々はあまりにも強くその痛みを感じている。経験していない人がこれを読んだら、感傷的に思われるかもしれないが、経験しなくてすんだのはありがたいことだろう。

この忌まわしい状況から、私たちは懸命に希望を見出そうとしている。雷鳴がとどろく中で、結婚の申し込みが行われ、争いの矛が収められ、この苦しみを表現する創造性や芸術が一気に湧き起こり、新たに尊敬と感謝と畏敬の気持ちが、消防士、警察官、救助隊員の人々に向けられるようになった（9月11日に合計403名が亡くなった）。命の尊さとはかなさに大勢の人が気づきはじめ、人々の連帯感が深まった——戦争の被害を受けた他の国や地域の人々とのきずなは確実に強固になり、全国的な平和運動も復活した。私は、その日に姉と兄が肉体的な被害を受けなかったことを非常に幸運であったと感じている。けれども2人とも実際の出来事を目にしていたため、その恐ろしく忌まわしい情景が深く瞼と心に刻みつけられた。もっと悪い事態になっていても不思議ではなかったのだから、私たちはその意味では幸運だった。このように記すことを、ご家族やご友人を亡くされた方々に許していただきたい。

9月11日の残酷な出来事は、私たちを無自覚な状態から目覚めさせ、この巨大な国際都市、ひいては全世界に対して責任ある行動をとるように促し、ニューヨークを含む都市の脆弱性を直視させ、このような行為の原因を理解しようとする姿勢を取らせることになった。国際都市ニューヨークは今では名実ともにすべての人のものになった。ルディ・ジュリアーニ前市長は追悼式典で、ニューヨークを"世界の首都"であると明言した。当日亡くなった方の中に、91カ国494人の外国人（犠牲者の17％に相当）が含まれていたことも、その裏づけである。

これから先どうなるのか、ニューヨークがどうなっていくのか、時が教えてくれるのを待つしかない。それまでは、最良の状態を望みながら、最悪の事態にも備え、新しい道に向かって共に努力するだけである。より良い現実と未来を作り出すこと、それがあの火曜日の事件の残した遺産であることを願ってやまない。

癒しに向かって　あくまでも、私の経験は非常に個人的なものである。テロ攻撃によって学んだ多くのことの一つは、人によって事件との向き合い方が違うということだ。受け止める順序も、理解のしかたも、時間の流れる速度も異なる。

人によっては、今でもカナル通りの南にとても足を踏み入れることができないと感じている。一方、跡地を見て慰められる人もいる。犠牲者と心を通わすために通い、記念の品を残し、その地で行われる作業を眺めるのである。実際、ある調査によれば、ニューヨーク在住者の38％が9月11日以降に世界貿易センター跡地を訪れているそうだ。おぞましい破壊現場の近くに住む人の多くは

一人のニューヨーカーとして

「とんでもない。行くものか」という態度を取り、ダウンタウンの下宿を離れようとしないが、一部の人は精神的および肉体的な健康をこれ以上悪化させないために引っ越しを決意した。このような選択は簡単ではないし、日々こうした決断と共に生きていくのは大変なことである。

一部の犠牲者の家族は結束してオサマ・ビン・ラディンを訴えているが、一方でマスコミの注目や関わりを避け、内輪だけで立ち直っていこうとする家族も多い。当然のように、激しい怒り、罪悪感、心の傷、事実否認、その他さまざまな思いが誰の心にも混じり合っている。一口に悲嘆といっても、その内容はあまりにも多様であり、癒しのプロセスも個人差があって複雑であるということに、私たちは気づきはじめている。

ニューヨーク・シティは全資産を復興のために投入し、住民が心の健康を取り戻せるように、市保健局のプログラム「プロジェクト・リバティ」を通して公的支援を行っている。このプログラムは、住民に「もっと気持ちを楽にしても大丈夫」と伝え、テロ攻撃の後遺症である不安、嘆き、悲しみ、抑鬱状態などの相談に乗るために、複数のフリーダイヤル電話やカウンセラー室を設けている。最近の統計によると、市のカウンセラー室に相談をした人のうち、9.8％がなんらかのPTSD（心的外傷後ストレス障害）症状に苦しんでいることが明らかになった（カナル通りより南の住民については、この数字は約20％に跳ね上がる）。

それでも、すべてのニューヨーカーに共通する反応が一つある。ツインタワー崩壊から今日この日にいたるまで、ニューヨーカーたちはむさぼるように摩天楼を眺め、建物の名前を口にして、その形を頭の中に刻み込んでいるのだ。ある朝起きてみたら、なくなっているのではないかと恐れているかのように。ウールワース・ビル、クライスラー・ビル、エンパイア・ステート・ビル、ダコタ・アパート、その他そこまで有名ではないが負けず劣らず堂々とした建物の数々。それらの建物は、レンガとモルタルとガラスと鉄から、芸術や情熱、そして美しい交響的な旋律を作り出せることを証明している。それらの建物もまた、私たちのニューヨークの本質なのである。

コナー・ゴーリー

世界貿易センター跡地に捧げられた追悼の品

基本情報

Facts for the Visitor

いつ行くか

ニューヨークは一年中旅行することのできる世界的な観光地であり、料金が安くなる"オフ・シーズン"と呼べる時期は特にない。冬期には、たまに格安航空券が出回ることがあり、また主要ホテルの多くは、比較的観光客の少ない1月から3月中旬にかけて安いパッケージ料金を設定している。

気候だけを考慮して日程を決めるなら、最も温和で過ごしやすいのは、9月中旬から10月にかけての時期(10月のほうが紅葉が美しい)、そして5月(ニューヨーカーたちが冬ごもりから目覚めて春を歓迎する時期であり、誰もが非常に愛想よく、また肌の出た軽やかな服装をしている)と6月上旬である。残念ながらこのような時期は観光客が多く、ホテル料金も高い。8月のニューヨークは大変評判が悪く、べたべたと蒸し暑くいらだたしい季節であり、お金のある人はさっさとよそへ逃げ出すほどである。この時期はどこへ行っても非常に静かで空いている。そのうえあまりにもつらい気象条件はニューヨークの真夏独特の連帯感と同士愛さえ生み出すため、ここに来て地獄の8月に耐えているだけで、不慣れな旅行者でも、クールでファッショナブルだと認めてもらえるのである。

オリエンテーション

マンハッタンの大部分は道がわかりやすい。1811年に都市計画委員会が行った区画整理のおかげである。区画整理の対象となったハウストン通り以北は、通りが碁盤の目のように整備された。マンハッタン島の南北方向には、名前または数字のついた14のアヴェニュー(街)が作られ、それに交差する東西方向には、数字のついたストリート(丁目)が作られた。ストリートの数字は北へ行くほど大きくなる。アヴェニューとストリートで囲まれた四角形をブロックと呼ぶ(歩くときのヒント:南北方向に20ブロック歩くと、ほぼ1マイル〈約1.6km〉になる。また、アヴェニューの幅はストリートの幅よりもずっと広いので、距離を見積もるときは注意が必要だ)。

14丁目より南に下ると事態は少々ややこしくなる。特にロウアー・マンハッタンやウォール街近辺は、昔のオランダ人植民者が使っていた曲がりくねった細道や、牛の通り道、商人のいた裏通りがそのまま残され、迷路のようである。"むかしむかし"には都市計画の概念がなかったせいで、ウェスト・ヴィレッジなどでは、ウェイヴァリー通りとウェイヴァリー通りの交差点だとか、そのすぐそばの西4丁目と西10丁目の角などに、実際に立つことができてしまう。ウェスト・ヴィレッジのこのねじれたエリアにタクシーで行くコツは次の通り。行き先として大きな通りの名前を告げ、そこで降りて、あとは目的地まで歩くとよい。そうすれば困りはてた運転手につきあってぐるぐる回らずにすむ。

ワシントン・スクエアのすぐ北から始まる5番街が、東の"イースト・サイド East Side"と西の"ウェスト・サイド West Side"を分ける基準線である。ストリートの番地もここから始まり、両側の川に近づくにつれ数字が大きくなる。おおむね(例外もあるが)1ブロックにつき、100ずつ数字が増える。したがって

カーネギー・ホール Carnegie Hall
(MAP6🏠154 W57th St〈西57丁目154番地〉)は、5番街から西へ1ブロック半ほど行ったところだと推定できる。

ブロードウェイは唯一マンハッタンをななめに横切る大通りだ。ブロンクスのほうへ続いており、昔のネイティブ・アメリカンの道路の名残である。

地図

ロンリープラネットでは、ラミネート加工を施したポケット版のニューヨーク・シティの地図を発行しており、どこの書店でも手に入る。また通常のホテルではロビーに無料のマ

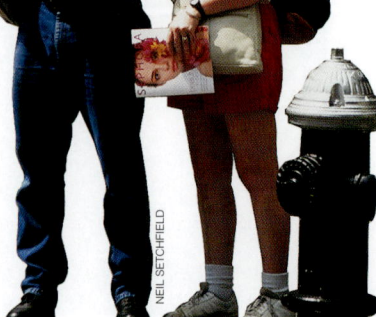

ンハッタン・ダウンタウンの地図を置いている。ニューヨーク・シティを幅広く探検するなら、5つの区（ボローborough）がすべて載っている街路地図を買うとよい。ジオグラフィアGeographia社とハグストロムHagstrom社がペーパーバック・サイズ（新書本くらいの大きさ）の街路地図帳を発行している。値段は約＄14。

マンハッタンの地下鉄の駅では、トークン（地下鉄乗車用コイン）売り場の横に、たいてい「インフォメーション・センター」がある。そこに大きな地図があり、付近の詳しい案内と見どころが全部わかりやすく記されているので、じっくり見てから地上に上がれば迷わずにすむだろう。最近できたとても便利な地図は、財布サイズのラミネート加工の地下鉄マップ（＄2）だ。各区（ボロー）のものと、地下鉄全体を細かく印刷したものがある。

地図は次の店で買える。**ハグストローム・マップ・アンド・トラベル・センター Hagstrom Map and Travel Center**（MAP6、#106 ☎212-398-1222 🏠57 W 43rd St、またはMAP3、#71 ☎212-785-5343 🏠125 Maiden Lane）は、5つの区（ボロー）全部を載せた便利な地図を売っている。**ランド・マクナリー・トラベル・ストア Rand McNally Travel Store**（MAP5、#50 ☎212-758-7488 🏠 150 E 52nd St）はレキシントン街と3番街の間にあり、世界各国に地球儀や地図帳を送付している。どちらの店もアイデンティティ・マップ・カンパニーIdentity Map Company発行の、壁に貼れる詳細で色彩豊かなマンハッタンの地図（＄30）を扱っている。散策には適さないが、すばらしい旅行の記念品になるだろう。

観光案内所

NYC・アンド・カンパニーNYC & Company（別名Convention & Visitors Bureau）が運営する**観光案内所 Information Center**（MAP6、#20 パンフレットと予約☎212-397-8222, 800-692-8474 🌐www.nycvisit.com 🏠810 Seventh Ave〈53丁目の角 at 53rd St〉 🕐月～金 8:30～18:00、土・日9:00～17:00）は、タイムズ・スクエアより北の劇場地区内にあり、きれいで管理も行き届いている。イベントのちらしを何百種も取り揃え、ATMも空いている。また数カ国語に対応できる係員に直接電話で相談もできる（☎212-484-1222）。

タイムズ・スクエア観光案内所 Times Square Visitors Center（MAP6、#53 🌐www.timessquarebid.org 🏠1560 Broadway 🕐8:00～20:00）は46丁目と47丁目の間のタイムズ・スクエアの中心部にあってとても便利だ。ATM、

無料インターネット、公衆トイレ、大量のパンフレット類を完備している。また、ブロードウェイのミュージカルなどのチケットを買えるブロードウェイ・チケット・センターBroadway Ticket Centerもこの中に入っている。

ビッグ・アップル・グリーターズ・プログラム Big Apple Greeters Program（☎212-669-8159 📠212-669-3685 🌐www.bigapplegreeter.org）は、イベント情報を電話で提供している。また500人のボランティアのガイドが、市内のあまり知られていない見どころへ無料で案内してくれる。外国語に対応できるガイドや、身体の不自由な観光客を専門に対応するガイドもいる。事前に予約が必要。ホームページはフランス語、ドイツ語、スペイン語でも見られる。

ニューヨーク州旅行情報センター New York State Travel Information Center（MAP6、#20 ☎800-225-5697 🏠810 Seventh Ave〈53丁目の角at 53rd St〉）は、ニューヨーク州のシティ以外の場所に関する情報も取り扱った出版物を発行している。

渡航書類

パスポートとビザ

パスポートの申請は、下記の書類を揃えて住民登録のある各都道府県の窓口へ提出する。申請から受領までには、通常1～2週間程度かかる。

1. 一般旅券発給申請書　1通
   パスポート申請窓口で入手する。有効期限が10年のものと5年のものがあるが、満20歳未満は5年のものしか申請できない。
2. 戸籍謄（抄）本　1通
   申請日前6カ月以内に発行されたもの。
3. 住民票　1通
   本籍の記載があり、申請日前6カ月以内に発行されたもの。
4. 写真　1枚
   縦4.5cm×横3.5cmの縁なしで、無背景（薄い色）。申請日前6カ月以内に撮影されたもの。無帽で正面を向いており、頭頂からあごまでが27±2mmであるなど申請書に記載されている規格を満たしていることが必要。
5. 官製ハガキ　1枚
   宛先として申請者の住所、氏名を記入。
6. 申請者本人の身元を確認できる書類
   有効な書類の原本に限る。運転免許証など写真付きのものは1点、健康保険証、年金手帳など写真がないものは2点
7. 旅券を以前取得した人はその旅券

基本情報 – 渡航書類

受領 指定日以降、申請日から6カ月以内に次のものを持って、必ず申請者本人が受け取ること
1. 申請の時に渡された受理票（受領証）
2. 手数料　10年旅券1万5000円、5年旅券1万円（12歳未満5000円）
3. 申請の時に提出し、旅券事務所から送付されたハガキ

　アメリカとビザの相互免除協定を締結している国の国民は、パスポートがあれば、ビザを取得しなくてもアメリカに入国90日以下の滞在ができる。現在この協定を結んでいる国は、日本、オーストラリア、オーストリア、デンマーク、フランス、ドイツ、アイルランド、イタリア、オランダ、ニュージーランド、ポルトガル、シンガポール、スペイン、スウェーデン、スイス、イギリスである。この協定のもとでは、旅行者はアメリカで払い戻しのできない往復の航空券を所持してなければいけない。また滞在期間は90日を超えて延長できない。

　ビザ申請者は、確実に母国へ帰る「拘束的な義務があることを証明」することを求められる可能性がある。このため、アメリカ入国前に他国を旅行する予定がある場合は、出発前に、自国でアメリカのビザの申請をしておくことをおすすめする。

　日本でのビザ発給の申請は大使館または大阪、沖縄の領事館へ。その他の領事館ではビザ業務は行っていないものの、アメリカに関するさまざまな情報を提供している。

　アメリカ国民以外のHIVウィルス感染者は、アメリカへの入国を拒否される可能性があることに留意。

ビザの延長 パスポートに押された日付を超えてアメリカに滞在する必要（または希望や願望）がある場合、その日付よりも前に、ワース通りの近くの**移民・帰化局 Immigration and Naturalization Service Office Information Branch**（INS）（MAP3 ⬆3rd fl, 26 Federal Plaza）に出向いて延長の申請をする必要がある。最近は入国管理における警備や審査が厳しくなっているので、延長申請前にビザを失効させるのは得策ではない。事務手続きは早めにきちんと処理しておきたい。

旅行保険

どのような旅行であっても、必ず旅行保険をかけたほうがよい。治療費用や携行品の盗難や破損をカバーするだけでなく、旅行中のキャンセルや遅れ、入院や災害など最悪の事態にも対応しているものを選ぶべきである。補償範囲は保険の種類や航空券の種類によって異なるので、細かい字の説明を読んだうえで、さらに詳細は保険会社に説明してもらうようにする。問い合わせる際には、保険金の支払い方法と、24時間対応の緊急連絡先があることを確認するとよい。

　旅行保険はできるだけ早めに加入する。出発の1週間前に加入した場合、たとえば加入前に起こったストライキや順法闘争などの影響でフライトに遅れが生じても、保証されない可能性もあるからだ。

その他の必要書類

ニューヨークで車を運転しようなどとは思わないだろうが、どうしても運転しなければならない場合、運転免許証が必要となる（ただしアメリカのレンタカー会社は25歳未満の人に貸すのを嫌うことに留意しよう）。旅行前に、あらかじめ国際運転免許証を取得しておいたほうがよいだろう。

　国際運転免許証は、住民登録している運転試験免許センターで取得できる。申請書は窓口にあるので、写真1枚（5cm×4cm撮影後6カ月以内、無帽、正面、上三分身、無背景）と日本の運転免許証（小特、原付、大特および仮免は除く）、パスポートを持参して手続きを行う。申請料は2650円。

　また、バーやクラブ、ラウンジに入ろうとするときや、酒類そのものを購入するときに、運転免許証がいる。法律によりアメリカ国内では21歳以上の成人にしか飲酒が認められないため、酒類を提供する店の前では、ジュリアーニ前市長の頃から、用心棒たちが攻撃的な態度で年齢の"証明"を求めるようになった。なぜだか理由はわからないが、彼らはパスポートを十分な証明書類だと認めないことが多い。

コピーしておくもの

重要な書類（パスポートのデータとビザのページ、クレジットカード、旅行保険証書、航空券、運転免許証など）は、出発前に必ずコピーを取っておく。一部は留守宅に預け、もう一部は自分で持ち、原本とは別の場所に保管するとよい。

　また重要な書類の内容を、ロンリープラネットの無料のオンライン情報管理サービスTravel Vault（トラベル・ボールト）に入れておくのも良い方法である。コピーをなくした場合や、コピーを持ち歩く面倒を避けたい場合に有効だ。トラベル・ボールトはパスワードで保護されており、世界中どこからでもインターネットでアクセスできる。トラベル・ボールトを作るには🅦www.ekno.lonelyplanet.comへ。

大使館・領事館

アメリカ大使館・領事館
アメリカ大使館
☎03-3224-5000 ℻03-3505-1862
🌐www.usembassy.state.gov/tokyo/wwwhjmain.html
🏠東京都港区赤坂1-10-5

在札幌アメリカ総領事館
☎011-641-1115 ℻011-643-1283
🌐www.usembassy.state.gov/sapporo/
🏠札幌市中央区北1条西28丁目

在大阪・神戸アメリカ総領事館
☎06-6315-5900 ℻06-6315-5915
🌐www.senri-i.or.jp/amcon/
🏠大阪市北区西天満2-11-5

在名古屋アメリカ領事館
☎052-203-4011 ℻052-201-4612
🌐www.usembassy.state.gov/nagoya/
🏠名古屋市中区錦3-10-33　錦SISビル6階

在福岡アメリカ領事館
☎092-751-9331 ℻092-713-9222
🌐www.usembassy.state.gov/fukuokaj/
🏠福岡市中央区大濠2-5-26

在沖アメリカ総領事館
☎098-876-4211 ℻098-876-4243
🌐www.usembassy.state.gov/naha/
🏠浦添市西原2564

他国のアメリカ大使館・領事館については、
🌐www.usembassy.state.govを参照。

在ニューヨーク市領事館
ニューヨーク・シティに国連本部があるため、世界のほとんどの国がマンハッタンに外交機関を置いている。

ニューヨークのイエロー・ページ*Yellow Pages*の領事館Consulatesの項にすべて列挙されている。

日本とカナダの領事館の連絡先については下記の通り。

在ニューヨーク日本国総領事館（MAP5、#59）
☎212-371-8222（代表）※緊急の場合は24時間対応 ℻212-319-6357
🏠299 Park Avenue, 18th Floor, New York, NY 10171（48丁目と49丁目の間）
領事部（パスポート関係）
☎212-888-0889 ℻212-755-2851
🕘月～金 9:30～12:00、13:30～16:00
🌐ny.cgj.go.jp/jp/html/

カナダ（MAP6、#38）
☎212-596-1628 ℻596-1793
🏠1251 Sixth Ave, New York, NY 10020-1175

自国の大使館・領事館　トラブルに巻き込まれた場合、これらの自国の機関がどの程度助けてくれるのか認識しておくことが重要だ。一般的には非常事態に陥った場合、少しでも自分に責任があれば、大使館は助けてくれないだろう。旅行中は滞在先の国の法律が適用されることを知っておく必要がある。たとえ母国では犯罪にならない行為でも、滞在国の法律に触れて刑務所に入れられた場合、大使館は同情してくれない。

自分の責任でない非常事態の場合、多少は助けを得られるかもしれないが、他のすべての手段がだめだとわかってからのことだ。大至急帰国しなければならない場合、無料の航空券をもらえる可能性はほとんどない――大使館では旅行者が保険に入っていることを前提にしている。お金もパスポートもすべて盗まれた場合、新しいパスポートの発給はしてくれるだろうが、旅行を続けるお金を借りようとするのは問題外だ。

通関

アメリカの税関では、21歳以上の成人1人につき、酒類1ℓ、紙巻たばこ200本まで無税で持ち込める（喫煙者の方へ：ニューヨークではたばこ1箱が約＄7する。出国の際に免税店で買っておくとよい）。アメリカ国籍のある人は＄400相当の贈答品を無税で持ち込めるが、アメリカ国籍のない人は＄100相当に制限される。手持ちの米ドルまたは他通貨の現金、トラベラーズチェック、郵便為替などの合計が＄1万以上を超える場合は、超過金額を申告しなければいけない。持ち込む金額に法律上の制限はないが、＄1万を超える未申告の金額については捜査される可能性がある。

お金

通貨

米ドル（俗にバックbuckといわれる）は、1ドルが100セント（¢）に換算される。硬貨には次の種類がある。1¢（ペニー）、5¢（ニッケル）、10¢（ダイム）、25¢（クォーター）、そしてめったにお目にかかれない50¢（ハーフ・ダラー）である。紙幣には、＄1、＄2、＄5、＄10、＄20、＄50、＄100の種類がある（＄2札に出会えれば運がいい）。2000年初旬に新しい金色の＄1硬貨が導入された。表面には、サカジャウェアというネイティブ・アメリカンのガイドで、探検家ルイスとクラークをアメリカ西部へ案内した女性が描かれている。印象的な硬貨だが、恐ろしいくらい重く、目

基本情報 – お金

立ってじゃらじゃらするので、金持ちがやってきたと物乞いに思わせてしまいそうだ。この硬貨は、切符や切手の自動販売機のおつりで出てくることが多い。

近年、米財務省は偽札防止のため、$5、$10、$20、$50、$100紙幣のデザインを改めた。相変わらず味気ない緑色のままだが、大統領たちの肖像は頭が不自然に大きくてコミカルだ。今ではほとんどの店が新しい紙幣（旧紙幣と併用されている）に対応しているが、自動販売機の中には「新」$20札を受け付けないものもある。

為替レート

国	単位	US $
日本	¥100	$0.85
カナダ	C$1	$0.72

（$1＝117.7円。いずれも'03年5月7日現在）

両替

チェース銀行 Chase Bankのチェース・プラザ支店Chase Plaza Branch（MAP3、#369 ☎212-552-2222 ⌂1 Chase Manhattan Plaza〈ウィリアム通り沿いat William St〉Lower Manhattan ◐月～金8:00～15:30）は、リバティ通りとパイン通りの間にあり、手数料なしで外貨の両替をしてくれる。**エンパイア・ステート支店 Empire State Branch**（MAP5、#118 ⌂349 Fifth Ave〈34丁目との角at 34th St〉◐月～金8:30～16:00）は、ミッドタウンのエンパイア・ステート・ビルの真向かいにあり、外貨両替を取り扱っている。

アメリカン・エキスプレス American Express（MAP3、#59 ☎212-421-8240 ⌂World Financial Center, West & Vesey Sts ◐月～金9:00～17:00、MAP3、#66 ☎212-693-1100 ⌂111 Broadway、MAP6、#104 ☎212-687-3700 ⌂1185 Sixth Ave〈47丁目の角at 47th St〉）は定評のある外貨両替サービスを行っているが、午後には長蛇の列ができる。他の支店もあるので、直接**アメリカン・エキスプレス**（☎800-221-7282）に問い合わせるとよい。

トーマス・クック Thomas Cook（MAP6、#48 ☎212-265-6049 ⌂1590 Broadway〈48丁目の角at 48th St〉◐月～土9:00～19:00、日9:00～17:00）は市内8カ所で外貨の両替を行っている。その一つが**タイムズ・スクエア営業所 Times Square office**である。

チェックポイント Chequepoint（MAP5、#6 ☎212-750-2400 ⌂22 Central Park South ◐月～土8:00～20:00、日9:00～20:00）は5番街と6番街の間にあるが、為替レートはそれほど良くない。

銀行の営業時間は通常、平日9:00～16:00である。**チェース・マンハッタン銀行**のチャイナタウン支店は、モット通りとカナル通りの角にあり、年中無休である。カナル通り沿いにはその他にも週末に営業している銀行がいくつかある。

現金 ニューヨークは今や記録的に低い犯罪率を誇っているが、それでもまだ悪人は存在するので、多額の現金を見せびらかす（あるいは持ち歩く）ことは避けたい。当日必要な分だけ持ち、残りはホテルの安全な場所にしまっておくのが賢明だ（足りなくなったらクレジットカードやATMを利用しよう。きっと足りなくなる）。ベーグルやピザやカノーリ（シチリアの菓子）を買うために細かいお札を持ち歩くとよい。また施し好きな人はポケットに小銭を入れておこう。

ニューヨークの店やレジでは、$50以上の紙幣を受け取りたがらず、特におつりのためにレジの引き出しを空にしてしまうことを嫌う。そこで、ちょっとした買い物用に$20札を用意しておくことをおすすめする。

トラベラーズチェック 盗難や紛失の際に保護される。アメリカン・エキスプレスやトーマス・クック（前出「両替」を参照）のトラベラーズチェックはたいていどこでも使え、再発行手続きも迅速だ。紛失したトラベラーズチェックの再発行を受けるには、トラベラーズチェックの番号を控え、使ったチェックを記録しておくことが大切。この記録は、トラベラーズチェックとは別の場所に保管するようにする。

日本円か米ドルかだと米ドルのトラベラーズチェックを購入したほうが、はるかに便利だ。日本円のトラベラーズチェックを買って万が一為替手数料を得したとしても、実際にそのチェックを旅先の銀行などで交換する煩わしさを補ってはくれない。レストラン、ホテル、ほとんどの店では、トラベラーズチェックを現金とまったく同様に受け入れるので、米ドルのトラベラーズチェックを持っていれば、銀行に行かず両替手数料も支払わないですむ可能性が高い。一方で、安宿、もぐり酒場、極安の食堂などでは、トラベラーズチェックを見て驚き怪しむだろうから、使いたいときは前もって確認が必要だ。

トラベラーズチェックの大部分は、額面金額の大きいものにしておくとよい。小さい金額のものは、旅の終わりごろ、現地通貨をたくさん余らせたくないときに使う。もっともATM（次の項を参照）の爆発的な普及により、トラベラーズチェックの人気は低下している。

まったく使わないですます手もあるだろう。

ATM 現金自動預払機（ATM）は、ニューヨーク・シティでかなり普及しており、口座のある銀行がCirrusやPlusのATMのネットワークにつながっていれば、自分の口座から直接現金を引き出すことができる。外国の銀行から現金を引き出す際の手数料は＄3〜5、外貨両替手数料が＄5〜7かかる。ほとんどのニューヨークの銀行がNYCE（New York Cash Exchange）システムにつながっており、現地の銀行のキャッシュカードならたいていのカードでもそのままATMで使える。システム外のカードでも、追加手数料を払えば使用できる。

クレジットカード＆デビットカード 大手クレジットカード会社のカードを持っていれば、ニューヨークのどこのエリアでも、ホテル、レストラン、ショッピング、レンタカーなどに利用できる。逆にカードを持っていないと、たとえば芝居の切符を買うときなどに、支障をきたす場合すらある。また、緊急事態においては強い味方になる。

VISAカードとマスターカードが幅広く受け入れられている。その2種を扱う場所では、デビットカードを使えることも多い。クレジットカードと異なり、デビットカードはその場で当座預金か普通預金口座から金額が落ちる仕組みになっている。金利の代わりに、取引に対して最低手数料がかかる。自分のデビットカードが外国で使えるのか事前に取引銀行に確認しておくとよい。大手の商業銀行のデビットカードは、世界中で使えることが多い。

クレジットカードの番号を控え、カードとは別の場所に保管することをおすすめする。カードの紛失や盗難の際は、ただちにカード会社に連絡すること。主要なクレジットカード会社のフリーダイヤルの番号は下記の通り。

アメリカン・エキスプレス	☎1-800-766-0106
ダイナースクラブ	☎03-3570-1200
	（東京へのコレクトコール）
UCカード	☎011-800-8005-8005
三井住友カード	☎1-800-635-0108
JCB	☎1-800-736-8111
Discover	☎800-347-2683
MasterCard	☎800-826-2181
VISA	☎800-336-8472

なお、ATMカード紛失の際には、取引銀行に連絡を取る必要がある。

外国送金 銀行を通して外国送金するより、ウェスタン・ユニオンWestern Unionなどのサービスを利用したほうが早くて簡単だ。ウェスタン・ユニオンは世界中に10万の代理店を抱え、ニューヨークの5つの区にも直営店が点在している。＄1000を世界中のどこからニューヨークに送金しても手数料は＄75、たった15分しかかからないが、日本での取り扱いは駿河銀行のみとなる。その他では、アメリカン・エキスプレスやトーマス・クックの営業所でも送金ができる。両社マンハッタン営業所の所在地については、前出の「両替」を参照。

母国の取引銀行に為替手形を送るように指示すれば、数ドルほど節約できるだろう。事前に、お金を受け取る都市名、銀行名、支店名をはっきり指示し、実際の細かい手続きについて確認しておこう。自分の口座を動かせる代理人を立てておくと、手続きが楽になる。

銀行の電信為替を利用した場合、1週間以内にお金を受け取れるだろう。郵便為替なら2週間はかかる。いずれも受け取るときには、米ドルに換算されているだろう。

お金・貴重品の管理

貴重品、特に現金やカードに関しては、「悔やむ前に用心せよ」の原則が当てはまる。ほとんどのホテルやホステルで貴重品を保管してくれるので、お金を預けられる。本物を身につけなければいけない場合を除き、高価な装身具は自宅に置いてきたほうがよい（一般的なニューヨークの旅の経験則を一つ。経済的に、そしてもっと重要なのは感情的に、失って困るものは持ってこないことだ）。ふだん持ち歩くお金は、服の中（隠しポケット付きベルト、胴巻き、ブラジャー、靴下）にしまい、ハンドバッグや外ポケットには入れないことである。お金を数カ所に分散するとよい。けっしてズボンの後ろのポケットに財布を入れて歩かないこと――こそ泥にとっては願ったり叶ったりである。安全ピンやビニタイ（袋を閉めるビニールつき針金）でリュックのファスナーを留めておくだけで、盗難予防になることも覚えておこう。

物価

ニューヨーク・シティでは、あらゆる価格が存在する。住宅やホテル代などの大きな出費を除けば、比較的安く暮らすこともできる。日用品の平均的な値段は下記の通りである。

コーヒー1杯	＄1.50
ベーグル	＄1
ビール	＄5
たばこ1箱	＄7
果物	50¢〜＄1
ピザ1切れ	＄2
清涼飲料	＄1

ミネラルウォーター	$1～$1.75
市内通話	25¢
コインランドリー	$3（1回分）
切手	37¢

チップ

レストランやバー、高級ホテル、タクシー、美容院、そして荷物を運ぶ係の人には、チップを渡す習慣がある。レストランのウェイターは賃金が最低賃金に満たないため、生活費をチップに依存している。レストランでは、チップは最低15％置き、サービスがひどい場合はそれをわからせるためにチップを少なめにするとよい。たいていのニューヨーカーはそのまま金額の20％か、消費税8.25％を倍にした金額を払う。バーでは、1杯ごとにバーテンダーに$1のチップを渡す習慣がある（人気の店では、昔ながらの"4杯目はただ"の風習がある。きちんとチップを渡してこの伝統を続けさせたいものである）。一方、ファストフード店、テイクアウト、自分で食べ物を取るビュッフェ方式のレストランでは、チップは一切不要。またレストランによっては、勘定に税金金額を明示せず、税金分についてもチップをもらおうとするので、注意が必要だ。

　サービスに満足なら、タクシー運転手には料金の10％、美容師には代金の15％のチップを渡す。荷物を運ぶ係（空港のポーター、ホテルのベルボーイなど）には$1渡し、2つめの荷物からは1つにつき50¢ずつ加算する。高級ホテルや超高級ホテルでは、チップの習慣はこっけいなほど大げさになる。ドアマン、ベルボーイ、駐車場係は、どんなサービスに対しても——タクシーのドアを開けただけでも——$1もらえることを期待している（ビジネス客は、部屋の清掃料に毎日$5のチップを渡すべきである）。しかし、自分でも簡単にできるようなことであれば、ただ"ありがとう"というか、親しげなからかいの言葉や軽いジョークを口にする程度で大丈夫だ。

税金・免税

レストランや小売店の値段表示には、けっして税金が含まれていないので、$5しか持っていないときに$4.99の定食を注文しないように注意するべきである。ニューヨーク州では、商品とほとんどのサービスや調理済み食品に対し、7％の消費税を課している。ニューヨーク市が追加で1.25％を課すため、合計8.25％になる。また"贅沢品"に区分されるレンタカーやドライクリーニングなどは、市の税金が5％上乗せされるので、合計13.25％の税金を払うはめになる。

　ニューヨーク・シティのホテルの宿泊料金は13.25％の税金の対象となり、さらに1泊につき一律$2の室税がかかる。信じられないかもしれないが、これでも以前のホテル税よりは安い。

　アメリカでは全国統一の消費税がないため、外国人旅行者が免税でショッピングすることはできない。しかしニューヨーク・シティでは$500未満の衣類については半永久的に消費税を免除しているため、流行を追いかける人にとっては、ささやかな節税になる。

郵便・通信

郵便料金

郵便料金は数年ごとに値上がりしているが、近年はその頻度が増しているようだ。最近の値上げの結果、アメリカ国内のファーストクラス郵便（封書・ハガキ）の料金は、封書が1オンス（28.35g）まで37¢（以降1オンス重くなるごとに、23¢加算）、ハガキが23¢となった。

　国際航空郵便物の料金は、1オンスまでの封

物価について

「買う人がいる限り、どんなに高い値段でも市場は成立する」と俗にいわれているような価格設定が、ニューヨークではまかりとおっている。多くのニューヨーカーは耐えられないと思っているが、年間3000万人訪れる観光客は、そうでもないと感じているようだ。美術館や観光客向けの催しの値段は、以前は$1～2単位で値上げしていたが、今では$5ドル単位で値上げしている。ニューヨーク旅行の予算を立てるのは金銭的に苦しいかもしれない。特に多少ともまともな部屋に泊まり、ブロードウェイでミュージカル（高い席は今や$75もする）を見たいと思った場合には。

　それでも安くすませる方法はいくらでもある。たとえば入場料が任意の寄付になっている美術館に行き、市立図書館のツアーやセントラル・パークのコンサートなど無料のイベントに参加し、移動には必ずバスや地下鉄を使い（空港との往復も含め）、各種割引クーポンを利用するなどの方法だ。食費もかなり節約できる項目である。ピザ屋、アジア麺類の店、屋台などは特に安い。天気が良ければピクニックもいいし、可能であればホテルやホステルの部屋で自分で調理してもいい。徹底的な食いしん坊なら、高級レストランに夜ではなく昼に行くとか、値段の決まっているコースメニューを注文するなどすれば切り詰められる。それに、通貨が強い国から来た旅行者なら、今でもニューヨークで本当に安いショッピングの機会に恵まれることだろう。

書は、カナダとメキシコ向けは60¢、その他の国へは80¢、以降半オンスごとにそれぞれ25¢、80¢が加算されていく。はがきは、カナダとメキシコ向けは50¢、その他の国へは70¢である。航空書簡は70¢である。

アメリカ国内の航空小包の料金は、2ポンド(907.2g)まで＄3.95、以降1ポンド(453.6g)重くなるごとに＄1.25加算され、5ポンド(2268g)では＄7.70となる。それより重い小包については、郵送距離によって料金が異なる。書籍、定期刊行物、CD-ROMなどは、料金の安いフォースクラスfourth-class郵便で送ることができる。郵便に関する問い合わせは☎800-275-8777、またはⓌwww.usps.com/welcome.htmへ。

郵便を出す
郵便本局 general post office（MAP5 ☎212-967-8585 🏠James A Foley Bldg, 380 W 33rd St 10001 ⏰24時間）は、8丁目沿いにあり、各種郵便サービスを提供している。ロックフェラー・センターの**地下郵便局 basement post office**（MAP5 ☎212-265-3854 🏠610 Fifth Ave at 49th St 10020 ⏰月～金9:30～17:30）も同様のサービスを行っている。

フランクリン・D・ローズヴェルト・ステーション郵便局 Franklin D Roosevelt Station post office（MAP5、#20 ☎212-330-5549 🏠909 Third Ave at 55th St 10022 ⏰月～金9:00～20:00、土9:00～16:00）では、たいていの郵便サービスを受けられる。

クーパー・ステーション郵便局 Cooper Station post office（MAP4、#49 ☎212-254-1389 🏠93 Fourth Ave at 11th St 10003 ⏰月～水・金8:00～18:00、木8:00～20:00、土 9:00～16:00）は、ヴィレッジで郵便を出すなら便利だ。

郵便を受け取る
長期滞在をするなら、出発前に住所を決めるのが最良の方法である。次におすすめできるのは、市内に在在するメールボックス・エトセトラMailboxes Etcの営業所、あるいは主な郵便局で、私書箱を借りる方法だ。どちらも短期または長期の貸し出しを行っている。ただし便利な場所にある郵便局は順番待ちになることが多い。

局留め郵便は、郵便局の本局で取り扱っている。郵便物に"General Delivery（局留め郵便）"と明記されていることが条件となる。ただしこの方法は必ずしも確実ではないのでおすすめできない。

電話
アメリカ国内の電話番号は、3桁のエリアコード（市外局番）と7桁の電話番号からなる。長距離（市外）通話の場合は先頭に1をつけて、1＋3桁＋7桁となる。国外からニューヨークにかけるときは、先頭にアメリカの国番号の1をつける。

市内、市外の番号案内は☎411。国外からマンハッタンの番号を問い合わせるには、☎1＋212＋555-1212にかける。この場合1分間の長距離通話の料金がかかる。

ニューヨーク・シティでは、マンハッタンの電話番号はエリアコードが212や646であり（ただし一部の企業や携帯電話のエリアコードは917）、それ以外の4つの区（ボロー）は718である。ニューヨーク・シティで市内電話をかける場合は、相手先がたとえ道の反対側の同じエリアコードの電話であっても、必ずエリアコードをつけなければならない。

フリーダイヤルのエリアコードは、800か877か888となっている。一部の地元企業や役所のフリーダイヤルは限られた地域からしかかからない。しかしたいていのフリーダイヤル番号は海外からもつながる。ただし通常の国際電話料金がかかってしまうため、通話者を待たせることの多い番号にかけるときはかなり費用がかさむだろう。

長距離通話料金は、相手先や利用する電話会社によって異なる。料金設定を問い合わせるにはオペレーター（☎0）にかける。ただし、オペレーターを通して電話をつないでもらわないほうがよい。直接かけるよりずっと割高になる。一般的には、最も通話料金が安い（60％割引）時間帯は、平日の夜（23:00～翌8:00）、土曜一日中、日曜（8:00～17:00）である。また、日～金曜17:00～23:00は、35％割引になる。日中の通話（月～金曜8:00～17:00）は、アメリカ国内通話の通常料金がかかる。

国際電話 国際通話を直接かける場合、先頭に☎011をつけ、国番号、市外局番、電話番号を押す（国番号を調べるには、電話帳を見るか、☎411にかけて国際電話オペレーター〈英語による対応〉を呼び出す）。45秒ほど待つこともある。国際通話料金は、時間帯と通話先によって異なる。

日本への国際電話のかけ方は、011＋日本の国番号81＋市外局番から0を取った番号（東京03なら3）＋相手の電話番号を押す。ホテルからかけるときは、最初にホテルの外線番号を押す。ホテルからだと手数料がかかり、かなり割高となるので注意。

また、日本のオペレーターを呼び出してコレクトコールをする場合は各国際電話会社の専用番号にダイヤルする。

基本情報 − 郵便・通信

KDDIジャパンダイレクト
☎ 1-877-533-0051
最初の1分間2020円、その後1分ごとに390円。

日本テレコムホームダイレクト
☎ 1-888-311-0041、1-800-700-4641、1-888-211-0041のいずれか。
平日昼間（日本時間）で5分間1480円、夜間1360円、深夜1320円。

オペレーターを通さずにクレジットカード引き落としとして国際電話をかけることもできる。各国際電話会社の専用番号にダイヤルし、日本語の音声案内にしたがう。クレジットカードの暗証番号が必要。

KDDIスーパージャパンダイレクト
☎ 1-877-533-0081
3分105円。

日本テレコムダイヤルジャパン
☎ 1-800-785-0043、1-800-326-7043、1-800-700-0043のいずれか
平日昼間（日本時間）で3分間180円、夜間休日150円、深夜120円。

ケーブル・アンド・ワイヤレスIDCホームダイヤル
☎ 1-800-381-0080（AT&Tの場合）
平日昼間（日本時間）で3分間180円、夜間休日150円、深夜120円。

国際電話についての各会社の問い合わせ先は以下の通り。

KDDI
☎ 0057（無料）
24時間

ケーブル・アンド・ワイヤレス
☎ 0066-11（無料）
9:00〜21:00

日本テレコム
☎ 0088-41（無料）
9:00〜21:00

NTTコミュニケーションズ
☎ 0120-540-033
9:00〜21:00

ホテルの電話　一般的に、ホテル（特に高級ホテル）の部屋から電話をかけた場合、1通話ごとに（フリーダイヤルであっても）50¢から＄1の手数料がかかる。また長距離通話については高額の追加手数料がかかる。たいていどこのロビーにもある公衆電話を使ったほうが安い。

公衆電話　25¢硬貨（クォーター）を入れても、クレジットカードやデビットカードを使っても通話が可能で、またコレクトコールもかけられる。ニューヨークの街中いたるところに公衆電話があり、料金体系はまちまちのようだ。ヴェリゾンVerizon社の電話機は、市内通話なら50¢で何分でも無制限に通話できる。その他、市内通話が3分まで25¢の電話、アメリカ国内どこでも＄1の電話などさまざまだ。ニューヨーク市内からクレジットカードで長距離電話をかけた場合、悪辣な業者から途方もない金額の請求が来る場合もある。これを読んでいる時点ではたいしたことではないように思えるかもしれないが、実際にその立場になったら激怒することになるだろう。パーク街には公衆電話がない。

電話帳は戸外の公衆電話には置いていないので、市内の会社などの住所を確認したい場合は☎411にかけるとよい（情報は無料）。必ずオペレーターに住所を知りたいと伝えること。さもないと、すぐさまコンピュータの自動音声に切り替わり、電話番号だけが流れ、そのまま通話を切られることになる。

テレフォンカード　長距離通話に便利なのは、あらかじめ料金を払っておくプリペイドカードで、800から始まるフリーダイヤル番号を通して通話ができる。金額の種類には、＄5、＄10、＄20、＄50があり、ウェスタン・ユニオン、空港や駅の自動販売機、一部のスーパー、そして街角の売店などで購入できる。通話料金はカードの種類や通話先によって異なり（ブラジルならNew York Alliance、アイルランドならPaylessのカードが割安）、各発行会社はたいてい正確な料金情報を提供している。料金はたいてい割安で、たとえばNew York Allianceの＄10カードを使うとリオ・デ・ジャネイロに10時間通話ができる。

ロンリープラネットのイークノeKnoコミュニケーション・カードは、個人旅行者向けに、格安の国際電話、各種のメッセージ、無料eメール、旅行情報のサービスを提供している（英語）。ただし市内通話は通常割高だ。加入するには、🌐www.ekno.lonelyplanet.com、またはニューヨーク・シティから☎800-707-0031へ。加入後、ニューヨーク・シティで同サービスを利用するには、☎800-706-1333にかければよい。

eKnoのホームページでは、本サービスの加入ができるほか、外国からかける場合のアクセス電話番号、地域内の最新の割安アクセス番号、最新のサービス情報などが掲載されている。

プリペイドカードを公共の場で使う場合、番号を押すところを見られないように隠すこと。泥棒に見られると、番号を覚えられ（彼らは本当に記憶できる）、その番号を使って世界中に電話をかけられるはめになる。特にニューヨークの空港やポート・オーソリティ・

基本情報 − 参考サイト

バス・ターミナルではこの手の犯罪が多い。新しい公衆電話（ペンシルヴェニア駅など）の中には、プッシュボタンの上に覆いをかぶせ、他人に番号を見られないようにしているものもある。

FAX
コピーのチェーン店 **キンコーズ Kinko's**（MAP5、#47 ☎212-308-2679 ⌂16 E 52nd St、MAP4、#50 ☎212-924-0802 ⌂24 E 12th St、MAP8、#46 ☎212-316-3390 ⌂2872 Broadway）は、他にもマンハッタン内に多くの店舗があり、24時間FAX送受信サービスを行っている。その他、コンピュータのレンタルやコピーもできる（パスポート写真も撮れる）。

ヴィレッジ・コピアー
Village Copier
（MAP4、#18）
☎212-924-3456
⌂20 E 13th St
◎24時間
（MAP8、#41）
☎212-666-0600
⌂601 West 115th St & Broadway
◎10:00〜18:00
料金はもっと安く、上記掲載以外にも店舗もある。

eメール＆インターネット
ニューヨーク市立図書館本館 New York Public Library's main branch（MAP5 ☎212-930-0800 ⌂E 42nd St at Fifth Ave）では30分まで無料でインターネットを利用できるが、午後は待たされることが多い。市内にある複数の分館でも、無料でインターネットが利用でき、たいていは待たなくてすむ。

市内に点在するサイバー・カフェ（インターネット・カフェ）では、1時間あたり$5〜12の料金で、ネットサーフィンができる。下記のサイバー・カフェはそれぞれ独自の雰囲気がある。

アルトコーヒー alt.coffee（MAP4、#109）
☎212-529-2233
⌂139 Avenue A
◎8:00〜"遅くまで"

サイバー・カフェ Cyber Café
（MAP4、#184）
☎212-334-5140
⌂273 Lafayette St（プリンス通りの角at Prince St）
◎月〜金8:30〜22:00、土・日11:00〜22:00
（MAP6、#43）
☎212-333-4109
⌂250 W 49th St
◎月〜金8:00〜23:00、土・日11:00〜23:00

サイバーフェルズ Cyberfeld's（MAP4、#18）
☎212-647-8830
⌂20 E 13th St
◎月〜金8:00〜翌3:00、土・日12:00〜22:00

イージーエヴリシング easyEverything（MAP6、#116）
☎212-398-0724
⌂234 W 42nd St
◎24時間
市内一安く、最初の1時間で$1（大集団と共にネットサーフィンすることになる）。

インターネット・カフェ Internet Cafe（MAP4、#124）
☎212-614-0747
⌂82 E 3rd St
◎月〜土11:00〜翌2:00、日11:00〜24:00

タイム・トゥ・コンピュート Time to Compute
（MAP8、#27）
☎212-722-5700
⌂2029 Fifth Ave（125丁目の角 at 125th St）
◎月〜金10:00〜19:00、土10:00〜18:00

参考サイト
インターネットは旅行者にとって貴重な宝の山だ。旅の情報を調べ、格安航空券を探し、ホテルの予約を行い、現地の天気を確認し、地元の人や他の旅行者とチャットして行くべき所（あるいは行ってはいけない所）を教えてもらうことができる。

まず一番に見るべきは、**ロンリープラネットのホームページ**（Ⓦ www.lonelyplanet.com）だろう。地球上のほとんどの場所についての簡潔な概要を知り、他の旅行者のポストカードを読み、そして掲示板「ソーン・ツリー Thorn Tree」を利用して出発前に質問したり、帰国後にアドバイスを書いたりすることができる。

また、ロンリープラネットのガイドブックの改定や旅行に関する最新情報が見られ、subWWWayのリンク集から他の役立つホームページを見つけることもできる。

ニューヨークに関する情報を調べるなら、下記のホームページが特に役立つ。

インターネットもできる市立図書館

ALLAN MONTAINE

- www.ny.cgj.org/jp/html/　在ニューヨーク日本国総領事館のホームページで、日本語による対応。ニューヨーク便利帳。
- www.us-benricho.com/indexNY.php3　ニューヨーク便利帳の日本語ホームページ。
- www.nylovesyou.com/　N.Y.LOVES YOUのホームページ（日本語）。公式サイトではないが、情報は充実している。
- www.nycvisit.com　NYC・アンド・カンパニーNYC & Company（Convention & Visitors Bureau）のホームページ。包括的な観光情報を提供している。
- www.nytoday.com　ニューヨーク・トゥデイNew York Todayは、ニューヨーク・タイムズ紙が管理しているホームページで、最新のエンターテインメント、スポーツ、レストラン情報の一覧とともに、ニュース記事や過去のデータを見ることができる。
- www.chowhound.com　チャウハウンドChowhoundは、インターネットでレストラン批評をしているジム・レフが立ち上げた、大衆の声を反映したホームページで、あらゆる価格帯の料理店に関する感想や意見を載せている。かわいらしい用語を満載しているので読むのに少々手間取る。急ぐときは、検索機能を使うとよい。
- www.new-york-city-hotels.com　ホテルの割引情報が載っており、ぎりぎりになってからの予約もできる。ホテルのホームページに直接リンクしている。
- www.newyork.citysearch.com　ビジット・シティ・サーチVisit City Searchでは、ニューヨーク・シティの店やイベントなどの情報が、広範囲にわたってまとめられている。
- www.nycsubway.org　NYCサブウェイNYC Subwayは、ニューヨークの交通システムについて詳述している非公式ホームページ。実用的な情報から歴史のこぼれ話まで出ている。
- www.imar.com　インサイダーズ・マーケットプレイスInsider's Marketplaceは、インサイダーたちのクールなホームページ。ニューヨークの"体験"を提供するガイドたちの一覧が載っている。ファッションモデルとショッピングしたり、ハーレムの言葉の魔術師とポエトリー・スラムpoetry slams（自作の詩のパフォーマンスで勝敗を競う）

に参加したりといった"体験"を申し込める。

他にも各地域独自のホームページがある。もちろん役立つ度合いは異なるが、どのホームページも何らかの割引を提示しているので、小銭の節約くらいにはなるかもしれない。下記ホームページを試してみてはいかがだろう。

- www.lowereastsideny.com
- www.tribeca.org
- www.downtownny.com
- www.littleitalynyc.com

参考になる本

本は国によって出版社や版が違うので、ある国で入手困難なものでも別の国では簡単に手に入ることがある。幸いなことに書店や図書館では書名や著者名で検索ができるので、地元で下記のおすすめの本を探してみてはいかがだろう。インターネットの検索エンジンも便利な手段で、直接オンラインで本を購入できるホームページもある。

　下記の本を探すのに、ニューヨークの大きな書店の一つに出向くのもよいだろう。ニューヨークに関する本を置いている特設コーナーがあるはずだ。書店のリストについては「ショッピング」を参照。

ロンリープラネット

ニューヨーク・シティから足をのばすなら、ロンリープラネットの「ニューヨーク、ニュージャージー、ペンシルヴェニアNew York, New Jersey & Pennsylvania」をおすすめする。3州に関する情報を詳述している。アメリカの他の地域については、「USA」を見てほしい。いずれも英語版。

歴史

純粋に歴史というよりはフィクションに近いが、ワシントン・アーヴィングがディートリッチ・ニッカーボッカーのペンネームで著した風刺的な『History of New York』（1809年）は、植民地時代のニューヨークを垣間見せて

くれる。史実に沿った本を求めるなら、歴史家マイケル・カメンの「Colonial New York」をおすすめする。

アーヴィング・ハウの「World of Our Fathers」は、ニューヨークで東欧系ユダヤ人が同化していった様子を19世紀後半まで包括的に描いている。イースト・ヴィレッジやロウアー・イーストサイドの歴史に興味がある人にはおすすめだ。

ルク・サンテは、20世紀初頭のニューヨークを力強くリアリズムに徹して描いた本を2冊著した。「Low Life」は、安アパート（テネメント）に暮らす貧しい移民の暮らしに突っ込んでいる。「Evidence」は、ニューヨークの暴力に焦点を当てたエッセイで、昔の犯罪現場の写真が添えられている。両作品に通じるもったいぶった文章スタイルは無視してよい。

「WPA Guide to New York City」は、大恐慌時代のニューヨークの作家たち（ジョン・チーヴァーも含む）の雇用対策として1939年に出版された。現在は復刊され、往時のニューヨークを垣間見させてくれる。ニューヨークに住んだことのある人や、最近になってニューヨークの街を歩いた人には興味深い読み物だといえるろう。

回想記

E・B・ホワイトのエッセイ「Here is New York（これがニューヨークだ）」は、ニューヨークのエッセンスを抽出した、時代を超えた叙情詩的な作品だ。1949年に書かれたが、この都市の性質や欠点などすべてにわたり、今でも通用する驚くべき洞察力を示している。

最近亡くなったニューヨーク・タイムズ紙の書評家アナトール・ブロイヤードは、「Kafka Was the Rage」で、第2次世界大戦直後のグリニッチ・ヴィレッジの生活をほろ苦く描き出している。ジャーナリストのダン・ウェイクフィールドも「New York in the '50s」で同じ時代を回想している。

ビート・ジェネレーションのジャック・ケルアックは、「孤独な旅人 Lonesome Traveler」で、ニューヨークのグリニッチ・ヴィレッジで過ごした時代に焦点を当て、1956年にアレン・ギンズバーグの詩集『吠える』その他の詩篇 Howl and Other Poems」が出版されて物議をかもしたことを記している。1年後の1957年、ケルアックは最も有名な作品「路上 On the Road」を発表した。ケルアックはこの名作を、テレタイプ（電送用タイプ）の紙を使って、チェルシー・ホテルで一回も席を立たずに一気に書き上げたといわれている。

「ウォーホル日記 The Andy Warhol Diaries」（1990年）は、20世紀で最も影響力のあったアーティストの一人アンディ・ウォーホルによる、70年代ナイトクラブ・カルチャーに関する派手で挑発的な手記である。

文学書

世界に冠たる出版界の中心地ニューヨークは、無数の小説に登場する。ニューヨークを描いた下記の本の中には、アメリカ文学の古典となったものもある。

「賢者の贈り物 The Gift of the Magi」（1906年）の著者O・ヘンリーと、F・スコット・フィッツジェラルドは、どちらも典型的なニューヨークの作家であり、それぞれの時代の社会状況を鮮やかに短編に描いている（前者は19世紀後半、後者は狂乱の1920年代について）。フィッツジェラルドは「ジャズ・エイジの物語 Tales of the Jazz Age」（1922年）がおすすめだ。短編「リッツ・ホテルのように大きなダイアモンド The Diamond as Big as the Ritz」が収録されている。もちろん「グレート・ギャツビー The Great Gatsby」（1925年）ははずせない。

ヘンリー・ジェイムズはアメリカ人だが、故国を離れヨーロッパに長く暮らした作家である。それでも南北戦争以前のニューヨーク

本の虫へ

ニューヨークを舞台にした小説はごまんとある。もうすでに何冊かお読みになったかもしれない。下記のノンフィクションを読めば、ニューヨークに関する雑学を頭にぎっしり詰め込めるだろう。ニューヨークでたまたま入った大きな書店なら、どこでも手に入る。

- 「Writing New York」（1998年）、Phillip Lopate編。ニューヨークをテーマにした随筆・短編などのアンソロジー。ニューヨークが文学史上果たした役割を概観するのに最適な本。
- 「Gotham」（1998年）、Edwin G Burrows and Mike Wallace共著。ニューヨークの歴史を知るのに最適。権威的だが、生き生きとした本。第1巻は先史時代から1898年に5つの区（ボロー）が統合するまでを扱っている。第2巻は統合後の100年間を描く。（訳注：書名「ゴサム」は、ニューヨークの俗称。）
- 「AIA Guide to New York City」（2000年）、Norval White著。ニューヨーク・シティ全5区の主要な建築物を詳述した古典的名著。2000年に完全な改定版がAmerican Institute of Architectsから出版された。
- 「The Encyclopedia of New York City」（1995年）、Kenneth T Jackson編。コロンビア大学の著名な都市歴史学者が集めた膨大な量のおもしろい事実やこぼれ話などが満載されている。写真・イラスト入り。

上流社会の暮らしを小説「ワシントン・スクエアWashington Square」(1881年)で再現している。当時の上流階級の人々が住んでいた邸宅は、今もワシントン・スクエア・パークの北側に並んでいる。

ジェイムズと同時代のイーディス・ウォートンは、ニューヨークの"金ぴか時代"を描き、ピュリッツァー賞受賞作「エイジ・オブ・イノセンスAge of Inocence」(1920年)や短編集「Old New York」(1924年)などを残した。残念なことに、彼女の描いたニューヨーク——昔のメトロポリタン・オペラ・ハウスやメトロポリタン美術館、5番街の超高級住宅街——はほとんど消え失せてしまったか、残っていたとしても当時の面影をまったくとどめていない。

J・D・サリンジャーの「ライ麦畑でつかまえてCatcher in the Rye」(1951年)は、主人公ホールデン・コールフィールドの災難を通し、何世代にもわたって、苦悩する若者たちの共感を呼んできた。この小説は、アメリカ自然史博物館で山場を迎える。またジョン・レノンがダコタ・アパート (🏠1 W 72nd St) の前で射殺されたときに、その悲劇の小道具に使われた。

ニューヨークを舞台にした黒人作家の作品は多いが、最も評価が高いのは、ラルフ・エリソンの「Invisible Man（見えない人間）」(1952年)であろう。アメリカの人種問題について深く考察した古典作品だ。ニューヨークには黒人文学の伝統が根づいており、ほかにジェームズ・ボールドウィン、デュアナ・バーンズ、ラングストン・ヒューズなどの作家が挙げられる。

E・L・ドクトロウの作品——「ラグタイムRagtime」(1975年)、「ダニエル書The Book of Daniel」(1971年)、「紐育万国博覧会World's Fair」(1985年)——は、好景気に沸いた20世紀初頭からイデオロギーの戦場となった冷戦時代まで、ニューヨークのさまざまな時代を反映している。マリオ・プーヅォの「ゴッドファーザーGodfather」(1969年)は、第1次世界大戦直後のウェスト・サイドのヘルズ・キッチン近辺を描いている。

トーマス・ピンチョンのデビュー作「V」(1963年)は、舞台が1950年代後半のニューヨークから地球上のあらゆる地点に飛び、都市の中をヨーヨーのように行ったり来たりする当時の若者の行動哲学を描いている。

ピンチョンは1970〜1980年代に現れた新しいエネルギッシュなスタイルで書く作家の先駆けだった。続いて幻想的、ゴシック的な作風の作家たちが登場した。ドン・デリーロの「Great Jones Street」(1973年)とマーク・ヘルプリンの「ウィンターズ・テイルA Winter's Tale」(1983年)は、社会に対して不穏な見方をする新しい小説の代表例である。

ポール・オースターは、ブルックリンのパーク・スロープ地区に住んでおり、現代ノワール小説「ニューヨーク三部作New York Trilogy」(1990年。「シティ・オヴ・グラス」、「幽霊たち」、「鍵のかかった部屋」のこと)で多数のファンを得ている。

ジェイ・マキナニーは、デビュー作「ブライト・ライツ、ビッグ・シティBright Lights, Big City」(1984年)が大成功を収めたために、1980年代前半のヤッピー社会と関わり合うことになり、幸福と不幸の両方を味わった。続いてトム・ウルフの「虚栄の篝火Bonfire of the Vanities」(1987年)が、無秩序で人種が分断されている都市の様子をコミカルに描き出した。「ニューヨークの奴隷たちSlaves of New York」の作者タマ・ジャノウィッツも似たような題材を扱い、有名人作家としての生活を享受している。

最近ではマイケル・シェイボンが、ピュリッツァー賞受賞作「カヴァリエ&クレイの驚くべき冒険The Amazing Adventure of Kavalier & Clay」(2001年)の中で、ニューヨークがもっと無邪気だった時代への空想の旅を描いている。

ニューヨークの文学を概観するには、Shaun O'Connellの「Remarkable, Unspeakable, New York」(1995年)をおすすめする。2世紀にわたり、アメリカの作家たちがニューヨークに対してどのような見方をしていたのかがわかるだろう。

「本の合計8マイル」——そりゃ読むのが大変だ

児童書

子供にも楽しい旅行先であるニューヨークは、数多くの子供の本の舞台になり、生き生きと描き出されている。ケイ・トンプソンの「エロイーズ*Eloise*」シリーズの一冊を読めば、子供はニューヨークの何たるかをすぐに飲み込めるに違いない。また、ハーレムの女の子がニューヨークの夜空を飛ぶ夢を描いたFaith Ringgold著の「*Tar Beach*」もおすすめだ(タール・ビーチとは、建物の屋上を意味する俗語。都会人が夏に日光浴する場所である)。

小さな子供には、昔ながらの名作、ジョージ・セルデンの「都会にきた天才コオロギ*Criket in Times Square*」がある。ガース・ウィリアムズの挿絵も魅力になっている。また、バーナード・ウェーバーの「わにのライルがやってきた*The House on East 88th Street*」は、わにのライルが活躍する楽しい絵本である。

いたずら好きなら、E・L・カニグズバーグの「クローディアの秘密*From the Mixed-up Files of Mrs.Basil E. Frankweiler*」を読んでわくわくするに違いない。2人の子供たちが閉館後のメトロポリタン美術館に隠れ、さまざまな冒険をする話だ。

参考になる映画

これぞニューヨークという本を決めるのが不可能なのと同様に、ニューヨークを舞台にした膨大な数の映画から決定的な作品リストを選び出すのは難しい。長い間、ニューヨークを描いた映画はハリウッドの撮影所で作られており、俳優たちは屋外シーンのために、たまに数日だけニューヨークを訪れていた(この手口はテレビドラマ「NYPDブルー*NYPD Blue*」や、もっとあからさまには「となりのサインフェルド*Seinfeld*」などで使われている)。

1970年代になると状況はがらりと変わる。映画監督は懸命にリアリティを求めるようになり、撮影機材は持ち運びやすくなり、スタジオに比べてロケ費用も以前ほど高くなくなったためだ。現在はニューヨークの街角でロケ隊に出会うことも珍しくない。それでも一部の低予算映画は、カナダの諸都市をニューヨークに見せかけようとしているが、残念ながら生粋のニューヨーカーたちにはばれてしまう。下記の映画は、一部の例外を除き、すべてニューヨークで撮影され、この街独特の要素が何かしら表現されている。どれもビデオで見ることができる。

「踊る大紐育*On the Town*」(1949年)では、主演のジーン・ケリーとフランク・シナトラ扮する水兵が休暇でニューヨークに滞在する。シナトラは当時、十代の女の子に空前の大人気で、どこへ行くにも大勢のファンがつめかけていた。スタンリー・ドーネン監督はカメラを準備して、ぎりぎりになってから俳優たちを送り出してこっそりと撮影した。しかし必ずしもうまくはいかず、シナトラとケリーがロックフェラー・センターで「ニューヨーク、ニューヨーク」を歌うシーンでは、何百人もの見物人が映っているのが見える。

「裸の町*Naked City*」(1948年)は、ニューヨークで初めて撮影された一流の犯罪映画だ。有名なフォトジャーナリストのウィージーが撮った犯罪現場の写真から大まかな構想を得ている。ジョー・ペシ主演の「パブリック・アイ*The Public Eye*」(1992年)もウィージーに触発された作品である。

「成功の甘き香り*Sweet Smell of Success*」(1957年)は、ニューヨークで撮影された白黒映画の中では最高傑作のリアリスティックな作品だ。主演のバート・ランカスターは無慈悲なゴシップ記事のコラムニスト(実在のゴシップ・ジャーナリスト、ウォルター・ウィンチェルをモデルにしているのは明らかだ)の役で、トニー・カーティスが必死にその機嫌取りをするプレス・エージェントを演じている。撮影は有名なジェームズ・ウォン・ハウが担当し、50年代のニューヨークのクラブ・シーンを見事にとらえている。

「ウェスト・サイド物語*West Side Story*」(1961年)は、恋愛とギャング抗争を描いており、ヘルズ・キッチンで撮影された。リンカーン・センター拡張のために取り壊された当時の安アパート(テネメント)の外観を見ることができる。

「サブウェイ・パニック*The Taking of Pelham One, Two, Three*」(1974年)は、ニューヨークの真髄を表している。地下鉄がハイジャックされ、地下鉄公安部の警部補を演じるウォルター・マッソーが、犯人との交渉の前面に立たされる。この傑作カルト映画の脚本を書いたのはピーター・ストーン(トニー賞、アカデミー賞、エミー賞をすべて受賞した唯一の脚本家)で、ラストのひねりがすばらしい。

「アフター・アワーズ*After Hours*」(1985年)は、力強く、かつ突飛なソーホーとトライベッカ界隈をそのまま映像にしており(マーティン・スコセッシ監督によると、わかる人にはわかるネタやブラック・ユーモアが満載だそうだ)、よく引き合いに出される作品だ。

最近は外国の監督がニューヨークで映画を撮り、地元の観客に、アウトサイダーの目に映るニューヨークを見せている。ウェイン・ワン監督の「スモーク*Smoke*」(1995年)と「ブルー・イン・ザ・フェイス*Blue in the Face*」(1996年)は、どちらも主演のハーベイ・カイ

テルがブルックリンの葉巻屋の店主に扮している。アン・リー監督の「ウェディング・バンケットThe Wedding Banquet」(1993年) は、ほろ苦いコメディだ。セクシャリティの自由を象徴するニューヨークに暮らすゲイの台湾人青年のもとに、世話焼きの両親がやってきて、彼を女性と"結婚"させようとする話である。

スパイク・リーは、1986年の「シーズ・ゴッタ・ハヴ・イットShe's Gotta Have It」で、ニューヨークの新しい映画監督として頭角を現し、さらに「ドゥ・ザ・ライト・シングDo the Right Thing」(1989年) で、ブルックリンの人種摩擦を描いて物議をかもした。以来、「マルコムXMalcolm X」(1992年) や「クロッカーズClockers」(1995年) のような優れた作品を作る一方で、ナイキのコマーシャルのような実入りのよい仕事も行っている。1999年に撮った「サマー・オブ・サムSummer of Sam」は、ニューヨークのどん底時代、つまり連続殺人鬼が暗躍し、熱波が住民を襲い、大停電をきっかけに激しい暴動が起こった1997年の夏を

ニューヨークの映画監督3人

文学を除けば、ありのままに歴史を描き、人々や文化を映し出すことのできる芸術様式は、映画をおいて他にないだろう。ニューヨークにも洗練された映画を作り出す人たちが大勢いる。しかし、わけてもこの3人は、カメラをのぞき込む者の中でも最も優れた才能に恵まれているといえるだろう。

マーティン・スコセッシ

神経質な夢想家で変わり者の監督スコセッシは、ニューヨークの暗部を生き生きと描き出して有名になった。1942年にクイーンズで生まれ、マンハッタンのリトル・イタリー地区のエリザベス通りで育った。ドキュメンタリー映画「ウッドストックWoodstock」(1970年) で編集に関わった後、「ミーン・ストリート Mean Streets」(1973年) を撮った。リトル・イタリーの話だが、実際の撮影はブロンクスで行われ、ロバート・デ・ニーロとハーベイ・カイテルが出演した。両俳優はその後もスコセッシの作品に深く関わり、「タクシー・ドライバーTaxi Driver」(1975年) では共に主演した。イースト・ヴィレッジの精神病質者を描き、絶賛された作品である。ロバート・デ・ニーロは、実在のボクサー、ジェイク・ラ・モッタの過酷な人生を描いた名作「レイジング・ブルRaging Bull」(1980年) でアカデミー主演男優賞を受賞した。

近年の作品には、すぐにビデオ化された「アフター・アワーズAfter Hours」(1985年) がある。1980年代半ばのソーホー地区を洗練されたタッチで描き出している。またマフィアの実話を描いた「グッド・フェローズGoodfellas」(1990年) も評価が高い。「エイジ・オブ・イノセンスThe Age of Innocence」(1993年) も賞賛された。19世紀のニューヨークを描いたイーディス・ウォートンの小説に基づき、当時の衣装の細部まで再現した作品だ。その後再びニューヨークの裏の世界を描くようになり、ニコラス・ケイジ主演の「救命士Bringing Out The Dead」(1999年)、そして「ギャング・オブ・ニューヨークGangs of New York」(2002年) を制作した。後者はダウンタウンのファイヴ・ポインツ地区のスラムを舞台にした物語で、レオナルド・ディカプリオ、ダニエル・デイ・ルイス、キャメロン・ディアスが主演している。最近スコセッシは、昔の名作映画を復元してアメリカ映画の遺産を保存しようとする運動を率いている。

ウディ・アレン

スコセッシと同じくらい傑出し、賞賛されているのはウディ・アレンで、アメリカの映画監督の中では誰よりも完成作品に対して影響力を持っている (ただし近年は若いスパイク・リーが万能監督としてのアレンの地位をおびやかしている)。アレンは自作の脚本、監督、そして多くの場合は主演も担当し、まるで作家が短編小説を書くようなペースで——ほぼ年に1本、今までで合計30作を超える——映画を生み出している。

ウディ・アレンの本名はアレン・スチュワート・コニグズバーグ、1935年にブルックリンで生まれ、テレビのコメディアン向けにギャグを書き始め、1950年代半ばにシド・シーザーの伝説的な番組「ユア・ショウ・オブ・ショウズYour Show of Shows」の仕事を得た。その後スタンダップ・コメディアンに昇格し、今ではおなじみのキャラクター——セックスに取りつかれた「さえない」インテリだが、最後には女の子をものにする——に磨きをかけていった。1965年に「何かいいことないか子猫チャンWhat's New Pussycat?」で俳優と脚本家としてハリウッド・デビューを果たし、翌年には「What's Up Tiger Lily?」を制作した。これは日本のジェームズ・ボンド風スパイ映画 (訳注：東宝「国際秘密警察 鍵の鍵」) の音声をコミカルな台詞に吹き替えたものだった。その後、純粋なコメディ「泥棒野郎

HAYDEN FOELL

過酷に描き出している。

　ニューヨークの映画については、コラム「ニューヨークの映画監督3人」も参照。

ドキュメンタリー

ニューヨークは勇壮な叙事詩のようであるといえるが、その特徴を何よりもよくとらえているのが、リック・バーンズがPBS（Public Broadcasting Service公共放送サービス）のために制作したドキュメンタリー「ニューヨーク*New York*」全5回シリーズである。この壮大な作品はニューヨークの400年近い歴史を網羅している。規模でも予算でも、その対極にあるのがドキュメンタリー「*The Cruise*」（1998年）だ。グレイライン観光バスのガイドと共に、奇抜で風変わりなニューヨークの旅ができる。

新聞・雑誌

「情報過多」という言葉を安手の図入り事典で調べると、もしかしたら新聞や雑誌があふれ

ニューヨークの映画監督3人

Take the Money and Run」（1969年）、「バナナ*Bananas*」（1971年）、「スリーパー*Sleeper*」（1972年）などの脚本兼監督として活躍しながら、ニューヨーカー誌に笑いを誘う意欲的なエッセイを書き、ブロードウェイで「ボギー！　俺も男だ*Play It Again, Sam*」をヒットさせた。これは負け犬の主人公の前に、ハンフリー・ボガートの幽霊が現れてアドバイスを授けるもので、1972年に映画化されて大当たりした。

しかしアレンのコメディ・アーティストとしての名声を確立させたのは、名作「アニー・ホール*Annie Hall*」（1975年）だった。アカデミー作品賞に選ばれた数少ないコメディ作品である。その後はシリアスな作品「インテリア*Interiors*」（1978年）と「マンハッタン*Manhattan*」（1979年）を続けて制作した。後者はニューヨークへの赤裸々なラブレターであり、白黒映像が美しい。

アレンは公私にわたってパートナーであった女優ミア・ファローとともに、賞賛された作品をいくつも作り上げた。その中にはアカデミー賞受賞の「ハンナとその姉妹*Hannah & Her Sisters*」（1986年）も含まれている。しかしファローの養女スン・イー・プレヴィンとの不倫がきっかけで醜い争いになり、90年代初めにカップルを解消した。

スキャンダラスな私生活にもかかわらず、アレンは今も評判の良い映画を制作している（ファロー以外にヒロインを務めた女優には、ダイアン・キートン、ダイアン・ウェースト、ミラ・ソルビーノなどがいた）。近年の作品には、「誘惑のアフロディーテ*Mighty Aphrodite*」（1995年）、「地球は女で回ってる*Deconstructing Harry*」（1997年）、「セレブリティ*Celebrity*」（1998年）、「ギター弾きの恋*Sweet & Lowdown*」（1999年）、「世界中がアイ・ラヴ・ユー*Everyone Says I Love You*」（1996年）などがある。最後の作品は奇抜なミュージカル・コメディで、ゴールディ・ホーン、アラン・アルダそしてアレン本人が、有名なラブソングをニューヨーク、パリ、ベネチアで口ずさむ。最近では「スコルピオンの恋まじない*Curse of the Jade Scorpion*」（2001年）で好評を博し、新作「*Hollywood Ending*」を2002年カンヌ映画祭で初公開した。仕事以外には、主に月曜の夜にミッドタウンのマイケルズ・パブでトラディショナル・ジャズ・バンドの一員としてクラリネットを演奏し、ニューヨーク・ニックスのホームゲームをほとんど欠かさずに観戦に出かけている。

シドニー・ルメット

1924年生まれのシドニー・ルメットは、古いニューヨーク特有の理想主義的で社会派の感覚を持っているが、それは50年代にテレビのライブドラマの監督としてキャリアをスタートさせた頃に身につけたものだった。多くの監督たちが自ら進んで陽光に満ちあふれるハリウッドに移っていっても、ルメットは作品の多くをニューヨークで撮ることを選んだ。最初の映画作品は、ヘンリー・フォンダの主演の「十二人の怒れる男*12 Angry Men*」（1957年）で、テレビのライブドラマの中でも最も優れた作品の一つを再現したものだった。

その後も多数の作品を制作した。「セルピコ*Serpico*」（1974年）は、一人の警察官が警察内部にはびこる腐敗を暴いた実話に基づいている。「狼たちの午後*Dog Day Afternoon*」（1975年）はやはり実話に基づいて、（アル・パチーノ演じる）男が恋人の性転換手術費用のために、突飛な銀行強盗を企てる話である。「ネットワーク*Network*」（1976年）は辛辣な風刺で、90年代のテレビのくだらないトーク番組を予見するような内容だった。また「オリエント急行殺人事件*Murder on the Orient Express*」（1974年）は華やかな時代衣装を揃え、完全にヨーロッパで撮影されたメロドラマ的な作品で、ルメットの監督としての守備範囲の広さを示している。近年の作品には、「評決*Verdict*」（1982年）、「殺人調書*Q&A*」（1990年、スパニッシュ・ハーレムで撮影）、「NY検事局*Night Falls on Manhattan*」（1997年）、「グロリア*Gloria*」（1999年）などがある。全作品を通して、これまでに50回を超えてアカデミー賞の候補に挙げられている。

ルメットは今でも、2番街の8丁目と9丁目の間にあるウクラニアン・ナショナル・ホームの広い部屋で、撮影前に役者たちと徹底的なリハーサルを行っている。著書「メイキング・ムービー*Making Movies*」は、自らの映画づくりについて記したすばらしい本で、映画好きには必読である。

「ザ・ライト・シング」を行うスパイク・リー

るマンハッタンの売店の絵が載っているかもしれない。どんなものを探し求めていたとしても――高尚、下品、教養あふれる、変わっている、サブカルチャー、秘儀的――、その売店で見つけることができるだろう。地元民にもおすすめを1つ挙げることはできない。指向が、にぎやかなパーティーか、読書か、ゲイ文化か、芸術か、低予算か、それによって違うのだ。主な新聞・雑誌をいくつか挙げておく。

「ニューヨーク・タイムズNew York Times」紙（75￠、日曜版＄3）は、今でもアメリカを代表する新聞で、世界中のどの新聞社よりも海外支局や通信員の数が多い。金曜のウィークエンド欄はカルチャー・イベントの貴重な情報が載っていおり、また月曜の「Metro」欄の「Metropolitan Diary」は、軽妙洒脱で骨のあるニューヨークを垣間見せてくれるだろう。「ウォール・ストリート・ジャーナルWall Street Journal」紙（＄1）は平日に発行される。金融関係者は必読だ。

「ニューヨーカーNew Yorker」誌の「Going on about Town」欄は、主要な美術、演劇、映画、ダンス、音楽イベントの概要を毎週載せている。「ヴィレッジ・ヴォイスVillage Voice」（毎週水曜に無料配布）は、充実したナイトライフ情報で有名だが、最近は大量の付録ページに押されてしまっている（いったいどうしたのだ！）。これは貸しアパートやルームメイト募集の情報をただで得るにも最適の手段である。「ニューヨーク・プレスNew York Press」も無料配布の週刊誌で、市内の最新情報を知

るのに役立つ。「ニューヨークNew York」誌は、レストランに目がない読者のために完璧なリストを掲載している。「ニューヨーク・オブザーヴァーNew York Observer」は週刊の新聞で、地元の政治家や社交界の面々向けに奇抜なイベント一覧を作るようにがんばっており、文学作品の朗読会やパーティーなどの案内を載せている。カフェで読むのによい。

「タイム・アウト・ニューヨークTime Out New York」誌は水曜に発行され、ロンドンの姉妹版と同じ体裁になっている。イベント一覧はどの刊行物よりも充実している。「ウェア・ニューヨークWhere New York」は無料の月刊誌で、ニューヨークの主要なイベントの情報を載せている。ホテルで無料でもらえるものの中では一番役に立つ。

ラジオ

ニューヨークには100を超えるラジオ局があるが、ほとんどが1種類の番組に特化している専用チャンネルだ。ラジオのダイヤルを左に回すと、たいていの大学ラジオ局が放送するいろいろな番組を聞くことができる。FMでは、クラシック音楽好きならWNYC（93.9）とWQXR（96.3）をおすすめする。後者はオーナーであるニューヨーク・タイムズ紙の批評やニュースも伝えている。WBGO（88.3）は午前中にナショナル・パブリック・ラジオ（NPR。非営利ラジオ局）の放送を行い、残りの時間はコマーシャルなしでジャズを流している。WNEW（102.7）はアメリカの草分け的ロック・チャンネルの一つだったが、1999年に番組構成を変え、男性視聴者向けの（つまり低俗・猥雑な）安っぽい話を専用に流すようになってしまった。WHTZ（100.3）は全米トップ40のポップスとロックを最もうまく組み合わせている。WBLS（107.5）はメインストリームとライト・ソウル・ミュージックを聞くのに最適だ。WQHT（97.1）は「ホット97」とも呼ばれ、ヒップホップやラップを専門とする。

さらに幅広い種類の音楽を聴きたい人には、WKCR（89.9）のコロンビア大学の放送局がおすすめだ。有名なジャズ研究家のフィル・シャープが平日の午前中にジャズをかける。またWFMU（91.1）も昔から人気のある局で、美しい町ジャージー・シティ（ニュージャージー州）から放送している。WFDU（89.1）はファーレイ・ディキンソン大学の放送局で、平日13:00～16:00に世界随一のR&Bとソウルの番組「アクロス・ザ・トラックスAcross the Tracks」を放送している。

AMでは、トークとニュース番組が多くを占

める。WCBS（880）とWINS（1010）は、最新のニュースと天気予報を報じている。WNYC-AM（820）はナショナル・パブリック・ラジオの番組を放送する。WABC（770）は保守的な評論家たちのラジオ上のはけ口になっている。WOR（710）はアメリカで最も古い放送局の一つで、落ち着いたトーク番組を放送している。WFAN（660）では24時間スポーツ番組を流す。WKDM（1380）とWADO（1280）はスペイン語を話す人向けの放送局。WWRL（1660）は、市の黒人コミュニティ向けの放送を行う。

テレビ

4大ネットワーク——NBC、CBS、ABC、およびFOX——の本社はすべてニューヨーク・シティにあり、各社とも夕方のゴールデンアワーに全国放送を展開している。PBS（公共放送サービス）は13チャンネルで放送している。

　ケーブルテレビでは、有名なCNN、MTV、HBOを見ることができる。スポーツ、文化教養、歴史、昔の映画などに特化しているチャンネルもある。また19:00～23:00には、イギリス、アイルランド、フランス、メキシコ、ギリシャ、韓国、日本、ドイツなど世界各国のニュース番組が、マンハッタンの複数のケーブル・チャンネルを通して放映される。その他、一般視聴者が作る番組を局地的に放送する"パブリック・アクセス"チャンネルがある。最も有名な（悪名高い）のは、主にソフトコア・ポルノ番組を放送し、つけたしのようにストリップ・ショーやコマーシャルを流しているチャンネルだ。

写真・ビデオ

フィルム・機材

プリント用フィルムは、スーパーやディスカウント・ドラッグストア（一番安い）などでどこでも簡単に手に入る。カメラの専門店については「ショッピング」を参照。

　ドラッグストアは現像代が安い（無料の焼き増しなどの特典がないか確かめるとよい）。昼までにフィルムを渡せば、通常翌日までには写真ができているだろう。一方、1時間で現像する店も各所にある。イエロー・ページのPhoto Processing（写真現像）の項目を参照するとよい。ただし料金は通常の2倍かかるだろう。

ビデオ方式

アメリカはNTSCカラーテレビ方式を使用している。アフリカ、アジア、オーストラリア、ヨーロッパで使われている他の方式（PALやSecam）とは互換性がないため、変換しない限りそれらのAV機器は使えない。日本はNTSCなので機器もそのまま使用できる。

時差・時間

ニューヨーク・シティは、米東部標準時Eastern Standard Time（EST）を使用している。グリニッジ標準時より5時間遅れており、米山岳部標準時（コロラド州デンバーなど）より2時間進んでおり、米太平洋標準時（カリフォルニア州サンフランシスコ、ロサンゼルスなど）より3時間進んでいる。

　日本は、ニューヨークより14時間先行しており、たとえばニューヨークの正午は日本では次の日の午前2:00になる。またアメリカはほぼ全域で夏時間を採用する。4月の第1日曜日に時計が1時間進み、10月の最終土曜日に1時間戻る（「spring ahead, fall back〈春に進み、秋に戻る／前に跳んで、後ろに倒れる〉」と覚える）。正確な時刻を確認するには、☎212-976-1616へ。

電圧・電源

アメリカは電圧110V、周波数60Hzで、プラグは2ピンか3ピン（平ピン2本に丸形のアースピン1本）。3ピンプラグは2穴コンセントには使えないが、アダプターを金物店やドラッグストアで買えば対応できる。日本の電圧が100Vなので多少異なる。ドライヤーや髭剃りなどを短時間使用するのはあまり問題ないようだが、パソコン等の精密機器には変換器が必要なこともあり、事前に確認しよう。

KIM GRANT

基本情報 – 計測単位

計測単位

アメリカ人はメートル法を嫌い、25年前に完全導入されているはずにもかかわらず、ずっと拒否し続けている。

距離はフィート、ヤード、マイルで測る。3フィートは1ヤード（約0.914m）に相当し、1760ヤードおよび5280フィートが1マイル（約1.609km）に相当する。乾物の重量は、オンス（oz、約28.35g）、ポンド（lb、16oz＝1lb、約453.6g）、トン（2000lb＝1米トン、約907.2kg）を使用する。ところが液体の重量単位は異なる。1パイント（約0.473ℓ）は16液量オンス、2パイントは1クォート（約0.946ℓ）に相当する。2クォートはハーフ・ガロン（約1.893ℓ）、4クォートはガロン（約3.785ℓ）に相当する。クォート、ハーフ・ガロン、ガロンは牛乳などの液体を量るのによく使われる。ガソリンはガロンで量るが、米ガロンは英ガロンより約20％少ない。パイントやクォートもイギリスより約20％少ない。本書の巻末の「単位換算表」を参照。

ランドリー

コインランドリーはたいていどこにでもある。ニューヨーカーの多くがランドリー設備のないアパートに住んでいるためだ（例外はアッパー・イースト・サイドなどの高級エリア）。

サッズ・カフェ・アンド・ローンドロマット Suds Cafe and Laundromat（MAP4、#59 ☎ 212-741-2366 ⌂141 W 10th St ⊙7:00～22:00）は、グリニッチ街Greenwich Aveとウェイヴァリー・プレイスWaverly Placeの間にあり、社交の場として評判になっている。

通常の料金は、洗濯機が25分で＄1.50、乾燥機が30分で＄1.50である（アメリカの洗濯機はヨーロッパのものよりずっと回転数が速い）。たいていどこでも小銭両替機を設置している。

またコインランドリーの多くは配達サービスを行っている。料金は衣類1ポンド（約453.6g）につき約＄1。ホテルのランドリー・サービスはかなり高いので、外のランドリーを利用すれば安くすむ。

トイレ

消化器系の弱い人にとって、ニューヨークは徹底的に厳しい街だ。1970年代のホームレス人口の急増（およびその後のクラック〈安価なコカイン〉常用者の急増）のせいで、地下鉄のトイレは閉鎖され、たいていの店ではお客以外のトイレの利用を拒む。また市当局はパリ風の公衆トイレを導入する計画をいつのまにか放棄したようだ（シティ・ホール・パークに唯一の例外がある）。どうしても我慢できず、また礼儀をわきまえているのなら、混み合っているバーやレストランに忍びこむか、ファストフード店に飛びこむか、図書館の分館にそっと入りこんで、トイレを使う手がある。サックス・フィフス・アヴェニュー、メイシーズ、ブルーミングデールズなどのデパートも試す価値があるだろう（デパートの所在地については「ショッピング」を参照）。

荷物預かり

駅や空港には、荷物を預かる公共設備はない（例外は飛行機に預けた荷物が届かなかったときで、その場合は航空会社が管理する）。ホテルでは宿泊客の荷物を預かってくれるが、事前に貴重品を全部取り出しておく必要がある。ホテル側は紛失や盗難に対する責任を一切取らない。

健康

アメリカ入国にあたり、予防接種は特に必要ない。ニューヨークにおける保健衛生面の最大の脅威は、屋台で買ったものを食べて胸焼けを起こすことだろう（ホットドッグやジーロ〈串焼き肉をピタパンにはさんだギリシャのサンドイッチ〉やペパローニ〈イタリアのソーセージ〉ピザの屋台など、誘惑は多い）。それでも、出発前に十分な旅行保険に加入しておくべきである。前出の「旅行保険」を参照。

医療機関

救急車を呼ぶときは、☎911へ（公衆電話から無料でかけられる）。病院の救急病棟では、医療費を払えるかどうかにかかわらず、すべての病気の旅行者を受け入れる義務がある。ただし保険に未加入でお金もない場合、"危篤"状態でない限り、かなり長く待たされることになるだろう。

ニューヨークの日本語対応病院の主なものは以下の3カ所。

東京海上記念診療所 Japanese Medical Practice マンハッタン診療所（内科、小児科）（☎212-889-2119 ⌂55 East 34th Street, New York, NY 10016）

ウエストチェスター診療所（内科、小児科）（☎914-997-1200 ⌂141 South Central Avenue, Suite 102, Hartsdale, NY 10530）民間非営利団体により運営されており、日本人医師・看護師が診療に当たり、日本人担当者が受付から支払いまで対応。

米国日本人医師会（☎212-879-2328 ⌂120 East 79th Street, New York, NY 10021 W www.JapaneseMedicalSociety.org）

ニューヨーク最大の病院の一つは、**ニューヨーク大学病院 New York University Medical Center**（MAP5、#126 ☎212-263-5550 ⌂462 First Ave）で、33丁目の近くにある。一番近い病院を探すには、イエロー・ページを参照。

ニューヨークには24時間営業のドラッグストアがあふれている。便利で何でも売っており、薬局カウンターがある店だ。大手チェーン店の**デュエイン・リード Duane Reade**（MAP6、#3 ☎212-541-9708 ⌂西57丁目とブロードウェイの角W 57th St & Broadway、MAP4、#78 ☎212-674-5357 ⌂378 Sixth Ave〈6番街とウェイヴァリー・プレイスの角Sixth Ave & Waverly Pl〉）は、地下鉄の西4丁目 W 4th駅の入口付近にある。**ライト・エイド Rite Aid**も大手チェーン店だ。

旅行者の避妊や性感染症対策については、**プランド・ペアレントフッド Planned Parenthood**（MAP4、#129 予約代表☎212-965-7000, 800-230-7526 W www.plannedparenthood.com ⌂26 Bleecker St, Manhattan, MAP9、#23 ⌂44 Court St, Brooklyn, MAP13 ⌂349 E 149th St, the Bronx）で相談できる。

女性旅行者へ

ニューヨーク・シティは概して女性旅行者にとって安全度が高い。レズビアンもたいてい好意的に受け入れられる。どこが危険な地域に当たるのかわからない場合は、ホテルで尋ねるか、観光案内所に電話するとよい。もちろんほかの女性旅行者たちからも、いつでも経験に基づいた貴重な情報を得られるだろう。最近は記録的に犯罪率が低下しているので、一人旅の女性も地下鉄を避ける必要はない。しかし車掌のいる車両に乗るのが賢明である（列車の中央車両。地下鉄ホームの黄色い表示 "off-hour waiting area"〈通勤時間外の待ち合い区域〉が目印）。誰かにじっと見られたり、不適切な行動をとられたり、不愉快な思いをさせられたりした場合は、車両内を移動するか、別の車両に移るとよい。外の通りを歩いているほうが不愉快な目に遭いやすい。口笛を吹かれたり、お世辞を言われたりするかもしれない。少しでも関わり合うと相手を増長させる。黙って歩き去ろう。

遅くまでクラブにいるときや、宿から遠い場所に出かけている場合は、帰りのタクシー代を残しておくとよい。万が一、暴行にあった場合は**警察 police**☎911へ通報すること。**バイオレンス・インターヴェンション・プログラム Violence Intervention Program**（暴力介入プログラム）（☎212-360-5090）では、暴力被害者の支援を行っている（英語かスペイン語で対応）。

同性愛の旅行者へ

ニューヨークは世界で最もゲイに友好的な都市の一つだろう。マンハッタンのグリニッチ・ヴィレッジやチェルシー、クイーンズのジャクソン・ハイツなどの地域は、主にゲイとレズビアンの街になっている。週刊の「ザ・ブレイド The Blade」を探してみよう。政治情報に強く、ゲイ社会の話題を扱っており、街角などに置かれているので無料で手に入る。

ゲイ・アンド・レズビアン・スイッチボード・オブ・NY・プロジェクト Gay and Lesbian Switchboard of NY Project（☎212-989-0999）と**ゲイ&レズビアン・ナショナル・ホットライン Gay & Lesbian National Hotline**（☎888-843-4564）はカルチャーやエンターテインメント情報を提供し、パートナーの紹介やカウンセリングも行っている。どちらも営業時間は平日18:00〜22:00、土曜は12:00〜17:00。共通のホームページはW www.glnh.org。

ニューヨーク在住の日本人レズビアン、ゲイ、バイセクシャルのサイトには**日本人の会 Japanese-Speaking LesBiGay NYC**（W www.geocities.com/jsl_ny/）がある

**レズビアン・アンド・ゲイ・
コミュニティ・サービス・センター
Lesbian and Gay Community Services Center**
（MAP4、#12）
☎212-620-7310
W www.gaycenter.org
⌂208 W 13th St
◐9:00〜23:00

7番街Seventh Aveとグリニッチ街Greenwich Aveの間にあり、毎週数千人を対象に、パートナーの紹介、セミナー、法律相談、楽しい親睦会などを行っている。来訪者にも無料でイベント・カレンダーや「ゲイ・イエロー・ページGay Yellow Pages」、ゲイ向きの情報一覧などをセットで配布する。

**ゲイ・メンズ・ヘルス・クライシス
Gay Men's Health Crisis**（MAP5、#136）
☎212-367-1000、800-243-7692
W www.gmhc.org
⌂119 W 24th St

基本情報 − 身体の不自由な旅行者へ

6番街と7番街の間にあり、血液検査、HIV感染者への医療、幅広いカウンセリングなどを行っている。

NYCゲイ&レズビアン・アンタイ・バイオレンス・プロジェクト
NYC Gay & Lesbian Anti-Violence Project
（MAP5、#101）
☎212-714-1184、ホットライン☎212-714-1141
🏠240 W 35th St
7番街と8番街の間にあり、24時間の緊急電話サービスを実施している。

ゲイの事情について、詳しくは「ニューヨークについて」のコラム「ゲイ&レズビアンのニューヨーク」を参照。また「エンターテインメント」の「ゲイ&レズビアン向け」も参照。

身体の不自由な旅行者へ

アメリカの連邦法では、すべての政府機関や施設が、身体の不自由な人を受け入れることを保証している。たいていのレストラン・ガイドも、各店が車椅子に対応できるか記している。詳しくは、市の**オフィス・フォー・ピープル・ウィズ・ディサビリティーズ Office for People with Disabilities**（障害者担当局）（☎212-788-2830）へ。

着実に少しずつ事態は改善しているが、それでもニューヨーク市内を移動するのは一苦労である。道は混雑し、歩道が傾斜している交差点付近は歩行者であふれ、年がら年中慌ただしいので、驚異的なスピードで歩いていない人にとっては厳しい状況だ。さらに悪いことに、地下鉄は高架か地中深く埋められているにもかかわらず、ホームに連絡するエレベーターがほとんど整備されていないのである（マンハッタンに停車する30近い路線の駅のうち、障害者が利用できるエレベーターは4つしかない）。車椅子での地下鉄利用について詳しくは、☎718-596-8585へ。付き添いの人と行動を共にしたほうが楽だろう。また事前に毎日の行動手順を練っておくと、よりスムーズな移動ができるだろう。

Sath（Society for the Advancement of Travel for the Handicapped〈障害者旅行推進協会〉MAP5、#119 ☎212-447-7284 📧sathtravel@aol.com 🏠Suite 610, 347 Fifth Ave, New York, NY 10016）は会員になっている障害のある旅行者に、旅行情報を提供している。会員に関する問い合わせは、Sath宛てに電話または文書で。

高齢の旅行者へ

50歳以上の旅行者（特に65歳以上の旅行者）は交通運賃が安くなり、ホテル料金や薬局の処方箋、美術館の入場料なども割引になることが多い。ニューヨークのレストランでは年齢による割引は特に行っていないが、通常＄10の映画代が安くなるのはシニアだけの特典である。

地下鉄でトークン（地下鉄乗車用コイン）を買うときに65歳以上であるという身分証明書を提示すれば、帰りの運賃が無料になり、乗り換え券（トランスファー）ももらえる。またメトロカードもかなり割引になる。詳しくは、☎718-243-4999へ。

アメリカで最も有力な高齢者の団体は、**アメリカ退職者協会 American Association of Retired Persons**（AARP ☎800-424-3410 🌐www.aarp.org 🏠601 E St NW, Washington, DC 20049）であろう。旅行に関する割引や情報を提供している。アメリカ居住者は年会費＄12.50を払えば会員になれる。しかし非会員でもホームページの情報を無料で見ることができる。

子供のためのニューヨーク

世界有数の観光スポット、ツアー、イベントが盛りだくさんのニューヨークは、子供にとってまさに"おとぎの国"だ。子供のための博物館が3つあり（マンハッタン子供博物館、ブルックリン子供博物館、スタテン島子供博物館）、子供が喜びそうな恒例イベントも数多い。旅行会社や観光案内所で無料で入手できる「Museums for Families（家族連れのためのミュージアム・ガイド）」には、子供の年齢に応じて、気軽に参加できる催しの情報が詳しく紹介されている。クリストファー・メイナード著*Kids' New York*（子供のためのニューヨーク）を買えば、ニューヨークに関するおもしろい事実や発見、こぼれ話をたくさん知ることができるだろう。

セントラル・パークとプロスペクト・パークはあらゆる年齢層にとって宝の場所だ。昔ながらの回転木馬carousel（カルーセル）もとても楽しい。子供はセントラル・パーク動物園Central Park Zoo（正式には、セントラル・パーク・ワイルドライフ・センターCentral Park Wildlife Center）と、より大規模なブロンクス動物園Bronx Zooも楽しめるだろう。毎年冬には、ビッグ・アップル・サーカスBig Apple Circusがリンカーン・センターで興行する。また毎年5月と6月にはリングリング・ブラザースRingling Brosとバーナム・アンド・ベイリー・サーカスBarnum & Bailey Circusがマディソン・スクエア・ガーデンを席巻する。ニューヨーク市立図書館の裏手のブライ

基本情報 – 子供のためのニューヨーク

子供は何したらいいの？

子供ができることはたくさんあり、選択肢をしぼっていくのは難しいが、おすすめをいくつか紹介する。もうすでに、自由の女神、エンパイア・ステート・ビル、マンハッタン子供博物館を「行くとこ」リストに加えているのなら、あとは滞在期間中の特別イベントを調べよう（たとえば、毎年一流のサーカス団がいくつも街にやってくる。また8月のフリンジ・フェスティバルFringe Festivalでは、子供による子供のための劇が上演される）。下記の観光スポットについて詳しくは「観光スポットと楽しみ方」の各見出しを参照。

セントラル・パーク Central Park
馬車、インライン・スケート、子供動物園、6つの遊び場playground、有名な回転木馬、これらはニューヨークで最も有名な公園で一日の午後を過ごす理由のほんの一部にすぎない。他にも、ハンス・クリスチャン・アンデルセン像Hans Christian Andersen statueで行われる「おはなし会storytelling」（土曜11:00〜）や、スウィーディッシュ・コテージSwedish Cottage（スウェーデンの山小屋）の人形劇Marionette Theaterも検討してみよう。

ニュー・ヴィクトリー劇場 New Victory Theater
タイムズ・スクエアの中心部にあり、子供向けの劇や楽しいショーを専門にしている。ここの演目がいま一つピンと来なければ、道路を渡った反対側のマダム・タッソー蝋人形館に向かえばよい。

サウス・ストリート・シーポート South Street Seaport
大きな帆船やチルドレンズ・センターがあるだけでなく、子供が好きなおいしい物が食べられ、ナイフ投げのような楽しい大道芸人に会え、砂のお城づくりなどを楽しめる。

クリスマス時期のロックフェラー・センター Rockefeller Center at Christmas
大きなクリスマスツリーの下で家族揃ってスケートを楽しめる。その後、ラジオ・シティ・ミュージック・ホールの高価で華やかなクリスマス・ショーを見に行くとよい。

ローズ宇宙センター Rose Center for Earth & Space
アメリカ自然史博物館American Museum of Natural Historyに新設された、未来の宇宙飛行士のためのすばらしい最新式プラネタリウム。ティーンエージャーたちには夜のレーザー・ロック・ショーが人気だ。

ブロンクス動物園 Bronx Zoo
アメリカで最も歴史ある動物園であり、わざわざブロンクスまで出かけていく価値がある。しかし子供を連れて行くには遠すぎると思ったら、手近なマンハッタンの中にあるセントラル・パーク動物園 Central Park Zooを訪れるとよい。

サークル・ライン Circle Line
マンハッタンを船で一周するのは昔ながらのニューヨークの楽しみ方であり、暑い夏の日を涼しく過ごすには最適だ（無料のスタテン島フェリー Staten Island ferryも試してみよう）。

コニー・アイランド Coney Island
ボードウォーク、ビーチ、アストロランド（とサイクロン！）、ディノス・ワンダー・ホイール・アミューズメント・パーク、ニューヨーク水族館、野球チームのブルックリン・サイクロンズ、ネイサンズのホットドッグ……もう十分だろう！

チェルシー・ピア
Chelsea Piers
あらゆる年齢の子供に対応している。ボウリング、バッティング・センター、ロック・クライミング用の壁など。一年中アイススケートとローラースケートができる。

基本情報 – 大学

アント・パークには最近、真新しいきれいな回転木馬が設置された（前出のコラム「子供は何したらいいの？」も参照）。

大学

ニューヨークには、コロンビア大学（Columbia University）、ニューヨーク大学（NYU, New York University）、フォーダム大学Fordham Universityなど、世界一流の私立大学や優れた公立大学が多い。他にもニュー・スクール・フォー・ソーシャル・リサーチNew School for Social Research（夕方に幅広い成人コースを開設）、クーパー・ユニオンCooper Union（ニューヨーク初の授業料無料のカレッジ）、そしてニューヨーク市立大学City University of New York（CUNY）など多数のカレッジがある。これらの都会の教育機関は、物理的にもニューヨーク・シティの中にあり、NYUのキャンパスと寮などは実際にグリニッチ・ヴィレッジの中に散在している（「NYUヴィレッジ」と呼ぶ人もいる）。コロンビア大学のメイン・キャンパスはマンハッタンのアッパー・ウェスト・サイドのブロードウェイ沿いにある。CUNYのシティ・カレッジ・キャンパスは、セント・ニコラス・テラスSt Nicholas Terraceにあり、際立った新ゴシック調の建物は一見の価値がある。

ニューヨーク・シティには世界的な美術学校もある。たとえば、**パーソンズ・スクール・オブ・デザイン Parson's School of Design**（MAP4、#17 ⌂5番街と13丁目の角cnr Fifth Ave & 13th St）、**スクール・オブ・ヴィジュアル・アーツ School of Visual Arts**（SVA MAP5、#127 ⌂209 E 23rd St）、そしてブルックリンの**プラット Pratt**などである。

図書館

ニューヨーク市立図書館 New York Public Library（MAP5 本館 ☎212-930-0830 Ⓦwww.nypl.org ⌂5番街と42丁目の角Fifth Ave at 42nd St、MAP5 マンハッタン・ミッドタウン別館Mid-Manhattan Library ☎212-340-0833 ⌂455 Fifth Ave 5番街と40丁目の角Fifth Ave at 40th St、MAP4、#57 ジェファーソン・マーケット分館Jefferson Market branch ☎212-243-4334 ⌂425 Sixth Ave 6番街と西10丁目の角Sixth Ave at W10th St）は、マンハッタンとブロンクスとスタテン島に合計85の分館を有している。本館は研究図書館であり、見応えのあるすばらしい建築物でもある。月曜から土曜まで、11:00と14:00に無料の見学ツアーがある。3階の有名な閲覧室には自由に入れる。5番街を渡ったところにあるマンハッタン・ミッドタウン別館と、ジェファーソン・マーケット分館では、新聞・雑誌、本、ビデオ、CDなどを借りられる。他の分館の場所については、図書館のホームページを参照。

ニューヨーク市立図書館では、どこでもインターネットを自由に利用できる。1週間に30分の利用と、プリントアウト10枚が無料となる。そのほか無数の興味深い朗読会、コンサート、子供向けイベント、上映会などが各分館で催される。各図書館に置いてある案内「イヴェンツEvents」に催しの予定が載っている。

文化センター

アリアンス・フランセーズ Alliance Française（MAP5 ☎212-355-6100 Ⓦwww.fiaf.org ⌂22 E 60th St、別の支部（MAP3、#74 ☎212-809-2000）⌂95 Wall St

アジア・ソサエティ Asia Society（MAP7、#86 ☎212-288-6400 Ⓦwww.asiasociety.org）⌂725 Park Aveパーク街と70丁目の角Park Ave at 70th St

センター・フォー・キューバン・スタディーズ Center for Cuban Studies（MAP5、#158 ☎212-242-0559 Ⓦwww.cubaupdate.org）⌂124 W 23rd St 6番街と7番街の間between Sixth and Seventh Aves

ユダヤ歴史センター Center for Jewish History（MAP5、#187 ☎212-294-8301 Ⓦwww.cjh.org）⌂15 W16th St 5番街と6番街の間between Fifth and Sixth Aves

チェコ・センター Czech Center（MAP7、#39 ☎212-288-0830 Ⓦwww.czechcenter.com）⌂1109 Madison Ave マディソン街と83丁目の角Park Ave at 83rd St

ゲーテ・インスティテュート Goethe Institute（MAP7、#41 ☎212-439-8700）⌂1014 Fifth Ave 82丁目と83丁目の間between 82nd and 83rd Sts

アメリカ・ヒスパニック協会 Hispanic Society of America（MAP8、#6 ☎212-926-2234 Ⓦwww.hispanicsociety.org）⌂613 Broadway 西155丁目、オーデュボン・テラス内at W 155th St in Audubon Terrace

イタリアン・カルチュラル・インスティテュート Italian Cultural Institute（MAP7、#85 ☎212-879-4242 Ⓦwww.italcultny.org）⌂686 Park Ave

ジャパン・ソサエティ Japan Society（MAP5、#56 ☎212-832-1155 Ⓦwww.japansociety.org）⌂333 E 47th St 1番街と2番街の間between First and Second Aves

スカンジナビア・ハウス Scandinavia House（MAP5、#93 ☎212-879-9779）⌂58 Park Ave 37丁目と38丁目の間between 37th and 38th Sts

スイス・インスティテュート Swiss Institute（MAP4、#249 ☎212-925-2035 Ⓦwww.swissinstitute.net）●3rd fl, 495 Broadway スプリング通りとブルーム通りの間between Spring and Broome Sts

治安・トラブル

物乞い

大泥棒ウィリー・サットンは、なぜ銀行強盗をするのかと聞かれると、「そこに金があるからさ」と答えたそうだ。同じ理由で、物乞いたちは地下鉄駅の入口や観光名所、街角など観光客が集まる場所で営業する。お金の要求はさまざまな形で行われる。たとえば、疑わしい支援団体への寄付の呼びかけ（「ホームレス連合協会の者です」）、観光客へのあからさまな脅し（「あんたを怪我させたり、盗んだりしたくねえんだ」）、観光客に罪悪感を起こさせるもの（「どうせワタシは黒人／貧乏／ホームレスですから……」）などなど。本当に困っているのか、ただのいかさまなのか、区別するのは難しいため、多くの人は罪悪感からお金を渡す。しかし本当に貧乏した物乞いに渡されたお金も、食事や一晩の宿ではなく、おそらくは麻薬やアルコールの習慣を助長するために使われてしまうことを否定するニューヨーカーは少ない。お金を渡すか渡さないかは個人が決めることだが、誰にでも渡していたら破産してしまう。施し好きなら、誰を助けるのか基準を設けるとよい（たとえば、ミュージシャンや大道芸人、子供連れの母親、女性、退役軍人など）。そうでないと大勢に取り囲まれ、せがみ立てられるはめになるだろう。

ニューヨーク社会の性質上、物乞いを助けるために始まった立派な運動も、堕落してしまうようだ。たとえば、ホームレスの新聞「ストリート・ニュースStreet News」の販売だ。少なくとも何人かの物乞いは地下鉄の乗客に、天気が悪くて新聞が届かなかったとか、他の人にただであげてしまったなどと嘘をつく習慣を身につけた。それでも、だまされやすい乗客は、どっちみちお金を渡すのである。

困っている人を助ける信頼できる組織に寄付を希望するなら、毎日数百人に食事を提供している**シティミールズ・オン・ホイールズCitymeals-on-Wheels**（☎212-687-1234）に連絡するとよいだろう。

詐欺

観光客目当ての詐欺で多いのは、困ったように肩をすくめて助けを求めるタイプである。これはお金を要求する人がまったく困窮しているように見えない点で、ふつうの物乞いとは異なる。代わりに同情を誘うことを言い（「車の中に鍵を閉じ込めてしまって、タクシー代もないんです」）、後でお金を返すと約束までするのである。このような信用詐欺師たちが狙っているのは小銭ではない。たくみに＄5、ときには＄20も出させ、しかも返すつもりはまったくない。誰かにお金を貸してほしいと言われたら、その人が観光客に助けを求める理由は、地元民（警察も含めて）には詐欺だとわかってしまうからだということを覚えておきたい。

ほかによくある手口は、スリーカードモンテというゲーム。プレーヤーが、ダンボール箱の上でシャッフルされた3枚のトランプの中から赤い札を取ろうとするものだ。さまざまなバリエーションのあるこの見せかけのゲームが、絶対に勝てないペテンだということはよく知られている。しかし見物するのはおもしろい。「見物人」の多くが、実はサクラだということに注意。それでもこのゲームをする人（もしくは見物中に財布をすられる人）は多いので、週末のダウンタウンの路上ではよく目にする光景となっている。

麻薬

麻薬取引が行われているのは東の端のアルファベット・シティ（B街、C街、D街）、アムステルダム街の100丁目以北、ワシントン・ハイツの近くのジョージ・ワシントン橋バス停（行き来しやすい場所のため、ニュージャージーから若者たちが車でわんさか集まってきて、ここで逮捕される）の3カ所だ。どこもそのような場所につきものの危険がある。この3つの地区を歩いていれば麻薬密売人に声をかけられるだろう。夜に現金を持って歩くのは避けるべきだ。NYUの存在にもかかわらず（あるいは、その存在のせいで）、ワシントン・スクエア・パークは、長年麻薬を買い入れる場所とされてきた。毎年5月1日頃にマリファナ・マーチ（Ⓦwww.cures-not-wars.org）が行われる場所でもある。

売春

ニューヨークのストリップ・バーはあまりパッとせず（トップレスのみ）、安っぽくて安い（ミッドタウン）か安っぽくて高い（ウォール街近辺）かのどちらかである。隠れて売春が行われることはない。一方、市内には日本人ビジネスマン相手のセックス・クラブや、売春の需要に応える高額なエスコート・サービスなどが存在する。

近年、警察が街娼を取り締まるようになったため、11番街のリンカーン・トンネル付近

基本情報 − 違法行為

を歩く代わりに、女性たちはバンに乗って危ない商売に励んでいる。ほかに売春婦がビジネス旅行客に近づく公共の場所は、セントラル・パーク・サウス通り付近の6番街沿い、ウォルドーフ・アストリアWaldorf-Astoriaのブル・アンド・ベア・パブBull and Bear Pub、そしてグランド・ハイアット・ホテルGrand Hyatt Hotelのロビーなどだ。グランド・ハイアットは市内のホテルの中で最も公然とこの種の商売が行われる場所である（プロ・スポーツ選手団が多数宿泊するためだろう）。

緊急のとき

警察、消防、救急車は、☎911。どの電話からかけても無料だ。緊急以外の場合は、**警察 police department**（☎212-374-5000 🕐月〜金 7:30〜18:00）に電話すると、一番近い警察署にかかる。個人別加入者電話帳white pagesの特別セクションに、すべての連邦、州、市政府組織の事務所の番号が掲載されている。また各電話帳の最初に地域組織が全部載っている。

便利な番号をいくつか挙げておく。

在ニューヨーク日本国総領事館	☎212-371-8222
アルコホーリックス・アノニマス（アルコール依存症者の自助グループ）Alcoholics Anonymous	☎212-647-1680
厚生局エイズ・ホットライン Dept of Health's AIDS Hotline	☎800-825-5448
消費者局 Dept of Consumer Affairs	☎212-487-4444
ゲイ＆レズビアン・ナショナル・ホットライン Gay&Lesbian National Hotline	☎212-989-0999
犯罪被害者サービス Crime Victims Services	☎212-577-7777
法律扶助協会 Legal Aid Society	☎212-577-3300

違法行為

もし逮捕された場合、黙秘権が認められる。警察官に話をしたくない場合に話さなくてはいけない法律はない。しかし、許可されるまでは、けっして警察官から逃げてはいけない。すべての逮捕者は、電話を1本かける法律上の権利を有する。助けてくれる弁護士や家族がいない場合は、領事館にかけるとよい。頼めば警察で電話番号を教えてくれる。

公の場でタバコが吸え、酒類に「衣装」をかぶせさえすれば飲んでもよかった（たとえばビールを茶色い紙袋で覆うなど）古き良き時代は過ぎ去った。このような行為は、ジュリアーニ前市長の新しいニューヨークでは「生活環境」犯罪と位置づけられるため、公の場で浮かれ騒ぐ場合は、危険を覚悟しなくてはいけない（しかしマイク・ブルームバーグ現市長はマリファナを吸ったことがあり、しかもうまかったと告白しているので、この条例も少しは緩和されるかもしれない）。清潔で安全なニューヨークで、今一番懐かしく思うことは何かと世論調査で尋ねたところ、ほとんどの人が「夏に玄関前の階段に座ってビールを一杯やること」に類する回答をした……ため息。

1998年に、市当局はニューヨークの根強い慣習"ジェイウォーキング"——歩行者が交差点以外の場所で道路を横断すること——を廃止しようとした。しかしその試みもすぐに挫折した。ミッドタウンの一部ではバリアが設置され、歩行者が横断できないようになっているが、それ以外の場所は野放し状態である。

営業時間

ニューヨークでは、一部の例外を除けば、週7日間ほぼ何でも買うことができる。店は一般的には月曜から土曜まで、10:00から18:00まで開いている。大きなデパートは木曜の夜に遅くまで開いている。日曜は12:00から18:00まで営業する店が多い。

書店や専門店は毎晩決まった時間で閉店することが多い。また薬やさまざまな日用雑貨（歯磨き、飴、清涼飲料、ミルクや水などの必需食品）を売る24時間営業のドラッグストア（デュエイン・リードDuane Reade、ライト・エイドRite Aid、ジェノヴィーズGenovese）をあちこちで目にすることだろう。ベイグルにインターネット通信、洗車サービスからボウリング、何であろうと「ニューヨークでは、いつでも何でも買える」という言い回しが当てはまる。ただ、どこを探せばいいか知っておく必要はあるだろう。

野蛮な"禁酒法"の復活で、ニューヨーク州の酒屋はすべて日曜日に閉店するようになった。日曜日の正午を過ぎれば、スーパーなどの店でビールを買うことはできる（だがワインは買えない）。

パン屋やブティックは月曜定休の店が多い。

祝日・年中行事

ニューヨークではほとんど毎週のように特別なイベントが催されている。実際、公式に認可されている特定目的団体や少数民族団体のパレードだけでざっと50もある。また街頭市も毎年何百も行われるが、ほとんどはあまり大したことはなく、ファストフード、室内用

鉢植え、スポーツ用ソックス、安ベルトなどが並んでいる程度だ。夏に街を歩いていればきっと見かけることだろう。

　5番街は年に数回通行止めになり、大規模なパレードが行われる。なかでも最も歴史ある民族集団のパレードが、3月17日に行われるセント・パトリックの日のパレードSt Patrick's Day Paradeだ。

　国の祝日（月曜が多い）には、銀行、学校、政府機関（郵便局も含む）が休みになり、公共交通機関の時刻表や美術館の開館時間などは日曜に準じる。祝日が土曜と重なった場合は金曜が振替休日となり、日曜と重なった場合は翌月曜が振替休日となる。

　下記のイベントに関する問い合わせは、NYCアンド・カンパニー NYC & Company（New York Convention & Visitors Bureau〈ニューヨーク・シティの会議・観光局〉☎212-484-1222）へ。

1月

ニュー・イヤーズ・デイ New Year's Day　元旦。国の祝日（ニュー・イヤーズ・イブ〈大みそか〉のイベントについては12月を参照）。

スリー・キングズ・パレード Three Kings Parade（東方の三博士のパレード）　1月5日。エル・ムセオ・デル・バリオEl Museo del Barrio（☎212-831-7272）主催。数千人の子供たちが、ラクダやロバやヒツジと一緒に5番街を練り歩く、スパニッシュ・ハーレムの中心地116丁目に向かう。

ウィンター・アンティーク・ショー Winter Antiques Show　（☎718-292-7392 www.winterantiquesshow.com）1月半ばにアーモリーArmory（兵器庫。パーク街と67丁目の角Park Ave at 67th St）で開催。3万のソファや1万5000の紅茶セットが売られる。大勢の観客の中にはセレブリティもいれば、とてもその金額は出せないような普通の見物人もいる。

マーティン・ルーサー・キングの日 Martin Luther King Jr Day　1月の第3月曜日。国の祝日。公民権運動の指導者キング牧師の誕生日を祝う日。

中華街旧正月 Chinese New Year　太陰暦の正月は、年により1月下旬から2月上旬の間で動くが、中華街では前後何日にもわたり花火や爆竹が鳴り響く。獅子舞や竜踊りを見逃さないようにしたい。詳しくは☎212-764-7241へ。

2月

黒人歴史月間 Black History Month　祝日マーティン・ルーサー・キングの日（1月祝日）の始まりとなり、2月のアフリカ系アメリカ人の歴史や文化を讃える月間へと続いていく。詳しくはハーレムのショーンバーグ黒人文化研究センターSchomburg Center for Research in Black Culture

（☎212-491-2200）へ。

大統領の日 Presidents' Day　2月の第3月曜日。国の祝日。ジョージ・ワシントンとエイブラハム・リンカーンの誕生日を祝う日。

3月

セント・パトリックの日のパレード St Patrick's Day Parade　3月17日。ニューヨークのアイルランド系住民は200年以上前から、母国の守護聖人セント・パトリックを祝し、5番街でパレードを行ってきた。ここ数年、パレードへの参加を断られたアイルランド系ゲイ団体が、5番街と42丁目の角で抗議運動をしている。

復活祭 Easter　3月下旬か4月前半の日曜日。キリスト教の祝日。5番街のミッドタウンでにぎやかなパレードが行われ、ニューヨーカーたちはとっておきのイースター用の帽子をかぶって参加する。

4月

アヴィニョン映画祭 Avignon Film Festival（☎212-355-6160）アリアンス・フランセーズ主催。フランス、ヨーロッパ、アメリカのインディーズ作品を上映する。

5月

9番街国際フード・フェスティバル Ninth Avenue International Food Festival　5月中旬、9番街の42丁目と57丁目の間にエスニック・フードの屋台が立ち並び、大勢の人が繰り出してかぶりつく。

フリート・ウィーク Fleet Week　5月下旬。世界中の艦船や航空救難隊が集結、各国から数千人もの水兵がニューヨークに集まってくる。詳しくは、イントレピッド海洋航空宇宙博物館Intrepid Sea-Air-Space Museum（☎212-245-0072）へ。

メモリアル・デイ Memorial Day（戦没将兵記念日）　5月の最終月曜日。国の祝日。過去の戦争で戦死した軍人を敬する日。事実上の夏の始まりでもある（この日からは、白い服を着てもマナー違反にならない）。

6月

レストラン・ウィーク Restaurant Week　6月と11月に行われ、多くの一流レストラン——アクアヴィットAquavitからヴォンVongまで——が参加するイベント。この期間なら食事をしても懐は安心だ。セットメニューの値段はその年の数字になる（たとえば、$20.03、$20.04）。原則、予約不可。

トヨタ・コメディ・フェスティバル Toyota Comedy Festival　6月上旬。コメディアンたちがカーネギー・ホールをはじめ、多数のクラブで芸を披露する。問い合わせは☎888-338-6968へ。

ベル・アトランティック・ジャズ・フェスティバル Bell Atlantic Jazz Festival　6月上旬。ニッティング・ファクトリーKnitting Factory（クラブ）共催。詳

基本情報 − 祝日・年中行事

しくは☎212-219-3006 または、🌐 www.jazzfest.comへ。

プエルトリカン・デイ・パレード Puerto Rican Day Parade 6月の第2日曜日。きっと話には聞いているだろう有名なパレード。5番街の44丁目から86丁目まで進む。この陽気なフィエスタでは、数万人がヌエバヨルキーナ（ニューヨーク風）スタイルで踊り、食べ、浮かれ騒ぐ。

JVCジャズ・フェスティバル JVC Jazz Festival 6月中旬から下旬にかけて、市内の主要コンサート会場のほとんどが、一流ジャズ・ミュージシャンの演奏に沸きかえる。問い合わせは☎212-501-1390へ。

ミュージアム・マイル・フェスティバル Museum Mile Festival 6月の第2火曜日。5番街の86丁目から104丁目にかけて、18:00から21:00まで車両通行止めになり、区域内の9つの美術館すべてが無料で公開される。詳しくは☎212-606-2296、または🌐 www.museummile.festival.orgへ。

バスカーズ・フェスティバル Buskers Festival ダウンタウンのワールド・ファイナンシャル・センターで、バスカー（大道芸人）たちがそれぞれの芸や演奏を無料で披露する。ハイライトは夜のパフォーマンス。詳しくは☎212-945-0505へ。

セレブレイト・ブルックリン Celebrate Brooklyn 6月末から夏の終わりまで、さまざまなコンサート、シェイクスピア劇、ダンス・パフォーマンスなどが行われる。詳しくは☎718-855-7882、または🌐 www.brooklynx.orgへ。

シェイクスピア・イン・セントラル・パーク Shakespeare in Central Park パブリック・シアターPublic Theater（☎212-539-8750 🌐 www.publictheater.org）主催。6月下旬から9月にかけて、セントラル・パークのデラコルテ劇場Delacorte Theaterで、人気の野外シェイクスピア劇が行われる。公演は無料。これまでにミシェル・ファイファー、デンゼル・ワシントンなどの大スターも出演している。

レズビアン・アンド・ゲイ・プライド・ウィーク Lesbian and Gay Pride Week 6月の最後の週末に、5番街のミッドタウンからグリニッチ・ヴィレッジに向かって大規模なパレードが行われる。ハドソン川の桟橋ではダンス・パーティーが催され、クラブはゲイたちの熱気に沸く。詳しくは主催団体ヘリテイジ・オブ・プライドHeritage of Prideの案内電話（英語・スペイン語）☎212-807-7433、またはホームページ🌐 www.nycpride.orgへ。

7月

独立記念日 Independence Day 7月4日。国の祝日。デパートのメイシーズMacy's（☎212-494-4495）がイースト川で恒例の花火大会を主催する。

リンカーン・センターの公演 Lincoln Center Events 夏の間、リンカーン・センターで驚異的な数の公演が行われ、しかも無料のものも多い。たとえばリンカーン・センター・アウト・オブ・ドアーズ Lincoln Center Out-of-Doors（☎212-875-5108）や、モーストリー・モーツァルト・コンサート・シリーズ Mostly Mozart concert series（☎212-875-5399）などがある。またリンカーン・センター・フェスティバルLincoln Center Festival（☎212-875-5928）は2年に1度開催され、多くの外国の俳優、歌手、曲芸師などにとって、初めてニューヨークを訪れる機会になっている。

セントラル・パーク・サマーステージ Central Park Summerstage 6月中旬から8月中旬にかけて、たいていは無料のミュージカル公演（騒々しい！）や、作家の朗読（感動！）が、セントラル・パークの野外音楽堂bandshellの後ろにあるラムジー・プレイフィールドRumsey Playfield（屋外）で催される。詳しくは☎212-360-2777、または🌐 www.summerstage.orgへ。

ブライアント・パーク野外上映会 Classic Movies in Bryant Park 7月と8月の月曜に、ニューヨーク市立図書館New York Public Libraryの裏手のブライアント・パークで名作映画の上映が行われる。野外上映会の中では最も古く最も良質。ただし草の上に座る場所を確保できればだが。問い合わせは☎212-768-4242へ。

野外演奏会 Outdoor Concerts 7月と8月に、ニューヨーク・フィルハーモニック（☎212-875-5709）

情熱を込め、思いのたけを伝える──ゲイ・プライド

基本情報 − 祝日・年中行事

とメトロポリタン・オペラMetropolitan Opera（☎212-362-6000）が、セントラル・パークで星空コンサートを行う。ニューヨークの5つの区（ボロー）にある各公園でもさまざまな野外公演が催される。

8月

ハーレム・ウィーク Harlem Week　8月の間、ニューヨーク随一の黒人コミュニティがさまざまなイベントを開催する。クライマックスは、ハーレム・ジャズ＆ミュージック・フェスティバルHarlem Jazz & Music Fest。問い合わせは☎212-862-4777へ。

フリンジ・フェスティバル Fringe Festival　8月中旬から下旬、2週間を超える期間中、20か所で目まぐるしく（1200を超える！）さまざまな公演が行われる。詳しくは☎212-420-8877、またはⓌwww.fringenyc.orgを参照。

9月

レイバー・デイ Labor Day（労働者の日）9月の第1月曜日。国の祝日。アメリカの労働者に感謝する日。夏の観光客シーズンの終わりでもある。厳格なエチケットに従えば、この日以降、白い服を着てはいけない。

サン・ジェンナーロ San Genarro　9月の2週目に10日にわたってリトル・イタリーで開催される、ナポリの守護聖人を讃える祭り。詳しくはⓌwww.littleitalynyc.comを参照。

USオープン・テニス US Open Tennis Tournament　毎年2週間にわたり、クイーンズのフラッシング・メドウズで開催される世界級のテニス選手権大会。世界のトップ・プレーヤーが集まる。通常レイバー・デイの週末にも試合が行われる。問い合わせは☎888-673-6849へ。

ウェスト・インディアン・アメリカン・デイ・パレード West Indian – American Day Parade （西インド諸島系アメリカ人パレード）レイバー・デイに、ブルックリンのイースタン・パークウェイで100万人を超える人々がパレードする。ニューヨーク最大のパレード。問い合わせは☎718-773-4052へ。

ニューヨーク・イズ・ブック・カントリー・フェスティバル New York is Book Country Festival　9月中旬、ニューヨークはインテリたちの街になる。朗読会、講演、本の販売などが行われる。メイン・イベントは5番街の48丁目から57丁目にかけて行われるブックフェア。詳しくは☎646-557-6625、またはⓌwww.nyisbookcountry.comを参照。

ニューヨーク映画祭 New York Film Festival　9月下旬から開始。リンカーン・センターLincoln Centerのウォルター・リード・シアターWalter Reade Theaterで行われる映画界の一大イベント。問い合わせは☎212-875-5600へ。

10月

コロンブス記念日 Columbus/Discoverer's Day　10月の第2月曜日。国の祝日。

ハロウィーン・パレード Halloween Parade　10月31日に行われる華やかでにぎやかなパレード。6番街をブルーム通りからグリニッチ・ヴィレッジ経由でクリストファー通りまで行く。終点では地域住民がパーティーを開催。参加希望者は仮装のこと。詳しくはⓌwww.halloween-nyc.comを参照。

11月

ニューヨーク・マラソン New York Marathon　11月の最初の週末、気候が涼しくなったころ、ニューヨーク・ロード・ランナーズ・クラブNew York Road Runners Club（☎212-860-4455）が恒例のニューヨーク全5区を通る26.2マイル（42.195km）のフルマラソンを主催する。毎年約2万5000人が参加する。

感謝祭 Thanksgiving Day　国の祝日。デパートのメイジーズMacy's（☎212-494-4495）が有名なパレードを主催。巨大な風船や山車が、ブロードウェイの西72丁目からヘラルド・スクエアHerald Squareへ向かう。

12月

ロックフェラー・センター・クリスマス・ツリー点灯式 Rockefeller Center Christmas Tree Lighting　感謝祭の

衣装もばっちり――ウェスト・インディアン・アメリカン・デイ・パレード

COREY WISE

基本情報

67

基本情報 － アクティビティ

次の火曜日19:00に、大きなツリーが輝き出す。点灯式では有名シンガーのパフォーマンスなどが行われ、ラジオ・シティ・ミュージック・ホール・ロケッツRadio City Music Hall Rockettes（ラインダンスで有名）も出演する。詳しくは☎212-632-3975へ。

ラジオ・シティ・クリスマス・スペクタキュラー Radio City Christmas Spectacular 12月の間、有名なラジオ・シティ・ミュージック・ホールで行われるショー。ロケッツRockettesのラインダンスを見ることができる。チケット購入は☎212-247-4777へ。

シンギング・クリスマス・ツリー・セレブレイション Singing Christmas Tree Celebration 感謝祭の直後から、サウス・ストリート・シーポートで、クリスマス・キャロル（聖歌）が歌われる。一日に数回、衣装をまとった数十人の聖歌隊が歌う。問い合わせは☎212-732-7678へ。

クリスマス Christmas Day 12月25日。国の祝日。

ニュー・イヤーズ・イブ New Year's Eve（大みそか） タイムズ・スクエアの恒例のカウントダウンが有名だが、ほかにもイベントがある。セントラル・パークでは、5マイル（約8km）のミッドナイト・マラソンmidnight runが行われる（☎212-860-4455）。サウス・ストリート・シーポートでは花火が上がる（☎212-732-7678）。また、ファースト・ナイトFirst Nightという家族向けのノン・アルコールのイベントでは、グランド・セントラル駅のコンコースで社交ダンスを行うなどさまざまな催しが、12月31日の11:00から元日の1:00まで続く。詳しくは☎212-883-2476へ。

アクティビティ

スポーツジム

チェルシー・ピア・スポーツ複合施設 Chelsea Piers Complex（MAP5、#140 ☎212-336-6000 🎫1日券＄40 🕐月〜金 6:00〜23:00、土 7:00〜20:00、日 8:00〜20:00）は、23丁目の西端、ハドソン川沿いにある大規模なスポーツ施設。世界最高の設備だという人もいる。広大な施設の中に、川に向かってボールが打てる4階建てのゴルフ練習場や屋内スケートリンクなどもある。巨大なフィットネス・センターには、競技トラック、プール、トレーニング・ジム、バレーボール用の砂地、ロック・クライミング用の壁が完備されている。

市内にある他のスポーツ施設の利用料は1日＄15〜25。多くは「ヴィレッジ・ヴォイスVillage Voice」に広告を出している。その一つ、**ゴールズ・ジム Gold's Gym**（MAP6、#17 ☎212-307-7760 📍250 W 54th St 🎫1日券＄25）は、7番街とブロードウェイの間の便利な場所にある気取らないスポーツジムで、マシン類の手入れも行き届いているのでおすすめだ。高級ホテルならどこでも小さなフィットネス・ルームを備えているはず。事前に問い合わせるか、宿泊予約時に確認するとよい。

ランニング

ニューヨーク・ロード・ランナーズ・クラブ New York Road Runner's Club（NYRRC MAP7、#25 ☎212-860-4455 🌐www.nyrrc.org 📍9 E 89th St）は市内各地で週末のランニング大会を企画するほか、毎年恒例のニューヨーク・マラソン New York Marathon（前出の「祝日・年中行事」を参照）を主催している。詳しくは、セントラル・パークの東90丁目にあるエンジニアズ・ゲートEngineer's Gate（技師の門）付近のNYRRC案内所を訪ねるとよい。

マンハッタンの中では、一人で走るのに適した場所がいくつかある。セントラル・パーク内の環状の道を1周すると6マイル（約9.7km）になる。ここは平日の10:00〜15:00、19:00〜22:00、および週末は車両通行止めとなるため、市内の交通から逃れて一息つくことができるだろう。ただしインライン・スケートや自転車に乗った人と道の奪い合いをしたくなければ、ジャクリーン・ケネディ・オナシス貯水池Jacqueline Kennedy Onassis Reservoirのまわり1.6マイル（約2.6km）の路面が柔らかい道をおすすめする。ほかには、ハドソン沿いのウェスト通りWest Stを、23丁目からバッテリー・パーク・シティBattery Park Cityまで走ることもできる。気持ちのよい公園を通り、ニュージャージー州の海岸線や自由の女神などすばらしい景色を堪能できるコースだ（ただし、ここではインライン・スケート、サイクリング、散歩の人々をよけなければいけない）。アッパー・イースト・サイドには、FDRドライヴとイースト川沿いに、63丁目から115丁目あたりまで走れる道がある。ただし一人で走る場合は、105丁目の北には行かないほうがよい。そこから道が暗くなるからだ。

サイクリング

市内のでこぼこ道が気に入ったなら、タイヤの太いトレイルバイク（マウンテンバイクの一種）に乗るのがよいだろう。必ずヘルメットをかぶり、つねに警戒を怠らず、タクシーを降りる客が急に開けるドアにぶつからないように注意する必要がある。ニューヨーク・シティでは毎年数十人が自転車事故で死亡している。都会を走る技にたけていないなら、セントラル・パーク、プロスペクト・パーク、ハドソン川べりののどかな道から離れないこ

ファイヴ・ボロー・バイシクル・クラブ Five Borough Bicycle Club（☎212-932-2300 内線115）は週末に郊外に出かける、無料または低料金のサイクリング・ツアーを主催している。詳しくは、**ホステリング・インターナショナル・ニューヨーク** Hostelling International-New York（MAP7、#5 🏠891 Amsterdam Ave アムステルダム街と西103丁目の角Amsterdam Ave at W 103rd St）にあるクラブの事務所へ。**ニューヨーク・サイクル・クラブ** New York Cycle Club（☎212-828-5711）は、日帰りツアーやさらに長いツアーを主催するほか、メンバーに人気の65コースの案内書を作って配布している。どちらの団体も役に立つニュースレターを発行している。

トランスポーテーション・オルターナティヴス Transportation Alternatives（MAP5、#110 ☎212-629-8080 📠629-8334 🌐www.transalt.org 🏠12th fl, 115 W 30th St）は、5月にバイク・ウィークNYC Bike Week NYCを主催する。ホームページにはダウンロード可能な地図を載せ、自転車に関する各種情報を提供している。たとえば、自転車に乗る人に法律上認められる権利、盗難防止のヒント、自転車を持って公共交通機関に乗る方法などである。

一日単位で自転車を貸し出す店もある。たとえば、**シックス・アヴェニュー・バイシクルズ** Sixth Ave Bicycles（MAP5、#197 ☎212-255-5100 🏠545 Sixth Ave）や、52丁目と53丁目の間にある**マンハッタン・バイシクル** Manhattan Bicycle（MAP6、#24 ☎212-262-0111 🏠791 Ninth Ave）などがある。**フランクス・バイク・ショップ** Frank's Bike Shop（MAP4、#223 ☎212-533-6332 🏠533 Grand St）はロウアー・イースト・サイドの地元に密着した店で、店員が親切なだけでなく料金も安い。**セントラル・パーク・バイシクル・ツアーズ＆レンタルズ** Central Park Bicycle Tours & Rentals（MAP7 ☎212-541-8759 🏠2 Columbus Circle 59丁目とブロードウェイの角at 59th & Broadway）は、店名からどのような店か想像がつくだろう。

インライン・スケート

別名ローラーブレード。ニューヨークで大変人気がある。気候が暖かくなると、命知らずの筋肉隆々のスケーターたちが、車の間を縫って飛ばしていく。自分の技を見せつける（または技のなさを露呈する）一番の場所はセントラル・パークだ。シープ・メドウSheep Meadowの東にあるモールmall、または野外音楽堂bandshellの前に向かおう。セントラル・パーク・ドライブCentral Park Drで滑走することもできる。この道は平日は10:00〜15:00および19:00〜22:00に、週末は一日中車両通行止めとなる。ただし初心者は、東106丁目やラスカー・プールLasker Poolに近い危険なS字カーブには絶対に近寄ってはいけない。

インライン・スケートが初めてなら、セントラル・パークに近い**ブレイズ・ウェスト** Blades West（MAP7 #71 ☎212-787-3911 🏠120 W 72nd St）でレンタルするとよい。料金は24時間で＄20。西72丁目のパーク入口で、誰かに止まり方を教えてくれるように頼もう。思いきって買う場合は、パラゴン・アスレチック・グッズParagon Athletic Goods（「ショッピング」の「スポーツ用品」を参照）に行くとよい。

ボート・釣り

ニューヨークの西のウォーターフロントは、大きく生まれ変わろうとしている。ロウアー・マンハッタンには、バッテリー・パーク・エスプラナードBattery Park Esplanade（遊歩道）とハドソン・リヴァー・パークHudson River Parkが造られ、緑地が増えた。この公園は5マイル（約8km）にわたる再開発計画の一部である。公園の中では、ハドソン川沿いのチェインバーズ通りChambers Stとカナル通りCanal Stの間に、**ダウンタウン・ボートハウス** Downtown Boathouse（MAP3 ☎646-613-0740 🌐www.downtownboathouse.org 🏠Pier 26）がすでに完成しており、週末に無料のカヤック講習を行っている。アップタウンの79丁目ボートハウス79th St Boathouseにはハウスボートが停泊し、しゃれたレストランがあるが、観光客が水上スポーツを楽しめる余地はあまりない。

ハドソン川に突き出した桟橋では実際にシマスズキ、タイ、カレイなどの魚を釣ることができるが、川の化学汚染の歴史を考えると、釣った魚を食べるのは思わしくないだろう。ハドソン川の釣りに関する問い合わせは、**バッテリー・パーク管理局** Battery Park Conservancy（☎212-267-9700 🌐www.bpcparks.org）へ。釣りをもっと楽しむには、ブロンクスのシティ島City Islandに行くことをおすすめする（「観光スポットと楽しみ方」参照）。

マンハッタンでヨットの操縦を習うなら、ダウンタウンの**ノース・コーヴ・セイリング・スクール** North Cove Sailing School（MAP3、#65 ☎800-532-5552 🏠393 South End Ave）、またはチェルシー・ピアの**オフショア・セイリング・スクール** Offshore Sailing School（MAP5、#140 ☎800-221-4326 🌐www.chelseapiers.com/masailing.htm 🏠Pier 59）に行くとよい。料金は3時間の帆走で1人＄195。

アクセス

Getting There & Away

ニューヨークには主要空港が3つ、ターミナル駅が2つ、巨大なバスターミナルが1つあり、アメリカ北東部の交通の要となっている。

空から

空港

ほとんどの国際便が到着するジョン・F・ケネディ国際空港（JFK）は、ミッドタウンから15マイル（約24km）のクイーンズ地区南東部に位置する（それでも90分はかかる！）。ラ・ガーディア空港は、ミッドタウンから8マイル（約13km）のクイーンズ地区北部にあり、ボストンとワシントンDCへのシャトル便など、主に国内便の発着に利用されている。

ニューアーク国際空港はマンハッタンから西に10マイル（約16km）のニュージャージー州にあり、コンチネンタル航空のハブ空港となっている。大手航空会社の多くはこの空港の新しい到着ターミナルを利用している。新たに開通したエアートレインを使えばマンハッタンまで早く行ける。

ニューヨーク・ニュージャージー・ポート・オーソリティ Port Authority of New York & New Jersey（w www.panynj.gov）がこの3つの空港の運営に当たり、各空港の詳細情報をホームページで紹介している。**フライトコム Flytecomm**（w www.flytecomm.com/cgi-bin/trackflight）は国内便とカナダ便すべての運航状況を網羅しており、現時点での到着・出発予定時刻を確認できる。

ニューヨークの全空港では、新しい安全措置によりカーブサイド・チェックイン（ターミナルの外で荷物だけ先にチェックインできる方法）ができなくなった。チケットがない利用客は入口から先には行けない。またターミナルわきに路上駐車することもできない。空港へは遅くとも、国内線なら出発時刻の90分前に、国際線なら2時間前までに着いているようにしたい。

空港と各地区間の交通については、「交通手段」を参照。

JFK国際空港 JFK International Airport 年間3500万人が利用する。無秩序に広がり、評判は悪い。しかも国際線到着ターミナルの混雑ぶりは、ロンドン・ヒースロー空港に引けをとらない。利点といえば、"トレイン・トゥー・ザ・プレイン（電車から飛行機へ）サービス"という、ロッカウェイ・ビーチからの地下鉄Aラインに揺られていく方法なら、空港からマンハッタンまでトークン1枚の料金で行けることくらいだ。

JFK（MAP1）は、各航空会社が独自のモデルターミナルを造ってきたため、一貫した計画がないまま勝手に増殖してしまった。オープン当初からの航空会社には姿を消した会社（イースタン、パンナム）もあるが、ターミナルは残り、その間をJFKエクスプレスウェイと無料のシャトルバスが結んでいる。アメリカン航空、英国航空、デルタ、ユナイテッドには専用ターミナルがある。他の航空会社はほとんどが混みあう国際線到着ビルを利用している。

悪天候による空港閉鎖の問い合わせ先は、**エアーポート・インフォメーション・ライン Airport information line**（☎718-244-4444）。各航空会社に電話しても個々の到着便の遅れまではなかなか教えてくれない。

2005年には待望の改装工事が完成予定だが、それまではJFKに長居は無用だ。免税店は、アメリカのたいていの都市と変わらず、タバコは安いが、ほかにめぼしいものはない。酒類、電子機器、衣類は市内のほうが手頃な値段で手に入る。

ラ・ガーディア空港 La Guardia Airport（MAP12 ☎718-533-3400 w www.new-york-lga.com/index.html）アクセスが簡単な分、JFKよりも

注意

この章の情報は、特に変わりやすい。国際線運賃は変動が激しく、飛行ルートは新規導入されては、廃止となる。フライト予定の変更や特別割引があったり、規則やビザの要件が修正されたりする。まるで航空会社と政府が、価格構造や規則をいじくりまわして楽しんでいるかのようだ。ぜひとも自分で航空会社や旅行代理店に直接問い合わせ、運賃（と購入予定のチケット）の仕組みをきちんと理解してほしい。また旅行業界は競争が激烈で、悪どい手口や思わぬ特典も多い。

せっかく働いて得たお金を出すのだから、まずできるだけ多くの航空会社や旅行代理店から意見や見積もり、助言をもらおう。この章に書かれた具体的な情報は大体のめやすと考えるべきで、自分でじっくり調べあげた最新情報にはとても及ばないということだ。

便利。USエアウエイズとデルタ・シャトルには専用ターミナルがある。他の航空会社はすべて駐車場前の中央ターミナルビルを利用する。

　ラ・ガーディアはワイド・ボディ機を受けつけないため、アメリカ横断便や大西洋横断便は乗り入れていない。主にカナダとアメリカ北東部行きの便に使用されている。

ニューアーク国際空港 Newark International Airport
　今のところ外国人客に一番おすすめなのがニューアーク国際空港（MAP1 ☎973-961-6000 Ⓦwww.newarkairport.com）。国際線到着ターミナルは新しく、構造がわかりやすい。入国審査場が広く、パスポート審査が早いことや、ターミナル間を結ぶモノレールで国内線へすぐに乗り継げることも魅力だ。

　さらに、JFKより不便だとの誤解から——ニュージャージー州にあるというだけなのに——ニューアーク到着便の料金は通常少し安めになっている。また、バスかニュージャージー・トランジット・トレインでマンハッタンへ早く行けるのもニューアークの強みだ（詳しくは「交通手段」の章を参照のこと）。

航空会社営業所
以下の航空会社はダウンタウンか空港に営業所がある。

アエロメヒコ
Aeromexico（MAP5、#4）
☎212-754-2140、800-237-6639
Ⓦwww.aeromexico.com
🏠37 W 57th St

全日空
All Nippon Airways（MAP6）
☎800-262-2230
Ⓦwww.ana.co.jp
🏠1251 Avenue of the Americas, 8th fl.

エア・カナダ
Air Canada（MAP5、#68）
☎888-247-2262
Ⓦwww.aircanada.ca
🏠15 W 50th St

アメリカン航空
American Airlines（MAP5、#70）
☎800-433-7300
Ⓦwww.aa.com
🏠18 W 49th St

コンチネンタル航空
Continental Airlines（MAP5、#84）
☎212-319-9494、800-525-0280
Ⓦwww.continental.com
🏠100 E 42nd St

デルタ航空
Delta Air Lines（MAP5、#84）
☎800-221-1212
Ⓦwww.delta.com
🏠100 E 42nd St

日本航空
Japan Airlines（MAP1）
☎800-525-3663
Ⓦwww.jal.co.jp
🏠JFK国際空港内

ジェットブルー
Jet Blue（MAP1）
☎800-538-2583
Ⓦwww.jetblue.com
🏠JFK国際空港内

ノースウエスト航空
Northwest Airlines（MAP5、#84）
☎800-225-2525
Ⓦwww.nwa.com
🏠2nd fl,100 E 42nd St

ユナイテッド航空
Unted Airlines（MAP5、#84）
☎800-241-6522
Ⓦwww.ual.com
🏠100 E 42nd St

USエアウェイズ
US Airways（MAP5、#48）
☎800-428-4322
Ⓦwww.usairways.com
🏠101 Park Ave

チケットを買う
航空券は旅の予算にかなり食いこむうえ、購入するのが一苦労だったり、気おくれしたりすることもある。最寄りの旅行代理店や航空会社へ足を向ける前に、下調べが必要だ。

　格安チケットを手に入れるにはいくつかコツがある。まず早めに探し始めること。最安値やお買い得のチケットは数カ月前に購入しなければならないものもあり、人気の便は早く売り切れがちだ。次に、柔軟な計画づくりを。到着日、出発日、到着空港（ニューヨークには空港が3つある）、途中降機地（ストップオーバー）など、いろいろ検討してみよう。旅行期間を短くしてみるのもよい。航空会社は長期旅行者に好意的ではなく、旅行期間が30日、60日、90日の大台を超えると、チケット価格は一気にはね上がる。やはり一番の情報は旅行をしたばかりの人から得られることもあるから、できれば話を聞くとよい。

　ニューヨークのハイシーズンは6月中旬から9月中旬（夏期）とクリスマス前後の1週間。2月と3月、10月から感謝祭（11月第4木曜日）はショルダーシーズンで、価格は多少安くなる。

どこでチケットを購入するにせよ、料金、路線、旅行期間、チケットの制約を確認すること。料金はつねに変動し、宿泊料金込みで往復運賃と同じという安い料金もあり得る。割引があるかどうかは尋ねたほうがよい。航空会社ではシーズンオフや学生、高齢者を対象とした格安料金を設定していることが多い。

チケットを入手したら、チケット番号と便名、その他の情報を控え、チケットとは別に保管しておくようにする。紛失したり、盗難に遭ったりした場合、代わりの券を入手するのに役立つ。

ヴィジットUSAパス Visit USA Passes

アメリカのほとんどの航空会社では、米国籍以外の人が国外で国際線の航空券を購入する際に国内線の特別優待パスを販売している。通常クーポン形式になっており、1区間につき1枚ずつ使う。詳細は旅行代理店に問い合わせのこと。

ヴィジットUSAの典型例はアメリカン航空が実施している。このパスはカナダを除くアメリカ国外からの国際航空券と併用できる。事前に旅行計画を立てることと、アメリカで最初に国内便を利用してから60日以内か、アメリカに到着後81日以内のどちらか早い日に旅行を終えるのが条件。ハイシーズン中はクーポン3枚（最低購入枚数、クーポン1枚は1フライトに相当）が約＄540で、追加クーポンは1枚＄115。コンチネンタルとノースウエスト航空も同様のサービスを行っている。問い合わせ先は前出の「航空会社営業所」を参照。

世界一周チケット Round-the-World Tickets

アメリカ国内を含む世界一周（RTW）チケットは人気があり、お買い得となる場合がある。2週間前に購入でき、自由度は最大で、英£836、豪＄2244、米＄1200前後の一括運賃になるはずだ。

正規のRTWチケットなら、2社以上の航空会社の路線を組み合わせて世界一周ができる。普通は1年間有効で、逆行せずに同一方向に進む必要がある。つまり同じ空港で2度、離着陸はできないということで、実質上、世界の半分には行けない。ほとんどの航空会社はアメリカとカナダ国内で利用できる区間数を4つに制限しており、多少の人気路線（ホノルル・東京間など）を除外しているところもある。チケット購入後は違約金なしで利用日を変更でき、途中降機地は航空会社によって1カ所につき＄25から＄75で追加や削除ができる。

大手の国際線航空会社や、スター・アライアンス、ワンワールドなどの航空連合では、多くの路線や大陸にまたがる共同運航を通じてRTWチケットを販売している。航空会社に直接問い合わせるより、RTW専門の代理店でいくつか条件を変えた旅行計画をまとめて見積ってもらったほうが、時間的にもコストの面からも効率が良いかもしれない。アメリカに拠点を置く**エアー・トレックス Air Treks**（☎800-350-0612、415-912-5600 Ⓦwww.airtreks.com）と**エアー・ブローカーズ Air Brokers**（☎800-883-3273、415-397-1383 Ⓦwww.airbrokers.com）のホームページには重宝な旅程作成プログラムがあり、とりあえず計画づくりを始めることができる。

特別の要望がある旅行者

特殊事情がある場合──足を骨折しているとか、絶対菜食主義者、双子を連れている、飛行機恐怖症など──できるだけ早く航空会社に伝え、最適な旅行ができるよう準備をしてもらうようにする。予約のリコンファーム時（遅くとも出発時刻の72時間前）に再確認し、空港でチェックインするときにも念を押すとよい。チケット購入前にも、特殊事情に対応してもらえるかどうか、数社の航空会社に電話で問い合わせてみる価値はあるかもしれない。

車椅子の乗客には、空港も航空会社もかなり親切であるのが普通だが、事前にひとこと伝えておけば快適な旅ができる見込みは高くなる。ほとんどの大空港では、必要であればチェックイン・カウンターから飛行機まで付き添いサービスがあり、スロープやエレベーター、車椅子用のトイレや電話も整備されている。だが機内のトイレは問題になりがちだ。航空会社や、必要であれば主治医に相談したほうがよい。

盲導犬は、飼い主と離れ、ほかの動物と一緒に特別の与圧貨物室で過ごさなければならないことが多い。ただし小型の盲導犬は客室に入ることを認められる場合もある。盲導犬は狂犬病ワクチンの接種証明書がある限り、検疫の対象とはならない。

耳の不自由な旅行者は、空港と機内のアナウンスの筆記を頼むことができる。

2歳未満の子供は1人分の座席を使用しない限り、普通運賃の10％（または航空会社によっては無料）で搭乗できるのが習わしだ（この場合、手荷物は認められない）。事前に要求すれば、"スカイコット（乳児用簡易ベッド）"が用意されるはずだ。これは約22ポンド（約9.6kg）までの子供用。2歳から12歳の子供には席があり、運賃は大人普通運賃の半分から3分の2、手荷物も認められる。

日本から

日本からニューヨークへ向かうフライトにはノンストップ直行便、ロサンゼルスやサンフ

ランシスコ、シカゴといったアメリカの主要都市を経由する経由便、またはアメリカ国内・カナダ・アジア各都市などからの乗り継ぎ便がある。直行便は日本航空（JL）、全日空（NH）、ユナイテッド航空（UA）、ノースウエスト航空（NW）、コンチネンタル航空（CO）、日本エアシステム（JD）、アメリカン航空（AA）の7社（このうちJDはNWとの共同運航便のみ）、経由便はUAがそれぞれ毎日運航しており、いずれも成田空港発着となっている。所要時間は直行便が約12時間30分、経由便が約15時間30分〜17時間。直行便の所要時間は各航空会社ともほとんど変わらないが、発着時間のスケジュールは大きく変わってくるので、自分の都合に合わせて選びたい。

　なお現地に最も朝早く到着する便は、全日空便 が代表的。同日乗り継ぎ便では、バンクーバー乗り継ぎのエア・カナダ（AC）、アトランタ乗り継ぎのデルタ航空（DL）が便がよい。特にエア・カナダは格安、PEX航空券のいずれも料金的に安くなっており、毎日飛んでいるので便利だ（いずれも'03年4月30日現在）。これらのフライト情報は変更される可能性があるので、事前に必ず確認しよう。

カナダから

ニューヨーク・トロント間の往復運賃は、USエアウエイズとデルタ航空で約カナダ＄225（米＄160）から。モントリオール発は通常カナダ＄239（米＄150）前後。

　「トロント・グローブ＆メール*Toronto Globe & Mail*」と「バンクーバー・サン*Vancouver Sun*」の両紙には旅行代理店の広告が掲載されている（航空券整理業者も含む）。「グレイト・エクスペディション*Great Expeditions*」誌（🏠PO Box 8000-411, Abbotsford, BC V2S 6H1）も役立つ。信頼できる旅行代理店を探しているなら、**トラベル・カッツ／ボイッジ・キャンパス Travel CUTS/Voyage Campus**（☎866-246-9762 Ⓦ www.travelcuts.com）を当たってみるとよい。すべての大都市に営業所がある。

中南米＆カリブ海諸島から

中南米からニューヨークまでは直行便、さらにノンストップ便まであるが（特に各国の国営航空が運航、たとえばランチリ航空はサンティアゴから、アエロメヒコはメキシコの諸都市から、ヴァリグはリオ・デ・ジャネイロとサン・パウロから）、ほとんどの便はマイアミかヒューストン経由となる。

　コンチネンタル航空はこの地域一の航空会社で、リマ、サンホセ、グアテマラ・シティ、カンクン、メリダなど、メキシコ、中南米の約20都市から、ハブ空港であるニューアークまたはヒューストン行きの便を運航している。ヒューストンからは接続便がある。メキシコ・シティからニューヨークへはおよそ米＄500、グアテマラ・シティからは約米＄600。カラカスは出発地としては南米一安く、ヒューストンかマイアミ経由で米＄650前後。

　カリブ海諸島からのチケットは、探せば驚くほど安いものがある。たとえば、ジャマイカ航空はモンテゴ・ベイかキングストンからJFKまで往復わずか米＄250で毎日直行便を運航している。

バスで

郊外行きと長距離のバスはすべて**ポート・オーソリティ・バス・ターミナル Port Authority Bus Terminal**（MAP6 ☎212-564-8484 🏠41丁目と8番街の角41st St at Eighth Ave）から発車する。ポート・オーソリティは近年だいぶ改善され、いわれているほど物騒ではなくなったが、物乞いがうるさく寄ってきたり、怪しげな人間がチップ目当てに荷物を運ぼうと言ってきたりすることがある。背後に気を配り、荷物から目を離さないようにしたい。

グレイハウンド
Greyhound
☎212-971-6300, 800-231-2222
Ⓦ www.greyhound.com
ニューヨークと国内の主要都市とを結んでいる。

ピーター・パン・トレールウェイズ
Peter Pan Trailways
☎800-343-9999
Ⓦ www.peterpan-bus.com

最寄りの主要都市へのバスを運行。たとえば毎日ボストンへ向かう急行バスは、7日前のチケット購入で片道＄32、往復＄64。

だがボストン行きの一番お得なバスは、信頼のおける**フン・ワー・トランスポート・バン Fung Wah Transport Vans**（MAP4、#233　☎212-925-8889　🏠139 Canal St《バワリー街との角at the Bowery》）といって間違いない。7:00～22:00で1日10便あり、料金は片道＄25（16:00、17:00、19:00発なら＄15に下がる）。

ショート・ライン
Short Line
☎212-736-4700
Ⓦ www.shortlinebus.com

ニュージャージー州北部とニューヨーク州北部の町へ多数の路線を運行している。

ニュージャージー・トランジット・バス
New Jersey Transit buses
☎973-762-5100、800-772-3606
Ⓦ www.njtransit.state.nj.us

ニュージャージー州全体をカバー。アトランティック・シティへは直行便で片道＄17～22。

バスパス

グレイハウンドのアメリパスAmeripassは、ニューヨークを離れてバス旅行を堪能しようという人には必需品。個別にチケットを買い足していくとパスより高くつくからだ。パス料金はオフピーク・シーズンの7日間／15日間／30日間乗り放題がそれぞれ＄199／＄299／＄389。アメリカ国外で購入すれば＄184／＄274／＄364。ハイシーズンにはやや高くなる。11歳未満の子供は半額料金。学生とシニアには多少の割引がある。グレイハウンドのバスターミナルならどこでも乗り降り自由だ。

国際アメリパスはアメリカ国外の旅行代理店か、ポート・オーソリティ・バス・ターミナルの地下鉄階にある**グレイハウンド国際営業所 Greyhound International Office**（☎212-971-0492、800-231-2222　📠212-967-2239　🕐月～木8:00～16:00、金8:00～19:00、土9:00～15:00）で購入できる。

鉄道で

7番街と8番街の間の**ペンシルヴェニア駅 Pennsylvania Station**（ペン駅 MAP5　🏠33丁目33rd St）は、**アムトラック Amtrak trains**（☎212-582-6875、800-872-7245　Ⓦ www.amtrak.com）の出発駅である。プリンストン、ニュージャージー、ワシントンDC行きのメトロライナーMetrolinerもここから出る。同じ行き先の場合、メトロライナーの方がノースイースト・ダイレクト線Northeast Directよりやや早く着くが、運賃は2倍となることもある。メトロライナーが便利なのは席を予約できることだ。ニューヨークからワシントンDCまでは普通電車だと＄71だが、メトロライナーだと＄101になる。運賃は曜日と時間により変わる。アメリカ国内を列車で旅行するつもりなら、アムトラックに特別割引パスの問い合わせをするとよい。ロマンティックだが、値段の張る計画ではある。

ロングアイランド鉄道
Long Island Rail Road（LIRR）
☎718-217-5477

毎日数十万人の通勤客が利用。ペン駅からブルックリン、クイーンズや、ノースフォーク、サウスフォークのリゾート地を含むロングアイランド一帯へ路線を延ばしている。

ニュージャージー・トランジット
New Jersey Transit
☎973-762-5100、800-772-3606

ペン駅からニュージャージー各地とジャージー・ショア行きの列車を運行している。

今でもグランド・セントラル駅Grand Central Terminal（🏠パーク街と42丁目の角Park Ave at 42nd St）から出ているのは、**メトロ・ノース鉄道 Metro-North Railroad**（☎212-532-4900　Ⓦ www.mnr.org）だけとなった。北部近郊の町やコネティカット、ハドソン渓谷方面へ運行している。

車・オートバイで

ニューヨークでタクシー以外の乗用車に乗るなら、ハグストローム社の5つの区（ボロー）全部を載せた地図（「基本情報」の「地図」を参照）を用意し、ラジオは1010WINSに合わせておこう。このラジオ局では毎時間の1分台、つまり11分、21分、31分……に気の滅入るような交通情報を詳しく放送している。

言うまでもなくニューヨークで車を持つのは悪夢だが、行き方は簡単だ。メイン州からフロリダ州まで走るⅠ-95が、クロス・ブロンクス・エクスプレスウェイCross Bronx Expressway（こちらも悪夢そのもので、地元では最悪の道路とされる）となって市内を東西に横断している。ニューヨーク市外に出るとⅠ-95は南へはニュージャージー・ターンパイクNew Jersey Turnpike、北へはコネティカット・ターンパイクConnecticut Turnpikeとなり続いていく。Ⅰ-95を経由すれば、ボストンは194マイル（約312km）北、フィラデルフ

ィアは104マイル（約167km）南、ワシントンDCは235マイル（約378km）南となる。

ロングアイランド・エクスプレスウェイLong Island Expresswayに乗るには、クイーンズ・ミッドタウン・トンネルQueens Midtown Tunnelからマンハッタンを出る方法がある（渋滞でしばしば窒息状態となる恐ろしい道だ）。だがそれよりも、トライボロー橋Triborough Bridgeを下りてすぐのグランド・セントラル・パークウェイGrand Central Parkwayでクイーンズからロングアイランドへ抜けたほうがいい。59丁目の橋59th St Bridgeなら無料でクイーンズに渡れる。クイーンズではノーザン・ブルヴァードNorthern Blvdがルート25Aとなり、ロングアイランドの北部一帯に通じている。

リンカーン・トンネルLincoln Tunnelとホーランド・トンネルHolland Tunnelはどうしても必要な場合以外は通らないことだ――まさに地獄だから！　ニュージャージーの中央部か北部へ向かうなら、ジョージ・ワシントン橋George Washington Bridge（通称GWB）を渡ろう。川を渡ったら、州をほぼ斜めに横切りフィラデルフィアに向かうニュージャージー・ターンパイクNew Jersey Turnpikeに入ることもできる。このターンパイクはガーデン・ステート・パークウェイGarden State Parkway（ジャージー・ショアとアトランティック・シティへ通じている）にもつながっている。リンカーン・トンネルからマンハッタンを出ると（ルート3を経由して）I-80西行きwestbound I-80に合流し、ペンシルヴェニア州中央を横断できる。ペンシルヴェニア州ハリスバーグに通じるI-78へはホーランド・トンネルから行ける。

コネティカット州とニューヨーク州北部の制限速度は時速65マイル。ニュージャージー州では一部のインターステート・ハイウェイを除き時速55マイルとなっている。

ヒッチハイクで

よく聞いてほしいのだが、ニューヨークでヒッチハイカーを車に乗せてくれる人がいたとしたら、その人はヒッチハイカー本人よりもずっとおかしい――危険な変人で、型破りを通り越してどうにもイカレた人間だと思ってよい。したがってロンリープラネットはヒッチハイクをおすすめしない。それでもあえてやってみるという旅行者は、わずかなようで深刻なリスクを負うのだということをぜひ理解しておいてほしい。2人組で、行き先を誰かに告げたうえでヒッチハイクすれば少しは安全だろう。それでもヒッチハイクはアメリカ本土では普及していないし、親指を上げている人はめったに見かけない。ヒッチハイクしやすいと思われる場所（たとえばリンカーン・トンネルの入口）でもそれは同じこと。車をつかまえるまでに相当時間がかかることは確かだ。

船で

ヨットでニューヨークに入る人はめったにいない。たとえいたとしても、受け入れてくれる港はほとんどないだろう――ワールド・ファイナンシャル・センターの専用停泊所と、アッパー・ウエストサイドの79丁目ボートハウス79th St Boathouseの長期停泊所くらいだ。全体的に、マンハッタンはレクリエーション用船舶の一時係留は歓迎していない。

来航予定の船は、ブロンクス沖のシティ島にあるフルサービス提供のマリーナ、**シティ・アイランド・ヨット City Island Yacht**（☎718-885-2300）に連絡してほしい。

ツアー

有名な西海岸の旅行会社**グリーン・トートイズ・アドベンチャー・トラベ Green Tortoise Adventure Travel**（☎415-956-7500, 800-867-8647 ▣ www.greentortoise.com 🏠494 Broadway, San Francisco, CA94133）ではサンフランシスコ発ニューヨーク行きの2ルート制のバス旅行を企画している。途中で国立公園や温泉地、その他の景勝地に停車する。

季節の天気に応じて、南ルート（14日間で＄499、ほかに公園入場料と食事代＄131）か北ルート（12日間で＄469、ほかに入場料と食事代＄121）でアメリカを横断する。宿泊場所はキャンプかバスの寝台となる。（どちらのルートになるかは事前に問い合わせをしよう）。まるでヒッピーの気楽なバス旅行のよう楽しめるうえ、安上がりにアメリカという国を体験し、途中で素敵な人たちと出会える方法だ。

交通手段

Getting Around

ミッドタウンはどこを横断しようと悪夢のような場所だ。頭に血を上らせたニューヨーカーがクラクションを鳴らして、歯ぎしりしながら、2トンの鉄の武器をどうにか前に進めようと勝手な方向を向いてひしめいていれば、不愉快な状況にもなろうというものだ。日中のミッドタウンは街中が渋滞状態で、通りという通りは——特にレキシントン街Lexingtonとブロードウェイ Broadway は——二重駐車のトラックと異常なほどの混雑で通過できなくなる。行きたい場所に行くには地下鉄が一番早い。世間で信じられているのとは逆に、地下鉄は真っ昼間に通りを歩くよりも十分安全だ。

バスはあまり勝ち目がない（セントラル・パーク以北で市内を横断したいときを除く）。空が荒れ模様のときはなおさらだ。要は23:00頃までは地下鉄を使い、それ以降の深夜はタクシーに切り替えるのが一番おすすめだ。

空港へのアクセス

日中、3空港のいずれかに向かう場合は少なくとも1時間の余裕を持っておきたい。

ニューヨーク・ニュージャージー・ポート・オーソリティの**エア・ライド・ライン Air Ride Line**（☎800-247-7433 Ⓦ http://www.panynj.gov/）では3空港発着の陸上の交通手段について幅広く情報を提供している。情報はホームページでも確認できる。

到着空港がどこであれ、カー・サービスcar serviceと呼ばれるハイヤーを利用するといくつかの点で便利だ。このハイヤー（通称「ブラック・カー」）はタクシーよりも車が新しく大型であるし、ドア・トゥー・ドアで送迎してくれる。前日に予約できて、クレジットカードで支払える。配車係に頼んでいる間に"価格チェックprice check"を求めれば、正確な料金を教えてくれる。出発地点と行き先によるが、$35～50だろう。マンハッタンで信頼のおけるカー・サービス会社は**テル・アビブ Tel Aviv**（☎212-777-7777）と**カーメル Carmel**（☎212-666-6666）の2社。

相乗り式のミニバンのシャトルを利用すればドア・トゥー・ドアで移動でき、かなりお得だが、運転手があちこちで乗客を降ろして回るのにつきあう覚悟が必要だ（降車は3回以下と保証しているシャトルもある）。空港に向かうときは、タクシーを呼ぶかわりにこうしたシャトルを利用してみてもよい。特にラッシュ時に市内を出るときがよい。予約は早めに。**グレイ・ライン Gray Line**は3空港からマンハッタンのほとんどの主要ホテル行きの便を運行している。**スーパーシャトル SuperShuttle**は空港からホテルと一般住宅まで。両社の問い合わせ先と運行時間、料金、乗り場については、下記の各空港に関する記述を参照。

ニューヨーク空港バスThe New York Airport Service Express busは中間的な手段だ。インターネットで予約すれば＄1安くなる。またグランド・セントラル駅に近い41丁目と42丁目の間にある**バス営業所 bus office**（MAP5 🏠125 Park Ave）でもチケットが買える。詳しくは下記の各空港の記述を参照。

JFK空港（MAP1）
JFK Airport

グレイ・ライン
Gray Line
☎212-315-3006、800-451-0455
Ⓦ www.graylinenewyork.com

ニューヨークの3空港からマンハッタンの21丁目と103丁目の間のホテルへミニバン・シャトルを運行している。運賃はJFK発が＄14、JFK行きが＄19、往復＄28。空港からの運行は7:00～23:30、ホテルでのピックアップは5:00～21:00。

スーパーシャトル
SuperShuttle
☎212-258-3826、800-258-3826
ロウアー・マンハッタン先端のバッテリー・パークから227丁目まで、マンハッタンを広範囲にカバーしてホテルと一般住宅への送迎を行っている。運賃は乗り降りの場所に応じて＄15～19。スーパーシャトルは24時間営業している。

ニューヨーク空港バス
New York Airport Service Express buses
☎718-875-8200
Ⓦ www.nyairportservice.com

市内とJFK間を毎日6:00〜23:00、15〜30分間隔で結んでいる。運賃は片道＄13、往復＄23。バスは数カ所から出ている。**ペン駅 Penn Station**（MAP5 🏠32丁目と7番街の角32nd St at Seventh Ave）、**ポート・オーソリティ・バス・ターミナル Port Authority Bus Terminal**（MAP6 🏠42丁目と8番街の角42nd St at Eighth Ave）では空港バスセンターAirport Bus Centerを探そう。**グランド・セントラル駅 Grand Central Terminal**（MAP5 🏠パーク街と42丁目の角Park Ave at 42nd St）からも出ている。

マンハッタンからJFKへは、地下鉄A線（ファー・ロッカウェイFar Rockaway線）でも行ける。ハワード・ビーチ／JFK駅Howard Beach-JFKまで行き（少なくとも1時間はみておこう）、そこで無料の黄色と青のバスに乗り換えれば15分で空港ターミナルだ（地下鉄のハワード・ビーチ駅では何回も階段で荷物を引っ張り上げなくてはならないが、何といっても安上がりな方法だ！）。

タクシーならJFKからマンハッタンのどこへでも＄35の一律料金だが、ほかに橋やトンネルの通行料金とチップが必要。ただしこの一律料金は空港に向かう場合には適用されないので要注意。渋滞で時間がかかればその分を支払わなければならなくなる。

JFKでの長期駐車料金は1日当たり＄8。ターミナルに近い場所での短時間駐車は4時間＄8である。

ラ・ガーディア空港（MAP1）
La Guardia Airport

グレイ・ライン Gray Line（☎212-315-3006、800-451-0455 www.graylinenewyork.com）を利用すればマンハッタンの大部分の主要ホテルに行ける。運賃は空港発＄13、空港行き＄16、往復＄26。**スーパーシャトル SuperShuttle**（☎212-258-3826、800-258-3826）はシャトルで市内中にドア・トゥー・ドアで送ってくれる。料金は＄15〜19。往復料金は多少安い。営業時間については前出の「JFK空港」を参照。

ニューヨーク空港バス New York Airport Service Express buses（☎718-875-8200）が6:40〜23:00の間、市内とラ・ガーディア空港を15〜30分間隔で結んでいる。マンハッタンでバスの発着所があるのは、グランド・セントラル駅、ポート・オーソリティ・バス・ターミナルPort Authority Bus Terminal、ペン駅の3カ所。運賃は片道＄10、往復＄17。

デルタ航空の運航する**デルタ水上シャトル Delta Water Shuttle**（☎800-221-1212）は、ウォール街とサウス通りSouth Stの交わるピア11と、東34丁目のイースト川沿いからラ・ガーディアに向けて頻繁に出航している。乗船地点により20〜45分でゆったり移動できる。平日の7:45〜18:30の正時に運航。運賃は片道＄15、往復＄25。

荷物が少なく、時間があれば公共交通機関を使ってラ・ガーディアまで行くすばらしい方法がある。おそらく一番良いのは125丁目のどこかでM60バス（＄1.50）に乗り、空港に直行する方法だろう。地下鉄A、B、C、D、2、3、4、5、6の各線で125丁目に行けば、バス停は目の前だ。また、地下鉄でクイーンズ地区のローズヴェルト街／ジャクソンハイツ駅Roosevelt Ave-Jackson Heightsか74丁目／ブロードウェイ駅74th St-Broadway（地下鉄E、F、G、R、7の各路線の合流駅）まで行き、ラ・ガーディア主要ターミナル行きのQ33バスか、デルタ・シャトルのマリン・エア・ターミナル行きのQ47バスに乗ることもできる。この方法だとたっぷり1時間以上はかかる。料金はトークン2枚分（＄3）。

タクシーならラ・ガーディアからミッドタウンまで＄20〜29。ほかにチップと往復の通行料が必要だ。

ニューアーク空港（MAP1）
Newark Airport

グレイ・ライン Gray Line（☎212-315-3006、800-451-0455 www.graylinenewyork.com）と**スーパーシャトル SuperShuttle**（☎212-258-3826、800-258-3826）は、マンハッタンの多くの場所へシャトル・サービスを運行している（ただしグレイ・ラインはホテル行きだけ）。グレイ・ラインの運賃は空港発＄14、空港行き＄19、往復＄28。スーパーシャトルは行き先に応じて＄15〜19。運行時間については「JFK空港」を参照。

オリンピア空港バス
Olympia Airport Express
☎212-964-6233

マンハッタンの3カ所からニューアーク行きのバスを運行している。出発地はペン駅（5:00〜23:00）、グランド・セントラル駅（5:00〜23:00）、ポート・オーソリティ・バス・ターミナルPort Authority Bus Terminal（4:15〜翌2:45）。運賃は＄11。9月11日のテロ事件以前はオリンピアの高速バスがニューアーク空港と世界貿易センター間を20分で結んでいたが、本書の執筆時点ではこの路線はまだ再開されていない。最新情報はオリンピアに問い合わせを。

ニュージャージー・トランジット
NJ Transit
☎973-762-5100

2001年に新たにエアトレインAirTrainを開業した。空港からニューアーク国際空港駅に向

交通手段 － バス

け3分ごとに運行する無料モノレールだ。空港駅でニュージャージー・トランジット・トレインに乗り換えれば、そのままニューヨークのペン駅（＄11.15、20分）かニュージャージー南部の各駅まで行ける。

空港からマンハッタンまでのタクシー料金は、道路状況と行き先にもよるが、＄45前後（通行料とチップ込み）とみればよい。

バス

市バスは24時間運転。おおむねアヴェニュー沿いを南北方向に、主要な大通り（34丁目、42丁目、57丁目、79丁目、96丁目など）を東西に走っている。

特定の区（ボロー）に始点と終点があるバスには、その区の頭文字がついている。たとえばM5はマンハッタン、B39はブルックリン、Q32はクイーンズ、Bx29はブロンクス、S74はスタテン島といったぐあいだ。

各区のバス路線図は地下鉄と鉄道の駅でもらえる。主要なバス停には、ルートとバス停近くの目印となる建物が記されたガイドマップがある。主要ルートを走るバスの中にはおよそ10ブロックごとの大きな交差点でしか停まらない"リミテッドlimited"と表示のある"快速バスlimited stop bus"もあるので覚えておきたい。"急行Express"バスはおおむね区外に向かう通勤バスであるから、短距離の移動には利用しないように。運賃はおよそ＄5である。

通常のバス運賃は＄1.50だ。乗車の際には釣銭なしの小銭か、メトロカード、トークンを用意する。接続路線に乗り換えるつもりなら、乗車時に乗り換えtransferだと告げ、乗換え券transfer ticketをもらうとよい（無料で2時間有効）。

特定の場所の最寄りのバス停を聞くと、運転手は喜んで教えてくれるだろうが、余計なおしゃべりはしないほうがよい。まわりの気難しげな乗客の意地悪な視線にじっと耐えなければならなくなる。安全のため、22:00～翌5:00はバス通り沿いならどこでも──バス停以外の場所でも──バスを止めてもらい降りることができる。

2002年9月にザ・コネクションThe Connectionというマンハッタンのダウンタウン東西を結ぶ電気バスの開業が計画されている（訳注：2003年2月の翻訳時点でまだ開業していない）。この無公害バスはマンハッタン島の南端を回り、乗客は多くのバス停で乗り降りできるようになる予定だ。

バス情報の問い合わせ先は☎718-330-1234。また「観光スポットと楽しみ方」の「お手軽なバスでのマンハッタン観光」のコラムも参照してほしい。

鉄道

ニュージャージー・パスNew Jersey Path（Port Authority Trans-Hudson）トレイン（☎ 800-234-7284 www.pathrail.com）は6番街の下を走り、34丁目、23丁目、14丁目、9丁目、クリストファー通りchristopher Stに止まり、ホーボーケン、ジャージー・シティ、ニューアーク方面に向かう、別料金の交通システムの一部。信頼性は高く（開業当時は「ハドソン・チューブ」と呼ばれた）、発車は15分ごと、料金＄1.50で、現金で支払える。24時間営業。9月11日のテロ事件ではニュージ

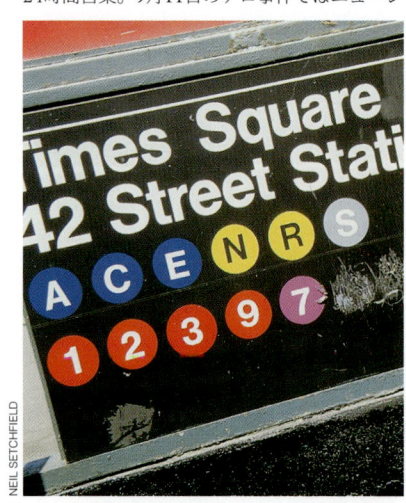

交通手段 − 地下鉄

ダウンタウン・パス路線が2003年末には開業予定なので、確認をお忘れなく。

地下鉄

うるさい、わかりにくい、暑い、混んでいる、利用客にそれほど親切でもないという理由で、総長656マイル（約1056km）を超えるニューヨーク市の地下鉄に乗るのは、初めは気が引けるかもしれない。だが、思いきって利用してみるとその良さもわかるようになり（＄1.50でほとんどいつでも5区のどこにでも行けることをはじめとして）、そのうち生粋のニューヨーカーのように病みつきになることだろう。そこで少しでも早く慣れてもらうために、多くの情報源や長年の経験からまとめた基本的な地下鉄のノウハウを紹介しておこう。

ニューヨークの地下鉄（通称"トレイン"）は市内の移動手段として一番速くて信用でき、以前よりも安全になっている。だが改札口を通る前に、目的地までの距離を考えてみよう。20ブロック以下なら歩いて行くほうがよいかもしれない。特に乗り降りする駅を考慮し、地下鉄の利用でどれだけ目的地に近づけるのかを考えてみるべきだ。日中は、地下鉄よりも速いだろうという思い込みからタクシーに

地下鉄は絶対に経験すべき

ャージーと世界貿易センターを結んでいた路線が全線壊滅し、バスは深刻な打撃を受けた。ニューヨーク・ウォーターウェイがフェリーを就航させ、不通になったマンハッタン・ニュージャージー間の重要路線の穴埋めに努めている（後出の「フェリー」を参照）。新しい

運賃を！

ときどき、せわしない駅で改札口のバーを飛び越えていくズルい人間に、地下鉄の駅員が「Pay your fare! Pay your fare!（運賃を支払ってください！）」と叫んでいるのを耳にするかもしれない。地下鉄に乗るのにこれほど安上がりな方法はないが、おすすめすることはできない。地下鉄には多少の割引制度がある。自分にとってどれが一番お得か、ちょっとした計算が必要ではあるが。

1回の正規の乗車料金は＄1.50。その金額のトークンを駅で買う。トークンは市の伝統遺産の一部であり、完全に廃止しようというニューヨーカーはまずいないのだが、登場してそれほどたたない斬新なメトロカードの方が時間的にも金銭的にもずっと効率的だ。カードは多くの駅にある多言語対応の自動販売機や、トークン売り場、コンビニで購入できる。無制限に乗車できるタイプと利用回数の決まったタイプの2種類がある。

「乗り放題Unlimited Ride」カードはたいていの旅行者にとって最も価値が高い。数日間滞在する予定なら、1週間有効のカードを買ってもよい。＄17で購入から7日間乗り放題となる。ファンパスFun Passは＄4で、購入から24時間乗り放題。これらのカードは購入後の乗り換えも自由で、ほかのカードのように2時間の乗り換え制限時間もない。

「利用回数指定Pay-Per-Ride」カードの使い方はご想像の通りだ。乗るたびにカードから＄1.50支払う。カードは＄3から＄80まで好みの金額で購入できる。このカードの特典は、一度に＄15以上の金額で購入すると、10％相当が戻ってくることだ（たとえば＄15のカードには＄16.50分の度数が記録されるので、10回分の金額で11回乗れる）。何日も続けては乗らないという人には、1週間分の乗り放題カードを買うよりお得かもしれない。

メトロカードはバスにも有効で、2時間以内なら無料でバスからバスへ、バスから地下鉄へ、地下鉄からバスへ、乗り換えができる。

65歳以上の高齢者と身体障害者にはメトロカードの大幅割引がある（たとえば＄17の乗り放題カードが＄8.50）。問い合わせは☎ 718-243-4999へ。

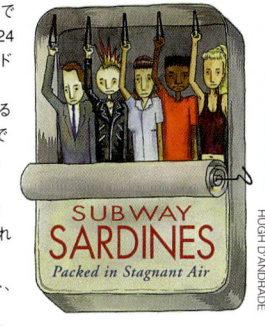

「地下鉄サーディン缶 よどんだ空気入り」

飛び乗る誘惑には屈しないようにしたい。渋滞に信号、バイク便、思いがけない不運など、あらゆる要因が立ちはだかり、結局は遠慮なく上がっていくメーターを尻目にタクシーの座席でやきもきする羽目になるからだ。

マンハッタンのほとんどの目玉スポットは――特にウェスト・サイドとダウンタウン――地下鉄の数路線で簡単に行くことができる。たとえばマディソン・スクエア・ガーデンは34丁目の3つの駅から歩いて4ブロック以内だ。これらの駅には全部で12路線が乗り入れている。ほかのエリア、特にイースト・ヴィレッジ、ウェスト・ヴィレッジの西端、アッパー・イースト・サイドは手頃な地下鉄の駅から腹立たしいほど離れている。

地下鉄の窓口係は退屈しきった怒りっぽい変人と思えるときもあるが、実は乗りこなし方を教えてくれる一番の情報源だ。彼らを相手にするときは、こちらがてきぱきと、マイクに向かって大声ではっきり話したほうがいい（係は防弾ガラス張りのブースの中にいるので）いい扱いをしてくれるようだ。また、とても多くの路線や乗り換え駅、サービスの変更があり、接続も複雑なので、生粋のニューヨーカーでもすべての仕組みを知ってはいないことは、覚えておいてよい。みんな同じだと思い、勇気を出そう！

さて、移動を開始して地下鉄に乗り込んだら地図を活用しよう。各車両には全路線図が用意されている。車両中央の、新しい今風のお役立ち路線図を見れば、次の駅と乗り換え路線がわかる。デジタルパネルには時刻と路線名、次の駅が表示される。観光客が多く犯す間違いは（反対方向の電車に乗ってしまうのは別として）、急行expressに乗ってしまい、降りたかった駅を通過してしまうことだ。路線図では、各駅停車の駅は白い丸で、急行の停車駅は黒い丸で区別している（本書の巻末にニューヨーク市交通管理委員会発行の公式地下鉄路線図がある）。

安全については、プラットホーム中央――「off-hour waiting area」という表示の黄色い看板がある場所――で待つと、車掌のいる車両に乗れる。車掌は、こちらが手早く質問をすると、その気になればてきぱき答えてくれることもあるが、情報を集めやすいのはたいていトークン係のほうだ。当然だが、混雑した車両では財布にも注意し、デイパックは開けられないように安全ピンでしっかり留めておく。

どうしても駆け込み乗車をしたいときは、「Hold the doors!（ドアを閉めないで！）」と叫ぶとうまくいくはずだ（ただし「電車も恋人もあわててつかまえようとするな、代わりは必ずあるから」という金言をお忘れなく）。時間があれば、ニューヨークの地下鉄構内のすばらしいパブリック・アートに目をやってみよう（たとえば1号線の駅には見事なモザイク画があるし、数百万ドルをかけて再開発されたタイムズ・スクエアでは、ごちゃごちゃのトンネルやスロープ、線路に見事な芸術作品が加わった）。

地下鉄の運行時間その他についての問い合わせは☎718-330-1234に電話をするか、Ⓦwww.mta.infoを参照。

車

ニューヨークでは、コストと交通事情、高い盗難発生率のおかげで、車を持つことの利便性は吹き飛んでしまう。さらに"左右交替制の路上駐車"などという複雑な道路清掃ルールがあるせいで、週の間に何度も車を移動させなければならない。一方、ミッドタウンの駐車場はたいていキニー社が管理し、駐車場業界はほぼ独占状態にあるため、日中の駐車代は1日＄30にもなる。

チェルシーのウェスト通り沿いに安めの駐車場があるが、1日＄10～15でも18.25％という市の法外な駐車税が加算されれば安くはな

ニューヨークの交通渋滞は気の弱い人向きではない

レンタカー

願わくは、ニューヨークのレンタカー料金を決める人々に地獄で専用の場所が用意されていますように。レンタカー各社は週末割引や週間割引を宣伝しているが、こうした割引は必ずといってよいほどニューヨークを対象外としているか、航空券の購入に併せて適用されるだけだ。

数日間のレンタルを考えているなら、出発前に旅行会社を通じて予約したほうがよい。予約がないと中型クラスの車で最低＄70はかかる。そのうえに諸経費として13.25％の税や＄15のCDW（Collision Damage Waiver。LDW〈Loss Damage Waiver〉ともいう。車両損害の補償制度。クレジットカードに衝突保険が含まれていることもあるので、まず確認を）、それに日額＄15の搭乗者保険料（医療保険に入っていれば不要）などの怪しげな費用が加算されるのである。合計、1日当たり＄100ほど。そのうえ返却前に満タンにしなくてすむガソリン代の前払いというオプションもある。これは＄20だが、市内はガソリン価格が高いので支払う価値はある。週末3日間のレンタカー代が軽く＄300を超えるとなると、結局は週単位で借りたほうが節約になるだろう。

レンタカーを借りるには、有効な運転免許証と大手クレジットカードが必要だ。1997年3月、ニューヨーク州最高裁判所は25歳未満のドライバーへのレンタルを制限する全国的な方針を差別的と裁定した。今では大手業者は若い利用者にもレンタルを拒めなくなったが、高めの料金設定を認められているので、きっと学生の年齢層にとって手の届かない値段をつけ、この新しい権利を利用させないようにしてしまうだろう。

各レンタカー会社のニューヨーク営業所の所在地や割引について調べるには、以下の電話番号で問い合わせるか、ホームページを参照してほしい。

エイヴィス Avis	☎800-331-1212	Ⓦ www.avis.com
バジェット Budget	☎800-527-0700	Ⓦ http://rent.drive budget.com
ダラー Dollar	☎800-800-4000	Ⓦ www.dollar.com
ハーツ Hertz	☎800-654-3131	Ⓦ www.hertz.com
スリフティ Thrifty	☎800-367-2277	Ⓦ www.thrifty.com

タクシー

タクシードライバー（通称"ハックス"）は死ぬ気になったスピード狂のように運転することがあるかもしれない。だが大部分のニューヨークのタクシーは清潔で、ほとんどの国際都市よりも値段がかなり安い。

初乗りは＄2で、以後5分の1マイル（4ブロックほど）ごとに30¢、渋滞で車が動かないときは1分につき20¢加算されていく。20:00〜翌6:00は50¢の割り増し料金がかかる。改

チェッカーの歴史

60年余り、戦車のようなチェッカー・キャブは無情の街ニューヨークを走る最強の戦士だった。多くの映画にも登場している（そのものズバリのマーティン・スコセッシ監督「タクシー・ドライバー」をはじめとして）。車高の高いキャブは乗り心地が良く、ゆったりとした車内には折りたたみ式の座席もついていた。1970年代初めには市内のタクシーの半分を占めていたチェッカー・キャブだが、ミシガン州カラマズーの製造元が、ガソリン代の高騰と大気汚染規制のあおりを受けて倒産。90年代初めにマンハッタンに残ったチェッカー・キャブはたった10台となった。1999年7月には最後のチェッカー・キャブ・ドライバーのアール・ジョンソンが引退、1978年式の彼の愛車も街から姿を消した。彼の昔のガールフレンドの名前からジェイニーというあだ名だったその車が、お上品なサザビーズのオークションにかけられた。走行距離99万4050マイル（約160万km）、新車でたった＄8000という事実も昔を懐かしむ入札者たちを押しとどめはしなかった。サザビーズの説明によれば"市松模様の入った伝統的なニューヨークの黄色い外観"に"状態の良い、黒のなめし革風ビニールの内装で後部座席の上部に小さなひっかき傷の修復痕が1カ所"のこの車は、＄13万4500で個人に落札された。

現在のキャブは、セダンやミニバンなど車種はさまざまだ。

造メーターの場合、渋滞や信号待ちで停車している間に20秒おきくらいに料金が上がっていくので、気づいたら臆せずに「動きが早すぎないか」聞いてみよう。運転手がやけに熱心に謝ったら怪しいと思い、メーターより安い値段にできないか交渉してみることだ。チップは料金の10〜15％が目安だが、最低でも50¢。高い値段を吹っかけられたと思ったら、レシートを要求し、運転手の登録番号を控えておく。ニューヨーク市の**タクシー・リムジン委員会 Taxi and Limousine Commission**（☎ 212-692-8294）は強腰なので、苦情を言うと脅せばびくつく運転手もいる。

50ブロック以上の距離なら、ミッドタウンの渋滞から十分離れた道を行くよう運転手に指示するとよい。ブロードウェイの西でタクシーを拾ったら、ウェスト・サイド・ハイウェイWest Side Highwayか11番街を行くように言ってみよう。イースト・サイドなら2番街（ダウンタウン方向）か1番街（アップタウン方向）が一番。どちらも青信号が連続する可能性があるからだ。タクシーに経路を指示するのはニューヨークではほとんど趣味に近いものがあり、あまり快く思わない運転手もいる。

ひとつ知っておいてよいのは、タクシーはニューアーク空港と、ニューヨーク・シティの5つの区内のどこへでも客を運ぶ義務があるということだ（いちいち通行料金を払う必要はあるが）。ラッシュアワー時には市内のほうが回転がよく儲かるために、空港に向かう客に平然と乗車拒否をする運転手がいる（特に悪天候の時）。どこに行くのであれ、タクシーに乗車するのに許可を求めることはない。メーター以上の高い料金で交渉に応じる必要もない。さっさと乗車し、運転手がメーターを押すのを待ってから行き先を告げるとたいていうまくいく。運転手が断わったら、タクシー・リムジン委員会に登録番号を通報すると脅してよい。ハッタリであっても、運転手は本気にして態度を軟化させるだろう。

タクシーを拾うとき、映画のように道路ぎわに一歩踏み出した途端に車がさっと近づいて来ることはめったにない。屋根のランプが点灯していれば空車とわかるが、日中は役に立たない。特に16:00頃は勤務時間を終える運転手が多く、タクシーをつかまえるのは一苦労となる。

どんな場合であっても白タクに乗ってはいけない。大体が観光客めあてに空港の到着ターミナルにたむろしているボッタクリなのだ。最近は「ブラック・カー」（ハイヤーの一種）を拾うのが流行だ。法律上、市内で乗客を拾うことが認められていない黒いセダンのことだが、タクシーが見つからないときには便利だ。

フェリー

ニューヨーカーはフェリーの便利さと楽しみを再発見している。特に9月11日の事件以来、鉄道が不通になってからはなおさらだ。**NYウォーターウェイ NY Waterway**（☎800-533-3779 www.nywaterway.com）は、バッテリー・パーク近くのピアAとウォール街の終点のピア11から、ジャージー・シティのニューポート、リバティ・ステート・パークLiberty State Park、ホーボーケンのエリー・ラッカワナ・トレイン・ターミナルErie Lackawanna Train Terminal行きなどの利用価値の高い路線を運航している（＄3、8分）。混雑時は6分おき、それ以外は約10分おきに出航する。

ほかにNYウォーターウェイの人気フェリーといえば、野球シーズン中に東34丁目か、東90丁目、またはサウス・ストリート・シーポートにあるピア17から、ヤンキー・スタジアムとシェイ・スタジアムに向かうルート。髪に風を受け、デッキでカクテルを手に野球観戦に出かけられれば、文句なしに最高だろう（両方面とも往復大人＄16、シニア＄13、子供＄12）。

NYウォーターウェイでは、一日街から逃れたい人向けにもおもしろい船旅を用意している。ハドソン川クルーズ、ニュージャージーとロングアイランドのビーチ行きフェリー

スタテン島フェリーは爽快で、楽しく、おまけに無料！

（道路の混雑を避けるのによい方法）、リバーサイドのレストランを巡るツアーなどだ。詳しくは問い合わせを。

ニューヨークで一番人気の船旅といえば、**無料の**スタテン島フェリー Staten Island ferry（☎718-815-2628）だ。詳しくは「観光スポットと楽しみ方」の「スタテン島」を参照。

リバティ・パーク水上タクシー
Liberty Park Water Taxi
☎201-985-8000
Ｗ www.libertylandingmarina.com/taxi.htm
バッテリー・パーク・シティのピアAからリバティ科学センターLiberty Science Center行きの船を毎日30分ごとに運航している（大人＄5、シニア＄4、子供＄3）。小さな船は敏速で、船体はチェッカー・キャブのような明るい黄色だ。

自転車
ニューヨーク市内をサイクリングするには鉄の神経と正確な操作、それに多少の狂気がないと命がおぼつかない。このためニューヨーク入門者には心からおすすめはできないのである。突然開く車のドアと蛇行運転するタクシーの間をすりぬけ、麻痺状態の車の間を縫って走ったり、通りを突っ切ったりといったワザはプロに任せておくべきだろうが、自転車にもう夢中！という人のために信頼できるアドバイスを紹介しておこう。

自転車は車からは邪魔者と見なされる。元気でいたかったら自己防衛しながら運転しなければならない。交通法規はすべて守り、ヘルメットをかぶろう。駐車中の車が発進したり、あらゆる方向へドアが開いたり、行く手を妨げる車がいたり、訳のわからないドライバーがいたりするので、いつも細心の注意を怠らないように。そんな状況にぶつかったときのために、笛をぶら下げておくか、いつでも叫べるようにしておこう。

街で自転車に施錠してその場を離れるのはやめよう。戻った時にはとっくに姿を消しているかもしれないからだ。ニューヨークでは、最強といわれるオランダ製のロックでもはずしてしまう泥棒がいるから、どうしても愛車を駐輪しなければならないときは、短時間にとどめることだ。古めのガタガタになった自転車なら、泥棒もあまり手をつける気にならないはずだ。

そうはいっても、自転車泥棒など命の危険に比べればとても心配の種にはならないだろう。多くの旅行者はアウトドア用に整備されて安全な、自動車の侵入して来ないまともな場所だけで乗りたいと思うはずだ。距離が長めのおすすめコースは、ブルックリン橋Brooklyn Bridgeを渡り、ブルックリン・ハイツ・プロムナードBrooklyn Heights Promenadeかプロスペクト・パークProspect Parkへ行くコースと、自転車をスタテン島フェリーに持ち込み、港の向こうの冒険に旅立つコースの2つ。ニューヨークでのレクリエーション・サイクリングについては、「基本情報」の「アクティビティ」を参照のこと。

歩いて
最高の移動手段は——特にマンハッタンでは——自分の足を使うことである。主な観光スポットが近くに集まっている地下鉄駅（西4丁目、34丁目、ロックフェラー・センター、カナル通り）を降り、歩き始めよう。マンハッタンのミッドタウンは碁盤の目のようで、南北によく目立つアヴェニューが走っているので、ひどい迷子にはなりにくい。それでも道がわからなくなったら勇気を出して尋ねてみよう。歩き回るのによいのは、イースト・ヴィレッジ（特にショッピング向き）、建築を楽しめるアッパー・ウェスト・サイド、空腹を満たせるチャイナタウン、アートを鑑賞できるチェルシー、そして歴史を訪ねるクイーンズのフラッシングだ。

「観光スポットと楽しみ方」ではニューヨーク・シティを区域ごとに分け、ひとりで歩けるコースを紹介している。

ツアー

バスツアー
グレイ・ライン
Gray Line（MAP6 #9）
☎212-397-2620、800-669-0051
Ｗ www.graylinenewyork.com
🏠中央バスターミナルは8番街と54丁目の角 Eighth Ave & 54th St
中央バスターミナル発の市内ツアーを29コース以上実施している。

マンハッタンを巡る乗り降り自由のループ・ツアーもある。ツアー料金は大人＄30～75、子供＄25～55。ドイツ語、フランス語、イタリア語、スペイン語のツアーもある。市内の概観をつかむのに便利なツアーだが、ニューヨークの知識が乗客よりずっと劣る、退屈で問題あるガイドに当たる可能性もないとはいえない。また一日のうちどの程度の時間をツアーに割くかを考えておこう。というのも8時間半のマンハッタン満喫ツアーは手に余るという人が多いからだ。グレイ・ラインの

交通手段 － ツアー

前進開始！

交通渋滞にカミカゼ・バイク便、空を舞うゴミを別にすれば、ニューヨークは歩行者にとってすばらしい都市だ。丸石で舗装された路地、並木の散歩道、ひっそりたたずむ小さな公園など、楽しみは尽きない。だが、コンクリートジャングルの利己的な街で、ニューヨーカーを本気で怒らせずにうまく立ち回るには、歩行者のエチケットに関する基本的なルールを守ったほうがよいだろう。

- 階段とエスカレーターは、右側が遅い人用で、左側は追い越し専用だ。さっさと進めないなら右側にいよう。
- 通りの角や階段の真下で立ち止まって地図をのぞきこまないこと。人の流れを邪魔することになる。脇に寄れば、自分にも他人にも動くスペースができる。
- 混みあう通りで傘をさすのはやっかいだ。悪天候で傘を開くときは、できるだけ自分の傘の大きさと他人との距離を考えること。
- 安全であれば信号にかまわず道路を渡ろう。ニューヨークでは、対向車より速く走りきれるなら渡ってしまうのがクール。
- ジェイウォーキング（信号のある交差点以外で通りを横断すること）はニューヨークと同義語だが、ジュリアーニ前市長はこの悪習を法的に葬り去ろうとした。今この"違反行為"に対してチケットを切られたとしたら、まったく運がなかったとしかいいようがない。
- 点滅する"Don't Walk"の信号を文字通り解釈している人は誰もいない。本当の意味は、きびきび進め、なのだ（根っからのニューヨーカーによれば、信号は9回点滅してから赤信号になるので、そこで注意しろとのことだ）。
- 地下鉄では降りる人を先に降ろしてから乗ること。ドアの脇に寄り、降りる人にできるだけスペースを開けること。
- 誰かの道をふさいだら、譲ること。

ツアーは、ほかにハーレム・ソウルフード＆ジャズ・ツアー（ブランチ込みで＄95）やブルックリン・ゴスペル・ツアー（＄39）などがある。

船のツアー

マンハッタン島一周サークル・ライン・クルーズ
Full Island Circle Line cruise
☎212-563-3200
🌐 www.circleline.com
💴 大人＄24、シニア＄20、子供＄12

毎年100万人が35マイル（約56km）に及ぶこのツアーを楽しんでいる。3～12月、42丁目のハドソン川沿いのピア83から出航。天気が良ければ、このツアーこそおすすめだ。外のデッキでさわやかな川風を楽しめる。説明の質は、ガイドのやる気次第だ。「どちらから？」とお決まりのひやかしを受けたくなければ、ガイドから十分離れた場所に座りたい。

夏期にはサークル・ラインの**シーポート・ミュージック・クルーズ Seaport Music Cruises**（☎212-630-8888）も運航する。所要時間はおよそ3時間。火曜日の夜にはブルース、水曜日はロックンロールか、クラシックとソウル、木曜日はジャズを楽しみ、金曜と土曜の夜はDJダンスパーティで踊りまくる。料金は＄25～45。これらのクルーズはシーポートのピア16から出航する。

ワールド・ヨット
World Yacht
☎212-630-8100
🌐 www.worldyacht.com

クルーズは、充実した生演奏付きで、評判の高い食事を楽しみながらマンハッタン周辺を巡る。西41丁目のピア81から出航。予約が必要で、きちんとした服装を求められる。料金は2時間のブランチの＄42（4～12月の日曜日）から3時間のディナーの＄79（1～3月は週末のみ、4～12月は毎日）まで。

フェリー会社の**NYウォーターウェイ NY Waterway**（☎800-533-3779 🌐 www.nywaterway.com）でも2時間の島めぐりツアー（大人＄24、シニア＄19、子供＄12）や90分でマンハッタン南端を巡る港めぐりツアー（＄19、＄16、＄9）などを主催している。＄2の追加料金で数カ国語のツアーガイドが聞けるイヤホンをレンタルできる。

体に風を感じたかったら、**スクーナー・アディロンダック Schooner Adirondack**（☎646-336-5270、800-701-7245 🌐 www.sail-nyc.com）で2時間のスクーナーの帆走を楽しんでみよう。チェルシー・ピアのピア62から出航（平日＄30、週末＄35）。平日＄40、週末＄45のサンセット・シャンパン・ツアーもある。

徒歩ツアー

多くの会社や団体が都会のトレッキングを主催しており、電話をすれば最新スケジュールの詳しい情報を教えてくれる。**ビッグ・オニオン・ウォーキング・ツアーズ Big Onion Walking**

Tours（☎212-439-1090　Ⓦwww.bigonion.com）は、コロンビア大学の歴史学博士課程の学生2人によって設立された。ニューヨークの少数民族を専門とし、毎年ロウアー・イーストサイドのユダヤ人街へクリスマス・ツアーを実施している。参加料金は大人＄12、シニアと学生は＄10。ガイドは皆、歴史学の修士以上の学位を持っているので、1クラス上のウォーキングを体験できる。ただしほとんどの歴史知識は「ビッグ・オニオン・ガイド・ツアー：十の歴史ツアー*The Big Onion Guide to New York City: Ten Historic Tours*」（2002年発行・セス・カミル、エリック・ウェイキン、ケネス・T・ジャクソン著）から自分で仕入れることもできる。

フーズ・オブ・ニューヨーク
Foods of New York
☎212-334-5070
＄35でソーホーとグリニッチ・ヴィレッジの食料品店を歩いて回り、試食ができる3時間のツアーを実施。料金は試食代込み。菜食主義者も歓迎している。

グリニッチ・ヴィレッジ・文学パブはしごツアー
Greenwich Village Literary Pub Crawl
☎212-613-5796
Ⓦwww.geocities.com/newensemble/pubcrawl.html
アーネスト・ヘミングウェイからディラン・トーマスまで、酒の飲み過ぎで墓場行きとなった著名な文学者の行きつけパブを巡る2時間半のツアーを実施。料金は＄15で、予約を強くおすすめするが、飛び込みで参加できる場合もある。土曜日14:30に**ホワイト・ホース・タヴァーン White Horse Tavern**（MAP4 #62 ☎567 Hudson St〈11丁目との角 at 11th St〉）を出発。

市内を広く回る徒歩ツアーなら、ニューヨーク・シティのユダヤ文化の中心である**92nd Street Y**☎212-996-1100 Ⓦwww.92ndsty.org）を当たってみよう。「ジューイッシュ・ハーレムJewish Harlem」、「ブロンクス文学地区Literary Bronx」、「もし壁が話せたら：チェルシー・ホテルIf These Walls Cowld Talk:The Chelsea Hotel」など、75コースもの1日ツアーを企画している。ほとんどのツアーは＄18〜30。事前予約が必要で、予約がない場合は直前申込料＄5を支払う。

ラディカル・ウォーキング・ツアーズ
Radical Walking Tours
☎ 718-492-0069
Ⓦhttp://he.net/~radtours/
急進的な政治運動史をふりかえるツアー12コースを企画している。ハーレムでブラック・パンサーの足跡をたどったり、グリニッチ・ヴィレッジでストーンウォール暴動について学ぶことができる。料金は＄10で予約は不要。ブルース・ケイトン著「ニューヨーク市の急進的ウォーキング・ツアー*Radical Walking Tours of New York City*」（1999年発行）も参照するとよい。

お安い冒険
Adventures on a Shoestring
☎212-265-2663
🅼＄5（30年以上も変わっていない）
歴史的建物や少数民族地区、その他を巡るツアーをやっている。創設者・責任者・ガイドを兼ねるハワード・ゴールドバーグの案内は損をさせない。

ニューヨーク・トークス＆ウォークス
New York Talks and Walks
☎718-591-4741、888-377-4455
Ⓦwww.newyorktalksandwalks.com
20コースの歴史ツアーを開催。テーマはスラム街ファイブ・ポインツや、ニューヨークの幽霊たちなど。料金は大人が＄12前後、子供が＄6前後。

ミュニシパル・アート・ソサエティ
Municipal Art Society（MAS）
☎212-935-3960
Ⓦwww.mas.org
建築を中心とした一連のツアーを毎週開催している。たとえばグランド・セントラル駅ツアーは毎水曜日12:30にインフォメーション・ブースに集合する。

ほかにI・M・ペイ、フランク・ロイド・ライト、イサム・ノグチがデザインしたインテリアを見学する「インドア・ニューヨーク——スタイリッシュな50年代」などのツアーも。料金は＄12〜15。（MASのツアーは毎週金曜日の「ニューヨーク・タイムズ*New York Times*」のSpare Times〈余暇〉欄に掲載される。）

ハーレムの徒歩ツアーに関しては、「観光スポットと楽しみ方」のコラム「ツアーに参加すべきか、否か」を参照してほしい。

ヘリコプター・ツアー

懐に余裕があるなら、ヘリコプター・ツアーを体験してみよう。

リバティ・ヘリコプター・ツアーズ
Liberty Helicopter Tours
☎212-967-6464
Ⓦwww.libertyhelicopters.com
ニューヨークの街を上空から眺められる。出発地はミッドタウンの12番街の西30丁目の角と、ロウアー・マンハッタンのホワイトホール通りWhitehall St近くのイースト川沿いにあるピア6の2カ所。料金は飛行時間によって＄49（5分）〜＄155（15分）。

グレイ・ライン
Gray Line
☎212-397-2620、800-669-0051
www.graylinenewyork.com

ヘリ・ツアーを企画している。毎日9:00〜21:00、西30丁目のヘリポート発と、月〜金曜9:00〜18:00、ダウンタウンのピア7発。すべて10分間の飛行で料金は＄94。

観光スポットと楽しみ方

Things to See & Do

マンハッタン
Manhattan

大部分の旅行者や居住者にとってマンハッタン（人口150万人）がニューヨーク・シティである。ニューヨーク・シティの他の4つの区（ボロー）に住んでいる人たちでさえ、マンハッタンを"シティ"と呼ぶ。マンハッタンでもしあなたがクイーンズに行くなんていうことを口にしたら、「私も海外に行ったことがあります」「ビザは持っていますか？」なんていうことを言われるかもしれない。

しかし、野球場、ビーチ、ローラーコースター、世界一流の美術館などを持つブロンクス、ブルックリン、クイーンズ、スタテン島（マンハッタンと共にニューヨーク市の一部である）だって、それぞれ何か特別なものを持っている。これらの"異国の場所"を享受すれば、ニューヨーカーでさえまだ知らないような秘密の楽しみを見つけることができるかもしれない。

この章ではマンハッタンを南から北までエリア別に紹介する。これらのエリアの間には正式な境界線は存在しないが（ほとんどの境界線はニューヨーカーの頭の中で作られている）、下記のような地区から成り立っている。

カナル通りの下からバッテリー・パークにかけてのロウアー・マンハッタンには、シビック・センター（この名前で呼ぶ人は誰もいないが）、ファイナンシャル・ディストリクトと、北をカナル通り、西をウェスト通り、南方をチェインバース通り、東をブロードウェイに囲まれているトライベッカ（TRIangle BElow CAnal St〈カナル通りの下の三角地帯〉の略）がある。トライベッカの東側にはチャイナタウンがセンター通り以東からマンハッタン橋にかけて存在し、カナル通りとチェインバース通りが南北の境界線となっている。近辺ではリトル・イタリーが徐々にチャイナタウンにのみ込まれつつあり、今ではカナル通りの北側、ラファイエット通りとバワリー通りの間のおまけのような存在になりつつある。ブルックリン橋とマンハッタン橋があるチャイナタウンの真下のエリアは、最近ツーブリッジズ（2つの橋）と呼ばれている。

ロウアー・イースト・サイドはイースト川とバワリー通りの東側に広がっている。ハウストン通り（ヒューストンではなく、ハウストンと発音する）はロウアー・イースト・サイドとソーホーの北側の境界線となっている。ソーホーのラファイエット通りの東側はリトル・イタリーと重なる。ハウストン通りと北側14丁目の間には、グリニッチ・ヴィレッジ（または通称"ヴィレッジ"）とイースト・ヴィレッジがこのエリアの大部分を占めている。ヴィレッジには5番街が始まるワシントン・スクエア・パークがあり、また西側の6番街からハドソン川にかけてはウェスト・ヴィレッジが存在する。このエリアには独自の呼び名がついているさらに小さいエリアが点在している。たとえば、西端のミート・パッキング・ディストリクト（精肉工場地区）や東端のアルファベット・シティなどの独特の雰囲気の地区などである。

チェルシーはヴィレッジの北側の14丁目から23丁目、6番街の西側に広がっている。6番街の東側にはユニオン・スクエア、グラマシー・パーク、フラットアイアン・ディストリクト等の小さなエリアが点在している。

ミッドタウンとは通常23丁目以北から61丁目までの商業地域を指す。ロックフェラー・センター、エンパイア・ステート・ビル、タイムズスクエア、ブロードウェイ劇場地区、主要なホテル、グランド・セントラル駅、ポート・オーソリティ・バス・ターミナル等がある。アッパー・イースト・サイドとアッパー・ウェスト・サイドは61丁目より上のセントラルパークの両側のエリアを意味する。ハーレムはセントラルパー

マンハッタン – ロウアー・マンハッタン

観光スポットと楽しみ方

ベスト & ワースト

ベスト
- セントラル・パーク
- 摩天楼（新旧問わず）
- 地下鉄
- 公共アート
- 橋の歩行者用通路
- レストランと屋台
- メトロポリタン美術館、近代美術館（モマ）、グッゲンハイム美術館、ホイットニー美術館 ※おすすめ順
- コンサート、クラブ、出会い、およびその他のナイトライフ
- 9月10日

ワースト
- そこらかしこにある腐ったゴミと、空中にゴミのにおいが散漫していること
- 8月
- アトラクション、観光地で待つ人の列
- 公衆トイレがないこと
- ホームレスと貧困
- べらぼうに高い物価
- 9月11日

DAVE LEWIS

クの上から始まり、南は110丁目、北は142丁目、西はフレデリック・ダグラス大通り、東はイースト川に挟まれている。西110丁目と西130丁目の間、フレデリック・ダグラス大通りの西側にはコロンビア大学があるモーニングサイド・ハイツが存在する。ハミルトン・ハイツとシュガー・ヒルはハーレムの上方から始まり、西153丁目上のワシントン・ハイツにつながっている。

マンハッタン以外の区（ボロー）内の重要なエリアとしては、ブルックリンのブルックリン・ハイツ、パーク・スロープ、ウィリアムズバーグ、ブライトン・ビーチ、ブロンクスのアーサー街、リヴァーデール、シティ島、クイーンズのアストリア、ジャクソン・ハイツ、フォレスト・ヒルズ、フラッシング・メドウズがある。

ニューヨーク市の歩き方については、「基本情報」の「オリエンテーション」を参照。巻末にはマンハッタンとボローのすべてのエリアと周辺のいくつかの地区の詳細な地図もある。

ロウアー・マンハッタン（MAP3）
LOWER MANHATTAN

世界貿易センター跡地とウォール街があるロウアー・マンハッタンは、多くの人々にテロの悲劇、または資本主義の巨大な成功を連想させるだろう。しかし、この都会の小峡谷に足を踏み入れてみればすべての通りの角に記念碑があったり、もしくは通りが金で舗装されているわけではないということに気づくだろう。

その代わりにあるのは、広大な公園、圧倒的な景色、他に例を見ない建築物の数々である。狭苦しく、遠回りさせられ、時には混乱する脇道と幅広いブロードウェイの大通りにあるのは、連邦様式の建物、ギリシャ復興様式の教会、ゴシック様式の教会、ルネッサンス様式の壮麗な建築物、そして20世紀初頭の摩天楼の最も優れた集大成の一つである。

もしあなたが建物や建築物のファンであるならば、この地域を訪れる際は、双眼鏡を用意して建物のすべてのすばらしい精細な装飾を堪能することをおすすめする。

17世紀初頭にオランダ人は、ネイティブ・アメリカンからマンハッタンをだまし取った後、砦と木と泥で造った壁で敵対的なネイティブアメリカンとイギリス人からこの新たに入手した縄張りを守った。現在では、この時代にオランダ人が建築した建物は一つも残っていないのだが、1625年に技師のクリン・フレデリックスが設計した通りと路地は、それ以降のこの地に建築物を建てようと試みたすべての建築家を永久的にしばり、また影響を及ぼした。

イギリス統治下に1世紀以上置かれていたにもかかわらず、独立戦争中の7年間に及ぶイギリス軍による支配と、1776年と1778年の独立戦争の激しい砲火のため、当時からの建築物はほとんど残っていない。戦争が終わった頃には、入植地の4分の1、1000以上の店舗と住宅が焼け野原となった。

当時の建築物の中で唯一残っているのは、市民が炎から守ったセント・ポール教会だけである。奇跡的なことに、この神聖な建物は世界貿易センター跡地の後ろにあったにもかかわらず、テロの攻撃を無傷で逃れ、救助隊員や復旧作業員のオアシスと休憩所としての役割を果たしたのだ。このエリアのその他の主な建築物は18世紀後半から20世紀前半に建てられた。

マンハッタン – ロウアー・マンハッタン

テロ後、このエリアの多くの建築物やアトラクションは非常に厳しい警備下にある。これはうろうろしたり、ぼーっとしている人たちに対する許容度がまったくない（特に、その場にふさわしくないと思われた場合は）ということを意味する（つまり、ジーンズに身を包んだバックパッカーのあなたたちのことだ！）。

厳戒な警備とは、時にはX線を使った持ち物のチェック、および特定の場所の一般客の立ち入り禁止を意味している。本書の執筆中には、市庁舎、自由の女神（地上レベルは開いているが、自由の女神そのものは閉鎖されている）、セント・ポール教会（構造、環境上の理由で閉鎖されている）等の建物が閉鎖されていた。これらの建物の閉鎖期間は無期限である。

アライアンス・フォー・ダウンタウン・ニューヨーク Alliance for Downtown New York（#67 ☎212-566-6700 www.downtownny.com 120 Broadway, Ste 3340）は市庁舎からバッテリー・パーク・シティにかけての地図と案内を発行し、エリア情報に詳しいスタッフを抱えている。赤いベストを着たフレンドリーなスタッフを探してみよう。

ロウアー・マンハッタン・フェリー・ターミナル

観光スポットと楽しみ方

エリアの名前の付け方

マンハッタンを構成するのは、数々の独特の雰囲気を持つ小さくて独立したエリアである。この場所とあの場所、自分と他人の縄張りを区別するために、ニューヨーカー（正確には不動産会社）はニューヨーク・シティの様々なエリアに多種多様な名前を付けた。

単純に地理的な名前である場合もあれば（ロウアー・イースト・サイド）、人種的な特徴に基づく場合（チャイナタウン）、またはただ単に怖い（19世紀にアイルランド系ギャングが独占していたスラム街から名前を取ったヘルズ・キッチンHell's Kitchen）という場合もある。ヘルズ・キッチンはあまりにも不快感が強い名前だったため、デベロッパーや不動産会社は代わりにクリントンClintonという名称で呼び始めた。

誰もが"TRIangle BElow CAnal St（カナル通りの下の三角地帯）"の略語であるトライベッカTribecaと、ハウストン通りの南に位置するSouth of Houston St.（ハウストン通りの南）の略語であるソーホーSoHoは聞いたことがあるだろう。

最近新たに生まれたノリータNolitaは、NOrth of Little ITAly（リトル・イタリーの北部）のエリアを意味する（リトル・イタリーの縮小が非常に早く進んでいるため、もはやこのエリアをリトル・イタリーと呼んだほうがよいかもしれない）。そして、ノリータよりもさらに新しいノーホーNoHo（NOrth of HOuston St〈ハウストン通りの北〉の略。アスター・プレイスAstor Plにいたるハウストン通りの北とマーサー通りMercer Stからバワリーまで以来）、ソーハーSoHa（SOuth of HArlem〈ハーレムの南〉）とフラットアイアン・ディストリクトとミッドタウンの間に位置する26丁目周辺から34丁目にかけてのノマッドNomad（NOrth of MADison Park〈マディソン・パークの南〉）もある。ソーハーとノマッドの名前が定着するか、または不動産会社のリストに残されたままからはしばらくしてみないとわからないだろう。

ニューヨーク・シティの誕生当時のオランダ人による支配の名残は、通りやエリアの名前にも見られる。たとえば、ハーレムはオランダの町Haarlemに由来している。

エリアによっては元々の名称との関係が薄れてしまった場所もある。チェルシーの住人で、チェルシーという名前がイギリス人の陸軍士官が所有していた18世紀の農場に由来するということを知っている人はほとんどいないだろう。マンハッタンの東側、国連を囲むファッショナブルなエリアのタートル・ベイは、1868年に枯渇してしまった川沿いの入り江に由来する。

89

ロウアー・マンハッタンの散策コース

月曜日から金曜日の間のビジネス、政治、法律の出来事が目まぐるしく展開していて、通りがビジネスマンで生き生きと活動している平日にこのツアーを実施することをおすすめする。このウォーキング・ツアーはどれだけ頻繁に立ち止まるか、またあなたの靴の快適度に応じて3時間から丸一日まで費やすことができる。早い時間(9:00〜10:00)に出発したほうがよいだろう。しかし、フルトン魚市場Fulton St Fish Marketは8:00ぐらいまでしか開いていない。このあたりではライチタイムは真の悪夢のような状態になり得る。そのため、混雑を避けるためにピクニックにするか、または12:00から14:00の間にスタテン島フェリーに乗るのがよいだろう。

ロウアー・マンハッタンには15本の地下鉄が走っていて20近くの駅がある。しかし、このツアーの目的のためには、ツアーが始まるブルックリン・ブリッジ／シティホールまで地下鉄4、5、6号線に乗るのがベスト。これらの地下鉄に乗れば、シティ・ホール・パークまたは通りの反対側の市庁舎ビルの荘厳なドーム状の待合ホールで降りることができる。

ブルックリン橋の歩行者用通路の向かい側の**市庁舎 City Hall**からスタートしよう(市庁舎に関する詳細な情報は後出を参照)。市庁舎の真後ろには19世紀後半の不慮の市政腐敗の象徴でもある**トゥイード裁判所 Tweed Courthouse**(🏠52 Chambers St)が立っている。この1872年に建設された市の裁判所は、その建設予算＄1400万のうち＄1000万が民主党のタマニー派の冷酷なリーダーであったウィリアム・マギアー・"ボス"・トゥイードの手に渡ってしまった。トゥイード配下のギャングは、一時は市の財政から1カ月＄約100万をくすねていた。最終的には裁判所の建設費用は、同じ時期にアメリカ政府がアラスカ領土の購入に払った額(＄650万)の約2倍の額になってしまった。建物の値段の問題に続いたスキャンダルはトゥイードを権力の座から降ろしたが、約8.5mの天井、ステンドグラスの窓、鋳鉄の手すり、ネオ・ルネッサンス様式の柱を誇る建築の宝石を残した。＄5800万を費やした、この建築物を元の壮大な姿に戻すための長期にわたった修復工事は、2001年12月に完了した。残念なことに、市政府がこの建物に何を収納するかということに関してもめていたため、本書の執筆時にはビジターには開放されていなかった。

近辺にはシャルル・ガルニエのパリのオペラ座を模倣したボザール様式のインテリアを持つ、1914年に建てられた**旧検認後見裁判所 Surrogate's Court**(チェインバース通りとセンター通りの角cnr Chambers & Centre Sts)がある。この建物は現在はニューヨーク・シティの公文書館となっている。センター通りの北を歩いていくと、市、州、連邦の裁判所が集まっている**フォーリー・スクエア Foley Square**にたどり着く。この広場は以前はコレクトという名の池だった。コレクト池の岸辺にはニューヨークの最も劣悪なスラムであった悪名高きファイヴ・ポインツが存在していた。ギャング、売春、ゴミ、病気が蔓延し、ジェイコブ・リースとチャールズ・ディケンズのレンズやペンを魅了した。コレクト池は1811年に埋められ(労働者がカート一杯の土を運ぶたびに5¢を支払った公共プロジェクト)、スラムは完全に破壊された。

フォーリー・スクエアの東の端にある**合衆国裁判所 US Courthouse**(🏠40 Centre St)では有名な組織犯罪の裁判が行われる。1ブロック北にある**ニューヨーク郡裁判所 New York County Courthouse**には州最高裁がある。巨大な円形のホールで、にぎやかに即興の交渉を繰り広げている弁護士を観察してみよう。

デュエイン通りDuane Stを西に進んでいくと(合衆国裁判所の前)、ニューヨーク・シティ誕生当時の黒人居住者のための**アフリカ人墓地 African Burial**

ページ上：ツアーの終了場所であるピア17(写真撮影：Michael Taylor)

マンハッタン − ロウアー・マンハッタンの散策コース

マンハッタン － ロウアー・マンハッタンの散策コース

Groundにたどり着く。黒人居住者のほとんどが奴隷であった。1991年に発掘されたが、黒人活動家による抗議や、プロジェクト・マネジメントチームによる予算超過が猛烈な取材騒動（大部分が否定的な内容であった）を招き、跡地の開発を大幅に遅らせた後にようやく、歴史的重要史跡として指定された。遺物は依然一般公開を待っている状況だが、最近はこの遺跡発掘現場もフェンスに囲まれた野原と化している。

ブロードウェイを左に曲がり、チェインバース通りの角にある**サン・ビル Sun Building**を2ブロック進む。20世紀初頭にこの地域に存在していた数多くの新聞社の一つであるニューヨーク・サンの新聞そのものはなくなってしまったが、時計と温度計は今でも残っていて"ニューヨーク・サンはすべてのために輝く"ということを約束している。この本の執筆中には、ニューヨーク・サンの名前を復活させた日刊紙の発行が開始した。

ブロードウェイを下り続けていくと、再び市庁舎（今回は西側）を通り過ぎ**ウールワース・ビル Woolworth Building**（⌂233 Broadway）にたどり着く。1913年に竣工した際は、世界で最も高いビル（792フィート〈約241m〉、60階建て）であった。1929年にクライスラー・ビルに追い越されるまでは、世界一の高さを誇っていた。有名なディスカウントチェーンの社長であったフランク・ウールワースは、建築費の＄1500万を5¢と10¢硬貨で支払ったと噂されている。いわゆる商業の大聖堂と呼ばれるこの建物のロビーは、ステンドグラスの天井、数々の金箔や絵画のような細部に凝った装飾など、一流のインテリアを誇り、また小銭を数えているウールワースも含めた著名人の彫像がある。

ブロードウェイをさらに下っていくと、ヴァージー通りVesey Stとフルトン通りFulton Stの間にある**セント・ポール教会 St Paul's Chapel**に到着する。1764年にトーマス・マックビーンによって設計されたこの片岩と褐色砂岩の教会は、ロンドンのトラファルガー広場にあるセント・マーティン・イン・ザ・フィールズ教会を模倣しており、米国内では最高のジョージ王朝様式の建物であると同時に、この地域で唯一残っているコロニアル様式の建物でもある。ニューヨークが（短期間ではあるが）アメリカの首都であった時、ジョージ・ワシントン大統領は、この縦溝のあるコリント式支柱とウォーターフォードのシャンデリアがある、風通しの良い教会内の礼拝に参加した。彼の信者席は現在も展示されている。この教会はまた、ニューヨークの貧困者とホームレスに対する長年の支援でも知られている。夏にはここで主催されるランチタイムのコンサートを見てみよう。セント・ポール教会には9月11日の犠牲者の無数の記念碑があり、救助隊員に平和、精神衛生、安全をもたらした。本書の執筆時には閉鎖されていたが、2002年の夏には再オープンする予定であった。同教会はまた、世界貿易センターの展望台の北端にもあたる。

世界貿易センターの展望台 World Trade Center viewing platformは、歴史を垣間見るために集まってきた何万人もの人々に対応するために2001年12月に造られた。巨大なベニヤ板でできた1ブロック四方の展望台は、南北はフルトン通りFulton Stとデイ通りDey St、西と東はブロードウェイからチャーチ通りChurch Stまで広がっている。ただの工事現場と化してしまった場所を見るのは、不気味で、悲しく、困惑するものである。実際、ワールド・ファイナンシャル・センターのウィンター・ガーデンの角ばったガラスの正面のように、以前はまったく見えなかった建物の後ろが見えるというのは、まるでおばあちゃんの下着姿を見ているような気がし、見てはいけないものを見てしまったような気がする。展望台への入場には入場券（無料）が必要である。入手方法に関しては本書の前半分の「9月11日」の特集を参照。

（訳注：2003年1月現在、展望台はリバティ通りとブロードウェイの角にあり入場券は不要となった）

マンハッタン − ロウアー・マンハッタンの散策コース

ブロードウェイを南に進んで行くと、41階建の**エクイタブル・ビル Equitable Building**（🏠120 Broadway）にたどり着く。1915年にオープンした際は、そのまさに堂々とした巨大なビルは、マンハッタンの姿と建築の世界を永久に変えた。120万平方フィート（約11.1万㎡）のこのビルは、当時地上最大のオフィスビルとして順位付けられた。そのサイズは多大な騒動を引き起こしたため、1916年にニューヨークは初めての都市計画法を制定し、ビルの縮小を義務付けた。

ブロードウェイをさらに1ブロック進むと、ニューヨーク・シティの最古の宗教的史跡の一つである**トリニティ教会 Trinity Church**（後出を参照）に到着する。イギリス生まれのリチャード・アップジョンが1846年に褐色砂岩の教会を建てた時、その扶壁、頂部の装飾と八角形の尖塔は、同教会をニューヨーク・シティ内で最も高く、また最も豪華に装飾された建築物にした。特に南東に緩やかに傾斜しているウォール街から見る教会の姿は本当に美しい。

ウォール街は、初期のオランダ人の入植者が、ニュー・アムステルダムをネイティブ・アメリカンとイギリス人の攻撃から守るために北側の障壁を作った場所に立つ、トリニティ教会の真向かいから始まる。今日、ウォール街は世界のビジネスの同意語として捉えられている。**バンク・オブ・ニューヨーク Bank of New York**（🏠1 Wall St）内の、マネーを象徴する記念碑としての役割を果たしている赤と金色に輝くアール・デコ調のロビーを見てみよう。ウォール街に沿って歩いて行くと、ウォール街の比喩的な中心地である**ニューヨーク証券取引所 New York Stock Exchange**（後出を参照）がブロード通りBroad St 8番地にある。

ウォール街をはさんだニューヨーク証券取引所の反対側には、ロウアー・マンハッタンの歴史的建築物の最高の残存例である**フェデラル・ホール Federal Hall**がある。イスエル・タウンとアレギザンダー・ジャクソン・デービスという多大な影響力を持った設計家によって設計され、1842年に完成したこの建物は、8本のドリス式円柱、2つの圧倒的な規模の玄関、2階建ての円形の建物、列柱式で羽目板張りの円形ドームを持ち、まさに清廉さを象徴する聖堂であるといえる（フェデラル・ホール見学の詳細に関しては、後出を参照）。

フェデラル・ホールを1ブロック過ぎると、1988年に竣工し、1980年代の経済的成功と浪費を象徴する気取ったデザインの、**モーガン・ギャランティ・ビル Morgan Guaranty Building**（🏠60 Wall St）がある。後ろを振り向きウォール街を見上げると、すばらしい角度からトリニティ教会を見ることができる。モーガン・ギャランティ・ビルの内部には一般客も利用できる広場がある。おまけとして、広場内を通り過ぎてパイン通りPine Stに進もう。そこには、アール・デコ調の風変わりで、スタイリッシュな**アメリカン・インターナショナル・ビル American International Building**がある。

モーガン・ギャランティ・ビルからはハノヴァー通り Hanover Stを右に曲がり、次の角にあるエクスチェンジ・プレイスExchange Placeを右に曲がってブロードウェイに戻り、そこで左（南）に曲がる。ブロードウェイを東に曲がり、ホワ

写真反対側：ウールワース・ビル

写真右：エクイタブル・ビル

マンハッタン － ロウアー・マンハッタンの散策コース

イトホール通りWhitehall Stに進むと、1989年に突然この場所に出現した体重7000ポンド（約3175kg）の**突撃する牛の像 Charging Bull statue**に遭遇する。不安を抱えたトレーダーたちは幸運を求めてこの牛の鼻を触る。また、ここには**スタンダード・オイル・ビル Standard Oil Building**（⌂26 Broadway）もある。ブロードウェイのセント・ポール教会からバッテリー・パークの間に並ぶ、多数の資本主義の名残の一つであるこの曲線状の建物は、ジョン・D・ロックフェラーによって1922年に建てられた。2階には、小規模で、非常に特化した内容の**アメリカ金融史博物館 Museum of American Financial History**（☎212-908-4519 ◉火～土 10:00～16:00）がある。

ホワイトホール通りを進み、ニューヨーク・シティで最初に作られた公園であるボウリング・グリーン Bowling Greenを通り過ぎると、1907年に竣工した**旧合衆国税関 Customs House**にたどり着く。建築家のキャス・ギルバートによる巨大な7階建ての石灰石の建物は、商業の偉大さへの賛辞の印としての芸術と建築の融合が実現している。ダニエル・チェスターによる玄関の4つの銅像はアフリカ、アジア、ヨーロッパ、北米の商業大陸を象徴し、壁面、ドア、天井と床は海洋関係の装飾物（貝、帆船、海の生物等）で飾られている。屋根窓はガリオン船の船首が使用されている。華麗な楕円形の広間は、アメリカの偉大な冒険から、波止場での即興の記者会見に応じているグレタ・ガルボまで、すべてを描写したレジナルド・マーシュの壁画（1937年に付け加えられた）によって取り囲まれた、全長135フィート（約41m）の部屋である。この建物は、今までに建てられたボザール様式の建築物の中でも、最も豪華なものであろう。現在、旧合衆国税関は**国立アメリカン・インディアン博物館 National Museum of the American Indian**（詳細な情報は後出を参照）になっている。

ブリッジ通りBridge Stを右に曲がると、**バッテリー・パーク Battery Park**と、1811年にイギリス人からマンハッタンを守るために作られた**クリントン砦 Castle Clinton**に直接たどり着く。元々は、埋め立てられるまでは海岸から200ヤード（約183m）にあった、8フィート（約2.4m）の厚さの壁と粗仕上げの門を持つ威圧的な要塞は、一時期は狭間に28の砲台がずらりと並んでいた。ただし、砲台は敵の威圧のために発せられたことは一度もなく、1824年に政府は要塞としての役目を終了させ、ドーム上の屋根の下を最高6000人を収容したとされるコンサート・ホール会場であるキャッスル・ガーデンに変換した。それ以来、この場所は税関や水族館としての役目も果たしてきた。現在砦は元々の姿の枠組みのみが残っており（建物は屋根がない）、リバティ・フェリーの**チケット売り場 ticket office**および**ニューヨーク・シティ国立公園案内所 NYC National Parks Information booth**（◉8:30～17:00）となっている。

クリントン砦の周囲を歩き、南東に進むと通説では＄24相当でマンハッタンが購入された場所であるとされる**ピーター・ミヌイット・プラザ Peter Minuit Plaza**からバッテリー・パークを出る。

ステート通りState Stを右に曲がると**聖エリザベス・セトンの聖地 Shrine to St Elizabeth Ann Seton**がある（聖エリザベス・セトンはアメリカで最初のローマ・カトリックの聖人）。この1793年に建てられたジョージ王朝風の家は、一時海岸に沿って建てられていた数々の長屋で唯一残存しているものとなっている。フェデラル様式の西側の棟は1806年に、初のニューヨーク生まれの著名建築家であるジョン・マッコムによって建てられたとされている。建物のこの西側の部分は、リサイクルされた船のマストで作られたとされているカーブ上のポーチと、列柱式のドリス様式とイオニア様式の細くなった円柱が活気のある雰囲気を醸し出している。

この建物のすぐ後ろに隠れているのは、工事現場の労働者や考古学者によって長年発見されてきた歴史的品目を展示している、小規模ながら興味深い**ニューヨーク発掘**

物博物館 **New York Unearthed**（🆓無料 🕐月～金 12:00～18:00）である。幸運な人は採掘者が実際に作業しているのを見ることができるかもしれない。また、おしゃれなギフト・ショップも見逃さないように。

最初の角を左に曲がってホワイトホール通りWhitehall Stに入り、パール通りPearl Stの角を右に曲がる。パール通りを東に進むと、オランダの船着場であったコーエンティーズ・スリップの歴史的なエリアに到着する。ここはニューヨーク・シティの埋め立てによって道になってしまった。この近くには、**フラーンシズ・タヴァーン Fraunces Tavern**の道の真向かいに旧オランダの市庁舎であった考古学的跡地の**スュタット・ヒュイス Stadt Huys**がある。現在の酒場（今でも食事することが可能。詳細は「食事」を参照）は、ワシントンが1783年に大陸軍の将校に最後の演説をした場所を1907年に改装したものである。詳細に関しては、後出の「フラーンシズ・タヴァーン博物館」を参照。

パール通りを進んでいくと、豪華な南北戦争以前の建物で、以前は綿花取引所であった**インディア・ハウス India House**（🏠1 Hanovor Sq）がある。現在はベアーズBayard's（「食事」を参照）を含む2つのレストランが軒を連ねる。インディア・ハウスでオールド・スリップ通りOld Slip Stを左に曲がる。

すぐ1ブロック先の、ビーヴァー通りBeaver St（植民地時代のニューヨークの貿易商品を反映している名前）と交差する5叉路には、有名な**デルモニコス Delmonico's**がある。19世紀にアメリカの"ダイニング・アウト（外食）"の概念を作った有名なチェーン店で、ベイクト・アラスカ（ケーキをアイスクリームとメレンゲで覆ってさっと焼いたデザート）とロブスター・ニューバーグ（ロブスターのクリーム煮）をこの世に送り出したことでも知られている。この1891年に完成した建物は、ポンペイで購入されたといわれている大理石の玄関がある。歴史的なレストランは、今はブリューワリー（地ビール製造所）とステーキハウスになっている。

ビーヴァー通りを右に曲がり、ビーヴァー通りが終わるところでパール通りを左に曲がる。さらに3ブロック歩くと、**ルイーズ・ネヴェルソン・プラザ Louise Nevelson Plaza**に寄り道するためにメイデン・レーンMaiden Laneを左に曲がる。ここには、「シャドーズ・アンド・フラッグス〈影と旗〉」と名付けられた、この著名なロシア系アメリカ人芸術家による7つの彫像がある。

パール通りに戻り、フルトン通りFulton Stに向かって北に数ブロック進む。イースト川に向かって右に曲がると、実際に市場を目にする前から、ニューヨーク・シティの魚介類の卸売り・流通場である**フルトン魚市場 Fulton Fish Market**の匂いが漂ってくるだろう。ここには8:00前に来て、熱狂的な夜明け前の魚の売買を見ることをおすすめする。フルトン魚市場は2003年の年末前にブロンクスにあるハンツ・ポイントに引っ越しする。近くには**サウス・ストリート・シーポート South St Seaport**（詳細な情報は後出を参照）がある。夕方頃ここに来ると、夕日とブルックリン橋とマンハッタン橋のライトアップを見ることができる。その景色は、眺めの良いバーやカフェでのドリンク1杯分の価値はある（ピア17の**カバーナ Cabana**またはバッテリー・パークにあるリッツ・カールトンの**ライズ Rise**をおすすめする。詳細は、カバーナは「食事」、ライズは「エンターテインメント」のコラム「ホテルのカクテル」を参照）。または、橋を渡り、ブルックリン・ハイツ・プロムナードやリヴァー・カフェのそばのフルトン・ランディングからマンハッタンを見るのもよいかもしれない。（後出の「ブルックリン・ハイツの散策コース」を参照）

写真反対側：ウォール街で「Bully〈牛、威張り散らす〉」になる

写真右：バッテリー・パーク

マンハッタン – ロウアー・マンハッタン

市庁舎
City Hall

落ち着いた雰囲気のシティ・ホール・パーク内にあり、ブルックリン橋の入口に面しているこの市庁舎（☎212-788-6871 🏠Park Row Ⓜ4、5、6号線で、ブルックリン・ブリッジ／市庁舎Brooklyn Bridge-City Hall、J、M、Z線で、チェインバース通りChambers St）は、1812年からニューヨーク州政府が占有している。大規模なニューヨーク・シティのプロジェクトの多くを邪魔してきた中途半端な都市計画のせいで、この町がアップタウンまで発展しないだろうと予測した役人は市庁舎の北側を大理石で仕上げなかった。この誤りは1954年になってやっと修正され、建築評論家のアダ・ルイス・ハックスタブルが"内部の政策に必ずしもマッチしない趣味の良さ、優越性、質の象徴"と呼んだ建物が完成した。

建物内部の見どころのひとつは、エイブラハム・リンカーンの棺が1865年に短期間置かれた場所である（この歴史的な場所を見るためには、2階の階段の上まで行こう）。市長が貴賓をもてなすガヴァナーズ・ルームGovernor's Roomには、ジョン・トランブルによるアメリカの建国の父12人の肖像画、ジョージ・ワシントンが使っていたライティング・デスク、フェデラル様式の家具数点、第1代大統領の1789年就任式で掲げられた旗の一部が展示されている。市議会の議場をのぞいてみると、政治家が誰かの名誉をかけてニューヨーク・シティの道の名前の変更（51人から構成される市議会が施行する法律の約4割を占める）について討議している様子を見ることができるかもしれない。

何世代にもわたって、市庁舎の階段は政治的抗議行動の場として人気があり、人目を惹く場所であった。しかし、このような形で表現の自由を実行することは、前ジュリアーニ市長によると不適切、またはなぜか趣味が悪いらしく、この慣行を禁止してしまった。ブルームバーグ市長は、セキュリティ上の懸念を理由に事前に許可を取りさえすれば、この場所でのデモを許可している。9月11日のテロによる攻撃以来、市庁舎全体が一般客の立ち入り禁止となっていたが、あなたがこの本を読むころには再オープンしているかもしれない。

シティ・ホール・パーク City Hall Parkには、最近数百万ドルの修復作業が施され、ガス灯、噴水、美しい造園、チェス・テーブルとベンチは同公園を休憩に最適な場所にしている。

バッテリー・パーク・シティ
Battery Park City

この30エーカー（約12万m²）のウォーター・フロント地区（Ⓜ4、5号線で、ボウリング・グリーンBowling Green）は、ハドソン川沿いにチェインバース通りChambert Stからマンハッタン島の南端にあるピア1まで広がり、ロックフェラー・パーク、バッテリー・パーク・シティ散歩道、ロバート・F・ワグナー・パークとバッテリー・パークを含む。すばらしい夕日と自由の女神を眺められるこの地は、マンハッタンの狂気から逃れ、またサイクリング、ローラーブレード、サッカーを楽しみ、ジャングルジムで遊び、あるいはただ単に芝生の上に寝ころがるだけにも最適な場所である。

ロックフェラー・パークの近くの**パーク・ハウス** Park House（#38）では、身分証明書を提示すればポーゴー用の棒、バスケットボール、縄跳び用の縄、ゲーム盤、またはビリヤードのボールとキュー（自由の女神に面した野外のテーブルで使用する）を無料で借りることができる。子供は遊び場と、トム・オッターネスによる、大笑いしてしまう面白い彫刻に登って楽しむだろう。彫刻といえば、この川沿いのエリアには多くの作品が展示されており、のんびりと散歩を楽しむことができる。

これらの公園では無料、または安価なウォーキング・ツアー、グループ・スイミング、子供用アクティビティ、講座が提供されている。詳細に関しては、**バッテリー・パーク管理局** Battery Park Conservancy（☎212-267-9700 Ⓦwww.bpcparks.org）に問い合わせてみよう。

ワールド・ファイナンシャル・センター World Financial Center

旧世界貿易センター（WTC）跡地の後ろにあるこの複合施設（☎212-945-0505 Ⓦwww.worldfinancialcenter.com 🏠ウェ

落ち着いた雰囲気のシティ・ホール・パーク周辺

スト通りとヴィージー通りの間West & Vesey Sts🄼、C、4、5号線で、フルトン通り／ブロードウェイ ナッソーFulton St-Broadway Nassau）は、WTCの掘削で発生した埋立地に立っている。**ウィンター・ガーデン Winter Garden**の周囲には、計4つの高層ビルが立っている。ウィンター・ガーデンには多数のヤシの木がそびえ立つ、ガラス製のアトリウムがあり、夏の間は無料のコンサートが、年間を通しては一流のフォーマルなイベントが開催される。ショッピング・エリアやウィンター・ガーデンの隣にあるアート・ギャラリーで1時間ほどつぶせるので、天気が悪い日におすすめのスポットである。

ニューヨーク証券取引所
New York Stock Exchange

ウォール街は世界的にも有名なアメリカ資本主義の象徴であるが、世界で最も認知度の高い証券取引所（☎212-656-5168 🅆www.nyse.com 🏠8 Broad St、チケット売り場は20 Broad St 🄼1、2、4、5号線で、ウォール街Wall St、J、M、Z線で、ブロード通りBroad St 🆓無料 🕐受付 月〜金 9:15〜16:00）は、実はウォール街Wall Stでなく、ブロード通りBroad Stにある。年間70万人を超える見学者が、総時価$440億に相当する、10億を上回る株が日々取引される場所を見るために、おごそかなロマネスク調の建物を訪ねる。ビジターズ・ギャラリーは立会場を見下ろし、証券取引所の歴史を説明する複数の言語による展示もある。もし、もっと詳しい情報を知りたい場合は、エデュケーション・センターにある「*It All Starts Here*（すべてはここから始まった）」と題されたビデオを見てみよう。

入場券を入手した見学者は、一日中45分ごとにビジターズ・ルームに行くことができるが、通常お昼までに入場券はなくなってしまう。もし、あなたが幸運ならば16:00の取引終了時に、有名人（悪名高い人も含め。最近ではパフ・ダディが登場した）が取引日の終わりを合図するベルを鳴らす栄誉ある行為を見ることができる時間帯の入場券を入手することが可能かもしれない。市場が大盛況に終われば喝采が聞こえるが、不調な日はうめき声と罵声が上がるだろう。

証券取引所の外には、カラー・コーディネートした取引用のジャケットを着たブローカーが、わずかな間タバコを吸ったり、ホットドッグを食べている様子を垣間見ることができるはずである。外の風景のほうが、内部でお金が取引されている様子よりもたいていが面白いものである。

赤い顔をして「売り！売り！」と叫んでいるトレーダーによる、本当に逆上した売買はヴィージー通りVesey Stの近くにある**ニューヨーク商業取引所 New York Mercantile Exchange**（#60 ☎212-299-2499 🅆www.nymex.com 🏠1 North End Ave 🄼A、C、4、5号線で、フルトン通り／ブロードウェイ ナッソーFulton St-Broadway Nassau）で見ることができる。この取引所は金、ガソリン、原油の商品を扱っているが、観光客はまだ受け入れていないようだ。本書執筆時には、どのように受け入れるかということを検討していた。近くを通ってみたら立ち寄ってみよう。その頃には見学できるようになっている可能性もあるが、そうでない可能性もある。トライしてみる価値はある。

フェデラル・ホール
Federal Hall

ジョージ・ワシントンの巨大な彫像に象徴されるフェデラル・ホール（☎212-825-6888 🅆www.nps.gov/feha 🏠26 Wall St 🄼1、2、4、5号線で、ウォール街Wall St、J、M、Z線で、ブロード通りBroad St 🏛博物館 月〜金 9:00〜17:00）は、最初の米国議会が招集され、ワシントンがアメリカの初代大統領として1789年4月30日に就任の宣誓をした、ニューヨークの最初の市庁舎の跡地に立っている。19世紀初頭に市庁舎が取り壊された後、このギリシャ復興様式の建物は1834年から1842年にかけて徐々に建築された。アメリカの古典建築の優れた例の一つとして考えられているこの建物は、1862年までは合衆国税関としての役目を果たした。今日は、植民地独立後のニューヨークに関する小さな博物館がある。無料のツアーは11:00と15:00から開始する。

フェデラル・ホールは、このエリアの歴史を一人で（ガイドなしで）詳細にわたって探索するヘリテイジ・トレイル（文化遺産の跡）ツアーの開始地点でもある。ロウアー・マン

ニューヨーク証券取引所

マンハッタン − ロウアー・マンハッタン

ハッタン全域に散りばめられた連鉄製の地図と史跡の案内を探してみよう。地図とジュニア・レンジャーによる同行ガイドはアライアンス・フォー・ダウンタウン・ニューヨークAlliance for Downtown New Yorkで申し込むことができる。

国立アメリカン・インディアン博物館
National Museum of the American Indian

この博物館（#86 ☎ 212-514-3700 🌐www.si.edu/nmai 🏠1 Bowling Green Ⓜ4、5号線で、ボウリング・グリーンBowling Green 🎫無料 🕐金〜水10:00〜17:00、木10:00〜20:00）はスミソニアン協会の関連機関であり、1994年にボウリング・グリーンの壮観な旧合衆国税関に移転した。これは、石油王のジョージ・グスタヴ・ヘイによって1916年に建てられた建物で、アメリカ先住民の芸術に関するアメリカでも一流の博物館である。博物館のインフォメーション・センターは、以前の関税徴収所にあり、古い錬鉄製の窓口の横にはコンピューターの端末がある。

ギャラリーは、船舶の歴史を讃える著名な探検家の彫像や壁画がある巨大な円形の広場の上、2階にある。この博物館はアメリカ先住民の歴史についての説明はほとんどないが、工芸品、美術品や日用品など、100万点以上の展示を誇り、先住民の文化を紹介することに焦点を絞っている。タッチ・パネル式コンピューターは、アメリカ先住民の生活、信念を紹介し、作業中の芸術家は自らの技術を頻繁に説明してくれる。博物館はすてきなギフト・ショップも備えている。

ワシントンDCに似たような博物館がオープンし、この博物館の存在を脅かしつつあるが、見学してみる価値はある（なんといっても入場料無料には勝てない）。

トリニティ教会
Trinity Church

この元英国国教会（☎212-602-0800 🌐www.trinitywallstreet.org 🏠ブロードウェイとウォール街の角cnr Broadway & Wall St Ⓜ1、2、4、5号線で、ウォール街Wall St、N、R線で、レクター通りRector St 🕐月〜金8:00〜18:00、土8:00〜16:00、日7:00〜16:00、ランチタイムの礼拝時間は除く）は、1697年にウィリアム3世によって建てられ、一時はフルトン通りFulton Stとブロードウェイの角にあるセント・ポール教会を含む、教会区内の複数の礼拝堂を管轄していた。ロウアー・マンハッタンに巨大な土地を所有していたおかげで、18世紀を通してトリニティ教会はアメリカ内で最も裕福で、影響力を持った教会であった。

3代目のトリニティ教会

今のトリニティ教会は、現在の場所で3代目の建物になる。イギリス人の建築家のリチャード・アップジョンによって設計され、1846年に完成したこの建物は、表現力に富んだネオ・ゴシック運動の開始を手助けした。教会が建てられている時は、その280フィート（約85m）の鐘楼は当時のニューヨーク・シティで最も高い建物だった。

長く、暗い教会の内部には、祭壇の上部に美しいステンドグラスの窓がある。他の英国教会同様に、アメリカがイギリスから独立した後に、米国聖教会の一部になった。教会の歴史を説明したパンフレットは、小額の寄付で入手することができる。

トリニティ教会はまた、平日の昼間にコンサートを催している。スケジュールは☎212-602-0747に電話して確認しよう。

ユダヤ伝統博物館
Museum of Jewish Heritage

この施設（#90 ☎212-786-0820 🌐www.mjhnyc.org 🏠18 1st Pl, Battery Park City Ⓜ4、5号線で、ボウリング・グリーンBowling Green 🎫大人＄7、シニアと学生＄5 🕐日〜水10:00〜17:45、木10:00〜20:00、金10:00〜17:00、オフシーズンの金10:00〜15:00）は、移住から同化を含めたニューヨークのユダヤ人のすべ

ての側面を紹介している。博物館のオーディオ・ツアーは＄5で利用可能。博物館の外には、ニューヨーク・シティのホロコースト・メモリアルとしての役目を果たしている広場がある。

自由の女神
Statue of Liberty

この彫像（MAP1 ☎ 212-363-3200 ▧ www.nps.gov/stli）はニューヨーク・シティ、つまり新世界の最も永続的な象徴である。ロードス島の巨像をモデルとする自由の女神は、政治活動家エドアルド・ド・ラボライエと彫刻家フレデリク・オーギュスト・バルソルディの頭脳の産物である。1865年に、この2人はフランスの共和政体を推進するために、記念碑的なものが必要であると考え、バルソルディは夢を現実に変えるために その後20年間を費やした。

ニューヨークが自由の女神の設置場所として決定された後は、費用を工面するために＄25万が集められ、バルソルディは、鉄道技師のアレクサンドル・ギュスターヴ・エッフェルによる鉄の枠組みを含む、自身の最も著名な彫刻の作成に専念した。1883年に詩人のエマ・ラザロは、像の台座の費用を集めるための運動の一環として、「The New Colossus（新しい巨像）」という題名の詩を発表した。彼女の以下の詩はそれ以来このモニュメントと関連付けられてきた。「Give me your tired, your poor, / Your huddled masses yearning to breathe free, / The wretched refuse of your teeming shore, /Send these, the homeless, tempest-tost to me, / I lift my lamp beside the golden door!（私に下さい あなたの疲れ切った貧しい人々を、/自由な空気を熱望するあらゆる階級の大衆を、/岸にあふるる塵の如き人々を、/大嵐の中に投げ出された、これら家なき人々を私に送って下さい/私は金色の扉の横で明かりをかかげよう！）」。皮肉なことに、これらの有名な言葉は1901年、詩人の死から17年後に台座に付け加えられた。1886年10月28日に、151フィート（約46m）の*Liberty Enlightening the World*（世界を照らす自由）はニューヨーク港でついに公開された。

1980年代には、100周年の大規模な修復を必要としていた自由の女神に＄1億以上が費やされた。腐食していた銅の皮膚は多大な作業を必要とし、修復担当者は女神像の3代目となった新しい金メッキのトーチを設置した。古いステンドグラスのトーチは階段への入口の内部に展示されている。また、この像がどのように商業的目的のために悪用されていたかということも展示されている。

商業的目的といえば、サークル・ライン社が運営する**リバティ・フェリー Statue of Liberty Ferry** ☎ 212-269-5755 ▧ www.statueoflibertyferry.com）は、観光客をのせて自由の女神を往復することによって、少なからずの利益を上げている。年間400万人以上の人々が自由の女神とエリス島へのフェリーに乗り、また数百万人の人々が、自由の女神そのものからの景色よりもすばらしい、マンハッタンの景色を眺めるためにフェリーに乗る。9月11日以降、女神像、冠と博物館は、無期限の期間一般の立ち入り禁止となっている。地上レベルはオープンしている。

フェリーに乗っている時間は15分間であるが、自由の女神とエリス島に行くと丸一日を費やしてしまう。夏の間は800人乗りのフェリーに乗るために最高1時間待たなければいかないかもしれない。もし、自由の女神が再オープンした場合は、冠にたどり着くまで3時間かかってしまう（354段の階段を上るので、閉所恐怖症の方にはおすすめできない）。テロの攻撃を境に新しいセキュリティ手法が導入され（リュック、クーラー、大きな荷物の持ち込みは禁止）、自由の女神とエリス島に到着するまでに今までよりもずっと長い時間がかかってしまうようになった。

フェリーの往復料金は大人＄8、シニア＄6、子供＄3。この料金は自由の女神とエリス島両方への入場料を含む。フェリーはバッテリー・パークBattery Park（▧サウス・フェリーSouth Ferryで、ボウリング・グリーンBowling Green下船）を、クリスマスを除いた毎日9:00（夏の間は8:00）から17:00まで30分ごとに出発する。

入場券販売所 ticket office（MAP3、#92 ▧ 4、5号線で、ボウリング・グリーンBowling Green）は、マンハッタンをイギリス人から守るために1811年に作られた要塞であるクリントン砦にある。駅の出口からバッテリー・パークを南に斜めに横切り、もしくはハドソン川にあるバッテリー・プレイスBattery Plの突き当たりまで

行き、バッテリー・パークの端を南に曲がる。また、ニュージャージーのリバティ・ステート・パークからも自由の女神行きのフェリーがある。料金は大人＄8、シニア＄6、子供＄3。詳細は☎201-435-9499まで。

もし人混みが気になるようだったら、近くのスタテン島行きフェリーに乗ってみよう。自由の女神までは行かないが、女神像とダウンタウン・マンハッタンのすばらしい眺めを見ることができる。なんといっても無料なのが最高である！（詳細に関しては、後出の「スタテン島」を参照）。

エリス島
Ellis Island

自由の女神行きのフェリーは、1892年から1954年にかけてのニューヨークの主要な移民局であったエリス島（MAP1）に2番目に止まる。閉局されるまで、1200万人以上の人々がここを通り過ぎ、一日に手続きが行われた人数の最高記録は1万2000人弱だった。

＄160億の修復工事によって、印象深い赤レンガのメインビルはいくつもの展示室を通じて島の歴史を探求できる**移民博物館 Immigration Museum**（☎212-363-3200）へと姿を変えた。展示は荷物置き場から始まり、かつて健康診断が行われ、外貨が両替された2階の部屋へと続く。

俗説とは異なり、船から降りた移民たちは8時間以内に手続きが取られ、コンディションは大概清潔で安全だったということを展示は強調する（特に船上で手続きが取られた1等と2等船室の乗客の扱いは良かったようで、3等船室の乗客のみがエリス島で一般的であったあらゆる待遇の対象となっていた）。美しいタイル張りの丸天井を持つ338フィート（約103m）の登記所は、一夫多妻者、物乞い、犯罪者とアナーキストがそれぞれの出身地に送り返される場所であった。今日、「日が差し込み、風通しが良い」と博物館の資料に説明されている登記所を歩いてみると、この部屋が移民局職員の面接と医者の診断を待っている5000人の困惑して疲れきった人々を収容していた時と比較するのは本当に難しい。医者は数々の病名を診断するのにまさに数秒しか費やせなかった。伝染病にかかっていた人は拒否された。

＄6払って50分間のオーディオ・ツアーに参加することもできる。しかし、歴史をもっと心を打つ方法で学ぶには、各展示エリアの電話を取り、1980年代に録音された、実際にエリス島経由で移民した人々の思い出話を聞いてみよう。

もっと深く知りたい場合は、エリス島での体験に関しての30分の劇である『*Embracing Freedom*（自由を抱きしめて）』（☎212-883-1986 内線742 大人＄3、シニアと14歳以上の子供＄2.50）を観よう。この劇は10:30から15:30の間、毎時30分に1日5回上演される。

移民たちの経験に関する30分の無料映画や第1次世界大戦前の移民の流入に関する展示も、一見の価値がある。

リバティ・フェリーはエリス島に毎日運航している（大人＄8、シニア＄6、子供＄3）。乗車券とスケジュールに関しては、前出の「自由の女神」を参照。

フラーンシズ・タヴァーン博物館
Fraunces Tavern Museum

この博物館（#83 ☎212-425-1778 54 Pearl St 4、5号線で、ボウリング・グリーンBowling Green、1、2号線でWall St 大人＄3、シニア・学生・子供＄2 火・水・金10:00～17:00、木・土11:00～17:00）は近隣のストー

旧移民局の建物。多くの移民にとって最初の（および最後の）ニューヨーク・シティの眺め

ン通りStone Stとサウス・ストリート・シーポートと共に歴史的建築物の多い区域にあり、18世紀初頭のニューヨークが最良の形で保存されている。フラーンシズ・タヴァーンは最近レストランとして再オープンした（詳細は「食事」を参照）。

この場所にはサミュエル・フラーンシズによって所有されていたクイーンズ・ヘッド・タヴァーン（Tavern＝居酒屋）があった。アメリカが革命戦争で勝利を収めた後、フランシスは名前をフラーンシズ・タヴァーンへと変更した。

イギリスがニューヨーク・シティの支配を放棄した後に、1783年12月4日にジョージ・ワシントンが大陸軍の上官に対して別れを告げたのは2階のダイニング・ルームであった。19世紀には、タヴァーンは閉鎖され建物は使用されなくなった。

また、ほとんどのコロニアル調の建築物とオランダ人によって建てられたすべての建築物を破壊した、旧ダウンタウン地区を何回か襲った大火事による被害も受けた。1904年にはSons of the Revolution historical society（革命歴史協会の子息たち）が建物を購入し、コロニアル調の頃に近い外観に戻した。これは、アメリカにおける最初の大規模な歴史的保存活動であるといわれている。1975年には、プエルトリコの過激派グループであるコロンビア民族解放軍（FALN）が爆弾を仕掛け5人の死者を出した。

タヴァーンの道をはさんだ向かい側には、1641年から1664年のイギリスによる奪取まで、ニュー・アムステルダムの管理本部、裁判所および刑務所としての役割を果たした、オランダの**スュタット・ヒュイスStadt Huys**の発掘物が残っている。1699年に破壊されたこの建物は、埋立地がマンハッタン南部にいくつかの区域を追加するまでは、ニューヨーク・シティのウォーターフロントに面していた。1979年から1980年にかけての同地における発掘作業は、ニューヨーク・シティの最初の大規模な考古学的調査であり、数多くの遺物（強化プラスチックの下に展示されているトイレやタンクの残存物）が採集された。

連邦準備銀行
Federal Reserve Bank

ナッソー通りNassau Stの近くにある、連邦準備銀行（#68 ☎212-720-6130 ☗33 Liberty St Ⓜ J、M、Z線で、フルトン通り／ブロードウェイ ナッソーFulton St-Broadway Nassau 無料）を訪れたほうがよい唯一の理由は、厳戒な警備下にある金庫をじろじろと眺めることができる、ということである。地下80フィート（約24m）にある金庫には、1万トン以上の金が貯蔵されている。そのわずか一部しか見ることはできないが、見学ツアーではアメリカの連邦準備金制度に関して多くを学ぶことができるだろう。また、硬貨や偽札の展示を見ることもできる。月曜から金曜の9:30から14:30の間の正時にスタートするツアーは、予約が必要。

サウス・ストリート・シーポート
South Street Seaport

この11ブロックに及ぶ店や埠頭と名所があるエリア（☎212-732-7678 ⓦ www.southstseaport.org Ⓜ J、M、Z、1、2、4、5号線で、フルトン通り／ブロードウェイ ナッソーFulton St-Broadway Nassau）は、最良と最悪の歴史的保存を兼ね備えている。高くなっているFDRドライブ（高速道路）の後ろにあるピア17は、多くの店と唯一おすすめのレストラン、また珍しく公衆トイレがある。埠頭の周辺に点在しているのは、ブルックリン橋の建築と、ハドソン川の桟橋の開発によって使用されなくなってしまった、この古いイースト川のフェリー乗り場の全盛期であった18世紀と19世紀の本当の意味で重要な建物である。多数のショッピング・モール、歴史的な大型帆船と川沿いのエリアは、シーポートをすばらしい景色を堪能できる場所、もしくは探索に適した場所にしている。

シャーマーホーン・ロウ Schermerhorn Rowは、フルトン通りFulton St、フロント通りFront St、サウス通りSouth Stによって区切られている古い倉庫街で、目新しい店、高級ブティック、ニューヨーク・ヤンキースのクラブハウス（ブロンクス・ボンバーズ戦の手数料無料チケットを入手できる）がある。道の向かい側の、近隣の古い赤レンガ造りの古い建物に合わせて、1983年に建てられた**フルトン・マーケット・ビル Fulton Market Building**は、豪華に見えるファストフード店とショッピング・アーケードが並んでいる。

サウス・ストリート・シーポート・ミュージアム
South Street Seaport Museum
☎212-748-8600
大人＄6、シニア＄5、学生＄4、子供＄3
金〜水10:00〜18:00、4月〜9月の木10:00〜20:00、10月〜3月の水〜月10:00〜17:00

ここではニューヨーク港の歴史を紹介し、世界の偉大な遠洋定期船を常設展示している。ミュージアムは、3つのギャラリー、アンティークな印刷屋、チルドレンズ・センター、海洋技術センターと歴史的船舶を含む、興味深い展示会場を11ブロックに分けて運営されている。

ピア17の南には、ペキン号、ウェイヴァーツリー号、パイオニア号、アンブローズ号、現在修復中のヘレン・マッカリスター号を含む大型帆船が集合している。ミュージアムの入場料はこれらの帆船への入場料も含む。また、パイオニア号のセイリングに参加することもできる（下記の「港のツアー」を参照）。

130年以上にわたって、ピア17はニューヨーク・シティの大部分のレストランが新鮮な魚介類を入手している**フルトン魚市場 Fulton Fish Market**の拠点であった。オープン・エアの市場は、このエリアが観光客を受け入れつつ、昔からの特徴を維持してきたということを示す、完璧な例である。観光客が深夜から8:00までの夜間取引を見学するなか、魚商は歩道と通りに魚を放り投げている。ここは、非常に清廉なシアトル・パイク魚市場とは異なり、つねに地元の犯罪組織に巻き込まれてきた。連邦と市政府による腐敗の取り締まりは、何カ月にもわたった労働不安と、1995年に市場の一部を破壊した不審火を招いた。2001年にジュリアーニ市長は、フルトン魚市場をサウス・ブロンクスのハンツ・ポイントに移転させる計画を発表した。2003年末までには移転が完了する予定。

港のツアー Harbor Tours ピア16のチケット・ブースは、サークル・ライン社による**シーポート・リバティ・クルーズ Seaport Liberty Cruises**（☎212-563-3200 ｗwww.circleline.com）の1時間のクルーズのチケット（￥大人＄13、シニア＄11、子供＄7）を販売している。マンハッタンの海洋の歴史を紹介するこのツアーは、4月から11月終わりの間、一日に最低4回運航している。ドクター・ジョンやパパ・チャビーのようなミュージシャンが出演する夕方のミュージック・クルーズも、＄15から運航している。サークル・ライン社はまた、ピア16から港の周囲をすごい速度で30分間走り回る、不愉快なぐらいの外観とスピードのビースト号も運航している。チケットは大人＄16、子供＄10。

ニューヨーク・ウォーターウェイ
New York Waterway
☎800-533-3779
ｗwww.nywaterway.com
￥大人＄11、シニア＄10、子供＄6
ピア17から50分間のクルーズと、夏の間はニューヨーク・ヤンキース戦、ならびにニューヨーク・メッツ戦への直行の水上タクシーを運航している（詳細は「交通手段」の「フェリー」を参照）。

パイオニア・セイル
Pioneer Sail
☎212-748-8786
￥大人＄25、シニア＄20、子供＄15
イースト川の夏のセイリング・ツアーと、そのほかにランチ、サンセット、夜間ツアーを月曜日以外毎日運航している。

ほかのセイリングとクルージング・ツアーについては、「交通手段」の「船のツアー」を参照）。

ブルックリン橋
Brooklyn Bridge

世界初の鉄製の吊り橋（Ｍ4、5、6号線で、ブルックリン・ブリッジ／市庁舎Brooklyn Bridge-City Hall）が1833年に公開された時、2つの支持塔の間の距離である、1596フィート（約487m）は当時の世界最長であった。工事自体は悲劇に満ちたものだったが、ブルックリン橋は近代設計の偉大な実例となり、詩人、作家、画家の創作意欲をかきたてた。現在でもブルックリン橋は人々を魅惑しており、世界で最も美しい橋であると考える人は多い。

このイースト川の吊り橋はプロシア（北東ヨーロッパ）出身の技師、ジョン・ローブリングが設計した。ローブリングは1869年6月にフルトン・ランディングで埠頭から落ち、橋の建築が開始する前に破傷風で亡くなってしまった。

その後、息子のワシントン・ローブリングが14年間続いた橋の建築を指揮し、予算超過と作業員20人の死を乗り越えた。ワシントン自身も、橋の西側の塔の建設のために河川敷の採掘を手伝っている時に減圧病にかかり、プロジェクト期間の大部分を寝たきりの状態で過ごした（彼の妻が工事を監督した）。

1883年6月に橋が歩行者用に開通した際、最後の悲劇が待ち受けていた。人混みの中の誰かが、おそらく冗談で「橋が川に崩れ落ちる！」と叫んだため、人が狂ったように殺到し12人が踏みつけられて死亡したのだ。

ブルックリン橋は、1980年代前半の大規模な修復工事を終え、今まで以上に頑強で美しい橋として2世紀目を迎えた。市庁舎のすぐ東から始まる歩行者用通路からは、ロウアー・マンハッタンのすばらしい景色（ただし、9月11日以降変わってしまったが）を臨むことができ、支持塔の下の観察台に立ち止まりウォーターフロントの歴史のパノラマを上から眺めることができる。

ブルックリンに到着したら（徒歩約20分）、左に進みエンパイア・フルトン・フェリー・ステート・パーク、もしくはブルックリン・ハイツの中央にあるミッダ通りMiddagh St沿いのカドマン・プラザ・ウェストに向かうことができる。右に進むと、華麗なブルックリ

マンハッタン − トライベッカ

観光スポットと楽しみ方

ブルックリン橋の大聖堂のようなアーチ

ン・ボロー・ホールとブルックリン・ハイツ・プロムナードを含む、ブルックリンのダウンタウン・エリアに向かうことができる（後出の「ブルックリン・ハイツの散策コース」を参照）。

トライベッカ (MAP3)
TRIBECA

9月11日以前は、トライベッカ（東にブロードウェイ、南にチェインバース通りがあるTRIangle BElow CAnal St〈カナル通りの下の三角地帯〉の略）は、ほとんどの観光客がまったく知らない、最もホットなエリアであった。情報通の人たちにとっては、トライベッカは大きなロフトと我慢できる（ニューヨークでは）家賃、世界一流のレストラン、歴史的なバーや新しいショッピングと芸術のスポットを意味した。

また、トライベッカはおどろくほど交通が便利で、観光客の数は少なく（ロバート・デニーロの映画制作会社と故ジョン・F・ケネディJrの自宅があるにもかかわらず）、そしてニューヨーク・シティを独占しつつある、あちこちに偏在しているチェーン・ストアの進出数はもっと少ない。コミュニティ保存運動のおかげで、トライベッカの境界線内には、4つの異なる歴史的地域がある。

世界貿易センター跡地に接しているため、トライベッカはテロの攻撃によって影響を受け、いまだに落ち着きを取り戻していない。住民は減った後、再度集まり、緊急援助に申し込み、家具を救おうとし、空気清浄機を家に取り付ける一方で、映画館、酒屋、鍵屋、レストラン、店等の小規模ビジネスは閉鎖された。

住民をトライベッカに引き止めるためのさまざまな奨励金（トライベッカに最低2年残ることを約束した住民の間で＄2億2500万を分けることを誓った、ロウアー・マンハッタン開発社からの現金の支払いを含む）、小規模事業融資、連邦政府からの何十億ドルもの資金、家賃助成金などの存在は、このエリアが回復中であるということを意味する。完全に元のようには戻らないだろうが、今まで以上に観光客がこのエリアを訪れ、トライベッカの再生を目撃することが重要なのではないだろうか。

トライベッカについての情報の入手は、トライベッカ・オーガナイゼーション（Ⓦ www.tribecaorganization.org）に問い合わせるのが最善の方法であろう。

ハリソン・ストリート・ハウス
Harrison Street Houses

1804年と1828年の間に、グリニッチ通りGreenwich Stのすぐ西にあるハリソン通りHarrison Stの一区画に建てられた8つのタウンハウス（#37 Ⓜ 1、2号線で、フランクリン通りFranklin St）は、ニューヨーク・シティに残存している連邦様式の建築物の最大規模の集大成だ。しかし、この8つの建物はつねに近所にあったというわけではなく、そのうち6つは2ブロック離れた、現在は存在しないワシントン通りに存在していた。

1970年代初頭には、同エリアはフルトン魚

103

市場（前出の「ロウアー・マンハッタン」を参照）に匹敵する、果物と野菜の卸売り市場のワシントン市場だった。

しかし、ウォーターフロント開発（マンハッタン・コミュニティ・カレッジと、現在タウンハウスを見下ろしているソビエトにあったようなコンクリートのアパート棟の開発を手がけた）によって、市場はアップタウンに移転することになり、歴史的な家々は移動しなければいけなかった。ハリソン通り31と33番地にある建物のみが、以前からの場所にある。

クロックタワー・ギャラリー
Clocktower Gallery

PS1コンテンポラリー・アート・センターは、クロックタワー・ギャラリー（#28 ☎718-784-2084 🌐www.ps1.org 🏠108 Leonard St Ⓜ1、2号線で、フランクリン通りFranklin St 🕐水〜土 12:00〜18:00）として知られる無料のギャラリーとスタジオをブロードウェイとラファイエット通りLafayette Stの間で運営している。ギャラリーは、ニューヨーク生命保険会社の旧本社があった、凝った装飾のビルにある（現在はニューヨーク・シティ保護観察部と公衆衛生＆病院公社の本部がある）。ギャラリーに行くためには、12階までエレベーターに乗り（エレベーターは12階までしか行かない）、階段を上って13階に行く。

これらのスタジオで作業をしている芸術家たちは、ギャラリーに資金提供しているコンテンポラリー・アート協会によって、支援されている。ギャラリーの開館時間中は、彼らが作品を創っているところを見学することができる。

チャイナタウン＆ リトル・イタリー (MAP3)
CHINATOWN & LITTLE ITALY

マンハッタンの最も生き生きとしたエスニック居住区であるチャイナタウンとリトル・イタリーは、シビック・センターCivic Centerとファイナンシャル・ディストリクトFinancial Districtのすぐ北側にある。チャイナタウンは、カナル通りCanal Stの南側、センター通りCentre Stの東側からマンハッタン橋にかけて大規模に広がってきた。ただし長年にわたって、東側はロウアー・イースト・サイドや、北側はカナル通りの北部に細長く広がっているリトル・イタリーの方面にも徐々に侵食しつつある。

15万人以上の中国語を話す住民が、独特のリズムと伝統を持つチャイナタウンの狭い安アパートに住んでいる。たとえば、カナル通り沿いの銀行は日曜日も営業しており、新聞売り場では6紙以上の中国語の新聞が並び、違法の爆竹（中国の正月のパレードの見どころ）がオープンに販売されている。

夕食の材料を求めて道を歩くと、樽の中でグルグル回っている生きたカエル、フカヒレ、エキゾチックな果物や万能薬を目にすることができるだろう。1990年代を通じて、チャイナタウンは、自分たちの店を設立し、安いレストランをオープンした多数のベトナム人の移民を惹きつけた。

それと反対に、リトル・イタリーの人種独特の特徴は過去50年の間に薄れてしまったといえる。このエリアはイタリア人が固い絆で結ばれた地域として始まったが（映画監督のマーチン・スコセッシはエリザベス通りElizabeth Stで育った）、20世紀半ばには多くの居住者がブルックリンのコブル・ヒルや郊外に引っ越したため、大規模な人口流出に悩んだ。そのため、文化的な史跡や伝統はほとんど残っていない。

唯一の例外は、ナポリの守護聖人に敬意を払うために、9月第2週から10日間繰り広げられる騒々しい**サン・ジェンナーロ祭 Feast of San Gennaro**である。この期間は、運だめしのゲーム、子供用乗り物と私たち全員の中に存在する酒の神バッカスを満足させるのに十分な食べ物とワインのために、カナル通りからハウストン通りHouston Stまでのマルベリー通りMulberry Stは閉鎖される。

マルベリー通りから西のラファイエット通りLafayette Stや、北のハウストン通りに向かうと、リトル・イタリーはもっと都会的な雰囲気を醸し出すようになり、ソーホーにあるような店、カフェ、レストランが氾濫するエリアになる。

このエリアは、ノリータNolita（NOrth of Little ITAly〈リトル・イタリーの北〉）やノーホーNoHo（NOrth of HOuston St〈ハウストン通りの北〉）とも呼ばれている。ハウストン通りはイースト・ヴィレッジにつながっている）。

また、この再開発されたエリアの趣を味わうためには、ハウストン通りの下、ブロードウェイのすぐ東の道を歩くのがおすすめである。しかし、お洒落なブティック、パン屋や親密な雰囲気のレストランの侵略が続くにつれ、リトル・イタリーの歴史的なイタリア人独特の特徴はもっと遠い記憶になってしまうことも事実だ。

チャイナタウンかリトル・イタリーへは、ⓂJ、M、N、Q、R、W、Z、6号線で、カナル通りCanal St駅を下車。

チャイナタウン&リトル・イタリーの散策コース

このウォーキング・ツアーの長さは、あなたのスタイルに左右される。90分以内で終わってしまう人もいれば、珍しいお店に立ち寄ったり、飲茶を食べたり、忙しい通りに喜びを感じるような人ならば、2、3時間はかかってしまうかもしれない。まずは、ブロードウェイのそばのせわしいカナル通りCanal Stからスタートしよう。北東の角には、紙のちょうちんからヒスイのお守りまで、想像できる中国の装飾品すべてを扱っている広い2階建ての**パール・リバー・マート Pearl River Mart**（☎212-431-4770）がある。南へ1ブロック進んだコートランド通りCortland Alleyには、ハリウッドが映画の背景としてとても好む、完璧に保存された古い工場が3ブロックにわたって存在する。この工場の壁が、過去に見たことを話すことができたら何とすばらしいことか！　ウォーカー通りWalker Stには、風通しの良い、2階建てのスペースで現代アートと型破りアートを展示している非営利ギャラリーの、**アート・イン・ジェネラル Art in General**（☎212-219-0473 🏠79 Walker St）がある。

フランクリン通りFranklin Stを左に曲がり、ラファイエット通りLafayette Stを右に曲がってから、さらにレオナルド通りLeonard Stを左に曲がると、センター通りCentre Stにたどり着き、**ニューヨーク郡裁判所 New York County Courthouse**と向き合う（裁判所の詳細は、前出の「ロウアー・マンハッタンの散策コース」を参照）。コロンバス・パークの角につながるワース通りWorth St（ニューヨークのゴミ収集員に由来して"強者の道"とも呼ばれている）沿いは、1800年代に完全に破壊された悪名高きファイヴ・ポインツ・スラムがかつてあった場所だ。

バクスター通りBaxter Stを左に曲がり、ニューヨークの最も面白い公共スペースの一つである**コロンバス・パーク Columbus Park**の西端に沿って歩いてみよう。ここでは、しわくちゃな男性たちが麻雀に興じ、数人のやくざが成り行きをじろじろ見ながら賭けをしている。北東の角では、住民たちが竹の鳥かごを木の枝から吊るし、ペットの鳥に日光浴をさせていて、鳥の鳴き声が空気に鋭く響いている。遊び場はいつもアジアの言語が飛び交い、花売りが仕事をしながら口笛を吹く。空腹を感じたら、公園の北の端には、すばらしいタイとベトナムのレストランがある（「食事」の「チャイナタウン」を参照）。

もし、コロンバス・パークを素早く立ち去ることができるようだったら、さらに北に進んでカナル通りCanal Stに出る。西側には工具や電気備品店と、偽ブランド品や海賊版ビデオを扱っている露店が軒を連ねるショッピング・エリアがある。ここは買い物、もしくはただブラブラするのにはすばらしい場所である。

写真上：チャイナタウンにようこそ（写真撮影：Robert Reid）

写真下：コロンバス・パーク

マンハッタン ― チャイナタウン＆リトル・イタリーの散策コース

しかし、もし路上で何か（帽子、本、皮のジャケット等）を購入した場合は、それが確かに着られるものであるか、その場で調べるようにしよう。

チャイナタウンのショッピング街は、バクスター通りBaxter Stの東から始まり、新鮮な魚やシンガポールの地下鉄では禁止された、悪名高き匂いのする果物、ドリアンなどの、匂いのする商品を売っている多数の露店がある。モット通りMott Stの向かい側には、多くのアジア系レストランがある。しかし、すぐに伝統的な中華料理店や飲茶店が軒を連ねる一帯に着くため、ここでは空腹を我慢しよう。

モット通りを右に曲がると、金や陶製の仏像（そのうちの多くに繊細な彫刻が施されている）が店先を埋め尽くしている**東部仏教寺院 Eastern States Buddhist Temple**（🏠64B Mott St）がある。ここではおみくじを購入し、信者が供え物をするのを眺めることもできる。

モット通りをさら南に進み、ベイヤード通りBayard Stを右に曲がる。マルベリー通りMulberry Stの角の元公立学校の建物の2階には、**チャイニーズ・イン・アメリカ博物館 Museum of Chinese in the Americas**（☎212-619-4785 Ⓦ www.mocanyc.org 🏠70 Mulberry St 🈯寄付金目安：大人＄3、シニアと学生＄1 🕐火〜土12:00〜17:00）がある。博物館はウォーキング・ツアーを実施し、工芸のワーク

マンハッタン － チャイナタウン＆リトル・イタリーの散策コース

ショップを後援し、北半球全体における中国人移民の経験についての展示会を主催している。ミュージアムのそばの脇道には、白髪の髭を生やした音楽家が三絃(中国のリュート)を弾き、しなびた占い師が運を占い、活発な男性たちが靴の裏を張り替えているといった、チャイナタウンの真の姿を垣間見ることができる。

ベイヤード通りに戻り、モット通りまで行ったら右に曲がる。1ブロック先には**変容教会 Church of the Transfiguration**（29 Mott St）がある。この建物は1801年に米国聖公会としてオープンしたが、近所に住んでいた貧しいアイルランド人とイタリア人の移民のニーズに応えるために、キューバ人の人道主義者、哲学者で聖職者のパドレ・フェリックス・バレラが1827年にカトリック教会に変えた。教会は1970年代に初の中国人司祭を迎え、広東語と北京語の両方で礼拝を行っている。

ペル通りPell Stを左に曲がり、ドイヤース通りDoyers Stを右に曲がる。チャイナタウンは、1870年代に中国人の鉄道労働者がアメリカ西部の人種差別に飽き飽きし、ニューヨーク・シティに大挙してきたこの小さなエリアから始まった。1月下旬と2月初旬の中国旧正月の間は、張子の竜がこの角を爆竹の耳ざわりな音の中を練り歩く。この曲がりくねった小道の裏には、食事に最適な場所がいくつかある(「食事」を参照)。

ドイヤース通りの終わりには、このエリアの人種の歴史を反映した場所が2、3カ所ある。**チャタム・スクエア Chatham Square**では、19世紀初頭にアイルランド人の債務者の持ち物を売るための競売が開かれた。今では、第2次世界大戦で亡くなった中国系アメリカ人の記念碑があり、ロウアー・マンハッタンのむごい景色を眺めることができる。**ファースト・シェアリス・イスラエル墓地 First Shearith Israel Graveyard**（セント・ジェイムス通りSt James Plから南に150ヤード〈約140m〉進んだところにある）は、初期のポルトガル人とスペイン人の移民の遺骸が埋葬され、アメリカで最古のユダヤ系墓地として知られている(1680年代まで遡る)。

バワリー通りBoweryを北上したら、賢者のような外見の**孔子像 Confucius Statue**が自分の広場に通行人を招いているのを見逃さないようにしよう。この広場の上には、壮大な、しかし汚染で穴が開いている**マンハッタン橋 Manhattan Bridge**への入口がある。ウィリアムズバーグまで橋を歩いて行くこともできるし、または幸福な笑みを浮かべた巨大な金の仏像に迎えられる、**大乗寺 Mahayana Buddhist Temple**（☎212-925-8787 133 Canal St）を訪れることもできる。供え物の豊富な花、線香とオレンジの写真を取ることはできないが、「あなたの成功の可能性は大」と予言するかもしれないおみくじを＄1で買うことができる。

2ブロック北には、**バワリー貯蓄銀行 Bowery Savings Bank**（130 Bowery〈グランド通りの角at Grand St〉）がある。ロマネスク様式のアーチと金箔の施された半円筒形の内部天井は、騒がしい果物の露店や交通からのつかの間の休息を与えてくれる。"金ぴか時代"の最も

写真右：チャイナタウンは広告だらけ

マンハッタン — チャイナタウン＆リトル・イタリーの散策コース

チャイナタウン＆リトル・イタリーの散策コース

才能があり、生き生きとした建築家だったスタンフォード・ホワイトが1894年にこの建物を設計した。バワリー通りをさらに北へ1ブロック進み、ブルーム通りBroome Stで左に曲がる。そこから4ブロックを少々過ぎたセンター通りの角に、**旧警察本部 Old Police Headquarters**（🏠240 Centre St）がある。1909年に完成したこの建物は、近所の人たちを威圧し、なぜニューヨークが1916年に最初の区画規制法を制定したかということを説明する一番良い例である。1988年から建物はアパートとして使われるようになった。

ウォーキング・ツアーはここで終わるが、ラファイエット通りと、それから数ブロック先にはハウストン通りHouston Stに交わるセンター通りを北上することによって、リトル・イタリーの風景をもう少し楽しむこともできる。ラファイエット通りとハウストン通りの角のそばには、世紀末前後のユーモア雑誌の本拠地である**パック・ビル Puck Building**（🏠295-305 Lafayette St）がある。この見事な赤レンガの建物には、金箔の恰幅の良いパック像が2つある。1つは北東の角の3階の棚の上で、もう1つはラファイエット通りの入口。雑誌のパーティや映画の撮影に人気のある場所である。

ハウストン通りを右に曲がり、マルベリー通りを再度右に曲がると、**オールド・セント・パトリック大聖堂 Old St Patrick's Cathedral**（☎212-226-8075 🏠263 Mulberry St ⏰礼拝時間 土17:30、日9:30と12:30）がある。火事によって外観の大部分が破壊された後、本書の執筆時には完全な修復作業の進行中であった。この教会のもっと有名な2代目が、5番街のアップタウンに建設されるまでは、1809年から1878年まで、この建物はニューヨークで初めてのローマ・カトリック教会としての役割を果たした。この教会では1999年にジョン・F・ケネディJrが亡くなった後、記念のミサが行われた。宗教的な印刷物の展示、崩れ落ちている墓地、またはファンキーなギフト・ショップを見るために、こっそりと忍び込んでみよう。

写真上：なんという建物なんだ！

写真下：リトル・イタリーの中心にあるカフェ・ローマ

108

ロウアー・イースト・サイド
LOWER EAST SIDE

20世紀前半に、東ヨーロッパから50万人のユダヤ人がロウアー・イースト・サイド（LES）に流れ込み、現在このエリアはニューヨーク初心者にとって最も住み始めやすい場所の一つとなっている（つまり、安いということである）。最近では橋やトンネルを越えて訪れる人たち（つまり郊外の住民たち）が、ハウストン通りHouston Stの南にあるラドロー通りLudlow Stとその近辺の4ブロックにある、名も知れぬバーや遅くまで開いているラウンジをはしごしている。ロウアー・イースト・サイドの住民は、金曜日と土曜日の夜はこのエリアを避けるべきということを知っている。

建築面では、歴史的な古い安アパートが立ち並ぶこのエリアは、崩れ落ちつつある建物が軒を連ね、いまだに少々貧しい雰囲気を維持している。以前の住民たちが、なぜ自分たちの住む場所に「太陽が恥ずかしがって輝かない」と嘆いていたのかが理解できる。

しかし、リトル・イタリー同様にLESもその歴史的な人種の特徴を失ってしまった。小さなユダヤ人コミュニティと、わずかながら昔からの商店が残っているが、人種面ではまったく均一的でない。現在、LESは都会暮らしを初めて経験している若者、反抗的なチンピラ、画家、無断居住者、彫刻家と、賃貸料が一定額に設定されたアパートを手放さないようにしている多くの"終身刑囚（他の場所には引っ越せないため）"が住む。また、ラテン・コミュニティがアルファベット・シティからあふれ、チャイナタウンは近隣エリアを植民地化しつつあり、LES独特の風味豊かな文化の混合を醸し出している。

ずらりと並ぶレストランとナイトライフのスポットによって、LESはニューヨーク・シティの中でも最も人気のあるエリアの一つとしてランク付けられている。ニューヨークでは、人気と偉大さを維持するためには順応が重要とされ、そういった意味ではつねにカフェ、店、バー、ラウンジが次々と入れ替っているLESは巧妙であるといえる。いろいろとのぞいてみて、レトロとニュー・ウェイブの中から自分の好みを見つけよう。

このエリアにいる間に、**イースト・リヴァー・パーク East River Park**（MAP2）に立ち寄ってみよう。同公園は、ライブ・ミュージックやその他のパフォーマンスを提供する5000席の円形劇場を含めた、＄400万の改修工事を終えたばかりだ。アラン通りAllen Stとオーチャード通りOrchard Stの間の、**ロウアー・イースト・サイド観光案内所 Lower East Side Visitors Center**（MAP4 #228 ♠261 Broome St）を訪れれば、このエリアに関しての情報を入手できる。

オーチャード通り（MAP4）
Orchard St

バーゲン狂は、東西に走るデランシー通りDelancey Stの上の、オーチャード通りOrchard St、ラドロー通りLudlow Stとエセックス通りEssex Stを横切るオーチャード通りのバーゲン地区（ⓂF線で、デランシー通りDelancey St、J、M、Z線でエセックス通りEssex St）をターゲットにする。LESがまだほとんどユダヤ人のコミュニティであった時、東ヨーロッパの商人は手押し車を設置して商品を売っていた。

現在、この300数店舗からなる近代の市場は、スポーツ用品、皮のベルト、帽子、また数々の"ブランド品"を売っている。ここはまた、コットン100％の靴下と下着を入手するのに適した場所でもある。すべての店が正統派ユダヤ教徒によって所有されているわけではないが、いまだに金曜日は早く店じまいし、安息日の土曜日は休業する。本気で買い物をするならば、お金を節約するためにディスカウントを交渉してみるのもよいかもしれない。ただし、ここでは世界最高の店員たちを相手にしなくてはならないため、あまり期待しないほうがよいだろう。

このエリアでは食料に関して、ユニークなショッピングの経験をすることができる。無発酵のパンに関するあなたのすべてのニーズを満たすためには、**ストレイツ・マッツゥオ・カ**

マンハッタン – ロウアー・イースト・サイド

ンパニー Streit's Matzoh Company （#221 ☎212-475-7000 ✿150 Rivington St 🅼F線で、デランシー通りDelancey St、J、M、Z線でエセックス通りEssex St）をのぞいてみよう。

少々寄り道になってしまうが、立ち寄ってみる価値があるのは、甘くて酸っぱいピクルスを木の樽から直接購入できる、**エセックス・ピクルス Essex Pickles** （#229 ✿25 Essex St 🅼F線でイースト・ブロードウェイEast Broadway）だ。エセックス通りをさらに北に進み、リヴィントン通りRivington Stとデランシー通りの間にあるのは、果物の店、魚屋、ボタニカ（ろうそく、薬やその他のサンテリア〈キューバの宗教〉のグッズを販売）が軒を連ねる、混雑した倉庫の**エセックス・ストリート・リテール・マーケット Essex Street Retail Market** （#224 ✿120 Essex St 🅼F線でデランシー通りDelancey St、J、M、Z線でエセックス通りEssex St）である。マーケット内の飲茶か韓国式焼肉の屋台でスナックを購入してみよう。

1937年から、ラドロー通りとエセックス通りの間にある**エコノミー・キャンディ Economy Candy** （#220 ☎ 212-254-1531、800-352-4544 🆆www.economycandy.com ✿108 Rivington St 🅼F線でデランシー通りDelancey St、J、M、Z線でエセックス通りEssex St）はニューヨーク・シティの甘い物好きの欲求を格安な値段で満たしてきた。人の手によってチョコレート・コーティングされたお菓子すべて、グラハム・クラッカー、プレッツェル、ジェリー、さまざまなペッツの容器、メリー・ジェーン・キャンディ、タバコの形をしたキャンディや、それ以外の昔からあるお菓子、ドライフルーツ、ナッツ、ハルヴァ（すり潰したゴマとハチミツをミックスしたキャンディ）、またその他にも多種多様なお菓子を1ポンド（約454g）単位で必要だったら、まっすぐこのお店に来ることをおすすめする。

大人の欲求を満たすためには、リヴィントン通りを少し西に進んだ**トーイズ・イン・ベイブランド Toys in Babeland** （#218 ☎212-375-1701 ✿94 Rivington St 🅼F線でデランシー通りDelancey St、J、M、Z線でエセックス通りEssex St）に行ってみよう。ここでは、さまざまな種類のコンドーム、バイブレーター、めらめらと燃えるもの、そして皮製の特別なお楽しみグッズを、友好的な雰囲気の中で見つけることができる。

テネメント博物館（MAP4）
Tenement Museum

この博物館（#226 ☎212-431-0233 🆆www.tenement.org ✿90 Orchard St〈ブルーム通りの角at Broome St〉🅼F線でデランシー通りDelancey St、J、M、Z線でエセックス通りEssex St 🅱大人＄9、シニアと子供＄7 ◎ビジター・センター 11:00～17:30）は、近隣地域の心が痛むような伝統を、何軒かの復元したテネメント（安アパート）で完全に展示している。ビジター・センターでは、このあたりの建物（その大部分が水や電気がなかった）に過去に住んでいた人々が耐え抜いた苦しい生活に関する詳細なビデオを上映している。博物館の見学は決まった時間に行われるツアーの一部としてのみ可能である（ツアーへの参加料金は入場料に含まれる）。そのため、事前に電話でツアーのスケジュールを確認したほうがよい。

博物館は、20世紀末前後の3軒のテネメントを復元した。その1つが、ドイツ出身の仕立て屋であったルーカス・グロックナー所有の建物である。72年間にわたって1万人の人が住んだと推測されるこの建物には、ガイド付きのツアーでのみしか見学することができない。ツアーは火～金曜の13:00、13:30、14:00、14:30、15:00、16:00から開始し、週末は11:00～16:30の間の毎時30分に開始する。

その他のテネメント・ツアーには、ポーランドのレヴィン家所有の19世紀後半の家と洋品店の見学（火～金曜の13:20～16:00と、土・日曜の11:15～16:45にツアーが実施）、また1873年と1929年の世界大恐慌の時の移民家庭の自宅2軒の見学（火～金曜の13:00～15:40と、土・日曜の11:00～16:30にツアーが実施）がある。

週末には、博物館では子供の見学者たちがその時代の洋服を着て、スペイン・ポルトガル系のユダヤ人のアパート内にあるすべてのもの（1916年以降のもの）に触ることができる。このツアーの料金は大人＄8、シニアと子供＄6で、12:00と15:00の間の毎時に出発する。4月から12月の間には、周辺地域のウォーキング・ツアー（🅱大人＄9、シニアと子供＄7）もある。このツアーは、週末の13:00と14:30に出発する。

ユダヤ教会
Synagogues

20世紀前半には400の正統派ユダヤ教会が活況を呈していたが、現在も残っているのはわずかである。

ファースト・ルーマニアン・アメリカン教会 First Roumanian-American Congregation （MAP4、#219 ☎212-673-2835 ✿89 Rivington St〈オーチャード通りの角at Orchard St〉🅼F線でデランシー通りDelancey St、J、M、Z線でエセックス通りEssex St）には、1800人の信者を収容できる見事に装飾された木製の聖堂がある

が、信者の数は減少してしまった。

カナル通りCanal Stとディヴィジョン通りDivision Stの間にある、名所の**エルドリッジ・ストリート・シナゴーグ Eldridge St Synagogue**（MAP3、#16 ☎212-219-0888 🏠12 Eldridge St Ⓕ線でイースト・ブロードウェイEast Broadway 🎫大人＄5、子供＄3）は、チャイナタウンにのみ込まれつつあるエリアにおける、もう一つの歴史的な礼拝の場である。このムーア様式のユダヤ教会は、ニューヨーク・シティにおける、残存する借家がある地域の中でも、最古のエリアに面している。このユダヤ教会のガイド付きのツアーは、火曜と木曜の11:30と14:30、または日曜の11:00〜15:00の間の正時からスタートする。

ソーホー（MAP4）
SOHO

このヒップでトレンディなエリアは、ロンドンの同名地区と関連はなく、地理的な場所、SOuth of HOuston St（ハウストン通りの南）に名前を由来する。丸石が敷き詰められた多数の道や、巨大な建物によって彩られているこの長方形のエリアは、南はカナル通りCanal St、ブロードウェイから西はウェスト通りWest Stまで延びている。

なぜ、通りが「**ハウストン how-ston**」と発音されるかを満足に説明できる人は誰もいないが、このエリアに住んでいたウィリアム・ハウストンWilliam Houstounの苗字の発音方法に準じたと推測されている（どこかでスペルから"u"がなくなった）。大した問題ではないが、部外者は発音を間違えると即座に注意される。

ソーホーは、この地域がニューヨーク・シティの最先端を行く商業地区であった、南北戦争直後に建てられた鋳鉄工業用建物が軒を連ねている（そのため、カースト・アイアン地区〈鋳鉄地区〉というあだ名がついた）。これらの背の高いビルには道路に面して展示用ギャラリーを持ったリネン、リボン、衣料品工場が存在していた。しかし、小売がアップタウンに移転し、製造業がニューヨーク・シティから去っていったことにより、人気は落ちていった。1950年代には、広いロフトや安い家賃が芸術家、はみ出し者やその他のアヴァンギャルドなタイプの人々を魅了した。彼らの政治活動によって、ソーホーは崩壊を免れ、26ブロックにわたるこのエリアは1973年に法的保存歴史区域に認定された。残念なことに、ソーホーが高級化し、非常にファッショナブルなステータスを得て家賃が急上昇したために、この魅力的な地域の保存に貢献したパイオニアたちは追い出されてしまった。

一流のギャラリーの数多くが、しっぽを巻いてチェルシーに逃げてしまった一方で、現在チェルシーはブランド・ブティックや靴屋が同じ顧客層を追いかけ回している、ショッピングのメッカである。それでも、以前の輝きを維持しているいくつかの美術館や優れたギャラリーがある（コラムの「えっ、ソーホー？」を参照）。

すばらしいエリアであるソーホーを歩く時、立ち止まって上を見上げてみよう。多くの建物の上層階に、いまだ精巧に装飾された飾りが残っている。保存されている建築物の一例には、プリンス通りPrince Stとスプリング通りSpring Stの間の、かつて有名なミシン・メーカーの主要倉庫であった、魅力的な鉄とレンガの建物の**シンガー・ビル Singer Building**がある。

スプリング通りとブルーム通りBroom Stの間の生地屋と高級食料品店の上には、**セント・ニコラス・ホテル St Nicholas Hotel**（#248 🏠521-523 Broadway）の大理石の壁面のわずかな残存を見ることができる。この客室1000室の高級ホテルは、1854年に開業した時は、ホテルといえばここしかないと思われた場所であった。1880年に閉鎖したこのホテルは、南北戦争時にはエイブラハム・リンカーンの戦争本部としての役割を果たした。

1857年に完成した**ハウアウト・ビル Haughwout Building**（#246 🏠488 Broadway〈ブルーム通りの角at Broome St〉）は、イライジャ・オーティスによって開発された当時珍しい蒸気エレベーターを初めて使用した建物であった。"鋳鉄建築物のパルテノン神殿"として知られているHaughwout（**ハウ**-アウトと発音）は、その2面設計のため珍しい建物であると考えられている。ブロードウェイに面している壁面の鉄の時計を探してみよう。

観光スポットと楽しみ方

マンハッタン－ソーホー

ESBIN ANDERSON PHOTOGRAPHY

111

マンハッタン － ソーホー

観光スポットと楽しみ方

ソーホーは、週末はショッピングとうろうろ歩きする観光客が押し寄せ、不快なぐらい混み合うことがある。ギャラリー見学者と、その他のオフィスやギャラリーに勤務する人々が通りを占める平日のほうが本来の姿である。通説の通り、黒を組み合わせた洋服を着た異常に美しい人々をここでは見かける（この人たちは一体どこから来て、またどのようにしてそんなに美しくなれたのだろうか？）。

アフリカン・アート美術館
Museum for African Art

この美術館（#188 ☎212-966-1313 🌐www.africanart.org 🏠593 Broadway〈ハウストン通りの角at Houston St〉🚇F、V、S線で、ブロードウェイ／ラファイエット通りBroadway-Lafayette St、N、R線でプリンス通り Prince St 🎫大人＄5、シニアと子供＄2.50 🕐火～金10:30～17:30、土・日12:00～18:00）は、米国内でアフリカ系芸術家の作品のみを展示している2つの美術館の片方である。所蔵品は部族の工芸品、楽器、霊性の描写が中心である。内装は、斬新なワシントンDCのベトナム戦争戦没者慰霊碑によって、一躍有名になった若い建築家のマヤ・リンによって設計された。

ニュー・ミュージアム・オブ・コンテンポラリー・アート
New Museum of Contemporary Art

ハウストン通りとプリンス通りの間にあるこのミュージアム（#187 ☎212-219-1222 🌐www.newmuseum.org 🏠583 Broadway 🚇F、V、S線で、ブロードウェイ／ラファイエット通りBroadway-Lafayette St、N、R線でプリンス通り Prince St 🎫大人と芸術家＄6、シニアと学生＄3、18歳未満無料 🕐火～日12:00～18:00、木12:00～20:00）は、今日のソーホーのパイオニア的存在である。その使命は過去10年間に作られた作品を紹介することである。つまり、あなたが知らないアーティストに出会う可能性があるということだ。

デジタル・ビデオとオーディオ機器が設置された、新しいメディアZラウンジをのぞみてほしい。また、ここには芸術の参考資料や、研究論文を多数取り揃えたすばらしい書店がある。

ニューヨーク市消防博物館
New York City Fire Museum

ヴァリック通りVarick Stのそばにあるこの博物館（#262 ☎212-691-1303 🌐www.nycfiremuseum.org 278 Spring St 🚇1、2号線で、ハウストン通りHouston St、C、E線でスプリング通りSpring St 🎫目安：＄3 🕐火～日10:00～17:00）は、1904年に建てられた壮大な古い消防署内にある。博物館の中には、現代の赤い消防車と一緒に、保存状態の良い金色の消防馬車がある。展示品は、"バケツ団"から始まったニューヨーク・シティの消防制度の発展を説明している。色とりどりの重たい装備が配置され、フレンドリーなスタッフがいるこの博物館は、子供を連れて来るのに最適な場所である。

えっ、ソーホー？

1996年に、ジュリアン・シュナベル、デイヴィッド・サーレとジャン・ミッシェル・バスキアを発掘したアート・ディーラーのメリー・ブーンは、業界大手とされている自らのギャラリーをソーホーから5番街745番地に移転し、教養豊かなエリートたちを仰天させた。1980年代のアートとビジネスの融合のパイオニアであったブーンは、「アートのエネルギーと中心はアップタウンに移った」と主張した。そのコメントに懐疑的な人々は、高価な芸術作品を買わずに見るだけの観光客に人気のある、ソーホーに次々とオープンしたカフェや店に対する嫌悪感のせいでブーンは移転を決定したのだと理解した。

その後ブーンに見習って、ポーラ・クーパー、ジェイ・ゴーニー、マシュー・マークスも即座にギャラリーをチェルシーに移転した。しかし、重鎮のギャラリーの何軒かが移転したとしても、現在ソーホーの通りにはまだ多くのギャラリーがある。たとえば、まだ未発掘のアーティストを専門的に扱っているワード・ナス・ギャラリー Ward-Nasse Gallery（MAP4、#197 ☎212-925-6951 🏠178 Prince St at Thompson St）、一流の写真を展示しているハワード・グリーンバーグ・ギャラリー Howard Greenberg Gallery（MAP4、#201 ☎212-334-0010 🏠120 Wooster St at Prince St）と、その隣の292ギャラリー 292 Gallery（☎212-331-0010 🏠120 Wooster St at Prince St）、およびブルーム通りBroom Stとグランド通りGrand Stの間にあり、スケッチのみに特化したギャラリー、ドローイング・センター The Drawing Center（MAP4、#254 ☎212-219-2166 🏠35 Wooster St）などである。

現在公開中の展覧会に関しては、ダウンタウンのギャラリーで無料の月刊NY/SoHoマップを入手したり、ニューヨーカーの「Goings on about Town〈町のお出かけ情報〉」や、ニューヨーク・タイムズ日曜版のエンターテインメント・セクション、もしくは一般的なギャラリーの情報入手に役立つ🌐www.artseensoho.comにアクセスしてみよう。

マンハッタン – グリニッチ・ヴィレッジ

観光スポットと楽しみ方

グリニッチ・ヴィレッジのロックの名所

グリニッチ・ヴィレッジは、ロックン・ロールの名所という面では魅惑的な歴史を持つ。ロック・ファンは偉大なロック歌手のたまり場や家を訪ねるために歩き回るべきだ。

カフェ・ワ？ Cafe Wha?（MAP4, #144 ⌂マクドゥーガル通りとミネッタ・レーンの角cnr MacDougal St & Minetta Lane）を訪れるほかにも、ボブ・ディランが一時住み、「Positively 4th St.」の曲へのひらめきを得た161 W 4th Stへ向かってみよう。彼は元々は11 W 4th Stにあったガーズ・フォーク・シティで頻繁に演奏した（またここはディランがマリファナを初めて吸ったともされている）。

またジミ・ヘンドリックスは、**エレクトリック・レディ・スタジオ Electric Lady Studios**（MAP4, #79 ⌂52 W 8th St at Sixth Ave）に住んで、レコーディングを行った。このスタジオではいまだにレコードが製作されている。少し8丁目を東に進むと、1番街とA街の間のセント・マーク通りSt Mark's Pl 96-98番地には、レッド・ツェッペリンの歴史的な2枚組アルバム、「フィジカル・グラフティ」に取り上げられた、見間違えようがない壁画がある。

9月11日以降、この博物館の雰囲気は落ち込んでしまったが、ニューヨーク市の消防部隊がテロの攻撃で172人の消防士を失ってしまった、ということを考えれば無理もないことだろう。9月11日に関連する追悼の品や展示品は、あなたが訪れる時もまだ公開されているかもしれない。

グリニッチ・ヴィレッジ（MAP4）
GREENWICH VILLAGE

北は14丁目と南はハウストン通りHouston Stの間にある"ヴィレッジ"は、ラファイエット通りLafayette Stから西はハドソン川まで広がっている。一時は芸術的、風変わり、ボヘミアンなすべてのことの象徴であった、この歴史的な人気のあるエリアは、最近はまったく不況なようにも見える。

しかし、ヴィレッジのほとんど（特にワシントン・スクエア・パーク周辺）を所有するニューヨーク大学の学生文化は、刺激的で常識破りな雰囲気を維持している。ワシントン・スクエア・パークの南（ブリーカー通りBleecker St、西は7番街までを含む）には、折衷的で、混雑しているカフェ、店、レストランがある。7番街以降は緑の多い、くねくねと曲がった道とタウンハウスがある高級住宅街のウェスト・ヴィレッジがある。

クリエイティブなスポットとしてのヴィレッジの評判は、芸術家や作家が移り住んだ最低1900年代前半まで遡ることができ、1940年代にはこのエリアはゲイの人たちが集まる場所として知られるようになった。1950年代には、ヴィレッジの喫茶店、バーやジャズ・クラブは、ヴィレッジを自分たちの東海岸の拠点とし、ヴィレッジ全域でビ・バップと詩を聞いていたビート族を含む多数のボヘミアンを惹きつけた。このエリアはアメリカ文学の重要な養成場所となった。詩人のアレン・ギンズバーグはここで人生の大部分を過ごし、作家のノーマン・メイラーは影響力のある「ヴィレッジ・ヴォイス紙Village Voice」の創刊に貢献した。

1960年代には、同エリアの反抗的精神が今日のゲイ人権運動の誕生につながった（詳細は「ニューヨークについて」のコラム「ゲイ&レズビアンのニューヨーク」を参照）。今でもクリストファー通りChristopher Stを、ニューヨークの同性愛者文化の中核であると考えている人は多い。6月に行われる毎年恒例のレズビアン・アンド・ゲイ・プライド・パレードへは、多数のゲイの男性とレズビアンが参加する（「基本情報」の「祝日・年中行事」を参照）。

少々色あせた感じがするストーンウェル・プレイスのジョージ・シーガルによる彫像

グリニッチ・ヴィレッジの散策コース

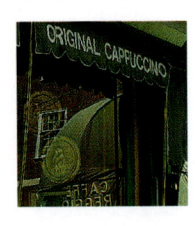

多数の会社がこのエリアのガイド付きウォーキング・ツアーを主催している。会社によっては歴史的側面に焦点を絞ったり、または一般的な概要を説明するところもある。しかし、どのツアーも有料だ。以下は無料で90分程度の散策コースの概略である。このエリアはあなたの足と心をさまよわせるのには最適な場所なため、迷ったとしてもそのことを楽しもう。🚇A、C、E、F、V、S線で、西4丁目W 4th St駅、N、R線で8丁目／NYU 8th St-NYU駅、6号線で、アスター・プレイスAstor Pl駅の、どの駅からでもこのツアーは開始できる。

ヴィレッジのツアーはどのタイプであっても、**ワシントン・スクエア・パーク Washington Square Park**の凱旋門（🏠5番街とワシントン・スクエア・ノース通りの角Fifth Ave at Washington Sq North）からスタートするのが最適である。同公園の詳細に関しては、後出の説明部分を参照。公園の東端には、**トライアングル・シャツウエスト社火災 Triangle Shirtwaist Fire**（🏠29 Washington Pl at Green St）の跡地がある。

公園を横切り南に進むと、公園の南側の境界線を彩る**ジャドソン・メモリアル教会 Judson Memorial Church**（🌐http://www.judson.org 📅礼拝 日曜11:00）がある。この黄色いレンガのバプテスト教会は、19世紀初頭にビルマ（ミャンマー）に赴任したアメリカ人の宣教師である、アドニラム・ジャドソンを讃えている。この教会は世界全体の社会問題に対する、強いコミットメントを持ち続けている。スタンフォード・ホワイトによって設計されたこの国定史跡は、公園のそばで生まれた壁画家のジョン・ラ・ファージによるステンドグラスの窓と、オーガスタス・セイント-ガーデンズによる大理石の玄関を備えている。すばらしい公園の景色が眺められる隣の高層の建物は、かつてニューヨーク大学の寮の中でも最高クラスのものであった。数年前にオフィスビルに転換されている。

公園を出てトンプソン通りThompson Stを下ると、ヴィレッジの住民が1時間＄2でチェスをプレーするために待ち合わせる、チェス・ショップがいくつもある。トンプソン通りとブリーカー通りBleecker St（ブリーカー通りはグリニッチ・ヴィレッジの東西を走る主要な通りである）の交差点では、南西の角にある伝説のジャズ・クラブ、ヴィレッジ・ゲートの古い看板を見よう。ヴィレッジ・ゲートは何年か前にミッドタウンに移動した。

ブリーカー通りを右に曲がり、西に2ブロック進むと、ニューヨークの1950年代のビートニク文化に関係のある、古い喫茶店がいくつかある。**ル・フィガロ Le Figaro**（🏠184 Bleecker St）では現在も、週末にジャズ・ブランチが催される。ここではブリーカー通りの周辺を見るだけにしよう。マクドゥーガル通りMacDougal Stを右に曲がったところにある、濃い色の壁やトレードマークのがっしりとしたエスプレッソ・マシーンが古めかしい雰囲気を醸し出す**カフェ・レ**

写真上と下：ヴィレッジにおけるカフェ文化

マンハッタン – グリニッチ・ヴィレッジの散策コース

ッジオ **Caffe Reggio**（119 MacDougal St）には、すばらしいカプチーノがある。このあたりは正真正銘のカフェインが満載のエリアで、他人のアドバイスなどに頼らずに、好みの一店を探し、そこでリラックスしてみよう。

マクドゥーガル通りをミネッタ・レーンMinetta Laneの角まで半ブロック引き返すと、古いヴィレッジの住民のたまり場である**ミネッタ・タヴァーン Minetta Tavern**がある。このすてきなイタリアン・レストランは、グラスワインを手にゆったりとした時間を過ごすにはすばらしい場所である。ミネッタ・レーンの反対側には、ボブ・ディランとジミ・ヘンドリックスが過去に演奏をした、伝説的な古いクラブの**カフェ・ワ? Cafe Wha?**がある。

ミネッタ・レーンを下り、ミネッタ通りMinetta Stを左に曲がると、過去のニューヨークの崩落したエリア同様、魅力的な物件へと姿を変えた18世紀のスラム街にたどり着く。ツタで壁面を覆われたいくつかの長屋の下には、いまだ古いミネッタ川が流れている。

6番街を渡り、右に曲がりブリーカー通りを歩き、レコード・ショップ、皮革の店、レストラン、すばらしいイタリア菓子の店が軒を並べている3ブロックを通り過ぎる。このエリアは近年、小規模なショッピング地区へと成長し一見の価値がある。

グリニッチ・ヴィレッジの散策コース

マンハッタン − グリニッチ・ヴィレッジの散策コース

7番街を左に曲がり、半ブロック歩き、静かなコマース通りCommerce Stを右に曲がり、1ブロック先のベッドフォード通りBedford Stに進む。これらのウェスト・ヴィレッジの脇道には、宝くじの当選を夢見させる歴史的な宝石がある。コマース通りとベッドフォード通りの角に立つと、数メートル先に、詩人のエドナ・セント・ヴィンセント・ミレーが1923年から1924年まで住んだ突飛な9.5フィート（約3m）の幅の家、**ベッドフォード通り75$\frac{1}{2}$番地 75½ Bedford St**がある。彼女はピューリッツァー賞を受賞した「*Ballad of the Harp Weaver*（ハープ職人のバラード）」をこの家で書いた（偶然だがケイリー・グラント、ジョン・バリモアとマーガレット・ミードも、異なる時期にこの家に住んだ）。隣のベッドフォード通り77番地には、1799年に建てられたヴィレッジで最古の家とされている家がある。

向きを変え、ベッドフォード通りBedford Stを進み、再びコマース通りCommerce Stを通り過ぎる。コマース通りから1ブロック過ぎた後、バロー通りBarrow Stに寄り道し、ツタで覆われた**フェデラル・ロウ・ハウス Federal row houses**（🏠49 & 51 Barrow St）と、通りの西側にある赤レンガの完璧に保存された美しい6軒の家々が立ち並ぶ一画を見るのもよいかもしれない。

ベッドフォード通りに戻り、ベッドフォード通りとバロー通りの角のすぐ先には、1920年代後半に数多くの喉の乾いた作家に酒を注いだ社交家のリー・チャムリーが運営したもぐりの酒場、**チャムリーズ Chumley's**（🏠86 Bedford St）の無表情な木製のドアがある。このバーの住所は、何かを取り除くという意味の短い命令語である、「86 it」という俗語ができたきっかけになったようだ。この表現は禁酒時代の警察による捜査の直前に、酒を飲んでいた客たちにささやかれたと推測されている。バロー通りには、捜査の際にさっさと逃げることを可能にした裏の出口がある。

チャムリーズのすぐ先の95 Bedford Stには、1894年に建てられたすばらしい厩舎がある。ベッドフォードをさらに進む前に、ウディ・アレンの「アニー・ホール*Annie Hall*」を含む、いくつかの映画に取り上げられた長屋が立ち並ぶくねくねと曲がった道の、**グローブ通り Grove St**をのぞいてみよう。ベッドフォード通りに戻ると、19世紀初頭に建てられた**ツイン・ピークス Twin Peaks**（🏠102 Bedford St）がある。名前は1920年代に付け加えられた、チューダー様式を真似た2つの上部の飾りに由来している。1843年に完成した**ギリシャ復興様式の家 Greek Revival residence**（🏠113 Bedford St）は、以前は地元の酒場の経営者が所有していた。このエリアのその他の建物には、誰が建設したかということを詳細に記した標識が貼られている。ベッドフォード通りは、昔からのニューヨークのゲイ・ライフの中心地であるクリストファー通りChristopher Stで終わる。

クリストファー通りを左に曲がり、1ブロック先のハドソン通りHudson Stまで行く。この段階で左に曲がりハドソン通りに寄り道し、米国正公会の教会と学校である**セント・ルーク・イン・ザ・フィールズ St Luke in the Fields**の庭を見ることをすすめる。週末にはこの教会の庭でガラクタ市が開かれる。または、ハドソン通りを右に曲がり、北に4ブロック進んで飲み物とバーガーを楽しめる歴史的な**ホワイト・ホース・タヴァーン White Horse Tavern**（☎212-989-3956 🏠W 11th St）

左：ヴィレッジのサリヴァン通りの外観

でひと休みすることもできる。

西11丁目を右に曲がり、ブリーカー通りまで1ブロック進み、そこを再び右に曲がり数ブロック進む。説明する価値もないいくつかの店を通り過ぎ、ブリーカー通りと7番街の角を左に曲がる。

7番街を北に1ブロック進みグローヴ通りを右に曲がると、1969年のゲイによる暴動の中心地であった**ストーンウォール・プレイス Stonewall Place**がある（詳細は「ニューヨークについて」のコラム「ゲイ＆レズビアンのニューヨーク」を参照）。中央のまるで生きているような彫像はゲイ・リバレーション（ゲイの解放）と名づけられ、1992年の設置以来多数の酔っ払いによっていたずらされている。**ストーンウォール・バー Stonewall Bar**はクリストファー通りの北側にある。

グローヴ通りからウェイヴァリー通り Waverly Plを右に曲がると、奇妙な形をした**ノーザーン診療所 Northern Dispensary**（165 Waverly Pl）がある。3方に面している診療所は、ウェイヴァリー通りとウェイヴァリー通りの角というニューヨークで最も奇妙な交差点の目印になっている！ 1831年にコレラの蔓延と闘うために建てられた診療所は、1989年に閉鎖されるまではニューヨークで最古の公共医療機関であった。この一等地は、頻繁に再開発が検討されたが、まだ何も起こっていない。近くのゲイ通りは、同性愛者のコミュニティが形成されたよりもずっと以前に命名され、元来は黒人居住区であった。

6番街まで進み、左に曲がる。2ブロック歩き、赤レンガの**ジェファーソン・マーケット図書館 Jefferson Market Library**に到着する。1876年に竣工したこの建物は、1932年までは女性専用の裁判所であった（非道な女性が裁判にかけられ、留置された）。図書館の庭は週末に時々一般公開される。図書館のすぐ後ろは、**パッチン・プレイス Patchin Place**（W10th St）である。ここには、詩人のee カミングス（エドワード・エストリン・カミングス）、俳優のマーロン・ブランド、シオドア・ドライザーと作家のデュアナ・バーンズなどの著名人が一時住んでいたアパートが軒を連ねる、外部から遮断された中庭がある。

6番街に引き返し、1ブロック歩いて西11丁目で東（右）に曲がる。右側には1805年から1829年まで使用された、小さな**スペイン＆ポルトガル・シナゴーグ 第2墓地 Second Cemetery of the Spanish & Portuguese Synagogue**がある。西11丁目を歩き続けると、元々はオランダ植民地時代に大規模なヴァウタヴァーン・トゥイラー農場の一部だった土地に1842年に建てられた、建築家の**アンドルー・ロックウッドの家 Andrew Lockwood's House**（60 W 11th St）がある。隣は、作曲家**チャールズ・アイヴス Charles Ives**（70 W 11th St）が住んでいた家だ。

5番街を右に曲がると、ワシントン・スクエア・パークの凱旋門に直接戻ることができる。5番街の終端に着く前に、現在はニューヨーク大学の施設が入っている古い馬小屋がある、丸石が敷き詰められた静かな道、**ワシントン・スクエア・ミューズ Washington Square Mews**に立ち寄ってみよう。門は23:00から翌7:00まで閉まっている。

写真右：ジェファーソン・マーケット図書館

マンハッタン – グリニッチ・ヴィレッジ

ワシントン・スクエア・パーク
Washington Square Park

ニューヨーク・シティ内の多くの公共スペース同様に、この公園（🚇A、C、E、F、V、S線で、西4丁目W 4th St、N、R線で8丁目／NYU 8th St-NYU、6号線で、アスター・プレイスAstor Pl）は、無縁墓地（一文無しのための埋葬場所）として始まった。また、公開処刑場としての役割も果たし、ならず者たちは一撃で処刑、埋葬された。公園の北西の角にある古い木には──これが実際に処刑で使用されたかの確証はないのだが──、"絞首刑執行人のニレの木"であったということを忘れないようにするための標識が貼られている。公園の境界線にある道は、ワシントン・スクエア・ノース、ワシントン・スクエア・サウスなどと呼ばれている点を覚えておこう。

　親しみやすい雰囲気を持ち、歴史的に重要な場所ではあるが、ワシントン・スクエア・パークは麻薬取引、公共物の破壊、ねずみの蔓延、物乞いといった、都会に付き物の問題も抱えている。近隣の活動家たちは、保存と＄700万の修復工事費用への支援を集めようとしているが、まだ実現していない。

　公園を独占しているのは、1889年、ジョージ・ワシントンの大統領就任100周年を記念して元々は木で造られた、**スタンフォード・ホワイト凱旋門 Stanford White Arch**（#81）である。この凱旋門は口語では「ワシントン・スクエア・アーチ」として知られている。凱旋門が多大な人気を得たため、6年後には石製のものに入れ替わり、戦時と平時のワシントンの彫像で飾られた（後者は芸術家のアレキザンダー・カルダーの父、A・スターリン・カルダーによって制作された）。つい最近の1991年まではアーチの上で弦楽四重奏団が演奏をしたが、崩壊のおそれのためその年以来アーチ全体が立ち入り禁止となっている。

　1916年には、芸術家のマルセル・デュシャンが凱旋門の内部の階段から上に登り、公園を「ワシントン・スクエア自由独立共和国」として宣言した。最近ではアナーキストの活動も地面の上で行われ、コメディアンと大道芸人が、公園の永久的に乾いてしまった噴水を舞台として使用している。毎年5月1日には**マリファナ・マーチ Marijuana March**が公園を独占する（「基本情報」の「祝日・年中行事」を参照）。

　ジャドソン・メモリアル教会 Judson Memorial Church（#141）は公園の南側の境界線を彩っている。この教会に関する詳細は、コラムの「グリニッチ・ヴィレッジの散策コース」を参照。

　公園の東側のグリーン通りGreen St245番地

ジャドソン・メモリアル教会

では、1911年3月25日にトライアングル・シャツウェスト社の火災が発生した。この工場は、若い縫い子が休憩を未許可で取ることを防ぐために、ドアの鍵を閉めていた。火事によって、146人の若い女性（その内大部分が上の階から飛び降りた）が犠牲になった（消防署の梯子は10階建ての建物の6階までしか届かなかった）。毎年3月25日に、ニューヨーク市消防署は、ニューヨーク・シティで発生した最も致命的な工場火事を追悼して、厳粛な儀式を催す。ここのそばには、古典的な水彩画からキューバの写真回顧展まで、さまざまな作品を展示している**グレイ・アート・ギャラリー Grey Art Gallery**（#82 ☎212-998-6780 🏠100 Washington Sq East 🈵目安：＄2.50 🕐火・木・金 11:00〜18:00）がある。

　ワシントン・スクエア・ノース通りWashington Square Northにあるタウンハウスの並びは、19世紀後半における社会的道徳観に関する、ヘンリー・ジェイムスの小説「ワシントン・スクエア*Washington Square*」の執筆のきっかけとなった。ジェイムスは一般的に考えられているのとは反対に、この地には住んだことはなかったが、ワシントン通りWashington Plとグリーン通りGreen Stの北東の角に1843年に生まれた。

アスター・プレイス
Astor Place

3番街と4番街の間にあるこのスクエア（🏠E 8th St 🚇N、R線で、8丁目／NYU 8th St-NYU、6号線でアスター・プレイスAstor Pl）は、ニューヨークの初期にビーバーの取引で富を築き、同スクエアのすぐ南にある**コロネード・ロウ Colonnade Row**（#86 🏠429-434 Lafayette St）に住んでいたアスター家に由来して名付けられた。ラファイエット通りの9軒

のギリシャ復興調の大理石の壁面のある元々の住居のうち、4軒はまだ同じ場所に残っているが、老朽化が進んでいる。道の反対側の、ジョン・ジェイコブ・アスターが建てた公共図書館の中には、**ジョセフ・パップ・パブリック劇場 Joseph Papp Public Theater**（#89 ▲425 Lafayette St）がある。1848年に完成した時は、この建物は当時では驚異的な額の＄50万の建築費がかかった。現在ではニューヨーク・シティの最も重要な文化の中心地の一つであり、有名な「シェイクスピア・イン・ザ・パーク」を毎年夏に上演している（詳細は「エンターテインメント」の「演劇」を参照）。また、アスター・プレイスと東4丁目の間には、カクテルとキャバレー・ショーを楽しむのに最適な**ジョーズ・パブ Joe's Pub**（#88 ▲435 Lafayette St）がある。

アスター・プレイスそのものは、糊で大富豪となったピーター・クーパーが1859年に設立した、大きな褐色砂岩の建物**クーパー・ユニオン Cooper Union**（#90）が占めている。完成後間もなくエイブラハム・リンカーンが、ユニオンのグレート・ホールで奴隷制を禁止する、"Right Makes Might（正義は力なり）"のスピーチを行った。リンカーンが使用した、ふさの付いた書見台はまだ存在しているが、講堂は特別な行事のとき以外、一般に公開されない。

スクエアの向かい側には、今では高級エリアとなったこの地域に起こっている変化の象徴がある。1996年にオープンしたニューヨーク・シティ初のKマートである。翌年には、アイルランドのロック・バンド、U2がロック・マート・ツアーをここからスタートし、当初の近隣の反対にもかかわらず、巨大ストアはその利便さを享受している怠惰な住民の心をつかんだようだ。

スクエアの中央にある、アラモ*Alamo*と名付けられた四角い彫刻は、スケート・ボードに乗ったパンク、アナーキストや、時々出没するゲリラ・アート活動の人気のあるスポットである。人を大勢集めて彫刻を揺らしてみよう。力強い背筋力や足があれば、回転させることができる。アップタウン行きの地下鉄への入口は、20世紀初頭の最初の地下鉄のキオスクの一つの完全なレプリカである。

グレイス教会
Grace Church

アスター・プレイスの2ブロック北にあるこのゴシック復古調の米国聖公会の教会（#48 ▲E 10th St Ⓜ N、R線で、8丁目／NYU 8th St-NYU、6号線で、アスター・プレイスAstor Pls）は、ハドソン川から30マイル（約48km）離れたオシニングという町にあった州刑務所（これは"上流に流される：刑務所に入れられる"という表現のもとになったといわれている）、シング・シングの囚人たちによって運ばれた大理石でできている。何年もの放置後、教会は掃除され、投光照明で照らされた大理石は夜見ると美しい。ブロードウェイと4番街からの景色はまったく異なるので、両方から見る価値がある。

この教会を設計したのはジェイムス・レンウィックJrで、彼はまた1ブロック東にある、風格のあるイタリア様式の褐色砂岩の家々、**レンウィック・トライアングル Renwick Triangle**（#43 ▲112-128 E 10th St Ⓜ N、R線で8丁目／NYU 8th St-NYU、6号線で、アスター・プレイスAstor Pl）も設計した。これは特に騒がしいイースト・ヴィレッジにあるということを考えると、ニューヨークで最も心地よい居住区である。レンウィックはまた、ケイレブ・カーのエイリアニストで重要な役割を果たした、グレース教会のすぐ北にある**レンウィック・アパートメンツ Renwick Apartments**（▲808 Broadway）も設計した。

フォーブス・ギャラリーズ
Forbes Galleries

これらのギャラリー（#16 ☎212-206-5549 ▲62 Fifth Ave〈12丁目の角at 12th St〉Ⓜ L、N、Q、R、W、4、5、6号線で、ユニオン・スクエアUnion Sq、F、V線で14丁目14th St 無料 Ⓞ火～土 10:00～16:00）は、出版王の故マルコム・フォーブスの個人所蔵品から、珍しい作品を展示している。変わった組み合わせの展示品は、ファバージの卵、船の模型、署名やブリキの戦士を含む。ここを歩くと、狡猾なフォーブスは税控除の資格を得るために、衝動的にこれらのパブリック・ギャラリーを開いたのではないかという気がしてくる。

マーチャンツ・ハウス博物館
Merchant's House Museum

借家ブームが発生する以前のこのエリアの残存物はほとんどない。しかし、このラファイエット通りLafayette Stとバワリー通りBoweryの間にある博物館（#134 ☎212-777-1089 ▲29 E 4th St Ⓜ6号線で、ブリーカー通りBleecker St 大人＄5、シニアと学生＄3 Ⓞ木～日13:00～17:00）は、商人の家庭がどのように生活したかを示す、非常に良く保存された例である。1831年に建てられたこの家は、かつて薬の輸入者のシーベリー・トレッドウェルが所有していた。彼の一番下の娘、ガートルードは1933年に亡くなるまでこの家に住み、その3年後に博物館としてオープンされた

時、元々の家具がそのまま残っていた。当時の洋服や完全に装備された台所は、歴史の魅力をさらに感じさせる。

イースト・ヴィレッジ（MAP4）
EAST VILLAGE

流行と恐ろしいもの、先端とチェーン店（セント・マークス通りSt Marks PlのGAPはあまりにも耐えがたく、ありがたいことに最近閉鎖したが、もちろんまた出店することは確かである）の間を、激しく揺れ動いているイースト・ヴィレッジの生活を要約するのは難しい。イースト・ヴィレッジ（EV、時にはEvilと呼ばれることもある）のはっきりしていない境界線は東14丁目からイースト・ハウストン通りE Houston St、またイースト川から3番街までである。ラファイエット通りLafayette Stかバワリー通りBoweryを境界線と考える人もいる。

　イースト・ヴィレッジは、グリニッチ・ヴィレッジに名前を由来しているが、この2つのエリアは歴史的には共通点があまりない。過去には大規模な農家が、このあたり一帯に存在していた。しかし、19世紀後半にニューヨークの工業化と、ロウアー・マンハッタンから北への拡大が進むにつれ、都市開発が農地をのみ込んでいった。20世紀初頭には、この地域はグリニッチ・ヴィレッジのより貧しい従兄弟分にあたる、ロウアー・イースト・サイドの北の一部として考えられていた。しかし、過去10年の間に、一つの独立した地域としてとらえられるようになった。イースト・ヴィレッジは、今では完全に高級化し、その傾向は一時は危険であったA、B、C、D街を含む、**アルファベット・シティ Alphabet City**のある東側まで影響しつつある。

　イースト・ヴィレッジの探索に適しているのは、14丁目とハウストン通りHouston Stの間の1番街と2番街、および3番街からトンプキンズ・スクエア・パークのセント・マークス通りSt Mark's Pl等だ。ヴィンテージ・ブティック、中古レコード店、ハーブの調合所やバーが立ち並ぶなか、イタリアン、ポーランド、ベジタリアン、インド、レバノン、日本、タイを含む、ほぼすべての種類のレストランを見つけることができる。

セント・マークス・イン・ザ・バワリー
St Mark's-in-the-Bowery

この米国聖公会の教会（#39 ☎212-674-6377 🏠131 E 10th St〈2番街の角at Second Ave〉Ⓜ6号線でアスター・プレイスAstor Pl、L線で3番街Third Ave 🕐月～金 10:00～18:00）は、オランダ知事のピーター・スタイヴサントが所有していたbouwerie（バワリー〈農地〉）の跡地に立っている。スタイヴサントの遺体安置所は教会の地下にある。1799年に建てられたその教会は、1978年の火事で被害を受け修復された。教会が一般公開されている時は、内部の抽象的なステンドグラスの眺めを楽しもう。この教会はまた、**ポエトリー・プロジェ**

イースト・ヴィレッジ——高級化したかもしれないが、本物であり続ける

クト Poetry Project（☎212-674-0910）による詩の朗読や、**ダンススペース Danspace**（☎212-674-8194）によるダンスの公演を主催している文化センターでもある。

テンス・ストリート・バス
10th Street Baths
ロウアー・イースト・サイドでは東ヨーロッパの伝統が衰退した結果、マンハッタンの多くのバスハウス（公衆浴場）が閉店へと追いやられ、さらにエイズの危機が追い討ちをかけ、ゲイの人気のたまり場であったこれらのバスハウスは完全に閉鎖してしまった。しかし、1番街とA街の間の古い歴史を持つロシア・トルコ風蒸し風呂Russian and Turkish steam baths（#34 ☎212-674-9250 W www.russianturkishbaths.com 268 E 10th St M L線で、1番街First Ave、6号線で、アスター・プレイスAstor Pl 1日＄22、10回分回数券＄150 月・火・木・金11:00〜22:00、水9:00〜22:00、土・日7:30〜22:00）は今もなお営業中だ。1892年に開店して以来、労働階級者のためのこの浴場は、蒸し風呂、冷水風呂、サウナや日光浴のデッキなどを備えている。ロッカー、鍵、バスローブ、タオル、スリッパは一日中使用可能だ。死海の塩を使ったスクラブ（＄30）や黒海の泥トリートメント（＄38）も利用できる。

浴場は水曜の9:00〜14:00（女性のみ）と土曜の7:30〜14:00（男性のみ）を除き、男女利用可能。

トンプキンス・スクエア・パーク
Tompkins Square Park
南端の野外音楽堂で、即興のコンサートや抗議活動、パフォーマンスが行われ、そして本物のハードコア・パンクやアナーキスト（両親の面倒なルール以外に抵抗することがない、現在の郊外のパラサイト族とは対照的である）を支えてきたこの公園（M L線で、1番街1st Ave、6号線で、アスター・プレイスAstor Pl）の栄光は、遠い昔へと過ぎ去ってしまった。この公園が分岐点を迎えたのは、1991年の野外音楽堂の建て直しと、園内の"テント・シティ"に住みついていた無断居住者の立ち退きである。公園内のホームレスや周辺ビルの不法占拠者を一掃しようとする警察と市民の衝突は激しさを増し、トンプキンス・スクエア暴動として知られているようになった。その結果、犬を散歩させるヤッピー、芝生に寝転ろがお洒落な人々や、自らがヒッピーまたはチンピラになりすまし、こういった面々を逮捕しようとしている麻薬おとり捜査官などが出現し、同公園に新しい時代が到来した。

しかし郷愁にふけるのもこれぐらいにしておこう。今日でもなお、16エーカー（約6万4750m²）のトンプキンス・スクエア・パークでは晴れた日にバスケット・ボールやコンクリートのテーブルで行われるチェス、ギターを楽しむ人などでにぎわう。ここで現地のさまざまな人々と交じり合い、一緒に遊ぶのもよいだろう。

トンプキンス・スクエアの東は**アルファベット・シティ Alphabet City**と呼ばれ、実際アルファベットの文字ですべての通りが構成されている。歴史的には、プエルトリコ居住区であったが、1990年代に白人の若者や、時代の先端を行く国際的な感覚を持った人々がこのエリアを独占し始めた。あたりを歩いてみると、壁画、落書き、バーの中に、古着屋、フランス風ビストロを発見するだろう。このエリアはまた、都会の中の興味深い芸術品ともいえる、小さな庭園（なかには小屋があるものもある）の**グリーン・サム・ガーデンズ Green Thumb Gardens**が散在し、近所の人々の社交の場としての役割を果たしている。B街とD街の間の8丁目にいくつかあり、歩き回ってみると、A街とB街の間、3丁目にあるケン・ケラパの作品のような公共の彫刻公園に遭遇する。

C街の東は暗くなると危険かもしれない。

チェルシー（MAP5）
CHELSEA
グリニッジ・ヴィレッジの北にあるチェルシーは、14丁目から北は26丁目まで、西はブロードウェイからハドソン川まで広がっている。19世紀末における"金ぴか時代"には、ここは乾物類や小売店の中心地であり、さまざまな商店が金持ちの客を引き寄せた。ハドソン川の近くには、何棟もの古い倉庫や多くのタウンハウス（特にチェルシー史跡地区内の建物）がきれいに修復され、存在している。この周辺の中心である8番街には、カフェや店、スポーツジム、そしてレストランが数多く並んでいるが、その多くは客の大半を占めるゲイを歓迎する印として、シンボルの虹色の旗を掲げている。さらに西の10番街と11番街のあたりではギャラリーが盛り上がりを見せ、ソーホーの活気を奪ってしまった（後出のコラム「チェルシーのギャラリー巡り」を参照）。

チェルシー史跡地区 Chelsea Historic District（M C、E 線で、23丁目23rd St）は西20丁目から西22丁目まで、8番街と10番街の間に位置し、都会の中の宝石ともいえるエリアだ。葉の生い茂る通り、改装されたギリシャ復興様式やイタリア風のタウンハウス、そしてセットバ

マンハッタン － チェルシー

ック方式の建物（市街地の日照・通風の悪化を防ぐために、建物の上部が下部より後退して段形になっている）が、広々とした歓迎的な雰囲気をつくり出しており、喧騒的で混沌としたニューヨークにとって、ここは過去の遺物のような存在である。20丁目から21丁目の間にある**総合神学校 General Theological Seminary**（#149　175 Ninth Ave　C、E線で、23丁目23rd St　月〜金12:00〜15:00、土11:00〜15:00）は大学のキャンパス兼庭園で、一般公開されている（宗教的ともいえるし、そうでないともいえる！）。9番街にある入口から入り込める。

騒々しい23丁目の主要な名所といえば、装飾が施された鉄筋バルコニーと、文学的名所としての地位を印象づけ、少なくとも7つの記念額が飾られている赤レンガのホテル、**チェルシー・ホテル Chelsea Hotel**（#153　1、2号線、C、E線で23丁目23rd St）である。セックス・ピストルズのシドがここで恋人のナンシーを殺害する前でさえ、このホテルはマーク・トウェイン、トーマス・ウルフ、ディラン・トーマスやアーサー・ミラーといった著名人が頻繁に通った場所として有名だった。

ジャック・ケルアックは長期間に及んだ「路上 On the Road」の執筆を、このホテルで行ったと言われている。ミュージシャンもこのホテルをこよなく愛し、レナード・コーエンやボブ・ディランが過去の宿泊客として挙げられる。ここはまた、あの魅力的なジャン・レノと、当時はまだ無名だったナタリー・ポートマンが映画「レオン」で親密になった場所でもある。

東に1ブロック行くと、非営利の**キューバン・アート・スペース Cuban Art Space**（#158　212-242-0559　www.cubanartspace.net　124 W 23rd St　F、V、1、2号線で、23丁目23rd St　寄付歓迎　火〜土11:00〜19:00）があり、ここは本国キューバ以外で最大規模のキューバ・アートの所蔵品を誇る（コレクターは3階で所蔵品を照会できる）。展示会のオープニング・セレモニーは、生演奏やおいしい軽食があり、また芸術家を迎えるなど盛り上がりを見せる。入場は随時無料だが寄付を歓迎している。

チェルシー・ピア Chelsea Piers（#140）
212-336-6000

チェルシーのギャラリー巡り

ソーホーには申し訳ないが、チェルシーはニューヨークの新しいギャラリーの中心地であり、お洒落な犬を連れた目を見張るほど優雅な人々はそれを証明するのに十分だ。20丁目と27丁目、9番街と11番街の間にまたがって、非常に多くの倉庫や店先、アート・スペースが軒を連ねている。数日間にわたって午後のひと時をここで過ごしても、すばらしく、奇妙で、派生的で、完成度が高い、そして最新鋭のアートをすべて制覇するのは難しいだろう。一般的にギャラリーは通常火〜日曜の10:00〜18:00まで開いていて、非営利のディア・センター・フォー・ジ・アーツ Dia Center for the Artsを除くすべてのギャラリーは無料である。以下はここで現在閲覧可能なギャラリーのほんの一例である。

10番街と11番街の間にある22丁目の一帯は、隅から隅までアートにあふれている。**マックス・プロテッチ Max Protetch**（MAP5、#147　212-633-6999　511 W 22nd St）は小さいながらもすばらしくデザインされたスペースで、急進的で興味深い展示会が開かれている。また、隣にある**303ギャラリー 303Gallery**（MAP5、#143　212-255-1121　525 W 22nd St）も一見の価値ありだ。通りの向こうにある**ブレント・シッケマ・ギャラリー Brent Sikkema Gallery**（MAP5、#146　212-929-2262　530 W 22nd St）には知性をかき立てる展示が並び、その近くにある**ヤンシー・リチャードソン・ギャラリー Yancey Richardson Gallery**（MAP5、#141　212-343-1255　3rd fl, 535 W 22nd St）は、質の高い写真の展示では重要な位置を占めてきた。

ディア・センター・フォー・ジ・アーツ Dia Center for the Arts（MAP5、#144　212-989-5566　www.diacenter.org　548 W 22nd St　大人 $6、シニアと学生 $3）は3階まである広々としたギャラリーで、最新の作品が展示されていたり、朗読会、試写会、講義なども催している。この非営利のセンターはチェルシーのアート・シーンにおける先駆的存在であり、またすばらしい本屋や落ち着いた雰囲気のカフェも揃っている。

初期のチェルシーを支配し、多くの人気を集めた場所といえば、10番街と11番街の間にある**ポーラ・クーパー・ギャラリー Paula Cooper Gallery**（MAP5、#142　212-255-1105　521 W 21st St）で、長年人々に愛され続けているジョナサン・ボロフスキーなど、著名な芸術家の作品を展示しているギャラリーだ。もし現在の展示が気に入らなければ10番街と11番街の間に位置する、同じように伝統を誇る**ミラー・ギャラリー Miller Gallery**（MAP5、#137　212-366-4774　524 W 26th St）に行ってみるとよい。また、天気が思わしくなくてアートに触れたい気分になったら、1つのビルに多数のギャラリーが入った、24丁目と25丁目の間にある**アート210 Art 210**（MAP5、#138　210 Eleventh Ave）がおすすめである。

チェルシーのこの近辺に行くには、C、E線、1、2号線で、23丁目23rd St駅下車、またはL線で、8番街 Eighth Ave駅下車後、西に歩く。

www.chelseapiers.com
ハドソン川沿いの23丁目の端Hudson River at end of 23rd St
1、2号線、C、E線で、23丁目23rd St

すべてのタイプのスポーツに応じた施設で、4階建てのゴルフ練習場でバケツいっぱいのゴルフボールを打ってみたり、屋内リンクでアイス・スケートを楽しんだり、またインライン・スケートをレンタルして、ハドソン川の河岸に沿って南のバッテリー・パークへ滑走することもできる。ボウリング場やバスケット・ボールをプレーできるフープ・シティHoop City、子供のためのヨットスクール、バッティング場、トレーニング・ジムも揃っている。ピア64のすぐ北にあるダウンタウン・ボートハウスでは、カヤックに無料で乗ることができる。このスポーツ施設は騒々しいウェスト・サイド・ハイウェイに遮られている部分もあるが、アトラクションが満載のおかげでにぎわいを見せている。

ユニオン・スクエア（MAP5）
UNION SQUARE

この広場 14丁目とブロードウェイの角cnr 14th St & Broadway L、N、Q、R、W、4、5、6号線で、14丁目／ユニオン・スクエア14th St-Union sq）は、元々はニューヨーク・シティ初のアップタウンのビジネス街の一つとして機能していた。また、19世紀半ば多くのユニオン（労働集会や政治活動）にも恰好の場所だった。実際には、この広場の名前の由来はもっと味気なく、単に昔のバワリー通りとブルーミングデール通り（現在のブロードウェイ）の"ユニオン（接合点）"だったことからきている。1960年代までこのエリアは麻薬中毒者や男娼がはびこるようになっていた。しかし90年代に入って、同スクエアで開かれているグリーンマーケット・ファーマーズ・マーケット Greenmarket Farmers' Market 年間を通じて月・水・金・土8:00〜16:00）などの登場に伴い、大きな復興を遂げた。2002年に修復工事が完了したユニオン・スクエアで、現在さまざまな盛り上がりを見せている。過剰にあふれるバー、レストランや新しいヴァージン・メガストアは、昼夜人々が集う場所として人気を集めている。

フラットアイアン地区（MAP5）
FLATIRON DISTRICT

この近辺は、**フラットアイアン・ビル Flatiron Building**（#163 ブロードウェイ、5番街と23丁目の交差点intersection Broadway, Fifth Ave

フラットアイアン・ビルの上空に日が沈む

& 23rd St）からその名前を受け継いでいる。1902年に建設されたフラットアイアン・ビルは、この地域が市内で最も小売店や娯楽施設が集中する場所であった時の、広場の中心であった（同ビルは1905年のエドワード・スタイケンによる衝撃的な写真で大々的に紹介され、同ビルの立つブロードウェイと5番街の間、23丁目にある島からの眺めが最高である）。このビルは、1909年まで世界一高いビルとして位置付けられていたが、近くにある印象的な時計台、夜には心なごむ色合いで輝く金色の最上部を備えた**メトロポリタン・ライフ・タワー Metropolitan Life Tower**（#129 24丁目とマディソン街の角24th St at Madison Ave）に抜かされてしまった。

フラットアイアン・ビルの北側には、南北戦争がちょうど終わった頃の人口過多になる前まで、マンハッタンの最北部と定義されていた**マディソン・スクエア・パーク Madison Square Park**がある。26丁目とマディソン街の角は、1代目と2代目の**マディソン・スクエア・ガーデン Madison Square Garden**（それぞれ、

1879年と1890年に建てられた）があった場所である。スタンフォード・ホワイトが設計した2代目は、畏敬の念を起こさせるような建物であった。いくつかの小塔と1つのタワーからなるムーア様式のデザインで、8000人を収容し、金色のダイアナ像（ローマ神話の女神）を冠していた。民主党全国大会が行われた1年後の1925年には完全に破壊された。

マディソン・スクエアの真南にある5番街のエリアは、かつてB・オールトマンズやロード＆テイラーといった百貨店が人気を帯びた19世紀末に、**レディーズ・マイル Ladies'Mile**（女性のための一角）として知られていた。メイシーズの第1号店もここにあった。現在の区画規制法は、近くの6番街の14丁目と23丁目の間に小売店の出店を促しており、ステイプルズ、オールド・ネイヴィー、バーンズ＆ノーブルといったお馴染みの店が並ぶ。

半径10ブロック内のフラットアイアン地区はロフト付きのビルやブティックであふれているが、ヨーロッパの気取ったスタイル、価格、人混み以外の面で、うまくソーホーを模倣している。ここにはいくつかすてきなレストラン、ダンス・クラブが1、2軒、いや3軒くらい隠れている。

グラマシー・パーク（MAP5）
GRAMERCY PARK

この公園は🅼6号線で、23丁目23rd St）はニューヨークの最も愛らしい場所の一つで、パリや他のヨーロッパの各都市に見られる公営の庭園である。植物への愛情は大西洋を越えて通じたようだが、社会的見解はそうとはいえなかった。1830年にデベロッパーが近隣の沼地を都市に転換した際、この公園の入場許可は住民だけに限られ、いまだに中へ入るのには鍵が必要なのだ。これは一体どういうことなのだろうか?!

グラマシー・パークは長年一部の人たちに独占されており、その他の興味深いが入場が制限されている2つの公共施設もここにある。
ナショナル・アーツ・クラブ National Arts Club（#169 ☎212-475-3424 🏠15 Gramercy Park South）は、木製のカウンターのバーの上にある、美しいアーチ状のステンドグラスの天井が自慢である。セントラル・パーク建設者の一人でもあるカルバート・ヴァウクスがこのビルを設計した。時折、展示会（彫刻作品から写真展まで内容はさまざま）が催され、その時は13:00から17:00まで一般公開されている。

プレイヤーズ・クラブ
Players Club（#170）
🏠16 Gramercy Park South
🅼6号線で、23丁目 23rd St
シェイクスピア作品の俳優、エドウィン・ブース（リンカーンの暗殺犯ジョン・ウィルクス・ブースの兄弟）によって作られ、スタンフォード・ホワイトによって設計された俳優たちの憩いの場である。一般の人間は入場できない。

幸いにも、伝統的な歴史の香る人気スポット、**ピーツ・タヴァーン Pete's Tavern**と**オールド・タウン・バー・アンド・グリル Old Town Bar and Grill**（詳細は「エンターテインメント」の「バー＆ラウンジ」を参照）には足を踏み入れることができる。

セオドア・ローズヴェルト生誕の地
Theodore Roosevelt's Birthplace

パーク街とブロードウェイの間にあるこの国定史跡（#165 ☎212-260-1616 🌐www.nps.gov/thrb 🏠28 E 20th St 🅼N、R、6号線で、23丁目23rd St 🎫大人＄3、子供無料 🕘9:00〜17:00）には少しがっかりするかもしれない。というのも、26代大統領が生まれた実際の家

ミッドタウンのすばらしいスカイライン

は、彼の生存中に取り壊されてしまったからだ。現在の建物は、彼の親戚によって、隣の別の家と結合された、ただの複製である。年下の従兄弟フランクリンの今でも語り継がれている功績の影に隠れてしまっている、ローズヴェルトの類を見ない人生に興味があるならここを訪れるとよいだろう。特にロングアイランドのオイスター・ベイにある避暑用の別邸（「近郊に足をのばす」参照）へ向かう時間がなければ、おすすめである。入場料金には10:00〜16:00の正時に行われている場内ツアーも含まれる。

ミッドタウン（MAP5）
MIDTOWN

ニューヨークで最も人気なスポットが数多く集まる、ごみごみしているミッドタウンでは、たぶん多くの時間を費やすことになるだろうが、それには良い面も悪い面もある。気温（高層ビルの下の薄暗い通りにはほとんど太陽の光が射さない）と、気質（ほとんどの人はここで生活を楽しむのではなく、仕事をしている）の両方の点で寒々しいものがあり、また平日は圧倒的に混雑している。マンハッタンの中心地に住む人などごくわずかで、アパートの大半は3番街の東と8番街の西に位置している。危険な地域ではないが、強引に迫ってくる物乞いには気をつけること。また、身の回りや持ち物、どこへ向かっているかについてはきちんと把握しておくようにしよう。

ヘルズ・キッチン
Hell's Kitchen

長年、ミッドタウンの西端はヘルズ・キッチンとして知られる、テネメント（安アパート）や食料倉庫のある労働者階級の地域であった。ここは、アメリカに到着後ギャングのいるイタリアやアイルランドの移民を主に惹きつけた。映画「ウェスト・サイド・ストーリー」もこの地が舞台となった。ハリウッド映画はよくこの地の荒削りで、危険な香りがする特徴を美化して描いていたが、1960年代には麻薬中毒者や娼婦が増加しており、多くの映画監督を含め、わざわざ訪れようとする人はほとんどいなかった。

1989年の**ワールド・ワイド・プラザ・ビル World Wide Plaza building**（🏠西50丁目と8番街の角cnr W 50th St & Eighth Ave 🚇C、E線で、50丁目50th St）の建設がこのエリアの復興を促進するはずだった（この複合ビルは、それまでは一時的に駐車場として使われていた1930年代のマディソン・スクエア・ガーデンの土地を引き継いだものだ）。しかし1990年代半ばまでは、ヘルズ・キッチンはほとんど変わることがなかった。それでも8番街と9番街の35丁目と50丁目の間は、卸売り食料品店が集まった地域であり続け（一大観光名所とはいえないが）、8階建てより高いビルが建つことは皆無だった。

しかし、90年代末の経済発展がその流れを一気に変え、デベロッパーたちは、ヘルズ・キッチンの代わりに1950年代に由来するクリントンClintonという名前で、再度この地域を呼ぶようになった。住民は2つの呼び名を使い分けている。このエリアは、アッパー・ウェスト・サイドとチェルシーを結びつける完璧な場所として、シェフたちが近くの卸売業者から仕入れられる大量の新鮮な食材、また低家賃（他よりも安い）のやや広い住居に目をつけるようになり、近所のナイトスポットやレストランは大盛況を見せている。さらに53丁目と54丁目の間にある**エド・サリヴァン劇場 Ed Sullivan Theater**（MAP6、#16 🏠Broadway）で収録されている、デイヴィッド・レターマンの「レイト・ショー」でこの近所の様子を見た多数の観光客が訪れるようにもなった。文化的にはあまり見るものがないが、大気汚染の激しいロックフェラー・センター付近の通りから離れて食事したり、典型的なニューヨーク・シティ風のダイナーで、たっぷりのパンケーキで一日を始めてみるのもよいだろう。

イントレピッド海洋航空宇宙博物館
Intrepid Sea-Air-Space Museum

ミッドタウンの西端にあるイントレピッド海洋航空宇宙博物館（☎212-245-0072 🌐www.intrepidmuseum.org 🏠W 46th St 🚇A、C、E線で42丁目42nd St 🎫大人＄13、シニア、退役軍人と学生＄9、12歳未満の子供＄6 🕐〜金10:00〜17:00）は、ピア86の航空母艦上にある。第2次世界大戦とベトナム戦争に従事したこの軍艦イントレピッドIntrepidの発着甲板には、何機かの軍用機が搭載されており、埠頭には誘導ミサイル潜水艦のグラウラーやアポロ宇宙カプセル、ベトナム戦争時の戦車、900フィート（約274m）にも及ぶ駆逐艦エドソンもある。イントレピッドは世界中から何千人もの船員がマンハッタンに集まる、毎年5月に行われる**フリート・ウィーク Fleet Week**の式典会場である（詳細は「基本情報」の「祝日・年中行事」を参照）。日本語、フランス語、ドイツ語、ロシア語、そしてスペイン語の無料のオーディオ・ツアーも提供されている。

ここではシティパスも利用可能である。シティパスの詳細は後出のコラム「ミュージアム・バーゲン」を参照。

ミュージアム・バーゲン

ニューヨークはとにかく物価がひどく高い。もしマンハッタン島でこの本を読んでいるなら、予算をオーバーさせるニューヨークのやり方にすでに気づいているはずだ。最小限の出費で最大限の満足感を味わいたいなら、街中の多数の美術館で実施されているフリー・ナイト（あるいは「好きな額の入場料を支払うpay what you wish」とも呼ばれる）を利用しない手はない。多くの美術館には寄付「推奨」または「要請」の方針があるが、それに負い目を感じる必要はなく、5¢程度の寄付で入場できるということを覚えておこう。また、ヒスパニック・ソサエティ・オブ・アメリカ Hispanic Society of Americaや、国立アメリカン・インディアン博物館 National Museum of the American Indian、そしてフィリップ・モリス・ビルにあるホイットニー美術館 Whitney Museum of American Artの別館といった、無料で入場できる立派な美術館もいくつかある。

以下は、「好きな額の入場料を支払う」料金体系を取り入れている美術館の一例と、その時間帯である。

アメリカン・クラフト美術館： American Craft Museum	木18:00～20:00
アメリカン・フォーク・アート美術館： American Folk Art Museum	金18:00～20:00
アメリカ自然史博物館： American Museum of Natural History	毎日閉館前の1時間
ブルックリン植物園： Brooklyn Botanic Garden	月～土12:00まで
クーパー・ヒューイット国立デザイン美術館： Cooper-Hewitt National Design Museum	火17:00～21:00
ユダヤ博物館： Jewish Museum	木17:00～20:00
グッゲンハイム美術館： Solomon R Guggenheim Museum	金18:00～20:00
ホイットニー美術館： Whitney Museum of American Art	金18:00～21:00

非常にお得なのはCityPass（シティパス）（Ⓦwww.citypass.com）だ。9日間有効で、エンパイア・ステート・ビル Empire State Buildingの展望台、アメリカ自然史博物館 American Museum of Natural History、イントレピッド海洋航空宇宙博物館 Intrepid Sea-Air-Space Museum、サークル・ライン Circle Line、ホイットニー美術館 Whitney Museum of American Art、そしてグッゲンハイム美術館 Guggenheim Museumの入場料も含まれている。パスの値段は大人＄38、12歳から17歳までの子供＄31。パス無しだと上記すべての施設入場料が合計大人＄84、子供＄61.50になる。訪れる最初の場所でシティパスを受け取れる。

ヘラルド・スクエア
Herald Square

6番街と34丁目にある、ブロードウェイの混雑が一点に集中した地域（ⓂB、D、F、N、Q、R、V、W線、34丁目／ヘラルド・スクエア34th St-Herald Sq）は、長年の間（正確ではないが）世界最大のデパートだといわれてきた、**メイシーズ Macy's**（#100）の本拠地として非常によく知られている。この騒々しい広場には名所はない。6番街のメイシーズの南にある2つの屋内モールには、ありきたりのショップばかりが軒を連ねている。

ガーメント地区
Garment District

ニューヨークのアパレル企業がデザイン・オフィスを構えるこの地域（ⓂB、D、F、N、Q、R、V、W線、34丁目／ヘラルド・スクエア34th St-Herald Sq）はヘラルド・スクエアの西、34丁目からタイムズ・スクエアまでの7番街（"ファッション街"として知られる）にある。平日の横道は配達トラックでごった返している。23丁目とヘラルド・スクエアの間のブロードウェイは、ニューヨーク・シティのファッション業界には欠かせないリボンやボタンを扱う店が多数並ぶため、アクセサリー地区と呼ばれている。これらの店では、何千というスナップ、紐や留め金が、毛皮、レース、スパンコール、ラインストーン、手彫りのボタン、ペイントされたボタン、織り上げられたボタンの数々に混じって展示されている。

リトル・コリア
Little Korea

ヘラルド・スクエアにはすぐうんざりしてしまうだろう。それなら近くのリトル・コリア（ⓂB、D、F、N、Q、R、V、W線、34丁目／ヘラルド・スクエア34th St-Herald Sq）に気分直しに行こう。ブロードウェイと5番街の間、31丁目から36丁目まで広がるこの小さなエリアには韓国人が経営する店が並ぶ。この地域では過去数年の間に、本場韓国式焼肉な

マンハッタン – ミッドタウン

観光スポットと楽しみ方

エンパイア・ステート・ビルへようこそ

どコリアン料理を出す24時間営業のレストランが32丁目に多数オープンした（詳細は「食事」のコラム「各国料理の街角」を参照）。

エンパイア・ステート・ビル
Empire State Building
これは正真正銘の事実である。ニューヨークの上空ならではの象徴（☎212-736-3100 Ⓦwww.esbnyc.com ⌂350 Fifth Ave〈34丁目の角at 34th St〉Ⓜ B、D、F、N、Q、R、V、W線で、34丁目/ヘラルド・スクエア34th St-Herald Sq）は、大不況の真っただ中に＄4100万をかけ、わずか410日間という日数、あるいは700万人時で建設された、石灰岩の伝統的建築物である。元々はウォルドーフ・アストリア・ホテルがあった場所に建設された、102階建て（アンテナの先端まで）、1472フィート（約449m）のエンパイア・ステート・ビルは、1000万個のレンガを積み重ね、6400個の窓をはめこみ、32万8000平方フィート（約3万471m²）もの大理石を敷き詰めた後、1931年にオープンした。有名なアンテナはツェッペリン型飛行船の係留塔となるはずだったが、ヒンデンブルグ号の惨事がその計画にブレーキをかけた。1945年7月の霧深い日には、1機のB25がはからずもこのビルの79階に衝突し、14名が犠牲となった。

1976年以来、ビルの上部30階分は季節や祝日にちなんだ色で光り輝いている（3月のセント・パトリックの日は緑、12月1日のワールド・エイズ・デイは黒、クリスマスは赤と緑、6月のゲイ・プライド・ウィークエンド・パレードの週末はピンクなどだ。各日の照明の構成とその意味は同ビルのホームページにアクセスしてみよう）。この伝統は、マディソン・スクエア・パークのメトロポリタン・ライフ・タワーやユニオン・スクエアに近いコン・エジソン・タワーなど多くの高層ビルにも真似されており、夜空に優雅な雰囲気を醸し出している。

エンパイア・ステート・ビルからの眺めは最高だが覚悟が必要だ。展望デッキへ並ぶ人の列は悪名高い。早朝か夜遅くに訪れれば待たされることもないだろうが、暮れかかった夕焼けのなか、街が夜のマントを身に着けるのを見ることができる日没時が、最もすばらしい時間帯である。展望デッキまでたどり着きさえすれば、後は好きなだけいられる。コイン式の望遠鏡はニューヨーク・シティを間近に眺めることができ、地図は主要な名所を詳しく表示している。

エンパイア・ステート・ビルの**展望台** observatories（⌂大人＄11、シニアと軍関係者＄9、12歳未満の子供＄6 ⊙9:30～24:00、最終エレベーター23:15）は86階と102階にある。ここではシティパスが利用可能。詳細は左ページのコラム「ミュージアム・バーゲン」を参照のこと。

ピアポント・モーガン図書館
Pierpont Morgan Library
マディソン街の近くにあるピアポント・モーガン図書館（#95 ☎212-685-0610 Ⓦwww.morganlibrary.org ⌂29 E 36th St Ⓜ 6号線で、33丁目33rd St ⊙目安：大人＄8、シニアと学生＄6、子供無料 ⊙火～木10:30～17:00、金10:30～20:00、土10:30～18:00、日12:00～18:00）は、製鉄業界の有力者J・P・モーガン所有の45部屋から構成される邸宅の一部だ。彼の所蔵物は、膨大な数の手書き原稿、タペストリー、書物（3冊以上のグーテンベルグの聖書）、イタリアのルネサンス絵画で飾られた書斎、大理石でできた円形広間、そして3段階になったイースト・ルームにあるメイン・ライブラリーなどである。順番に行われる絵画展はどれも一流のものばかりだ。

カフェや本屋もあるガラスで囲まれたおしゃれなガーデン・コートでは、年間を通じて講義やコンサートが主催される。ピアポント・モーガン図書館は、ニューヨークのとっ

ニューヨーク市立図書館
New York Public Library

このすばらしい図書館（☎212-930-0800 🌐www.nypl.org 🏠42丁目と5番街の角42 St at Fifth Ave 🚇S、4、5、6号線で、グランド・セントラル／42丁目Grand Central-42nd St、7号線で、5番街Fifth Ave 🕐月・木〜土10:00〜18:00 火・水11:00〜19:30）は学問の象徴であるが、壮大なボザール様式の建物は、巨額の資金を持った企業家が背景に存在していたことをうかがわせる。1911年の開館当時、500人の利用者が収容可能な3階の巨大な読書室を持つこのニューヨーク随一の図書館は、それまでにアメリカで建てられた大理石の建築物の中では最大規模のものであるとされた。玄関にある大理石のライオン像や、いたるところに贅沢に貼られた金箔、シャンデリア、彫刻を施した玄関、そして天井の壁画については語るまでもない。

今日、人文社会科学図書館と呼ばれるこの建物は、ニューヨークで最も楽しめる無料観光名所の一つとなっている。雨の日には風通しの良い読書室で読書を楽しみ、オリジナルのキャレールとヘイスティングズがデザインしたランプを堪能しよう。また展示ホールをぶらつけば、独立宣言やグーテンベルグ聖書などの原本を含む、英文学のありとあらゆる著名作家の貴重な手書き原稿を閲覧できる。興味深い展示会も順番に開催されており、無料館内ツアーでは思いがけないおもしろい情報を入手できるかもしれない。ツアーは月〜土曜の11:00と14:00にインフォメーション・デスクから出発する。

図書館の真後ろにある**ブライアント・パーク Bryant Park**は、日中心地よい安らぎを与えてくれる。かつて麻薬のディーラーたちがはびこっていたが、すばらしく修復された公園では日光浴、結婚式、ピクニックなどの人気スポットとなっている。近くのブルックリンで作られた新しい**回転木馬 carousel**は絶対に楽しめるだろう。料金は1回＄1.50。夏には月曜夕方、**野外映画フェスティバル outdoor movie festival**（☎212-768-4242 🌐www.bryantpark.org）が開催される。ただし、座る場所を確保するためには早めに来ること。

グランド・セントラル駅
Grand Central Terminal

ニューヨークの最もドラマチックな公共施設、グランド・セントラル駅（🏠42丁目とパーク街の角42nd St at Park Ave 🚇S、4、5、6、7号線で、グランド・セントラル／42丁目Grand Central-42nd St）は現代のニューヨークの活気を保ちながらも、20世紀初頭のロマンティックな電車の旅を彷彿させる。丁寧に手を施された1998年の修復工事により、内部は以前にも増して深い感銘を与える。

1913年に完成したグランド・セントラル駅は仰天するほどすばらしいニューヨークのボザール様式の建物の一つで、12星座図が逆方向に描かれた（設計者が間違えてしまった）アーチ型天井を持つ、75フィート（約23m）の高さの、ガラスに覆われた狭い通路を誇る。メイン・コンコースを見渡すバルコニーからは、すばらしい景色を眺めることができる。平日の夕方6時ぐらいにバルコニーに腰を下ろし、このターミナルがたとえ騒々しい人の流れの中にあっても、優雅さを維持している様子を楽しむのもよい。

今日グランド・セントラル駅の地下にある電気の路線では、北の郊外やコネティカットへ向かう通勤電車のみが運行されている。しかしこの古い駅舎にはおいしい食事、おしゃれなバー、時折開催される展示会など、わざわざ足を運ぶ価値がある。詳細は「食事」と「エンターテインメント」参照。

ミュニシパル・アート・ソサエティ Municipal Art Society（☎212-935-3960 🌐www.mas.org）は、毎週水曜日の12:30にグランド・セントラル駅構内の徒歩ツアーを主催している。寄付金の目安は＄6。1時間のツアーの間この駅に

「全員乗車してください！」グランド・セントラル駅のメイン・ホール

マンハッタン – ミッドタウン

観光スポットと楽しみ方

目まいがするようなクライスラー・ビルの高さ

ついてのすべてを学べるが、なんといっても目玉はコンコース上のガラスの狭い通路を通り抜けることができるという点だ。ツアーに参加するためには、駅中央にある乗客インフォメーション・ブースに集合する。グランド・セントラル駅にはまた、ツーリスト・インフォメーション・ブース、両替所、交番もある。

通りの向こうには**フィリップ・モリス・ビルPhilip Morris Building**（☎212-878-2550 ♠120 Park Ave 🚇無料 🕐月～水11:00～18:00、木11:00～19:30）に入ったホイットニー美術館の小規模な別館がある。

クライスラー・ビル
Chrysler Building

1048フィート（約319m）のクライスラー・ビル（♠レキシントン街と42丁目の角Lexington Ave & 42nd St 🚇S、4、5、6、7号線で、グランド・セントラル／42丁目Grand Central-42nd St）はグランド・セントラル駅から通りを横断したところにあり、完成後数カ月でエンパイア・ステート・ビルにその座を奪われるまで、わずかながら世界一高いビルとして君臨した。1930年ウィリアム・ヴァン・アレンに設計されたアール・デコ調の傑作であるこの建物は、車のボンネット、車を作るときのクレイモデルのような、また屋根を鉄でふ

いたような装飾で車文化を讃えている。このような特徴や、クライスラー独特のその他の装飾物を見るのには、特に双眼鏡が役立つだろう。周囲を驚かせるために内密に建設された、200フィート（約61m）のステンレス製の尖塔（"頂上"とも呼ばれる）が、偽の屋根を通して立ち上げられた際は、自らが建設していた新しいウォール街のビルが当時最も高いと（実際は建築家を驚愕させ、がっかりさせた。夜にはライトアップされるが、ここにはクライスター・ビルそのもの以上に感動的なシンボルがほかにもいくつかある。

最上階には、クラウド・クラブという数年前に閉鎖してまったビジネスパーソンのクラブと、クライスラー社のトップであったウォルター・クライスラーの専用アパートがある。長年デベロッパーはこのビルの一部をホテルに作り変えようと計画しているが、今のところは夢物語のままだ。

クライスター・ビルにはレストランも展望デッキもないが、念入りに作られた化粧板のエレベーター（ホンジュラス・マホガニー、オリエンタル・ウォルナットとキューバ・マホガニーで作られている）、贅沢に使われた大理石、そして産業の展望を描いた1階の天井の壁画（97フィート〈約29.6m〉×100フィート〈約30m〉で世界最大といわれている）を見るために、散策してみるのもよいだろう。

国連本部
United Nations

国連本部（☎212-963-8687 ♠〈見学者入口〉1番街と46丁目の角cnr First Ave & 46th St 🚇S、4、5、6、7号線で、グランド・セントラル／42丁目Grand Central-42nd St 🎫大人＄8.50、シニア＄7、学生＄6、子供＄5〈5歳未満入館不可〉 🕐3～12月9:30～16:45、1～2月の月～金9:30～16:45）は厳密に言うと、イースト川を一望する国際領域の一片である。

この施設のツアーでは毎年恒例の加盟国が招集される秋の国連総会が見学できる。一年を通して危機管理を行っている安全保障理事会や、経済社会理事会の議場も見学可能だ。建物の南にある公園にはヘンリー・ムーアの「*Reclining Figure*（横たわる人）」や平和をテーマとしたさまざまな彫刻が立っている。

建物内の英語ツアーは30分ごとに行われている。さらに内容は限られるが、他言語によるツアーも実施されている。詳細は☎212-963-7539まで。このエリアがタートル（亀）・ベイと呼ばれているということを、時々耳にするかもしれない。亀はとっくの昔にいなくなってしまったが、このあたりにおもしろい

マンハッタン – ミッドタウン

建造物の代表例がいくつかあり、特に各政府代表部（たとえばエジプト代表部〈🏠304 E 44th St between First and Second Aves〉、インド代表部〈🏠245 E 43rd St between Second and Third Aves〉）はおすすめだ。

サットン・プレイス
Sutton Place

この場所には（**M**4、5、6号線で、59丁目 59 St）54丁目から59丁目までの1番街に平行して、ヨーロッパ風の高級アパートが何棟か立ち並ぶ。袋小路には、イースト川に面した座り心地の良いベンチが置いてあり、映画「マンハッタン」でダイアン・キートンとウディ・アレンの最初のデートのシーンに使われた。59丁目橋59th St Bridge（川の向かい側ではクイーンズボロー橋として知られている）のたもとでは、橋のアーチに食べ物の屋台やレストランが集まったテレンス・コンラン卿のブリッジ・マーケットを発見するだろう。この美しいスペースはグランド・セントラル駅のオイスター・バーで見られるような、ガスタヴィーノ・タイルが散りばめられたアーチ型天井を誇る。

ほかにおすすめするような場所は特にないが、**PJクラークス PJ Clarke's**（🏠3番街と55丁目の角cnr Third Ave & 55th St）は1890年代から続くバーで、今までも変わらずにおいしいビールを堪能できる。

ロックフェラー・センター
Rockefeller Center

1930年代の大不況の真っ最中に、5番街と6番街の間にある22エーカー（約8万9000m²）のロックフェラー・センターの複合施（☎212-632-3975 🌐www.rockefellercenter.com 🏠48th-51st Sts **M**B、D、F、V線で、47丁目-50丁目／ロックフェラー・センター 47th-50th Sts/Rockefeller Center）は9年にわたって7万人の雇用を創出し、"都市の中の都市"と呼ばれる小売業、娯楽施設、オフィスを複合した初のプロジェクトだった。

ロックフェラー・センターに関しておそらく最も印象的なのは、「岐路に立った人間は自信がなさそうに見えるが、将来を期待に満ちた目でとらえている」というテーマで、当時のすばらしい芸術家たち30人を集め、建物の建設が委託されたことだ。しかしながらある一人の偉大な芸術家は、将来に懐疑的だった。その芸術家、メキシコの壁画家ディエゴ・リベラは、70階建てのRCAビル（現在のGEビル）のロビーに作品を描く依頼を受けたが、ロックフェラー家が彼の絵を"社会主義のイメージ"——つまりレーニンの顔——が描かれてい

クリスマスのロックフェラー・センターでの「凍えてしまう」お楽しみ

るとして拒否したことから、彼の怒りは頂点に達した。リベラのフレスコ画は取り壊され、代わりにホセ・マリア・サートが採用され、そしてより"許容可能な"エイブラハム・リンカーンやラルフ・ワルド・エマーソンが描かれた。

著者の経験からいえば、アイス・スケートのリンクを見渡している*Prometheus*（プロメテウス）、ロビーの壁に奇妙な彫刻がはめ込まれている**インターナショナル・ビル International Building**（🏠630 Fifth Ave）の前で、与えられた役割を果たしている*Atlas*（アトラス）、**アソシエイテッド・プレス・ビル Associated Press Building**（🏠45 Rockefeller Plaza）の入口の上にあるイサム・ノグチによる「*News*（ニュース）」などは、たとえ芸術の初心者でも感銘を受けるだろう。この複合施設にある芸術作品に興味があるならば、詳細な情報が掲載されているロックフェラー・センター観光ガイドをGEビルのロビーで入手しよう。

この複合施設の周囲にある建築物の内容はさまざまである。GEビルへの6番街の入口にあるタイルの作品、ラジオ・シティ・ミュージック・ホールの脇にある3つの輝くカメオ細工、アイス・スケート・リンクの真北にある、ロックフェラー・プラザ41番地41Rockefeller Plazaにあるイースト・リヴァー貯蓄銀行ビルの、背面から輝く金とステンドグラスでできた入口は、一見の価値がある。

ロックフェラー・センターで一番有名なものといえば、クリスマスから年末にかけてアイス・スケート・リンクを見渡す、あの巨大なクリスマス・ツリーだろう（この伝統は工事現場の労働者たちが、同地に小さなクリスマス・ツリーを飾った1930年代まで遡る）。感謝祭の後の火曜日に行われる、毎年恒例のロ

ックフェラー・センターのクリスマス・ツリーの点灯式には何千人もの観光客が集まり、一度は見ておく価値がある。この眺めを見ようと、信じられないほどの人でごった返すが、49丁目と50丁目の間の**アイス・スケート・リンク ice skating rink** ☎212-332-7654 🏠Fifth Ave 🈺月～金 大人＄8.50 子供＄7、土・日大人＄11 子供＄7.50、スケートレンタル＄6 🅾11～4月 月～木 9:00～22:30、金・土8:30～24:00、日8:30～22:00)での、プロメテウス像に見守られながらのスケートはきっと忘れられない思い出になる。

ロックフェラー・センター内の店には、さまざまな商品を取り扱う高級ディスカウント化粧品店のセフォラ、テクノロジーを活用したグッズを売るシャーパー・イメージ、トミー・ヒルフィガーなどほかよりも満足できる店舗が揃っている。

ラジオ・シティ・ミュージック・ホール Radio City Music Hall

6000人を収容できるこのアール・デコ調の劇場(☎212-247-3777 🌐www.radiocity.com 51丁目と6番街の角51st St at Sixth Ave 🚇B、D、F、V線で、47丁目-50丁目／ロックフェラー・センター 47th-50th Sts/Rockefeller Center)は、その内部が保存指定名所とされており、1999年の大規模な修復のおかげでとても見栄えがする。この大成功を収めた修復作業により、ベルベットの座席や調度品は1932年のオープン当時とまったく同じ状態に戻された("国家の名所"では喫煙室やトイレでさえエレガントなのである)。ここで行われるコンサートはすぐに売り切れてしまい、毎年クリスマス恒例の陳腐な感じがするが、楽しいロケッツのダンスのチケットは＄70まで値上がりしている(足を高く振り上げるラインダンスの発案者のサミュエル・"ロキシー"・ロザフェルによると、ラジオ・シティに1回来れば、アメリカに1ヵ月滞在するのと同じくらい楽しいものらしい)。

ツアーに参加すれば劇場の内部を覗くことができる(🈺大人＄16、子供＄10)。このツアーは月～土曜の10:00～17:00、日曜の11:00～17:00の毎時30分にスタートする。チケットは先着順に販売される。

NBCスタジオ NBC Studios NBCテレビ・ネットワーク(☎212-664-3700 🌐www.nbc.com 🚇B、D、F、V線で、47丁目-50丁目／ロックフェラー・センター 47th-50th Sts/Rockefeller Center)はロックフェラー・センターのアイス・スケート・リンク(リンクは夏の数ヵ月間はカフェとして賑わう)の向こうにそびえ立つ、70階建てのGEビルに本社がある。ニュース番組「トゥデイ Today」は毎日、噴水近くのガラス張りの1階のスタジオから7:00から9:00まで生放送されている。

NBCスタジオのツアーはGEビルのロビーからスタートする。月～土曜の8:30から17:30まで、日曜は9:30から16:30までで、11月と12月のホリデー・シーズンには時間が延長される。ツアーの料金は、大人＄17.50、シニアと6～16歳の子供＄15、6歳未満の子供無料。

テレビ番組(サタデー・ナイト・ライブ、レイト・ナイト・ウィズ・コナン・オブリエンなど)の収録見学チケットは、月～金曜 9:00～17:00まで**NBCショー・チケット NBC Show Tickets**(☎212-664-3056)にて電話で入手可能。チケットを絶対に入手したい人は、早めに計画することをおすすめする。

セント・パトリック大聖堂
St Patrick's Cathedral

ロックフェラー・センターの真向かいにあるこの教会(☎212-753-2261 🏠50丁目と5番街の角cnr 50th St & Fifth Ave 🚇B、D、F、V線で、47丁目-50丁目／ロックフェラー・センター 47th-50th Sts/Rockefeller Center 🅾6:00～21:00)が誇るのは、フランスのゴシック様式を入念に解釈した建物であり、絶対に見学す

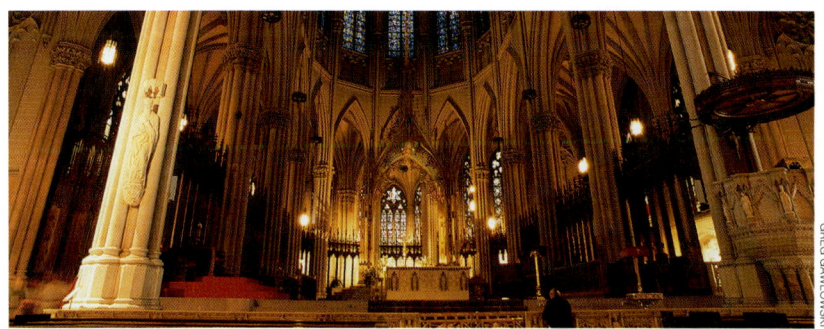

セント・パトリック大聖堂のすばらしいフランスのゴシック様式を見学してみよう

る価値がある。南北戦争の最中に約＄200万という費用をかけて建てられた聖堂には、もともと尖塔がなかったが1888年に加えられた。2400人の信者しか収容できないが、ニューヨークに220万人いる熱心なカトリック信者のほとんどが、一回はこの教会を訪れたことがあるだろう。実際に行ってみると、ありとあらゆる人がそこに居合わせているように見えるが、なんとかそれを切り抜けてこの上なく美しい内部の装飾に注目しよう。

教会の中に入り、建物の脇に沿って8つの小さな聖堂を通り過ぎ、**聖母グアダルーペ Nuestra Señora de Guadalupe**に進み、またメインの祭壇を過ぎると聖母マリアへと捧げられた静かな**レディー・チャペル Lady Chapel**がある。ここからは、7000本を使用したパイプオルガンの上にある、すばらしいステンドグラスの**ローズ・ウィンドウ Rose Window**を見ることができる。祭壇の後ろにある地下室には、ニューヨークのあらゆる枢機卿の棺と共に、貧困にあえぐ人々の擁護者で、初の黒人アメリカ人の聖人（聖人の資格を付与される見込みである）として知られているピエール・トゥーサン（ハイチからの移民）の遺体が安置してある。

セント・パトリック大聖堂は、残念なことに、野球帽をかぶったままでいたり、ビデオ撮影をするなど、敬意を表さない失礼な来訪者による迷惑に絶えずさらされているので、落ち着いて瞑想をするようなことができる場所ではない。ここはまた、教会の職階制に疎外感を感じているゲイの抗議の場となっている。1933年以来、セント・パトリックの日のパレードからアイルランド人のゲイが排除されたため（このパレードはカトリック教会の主催ではないが、伝統的なカトリックのイベントとされている）、毎年3月には聖堂の近くで抗議デモが起こる。

週末には頻繁にミサが行われ、ニューヨーク大司教は日曜日の10:15の礼拝を務める。気軽に訪れた観光客は礼拝と礼拝の間の時間帯のみ入場可能。

お手頃なバスでのマンハッタン観光

もしマンハッタンのガイド付きバス・ツアーに興味があるなら、「交通手段」の「ツアー」を参照すべし。むしろツアーにお金を払いたくないという人は（またはツアー・ガイドのおしゃべりを聞きたくなければ）、古き良き公共バスに乗れば自分だけのガイドが楽しめる。観光したいと思えばバスに乗り降りし、ブロードウェイを地下鉄で戻ったりと自由に移動できる。もし公共の交通手段を利用したツアーにするのだったら、のろのろ運転のせいで、この2時間のツアーが3時間かかることもあるので朝早くに出発すること。

ここに掲載されている場所の詳細については、この章の「チェルシー」、「ミッドタウン」、「アッパー・ウェスト・サイド」、「ワシントン・ハイツ」を参照。

ハウストン通りHouston St（MAP4 バスのルートの開始地点）の上、6番街沿いのどこからでも出発しているアップタウン行きのM5番バスに乗ってみよう。西3丁目や6番街などはっきり目立つスポットで乗客を乗せ、主な交差点（14丁目、23丁目など）でしか止まらない、"リミテッド・ストップlimited stop"の快速バス（平日のみ運行）に必ず乗車するようにしよう。バスではお札が使えないので、乗車料の＄1.50はトークン、メトロカードで、または釣銭がでないように小銭で払うようにし、またM4番バスに乗り換えてクロイスターズ美術館に行きたくなるかもしれないということを想定して、トランスファー（乗り換え券）ももらっておこう。

M5番バスが6番街を走り続けていくと、最初に**チェルシー Chelsea**（MAP5）にさしかかり、19世紀後半におしゃれな貴婦人たちが服飾品や陶磁器などのショッピングを楽しんだレディーズ・マイルを通り過ぎる。今日、14丁目と23丁目にある古めかしい華美なビルは、最新の大型店（ステイプルズ、ベッド・バス＆ビヨンド、バーンズ＆ノーブルなど）に引き継がれている。

バスは**ヘラルド・スクエア Herald Square**やメイシーズ・デパートを抜け、右にはニューヨーク市立図書館本館の裏にあるブライアント・パークの西端が見える。さらに6ブロック行くと、50丁目の右側にはGEビルやラジオ・シティ・ミュージック・ホールなどの**ロックフェラー・センター Rockefeller Center**がある。

59丁目を左に曲がり、バスは**コロンバス・サークル Columbus Circle**でアップタウンへ向かう前に、セントラル・パークの南端に沿って走る。中央にクリストファー・コロンブス像（1892年建築）が飾られているこのサークルは、ニューヨーク内でヨーロッパの伝統的なロータリー広場に最も近いものである。

バスがブロードウェイを走り続けていくと、62丁目と65丁目の左側に**リンカーン・センター Lincoln Center**（MAP7）が見えてくる。白い大理石の複合施設には、メトロポリタン・オペラやニューヨーク・フィルハーモニック、ジュリアード音楽院がある。西72丁目でバスは左へ曲がり、手入れの行き届いたアパートが軒を並べる、マンハッタン上部の最も西側の通りであるリヴァーサイド・ドライブRiverside Drへと向かう。バスが北に曲がると、1996年にヒラリー・ロダム・クリントンが贈呈したエレノア・ローズヴェルトの像が見える。

5番街
Fifth Avenue

映画と音楽の中では不朽の地とされる5番街は、アップタウンのこの通り沿いにあった一連の大邸宅が億万長者通りとして知られるようになった20世紀初頭に、初めてそのハイソな評判を確立した。今日ミッドタウン一帯には、セントラル・パークと5番街を見渡すグランド・アーミー・プラザにある、派手だがどこか親しみのある雰囲気の**プラザ・ホテル Plaza Hotel**（#7 M N, R, W線で、5番街／59丁目Fifth Ave-59th St、F線で、57丁目 57th St）や、高級ショップ、ホテルが並ぶ。この歴史ある建物には広いロビーがないのだが、パーム・コートにあるステンドグラスの天井は印象的だ。ローマ神話の女神、ダイアナ像があるホテルに面した噴水は憩いの場所となっている（59丁目にずらりと並ぶ馬車の風下にいなければだが）。通りの反対側、59丁目と5番街の北西の角にある伝統を誇る古本屋、**ストランド・ブックストア Strand Bookstore**の出先を見逃さないこと。

59丁目より上の5番街にあった大邸宅の相続人は建物を売って取り壊したか、またはミュージアム・マイル（後出の「アッパー・イースト・サイド」を参照）を形成する文化施設に変えてしまった。セント・パトリック大聖堂の裏、マディソン街にある**ヴィラード邸 Villard Houses**（M B, D, F, V線で、47丁目-50丁目／ロックフェラー・センター47th-50th Sts/Rockefeller Center）だけが、驚異的な例外である。1881年に資本家のヘンリー・ヴィラードは、ティファニー、ジョン・ラファージ、オーガスト・セント・ゴーデンスなどによる細部装飾を誇示する4階建てのタウンハウスを6棟建てた。その後、同建物はカトリック教会に所有され、そしてホテル業界の有力者たちに次々と売却された。もし多少の現金と、それなりにふさわしい服を持ち合わせているなら、豪華にヴィラード・バー（「エンターテインメント」を参照）でカクテル、またはル・サーク2000（「食事」を参照）で食事を楽しめる。

お手頃なバスでのマンハッタン観光

リヴァーサイド・パークは天気の良い日には、傾斜のなだらかな丘と、ニュージャージー北部の崖の景色が広がり、とてもすばらしい。公園内には南北戦争に貢献した人たちを讃えるために、1902年に建てられた兵士と船員の記念碑 Soldiers' and Sailors' Monumentなど多くの記念碑がある。89丁目で左に曲がり、この記念碑の雄大な鐘楼を見てみよう。また、93丁目には**ジャンヌ・ダルク Joan of Arc**像があり、**グラント将軍の墓 Grant's Tomb**（MAP8 120th St）を通り過ぎると、その右側に巨大なオルガンと展望台付き鐘楼のある壮大なリヴァーサイド教会 Riverside Churchを発見するだろう（ここでしばらく下車して探索してみたくなるかもしれないが、代わりに北へ35丁目行ったオーデュボン・テラスへ行くことを強くおすすめする）。

バスは135丁目でブロードウェイに戻り、北へ向かう。155丁目の通りの西側に面したオーデュボン・テラス Audubon Terraceに到着する。自然学者ジョン・ジェイムス・オーデュボンのかつての住まいだったこの場所には、正当な評価を受けていないが、感銘を与える2つの博物館、アメリカ貨幣協会American Numismatic Societyとアメリカ・ヒスパニック協会Hispanic Society of Americaがある。

もし長時間バスを降りていないようだったら、トランスファーを使ってブロードウェイの178丁目と179丁目の間にある、ジョージ・ワシントン・ブリッジ・バス・ターミナル（MAP13）で、さらにアップタウンへ向かうM4番バスに乗り換えることができる（または、ここで完全にバスを降りて西に歩き、橋の支柱の影に立つかわいらしい**リトル・レッド灯台 Little Red Lighthouse**がある、ハドソン川まで行くこともできる）。M5番同様、M4番は西168丁目までブロードウェイに沿って走る。ここからM4番は、フォート・トライオン・パーク内の**クロイスターズ 美術館Cloisters**へと続くフォート・ワシントン街Fort Washington Aveに入る。1930年代のオープン以来、この見事な美術館は、中世ヨーロッパの修道院の一部など、メトロポリタン美術館の中世美術のコレクションを展示している。近くの204丁目とブロードウェイの角では、もはや28エーカー（約11万3300㎡）の農場には囲まれてはいないが、マンハッタンで唯一残存しているオランダ人農家の住居とされる1783年建造の**ダイクマン・ハウス Dyckman House**がある。

もし途中でいろいろと見てしまったら、自分の居場所に応じて地下鉄のA、C、1号線で戻ってもいいだろう。バスでまだ観光を続ける場合は、M4番でダウンタウンに戻る。この路線はフォート・ワシントン街Fort Washington Aveを南下し、ブロードウェイを経由し、セントラル・パーク・ノース通りCentral Park North（110丁目）でセントラル・パークを横断して5番街に入り、ミッドタウンへと戻ってくる（この経路には別料金がかかる）。バスは、ムセオ・デル・バリオ Museo del Barrio、ニューヨーク市立博物館 Museum of the City of New York、ニューヨーク医学アカデミー New York Academy of Medicine、グッゲンハイム美術館 Guggenheim Museum、メトロポリタン美術館 Metropolitan Museum of Artを経由する。

M4番はそれからロックフェラー・センターの東端とセント・パトリック大聖堂を通り抜ける。この地点で渋滞に巻き込まれるか、バスにもそろそろ飽きてくる頃なので、5番街34丁目のエンパイア・ステート・ビルに到着する頃にはバスを降りていよう。

数ある高級ブティックがマディソン街に移動してから（「ショッピング」を参照）もなお、50丁目より上の5番街には、カルティエ、ヘンリ・ベンデル、ティファニーといった店がいくつか立ち並ぶ。近くの57丁目では、バーバリー、エルメス、シャリヴァリなど他のデザイナー・ブティックで買い物を楽しめる。

テレビ＆ラジオ博物館
Museum of Television & Radio

5番街と6番街にある、カウチ・ポテト族（テレビの前でくつろぎながらジャンク・フードを食べることを趣味とする人々）にとっては、まるでバイキングのようなこの博物館（#40 ☎212-621-6800 W www.mtr.org ♠25 W 52nd St M E、V線で、5番街／53丁目 Fifth Ave-53rd St 🅟大人＄6、シニアと学生＄4、子供＄3 ◎火・水・金〜日12:00〜18:00、木12:00〜20:00）には、5万本ものアメリカのテレビ・ラジオ番組が揃っており、すべて館内のコンピューター・カタログからクリックひとつで利用が可能である。雨の日や単に現実に嫌気が差したときにはもってこいの場所。ほとんどの見学者が、子供の頃のお気に入りのテレビ番組を90台あるコンソール型デスクで視聴するが、ラジオ視聴室も予想以上に楽しめる。入場料を払えば誰にも邪魔されずに、2時間ここでオーディオ・ビジュアルの楽しさを満喫できる。この博物館では、特別な上映会も催される。

近代美術館（モマ）
Museum of Modern Art

5番街と6番街にあるこの美術館（通称モマ MoMA #41 ☎212-708-9400 W www.moma.org ♠11 W 53rd St M E、V線で、5番街／53丁目Fifth Ave-53rd St）は63万平方フィート（約5万8500m²）まで増改築（現在利用可能の展示スペースよりも50％以上増える）するため、2005年まで閉館中。その間、ロングアイランド・シティのモマ・クイーンズMoMA QNS（詳細は後出の「ロングアイランド・シティ」を参照）で、この美術館の所蔵品のわずかではあるが一部を展示している。幸運なことに、クイーンズの同美術館があるエリアには観光名所がたくさんあるので、それらと一緒に部分的に移転された近代美術館を回ってみると、すばらしい一日旅行となるだろう。

アメリカン・クラフト美術館
American Craft Museum

近代美術館の通りの真向かい、5番街と6番街の間にあるアメリカン・クラフト美術館（#42 ☎212-956-3535 W www.americancraftmuseum.org ♠40 W 53rd St M E、V線で、5番街／53丁目Fifth Ave-53rd St 🅟大人＄7.50、シニア＄4、13歳未満の子供無料 ◎火・水・金〜日10:00〜18:00、木10:00〜20:00）には、すばらしく設計された風通しのよいスペースに、革新的で伝統的な工芸品が並ぶ。この美術館では現在、工芸技術を考察する10年間にわたる展示会を行っており、8つに分類された時代の工芸作品を見ることができる。

通りを横断すると、類似したテーマで、すてきなギフト・ショップが自慢の**アメリカン・フォーク・アート美術館** American Folk Art Museum（#39 ☎212-265-1040 W www.folkartmuseum.org ♠45 W 53rd St M E、V線で、5番街／53丁目Fifth Ave-53rd St 🅟大人＄7.50、学生とシニア＄4 ◎火〜木・土・日10:00〜18:00、金10:00〜20:00）がある。

ドネル図書館
Donnell Library Center

近代美術館の通りの向かい側にあるニューヨーク市立図書館のドネル分館（#43 ☎212-621-0618 ♠20 W 53rd St M E、V線で、5番街／53丁目Fifth Ave-53rd St)は、すばらしい無料のジャズ・コンサート、映画、講義を主催しているだけではなく、1920年と1922年の間にクリストファー・ミルンに与えられ、1987年に

モマ・ミーア（なんてこった）！どうして、近代美術館を拒否することができるんだ？

図書館に寄与されたオリジナルのクマのプーさんと仲間たちの家でもある。一行は2階のガラスの陳列ケースに集まっている。皆非常に良い状態で保存されているが、プーさんは少々弱々しく見え、はちみつを必要としているようだ。

タイムズ・スクエア（MAP6）
Times Square

今日、すばらしい復興を享受するタイムズ・スクエア（🚇N、Q、R、S、W、1、2、3、7号線で、タイムズ・スクエア／42丁目Times Sq-42nd St駅）は、"世界の十字路"としての名声を再び広めている。ブロードウェイと7番街の交差点周辺の、マンハッタンのミッドタウンの真ん中にあるこのエリアはテレビが登場する前、長年にわたり派手な広告看板と劇場の看板の代名詞的存在だった。テレビのなかった時代、広告主はニューヨークの中心に向かってメッセージを掲げることにより、できるだけ多くの観衆を狙った。60以上の巨大な広告や、全長40マイル以上（約64km）にも及んだネオンがあり、いつも日中のように見えるのには驚くが、正直言ってこのエネルギーの浪費を許容するのは難しい。

かつてここはロング・エーカー・スクエア（長い広場）と呼ばれたが、現在の名は今でもこの地に存在する有名紙ニューヨーク・タイムズに由来する。すばらしい照明にちなみ、"白い大きな道"とも呼ばれるタイムズ・スクエアは、それまで一流の映画を上映していた誇り高き映画館が、1960年代から"トリプルX（R指定）"の作品を上映するポルノ映画館に変わってしまってから少し影を潜めた。しかし近年になって、ニューヨーク・シティがこの地へ移転してきた企業（顕著な例はウォルト・ディズニー）の法人税を引き下げ、映画館を法律で統制することによって新しい命運をかけた街へと再生した。前ジュリアーニ市長の下、最低でも60％は"正統"な映画館とし、そうすれば残りの40％でポルノ映画の上映や販売が許可される（1つの劇場の中で、60％以上"正統"な演目を上映しなければならない）という法律が施行された。今日タイムズ・スクエアにはミッドタウンで＄120億以上の出費する観光客が、年間2700万人訪れる。

氾濫する色、文字が次々と流れるメッセージ・ボード（"ジッパーズ"と呼ばれる）と巨大なテレビ・スクリーンのおかげで、タイムズ・スクエアは一つの巨大なまばゆい広告塔のようになっている。ABCやMTVといったテレビ局（後者は、44丁目とブロードウェイの角で叫ぶ声を上げる10代の若者たちが目印だ）はタイムズ・スクエアにスタジオを作り、ヴァージン・メガストアを含む大企業は店舗をオープンした。ドイツの出版社バーテルスマン、ロイター通信社やアメリカの雑誌出版社のコンデ・ナストなどの一大メディア企業は、近

ニューヨークから生放送！

今日「リアリティTV（一般から選ばれた出演者達が外界と隔離された場所で長期間生活する姿を放送する番組）」が人気のアメリカでは、テレビカメラがありとあらゆる場所に設置されているようだ。同様に、月曜から金曜までの朝7:00から9:00まで放送されている、主要テレビ局の朝番組の背景として、ニューヨークもすっかりおなじみになっている。これは、NBCの「トゥディ*Today*」がロックフェラー・センターのガラス張りスタジオで番組を開始したことから、すべてが始まった。その後ABCは、タイムズ・スクエアを見渡すグッド・モーニング・アメリカ・スタジオ Good Morning America studio（🏠ブロードウェイと西44丁目の角cnr Broadway & W 44th St）で放送を始めた。CBCの「アーリー・ショー*Early Show*」は、5番街のプラザ・ホテルの向かい側にある、ゼネラル・モーターズ・ビルにある1階のスタジオから追従した。MTVのUSネットワークはタイムズ・スクエアを見渡し、デイヴィッド・レターマンの「レイト・ショー*Late Show*」は、ブロードウェイの53丁目近辺にあるエド・サリバン劇場付近で通りがかりの人々を利用したジョークを披露する。

もしスタジオで観客として座って見学したいのなら、収録日に当日券になるが無料の入場券を入手できるかもしれない（先行チケットは通常数か月前から番組に手紙で申し込んだ人々が入手してしまう）。**NBC**（☎212-664-3056 🏠30 Rockefeller Plaza, 49th St）は、オフィスでチケットを配布している。コナン・オブライエンの「レイト・ナイト*Late Night*」の入場券は火曜から金曜の9:00から、「サタデー・ナイト・ライブ*Saturday Night Live*」の入場券は十曜の9:15から並んでみよう。ニューヨークで最も人気の朝番組のひとつ「ライブ・ウィズ・レジス・アンド・キャシー・リー*Live with Regis and Kathie Lee*」の当日券を手に入れるには、月曜から金曜の8:00までに番組の**スタジオ studio**（🏠67丁目とコロンブス街の角cnr 67th St&Columbus Ave）へ行こう。CBSは「レイト・ショー*Late Show*」の当日券を配ることもある。11:00に**当日券の予約番号 stand-by ticket line**（☎212-247-6497）に電話してみよう。しかし番組スタッフは通常スタジオをオーバーブッキングするので、あまり期待しないほうがよい。もしチケットが手に入ったら、身分証明書（ほとんどの番組は観客が16歳以上であることを義務付けている）と、スタジオは寒いので収録中に着る暖かい上着を用意したほうがいい。

年スクエアやそのまわりに本社を置いている。
　タイムズ・スクエアはまた、ニューヨークの正式な劇場地区としての役割を果たし、6番街と9番街の間、41丁目から54丁目までのエリアは、ブロードウェイとオフ・ブロードウェイの劇場であふれている（詳細は「エンターテインメント」を参照）。毎年大晦日には、イルミネーションで輝くウォーターフォード・クリスタル・ボールが真夜中にワン・タイムズ・スクエアの屋根から降りて来るのを見ようと、100万人にもおよぶ人々がタイムズ・スクエアに集まる。このイベントは世界で報道されるほど有名だが、90秒しか続かないため、はっきりいってあっけないものがある。

タイムズ・スクエア観光案内所 Times Square Visitors Center
ブロードウェイと7番街、46丁目と47丁目の間、にある有名な交差点の真ん中に位置する（#53 ☎212-869-1890 ⓦwww.timessquarebid.org 🏠1560 Broadway Ⓜ N, Q, R, S, W, 1, 2, 3, 7号線で、タイムズ・スクエア／42丁目Times Sq-42nd St）。年間100万人以上の観光客がここでATM、市内のビデオガイド、無料のインターネット・サービスなどを利用している。またセンターでは金曜12:00に、近隣の無料の徒歩ツアーも主催している。

国際写真センター
International Center of Photography
最近、拡大したミッドタウンの敷地に統合されたこのセンター（#105 ☎212-857-0000 ⓦwww.icp.org 🏠1133 Sixth Ave at 43rd St Ⓜ B, D, F, V線で、42丁目42nd St、7号線で、5番街Fifth Ave 🎫大人＄9、シニアと学生＄6 🕐火〜木10:00〜17:00、金10:00〜20:00、土・日10:00〜18:00）は著名写真家、特にフォト・ジャーナリストたちにとって、ニューヨーク・シティの最も重要な場所となっている。過去の展示は同時多発テロやエイズの衝撃などについての、アンリ・カルティエ＝ブレッソン、マン・レイ、マシュー・ブラディ、ウィージーとロバート・カパらの作品を含む。

アッパー・ウェスト・サイド（MAP7）
UPPER WEST SIDE

アッパー・ウェスト・サイドは、ブロードウェイがコロンバス・サークルのミッドタウンから現れるところで始まり、125丁目周辺のハーレムの南の境で終わる。多くのホテルは、セントラル・パークを取り囲み、何人もの有名人がセントラル・パークの西96丁目まで続く巨大なアパート群に住まいを置く。

　このエリアは**ドリルトン Dorilton**（🏠171 W 71st〈ブロードウェイの角at Broadway〉）や**アンソニア Ansonia**（🏠2109 Broadway）のように優雅な邸宅からアパートに変わったような建物や、セントラル・パーク・ウェスト通り外れの**マクバーニー・スクール McBurney School**（#102 🏠63rd St）や**フレデリック・ヘンリー・コシット・ドミトリー Frederic Henry Cossitt Dormitory**（#100 🏠64th St）といった、すばらしく細部にまでこだわった機能的な公共施設まで揃い、建築界の不思議の国といえる。もちろんほとんどのブロックは、ひどく家を自慢したがる人々ご自慢の優雅な褐色砂岩の建物が誇らしげに並ぶ。ブロードウェイとウェスト・エンド街の間、西71丁目にある**セプトゥアヘシモ・ウノ公園 Septtuagesimo Uno**（#68）（「セプトゥアヘシモ」とはラテン語で「71」の意味）は、詩人やそれを夢見る人々の創作意欲をかき立てるだろう。たった0.4エーカー（約1620m²）のこのオアシスでは、時代を問わずその場でいきなり結婚のプロポーズができてしまう感じだ。

　もう一つのおすすめはハドソン川沿い、72丁目から125丁目まで広がる**リヴァーサイド・パーク Riverside Park**（Ⓜ1、2、3号線で72丁目72nd St）だ。インターチェンジの下にあるにもかかわらず、**79丁目ボート・ベイスン 79th Street Boat Basin**は日の出を見るには最高の場所だ。近くのバーやレストランでマルガリータを楽しむのもよい（ジミー・バフェット〈アメリカの1970年代の人気歌手で「マルガリー

マンハッタン – アッパー・ウェスト・サイド

タヴィル」というアルバムを作製した〉よ、ざまあみろ！）。

リンカーン・センター
Lincoln Center

16エーカー（約6万4750m²）のリンカーン・センターの複合施設（☎212-546-2656 www.lincolncenter.org コロンブス街とブロードウェイの角cnr Columbus Ave & Broadway M1、2号線で、66丁目／リンカーン・センター66th St-Lincoln Center）は、ミュージカル「ウェスト・サイド・ストーリー」作製のきっかけとなったテネメント（安アパート）に代わって、1960年代に建てられた7つの大きな劇場を含む。日中リンカーン・センターは控えめな雰囲気を醸し出しているが、夜には水晶のシャンデリアと裕福な人々で光り輝く。

もしあなたに少しでも文化的に強欲な部分があるとすれば、マルク・シャガールによる2枚のカラフルなタペストリーで装飾された**メトロポリタン・オペラハウス Metropolitan Opera House**、ニューヨーク・シティ・バレエとニューヨーク・シティ・オペラの本拠地と**ニューヨーク州立劇場 New York State Theater**などがあるリンカーン・センターは必見だ。ニューヨーク・シティ・オペラは、より低価格で大胆なメトロポリタン・オペラの代替物ともいえよう。シーズン中、ニューヨーク・フィルハーモニックは**エイヴリー・フィッシャー・ホール Avery Fisher Hall**で演奏する。

リンカーン・センター・シアターは1000席もある**ヴィヴィアン・ボーモント劇場 Vivian Beaumont Theater**で芝居の上演を行うが、ここにはまた、もっと小さくてこぢんまりとした**ミッツィ・ニューハウス・シアター Mitzi Newhouse Theater**もある。これらの劇場の右手には、映画や劇の録音テープ、ビデオ、書籍がニューヨーク一豊富な**ニューヨーク舞台芸術図書館 New York Public Library for the Performing Arts**（☎212-870-1630）がある。

65丁目を渡る連絡通路でつながった建物にある**ジュリアード音楽院 Juilliard School of Music**には、リンカーン・センター・チェンバー・ミュージック・ソサエティの本拠地である**アリス・タリー・ホール Alice Tully Hall**や、ニューヨークで最も快適な映画の再上映の会場で、毎年9月に開催されるニューヨーク映画祭の主要な上映場所ともなっている**ウォルター・リード・シアター Walter Reade Theater**がある。リンカーン・センターでは毎晩、最低でも10本のオペラや、クラシック演奏会などが催される。

毎日行われているツアー（☎212-875-5350）は最低でも3つの劇場を見て回るが、どの劇場を見学するかはその時の演目スケジュール次

リンカーン・センターの豪華な照明

第である。事前に電話で確認しておくのがいいだろう。ツアーの料金は大人＄10または＄8.50、学生とシニアは＄8.50、子供＄5。10:30、12:30、14:30、16:30にコンコースのツアー・デスクから出発。もう一つのツアー（＄16 要電話予約）ではピアノの修復の大御所であるクラビアハウス社を訪ねる。

ニューヨーク歴史協会
New-York Historical Society

古くて、ハイフンが入った名前（New-York Historical Society）が示すように、ニューヨーク歴史協会（☎212-873-3400 www.nyhistory.org 2 W 77th St〈セントラル・パーク・ウェストの角at Central Park West〉 B、C線で、81丁目／アメリカ自然史博物館81st St-Museum of Natural History、1、2号線で、79丁目79th St 寄付金目安：大人＄5、シニアと学生＄3 火〜日10:00〜17:00）は歴史的および文化的芸術品を保存するために1804年に設立されたニューヨークで最も古い博物館である。ここはまた、19世紀末にメトロポリタン美術館が設立されるまで唯一の公共美術館だった。

近年ニューヨーク歴史協会は切迫した財政悪化に陥っているが、悲しいことに近所のアメリカ自然史博物館へ訪れる人たちのほとんどは、この美術館の存在に気づきさえもしない。同美術館の所蔵物はニューヨークの街自体と同じくらい奇抜で個性的なのに、注目度が低いのはただ単にぬかりとしか言えない。17世紀の牛の鈴や赤ちゃんのがらがら、モリス知事の木製の義足などはここでのみ閲覧可能である。また、特別なイベントや講義は驚きの連続で、訪れてみる価値は十分にある。

アメリカ自然史博物館
American Museum of Natural History

1869年に設立されたこの博物館（☎212-769-5000 www.amnh.org セントラル・パーク・ウェストと79丁目の角Central Park West

観光スポットと楽しみ方

137

マンハッタン － アッパー・ウェスト・サイド

観光スポットと楽しみ方

at 79th St M B、C線で、81丁目／アメリカ自然史博物館81st St-Museum of Natural History、1、2号線で、79丁目79th St 目安：大人＄10、シニアと学生＄7.50、子供＄6、閉館前の1時間無料 日〜木10:00〜17:45、金・土10:00〜20:45）は、まずマストドンの歯と何千匹もの昆虫の展示から始まった。今日その所蔵品は3000万点以上に及び、インタラクティブな展示物や大量の剥製を含む。ここは数年前徹底的に修復された3つの**恐竜ホール dinosaur halls**が最も有名であり、これらの巨大な物体がどのように行動していたかということに関して、最新の知識を用いて説明している。恐竜ホールを巡回する熱心なガイドは、見学者からの質問に答える準備は万端である。また「触れてくださいplease touch」と書かれた展示物は、6500万年前に地球に存在した草食恐竜の前頂部など、子供が多くのアイテムに触って楽しむことができる。

常設展示物の中のその他の宝物といえば、海洋に息づく生命館Hall of Ocean Lifeの上の天井から吊り下がる巨大な（複製の）シロナガスクジラ、鉱物と宝石館Hall of Minerals and Gemsのサファイア、スター・オブ・インディアである。生物多様性館Hall of Biodiversityといった最新の展示は、地球の生命体についてのビデオのディスプレイも含め、よりエコロジーに焦点を置いた内容となっている。**蝶の保存館 Butterfly Conservancy**は11月から5月までオープンしている、毎年恒例の人気のある展示で、世界中から600もの蝶が勢ぞろいする（入場は追加料金）。建物自体もすばらしい。77丁目にある建物の外観を堪能するために、角を曲がってみよう。

この博物館は最新の**ローズ宇宙センター Rose Center for Earth & Space**（#45）の構想に膨大な想像力を費やした。同センターがオープンした時ミュージアムは21世紀に突入し、最新鋭のハイデン・プラネタリウムでの3Dスター・ショーはすばらしいの一言に尽きる。プラネタリウムを内蔵する、大きなガラスの箱の中の巨大な球体はじっくりと観察すべきだ。これは生態圏と呼ばれ、惑星の発展（地球の創造と成長にしたがって表面が丸くなっていくのは、博物館でしか味わえない経験だ）を捉えたハイテクの展示である。ビッグ・バン・シアター（星とレーザー・ショーには特別料金がかかるが、ローズ・センターの入場は博物館の基本入場料に含まれている）では、レーザー光線や他の特殊効果が宇宙の誕生を再現している。ここにはまた、アイマックスシアターもある。

金曜の18:00から20:00までローズ・センターで主催される、スターリー・ナイト（星降

子供を喜ばせるための古代のアクティビティ

る夜）と呼ばれる、**ジャズの生演奏 live jazz**はとてもおすすめだ。この毎週のイベントに関しては、おつまみ、ドリンク、一流のジャズの演奏が博物館の基本入場料の中に含まれている。ここではシティパスが利用可能だ。詳細は前出のコラム「ミュージアム・バーゲン」を参照。

マンハッタン子供博物館
Children's Museum of Manhattan

アムステルダム街Amsterdam Aveの近くにあるこの博物館（#48 ☎212-721-1234 W www.cmom.org 212 W 83rd St M 1、2号線で、86丁目86th St、B、C線で、81丁目／アメリカ自然史博物館81st St-Museum of Natural History 大人と1歳以上の子供＄6、シニア＄3 水〜日10:00〜17:00）は、幼児の探究心を喚起するディスカバリー・センター、テクノロジーに強い子供たちがテレビ・スタジオで仕事に取り組めるポストモダン・メディア・センター、デジタル・イメージングやスキャナーなど、最新でクールなハイテク機器を利用できる最新発明センターがある。この博物館はまた、週末に工芸ワークショップを行い、特別展覧会を主催することもある。ブルックリンとスタテン島にも関連の子供博物館がある。詳細は「ブルックリン」と「スタテン島」を参照。

モーニングサイド・ハイツ（MAP8）
MORNINGSIDE HEIGHTS

セント・ジョン・ディヴァイン大聖堂
Cathedral of St John the Divine

この巨大な大聖堂（☎212-316-7540 🏠112丁目角のアムステルダム街Amsterdam Ave at 112th St🚇B、C、1号線で、カシードラル・パークウェイCathedral Pkwy 🕐7:30～18:00）は、アメリカで最大の礼拝所であり、そしていまだ建物は完成していない。完成時には、601フィート（約183m）の長さを誇るこの米国聖公会の大聖堂は、世界で3番目に大きな教会となるはずだ（イタリア・ローマのサン・ピエトロ寺院、コートジボワールのヤムスクロ大聖堂に次ぐ）。悲しいことにセント・ジョン・ディヴァイン大聖堂では数年前に火事が起こり、タペストリーや他の芸術品が被害を受け、修復不可能となった。

　土台は1892年にできあがったが、建設作業は今も続行中だ。西正面の左側にある石塔と説教壇の真上のクロス・タワーは工事がまだ始まっていない。ギリシャ様式の円形建物など前方の入口付近にある間取り図の一部に絵が描かれている円形劇場などは、哀愁のある雰囲気が感じられる。

　それでもなお、この大聖堂は著名なニューヨーカーたちにとって、礼拝とコミュニティ活動の場のみならず、ホリデー・シーズンのコンサート、講義、著名なニューヨーカーの葬儀の場所、としてもにぎわいを見せている。さらに前方入口の左には、ポエッツ・コーナー（詩人のコーナー）がある。ただし、ロンドンのウェストミンスター寺院と違って、実際は誰もここに埋葬されていない。1980年代ポップ・アートの世界で人気を博したアーティスト故キース・ヘリングが晩年に設計・建築した祭壇も見学してみよう。

　その他の見どころは、大聖堂の南にある風変わりな**こどもの彫刻庭園 Children's Sculpture Garden**と、裏庭に聖書に登場する植物のみが植えられている**ビブリカル・ガーデン Biblical Garden**（聖書の庭）だろう。興味深い**エコロジー・トレイル Ecology Trail**（生態系の小道）は、多様な文化的観点から、4つの創造サイクル（誕生、生、死、再生）をたどりながら、大聖堂とその敷地を巡るようになっている。

　聖堂のツアー（1人＄3）は、火～土曜の11:00、日曜の13:00に行われている。

コロンビア大学
Columbia University

114丁目と121丁目の間にあるコロンビア大学（☎212-854-1754 🏠ブロードウェイBroadway 🚇1号線で、116丁目／コロンビア大学116th St-Columbia University）と、提携校のバーナード・カレッジが1897年この地に移ったが、創設者はダウンタウンの喧騒から離れているという理由で、この場所を選んだ。現在ニューヨーク・シティは、柵で囲まれたコロンビア大学のキャンパスを越えて拡大している。ロー図書館の階段に腰をかけたアルマ・マーテル像のある中央中庭は、ひなたぼっこをしたり本を読むにはぴったりの静かな場所だ。中央広場の南東角にあるハミルトン・ホールは1968年、学生運動によって占領された場所として有名になり、それ以来何度となく抗議活動やワイルドな学生のパーティが行われた。

　大学という場所柄、近所はお手頃な値段のレストラン、すてきな本屋やカフェであふれている。バラエティに富んだ食事を希望なら「食事」を参照。

リヴァーサイド教会
Riverside Church

1930年ロックフェラー家によって建てられたリヴァーサイド教会（#38 ☎212-870-6700 🏠490 Riverside Dr〈西120丁目の角at W 120th St〉🚇1号線で、116丁目／コロンビア大学116th St-Columbia University 🕐9:00～16:00）は、ハドソン川を見渡す美しいゴシック様式の建物である。天気の良い日には地上から355フィート（約108m）の高さの展望デッキ（💲2）まで上って壮大な川の眺めを楽しめる。日曜の12:00と15:00には世界一の数を誇る74個のカリヨン（組み鐘）、とこれまた世界一の重さである20トンの低音ベルが鳴り響く。超宗派の礼拝は日曜10:45に行われる。

グラント将軍国定記念館
General US Grant National Memorial

グラント将軍の墓Grant's Tomb（☎212-666-1640 🏠西122丁目のリヴァーサイド・ドライブRiverside Dr at W 122nd St 🚇1号線で、125丁目125th St 🎫入場無料 🕐水～日9:00～17:00）として有名な、この名所的記念碑には、南北戦争の英雄で第18代大統領のユリシーズ・S・グラントと妻ジュリアの遺体が埋葬されている。彼の死から12年後の1897年に完成した花崗岩の墓には＄60万が費やされ、アメリカで最も大きな霊廟とされる。古代ギリシャのマウソロス王のハリカルナッソスの霊廟を盗用しているものの、この墓は世界七不思議の一つというわけではない。それでもやはり内部から外部まで驚きの連続である。将軍の親類たちが遺体をどこか他へ移すと脅して公園側に恥をかかせ掃除させるまでは、長年こ

の建物は落書きなどの汚れで劣化していた。

セントラル・パーク（MAP7）
CENTRAL PARK

マンハッタンの真ん中にあるこの843エーカー（約3.41km²）の宝物 ☎212-360-3444 🌐www.centralparknyc.org）は、ニューヨークを語るうえで欠かせない場所だ。狂気から逃れるオアシスであり、やわらかい芝生と、木が茂る曲がりくねった小道は、ニューヨーカーが渇望する自然を与えてくれる。広大な庭園、淡水池、小道など、ここには数えられないほどたくさんの秘密の探索場所がある。暖かい週末には、この公園はジョギングをする人たち、インライン・スケートを楽しむ人たち、ミュージシャンや観光客などでいっぱいになるのだが、72丁目の上にはもっと静かで落ち着いた場所がある。おすすめは**ハーレム・ミーア Harlem Meer**（池）、**ラスカー・リンク＆プール Lasker Rink & Pool**、そしてかしこまった雰囲気の**コンサーヴァンシー・ガーデン Conservancy Gardens**だ。その一方で、冬には別の雰囲気――夏に比べて活気に欠けるということはない――が漂う。時々、暗くて険悪な場所（特に女性のランナーやパレードの参加者にとっては）だという噂も聞かれるが、それは一般的に正当化されていることではない。今日この公園は、ニューヨークで最も安全な場所の一つだと認識されている。

地下鉄同様、セントラル・パークは人々に平等だ。1860年代と70年代にフレデリック・ロウ・オルムステッドとカルバート・ヴォーによって、ニューヨーク・シティ北部の湿地帯に造られたこの広大な公園は、人種、階級、信条にかかわらず、ニューヨークの誰もが憩える場として設計された。オルムステッド（ブルックリンのプロスペクト・パークも設計した）は、歩道と車道を分けることにこだわり、市内横断道路を設計した。そうすることで両者が途中で出会うこともなく、特に歩行者にとって訪れる甲斐のある場所になった。この広大な一等地にある土地が、長い間何事もなく温存されているということは、つまりニューヨークの偉大さの基盤を形成する人々の心、魂、そしてプライドがどんなことがあろうとも失われてないということを証明している。現在でもこの"人々の公園"はニューヨークで最も人気のある名所の一つであり、無料の野外コンサート、動物園、毎年恒例の「シェイクスピア・イン・ザ・パーク」などで観客を魅了する（詳細は「エンターテインメント」の「演劇」を参照）。

最初にセントラル・パークが造られた時、裕福なニューヨーカーたちはここが馬車の走る静かな場所であってほしいという願いを実現させた。失われない伝統もあるものだが、今日馬車に堂々と乗ろうなんて思うニューヨーカーはいないだろう。しかし、観光客は、料金や夏の悪臭にもかかわらず馬車を好む。馬車は59丁目に並んで待機しており（🏠**セントラル・パーク・サウス通りCentral Park South** 🚇1、9号線、A、B、C、D、E線で、59丁目／コロンバス・サークル59th St-Columbus Circle)、料金は20分で＄35（超過15分ごとに＄10）。運転手にはチップを忘れないこと。

セントラル・パークでのアウトドア・アクティビティに関しては、「基本情報」を参照。

セントラル・パークの芝生に座って、太陽の下リラックスしよう

セントラル・パークの散策コース

マンハッタンのダウンタウンの通りとは異なり、人々はこの公園に純粋にレクリエーションを楽しむために訪れる。6マイル（約10km）に及ぶ環状の道、セントラル・パーク・ドライブCentral Park Drには、サイクリスト、スケーター、ランナーのためのレーンがある。セントラル・パーク・ドライブは、月～木曜の10:00から15:00、19:00から22:00の間、金曜の19:00から月曜の6:00まで車の出入りが禁止されており、マンハッタン中に存在する音の公害から耳を休めることができるだろう。ランブルThe Ramble（散歩道）を除いては、セントラル・パークでは迷いようがない（だからランブルが出会いを求めるゲイの人たちにとても人気がある）。しかし、公園全体は壁で囲まれており、約5ブロックごとにある壁の穴、つまり所定の"gate（門）"からしか出入りができないということを覚えておくべきだ。

　このすてきな散歩は、公園の南西の角にあるコロンバス・サークルColumbus Circleの入口からスタートする（この場所の記念碑の説明に関しては、コラム「セントラル・パークの彫像」を参照）。

　マーチャント・ゲート Merchants' Gate（商人の門）を通り抜け、日光浴やフリスビーを楽しむ人々を魅了する、芝生が一面に広がる**シープ・メドウ Sheep Meadow**（"ヒツジの野原"の意）まで進む。ここは、ピクニックや、すばらしいスカイラインを見るのに最適な場所である。右に向かう小道はシープ・メドウの南側に沿っており、アメリカ国内で最大の手彫りの馬を誇る屋根付きの**回転木馬 carousel**にたどり着く（料金は＄1）。

　回転木馬を通り過ぎ、65丁目の小道を進みウールマン・リンクWollman Rink（スケート場）を見渡す**デアリー The Dairy**に到着する。デアリーにはセントラル・パークの**観光案内所 visitor center**（🕐夏期 10:00～17:00、冬期10:00～16:00）があり、地図や公園のアクティビティに関する情報を入手することができる。

　イースト・ドライブEast Driveをはさんだデアリーの向かい側には、1930年代にオープンし、1988年に動物たちがより快適に過ごせるようにするために修復工事が行われた、小さな動物園の**セントラル・パーク・ワイルドライフ・センター Central Park Wildlife Center**（☎212-861-6030 囲大人＄3.50、シニア＄1.25、3～

写真上：タヴァーン・オン・ザ・グリーンの頭上のロマンチックなライト（写真撮影：Kim Grant）

写真下：秋のセントラル・パーク

141

マンハッタン － セントラル・パークの散策コース

12歳の子供＄0.50 ◎月～金10:00～17:00、土・日10:00～17:30）がある。動物園の居住者には、1頭の怠け者の北極熊、頻繁な餌やりが子供たちを喜ばせる何頭かのアシカなどがいる。動物園の入場料は、幼い子供たちが実際に動物に触ることができる、**ティッシュ子供動物園 Tisch Children's Zoo**の入場料も含む。同施設は、65丁目をはさんだメインの動物園の向かい側にある。入口では踊る熊、猿、その他の毛むくじゃらなお友達で飾られ、毎時30分に回転し音を鳴らして時を知らせる、風変わりな**デラコルテ時計 Delacorte Clock**を見逃さないようにしよう。

動物園を後にし、イースト通りに平行に走る小道を北に向かって歩き、65丁目の横断道路を渡ると、**モール The Mall**の開始場所である複数の彫像（クリストファー・コロンブスとウィリアム・シェイクスピアを含む）にたどり着く。ここはベンチと150本のアメリカニレの木が立ち並ぶ、エレガントな散歩道である。アメリカのニレの木のほとんどを滅亡させた、オランダニレ病の影響は受けておらず、国内で最大規模の現存している木立であると信じられている。

モールの北端には、**ノームバーグ野外音楽堂 Naumburg Bandshell**がある。何年も使用されなかったこの野外音楽堂とそれが面するエリアは、時々行われる催し物や、手作りのローラー・ディスコ大会（昔ローラー・スケートでディスコを踊るのがはやったが、今それが復活し、インライン・スケートでハウスを踊る人もいる）のおかげで、再び活気を取り戻している。野外音楽堂の真後ろにある、藤で装飾された木製の**パーゴラ Pergola**（藤棚）を見逃さないようにしよう。ここからは、非常に人気が高く、おすすめの**セントラル・パーク・サマーステージ Central Park Summerstage**の会場である、**ラムジー・プレイフィールド Rumsey Playfield**を一望できる（詳細は、「基本情報」の「祝日・年中行事」を参照）。

野外音楽堂の北を進み、72丁目の横断道路を渡ると、1960年代のヒッピーのたまり場であった、**ベセスダの噴水 Bethesda Fountain**がある（この噴水はセントラル・パークから数多くのシーンが使われた映画「ヘアー」で小ぎれいに描写された）。中央に水の天使の彫刻がある噴水は、修復され、セントラル・パークで最も気分が高揚するスポットの一つとして順位付けられている。

噴水の西側の小道を、「ニューヨークよ、愛しているよ！」と叫びたくなるような特別な場所、**ボウ橋 Bow Bridge**まで進む。橋を渡ってバード・ウォッチングに適した場所、そしてニューヨーク・シティで最も悪名高いゲイの出会いの場として知られている、木が茂る**ランブル The Ramble**（"散歩道"の意）に行くこともできる。

絶望的なぐらい「回されずに」（けしてダジャレではない！）ランブルを脱出することができたら、79

マンハッタン － セントラル・パークの散策コース

丁目の横断道路まで北に進む。横断道路の真向かいには、19世紀に建てられた**ベルヴェディア城 Belvedere Castle**と、ジョセフ・パップ・パブリック・シアターが、無料で多大な人気を誇るシェイクスピア劇を毎年夏に上演する**デラコルテ劇場 Delacorte Theater**がある。

劇場の真上には、**グレート・ローン Great Lawn**（"広い芝生"の意）という的確な名前がついた、時折無料コンサートや、6月と7月にはニューヨーク・フィルハーモニックとメトロポリタン・オペラの公演が行われる場所がある。ロックとポップのコンサートもここで催されていたが、芝生が7万5000人の観客の重さに耐えることができず、これらのイベントは97丁目の上にある**ノース・メドウ North Meadow**へと移動した。

グレート・ローンの北端まで歩き、86丁目の横断道路を渡ると、ここでよくジョギングをしていた元大統領夫人を偲んでその名がつけられた、**ジャクリーン・ケネディ・オナシス貯水池 Jacqueline Kennedy Onassis Reservoir**がある。貯水池の取り囲む柔らかい石炭殻を敷き詰めた1.6マイル（約2.6km）の道は、いつも大勢のランナーを惹きつけている。公園内のマラソンを定期的に後援している、**ニューヨーク・ロード・ランナーズ・クラブ New York Road Runners Club** ☎212-860-4455）は、貯水池の入口近くで**案内所 Information booth**（東90丁目とウェスト・ドライブの角E 90th St & West Dr）を運営している。

散策コースを終えるために、ウェスト・ドライブWest Drを南に戻る。79丁目では、**マリオネット・シアター Marionette Theater**（人形劇）（☎212-988-9093 大人＄5、子供＄3 上演時間 7〜8月 月〜金10:30と12:00、9〜6月 火〜金10:30と12:00、土13:00）の本拠地である、小さな可愛らしいスイスの山小屋の**スウィーディッシュ・コテージ Swedish Cottage**にたどり着く。これらの、人気の高いプロの芝居を見るためには予約が必要。西72丁目の公園の入口まで進むと、ジョン・レノンを偲んで造られた3エーカー（約1万2140m²）の伝説的な庭園である**ストロベリー・フィールズ Strawberry Fields**がある。ここには、100カ国以上から取り寄せられた植物があり、ファンからのさまざまな捧げ物が並ぶ。このスポットは、通りの向かい側の巨大なダコタ・アパートに住み、同地で射殺されてしまった、元ビートルズのジョン・レノンが頻繁に訪れた場所であった。

写真上：子供たちはセントラル・パークを愛する

写真下：ウールマン・リンクには自前のスケートを持参するのを忘れないようにしよう

143

セントラル・パークの彫像

セントラル・パークをブラブラ歩き、ハーレム・ミーアのほとりの秘密の雑木林や、手入れの行き届いた芝生の上で、ローン・ボウリング（芝生のボウリング）をプレー中の、完璧にプレスされた白い洋服に身を包んだ紳士淑女を発見するにつれ、徐々に都会の冒険がその全貌を見せ始める。しかし、セントラル・パークにおける最大の驚きの一つは、843エーカー（約3.41km²）の敷地内に気前よく散りばめられた、驚くべき数のディテールに凝った彫像なのである。

どこから公園に入るかによるが、米西戦争のきっかけとなった1898年のハバナ湾における謎の爆発の犠牲となった船乗りへの追悼の印である、**メイン・モニュメント Maine Monument**（コロンバス・サークルのマーチャント・ゲートにある）は一見の価値がある。または、7番街の入口に向かって東に進み、"キューバ独立の伝道者"であるホセ・マルティ José Martí を含む、ラテン・アメリカの偉大な解放者たちの彫像を見るのもおすすめである（歴史マニアはマルニ像がメイン・モニュメントのそばにあることを、控えめに言っても皮肉であると感じるだろう）。

さらに東に進み、**学者の門 Scholar's Gate**（🏠5番街と60丁目の角 Fifth Ave at 60th St）は、6カ月ごとに新しい彫刻を見ることができる、パブリック・アート・ファンドの創設者であるドリス・チャニン・フリードマンに捧げられた小さな広場である。

ベセスダの噴水の上にある**水の天使 Angel of the Waters**はほとんどすべての人が知っているだろうが、セントラル・パークをまるで自分の手の裏のように知り尽くしている人たちでさえ、72丁目の横断道路の近くを見下ろしているフォルコナー像（鷹使い）は見逃しているかもしれない。この1875年に作られた銅の彫像は、戦いの中の驚異的な瞬間を再現している。また、この銅像が表す征服と突撃の関連性は堂々としていて、まるで肌に感じることができるリアルさがある。

ベセスダの噴水と65丁目の横断道路の間の文学の小道**Literary Walk**には、必要不可欠な**クリストファー・コロンブス Christopher Columbus、ロバート・バーンズ Robert Burns**や**シェイクスピア Shakespeare**などの文学者の彫像が並んでいる。

このエリアの東と北は、模型ボートがのんびりと漂う**コンサーヴァトリー・ウォーター Conservatory Water**（池）が占めている。近くでは、子供たちが**不思議の国のアリス Alice in Wonderland**像の巨大なきのこによじ登っている。

波打つ髪を持ちドレスに身を包んだアリス、キビキビとしたマッド・ハッター（いかれた帽子屋）や、茶目っ気のあるチェシャ猫が揃っている、この彫像はセントラル・パークの宝物であり、またあらゆる年齢の子供たちのお気に入りだ。

近くには、土曜日の読み聞かせの会（6〜9月の11:00）が楽しめる、**ハンス・クリスチャン・アンデルセン Hans Christian Andersen**像がある。

北に向かい82丁目の上とイースト・ドライブ**East Dr**角の小さい丘の上にある、**クレオパトラの針 Cleopatra's Needle**を見てみよう。このオベリスクは、スエズ運河の建設に協力したお礼として、1877年にエジプトからアメリカに贈られた。

イースト・ドライブに戻り、何も怪しいと思っていないインライン・スケーターに、突然飛びかかるために構えているうずくまった猫 **crouching cat**像を見上げよう。

公園の北東には、気分を高揚させるような**デューク・エリントン Duke Ellington**とピアノの像がある。

アッパー・イースト・サイド（MAP7）
UPPER EAST SIDE

アッパー・イースト・サイドは、文化センターが密集しているニューヨークのへそともいうべき場所である。多くの人が57丁目より北の5番街をミュージアム・マイルMuseum Mileと呼ぶが、なかには冗談のオチとして、「18フィート（約5m）ごとに嫌な奴らに出くわす通りがあるよね、3マイル（約5km）ほどの長さでさ、あれって何だっけ？」などのたまう輩もいる。これは、ちょっとキツイ言い方だが、確かにこの界隈はニューヨークでも最高のホテルと邸宅が立ち並び、57丁目と86丁目にはさまれた5番街を東へ入り3番街へ至るエリアでは、瀟洒なタウンハウスや豪邸がひときわ目を引く。日が暮れてからこのあたりを歩くと、別世界の住民がどんな暮らしをしているのかを、垣間見ることができる。行って、豪奢な書斎や居間をのぞき込んでみては!?

ローズヴェルト島
Roosevelt Island

ニューヨークではあまり例を見ない、計画に基づいて作られたエリアが、マンハッタンとクイーンズにはさまれたイースト川に浮かぶ、フットボール球場ほどの大きさの島にある。かつてそこに住んでいた農家の名前にちなんでブラックウェル島と呼ばれていたその島を、市は1828年に買い上げ、複数の市営の病院と1つの精神病院を建設した。1970年代には、ニューヨーク州がローズヴェルト島の唯一の大通りに、1万人分の住宅を建てている。丸石で舗装された道に沿って計画的に作られたエリアがオリンピック村のような趣があり、もっとシニカルな見方をすれば、画一的な大学の建物のようだ。

ロープウェイtramwayで川を渡る3分間は、旅気分を味わえる。59丁目橋に縁取られたマンハッタンのイースト・サイドの眺めは最高。大抵の人は寄り道もせずに島を後にするが、ここはピクニックの用意や自転車を持っていくことをおすすめしたい。この静かな島は、憩いとサイクリングにぴったりの場所である。

ロープウェイは、**ローズヴェルト島トラムウェイ乗り場 Roosevelt Island tramway station**（#126 ☎212-832-4543 🏠60丁目と2番街の角 cnr 60th St & Second Ave）から毎時00、15、30、45分に出ている。日〜木曜は朝の6:00から翌2:00まで、金曜と土曜は翌3:30まで運行。片道は＄1.5である。ローズヴェルト島には地下鉄も走っており、マンハッタンから昼間は地下鉄Q線、夜間と週末はB線を利用することができる。ただ、乗るときには、終点が"21丁目／クイーンズブリッジ21st St-Queensbridge"であるかを確認しておきたい。

マウント・ヴァーノン・ホテル・ミュージアム＆ガーデン
Mount Vernon Hotel Museum & Garden

以前アビゲイル・アダム・スミス・ミュージアム（#130 ☎212-838-6878 🏠421 E 61st St Ⓜ4、5、6号線で、59丁目59th St 💰大人＄4、シニアと学生＄3、子供無料 🕐火〜日 11:00〜16:00）として知られていた、1番街とヨーク街の間のこの建物は、1799年に馬車用の車庫として建てられ、かつてはアメリカ第2代大統領ジョン・アダムスの娘の所有する広大な川沿いの土地の一部だった。それが19世紀の初めに、マウント・ヴァーノン・ホテルとなったのである。館内ツアーは入場料に含まれる。

エマヌエル寺院
Temple Emanu-El

これは世界でも最大の改革派ユダヤ教の教会（#112 ☎212-744-1400 🌐www.emanuelnyc.org 🏠1E 65th St〈5番街の角at Fifth Ave〉Ⓜ N、R、W線で5番街／59丁目Fifth Ave-59th St 🕐10:00〜17:00）である。そのビザンチンと中東様式の建築は、足を止めて見る価値あり。

フリック・コレクション
Frick Collection

フリック・コレクション（#90 ☎212-288-0700 🌐www.frick.org 🏠1E 70th St〈5番街の角at Fifth Ave〉Ⓜ6号線で、68丁目／ハンターカレッジ68th St-Hunter College 💰大人＄10、シニアと学生＄5、10歳未満の子供は入場お断り 🕐火〜土10:00〜18:00、日13:00〜18:00）は、1914年に実業家のヘンリー・クレイ・フリックによって建てられた邸宅の中に設けられており、ここは"百万長者通りMillionaire's Row"を構成する邸宅の一つだった。こういった邸宅の多くは、代々相続していくのにはあまりにも費用がかさむため、そのほとんどが取り壊されてしまったが、金持ちで策略家でもあったピッツバーグの鉄鋼王フリックは信託を設立し、彼のプライベートコレクションを所有する美術館を造った。

邸宅の2階が公開されていないのは残念だが、1階の12部屋だけでも十分広大で、庭園も見ごたえがある。フリックの楕円形の部屋Oval Roomは、ジャン・アントワーヌ・ウードンのすばらしい彫像、「狩猟の神ディアナ」が飾られており、そのほかにも、この美術館の個人的なコレクションの中には、ティツィアーノやフェルメール、ギルバート・スチュアートによる肖像画、エル・グレコ、ゴヤ、

マンハッタン － アッパー・イースト・サイド

ジョン・コンスタブルらの作品がある。入場料にはオーディオ・ツアーが含まれていて、アートの世界により深く接することができる。また、アートフォンで好きな絵画や彫刻の解説を聞くことも可能である。

ホイットニー美術館
Whitney Museum of American Art

この美術館（☎212-570-3600、800-944-8639 W www.whitney.org 🏠945 Madison Ave〈75丁目の角at 75th St〉M6号線で、77丁目77th St 🎫大人＄10、シニアと学生＄8、子供無料、金18:00～21:00の料金の支払いは任意 ◯火～木、土・日11:00～18:00、金13:00～21:00）は、世論を喚起することを堂々とその使命に掲げ、コレクションを展示してある建物からしてブルータリズム（訳注：現代美術における意図的に手を加えないことに美意識を求めるスタイル）である。

バウハウスの建築家マルセル・ブロイヤーがデザインを手がけた岩のような建築は、アメリカのアートシーンの最先端を走るホイットニー美術館のスタイルにふさわしい。最近は、モマやブルックリン美術館の展示に人々の注目が集まり、革新的な作品を紹介してきたホイットニーの実績にやや陰りが見えているような感もあるが、現代アートの検証という野心的な試みから、毎回決まって物議をかもしているかの有名なビエンナーレの開催（2004年、2006年予定）は継続している。ただ、前回のビエンナーレで衝撃的なものがあったとすれば、それはその質の低下にほかならない。

この美術館はガートルード・ヴァンダービルト・ホイットニーによって、1930年代に創立された。グリニッチ・ヴィレッジで才能豊かなアーティストらのためにサロンを始めた人物である。コレクションに名を連ねるのは、エドワード・ホッパー、ジャスパー・ジョーンズ、ジョージア・オキーフ、ジャクソン・ポロック、マーク・ロスコらの作品だ。

グランド・セントラル駅にあるフィリップ・モリス・ビルのホイットニー・コレクションに関する情報は、この章の前半を参照。ホイットニーでは、シティパスの使用が可能である。パスに関する詳しい情報については、前出のコラム「ミュージアム・バーゲン」を見てみよう。

メトロポリタン美術館
Metropolitan Museum of Art

年間500万人を超す人々が訪れるメトロポリタン美術館（☎212-535-7710 W www.metmuseum.org 🏠Fifth Ave〈82丁目の角 at 82nd St〉

メトには観るものが本当にたくさんある

M4、5、6号線で、86丁目86th St 🎫目安：大人＄10、シニアと学生＄5、子供無料 ◯火～木・日9:30～17:30、金・土9:30～21:00）は、ニューヨークでも最も人気のある観光スポットであり、そのコレクションは世界でも1、2を争う充実度を誇る。メトThe Metと通常呼ばれるこの美術館は、200万点のコレクションと年間＄1億2000万を超える予算を擁した、実質的に独立した文化国家なのだ。そして、「富めるものはますます富む」という諺があるように、1999年には、ピカソやマチスの作品を含む現代美術の名作コレクション（＄3億相当）が、寄贈により加わった。

大ホール Great Hallに入ったならば、まずフロアプランを取り、チケットブースへ行こう。そこで、当日非公開の展示リストと、美術館が開催している特別講演をチェックする。メトは毎年30を超える特別展を開催しており、フロアプランに記載された印を見れば、その場所が確認できる。まず、見たい作品のターゲットをきちんと絞り、そこをまっすぐ目指すことが最善の策だ。でなければ、くたくたに疲れてしまう（普通、スタートから2時間後）。そうなると、フロアプランももう役には立たず、大ホールへの帰路を求めて、ひたすらさまようことになるだろう。ただ、そんな中でも、おもしろい作品には必ずといっていいほど巡り合えるはずだ。

大ホールの右手にはインフォメーションデスクがあり、数カ国語の案内（ただ、語学ボランティアの有無により、状況に変化あり）や、特別美術展のためのオーディオ・ツアー（＄5）を提供している。また、美術館の目玉作品や特定のギャラリーを案内付きで歩行するツアーも無料で開催。インフォメーションデスクでカレンダーをもらい、ツアーのスケジュールをチェックしてみよう。家族連れは、「美術館の案内ー子供のためのメトロポリタン美術館ガイドInside the Museum: A Children's Guide to the Metropolitan Museum of Art」や、子

マンハッタン － アッパー・イースト・サイド

観光スポットと楽しみ方

供用のイベントを載せたカレンダーを見ることをおすすめする。（どちらも無料。インフォメーションセンターにて。）

もし、混雑を避けたいのならば、夏、雨降りの日曜の午後に訪れるのはやめたほうがいい。ただ、寒さの恐ろしく厳しい冬の夕方には、17エーカー（約6万8800m²）の広さの美術館がほぼがら空き。これも、ニューヨークならではの体験である。

常設展 もし、特に観たい作品がなければ、2階の絵画のギャラリーへ行く前に、1階を軽く一周してみよう。まず北ウィングにあるエジプト美術のコーナーに足を踏み入れ、ペルネビ（紀元前2415年）の墓や、ミイラ数体、驚くほど保存状態の良い壁画などを見て、**デンドゥール神殿 Temple of Dendur**へ行く。この寺は、アスワンダムの建築の際に水に沈められる運命にあったものだが、現在はニューヨークに運ばれ、ガラスのケースに陳列されている。壁に目を凝らせば、1820年代にこの寺を訪れたヨーロッパ観光客の落書きを見ることができるだろう。ここから見るセントラル・パークの眺めもすばらしい。

もし、クーパースタウンへたどり着くことができなければ、寺の後ろにあるドアからギャラリーを出て、メトの**野球カードコレクション baseball cards**を見てもいい。コレクションの中には、世界中で最も稀少で高価な、1909年のホーナス・ワグナーの約＄20万のカードも展示されている。そして、そこを左へ行くと、家具と建築が展示されている**アメリカン・ウィング American Wing**である。ここには静かな囲いのガーデンスペースがあり、人混みから一時避難するには格好の場所になっている。

庭はルイス・コンフォート・ティファニーの手による複数のステンドグラスで囲まれ、同じように、20世紀の初頭にダウンタウンで取り壊された際、美術館に保存されたUS Bank 支店の2階建ての正面にも、一面ステンドグラスが使用されている。

アメリカン・ウィングの奥のドアを通り抜けると、薄暗いギャラリーに足を踏み入れる。ここには**中世美術 medieval art**の展示スペースで、そこを右へ進み、ヨーロッパの装飾的な美術作品を通り抜けると、ピラミッドのようなパビリオンがある。ここに展示されているのが**印象派と近代美術の作品 impressionist and modern art**のロバート・リーマン・コレクション。目玉作品は、ルノアール（「少女の水浴び」）、ジョルジュ・スーラ、パブロ・ピカソ（「ガートルード・スタインの肖像」）らの作品数点だ。このギャラリーでの予想外の収穫は、1880年当初に建てられたメトロポリタン美術館の後ろ正面部分だろう。テラコッタ製の表面は後に手が加えられて完全に覆われているが、景色の中に静かにたたずんでいる様は、それだけで立派な建築工芸品である。

ヨーロッパの装飾的な美術作品を後にし、左へ曲がれば、**アフリカ、オセアニア、南北アメリカ Africa,Oceania and the Americas**の美術品を集めたロックフェラー・コレクションが5番街の方向に登場する。そして、ミュージアム・カフェ（ロックフェラー・コレクションの突き当り）を左に入って歩を進めれば、そこは**ギリシャ・ローマ美術 Greek and Roman art**のセクション。最近、メトはギリシャ・ローマ美術の作品の多くを修復した。2階のキプロス・ギャラリーも、キプロス島以外の最高傑作品も含め、この修復に加わっている。

このギャラリー以外にも、2階にはメトの誇る**ヨーロッパ絵画 European paintings**のコレクションがあり、美術館の中で最も歴史の古い、入り口が列柱で飾られた複数のギャラリーに展示されている。レンブラントとゴッホの自画像、ベラスケスの「フアン・デ・パレーハ Juan de Parej」など、展示されているのはどの作品も著名な画家の手によるものだ。ここには印象派と後期印象派に焦点をしぼった一連のギャラリーも並んでいる。

メトロポリタン美術館の古代エジプト・ウィング

また、現代巨匠の新しいコレクション、最近メトが購入した写真、そして優美な楽器の所蔵品も、この階に収められており、日本、中国、東南アジアからの美術品の数々も見どころの一つである。

グレイシー邸（市長公邸）
Gracie Mansion
84丁目のイースト川East Riverには、**カール・シュルツ公園 Carl Shurz Park**がある。川沿いをのんびりと散歩したり、ジョギングを楽しむのには格好のスポットだ（南行きの小道は、63丁目までフランクリン・D・ローズヴェルト・ドライブFranklin D Roosevelt Drと平行に走っている）。この公園の中にあるのが、グレイシー邸（#33 ☎212-570-4751 🏠88th St Ⓜ4、5、6号線で、86丁目86th St 🅟3月下旬～11月中旬の水）。1799年に建てられたこのカントリー様式の住居に、歴代のニューヨーク市長が居を構えてきた。といっても、2002年に市長の座についたブルームバーグは、就任前からニューヨークに豪華な自宅があったので別である。ツアーは電話で予約が必要。水曜の10:00、11:00、13:00、14:00に開催される。

グッゲンハイム美術館
Solomon R Guggenheim Museum
フランク・ロイド・ライトの手がけたらせん状のビルはそれ自体がすでに彫刻のようであり、その圧倒的な存在感に、20世紀の作品を収めたそのコレクションの数々も霞んでしまうようだ。

グッゲンハイム美術館（☎212-423-3500 🌐www.guggenheim.org 🏠1071 Fifth Ave〈89丁目の角at 89th St〉Ⓜ4、5、6号線で、86丁目86th St 🅟大人＄15、シニアと学生＄12、子供無料、金18:00～20:00の料金の支払いは任意 🅞日～水9:00～18:00、金・土9:00～20:00）は、その変わったデザインゆえに1950年代の建築当初から論議を呼んできたが、今日では歴史的な建物として認知され、建築家たちもおいそれとは批判できないほどだ（しかし、あのはげかかったペンキをどうにかするために業者ぐらい雇ってもいいだろうに）。1992年に改装工事が行われ、隣に10階建てのタワーが建てられたのだが、これがトイレに驚くほど酷似していて、不評を買っている。批評家たちの恐れがまさに的中したのだが、これは元々ライトの図面に描かれていたものだった。

中に入ると、ライトのらせんのデザインに沿った通路に、5000点に及ぶ常設のコレクションの中から選ばれた作品（さらに、その時々の美術展）が展示されている。エレベーターでまず最上階まで行って、ぐるりと下まで下りてこよう。コレクションに名を連ねているのは、ピカソ、シャガール、ポロック、カンディンスキーらの作品。1976年には、ジャスティン・タンハウザー氏から印象派と近代美術作品の多くの寄贈を受け、モネ、ゴッホ、ドガらの作品も加わった。また、1992年には、ロバート・メイプルソープ財団から200点の写真が寄贈され、学芸員らが急きょ4階に写真の展示スペースを設けている。

ここではシティパスの使用が

グッゲンハイム美術館の一番上まではかなり歩かなければならない

可能である。パスに関する詳しい情報については、前出のコラム「ミュージアム・バーゲン」を参照してほしい。

国立デザイン・アカデミー
National Academy of Design
画家であり、発明家でもあったサミュエル・モースと共同で設立された国立デザイン・アカデミー（#24 ☎212-369-4880 W www.nationalacademy.org 🏠1083 Fifth Ave〈89丁目の角at 89th St〉M 4、5、6号線で、86丁目86th St 🚇大人＄8、シニアと学生＄4.50、16歳未満の子供無料 🕐水・木12:00〜17:00、金10:00〜18:00、土・日10:00〜17:00）には、常設の絵画や彫刻が、これまたすばらしいエコール・ド・ボザール様式の邸宅に展示されている。大理石の玄関と、らせん階段が特筆すべきこの美しい建物は、オグデン・コッドマンのデザインによるもの。彼は他にも、ロードアイランドのニューポートあるブレイカーズ邸を手がけている。

クーパー・ヒューイット
国立デザイン美術館
Cooper-Hewitt National Design Museum
この美術館（#26 ☎212-849-8400 W www.si.edu/ndm 🏠2 E 91st St Fifth Ave M 4、5、6号線で、86丁目86th St 🚇大人＄8、シニアと学生＄5、子供無料、火17:00〜21:00は無料 🕐火10:00〜21:00、水〜土10:00〜17:00、日12:00〜17:00）は、1901年にアンドルー・カーネギーが建てた64部屋付きの大邸宅の中にある。当時としてはかなり牧歌的な地だったが、20年たたないうちに、他の富豪たちもこぞってまわりに邸宅を築いていったため、カーネギーが望んでいた牧歌的な環境は消えうせてしまった。カーネギーは、面白い人物で、読書を愛し、心の広い慈善事業家だった。生前にアメリカ中に多くの図書館を作り、＄3億5000万を寄付している。もっと詳しいことが知りたければ、12:00と14:00に行われている45分ツアーに参加してみてはどうだろう。ツアーの参加費は入場料の中に含まれている。

この美術館はワシントンに本部のあるスミソニアン協会に属し、建築、工学、宝飾、テキスタイルに興味がある人は必見である。展覧会のテーマは広告キャンペーンからウィーンの吹きガラスまでさまざま。特にこういった分野に興味がなくても、美術館の庭とテラスは一見の価値ありだ。すばらしい邸宅である。

ユダヤ博物館
Jewish Museum
ユダヤ博物館（☎212-423-3200 🏠1109 Fifth Ave〈92丁目の角at 92nd St〉M 6号線で、96丁目96th St 🚇大人＄8、シニアと学生＄5.50、子供無料、木17:00〜20:00は無料 🕐日10:00〜17:45、月〜水11:00〜17:45、木11:00〜20:00、金11:00〜15:00）では、主として4000年にわたるユダヤ民族の儀式と文化を検証した美術作品を展示している。また、子供たちのための行事（本の読み聞かせや、美術や工芸のワークショップの開催など）も幅広く開催。1908年に銀行家の邸宅として建てられたビルには、ユダヤに関係する3万点を超える作品が収められている。

2002年には、「Mirroring Evil:Nazi Imagery/Recent Art（悪の描写：ナチスのイメージ／近代アート）」というタイトルの展覧会が行われ、レゴで作られた収容キャンプや、ダイエットコークをすすりながらガス室へ向かうホロコーストの犠牲者らのコンピューター加工のイメージが、はたして芸術と呼ぶのかという論争を巻き起こし、オープニングの際には抗議とボイコット運動が行われた。

シティパスの使用が可能。パスに関する詳しい情報については、前出のコラム「ミュージアム・バーゲン」を参照。

ニューヨーク医学アカデミー
New York Academy of Medicine
70万点ものカタログ掲載作品を所有するニューヨーク医学アカデミー（#10 ☎212-822-7200 W www.nyam.org 🏠1216 Fifth Ave〈103丁目の角at 103rd St〉M 6号線で、103丁目103rd St 🚇無料 🕐月〜金9:00〜17:00）は世界でも2番目に大きな健康に関する博物館である（世界最大の料理本のコレクションも所蔵）。

しかし、本はすべて後まわしにして、医療に短命ながら存在していた器具の方へ、真っすぐに行ってみよう。ハンセン病患者の鳴子（自分たちの到来を町に知らせるためのもの）や、世界で最初のペニシリン菌の丸薬、瀉血処理に使われた吸角、ジョージ・ワシントンの入れ歯らは、不気味ではあるけれど、非常に興味をそそられる。

ニューヨーク市立博物館
Museum of the City of New York
103丁目と104丁目の間に位置するこの博物館（#9 ☎212-534-1672 W www.mcny.org 🏠1220 Fifth Ave M 6号線で、103丁目103rd St 🚇寄付金目安：大人＄7、シニアと学生＄4、家族＄12 🕐水〜土10:00〜17:00、日12:00〜17:00）が、ダウンタウンのトウィード裁判所のある建物への移転を阻まれているとは、とても残念である。あの立派な建物に、博物館の変化に富んだコレクションが展示されたな

マンハッタン − ハーレム

らば、訪れる人も確実にいるだろう。前市長のジュリアーニからは、裁判所内にスペースをもらうという約束を取り付けていたのだが、現市長のブルームバーグがそれを却下してしまい、現在、計画は宙に浮いた状態となっている。

とはいえ、博物館はインターネット上で多くの歴史資料を掲載し、オランダ人が到着した直後のニュー・アムステルダムの見事な縮小模型を展示している。2階のギャラリーには取り壊しになったニューヨーク貴人宅の部屋がそのまま移されており、ブロードウェイ・ミュージカルに関する展示や、アンティークの人形の家やテディベア、玩具のコレクションなどを公開している。

エル・ムセオ・デル・バリオ
El Museo del Barrio

104丁目と105丁目の間のこの博物館（☎212-831-7272 1230 Fifth Ave M6号線で、103丁目103rd St 目安：大人＄5、シニアと学生＄3、子供無料 水〜日11:00〜17:00）は、プエルトリコの芸術と文化を奨励するため、1969年に開かれた。以来、収集は増え続け、その対象はラテンアメリカやスペインの民族芸術まで及んでいる。

現在、ギャラリーではコロンブスのアメリカ大陸発見以前の古器物や、カリブのカトリック信仰に伝統的にあるサントスsantosと呼ばれる手彫りの木製聖人像の300点を超えるコレクションを展開。特別展としては、地元のアーティストの特集や、現代ブラジル芸術やタイノ族の歴史といったテーマを打ち出し、面白い展覧会を行っている。標識とパンフレットの表示はすべて英語とスペイン語の両方で書かれている。

25年にわたり、この博物館が1月5日に開催しているのが**スリー・キングズ・パレード Three Kings Parade**（東方の三博士のパレード）である。このパレードでは、子供たちがラクダ、ロバ、ヒツジたちと、5番街を116丁目のスパニッシュ・ハーレムの中心部まで練り歩く。開始は10:00、5番街と106丁目の角から（インフォメーション☎212-831-7272）。エル・ムセオ・デル・バリオは、スパニッシュ・ハーレム探索をスタートするにはベストの場所である（次の「ハーレム」参照）。

ハーレム（MAP8）
HARLEM

1920年代に黒人の集落として始まったハーレムは、今日に至るまで黒人文化の中心地として発展してきた。セントラル・パークの北に位置するこの地域は、芸術、音楽、ダンス、教育、文学において、つねにすばらしい業績を生み出している。フレデリック・ダグラスやポール・ロブソン、サーグッド・マーシャル、ジェイムス・ボールドウィン、アルヴィン・エイリー、ビリー・ホリデイ、ジェシー・ジャクソンらのアフリカ系アメリカ人として名の知れた人物の多くが、ここから巣立っていった。

ハーレムは怖くて危険だといわれているが、それは過去において実際に怖く、危険なことがここで起こってきたせいである。1960年代には、暴動でほぼ地域の半分が焼け落ち、安物のコカインが家族を崩壊させ、ギャングが力を握ってきた。そして状況を一層悪化させたのが、下降線をたどっていた経済である。ただ、幸いそれも昔の話。現在、ハーレムは再生を遂げつつあり、マンハッタン北部には仕事、地域としての誇り、そして観光客らが戻っている。なんと前大統領のビル・クリントンも125丁目に事務所を開き、拠点を構えたほど（そこへ来た目的ははっきりしないけれど、すぐ近くにクリスピー・クリームKrispy Kremeがあるから、ずっと居座ったりしてね！）。

ハーレムの再生を促すことになったきっか

晴れ着姿のハーレムの子供たち

マンハッタン – ハーレム

観光スポットと楽しみ方

ツアーに参加すべきか、否か。

ハーレムはアフリカ系アメリカ人の文化ルーツに興味のある観光客にとって、とてもホットなスポットだ。実際に、この地域の開発を担当する当局によって2000年に行われた調査によれば、回答客の20％がニューヨークを訪れた目的をハーレムを観光するためであると答えている。残念なことに、ハーレムの評判は悪く（間違っている情報も多いのだが）、通りを歩くのを恐れている観光客も多い。こうした不安をうまく利用し、バス会社は通常よりも高い料金でこの地域のガイドツアーを行い、利益を上げている。ある業者などは、アポロ劇場のアマチュア・ナイトのツアーに、適当なソウル・フードのレストランでの食事付きで、＄70という値段をつけている。

自分で地下鉄に乗り（往復＄3）、アポロ劇場のチケット売り場でチケットを買い（下は＄7から＄20）、食事をするレストランを見つければ（＄15以下）、かなりのお金を節約できるはずだ。それに、ハーレムの住民は、都会に来てまでサファリのようにインチキ2階建てバスからハーレムを見下ろしている観光客よりも、道を歩いている観光客をより歓迎するものだ。

しかし、もし住民の目を通してハーレムのことをより深く知りたいのならば、ツアーに参加するのもいいだろう。細かな配慮の行き届いた、地元の情報に詳しいツアーもいくつかある。ハーレム・スピリチュアルズ Harlem Spirituals（☎212-391-0900 Ⓦ www.harlemspirituals.com）は黒人の文化遺産を巡るツアーで、費用は＄15から＄90まで。ハーレム、ユアウェイ！ Harlem, Your Way!（☎212-690-1687、800-382-9363 Ⓦ www.harlemyourwaytours.com）はバスや徒歩によるツアーで、＄25から＄65までの費用で、幅広く提供している。日曜の朝、地元の教会でゴスペル音楽を楽しむツアーに、昼食込みで大人＄60から参加できるのは、ミュージカル・フィースト・オブ・ハーレム Musical Feast of Harlem（☎212-222-6059）。そして、ビッグ・オニオン・ウォーキング・ツアーズ Big Onion Walking Tours（☎212-439-1090 Ⓦ www.bigonion.com）では、ハーレムの歴史に関する情報がたっぷり詰まったツアーを＄12で提供している。

けは2つある。まず、全ハーレムが、1996年の経済再開発地域に指定されたこと。そして、旅行客（日本とヨーロッパからの客がほとんど）がハーレムの音楽シーンや教会を観光するために、大挙して押し寄せていることである。ハーレム開発が多くの資金を集めている一方で、ディズニーの2階建てバスがツアー客を連れ込み、行儀の悪い客らが日曜の礼拝の席で大騒ぎするといった状況なのだ。これには何らかの対策が必要だろう。また、すべてがうまくいっているわけではない。テロの影響で観光客からの収入が減り、小さな家族経営店が店をたたみ始めている。それに、今回のブームで地元住民にどれほどの利益がもたらされているのかも、はっきりとはわかっていない。

市当局はハーレムを積極的に開発業者に売り込んでおり、なかでも娯楽とショッピングの複合施設である**ハーレムUSA Harlem USA**（#34 ✿300 West 125th St）はとりわけその目玉で、中にはダンス・クラブ、12の映画スクリーン、屋内スケート場やHMVが入っている。

初めてここを訪れる人々は、ハーレムがコロンバス・サークル／59丁目駅Columbus Circle-59th St stationの隣の駅であることに驚くだろう。地下鉄A線とD線に乗ればたったの5分。どちらの駅もアポロ劇場から1ブロックしか離れていない。マルコムX通りMalcom X Blvd（レノックス街Lenox Ave）からは2ブロックである。ウェスト・サイドWest Sideから出ている地下鉄2号線と3号線は、116丁目のハーレム・マーケットHarlem Marketと125丁目で停車する。犯罪だらけの無人地帯という過去の評判にもかかわらず、現在のハーレムの治安は、ニューヨークの他の地域と大差はない。

オリエンテーション

ハーレムを探索すると、大通りが著名なアフリカ系アメリカ人の名前であることに気づくだろう。これは彼らの栄誉を讃えるため、新しくつけられたものである。しかし、地元の住民の多くは依然として元の名前を使っているため、道を見つけるのが少し難しい。8番街（セントラル・パーク・ウェスト通り）は、フレデリック・ダグラス通りFrederick Douglass Blvd、7番街には1960年代に国会で論議を醸していた宣教師アダム・クレイトン・パウエル・ジュニアの名がついている。レノックス街Lenox Aveは、ネーション・オブ・イスラムNation of Islam（アフリカ系イスラム教団）の指導者マルコムXの名を取り、ハーレムのメインストリートで多くのビジネスの拠点となっている125丁目は、マーティン・ルーサー・キング・ジュニア通りMartin Luther King Jr Blvdと呼ばれている。本書では、正式の名前を使用する。

徒歩でハーレムを移動するのは、かなり疲れる可能性がある。目的地はあちこちに散らばっており、地下鉄の駅も少なく、その距離も離れている。ハーレムでは電車よりもバスのほうが便利だろう。

マンハッタン – ハーレム

アポロ劇場
Apollo Theater

アポロ劇場（#32 ☎212-531-5337 ⌂5253 W 125th St〈フレデリック・ダグラス大通りの角at Frederick Douglass Blvd〉Ⓜ A、B、C、D線で、125丁目125th St）は1914年から、政治的デモやコンサートの主な会場となってきた。デューク・エリントンやチャーリー・パーカーといった、30年代、40年代に名の知れていたメジャーなアーティストは、ほとんどすべてがこの劇場の舞台に立っている。映画館として使用されるなど、時にはぱっとしない時代もあったが、1983年に買い取られてからはライブ会場として生まれ変わり、2002年にはさらなる改築が行われた。アポロ劇場は今も有名なアマチュア・ナイトを毎週開催している。水曜19:30、「そこでスターが生まれ、伝説が作られる」のだ。

観客が不慣な出演者を舞台から引きずり下ろすために、"処刑人"を呼び出すさまはちょっとした見ものである。その他の夜は、ホイットニー・ヒューストンやコメディアンのクリス・ロックといった、すでに名声を確立しているアーティストたちが出演する。ツアーは1人＄10で、月曜から金曜まで11:00、13:00、15:00に出発。ツアー参加者は、この著名なステージで一曲歌わせてもらえる。

ハーレム・スタジオ美術館
Studio Museum in Harlem

アダム・クレイトン・パウエル・ジュニア通りAdam Clayton Powell Jr Blvd近くに位置するこの美術館（#31 ☎212-864-4500 www.studiomuseum.org ⌂144 W 125th St Ⓜ2、3号線で、125丁目125th St 大人＄5、シニアと学生＄3、子供＄1 水・木12:00～18:00、金12:00～20:00、土・日10:00～18:00）は、約30年にわたりアフリカ系アメリカ人アーティストたちの後援者、協力者として、有望な新人たちに発表の場を提供してきた。写真コレクションの中には、1920～1930年代のハーレム・ルネッサンスを記録した巨匠ジェームズ・ヴァンダージーの作品も含まれている。

ションバーグ黒人文化研究センター
Schomburg Center for Research in Black Culture

アフリカ系アメリカ人の体験に関わる文書、稀少本、記録、写真の国内随一のコレクションが、西135丁目近くのこのセンター（#21 ☎212-491-2200 ⌂515 Malcolm X Blvd Ⓜ2、3号線で、135丁目135th St）無料 月～水12:00～20:00、木～土10:00～18:00、ギャラリースペース 日13:00～17:00）に所蔵されている。アーサー・ションバーグはプエルトリコに生まれ、市民権運動とプエルトリコ独立運動に活動するかたわら、20世紀初期の黒人の歴史に関する作品の収集を始めた。彼のこのすばらしいコレクションはカーネギー財団に購入されて規模を拡大し、やがてニューヨーク市立図書館の分室として、このセンターに所蔵されることになった。ここの劇場では、定期的にレクチャーやコンサートが開催されている。

礼拝
Church Services

ハーレムの教会は大半がバプティストで、日曜礼拝は信仰の深い人々と、すばらしいゴスペル聖歌隊でいっぱいになる。残念ながら、最近は観光バスが客を連れ込み（教会の中には業者を使ってサイドビジネスとしているところもある）、結果、神との触れ合いを求める信仰者と、完璧な写真を撮ろうとする観光者たちがごった返しになっている。

今度の日曜日に教会探訪をしようというのであれば、適切な行儀心得の基本を説いた次ページのコラムの「教会作法」を一読しておくといいだろう。古い諺にあるように、ハーレムには、「街角ごとにバーがあり、ブロックごとに教会がある」。ここでもいくつかの教会を紹介しているが、多分、あなたのすぐ近くにだってその倍以上の数があるはずだ。ここの限られたスペースで紹介するものだけに押し寄せず、自ら探してみよう。ほとんどの教会の入口には、大きく「どなたでも歓迎all are welcome」と書いてある。礼拝の開始は、通常11:00である。

エチオピア人ビジネスマンが設立した**アビシニアン・バプティスト教会 Abyssinian Baptist Church**（#19 ☎212-862-7474 ⌂132 W 138th St Ⓜ2、3号線で135丁目135th St （礼拝）日9:00、11:00）は、オーデル・クラーク・プレイスと呼ばれるアダム・クレイトン・パウエル・ジュニア通りAdam Clayton Powell Jr Blvdの近くにある。初めはダウンタウンの一施設として出発し、市の黒人の移動に伴って、1923年に北のハーレムに移転してきた。そのカリスマ牧師、カルヴィン・O・バッツ3世 Calvin O Butts III は地域の重要な活動家で、政党を問わず、すべての政治家から支持を求められている。

この教会の聖歌隊はすばらしく、建物も美しい。礼拝は9:00と11:00からである 。角を曲がると、**マザー・アフリカン・メソジスト・エピ**

教会作法

私は違う宗教を持つ人に石を投げたり、教会でのマナーについて説教を垂れるなど、とんでもないと思っているほうだが、近頃、日曜礼拝にやってくる旅行者の中には、教会に対してきちんとした敬意を示さない連中もいるようだ。そこで、すべての人が教会で気持ちが良く、楽しい経験を持てるように、常識としての心得を以下に述べてみよう。

- 早めに到着のこと。アビシニアンの場合であれば、開始前30～60分。
- きちんとした服装。教区民はアイロンのかかった一張羅を誇らしげに着込んでくる。よってジーンズやスエットスーツ、短パンやスニーカー（清潔で洒落たものならともかく）で、その場を台無しにしないように。
- もし教会が満員で入れなくても、怒ったり居座ったりしないこと。大抵、別の教会を勧めてくれる。勧めてくれなかったとしても、そこら辺を歩き回って、自分で探すこと。
- どんな旅でもそうだが、ただ観光するよりも参加したほうが、より生き生きと有意義な体験ができる。教会では献金をし、歌い、手を叩き、お祈りをしよう。
- 写真撮影が許されているか否かを聞くこと（たいていの場合、禁止されている）。
- 礼拝の最中に外へ出てはいけない。

スコパル・ザイオン教会 Mother African Methodist Episcopal Zion Church（#20 ☎ 212-234-1545 🏠146 W 137th St Ⓜ2、3号線で135丁目135th St）があり、通常、アビシニアン教会に入りきれなかった人たちを受け入れている。**カナン・バプティスト教会 Canaan Baptist Church**（#50 ☎ 212-866-5711 🏠132 W 116th St Ⓜ2、3号線で116丁目116th St 🄾（礼拝）10～6月の日10:45、7～9月の日10:00）はセント・ニコラス街に近く、多分ハーレムで一番フレンドリーな教会だ。

上記の教会はいずれも混雑するので、代わりに以下の教会を訪ねるのも手だろう。

バプティスト教会 Baptist Temple（#56 ☎212-996-0334 🏠20 W 116th St）

メトロポリタン・バプティスト教会 Metropolitan Baptist Church（#26 ☎ 212-663-8990 🏠151 W 128th St）

セント・ポール・バプティスト教会 St Paul Baptist Church（#24 ☎212-283-8174 🏠249 W 132nd St）

セイラム・ユナイテッド・メソジスト教会 Salem United Methodist Church（#25 ☎212-722-3969 🏠211 W 129th St）

セカンド・プロヴィデンス・バプティスト教会 Second Providence Baptist Church（#55 ☎212-831-6751 🏠11 W 116th St）

ハーレム・マーケット
Harlem Market

半分囲いのあるハーレム・マーケット（#53 🏠116th St Ⓜ2、3号線で116丁目116th St 🄾10:00～17:00）の店舗は、マルコムX通りMalcolm X Blvdと5番街Fifth Aveの間にあり、部族のマスクやオイル、ドラム、伝統的な民族衣装などアフリカのさまざまな雑貨を扱っており活気がある。ほかに手に入るものは、安い服、革製品、音楽カセット、上映中の映画の海賊版ビデオなど。このマーケットは**マルコム・シャバズ・モスクMalcolm Shabazz Mosque**の手で運営され、かつてマルコムXもここで熱弁をふるった。

スパニッシュ・ハーレム
Spanish Harlem

ハーレムの東にあるスパニッシュ・ハーレム（Ⓜ6号線で、103、110、116丁目103rd, 110th, 116th Sts）は、5番街からイースト川、96番街から北へ広がっている。ここのラテンアメリカ系コミュニティ（プエルトリコ人、ドミニカ人、キューバ人が大半）はニューヨークでも最大を誇り、コミュニティではサルサが鳴り響き、トラックからプエルトリコの旗がはためき、おんぼろのカシータスcasitas（家々）の前では男たちがドミノで遊ぶ。人々は玄関先の階段にたむろし、隣人たちとスパングリッシュSpanglishで声高に叫び合う。

おすすめの場所は、**エル・ムセオ・デル・バリオ El Museo del Barrio**（前出の同名の見出し参照）や、110丁目の北にある、色とりどりの特産品や肉屋の屋台が立ち並ぶパーク街の**ラ・マルケタ La Marqueta**など。そのほかにも、デューク・エリントン・サークルDuke Ellington Circleにはデュークとピアノの**像 statue**（#57）があり、ここは5番街Fifth Aveとセントラル・パーク・ノース通りCentral Park North（別名ティト・プエンテ・ウェイTito Puente Way）が出会う場所である。

ハミルトン・ハイツ＆シュガー・ヒル（MAP8）
HAMILTON HEIGHTS & SUGAR HILL

この地域はハーレムの北、エッジコム Edgecombe街の西に138丁目から155丁目あたりまで広がっている。人にあまり知られていない楽

しみが、たくさん見つかるスポットだ。ヤンキースのゲームを見に行くのに一番良いのは、155丁目を東に向かい、**マッコムス・ダム橋 Macombs Dam Bridge**（マンハッタンから車でヤンキー・スタジアムに行くのにも最適の道）を歩いて渡る道である。

夏には、熱狂的なバスケットボール・ファンなら、**ラッカー・パーク Rucker Park**（#4 ⌂155th St at Harlem River Ⓜ B、D線で、155丁目155th St）へ伝説的試合を見るためにやって来たいと思うに違いない。ただ、残念ながら、地元の人間と一緒でなければ、こういった楽しみはおすすめできない。ここのコミュニティは結束が固く、よそ者はあまり歓迎されないのだ。

建築ファンには、**ベイリー・ハウス Bailey House**（#11 ⌂10 St Nicholas Pl〈西150丁目の角at W 150th St〉Ⓜ C線で、155丁目155th St）が喜ばれるだろう。これは以前サーカス王ジェームス・A・ベイリーの家だったもので、今では葬儀場となっているが、1880年代のゴシック復興様式の大理石の正面と切妻造りがあり、邸宅は一見に値する。また、ニコラス・プレイス14番地14 Nicholas Plにある隣のビルも、風変わりな造りになっており、花模様のある木の雨戸や杉戸のドームなどがある。

ストライヴァーズ・ロウ
Striver's Row

セント・ニコラス歴史地区St Nicholas Historic Districtとしても知られるストライヴァーズ・ロウ Striver's Row（闘う者の街）（⌂西138丁目と139丁目の角cnr W 138th & 139th Sts Ⓜ B、C線で、135丁目135th St）は、フレデリック・ダグラス通りFrederick Douglass Blvdとアダム・クレイトン・パウエル・ジュニア通りAdam Clayton Powell Jr Blvdとの間、セント・ニコラス・パークSt Nicholas Parkの真東にある。低い家並みとアパートは1890年代のスタンフォード・ホワイトの建築事務所が手がけたデザインが多く、高い評価を得てきた。

以前、白人層がこの界隈から出て行ったとき、代わりにハーレムの黒人エリートがビルに住みつき、そのせいでハーレム風の名前がついている。ここは、ハーレムでも人が一番訪れる場所となっており、地元住民は観光客にうんざりしているので、分別が何より肝心である。

道の斜面の飾り板を読めば、この地域の歴史がもっとよくわかる。「馬を歩かせよ」という来訪者向けの路地の標識をチェックしてみよう。

ハミルトン邸
Hamilton Grange

ここはもともとアレグザンダー・ハミルトンの田舎の別邸（#17 ☎212-283-5154 ⌂141st at Convent Ave Ⓜ A、B、C、D線で、145丁目145th St ▣無料 ◯金〜日9:00〜17:00）だった。連邦様式の家は、元々のあったところから非常に狭いこの場所へ移った時、横向きにしてぎゅっと押し込められてしまったため、なんと正面が内側にめり込んでいる。もう一度永久保存サイトとして、セント・ニコラス・パークへ移転するということが決まったばかりなので、元の設計通りに修復・復元されることになるだろう。

その近くには、**ハミルトン・ハイツ歴史地区 Hamilton Heights Historic District**が、140丁目から145丁目の間を、ニューヨーク・シティ・カレッジからコンヴェント街に沿って延びている。（カレッジ自体の建築もすばらしいが、本書の執筆中は残念ながら、建築の足場が組まれている）ここは石灰石と褐色砂岩のタウンハウスが元のままの形で残っている、ニューヨークでも数少ない場所の一つであり、見事なものである。

ワシントン・ハイツ（MAP8）
WASHINGTON HEIGHTS

マンハッタンの北の端（155丁目の北）近くに、ワシントン・ハイツがある。その名が由来する合衆国初代大統領は、独立戦争中、ここにアメリカ大陸軍の要塞を築いた。19世紀末までは人里離れた田舎であったが、現在は家賃が手頃であるため、新顔のニューヨーカーたちの関心を呼んでいる。しかし、まだラテンアメリカ系の色合いも残っており、今なおドミニカ移民が多く住みついている。ここではスペイン語を話せると便利だ。

ワシントン・ハイツに来る人たちはたいてい、ここにいくつかあるミュージアム、特にフォート・トライオン・パークのクロイスターズ美術館を訪れる。気候が暖かいときは、美しい場所である。無料シャトルバスが11:00から17:00まで、この地域のミュージアム間を運行している（時刻表は以下のミュージアムのいずれかに電話で問い合わせること）。

オーデュボン・テラス
Audubon Terrace

自然主義者のジョン・ジェームス・オーデュボンは、かつてオーデュボン・テラス（⌂Broadway at 155th St Ⓜ 1号線で、157丁目157th St）に住んでいた。現在は、その美しい広場の中に、3つのすばらしいミュージアムが

入っており、どれも無料である。

アメリカ貨幣協会 American Numismatic Society（#7 ☎212-234-3130 無料 火～金 9:00～16:30）は、コイン、メダル、紙幣の膨大な常設コレクションを所蔵する。

アメリカ・ヒスパニック協会 Hispanic Society of America（#6 ☎212-926-2234 www.hispanicsociety.org 無料 火～土10:00～16:30、日13:00～16:00）は、スペイン、ポルトガル、ラテンアメリカ系の芸術の宝庫で、2階に及ぶ華麗な彫刻の施された空間には、金と絹のタペストリーがかかっている。この協会は、多くのエル・グレコ、ゴヤ、ディエゴ・ベラスケスの作品と、ホアキーン・ソローリャ・イ・バスティーダの傑作、さらに蔵書が2万5000冊を超す図書館を所有している。2階へ行けば、全景が望める。案内とパンフレットは、すべて英語とスペイン語の表示。

アメリカ芸術・文学アカデミー American Academy and Institute of Arts and Letters（#7 ☎212-368-5900 無料）は、年数回そのブロンズの扉を開き、期間限定展覧会を一般に公開している（開催スケジュールは前もって電話で問い合わせのこと）。

モリス・ジュメル邸
Morris-Jumel Mansion

1765年築、円柱造りのモリス・ジュメル邸（#2 ☎212-923-8008 65 Jumel Terrace〈160丁目の角at 160th St〉 C線で、163丁目／アムステルダム街163rd St-Amsterdam Ave 大人＄3、シニア・学生・子供9歳以上＄2 水～日10:00～16:00）は、セント・ニコラス街の東にある。かつてジョージ・ワシントンのアメリカ大陸軍の司令部として使用され、独立戦争後に、副大統領アーロン・バーの2番目の妻であったエリザ・ジュメルに返還された。エリザはいかがわしい過去を持つ女性で、彼女の幽霊がいまだにこの付近をさまよっているという噂もある。歴史的な建造物であるこの邸宅のインテリアには、たくさんのオリジナル家具があり、なかでも2階のベッドはナポレオンの所蔵品だったということで名高い。花が咲き誇る春の時分は、庭がとりわけ見事である。

セント・ニコラス街の東、161丁目からモリス・ジュメル邸への行程に、可愛らしい**シルヴァン・テラス Sylvan Terrace**がある。木製の雨戸のある家が立ち並ぶ、石畳の小道だ。そして、この通りに直角に交差して、白亜の立派な建物が並ぶ**ジュメル・テラス Jumel Terrace**。かつての16番地には、ポール・ロブソンが住んでいた。

そのブロックをさらに行くと、160丁目の角に、**エッジコム街555番地 555 Edgecombe Ave**（#3）がある。それぞれ時期は異なるが、ジャッキー・ロビンソン、サーグッド・マーシャル、ポール・ロブソンらが、ここの住民だった。現在は、マージョリー・エリオット夫人がアパート3階Apt 3F（☎212-923-3700）の自宅で、土・日曜の16:00に、無料で楽しい**ジャズ演奏会 jazz jams**を一般に開催しており、これはぜひおすすめしたい。

クロイスターズ美術館（MAP13）
The Cloisters

簡潔にクロイスターズと呼ばれるこの美術館（#1 ☎212-923-3700 www.metmuseum.org A線で、ダイクマン通りDyckman St 目安：大人＄10、シニアと学生＄5、子供無料 11～2月 火～日9:30～16:45、3～10月 火～日9:30～17:15）は、ハドソン川を見下ろすフォート・トライオン・パークにあり、天気の良い日に訪れると心が休まる、市でも有数の場所である。

1930年代に建てられた建物は、古いフランスやスペインの修道院の断片が使用され、メトロポリタン美術館の中世のフラスコ画、タペストリー、絵画を所蔵する。夏は訪れるのに最高の季節で、敷地内ではコンサートが開かれ、250種類以上の中世の草花が目を楽しませてくれる。

ダイクマン博物館（MAP13）
Dyckman Farmhouse Museum

1784年、28エーカー（約11万3300m²）の農場に建てられたダイクマン・ハウス（#2 ☎212-304-9422 4881 Broadway〈204丁目の角at 204th St〉 A線で、207丁目207th St ＄1 火～日10:00～16:00）は、マンハッタンでただ一つ残るオランダ統治時代の農場である。この農場が発掘されたことで、植民地時代の

生活を知る手がかりができた。博物館には年季の入った部屋や家具、装飾品、半エーカー（約2000m²）の庭があり、周辺の歴史も展示されている。

ダイクマン・ハウスへは、地下鉄で207丁目駅まで行き、徒歩で南に1ブロック歩く。間違って、一つ手前のダイクマン通り駅で降りてしまう人が多い。

周辺区
Outer Boroughs

ブロンクス（MAP13）
THE BRONX

ザ・ブロンクスthe Bronx——名前にザ・ハーグthe Hagueやザ・ユカタンthe Yucatánといった不思議な冠詞のついた地域にある——はその名をブロンク家に由来する。オランダ人農家でこのあたりに広大な土地を持っていたブロンク家が、その名をブロンクス川Bronck's Riverにつけ、それが今日使われている名前の由来となった。通りは、ブーギー・ダウンThe Boogie Downと呼ばれ、ジェイ・ロー、パフ・ダディ、コリン・パウエルといった有名なニューヨーカーたちが、ここで生まれている。

かつて森のようだった安らぎの地は、今や130万人もの人々が住み、荒廃した都会の代名詞のようになってしまった。——しかし、多くの人間が、ここが貧困で犯罪のはびこった地区だからこそ、抑圧された人間の声であるアメリカのラップ・ミュージック発祥の地となったことを知っている（「ニューヨークについて」のコラム「ニューヨーク・サウンド」を参照）。

ブロンクスの南西部——巷でサウス・ブロンクスthe South Bronxと呼ばれている地域——でも、その評判ほどひどくはない。とはいえ、一人で歩き回るには危険である。

ロウアー・ブロンクスにも、モッリサニアなど、まだ放棄された建物で荒廃した場所があるが、ブロンクスの北の端は、市でも最も裕福な住民がチューダー朝の建物に住むフィールズトンFieldstonのような地域もある。ほかにも、呼び物としては、静かで、周囲から孤立したシティ島City Islandという漁業の町や、2764エーカー（約11.2km²）を誇る、ニューヨーク市最大の公園ペラム・ベイ・パークPelham Bay Parkがある。

ニューヨーク市の区（ボロー）の中で唯一、合衆国本土の一部であるブロンクスは、マンハッタンの北東から始まり、（ハーレム川を越え）ニューヨーク北部まで広がる。

区の北部のエリアは、緑豊かな郊外、ウェストチェスター郡Westchester Countyへ隣接している。

ブロンクス観光評議会 Bronx Tourism Council（☎718-590-3518 www.ilovethebronx.com）では、ブロンクス区の観光案内、区内のイベント情報を紹介している。デザインの優れたホームページは、最新のスケジュール、リンク、イベント情報を提供している。

ブロンクス郡歴史協会 Bronx County Historical Society（☎ 718-881-8900）は、さまざまな場所への週末の徒歩ツアーを組んでいる。詳細は電話で。

周辺区での密かな楽しみ5つ

ブロンクスのシティ島 City Island in the Bronx
ミッドタウンから13マイル（約21km）。周囲から浮いた、このニュー・イングランド風の飛び地は、フィッシングや水上スポーツには最適の場所である。

ストランド書店 Strand Bookstore
5番街にある、このダウンタウンの店（世界最高の本屋）では、世に埋もれた絶版のペーパーバックや、値引きされた最新ベストセラーが見つかる。

ジャック・マーシェ・チベット美術館 Jacques Marchais Center of Tibetan Art
スタテン島にある風変わりで静謐なこの美術館へは、天気の良い夏の日に、フェリーで出かけてみたい。

ブライトン・ビーチ Brighton Beach
昔懐かしいロシアがブルックリンの真ん中にわずかに残っている。ボードウォークを少し歩けば、エキサイティングなサイクロン・ローラーコースターがある。

ニューヨーク・シティ・パノラマ Panorama of New York City
驚くほど精巧なニューヨーク市の小型模型が、フラッシングのクィーンズ美術館にある。必見。

周辺区 – ブロンクス

ニューヨーク・ヤンキース：世紀のチーム

アメリカ野球史上、ニューヨーク・ヤンキースほど存在の大きなチームはない。「ブロンクス・ボンバーズ（ヤンキースの愛称）」は、おそらく世界で一番有名なスポーツチーム（そして、他の球団のファンからは必ず憎まれる最も成功したチーム）だろう。濃紺の帽子にNYの文字を組み合わせたチームロゴは、国際的なシンボルとなり、ロンドン、北京、ハバナ、カイロなど、世界のさまざまな都市で、ヤンキースの帽子を被った人々を見かける。球場でさえ、有名だ。ヘビー級のタイトルマッチが、何度も行われ、2人のローマ法王（パウロ6世とヨハネ・パウロ2世）がミサを行った。

ヤンキースの全盛が始まったのは1920年、ジョージ・ハーマン・"ベーブ"・ルースがボストン・レッドソックスから移籍したときからである。ルースは迫力のあるホームランで多くの観客を引き寄せ、1921年のアメリカン・リーグを初制覇、1923年ワールドシリーズ初優勝に貢献した。1923年にヤンキー・スタジアムが建設されたとき、「ルースが建てた家」というあだ名がついたのは、ルースの打撃スタイル、そして球場に来る彼のファンをある程度考慮してデザインされたからである。

1927年、ベーブ・ルースはホームラン60本を打ち、1シーズンの記録としては1961年まで破られることはなかった（ルースのシーズン記録を破る賭けをしたロジャー・マリスの話を描いたビリー・クリスタルの監督デビュー作品「61*」を見てほしい。少し作り話も入っているが、面白い）。彼の全ホームラン記録714本（ヤンキースでは659本）は1974年にハンク・アーロンが破るまでは最多であった。

このチームは1920年代から60年代まで次々大スターを引き寄せ、ルー・ゲーリック、ジョー・ディマジオ、ミッキー・マントルは、野球に興味ない人にとってすら、文化的な偶像だった。ヤンキースは、幼少の筆者がファンだった80年代は、あまり成績に恵まれず、不振な時期があったが、2000年末には華々しくカムバック、1996〜2000年にワールドシリーズに4回優勝し、いくつかの記録を達成した（ヤンキースは1999年に25回目のワールドシリーズ・タイトルを獲得した時、歴史上最も成功した野球クラブとなっている）。この成功は、並みいるスター選手と、卓越した監督にして生粋のニューヨーカー、ジョー・トーレの手柄であることは間違いない。さらにドラマを盛り上げようとするかのように、2000年のワールドシリーズは、ヤンキース対メッツが対戦する"地下鉄シリーズ"（1956年以来、44年ぶり）となり、家族、職場、近所、友人同士が二手に分かれて応援、ニューヨーク州全体が野球に熱狂した。2001年、ヤンキースは再びワールドシリーズに出場し、さらなる盛り上がりを見せたが、第7試合の第9イニングでダイヤモンドバックスに敗退した。

ヤンキー・スタジアムが熱狂する

ヤンキー・スタジアム
Yankee Stadium

ヤンキー・スタジアムのファンは、この伝説的な球場を、「ローマのコロシアム以来の最も有名な球場」だと呼ぶ。ヤンキー・スタジアム（#18 ☎ 718-293-6000 ⓦ www.yankees.com ⌂ 東161丁目とリバー街の間 E 161st St & River Ave Ⓜ B、D、4号線で、ヤンキー・スタジアム Yankee Stadium）は、4月から10月までに81回ホームゲームを行う（コラム「ニューヨーク・ヤンキース：世紀のチーム」参照）。平日のナイターは90分前に開場（週末は2時間前）する。もし試合開始前に時間があれば、レフト・フィールドの後ろ、**モニュメント・パーク Monument Park**を散策するといい。ベーブ・ルース、ルー・ゲーリック、ミッキー・マントル、ジョー・ディマジオといった球界の偉人を記念した飾り板があり、ゲームの始まる45分前に

周辺区 － ブロンクス

閉まる。
　チケットは、＄15から＄42.50まであるが、ヤンキースの人気は高いので、切符は手に入りにくい。しかし、＄8の外野席は別である。バッターがヒットを打った音が届くころには、もうホームにその姿はないくらい、外野席は遠く離れているのだ。しかも、日よけもなく、乱痴気騒ぎの場所として評判も悪いため、ここでアルコール類は売られていない。制服の警官が万一に備えて立っている。チケットの買い方については、「エンターテインメント」の「スポーツ観戦」を参照。
　球場のガイド付きツアーに参加すると、ダッグアウト、プレス・ルーム、ロッカー・ルームも見られる（ツアーの予約は☎718-579-4531まで）。チームが遠征に出ている間は、1時間のツアーが月～金曜の10:00～16:00と、土曜の10:00～12:00に開催される。また、チームがヤンキー・スタジアムで試合する時には、月～金の10:00～12:00に行われる。ツアーの費用は大人＄10、シニアと子供は＄5で、もっと長いツアーは、短い映画の上映込みで、大人＄15、シニアと子供＄10である。
　スタジアム前の道路の向かいには、ヤンキース・グッズの店とレストランが数軒ある。**スタンズ・スポーツ・バー Stan's Sports Bar**は、ヤンキースがライバルのボストン・レッドソックスと試合をするとき、特ににぎやかになる。

ブロンクス美術館
Bronx Museum of the Arts
ヤンキー・スタジアムへ行くつもりなら、ブロンクス美術館へちょっと立ち寄ってみてはどうだろう（#17 ☎718-681-6000 www.bxma.org 1040 Grand Concourse〈165丁目の角at 165th St〉B、D線、4号線で、161丁目／ヤンキー・スタジアム161st St- Yankee Stadium、B、D線で、167丁目167th St 大人＄3、シニアと学生＄2、水は無料 水12:00～21:00、木～日12:00～18:00）。この美術館は、ニューヨークの若いアーティストの作品をよく展示している。都市における苦悩を扱った作品が多い。この区で一番大きな街路であるグランド・コンコースGrand Concourseは、ヤンキー・スタジアムから東へ3ブロックのところにある。

栄誉の殿堂
Hall of Fame for Great Americans
栄誉の殿堂（#15 ☎718-220-6003 183rd St at Sedgwick Ave 4号線で、183丁目183rd St 無料 10:00～17:00）は、ニューヨークでも、人が最も見逃しがちな場所の一つで、ユニバーシティ・ハイツのブロンクス・コミュニティ・カレッジの中にあり、ハドソン川を見渡す野外の柱廊に、100を超す著名人のブロンズの胸像が飾られている（最初の29像はティファニーの工房で作られたもの）。
　1980年代半ばに＄300万をかけて修復されたが、それまでは荒れ果てており、長年、約620フィート（約190m）の奥行きがあるホールには、女性像としては婦人参政権論者スーザン・B・アンソニーの半身像が一つあるだけだった。今ではそこに、アメリカ赤十字社の創設者クララ・バートン、天文学者マリア・ミッチェル、作家ハリエット・ビーチャー・ストウなどの像が加わっている。男性像としては、ジョージ・ワシントン、ベン・フランクリンそれにアレキサンダー・グラハム・ベルらのものが展示されている。
　この付近はやや辺鄙なところなので、栄誉の殿堂を訪れるなら、昼間、できればカレッジの学期中が望ましい。

ニューヨーク植物園
New York Botanical Garden
この250エーカー（約1km²）の植物園（#4 ☎718-817-8700 www.nybg.org B、D線で、ベッドフォード・パーク通りBedford Park Blvd 大人＄3、シニアと学生＄2、子供＄1 4～10月は火～日10:00～18:00、11～3月および祝日の月曜日は10:00～16:00）には、美しい庭が数個、50エーカー（約20万m²）の原始林、ヴィクトリア時代の温室として修復された、ニューヨークの歴史的建造物の一つ、鉄とガラス製の巨大な**イーニッド・A・ハウプト温室 Enid A Haupt Conservatory**がある。温室のすぐ隣にある**バラ園 rose garden**や、滝が何層にも渡って流れている**ロック・ガーデン rock garden**を散策することもできる。
　メトロ・ノース鉄道 Metro-North trains（☎212-532-4900 www.mnr.org）は、グランド・セントラル駅を1時間ごとに出発、植物園のちょうど前で停車する。料金は片道＄3.75。または、4号線でベッドフォード・パーク通りBedford Park Blvdまで行き、そこから東へ丘を下りて、7ブロック歩くと植物園の門に出る。

ブロンクス動物園
Bronx Zoo
ブロンクス動物園（#10 ☎718-367-1010 www.wcs.org 2、5号線で、ペラム・パークウェイPelham Pkwy 大人＄11、シニア＄7、2歳以上の子供＄6、水 無料 夏期は月～金10:00～17:00 土・日10:00～17:30、冬期は毎日10:00～16:30、感謝祭と新年は夜まで延長）は、ブロンクス野生生物保護協会Bronx

周辺区 – ブロンクス

観光スポットと楽しみ方

ブロンクスのリトル・イタリー、アーサー街でピザを食べよう

Wildlife Conservation Societyという政治的に正しい名称を持ち、年間200万人を超す人々が訪れている。5000種近い動物が、265エーカー（約107万m²）の敷地内で、快適で自然な生活を営んでいる。訪れるには暖かい季節がいい。冬は野外の乗り物の多くが止まっているし、動物たちも住みかに引っ込んでおり、冬に訪れても、蛇や鳥が住む古い建物を巡るしかないのである。

ライオンやトラや熊の勢ぞろいしたところを観たければ、ベンガリ・エキスプレスを利用するといい。アジア野生地区Wild Asia areasを通り抜ける、25分の解説付きモノレールの旅である。費用は＄2で、5月から10月まで運行している。

また、室内展示の大きなジャングル・ワールドJungle World（一年中開場）は、アジアの熱帯を再現し、100種類もの動物や熱帯植物が生息している。姿をくらましたコウモリが（臭いをまきちらし）徘徊する"暗黒の世界"に、大喜びする人もいれば、震え上がる人もいるだろう。

リバティ・ラインズ・エクスプレス Liberty Lines Express（☎718-652-8400）で、マンハッタンからブロンクス動物園までの料金は＄7。バスはマディソン街に沿って（26、47、54、63、69、84丁目26th, 47th, 54th, 63rd, 69th, 84th Sts）乗客を拾っていく。車でブロンクス・リバー・パークウェイBronx River Pkwy経由でも、動物園へ行くことができる。

アーサー街
Arthur Avenue

フォーダム大学の真南に、ブロンクスのリトル・イタリー、ベルモントBelmont（🚇B、D線で、フォーダム通りFordham Rd）がある。ここは、マンハッタンのリトル・イタリーよりさらにイタリア色が強く、ATMの指示もイタリア語で書かれているほど。パンを焼く香ばしい匂いに、うっとりとするだろう。日帰り旅行に行けば、本物のイタリア系アメリカ文化にたっぷり浸ることができる。お腹を空かせて出かけよう。（より詳細な情報は「食事」を参照）。

アーサー街は、生きた鶏の手に入る**アーサー街鶏市場 Arthur Ave Poultry Market**（☎718-733-4006 🏠2356 Arthur Ave）など、イタリア食品を買い込むのにもってこいの場所である。

アーサー街小売市場 Arthur Ave Retail Market（🏠2344 Arthur Ave）では、食料品店が屋内に店を出しており、感動するほどおいしい年代物のパルメザンチーズやプロシュート（香辛料の効いたイタリアのハム）を置いたチーズショップである**マイク・アンド・サンズ Mike & Sons**（☎718-295-5033）などが、軒を連ねている。

コセンツァ鮮魚店 Cosenza's fresh fish store（☎718-364-8510 🏠2354 Arthur Ave）は、通りに小さなテーブルを出し、歩行者に半分殻つきのハマグリを売っているし、**カラブリア・ポーク・ストア Calabria Pork Store**（☎718-367-5145 🏠2338 Arthur Ave）では、天井に並べた棚で熟成した、自家製の辛いソーセージと甘いソーセージを試食させてくれる。

また、イタリア肉屋でもピカーなのが、**ビアンカルディ店 Biancardi's**（☎718-733-4058 🏠2350 Arthur Ave）だ。ショーウィンドウをのぞいて、ウサギの肉を探してみよう。ニューヨークの一流レストランで出されるパンは、たいていアーサー街のものである。**アーサー街パン工房 Arthur Avenue Baking Company**（🏠2413 Arthur Ave）に寄って、焼きたてのパンを試してみよう。

ベルモント・イタリアン・アメリカン劇場 Belmont Italian American Playhouse（☎718-364-

159

周辺区 – ブルックリン

4700 w www.belmontplayhouse.org ☗2384 Arthur Ave）は、この付近で一番の活気ある演芸場である。新作の劇が封切られるシーズンは、4月から12月まで。地元の作家や音楽家による公演は一年を通して行われる。

アーサー街に行くには、メトロ・ノース鉄道Metro-North train（または地下鉄）で、グランド・セントラル駅からフォーダム通りFordham Rd駅まで乗り、そこから東に11ブロック歩く。劇場へはアーサー街を右に曲がり、3ブロック南に歩く。

シティ島
City Island

ブロンクスで最も風変わりな地域は、間違いなくシティ島である。ミッドタウンから15マイル（約24km）離れた、長さ1.5マイル（約2.4km）ほどのこの漁業の町には、たくさんのドックと3つのヨットクラブがあり、ロングアイランド海峡でのダイビング、セイリング、魚釣りに関心のある人には格好の場所だ。海好きの人には**ノース・ウインド環境センター North Wind Environmental Center**（☎718-885-0777 ☗City Island Ave）の見学もいいだろう。鯨のフィスティ（皆の大好きな名前さ！）がいる小さな博物館だ。

シティ島の店や多数のシーフードのレストランは、すべて島と同じ長さのシティ・アイランド街沿いに並んでいる。短い横道には、格好のいい羽目板の家が、周囲の海を見下ろしており、ここから望めるマンハッタンのスカイラインは実にすばらしい。

海辺の町の利を生かして、ここでの楽しみはほとんど海を中心に展開される。魚釣りやセイリングに興味あれば、島の西側へ行ってみよう。

ここには島の主要なマリーナがすべてある。魚釣り（ニューヨーク湾の観光遊覧や貸切も同様）を提供しているのは、**リップタイド3号 Riptide III**（☎718-885-0236）や**デイブレーク2号 Daybreak II**（☎718-409-9765）など。魚釣りツアーの料金は、大人＄45、シニア＄40、子供＄25で、時間は8:30～16:30まで。えさやつり道具も料金に含まれるか否かは、問い合わせること。

シティ島へ行くには、地下鉄（6号線）で終点のペラム・ベイ・パークPelham Bay Parkまで行き、Bx29番バスに乗れば、シティ・アイランド街まで直行である。

この方面へ出かけるのなら、**ペラム・ベイ・パーク Pelham Bay Park**にも興味をそそられるかもしれない。ここには、サイクリングやハイキング、ドライブ、そして乗馬を楽しめる長い道がある。

近くにあるのが、**オーチャード・ビーチ Orchard Beach**。かつて「ニューヨークのリヴィエラ（南仏・イタリアの海辺の保養地）」として知られた、美しい砂浜である。最近は、夏の蒸し暑さから逃げ出してきた家族連れでにぎわう。ここへ行くには、Bx12番バスに乗ればよい（夏のみ運行）。詳しくはインターネットのサイト（w www.nyc.gov/parks）にアクセスしてみよう。

ブルックリン（MAP9）
BROOKLYN

ブルックリンは今が旬！　評論家やトレン

シティ島の伝統的な木造の家

ド・メーカーたちはこの区（ボロー）を"ニュー・マンハッタン"と呼び、クラブ、ラウンジ、レストラン、アート、歴史、建造物がそれをほぼ証明している。この名称は、誇り高きブルックリンをさらに活気づけるために作られたわけではないが、せめてレッドフック行きの電車ができるまでは、同地の行く末に関しては静観することにしよう。ここには240万人のブルックリナイト（ブルックリン居住者）がおり、同区はアメリカの有名人の7人に1人はブルックリンで誕生していると公式の場で自慢している！

正式にはキングス郡という名のブルックリンは、その名をオランダ語の湿地帯を意味するブルークレン*breucklen*に由来する。350年の歴史のほとんどが農村を中心とし、ブルックリンの市民たちはニューヨーク圏にいやいや加わった。1898年に同区が合併した後でさえ区は独立心を保っていた。市民はプロスペクト・パーク（ブルックリン版のセントラル・パークのようなもの）をこよなく愛し、野球チームのブルックリン・ドジャーズの行く末に命運をかけ、コニー・アイランドの高級リゾートホテルで日光浴を楽しんだ。

しかし結局のところ、ブルックリンの独立した市であるという主張は、ブルックリン橋の建設により終焉を迎え、良くも悪くもマンハッタンとは切っても切れない仲となってしまった。さらに、許せないことにドジャーズが1957年に西海岸に移動した時に、一つの時代が終わってしまった。

今日、カリブ海、東ヨーロッパ、旧ソ連からやって来た移民がブルックリン内部のエリアに住みつき、その一方でマンハッタンに勤務するプロフェッショナルたちは同区の西にある、馬車置場を改築した古い家や褐色砂岩の家に飛びついている。

インフォメーション

ブルックリン観光案内所 Brooklyn Information & Culture（BRIC #21 ☎718-855-7882 ⓦ www.brooklynx.org ⌂2nd floor,647 Fulton St）は、「ブルックリンで会いましょう*Meet Me in Brooklyn*」という各種イベントの予定表を無料配布している。ブルックリンのすべての文化施設で入手可能。この通称"BRIC"には、地図や他の観光情報も掲載されている。

区全域の店や新聞売り場で入手可能な月刊誌、「ブルックリン・ブリッジ*Brooklyn Bridge*」は、より詳しいイベント情報を提供する。また数ある無料のコミュニティ新聞には地域のイベント情報が載っている。

インターネットにアクセスするためには、**ポストネット PostNet**（#26 ☎718-852-0382 ⌂41 Schermerhorn St）、または**メールボックス・エトセトラ Mail Boxes, Etc**（#29 ☎718-246-6861 ⌂138 Court St）を試してみよう。どちらもコブル・ヒルにあり、毎日営業している。

ニューヨーク交通博物館
New York Transit Museum

その名にふさわしく、この博物館（#24 ☎718-243-8601 ⓦ www.mta.nyc.ny.us/museum ⌂ボーラム・プレイスとシャマーホーン通りの角 cnr Boerum Pl & Schermerhorn St Ⓜ1、2、4、5号線で、ボロー・ホール〈区役所〉Borough Hall）は、1930年代に廃棄された地下鉄の駅の構内に作られている。展示品には、交通網が開設してからの最初の100年間に使用された、印象深い列車の数々を含み、車内には当時の宣伝広告の大部分がまだそのまま残っている。1995年の映画「マネートレイン」にも使われた銀色の列車と、デューク・エリントンの楽曲、「A列車で行こう」の作曲のきっかけとなったビンテージのR-1モデルに注目しよう。ここには、トンネル内の空気を殺菌する目的で作られた"殺菌"ライトを搭載した1947年型R-11モデルもある。このモデルは車掌まで殺菌されてしまうのではないかという恐れから、製造中止となってしまった！

この博物館は大規模な改築のため2002年に閉館となったが、2003年には再オープンする予定だ。

ブルックリン・ハイツの散策コース

イースト川河口付近にある褐色砂岩の家、大邸宅や名所となっている教会があるこのエリアは、19世紀初期のロウアー・マンハッタンに向かうフェリーの出発地点として発達し、現在ではおしゃれな住宅として知られるようになった。遊歩道からはマンハッタンの新しいスカイラインを一望でき――水際に沿って立ち並ぶ鉄の倉庫街が水平線の底部を成しており――興味深いコントラストを形成している。この散策コースはおよそ90分かかるが、ブルックリン橋を渡り、買い物をしたり、ビール、菓子、昼食で一息ついた場合は、それに応じて時間を調整しよう。

ブルックリンへ行く一番の方法は徒歩である。この散策コースはロウアー・マンハッタンの、ブルックリン橋の入口から始まる。橋を渡って20分したら（振り返れば、まるで絵に描いたようなニューヨーク市政の建物とウールワース・ビルの景色が広がる）、歩道を右に進もう（左へ進むとダンボに行ってしまう。後出を参照）。そうするとアダムス通りAdams Stにたどり着き、そこから南へ1ブロック行った所にある、**コロンバス・パーク Columbus Park**からこのツアーが始まる。コンクリートで舗装され、ベンチが並ぶこの公園には、セントラル・パークの「水の天使Angel of the Waters」を作製したエマ・ステビンズによる**コロンブス像 Columbus statue**がある。

コロンバス・パークの南端には、1848年完成の名所、**ブルックリン区役所 Brooklyn Borough Hall**（☎718-875-4047 🏠209 Joralemon St 🕐月〜金9:00〜17:00）がある。この歴史的建造物の無料ツアーは、火曜の13:00からスタートする。ツアーでは、中央の巨大な円形ホール、大理石のエントランス・ホール、ボザール様式の法廷を見学することができる。

モンタギュー通りMontague Stに沿ってコロンバス・パークから西へ進むと、クリントン通りClinton Stにたどり着く。右に曲がり、1ブロック歩くと、ピエールポント通りPierrepont St（ピエールポントと発音）に出る。**ブルックリン歴史協会 Brooklyn Historical Society**（☎718-624-0890 🌐www.brooklynhistory.org 🏠128 Pierrepont St 🕐火〜土12:00〜17:00）がある通りだ。この美しい名所の建物は2002年に完全に改築され、図書館、美術館と講堂を備えている。2階の図書館では、デジタル化された3万1000枚もの写真と印刷物からなる協会の所蔵品を閲覧できる。同協会では徒歩ツアーも主催しているので、☎718-222-4111に問い合わせてみよう。

ヘンリー通りHenry Stを左へ曲がり南へ進むと、カフェ、バー、店が並ぶメイン・ストリート、モンタギュー通りにたどり着く。ここを右に曲がってコーヒーで一息ついたら、**ハイツ・ブックス Heights Books**（☎718-624-4876 🏠109 Montague St）へ向かって、高品質で低価格な古本を眺めるのもよい。

通りの終わりにある海岸沿いの遊歩道を目指し、東へ数ブロック進む。ここから右へ曲がって遊歩道を進んでいくと、ブルックリン橋の下にある古いフェリー埠頭の**フルトン・ランディング Fulton Landing**にたどり着く。頭上に橋がそびえ

ブルックリンのコート通りで、ちょっとしたショッピングを予定に入れよう

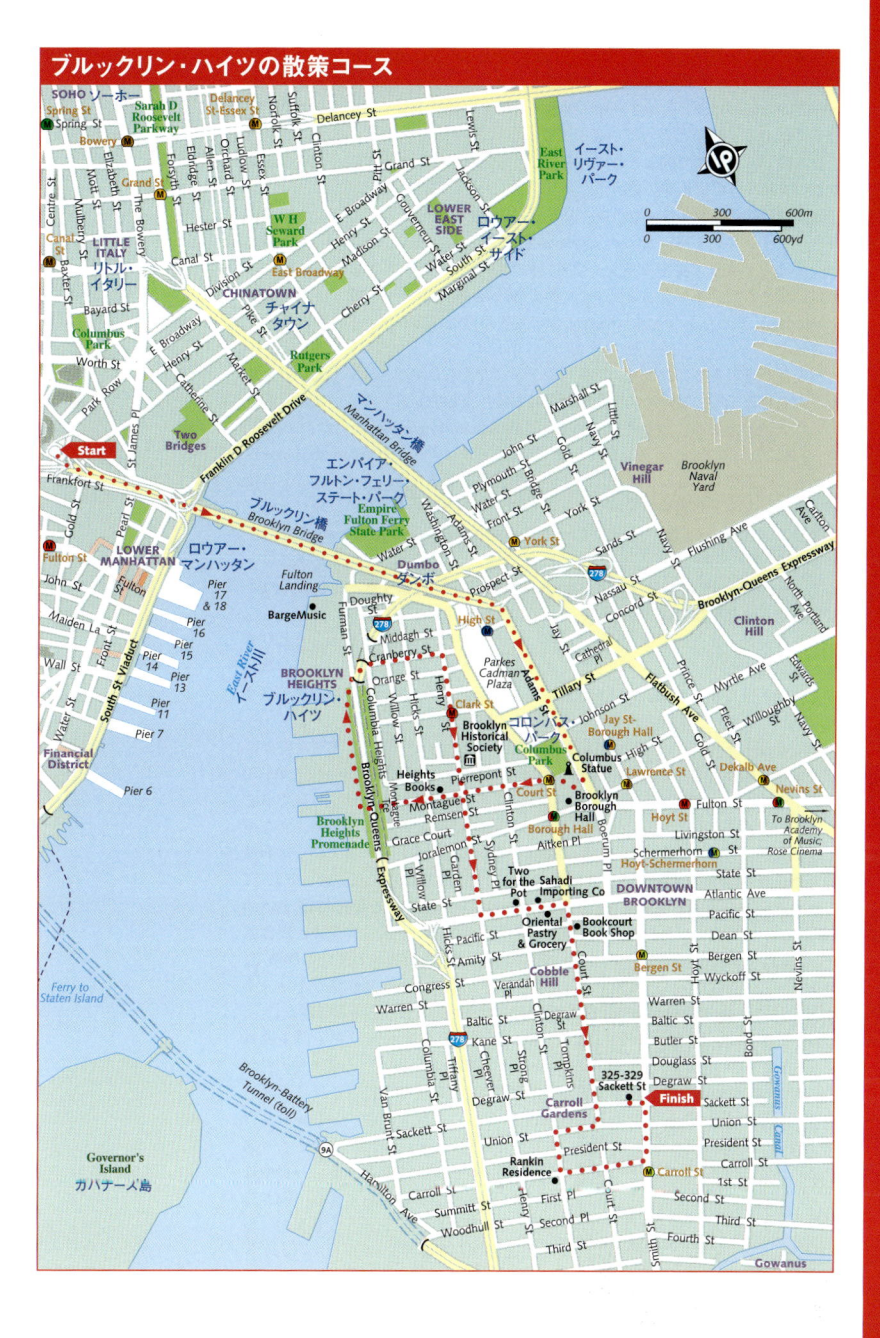

周辺区 － ブルックリン・ハイツの散策コース

ブルックリン・ハイツの散策コース

周辺区 – ブルックリン・ハイツの散策コース

立つ前には、マンハッタン経由のほとんどのフェリーがここから出発した。現在**バージミュージック BargeMusic**（☎718-624-4061）ではクラシック・コンサートが開かれており、ここはオール・ブラームス・プログラムやモーツァルトを聞けるすばらしい場所となっている。チケットは＄20から＄40までで、コンサートは木曜から日曜まで開催されている。ここは、マンハッタンの向こうに夕日が沈むのを眺めるのに最高の場所だ。

遊歩道の終わりからは、クランベリー通りCranberry Stを目指してブルックリン・クイーンズ高速道Brooklyn Queens Expressway（BQE）の下を右に進む。そうするとイタリア調やギリシャ復興様式の住宅に囲まれた、1965年に歴史地区に認定されたブルックリン・ハイツ歴史地区の中心地にたどり着く。ミッダ通りMiddagh Stとヘンリー通り Henry Stの交差点付近にある古い木枠のある家にも注目だ。

ヘンリー通りを右に曲がり、アトランティック街Atlantic Aveまで上り坂を進む。ここは香辛料の店、イスラム教関連の本屋、多数のレストランであふれるせわしい大通りである。卸業者の**サハディ貿易 Sahadi Importing Co**（☎718-624-4550 ✦187-189 Atlantic Ave ◐月～土19:00まで）はアメリカ中の乾燥フルーツやナッツを販売しており、おいしいスナックを購入するために立ち寄ってみる価値はある。もっと異国風のスパイスを落ち着いた雰囲気で探すなら、通りを越えて**オリエンタル・ペイストリー＆グローサリー Oriental Pastry & Grocery**（☎718-875-7687 ✦170 Atlantic Ave ◐20:30まで）に行ってみよう。そのすぐそばにある**トゥー・フォー・ザ・ポット Two for the Pot**（☎718-855-8173 ✦200 Clinton St）にはさまざまな種類のコーヒー豆が揃っている。

アトランティック街を東へ2ブロック進むと、**コート通り Court St**へとたどり着く。ここを右へ曲がると、イタリア人居住地区からおしゃれなスポットへの進化したコブル・ヒルがある。コート通りには、菓子店、ピザ屋、バーやカフェがうまく調和しており、周囲の通りには褐色砂岩の家が立ち並ぶ。

コート通りを南へ11ブロックほどブラブラ歩いていく途中で、雰囲気のよい**ブックコート・ブック・ショップ Bookcourt Book Shop**（☎718-875-3677 ✦163 Court St at Dean St）に立ち寄ってみよう。ユニオン通りUnion Stまで来たら右に曲がり、西へ1ブロック進んでクリントン通りに出ると、赤レンガでできたギリシャ復興様式の**ランキン邸 Rankin Residence**が南西の角に見える。現在は葬儀場だが、1840年に建てられたこの大邸宅はかつて、大農場内に立つ唯一の家で、ニューヨーク湾の景色が見渡せた。現在は**キャロル・ガーデンズ歴史地区 Carroll Gardens Historic District**の中心に位置している。この歴史地区はレンガと褐色砂岩の家が状態良く保存されている界隈で、ほとんどの家には小さな前庭があり、その歴史は19世紀半ばから後半に遡る。

南へ2ブロック進むと、キャロル通りCarroll Stにたどり着く。ここを左に曲がって東に進んだところにあるスミス通りSmith Stは、ブティック、おしゃれなカフェ、流行のレストランがありイースト・ヴィレッジを彷彿させる。一日中この通りをぶらつくこともできる（何か良いアイデアをお探しなら「食事」と「ショッピング」を参照）。

スミス通りのちょうど西、サケット通り325-329番地325-329 Sackett Stにある、入り組んだ鉄の飾りがある**レンガ作りのテラスハウス brick row-houses**はお見逃しなく。

写真左：ブルックリン・ハイツの褐色砂岩でできた建物

周辺区 – ブルックリン

ダンボ（MAP9）
Dumbo

ダウン・アンダー・ザ・マンハッタン・ブリッジ・オーヴァーパスDown Under the Manhattan Bridge Overpass（マンハッタン橋歩道橋の真下）、通称ダンボDumboは急速に注目が高まっている場所だ。ここにはアート・ギャラリー、カフェ、10ブロック圏内に700人以上のミュージシャンを抱える急成長のミュージック・シーンがある。もし10月末にここにいるなら、**ダンボ・アーツ・センター Dumbo Arts Center's**（#2 ☎718-624-3772 🌐www.dumboartscenter.org ⌂30 Washington St Ⓜ️A, C線で、ハイ通りHigh St、F線で、ヨーク通りYork St）主催の、近所に住むアーティストが作品を得意げに展示するアート・アンダー・ザ・ブリッジ・フェスティバルArt Under the Bridge Festival（橋の下の芸術祭）に絶対に立ち寄ってみよう。

セント・アンズ・ウェアハウス St Ann's Warehouse（#4 ☎718-858-2424 ⌂38 Water St Ⓜ️A, C線で、ハイ通りHigh St、F線で、ヨーク通りYork St）は、あのかっこいいロック歌手ジョー・ストラマー、ウースター・グループ劇団やその他のクリエイティブなアーティストなどによるパフォーマンスを主催している、おしゃれな会場である。1ブロック下った所には、チョコレート工場と2つのテーブルがあるカフェに扮した小さな天国ともいえる、**ジャック・トレス・チョコレート Jacques Torres Chocolate**（#3 ☎718-875-9772 🌐www.mrchocolate.com ⌂66 Water St）がある。今まで作られたチョコレートの中で、最も芳醇で斬新性あふれるものを手に入れるために、歩くのではなく走ってこよう。これについて意義を唱えられるなら、唱えてみるとよい。この店のインターネットと電話販売も繁盛している（1/4ポンド〈約113g〉が＄10、または1/2ポンド〈約227g〉が＄20、プラス送料）。

チョコレートに飛びつく前に、近くの**エンパイア・フルトン・フェリー・ステート・パーク Empire Fulton Ferry State Park**にある河岸まで歩いてみるのもよいだろう。

ブルックリン音楽アカデミー
Brooklyn Academy of Music

アッシュランド・プレイスAshland Plとセント・フェリックス通りSt Felix Stの間にある、アメリカで最も古いコンサート会場のブルックリン音楽アカデミー（BAM ☎718-636-4100 🌐www.bam.org ⌂30 Lafayette Ave Ⓜ️M, N, Q, R, W, 1, 2, 4号線で、アトランティック街Atlantic Ave）は、エンリコ・カルーソーの最終公演といった注目に値するイベントを主催してきた。現在は、国際的なオペラ団による訪問公演や常駐のマーク・モリス・ダンス・グループによる演目を含む、一流の芸術プログラムを提供し続けている。この複合施設には、**マジェスティック・シアター Majestic Theater**、**ブルックリン・オペラ・ハウス Brooklyn Opera House**、そしてマンハッタン以外の区では初の自主製作映画や外国映画に特化した映画館、**ローズ・シネマ Rose Cinema**（☎718-623-2770）がある。

BAMには公共の交通手段でアクセス可能である。または、ほとんどの演目の1時間前にマンハッタンの**フィリップ・モリス・ビル Philip Morris Building**（⌂120 Park Ave〈東42丁目の角at E 42nd St〉）から出発する、BAMバスの席を予約することもできる。帰りのバスはマンハッタンの多くのバス停留所に止まる。往復運賃は＄10（学生＄8）。最低でも24時間前までにBAMで予約するようにしよう。

本書の執筆時には、BAMは同施設の周囲の"文化地区"の構築を含む、複数年にわたる、大規模な数百万ドルの改築工事中であった。この斬新な提案が実現することを願う。

ウィリアムズバーグ（MAP1）
Williamsburg

ブルックリン北部の同じ名前が付いているウィリアムズバーグ橋をちょうど越えたところに位置する、このエリア（Ⓜ️L線で、ベッドフォード街Bedford Ave）は最近注目度がアップしている。新イースト・ヴィレッジと見なされ、たくさんのバーやレストランであふれるウィリアムズバーグは、人々を惹きつけ、長年のマンハッタン居住者たちにさえ、橋を越えることのすばらしさを納得させつつある（ウィリアムズバーグでの飲食に関する詳細は、「食事」と「エンターテインメント」を参照）。

伝統的に、正統派ユダヤ教徒のコミュニティである——20世紀初頭におけるマンハッタンのロウアー・イースト・サイドを具体的に表している——ウィリアムズバーグは近年多様化しつつあり、現在はイタリア、ラテンアメリカ系、ポーランド系の居住者を含む。ウィリアムズバーグに最近新しくやってきたのは、（他より）安い家賃と広いロフトに目をつけた、かけだしの小説家、アーティスト、ミュージシャンなどである。そのおかげで、活気に満ちた調和が生まれている。ウィリアムズバーグ橋を横断して午後の散歩を楽しみ、どんなイベントが催されているかを発見しよう。

ベッドフォード通りBedford Stには大学のキャンパスの雰囲気が漂っており、ここではアパートをシェアする人を探す住民が、小さないわゆる"民主の壁"（壁新聞）に広告を掲

周辺区 − ブルックリン

載している。**プラット・アート・スクール Pratt Art School**（🏠デカルブ街DeKalb Ave）付近のエリアは、パブが集まる人気のあるスポットだ（おそらく未成年の飲酒を歓迎しているという評判のためだろう）。「ウォーターフロント・ウィークリー*Waterfront Weekly*」は、ウィリアムズバーグやグリーンポイントを網羅している無料の情報誌で、最新情報を入手するのに役立つ。暖かい時期恒例のスタジオを一般開放したイベントや、通りで行われる祭りは、ウォーターフロントに沿ったケント街から臨む日の入りに彩りを添えてくれ、一見の価値がある。

ブルックリン・ブリューワリー Brooklyn Brewery
1988年以来ブルックリン・ブリューワリー（地ビール製造所）は、ブルックリン・区外の工場と契約を結び、賞を獲得したブルックリン・ラガーを生産してきた。しかし、ウィリアムズバーグの地ビール醸造所（☎718-486-7422 🌐www.brooklynbrewery.com 🏠79 N 11th St Ⓜ️L線で、ベッドフォード街Bedford Ave）の完成に伴い、1996年にビールの生産を地元ブルックリンに戻した。かつてヘクラ製鉄工場（ウォルドーフ・アストリア・ホテルの機設支援材を製作していた工場）を形成していた何棟もの建物の中に設立されたこのビール醸造所は、ウィリアムズバーグの名所となり、そのビールは地元で人気を博している。

テイスティング・ルームには歴史あるビール瓶の展示や、月ごとのおすすめのビールがある。サービスタイムは毎週金曜と土曜の18:00から22:00までで、1パイント（約473ml）＄3のビールや生演奏ですばらしい時間を過ごせる。それに加えて醸造所では、生演奏やその他のエンターテイメントを週に何度も催している（イベントのスケジュールはホームページを参照）。土曜日には12:00から17:00まで無料ツアー（テイスティングを含む）を主催している。夏の間はツアーが満員になることが多いので、参加するためには事前に電話したほうがよい。

プロスペクト・パーク（MAP10）
Prospect Park
この公園（Ⓜ️1、2号線で、グランド・アーミー・プラザGrand Army Plaza、Q、S線で、プロスペクト・パークProspect Park、F線で、15丁目／プロスペクト・パーク15th St-Prospect Park）は1866年に造られた。フレドリック・ロウ・オルムステッドとカルバート・ヴォー（セントラル・パークを設計したのもこの2人である）による、この526エーカー（約2.13km²）におよぶブルックリンの傑作は、彼らの最高の偉業と言えるかもしれない。より人気のあるマンハッタンの姉妹公園よりはさほど混んではいないが、**プロスペクト・パーク Prospect Park**（☎718-965-8951 🌐www.prospectpark.org）は、**ケイト・ウールマン・リンク Kate Wollman Rink**（#29 ☎718-287-6431 🎫大人＄4、シニアと子供＄2、スケート靴レンタル＄3.50 ⏰10月から3月初旬の毎日）でのアイス・スケートなど、広い草地沿いで同じようなアクティビティをいくつも提供している。夏の間ずっと開催されているフェスティバル、「セレブレート・ブルックリン！（ブルックリンを祝おう！）」の期間中は**野外音楽堂 bandshell**で音楽やダンス、他のエンターテインメントを楽しめる。問い合わせは☎718-855-7882まで。

セントラル・パーク同様、ここには木曜から土曜まで営業している**回転木馬 carousel**（1回＄0.50）もあり、小規模の**動物園zoo**（#27 ☎718-399-7339 🎫大人＄2.50、子供＄0.50 ⏰10:00〜17:00）は小さなプールつきで、アシカが悲しくなるような窮屈な半回転をしている。11:30、14:00、16:00の餌やりの時間を見逃さないようにしよう。子供だったら、**レファーツ・ホームステッド子供歴史博物館 Lefferts Homestead Children's Historic House Museum**（#28 ☎718-789-2822 ⏰4〜11月 木・金13:00〜16:00、土・日13:00〜17:00）も楽しめるだろう。公園内の徒歩ツアー、展覧会など、その他のアクティビティに関する詳細は、イベント・ホットライン（☎718-965-8999）に問い合わせてみよう。

グランド・アーミー・プラザ Grand Army Plaza（🏠イースタン・パークウェイとフ

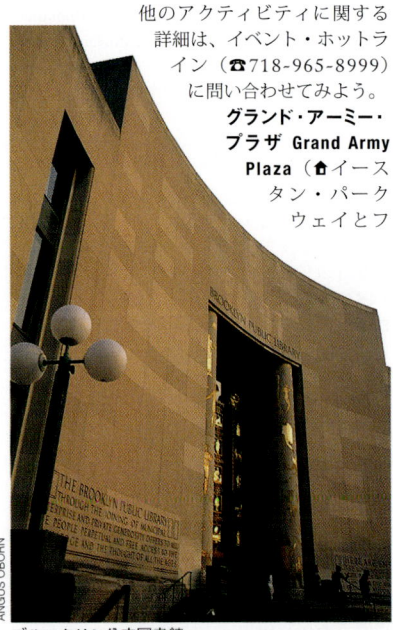

ブルックリン公立図書館

ラットブッシュ街の角cnr Eastern Pkwy & Flatbush Ave Ⓜ1、2号線で、グランド・アーミー・プラザGrand Army Plazaは、公園の北西の入口にある広場。1892年に建設された80フィート（約24m）の高さの、**兵士と水兵の凱旋門 Soldiers' and Sailors' Monument**（#5）は、南北戦争中における北軍の勝利を記念している。夏には、凱旋門の中にあるギャラリーで、地元のアーティストによる作品を展示しており、青銅の二輪馬車の下にある展望デッキからは公園の景色が臨める。小規模な**ファーマーズ・マーケット farmer's market**もまた毎週末ここで開かれている。

ニューヨーク唯一の**ジョン・F・ケネディ大統領を讃える像 structure honoring President John F Kennedy**（#6）は、グランド・アーミー凱旋門のちょうど北、小さな噴水公園の中に立っている。壮大なアール・デコ調の**ブルックリン公立図書館 Brooklyn Public Library**（#3）は南側の凱旋門に立っている。

一年を通して土曜と日曜の12:00から18:00まで1時間ごとに出発するトロリーバスは、プロスペクト・パークから、公園内の動物園、スケート・リンク、ブルックリン植物園、ブルックリン公立図書館など、ブルックリン美術館周辺の名所を循環している。問い合わせは美術館のインフォメーション・デスク（後出の「ブルックリン美術館」を参照）まで。

パーク・スロープ（MAP10）
Park Slope

この長方形の住居地区（ⓂF線で、7番街／パーク・スロープ7th Ave-Park Slope）は、プロスペクト・パークの真西に位置し、ほとんどの店やレストランは、9丁目9th St駅とパーク・プレイスPark Pl駅の2つの地下鉄の駅の間の、7番街の18ブロックに並んでいる。小説家ポール・オースターなど、ここには作家もちらほらと住んでいるため、健全かつ文学的な雰囲気が漂っている。定期的に有名作家による朗読会を主催する、すばらしい書店の**コミュニティ・ブックストア Community Bookstore**（#18 ☎718-783-3075 🏠143 Seventh Ave〈キャロル通りの角at Carroll St〉）など、近所に数ある書店の1軒を訪ねてその雰囲気を味わってみよう。同店の小さなカフェにも行ってみるとよい。

このエリアでは、インターネットにもアクセスできる。**マイクロチップ・カフェ Microchip Cafe**（#16 ☎718-499-4259 🏠175 Seventh Ave）、またはもう少し安い**コンピューター・カフェ Computer Café**（#26 ☎718-788-4745 🏠435 Seventh Ave）がおすすめだ。

パーク・スロープではショッピングも楽しめる。ビンテージものは7番街近くの**フーティ・コウチャークチュール Hooti Couture**（#7 ☎718-857-1977 🏠179 Berkeley Pl）がおすすめ。中古CD、LP、さらに最新の地元のミュージック情報をお探しの場合は、6番街と7番街の間にある**ホーリー・カウ！ Holy Cow!**（#23 ☎718-788-3631 🏠422 9th St）が最高の場所だ。落ち着いた場所でコーヒーを楽しむなら、数ある中でもリンカーン・プレイスLincoln Pl近くの**オジーズ Ozzie's**（#9 ☎718-398-6695 🏠57 7th Ave）や、10丁目の角付近のゆったりとしたソファーやチェス一式が揃った、**ティー・ラウンジ Tea Lounge**（#24 ☎718-768-4966 🏠350 Seventh Ave）がおすすめ。ここは、夜にはワイン・バーに変わる。

グランド・プロスペクト・ホール Grand Prospect Hall 5番街と6番街の間にあるこの宴会ホール（#25 ☎718-788-0777 🌐www.grandprospect.com 🏠263 Prospect Ave）は、金箔とパステル色が重なった内装、クリスタルのシャンデリアや、その他のピカピカ光る装飾が豪華にあふれている。20年以上にわたっている修復作業は、その洗練さに欠けるという要因のためにおいても、一見の価値はある。金箔で覆われた非常識なトイレを見てみよう。映画監督はこの場所を好み、「男と女の名誉」や「コットン・クラブ」などの映画はここで撮影された。

ブルックリン美術館 Brooklyn Museum of Art ワシントン街Washington Aveの近くにあるこの美術館（#19 ☎718-638-5000 🌐www.brooklynart.org 🏠200 Eastern Pkwy Ⓜ1、2号線で、イースタン・パークウェイ／ブルックリン美術館Eastern Pkwy-Brooklyn Museum 🚇目安：大人＄6、シニアと学生＄3、子供無料 🕐水〜金10:00〜17:00、土・日11:00〜18:00）が、もしどこか別の場所にあったら、一流の芸術施設と見なされていただろう。マンハッタンのメトロポリタン美術館と比べると見劣りするとはいえ、150万点もの作品を誇るこの美術館は国内で2番目に大きく、絶対に訪れるべきである。日曜でも混んでいることはなく、数々の所蔵品を眺めたり、付近のブルックリン植物園やブルックリン子供博物館を訪れたりして一日を過ごすことができる。

ゾウの糞を絵画に使用するクリス・オフィリなど、若手のイギリス人芸術家を支援した展覧会を1999年に開催した時、この美術館は人々の大混乱を巻き起こした。前ジュリアーニ市長がオフィリ作の糞が塗りつけられた聖母マリアの肖像画を強く非難した際は、報道陣が飛びつき、この美術館（そして市長）はメディアに大々的に取り上げられた。

この美術館では最新鋭のアートにうんざり

周辺区 – ブルックリン

している人用に、伝統的な作品も数多く展示している。常設展示場はアフリカ、イスラム、アジアの美術に力を入れており、3階の近代的な展示室では色鮮やかなエジプトの棺（ミイラの箱）や埋葬品を見ることができる。自然の光に照らされたタイル貼りの中庭を見下ろす4階には、ブルックリンに入植した17世紀のオランダ植民の住まいを再現したヤン・シェンク・ハウスなど古い部屋がある。5階にある植民地時代の肖像画は、有名なギルバート・スチュアートによるワシントン像を含む。その近くには、オーギュスト・ロダンによる58の彫刻のコレクションもある。

ブルックリン植物園 Brooklyn Botanic Garden
イースタン・パークウェイEastern Pkwyの近くにある、52エーカー（約21万m²）の植物園（☎718-623-7200 www.bbg.org 1000 Washington Ave 1、2号線で、イースタン・パークウェイ／ブルックリン美術館Eastern Pkwy-Brooklyn Museum、Q、S線で、プロスペクト・パークProspect Park 大人＄3、シニアと学生＄1.50、16歳未満無料 4～9月 火～金8:00～18:00、土・日・祝日10:00～18:00、10～3月 火～金8:00～16:30、土・日・祝日10:00～16:30）は、15の庭園にある1万2000種を超える異なった植物が特徴的だ。スレートの階段があるおしゃれなセレブリティ・パス（有名人の小道）は、メアリー・タイラー・ムーアやスパイク・リーを含む、約150人の有名なブルックリナイト（ブルックリン居住者）を讃え、フレグランス・ガーデン（芳香の庭）ではすばらしい散歩が楽しめる。ディスカヴァリー・ガーデン（発見の庭）は子供が実際に花に触れられる遊び場で、近くの子供植物園は1914年以来、子供たちによって維持されてきた。

もし4月後半あたりにこのエリアにいるなら、園内の45種の桜の開花を告げる**桜祭 Sakura Matsuri**（花見フェスティバル）をお見逃しなく。植物園はまた、アメリカ国内で最も大きくて古い盆栽bonsaiコレクションも誇る。

ブルックリン子供博物館 Brooklyn Children's Museum
この体験型のブルックリン子供博物館（☎718-735-4400 www.brooklynkids.org 145 Brooklyn Ave〈セント・マークス街の角 at St Marks Ave〉 1号線で、キングストン街 Kingston Ave 寄付金目安：＄4 4～9月 月・水、金10:00～17:00、10～3月 水～金14:00～17:00、土・日10:00～17:00）は、美術、音楽、そして民族文化に焦点を当てている。1899年に創設され、すべての子供博物館の先駆者的存在であるこの博物館は、異文化を讃えるワールド・プレイグランド（世界

風の強い日のコニー・アイランド・ボードウォーク

の遊び場）や、子供たちに環境保全を教えることを目的に設計された温室がある。毎年6月には、世界中から特注の風船が集まる風船祭りが開催される。また、頻繁に文化イベントも主催している。

コニー・アイランド（MAP1）
Coney Island
アメリカン・スタイルの思い出をたどってみると、コニー・アイランド（F、Q、W線で、コニー・アイランド／スティルウェル街Coney Island-Stillwell Ave）は、第1次世界大戦の前には、汗をかいた都会の労働者たちが潮風を浴び、ドリームランド遊園地でお化け屋敷やバンパー・カーを楽しんだりと、活気あふれる名所として繁栄していた。最近では、中途半端だが可愛いらしいコニー・アイランドに、人々は野球、ローラーコースター、水族館、ボードウォーク（板張りの遊歩道）、そしてビーチを楽しみにやって来る。ニューヨーク・シティからわずか60分の距離なので、コニー・アイランドへは日帰り旅行が楽しめる。もし地下鉄Q線に乗るのだったら、ブライトン・ビーチ終点のひし形の系統ではなく、丸い系統であることを確認すること。

色とりどりに老朽化した地下鉄駅から出ていくと、駅のちょうど真ん中に、カウンターに座り、前かがみになって食事をしている厳格な常連客がいる24時間営業のコーヒー・ショップがある。サーフ街Surf Aveへの出口を抜けると、通り沿いの**フリー・マーケット flea-market**の露店で、ロシア人住民が奇妙な道具や電子機器を購入しているのが目に見える。売

周辺区 − ブルックリン

観光スポットと楽しみ方

り手はあまり値切ってくれないが、ここでは安価で面白い家庭用品や、ファンキーで古めかしいロシアのドレスを見つけることができる。

おそらく地下鉄から**ネイサンズ・フェイマス Nathan's Famous**（🏠1310 Surf Ave〈スティルウェル街の角at Stillwell Ave〉🕐8:00〜18:00）の第1号店の看板を見た人は、多分サイクロン（後出。コニー・アイランドのローラーコースター）に乗るまで待ったほうがよいだろうが、ここのおいしい商品を一つ味わってみたいという気分に強くさせられる。この店では1916年以来ホットドッグを売り続けており、＄2で買えるマスタードやザウアークラウト入りのホットドッグは最高だ（偶然だが、ホットドッグは1874年にコニー・アイランドで発明された）。裏には公共トイレもある。

スティルウェル街Stillwell Aveをビーチと遊歩道の方向へと歩いていくと、**ゴーカート・トラック go-cart track**（🎫＄5）、**フリークライミング用の壁 climbing wall**（🎫＄5）、そして**バッティング場 batting range**（🎫14球で＄2）などいくつかの娯楽アトラクションにたどり着く。11月から4月までの日曜には、本当に狂っているとしか考えられないコニー・アイランドの**ポーラー・ベア・クラブ Polar Bear Club**（北極熊クラブ）のメンバーが、氷のように冷たい水のなかで騒いでいる様子を見ることができる。彼らは天気に関係なく午後1時から思いっきり楽しんでいる。

地下鉄の駅から南へ3ブロック行くと、新鋭の野球チーム、**ブルックリン・サイクロンズ Brooklyn Cyclones**（☎718-449-8497 🌐www.brooklyncyclones.com 🏠サーフ街と17丁目の角cnr Surf Ave & 17th St）の本拠地であり、7500人を収容するキースパン・パーク KeySpan Parkがある。ニューヨーク・メッツのマイナー・リーグであるこのチームは、毎年夏に試合を行い、安い値段ですばらしい試合を、家族で楽しめる。

サーフ街とは別方向に何ブロックか行くと、ヘビ使い、刺青を入れた女性、剣を飲み込む曲芸師、火食い師などを見ることができる奇抜なショーと小さな博物館を主催している**コニー・アイランド・サイドショー Coney Island Sideshow**（☎718-372-5159 🏠1208 Surf Ave〈12丁目の角at 12th St〉🎫＄5 🕐9〜5月 土・日 12:00〜日の入り、6〜8月 水〜日12:00〜日の入り）がある。

70年目を迎えるコニー・アイランドの木製の**サイクロン Cyclone**（🏠1000 Surf Ave〈デューイ・アルバート・PLの角at Dewey Albert Pl〉🎫1回目＄5、2回目以降＄4 🕐天候次第で毎日営業）ローラーコースターは、夏は大勢でにぎわうが、レイバー・デー（労働者の日、9月の第1月曜日）以降は閑散としているので、身の毛もよだつ、ガタガタした車体の一番前の座席に座るには最高の時期だ。最初にカタカタと音をたてて上った後に、ほぼ垂直に滑り落ちると、膝の力は抜けてしまい、時速60マイル（約97km）を記録する最後の回転で強い衝撃を受ける頃には、なぜこの乗り物に熱狂する人々が世界最高のコースターだと考えるかを理解することだろう。初乗りに挑戦するように、チケット売り場の係員を説得してみよう。

ボードウォークに沿って、コニー・アイランドの過去の栄光を示す2つの遺跡が残されている。1939年にクイーンズで開催された万国博覧会から移設された、鮮やかな赤のパラシュート型アトラクションと、ボードウォークをちょうど上ったところにある遊園地、アストロランドのもっと有名なサイクロンよりもさらに古い1925年から1983年まで稼動していた、ツタで覆われた**サンダーボルト Thunderbolt**ローラーコースターである。ここにはまた、遊園地**ディノズ・ワンダー・ホイール・アミューズメント・パーク Deno's Wonder Wheel Amusement Park**（☎718-372-2592）があり、写真写りの良いと評判の、ネオンで輝く観覧車ワンダー・ホイールからは地上のすばらしい眺めが得られ、子供用の乗り物も多数揃っている（1回＄2、10回＄15）。

コニー・アイランド──あなたはサイクロンに乗る勇気があるか

周辺区 – クイーンズ

毎年夏至が近付く時期、週末に開かれる恒例の**マーメイド・パレード Mermaid Parade**は、マーメイド（人魚）になりたい人々が通りに集合する、人々の肌が露出される騒々しいひとときである。詳細な情報は☎718-372-5159へ電話するか、Ⓦwww.coneyislandusa.comまで。

ニューヨーク水族館 New York Aquarium
コニー・アイランドの遊歩道沿いにあるニューヨーク水族館（☎718-265-3400 Ⓜ F、Q線で、西8丁目／ニューヨーク水族館駅 W 8th St-NY Aquarium）🅿大人＄11、シニアと子供＄7 🅾月～金10:00～17:00 最終チケット販売時間16:15、土・日10:00～17:30 最終チケット販売時間16:45）は、現在、正式には野生保護水族館と呼ばれている。とはいえ、依然小さい子供たちには面白く、完璧な場所であることは確かだ。

タッチ・プールでは、子供たちはヒトデや小型の海洋生物に触れることができ、小規模な円形劇場では、シー・ワールドのようなイルカショーが一日に何回か開催されている。ほとんどの子供たちは、水槽を見渡す手すりの外側から、または水中の生活環境が見られる観測窓から、鯨、カワウソ、アシカを眺めるのが大好きだ。8年間一緒に飼われていたのにもかかわらず、つい最近水族館職員がゲイであると発見した、黒い足が特徴の2匹の雄のペンギン、ウェンデルとキャスはお見逃しなく。この水族館では1万にも及ぶ海洋生物の標本を見学しながら、より充実した一時を過ごすこともできる。

ブライトン・ビーチ
Brighton Beach
ニューヨーク水族館から遊歩道を北へ徒歩でわずか5分のところにある、"海辺のリトル・オデッサ Little Odessa by the Sea"とも呼ばれるブライトン・ビーチ（ⓂQ線で、ブライトン・ビーチ Brighton Beach）には、ロシアの香りが色濃く漂っている。アメリカ国内におけるロシア移民の最大の拠点であるこのコミュニティの見どころは、ビーチから1ブロック離れた遊歩道に平行に走っている、ロシア人の店、パン屋、レストランがずらりと並ぶブライトン・ビーチ街 Brighton Beach Aveである。

ブライトン・ビーチではロシア・マフィアのマネーロンダリング計画が警察に摘発されたこともあるが、通りで犯罪に出くわす心配はまずない。目にするとしても、せいぜいロシア人の老婦人が街角で売っているモスクワ風に調合した非合法薬くらいのものである。

このコミュニティの結束は非常に固く、ロシア語を話さない人間は完全に浮いてしまう。ただし、店員は外部からやって来た人間にもフレンドリーに接してくれる。この場合ブルックリンナイト（ブルックリン居住者）であろうと、他のエリアからやって来れば、よそ者にみなされるのには変わりはない。

ブライトン・ビーチの詳細な情報については、**ブライトン地区協会 Brighton Neighborhood Organization**（☎718-891-0800 🏠1121 Brighton Beach Ave）、または**ブライトン・ビーチ・ビジネス開発地区 Brighton Beach Business Improvement District**（☎718-934-1908 Ⓦwww.brightonbeachbid.com）まで問い合わせてみよう。

ロッカウェイ・パーク
Rockaway Park
都会から離れ、手早く息抜きをしたければ、地下鉄A線に乗って終点のブロード・チャンネル Broad Channel駅へ行き、116丁目行きのシャトルに乗り換えて、**ロッカウェイ・パーク・ビーチ Rockaway Park Beach**まで行こう。美しい海に面したすばらしいビーチは、コニー・アイランドよりも静かで人も少ないのに、到着までにかかる時間はほぼ同じ（ヴィレッジやチェルシーから1時間以内）である。何といっても景色が最高だ。目的地まで電車はほとんど高架鉄道を走り、ずっと地下を移動してきた身にとっては、これがまたうれしい。

ゲートウェイ国立レクリエーション地区やジャマイカ湾に着いてしまえば、気ぜわしさや心配から解放され、自分がニューヨークにいるのだということも忘れてしまう。このあたりはイタリア系とアイルランド系コミュニティの結束が固い土地で、ビーチ・チャンネル・ドライブ Beach Channel Drとロッカウェイ・ポイント通り Rockaway Pt Blvdを南へ進めば進むほど、自分が日帰り旅行者であることを痛感するだろう。

クイーンズ
QUEENS
マンハッタンには名声がある。ブルックリンにはプライドがある。ブロンクスには独自の姿勢がある。スタテン島には、そう、最低でも時代遅れのボリュームのあるヘア・スタイルと巨大なゴミ集積所がある。しかしクイーンズには、この質素な雰囲気のクイーンズには一体何があるというのだろうか？

ここで語っておきたいのは、クイーンズには、豊かな歴史、最も滑稽なアトラクションや最高の芸術（モマ〈近代美術館〉は2005年まで一時的にここに移されている）を誇る輝かしい場所であるに違いないということだ。

周辺区 － クイーンズ

インターナショナル・エクスプレスの旅

「ナショナル・ヒストリック・トレイル（国定歴史街道）」といえば、オレゴン旧街道か、もしくはトレイル・オブ・ティアーズ（涙の旅路）を思い浮かべるだろうが、クイーンズの中央を走っているインターナショナル・エクスプレスとして知られている、地下鉄の7号線を考えることは多分ないだろう。しかし、アメリカ政府はクイーンズの真ん中にあるウッドサイド、ジャクソン・ハイツ、コロナといった長年多くの移民が住みついてきたエリアを通る、このワイン色の地下鉄を国定歴史街道に認定したのである。この路線の旅は、驚くような景色、音や匂いを伴うすばらしいものだ。ニューヨーク・シティは7号線独特の"レッド・バード"車両を2003年までに廃止する予定だが、それでも依然興味深い旅をすることは間違いない。

　安い家賃や、マンハッタンのミッドタウンへ地下鉄で直行できるという点から、これらのエリアはアイルランド、ウルグアイ、パナマ、韓国、中国、ベトナムやその他の多くの国々から国際的な住民を惹きつけてきた。この地域は文化や色が驚異的に混合しているため、アトランタ・ブレーブスの問題児のジョン・ロッカー投手が、7号線の乗客（帰宅するだけではなく、シェイ・スタジアムで行われるニューヨーク・メッツの試合に行くためにも多くの人々が同路線を利用している）について人種差別的な発言をした。

　マンハッタンでは、グランド・セントラル駅、もしくはタイムズ・スクエア駅から地下鉄7号線に乗ろう。ニューヨーク・シティから約5分で電車は地上に出て、マンハッタンのミッドタウンのスカイラインと、59丁目橋59th St Brdigeより北のすばらしい眺めを提供してくれる。北向きの窓から見える、工業ビル郡に広がったさまざまな落書きを見逃さないように注意しよう（このスプレー画きのすばらしい芸術をもっと詳細に見たい場合は、45ロード／コート・ハウス・スクエア45Rd-Court House Square駅で下車してみるとよい）。

　ニューヨーク・シティの最も古いアイルランド人居住区である、ウッドサイドに向かう場合は46丁目／ブリス通り46th St-Bliss St駅、52丁目／リンカーン街52nd St-Lincoln Ave駅、または61丁目／ウッドサイド61st St-Woodside駅で下車すべき。ジャクソン・ハイツへは、フィリピン、韓国、インド系のコミュニティがある74丁目／ブロードウェイ74th St-Broadway駅、または南アメリカ系のスポットを探しているようだったら82丁目／ジャクソン・ハイツ82nd St-Jackson Heights駅で下車すべきだろう。ジャクソン通りJunction Blvd駅は、ジャクソン・ハイツとコロナの境界線となっており、ここにはキューバ、ボリビア、ドミニカ共和国などのラテン系コミュニティがいくつか並んで点在している。コロナ（103丁目／コロナ・プラザ103rd St-Corona Plaza駅）では、大勢のメキシコ人、パキスタンやインドからのイスラム教徒が居住している。

　7号線の最後の3分の1を占める高架鉄道の真下を走るローズヴェルト街を基準点としていれば、迷うことはないだろう。マンハッタンから、7号線の終点であるメイン通り／フラッシングMain St-Flushing駅までは約35分かかる。

　クイーンズ芸術協会ではインターナショナル・エクスプレス沿線の名所についての情報を提供している。☎718-647-3377に電話するか、♦1 Forest Park at Oakridge, Woodhaven, NY 11421に切手$1分を送付して情報を入手しよう。または、その他の文化に関する情報も提供している同協会のメイン・オフィスに立ち寄って無料のガイド・ブックを手に入れることもできる。

ここはまた、ニューヨーク最大の区であり（282平方マイル〈約730km²〉に220万を超える人が住む）、アメリカで最も民族の多様性に富んだ場所でもある（100を超える民族が住んでいる）。世界中からの移民者がクイーンズに住みつくようになり、観光客は国際的にミックスした料理や音楽、そしてフェスティバルを目当てにやって来る。

クイーンズ芸術協会 Queens Council on the Arts（☎718-647-3377 ▣www.queenscouncilarts.org）は、コミュニティの文化行事に関する情報センターであり、区の多文化の住民に対応するために、英語、スペイン語、韓国語、中国語で情報を提供している。

クイーンズの東部にあるアストリアやロングアイランド・シティ全域には、美術館がいくつか点在しており、モマはそれらすべてをつなぐ無料のシャトル・バス、**クイーンズ・アートリンク Queens ArtLink**（☎718-6708-9750 ▣www.queensartlink.org）を運行している。モマ・ミッドタウン（5番街と6番街の間の53丁目53rd St between Fifth and Sixth Aves）を出発し、PS 1コンテンポラリー・アート・センター、イサム・ノグチ庭園美術館、モマ・クイーンズ、ソクラテス彫刻公園、そしてアメリカ映像博物館に停車する。時刻表は電話で確認することをおすすめする（モマは本書の執筆時には、完全に変化している段階だった）。

アストリア（MAP11）
Actoria

毛皮商人の大富豪ジョン・ジェイコブ・アスターにちなんで名づけられた、アストリア（ⓂN、W線で、ブロードウェイBroadway、R、V、G線で、スタインウェイ通りSteinway St）として知られる、クイーンズ東部のこのエリアは19世紀半ばフェリーの発着場として幕を開けたが、すぐに工場の立ち並ぶ一角へと発展した。1950年代よりギリシャ人はアストリ

周辺区 – クイーンズ

アに移動し続け、今や国内最大のギリシャ人コミュニティを形成している（すごい！）。元々のドイツ人、イタリア人入植者や、最近では東ヨーロッパからの移民者もまとまって住んではいるものの、ギリシャ人によるパン屋やデリカテッセン、レストランの中に囲まれているとそれにも気付かないだろう。心温まる人々の中で、満足ゆく食事ができるアストリアは、ヘルマン・マヨネーズが誕生した場所でもある。

もしどうしてもeメールを送りたくなったら、地下鉄の路線の下にある**サイバー・ステーション・カフェ Cyber Station Café**（#3 ☎718-777-5900 🏠2nd floor, 22-55 31st St ⏰毎日営業）へ行こう。

アメリカ映像博物館 American Museum of the Moving Image（#16 ☎718-784-0077 🌐www.ammi.org 🏠35th Ave〈36丁目の角at 36th St〉🚇R、V、G線で、スタインウェイ通りSteinway St 🎫大人＄8.50、シニアと学生＄5.50、子供＄4.50 ⏰火～金 12:00～17:00、土・日 11:00～18:00）は、**カウフマン・アストリア・スタジオ Kaufman Astoria Studios**（#15 🌐www.kaufmanastoria.com）複合施設の真ん中にある。この設立されてから75年たつ映画制作センターでは、マルクス兄弟による「ココナッツ」、「摩天楼を夢見て」や、テレビ番組の「コズビー・ショー」など、数々の映画やテレビ番組が撮影された。

スタジオは一般の立ち入りはできないが、博物館には9万点以上の展示物、インタラクティブな展示室、ビデオ・ゲーム、テレビ業界に関するパソコンが設置されている。展示室には、映画「エクソシスト」のメーキャップと衣装、ならびに1987年のポール・ニューマン監督作品「ガラスの動物園」や人気のテレビ・シリーズ「サインフェルド」（この番組のファンは、ジェリーの悪名高き"パフィー・シャツ"などの遺物を喜ぶだろう）のセットが展示されている。

博物館はまた、一年を通じて興味深い映画の回顧上映を催しており、1930年代のエジプト風の大映画館にヒントを得た、概念芸術家のレッド・グルームスによって設計された小さな映画館で毎日数本の作品を上映している。封切り映画を観たければ、道の反対側にある**ユナイテッド・アーティスツ・シネマ United Artists cinema**（#17）に足を運ぼう。

ソクラテス彫刻公園 Socrates Sculpture Park
イースト川近辺で、ブロードウェイBroadwayがヴァーノン大通りVernon Blvdと交差するところに、以前は違法なゴミ捨て場であったが、すばらしい景色が眺めれられる屋外の公共スペースの**ソクラテス彫刻公園 Socrates Sculpture Park**（#8 ☎718-956-1819 🚇N、W線で、ブロードウェイBroadway 🎫無料 ⏰一年中10:00～夕暮れ）がある。海岸線に沿った5連風鈴を含めた地元の芸術家たちの作品は、鉄鋼会社の隣という公園のロケーションとマッチした、飾り気のない工業的な雰囲気を醸し出している。

ロングアイランド・シティ（MAP11）
Long Island City

ここは、地元住民が容易に見過ごしてしまいそうな、ニューヨークのすてきなエリアの一つである。しかし、ロングアイランド・シティ（LIC）は、近い内に有名になるだろう。なぜならこの地域は、ミッドタウンから地下鉄の7号線でたったの10分しかかからず、モマの仮住まいへの移転（長年LICを本拠にしていたいくつかのアート・スペースに加わった）、壮大なマンハッタンのスカイラインの眺め、地下鉄の高架路線、落書き、活気にあふれたダイナーなどの、他所では味わうことのできない古き良きニューヨークといった、多数の見どころがあるからだ。

ニューヨークに残っている**落書きgraffiti**（グラフィティ）の最上のコレクションの一つを見るためには、地下鉄7号線の45ロード／コート・ハウス・スクエア45Rd-Court House Square駅で下車し、線路に平行に（南東に向かう）半ブロック歩きデイヴィス通りDavis Stまで行く。右側の壁を覆っている落書きの壁画を鑑賞し、前ジュリアーニ市長が施行した「生活環境」条例のため、消滅こそしていないがキャンバスが不足している、目もくらむばかりの公共アートを眺めるためにもう少し先に進もう。

また、近辺の**ニューヨーク最高裁判所 New York Supreme Court**（#20 ☎718-520-3933 🏠25-10 Court Sq 🚇G線で、ロングアイランド・シティ／コート・スクエアLong Island City-Court Sq、7号線で、45ロード／コート・ハウス・スクエア45 Rd-Court House Sq）にも立ち寄ってみよう。ここはボザール様式のすばらしい建物であるという点のみではなく、女性殺人鬼のルース・スナイダーが死刑を言い渡された場所でもある。彼女は州政府によって処刑された、最初の女性だった。

PS 1コンテンポラリー・アート・センター PS 1 Contemporary Art Center もう洗練されていないとは言わせない。以前は非営利のアート・スペースだったPS 1（#22 ☎718-784-2084 🌐www.ps1.org 🏠22-25 Jackson Ave〈46番街

周辺区 – クイーンズ

の角at 46th Ave〉 **M**E、F、V線で、23丁目／イーライ街23rd St-Ely Ave、G線で、ロングアイランド・シティ／コート・ハウス・スクエアLong Island City-Court House Sq、7号線で、45ロード／コート・ハウス・スクエア45th Rd-Court House Sq ■目安：大人＄5、21歳未満＄2 **O**水～日 12:00～18:00）は、数年前にモマと統合した。5階まで広々と散在している展示場、屋外の展示場や新進芸術家とその作品（どんなに論議を醸し出すものであったとしても）に対する貢献により、PS 1はモダンさという点でモマを数段上回っている。

イサム・ノグチ庭園美術館 Isamu Noguchi Garden Museum
このエリアにある美術館の多くが、最近は変遷の時期を迎えているようで、36丁目のそばにあるイサム・ノグチ庭園美術館（#18 ☎718-204-7088 ■36-01 43rd Ave **M**E、F、V線で、23丁目／イーライ街23rd St-Ely Ave、G線で、ロングアイランド・シティ／コート・ハウス・スクエアLong Island City-Court House Sq、7号線で、45ロード／コート・ハウス・スクエア45th Rd-Court House Sq ■大人＄4、シニアと学生＄2 **O**水～金 10:00～17:00、土・日11:00～18:00）も例外ではない。アストリアのイースト川沿いにあった定位置から仮移転したこの施設は、1988年に亡くなった日系アメリカ人芸術家の作品のほんの一部を展示している。

モマ・クイーンズ MoMA QNS
ミッドタウンのモマからクイーンズ通りQueens Blvdのそばにあるモマ・クイーンズ（#19 ☎212-708-9400 **W**www.moma.org ■45-20 33rd St **M**E、F、V線で、23丁目／イーライ街23rd St-Ely Ave、G線で、ロングアイランド・シティ／コート・ハウス・スクエアLong Island City-Court House Sq、7号線で、45ロード／コート・ハウス・スクエア45th Rd-Court House Sq）に一体どの作品が移転されるかは依然確かではないが、はっきりしているのは同美術館によって変換されたスイングライン社の元ホッチキス工場は、ミッドタウンのモマの約25％の展示スペースしかなく、半分に満たない年間入場者数しか見込んでいない点だ。常設展示と特別展の両方がここでは催される。

美術館は、モマ・クイーンズと近隣のその他のアート・スペース行きの無料のクイーンズ・アートリンク・シャトルを運行している（詳細は前出の「クイーンズ」を参照）。

フラッシング（MAP12）
Flushing
歴史家とニューヨーク・メッツ・ファンはずっとフラッシングの存在に気づいていたようだが、同地が魅力的な場所であるということが、もっと世界的に幅広く知られるべきだ！ここにたどり着くのに、長時間かかろうがそんなことは大したことではない。単純に言って、フラッシングは活気にあふれた、家庭的な雰囲気のする、秘密と歴史を持つエリアなのである。ここは、17世紀のクエーカー教徒がオランダ人の植民地総督ピーター・スタイヴサントによる宗教弾圧に対して、密かな抵抗に成功した場所である。また、過去には森に覆われた村であったこのエリアは、アメリカの民間保育所の第1号がオープンし、奴隷が自由を目指して逃亡した際の地下鉄道組織としての役目を果たし、トーマス・エディソンの主任技師で唯一の黒人の同僚だったルイス・ラティマーの故郷でもある。そのうえ、ディジー・ガレスピーやビリー・ホリデイなど多数の偉大なジャズ・ミュージシャンがフラッシングを故郷と呼んでいた。

これらの幸先の良い始まりにもかかわらず、フラッシング（**M**7号線で、フラッシング／メイン通りFlushing-Main St）は最終的に、巨大な公共ゴミ捨て場（スコット・フィッツジェラルドの「グレート・ギャッビー」で言及されている）や、いくつかの廃棄物回収場を持つ、都会の目障りな存在となった。1939年の万国博覧会の前には、このエリアは再び風致地区（自然の風趣を守るように指定された地区）へと変換されたが、エリアの大部分が99セント・ショップ、24時間営業のダイナー、地方自治体の事務所でずっしりと詰まっている。

1980年代には、フラッシングは韓国と中国からの大量の移民が流入した。商業地に沿って存在するほとんどすべてのものが韓国語であり、まるでソウルの住宅街にいるような錯覚をさせる。ニューヨークの他のすべての場所のように、ここでも複数の移民グループはだいたい平和に共存している。

フラッシングの中心は東西に走るローズヴェルト街Roosevelt Aveと、南北に走るメイン通りMain Stの角であり、これらの2つの通りは地下鉄の出口で交差している。

フラッシング・メドウズ・コロナ・パークとシェイ・スタジアム Flushing Meadows-Corona Park & Shea Stadium
この地のすばらしい見物の一つは（そして、我々の考えではマンハッタンから地下鉄で45分かけて訪れる価値があるのは）、フラッシング・メドウズ・コロナ・パーク（**M**7号線で、111丁目111th Stまたはウィレッツ・ポイント／シェイ・スタジアムWillets Point-Shea Stadium）である。1939年

と1964年の驚異的な万国博覧会が開催されたこの1255エーカー（約5km²）の敷地は、高さ120フィート（約37m）、380トンの優美なステンレス・スチール製の**ユニスフィア Unisphere**（#19）という名の地球儀が占めている。これは世界で最大の地球儀だ。ここでは自転車、ゴルフ・クラブ、手漕ぎボートをレンタルでき、冬には**万博アイス・リンク World's Fair Ice Rink**（☎718-271-1996）でスケートを滑ることができる。

スポーツ・ファンであれば、ニューヨーク・メッツの本拠地である**シェイ・スタジアム Shea Stadium**（「エンターテインメント」の「スポーツ観戦」を参照）と、毎年秋に一流の選手が参加する、USオープンが行われる**USTA ナショナル・テニス・センター USTA National Tennis Center**を含む、世界的規模のアリーナに注目するだろう（「エンターテインメント」の「スポーツ観戦」を参照）。近隣のコロナからの大勢のラテンアメリカ系のにわかサッカー選手たちのお陰で、ここで行われる"即興の"サッカーの試合は、ほぼ伝説になりつつある。

公園をさらに魅力的にしているのは、それが存在していなければ整然としていただろう、造園された敷地に点在している、見捨てられたままになっているいくつかの万国博覧会のパビリオンである。遠くに立つ2つの塔は、映画「メン・イン・ブラック」で宇宙船として使われていた。

ニューヨーク科学館 New York Hall of Science

このスターリン時代のコンクリートの建築物に似ている万国博覧会の元パビリオン（#22 ☎718-699-0005 www.nyhallsci.org 7号線で、111丁目111th St 大人＄7.50、子供＄5 月 9:30～14:00、火～日 9:30～17:00）には、テクノロジーに特化した子供ための博物館がある。博物館の外側にある**キッドパワー Kidpower**は、多分今までに作られた遊び場の中で最もクールなものであろう。ここの料金は博物館への入場料に含まれている。

クイーンズ美術館 Queens Museum of Art

1939年の万国博覧会のために建てられた元ニューヨーク市の建物は、完全に改築され、クイーンズ美術館（#20 ☎718-592-5555 www.queensmuse.org 7号線で、111丁目111th St 大人＄5、シニアと子供＄2.50 火～日 10:00～17:00、土・日 12:00～17:00）へと変換された。この建物はまた、マンハッタンの東側の定位置に移る前の国連が最初の会議を主催した場所でもあった。同美術館の展示場は、これらの初期の平和のための交渉の歴史を説明している。この美術館の所蔵品の展示は興味深く、質が高い。

信じられないほどすばらしい**ニューヨーク・シティのパノラマ Panorama of New York City**は、絶対に見逃せない。この9335平方フィート（約867m²）もある、5つの区のすべての模型は1964年の万国博覧会でお披露目され、1200分の1（100フィート〈約30.5m〉＝1インチ〈約2.54cm〉）で再現されたその詳細さに、見学者は驚嘆した。

今日でも、ニューヨーク・シティのミニチュア版を再現している、この小さくて詳細な89万5000個の建物に驚かずにはいられない。床がガラスでできた展望台がこのパノラマの周囲に設置されていて、15分ごとに何千個ものちっぽけなライトが点灯し、大都会全体に光が揺らめき、夜明けと日暮れがシミュレーションされる。パノラマは最近では1992年に更新され、9月11日のテロの攻撃を受けて変更と補強がされたが、それについては自分の目で確かめることをお勧めする。

クイーンズ美術館は、最近大規模な拡大工事を進める許可を得たが、それを現実にするための資金を集めることができるかは不確かである。

同美術館の隣には、一流のダンス、演劇、音楽の公演を主催する**クイーンズ・シアター・イン・ザ・パーク Queens Theatre in the Park**（#21 ☎718-760-0064 www.queenstheatre.org）がある。

フラッシング文化芸術理事会 Flushing Council on Culture & the Arts

歴史上、重要な役割を占めるフラッシング市庁舎にあるこの理事会（#2 ☎718-463-7700 www.flushingtownhall.org 137-35 Northern Blvd 7号線で、メイン通り／フラッシングMain St-Flushing 大人＄3、シニアと学生＄2、子供＄1 月～金 9:00～17:00、土・日 12:00～17:00）には、現代美術館と歴史についてのギャラリーがある。1864年に建てられた、このロマネスク復興調の建物はまた、一年を通じてジャズ、世界の音楽やクラシックのコンサートを主催している。理事会は、フラッシング周辺のいくつかの歴史的名所、植物園ならびにフラッシング・メドウズ／コロナ・パークへの無料のトローリーを週末に運行している。

また、＄15の**クイーンズ・ジャズ・トレイル**（小道）**Queens Jazz Trail**トローリー・ツアーについても尋ねてみよう（もしくは地図を入手すれば、自分で〈お金を払わずに〉ツアーをできる！）。

クイーンズ植物園 Queens Botanical Gardens

この40エーカー（約16万1872m²）の植物園

周辺区 – スタテン島

観光スポットと楽しみ方

(#1 ☎718-886-3800 🌐www.queensbotanical.org 📍43-50 Main St Ⓜ7号線で、メイン通り／フラッシングMain St-Flushing 🎫無料 🕐11〜3月 火〜日 8:00〜16:30、4〜10月 火〜金 8:00〜18:00、土・日 8:00〜19:00) には、さまざまな外来種の植物がある。広大な草地はピクニックに絶好の場で、硬い小道はサイクリングに最適である。週末にはトローリー ($1) が植物園とフラッシング・メドウズ／コロナ・パークへの間を走っている。

フラッシング墓地 Flushing Cemetery 46番街と164丁目の角にあるこのだだっ広い墓地 (Ⓜ7号線で、メイン通り／フラッシングMain St-Flushing) には、多くの著名人が眠っている。ジャズ・マニアだったら、ジョニー・ホッジス (セクション11、ディヴィジョンD、プロット519)、ディジー・ガレスピー (セクション31、印の無い墓1252) とルイ・アームストロング (セクション9、ディヴィジョンA、プロット12B) の墓を見学したいと思うだろう。"サッチモ"こと、ルイ・アームストロングのファンは、クイーンズ・カレッジのキャンパスにあるルイ・アームストロング資料館Louis Armstrong Archives (☎718-997-3670 🌐www.satchmo.net 📍65-30 Kissena Blvd) を見逃すべきではない。

スタテン島 (MAP1)
STATEN ISLAND

"忘れられた区"であるスタテン島の住民たちは、長年ニューヨーク・シティからの分離を夢見ており、投票で分離が決まったが、まだ実際には現実となっていない。44万3728人という小規模な人口──主に中産階級、共和党員の白人──は、民主党が支配しているニューヨーク・シティに対して、歴史的にほとんど影響を及ぼすことができずにいる。大部分の政治家が、ニュージャージーの海岸線に近いこの郊外の地域に対しての嫌悪感を隠そうともしてこなかった。さらに悪いことに、この区はニューヨーク・シティ最大のゴミ捨て場の本拠地なのだ (フレッシュ・キルズと呼ばれるこのゴミ捨て場は、2001年にやっと閉鎖されたが、世界貿易センターから出された瓦礫と廃棄物を収容するために再オープンされた)。また、フェリー・ターミナルのそばの灰色で、汚いウォーターフロントは、この区のイメージ・アップを助けていない。

スタテン島は、19世紀に鉄道王のコーネリアス・ヴァンダービルトが島とニューヨーク港の間のフェリー便を始めたことによって、本領を発揮するようになった。100年以上にわたり、スタテン島は青々とした農地に大邸宅を建設した裕福な人々のための、静かな開拓地とされていた。しかし、ヴェラザノ・ナロウズ橋の建築がニューヨーク・シティのその他の地域との陸でのつながりを無理矢理作った後、1960年代に大規模開発がようやく開始した。ただし、今でもスタテン島を言及すれば、その他の地域に住むニューヨーカーはフェリー、ニューヨーク・シティ・マラソンの開始地点、ゴミ捨て場と強い訛りを思い浮かべる。もちろん、スタテン島にそれ以外の名物もあり、一日観光の価値はある。

スタテン島商工会議所 Staten Island Chamber of Commerce (☎718-727-1900 📍130 Bay St) は、ヴィクトリー通りVictory Blvdのそばにあり、文化行事や名所についての情報を提供している。現地のニュースや行事については、「スタテン・アイランド・アドヴァンス Staten Island Advance」紙 (🌐www.silive.com/advance) を入手しよう。同紙のホームページは情報が満載で、毎日更新されている。

スタテン島のセント・ジョージ・フェリー・ターミナルにはバスが21経路あり、ここからすべての名所に行くことができる。バスは、フェリーの到着から数分以内に出発するようにスケジュール調整されている。

スタテン島フェリー
Staten Island Ferry

ニューヨークの最高のバーゲンの一つである、

堂々と立つ自由の女神 (スタテン島フェリーからの眺め)

周辺区 − スタテン島

この無料のフェリー（☎718-815-2628）は、ロウアー・マンハッタンとスタテン島の間の6マイル（約9.7km）、25分間の船旅に毎日7万人の乗客を乗せている。フェリーは毎日24時間、毎時30分に出発する。共和党の前ジュリアーニ市長は、就任1期目に往復50¢の料金を廃止し、その他の地域に住むニューヨーカーや、もともと共和党員が中心のスタテン島の住民からはさらに多くの票を得た。

もし、人混みが嫌で、自由の女神やエリス島へのサークル・ライン社のツアーやその他の似たようなツアーの料金がお気に召さないようだったら、このフェリーを試してみるとよい。この船旅は、エリス島と自由の女神島の半マイル（約800m）内に連れて行ってくれて、マンハッタンとブルックリン・ハイツの景色は息をのむものがある。古びたサウス・フェリー・ターミナル内の食事場所と船の売店には、一般的な油っぽい軽食しかないため、フェリーに乗る前にランチかスナックを用意しておくのがよいだろう。この往復の旅は、夕日または月の出を鑑賞するのにすばらしい方法だ。

フェリーの運航は、よほど天候が悪い時のみ中止される。車を運輸可能なフェリーは早朝から23:30まで運航する（車1台につき片道$3、自転車は無料）。電話で運航スケジュールを確認するようにしよう。マンハッタンのフェリー・ターミナルは、バッテリー・パークのすぐ東、ホワイトホール通りWhitehall Stの行き止まりにある。

スナッグ・ハーバー文化センター
Snug Harbor Cultural Center

スナッグ・ハーバー文化センター（☎718-448-2500　www.snug-harbor.com　1000 Richmond Terrace）は、1831年から1917年の間に建築された約1000人の船乗りのための古い老人ホーム内にある。北門のすぐ内側にある5つの建物は、アメリカに残存する小規模なすばらしいギリシャ復興調の建築物の一部である。近くにあるグレート・ホールGreat Hallとヴェテランズ・メモリアル教会Veterans Memorial Chapelのインテリアは、双方とも印象的であり、見逃さないようにしよう。

ニュージャージーに停泊するオイルタンカーや貨物船を見渡せる、荒廃したこの83エーカー（約0.34km²）の敷地は1976年からニューヨーク・シティの管轄となり、スタテン島の複合文化施設へと改築された。完全に白い庭や、迷路になった生垣とミニチュアの城を備えた「秘密の庭」などの、驚きがある**スタテン島植物園 Staten Island Botanical Garden**（☎718-273-8200　www.sibg.org）、また実際に手で触れることができる科学と自然の展示物に特化した**スタテン島子供博物館 Staten Island Children's Museum**（☎718-273-2060　$5　9〜5月 火〜日 12:00〜17:00、6〜8月 火〜日 11:00〜17:00）を含む、ここにあるいくつかの建物に収容されているアトラクションを探索するだけで、容易に一日を過ごすことができる。この敷地内の28の歴史的建造物を巡る無料ツアーは、土・日曜の14:00にビジター・センターから出発する。

スナッグ・ハーバー文化センターはS40番のバスで、フェリー・ターミナルから西に2マイル（約3.2km）行ったところにある。

ジャック・マーシェ・チベット美術センター
Jacques Marchais Center of Tibetan Art

中国以外で、最大のチベット芸術の所蔵品を誇る、ジャック・マーシェ・チベット美術センター（☎718-987-3500　www.tibetanmuseum.com　338 Lighthouse Ave　大人$5、シニアと学生$3、子供$2　12〜3月 水〜金 13:00〜17:00、4〜11月 水〜日 13:00〜17:00）は、性別をばらすことがなかった偽名を使って芸術品を収集した、美術商のエドナ・コブレンツによって建てられた。センターは彼女の死の1年前の、1947年に一般にオープンされた。

一風変わった展示物は、数々の金色の彫刻や人間の骨から作られた宗教的オブジェクトを含む。チベットの寺院を模倣して作られたこのセンターで、唯一足りない本場のものといえばヤクという動物から作られたバターの匂いである。10月初旬には、屋外の庭にある石の仏像の周りで、毎年恒例のチベットの文化フェスティバルが週末に開かれる。ホームページにアクセスして、講義、映画、ワークショップなど頻繁に美術館で主催されるイベントについての情報を入手しよう。こういったイベントの多くが無料である。

ジャック・マーシェ・チベット美術センターの色とりどりの祈りのための旗

センターへはS74番バスに乗り、リッチモンド通りRichmond Rd沿いを30分ほど走る。運転手にライトハウス街Lighthouse Aveで降ろしてもらうようにしよう。美術館は丘の頂上にあり、スタテン島の美しい眺めを見ることができる。

ライト邸
Wright Residence

ジャック・マーシェ・チベット美術館をわざわざ訪れる人には、ボーナスがある。ライトハウス街Lighthouse Aveの博物館の向かい側には、あの有名な建築家のフランク・ロイド・ライトがニューヨーク・シティで唯一建てた個人の住居がある。1959年に建てられた、マナー・コート48番地48 Manor Courtの崖っぷちにある低い住居を探してみよう（敷地内に以前あったヨーロッパイチイに由来して、クリムゾン・ビーチ〈深紅のブナ〉とこの家は呼ばれている。現在ある木は、元の木が台風で折れてしまった際に代わりに植えられた）。ただし、人が住んでいるためドアをノックするのは止めておこう。

リッチモンド・タウン歴史村
Historic Richmond Town

リッチモンドの村（☎718-351-1611 🌐www.historicrichmondtown.org 🏠441 Clarke Ave〈セント・パトリック・プレイスの角at St Patrick's Pl〉🎫大人＄4、5歳以上の子供＄2.50 🕘9〜6月 水〜日 13:00〜17:00、7・8月は時間延長）は、以前スタテン島の郡庁としての役割を果たし、現在はスタテン島歴史保存協会によって管理されている地区保存プロジェクトとなっている、当時からの建物11棟がいまだに存在している。

リッチモンド・タウン歴史村には、残存するアメリカで最古の学校の建物であると信じられている、300年前に建てられたアメリカスギの**ヴーアリサー邸 Voorlezer's House**もある。1960年代には、その他の歴史的建造物も、地元の歴史保存という野心的な試みのために、島の各所からここに移築された。現在では、敷地内には40の建物が集められている。100エーカー（約0.4km²）の敷地の探索は、ビジター・センターとなっている村の裁判所から始めよう。毎時に、ガイドが裁判所からスタートするツアーを行っている。元郡の事務所には歴史博物館がある。

リッチモンド川沿いの風景を楽しめる、気候の良い時にリッチモンド・タウン歴史村を訪れよう。夏には当時の服装に身を包んだボランティアが、敷地内を歩き回り、地方の17世紀の植民地時代の生活を説明してくれる。

リッチモンド・タウン歴史村へは、フェリー乗り場からS74番バスに乗ってリッチモンド街Richmond Aveとセント・パトリック・プレイスSt Patrick's Plの角で降りる。フェリー乗り場から約35分かかる。

グリーンベルト・ネイチャー・ウォーク
Greenbelt Nature Walks

スタテン島の中央にある、2500エーカー（約10km²）のグリーンベルト自然保護区（☎718-667-2165 🏠200 Nevada Ave）には、沼地と淡水の湿原を含む5つの異なるエコシステムを持ついくつかの公園がある。ニューヨークの未開の自然の宝庫の一つであり、騒がしいマンハッタンのダウンタウンからあまり遠くに行かずに、すばらしい散策を楽しむことができる。28マイル（約45km）の遊歩道は気軽に散歩したい人と、強気のハイカーの両方に適している。バード・ウォッチャーはここで60種の異なる鳥を観察できる。

グリーンベルトの**ハイ・ロック・パーク High Rock Park**には、広葉樹の森を通る6つの遊歩道、ならびに3つの庭がある。ここへはフェリー乗り場からS74番バスに乗り、ロックランド街Rockland Aveで下車する。ロックランドまで歩き、ネヴァダ街Nevada Aveで右に曲がれば公園の入口がある。

ウィリアム・T・デイヴィス野生保護区 William T Davis Wildlife Refugeは、過去にスタテン島の住民たちに飲料水を提供していた井戸があった。今日では、渡り鳥の保護区域であり、グリーンベルト土着植物センターもここにある。保護区の遊歩道へは、フェリー乗り場からS62番バスまたはS92番バスに乗り、ヴィクトリー通りVictory Blvd沿いを走り、トラヴィス街Travis Aveで下車する。

宿泊

Places to Stay

9月11日の同時多発テロ事件以来、ニューヨークの7万室を超えるホテルの部屋を埋めるのは難しくなっている。事件前は平均室料が1泊＄265だったが、今では超お得な料金も珍しくない。ニューヨークの観光産業と行政当局がロウアー・マンハッタンの復興に懸命に取り組んでいるので、カナル通りCanal St以南のホテルは調べてみる価値がある（特に週末の宿泊）。とんでもない好条件が見つかるかもしれない。だが、予算を切り詰めている旅行者にとって、やはりニューヨークの宿泊事情は厳しい。清潔で安全なバス付きの部屋が＄100前後だ。

それでも泊まるところによれば安上がりなニューヨーク旅行を目指すことはできる。もちろん、友人や家族の家を泊まり歩くのも良いが、「珍客も3日いれば鼻につく」のたとえもある。ニューヨークの平均的なアパートの広さを考えれば当然だ。いずれにせよ、1泊＄100は出せない、あるいは出す気がないなら、ユースホステルか"Y"（YMCA、YWCAの俗称）"での宿泊（コラム「Yで遊ぶ＆泊まる」を参照）、あるいは**サーヴァス Servas**（MAP3、#62 ☎212-267-0252 FAX 267-0292 WEB www.usservas.org ♠11 John St, Suite 105, NY 10318、年会費＄65）への加入を検討してみよう。サーヴァスは、会員になると認定ホスト家庭（隣接3州で約140世帯）に無料で2泊することができる、世界規模の画期的なプログラムだ。申し込みや詳細については電話で問い合わせるか、ホームページで確認してほしい。

少なくとも滞在初日の宿泊先は予約しておこう。旅程が決まり次第予約を入れ、到着の1〜2日前に再確認したほうがよい。急に、しかも限られた予算でニューヨークに来てしまったら、安い宿泊先をいくつか選び、宿泊する日の昼前に訪れてみよう。

宿泊料の全額前払いを求める安ホテルには気をつけよう。これは一般に1〜2泊で逃げ出す客がいるためで、前払い制は客の引き止め策である可能性がある。最初の1泊分だけを支払うと主張したほうがよい。そうすればお金をドブに捨てることなくいつでも出て行ける。

注意書きがない限り、本書で紹介している宿泊料金には市税が含まれていない。13.25％という法外な税に加えて1泊当たり＄2の室税がかかる。宿泊料は季節によりやや変動がある。

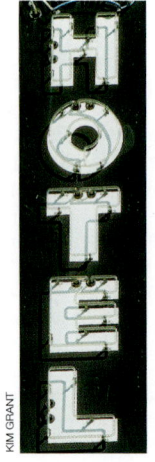

ユースホステル

ここで紹介しているユースホステルの多くについては、WEB www.hostels.com/us.ny.ny.htmlでさらに詳しく知ることができる。このホームページには各ホステルのホームページへリンクが張られ、本書で紹介しきれなかったホステルも掲載されている。

チェルシー（MAP5）
Chelsea

チェルシー・インターナショナル・ホステル
Chelsea International Hostel （#152）
☎212-647-0010 FAX 727-7289
WEB www.chelseahostel.com
♠251 W 20th St
🚇1号線で、18丁目18th St、C、E線で、23丁目23rd St
🛏ドミトリー（相部屋）＄25、個室＄60
7番街と8番街の間の、にぎやかで国際色豊かなホステル。裏のパティオを中心にパーティが開かれる。ドミトリーは4〜6人用。個室もある。設備は共同キッチン、ランドリー。チェックイン時にパスポートの提示が必要（ただし外国人でなくても宿泊できる）。滞在日数は最長2週間。

チェルシー・センター・ホステル
Chelsea Center Hostel （#106）
☎212-643-0214
WEB www.chelseacenterhostel.com
♠313 W 29th St
🚇1号線で、28丁目28th St、A、C、E線で、34丁目/ペン駅 34th St-Penn Station
🛏ドミトリー＄25
8番街に近く、チェルシー・インターナショナルに比べると手狭だが静かだ。ベッド数18。同系列でベッド数25の**ホステル hostel**（♠427 E12th St）が1番街とA街の間にある。同じ料金だが、予約は29丁目のホステルを通すこと。

チェルシー・スター・ホテル
Chelsea Star Hotel （#107）
☎212-244-7827、877-827-6969 FAX 279-9018
WEB www.starhotelny.com
♠300 W 30th St（8番街との角at Eighth Ave）
🚇1号線で、28丁目28th St、A、C、E線で、34丁目/ペン駅 34th St-Penn Station
🛏ドミトリー＄30、テーマ個室＄70〜
クラシックなヨーロッパ式ユースホステルに

Y（YMCA、YWCA）で遊ぶ＆泊まる

昔はやった歌のとおり、「すばらしいY-M-C-A」は健在だ。ノリノリの70年代にヴィレッジ・ピープルが歌っていたのはもちろん別のお楽しみのことだろうが、今どきのYは便利で、安全、手頃な宿泊施設だ。部屋はおおむね簡素で殺風景、まるで寮の部屋そのものだが、各施設で企画される独自のプログラムを楽しむことができる。各種教室やツアー、ジム、講演会などだ。プール付きの施設もある。とはいえ、やはりここはニューヨークだということをお忘れなく。この大都市のどこへ行こうとおかしな人間に出会う可能性はあり、Yも例外ではないのだ。では、マンハッタンのそれぞれのYについて説明しよう。

92丁目Yデ・ハーシ・レジデンス92nd St Y de Hirsch Residence（MAP7、#30 ☎212-415-5650、888-699-6844 📠415-5578 🏠4th floor, 1395 Lexington Ave 🚇6号線で、96丁目96th St 🛏相部屋S1日＄35 1カ月＄845、個室S1日＄50 1カ月＄1045）91丁目と92丁目の間にある大きな施設。都会的でしっかり計画されたプログラムが楽しめる。部屋にはたっぷりしたクローゼット（鍵付き）があり、バス、キッチン、ランドリーは共用。料金には講演会とフィットネスセンターの料金が含まれている。ここで開催される講演会、パフォーマンス、朗読などのイベントの質は最高だ。要予約。

ヴァンダービルトY Vanderbilt Y（MAP5、#57 ☎212-756-9500、📠752-0210 🏠224 E 47th St 🚇4、5、6、7号線で、グランド・セントラルGrand Central 🛏S＄85 W＄95、バス付きW＄134、4人部屋＄129）2番街と3番街の間。料金はやや高いが、立地条件はすばらしい。全室カラーテレビとエアコン付き。4人部屋は2段ベッド2台。荷物の保管場所あり。プール、サウナ、バスケットボール用コート一式の付いたジムが完備されている。

ウェストサイドY West Side Y（MAP7、#101 ☎212-787-4400 📠875-1334 🏠5 W 63rd St 🚇A、B、C、D、1、2号線で、59丁目／コロンバス・サークル59th St-Columbus Circle 🛏S＄80 W＄90、バス付きS＄110 W＄130）セントラル・パーク・ウェスト通りから少し入った場所にある。セントラル・パークに近いすばらしいロケーション。500室を超えるこぢんまりした部屋があるが、予約したほうがいい。

マクバーニーYMCA McBurney YMCA（MAP5、#154 ☎212-741-9210 📠741-0012 🌐http://ymcanyc.com 🏠215 W 23rd St 🚇C、E、1、2号線で、23丁目23rd St）7番街と8番街の間。宿泊施設はないが、まずまずのプールとジム設備があり、講演会と各種教室を開催している。

ひねりを利かせている。個室は、映画「スタートレック」風やイギリスのテレビコメディ「アブソリュートリー・ファビラス」風など、それぞれ味わいが違う。この低料金の宿に驚くほど人気があるのには訳がある。小さなパティオ、インターネット接続、自転車とローラーブレード（インライン・スケート）の貸し出しがあり、多種多様な、気さくな人々が集まるからだ。ここに泊まれなければ、通りをはさんで向かいのマンハッタン・インを当たってみよう（後出の「ミッドタウン」を参照）。雰囲気はぐっとおとなしいが、それでも楽しめる。

ガーシュウィン・ホテル
Gershwin Hotel（#132）
☎212-545-8000 📠684-5546
🌐www.gershwinhotel.com
🏠7 E 27th St
🚇6号線で、28丁目28th St
🛏ドミトリー＄35、個室＄99〜

5番街に近く、フラットアイアン・ビルFlatiron Buildingから4ブロック北にある人気のファンキー・スポット（半分ユースホステル、半分ホテル）。オリジナル・アート作品やツアーバンドなど、わくわくするような要素が盛りだくさん。ある意味では、歴史があり、名前も通っていて値段も張るチェルシー・ホテル（後出の「チェルシー、グラマシー・パーク&フラットアイアン地区」を参照）よりもボヘミアン気分を味わえる。若い旅行者の人気が集中しているため、泊まるのは至難の業。予約とリコンファームは欠かせない。

タイムズ・スクエア（MAP6）
Times Square

ビッグ・アップル・ホステル
Big Apple Hostel（#81）
☎212-302-2603 📠302-2605
🌐www.bigapplehostel.com
🏠119 W 45th St
🚇N、R、S、1、2、3、7号線で、タイムズ・スクエア／42丁目Times Sq-42nd St
🛏ドミトリー＄33、個室＄90
⏰24時間

6番街と7番街の間、タイムズ・スクエアから少し入った場所にある、清潔で簡素な宿。共

おしゃれなガーシュウィン・ホテルの予約は早めに

宿泊 – ユースホステル

同バス、キッチンとランドリーを利用でき、こぎれいな庭でバーベキューができる。

アッパー・ウェスト＆
イースト・サイド（MAP7）
Upper West & East Sides

ホスティング・インターナショナル・ニューヨーク
Hostelling International-New York (#5)
☎212-932-2300　📠932-2574
🌐 www.hinewyork.org
🏠 891 Amsterdam Ave
🚇 1号線で、103丁目103rd St
📧 ドミトリー＄29〜35、非会員は＄3の追加料金、ファミリー・ルームはバス付き＄135　バスなし＄120
🕐 24時間

西103丁目近く。清潔で安全、エアコン付きの部屋なので、ドミトリー・ベッドは夏期になるとすぐに埋まってしまう（早めに予約を！）。とんでもない時間にニューヨークに着く場合にはここが一番だ。ベッド数の少ない部屋は高めとなる。4人用のファミリー・ルームも数室あるが、会員割引は適用されない。

セントラル・パーク・ホステル
Central Park Hostel (#8)
☎212-678-0491
🌐 www.centralparkhostel.com
🏠 19 W 103rd St
🚇 B、C線で、103丁目103rd St
📧 ドミトリー＄25、個室＄75

セントラル・パーク・ウェスト通りCentral Park Westとマンハッタン街Manhattan Aveの間にある新しいホステル。すばらしい立地条件で、部屋は清潔。

インターナショナル・ステューデント・センター
International Student Center (#22)
☎212-787-7706
🏠 38 W 88th St
🚇 B、C線で、86丁目86th St
📧 ドミトリー＄20

ここもセントラル・パーク・ウェスト通りCentral Park Westに近いアップタウンにある。18〜30歳の米国籍以外の人専用。

パーク・ヴュー・ホテル
Park View Hotel (#2)
☎212-369-3340
🏠 55 Central Park North
🚇 B、C線で、110丁目110th St
📧 ドミトリー＄22、個室＄75

レノックス街Lenox Aveに近く、セントラル・パークを見下ろすという、なかなかすごいロケーション。クールなインテリアで簡素なドミトリー・ベッドは値段も手頃。個室に泊まっても屋上のデッキと共同キッチンは利用できる。

ハーレム（MAP8）
Harlem

シュガー・ヒル・インターナショナル・ハウス
Sugar Hill International House (#13)
☎212-926-7030　📠283-0108

ゲイにやさしいホテル＆イン（ホテルより簡素な宿）

同性愛者の専用といってよい（でも異性愛者も歓迎の）ホテルが数軒ある。その大半はソーホー、グリニッチ・ヴィレッジ、チェルシーにかたまっている。以下のゲイにやさしい人気の宿は、遅くとも1カ月前に予約しよう。

グリニッチ・ヴィレッジではインセントラ・ヴィレッジ Incentra Villageとワシントン・スクエア・ホテル Washington Square Hotelを当たってみよう（詳しくは後出の「グリニッチ・ヴィレッジ＆イースト・ヴィレッジ」を参照）。レズビアンに人気のイースト・ヴィレッジB&B East Village B&B（MAP4、#116 ☎212-260-1865 🏠252 E 7th St）は、本書の執筆時には改装中だが、読者の手元に届くころはすっかりきれいになって再開されているだろう。

ニューヨークの中心的なゲイ地区だったグリニッチ・ヴィレッジには急に陰りが出てきたが、チェルシーにはゲイとレズビアンがくつろげる宿が多数ある。驚くほど親しみやすいチェルシー・パインズ・イン Chelsea Pines Inn（MAP5、#200 ☎212-929-1023、888-546-2700 📠620-5646 🌐www.chelseapinesinn.com 🏠317 W 14th St）🛏室料＄99〜）は8番街と9番街の間のとても重宝な宿。快適なコロニアル・ハウス・イン Colonial House Inn（MAP4、#150 ☎212-243-9669、800-689-3779 🌐www.colonialhouseinn.com 🏠318 W 22nd St 📧室料＄90〜）は8番街と9番街の間の人気の宿。有名なチェルシー・ホテル Chelsea Hotel（後出の「チェルシー、グラマシー・パーク＆フラットアイアン地区」を参照）は値段が高め。ミッドタウンに近いところでは、パーク街とマジソン街の間のグランド・ユニオン Grand Union（MAP5、#120 ☎212-683-5890 🏠34 E 32nd St 📧室料＄125〜）。居心地は良いが、ごく普通の宿だ。

その他詳しいことはレズビアン＆ゲイ・コミュニティ・サービス・センター Lesbian & Gay Community Services Center（MAP4、#12 ☎212-620-7310 🌐www.gaycenter.org 🏠208 W 13th St）に問い合わせるか、アウト＆アバウト・ニューズレター Out & About Newsletter（☎800-929-2268 🌐www.outandabout.com）をチェックしてほしい。このニューズレターは、ニューヨーク・シティのゲイにやさしいホテル、レストラン、クラブ、ジム、店について幅広い情報を提供している。ホームページはゲイ旅行者に役立つ情報の宝庫だ。

🏠722 St Nicholas Ave
Ⓜ️B、C線で、145丁目145th St
🛏ドミトリー＄25
信頼できる宿。姉妹ホステルの**ブルー・ラビット Blue Rabbit**（#13 ☎212-491-3892 🏠730 St Nicholas Ave）が同じブロックにある。いずれも19世紀に遡る石灰岩の建物を改装した宿で、ドミトリーのベッド数は合わせて60。どちらも看板を出していない。

ブルックリン（MAP9）
Brooklyn

ニューヨーク・コネクション
New York Connection
☎718-386-5539
🌐www.hostel.com/hostelnytravel
🏠197 Humboldt St
🛏ドミトリー＄15〜18
ウィリアムズバーグWilliamsburgにあり、お得で国際色豊か、旅行者の共同体づくりを大切にしているという点で読者の高い支持を受けている。

B&Bとアパート

ニューヨークのB&B（ベッド＆ブレックファストの略、朝食付きの小さな宿）は高級なところが多い。超金持ち、有名人、美形、神経症、このどれかにあてはまる人々の隠れ家的な存在なのだ。このため、多くのB&Bは外に看板がなく、予約は欠かせない。ニューヨークのB&Bと問い合わせ先をまとめた簡単なリストは**B&Bロケーター B&B Locator**のホームページ（🌐www.bnb-locator.com/NewYork/newyork.htm）にあるが、それぞれの特色については触れていない。

ブロードウェイ・イン
Broadway Inn（MAP6、#72）
☎212-997-9200
🌐www.broadwayinn.com
🏠264 W 46th St
Ⓜ️N、R、S、1、2、3、7号線で、タイムズ・スクエアTimes Sq
🛏室料＄119〜199
8番街に近く、料金はホテル並みかもしれないが、B&Bらしい親しみある雰囲気が味わえる。料金は朝食込みであるため、タイムズ・スクエア近辺で人気が高い。

イン・アット・アーヴィング・プレイス
Inn at Irving Place（MAP5、#172）
☎212-533-4600
🏠56 Irving Pl（東17丁目との角at E 17th St）
Ⓜ️L、N、R、4、5、6号線で、14丁目／ユニオン・スクエア14th St-Union Sq
🛏室料＄325〜
グラマシー・パークGramercy Parkの数ブロック南に位置するすてきな11室のタウンハウス。立地条件と雰囲気、ロマンスが生まれるという評判（全室に暖炉と、眠るどころではない気分にさせるベッドがある）から満室であることが多い。

イン・ニューヨーク・シティ
Inn New York City（MAP7、#67）
☎212-580-1900 📠580-4437
🏠266 W 71st St
Ⓜ️1、2、3号線で、72丁目72nd St
🛏室料＄295〜575
ウェスト・エンド街West End Aveに近く、洗練された美観のタウンハウスに見事な調度のスイートが4室。貧乏はイヤなもんだ、ねえ？

ル・ルフュージュ・イン
Le Refuge Inn（MAP13、#7）
☎718-885-2478 📠885-1519
🌐www.lerefugeinn.com
🏠620 City Island Ave
🛏平日S＄65 W＄85 スイート＄140、週末S＄130 W＄170 スイート＄280
ブロンクスのシティ島にある19世紀の家。フランス人シェフ、ピエール・サン＝ドニが経営している。料金は朝食込み。暖炉の前でプロヴァンス風ディナーを堪能することもできる。

ベッド＆ブレックファスト・オン・ザ・パーク
Bed and Breakfast on the Park（MAP10、#21）
☎718-499-6115 📠499-1385
🌐www.bbnyc.com
🏠113 Prospect Park West
Ⓜ️F線で、7番街／パーク・スロープ7th Ave-Park Slope
🛏室料＄125〜300
6丁目と7丁目の間。すばらしくロマンティックな隠れ家としてブルックリン一のB&B。プロスペクト・パークを見下ろす豪奢な褐色砂岩の建物内にある。料金は本式のダイニング・ルームでの朝食込み。

　最近は都会的イメージが高まり、ブルックリンのB&B事情はおそらくマンハッタンよりも充実し、選択肢も増えているといえるだろう（手頃な価格であることは確かだ）。**ブルックリン区基金 Fund for the Borough of Brooklyn**（☎718-855-7882 📠802-9095 🌐www.brooklynx.org）ではブルックリンのB&Bのリストを発行している。

賃貸業者

B&B予約サービス事業では数社が競り合い、その多くは市や団体に登録していないB&Bの"非合法な"部屋を紹介している。室料は格安のホテルと同程度の1泊＄75〜120前後だが、

価値（内装、個人へのサービス、キッチンの使用など）は大部分のホテルをはるかに上回る。月極めの貸しステュディオstudio（ワンルーム）や貸しアパートについては割引がないか聞いてみよう。一般的には最低2泊の滞在と保証金が求められる。

こうした会社への問い合わせは、B&Bに直接電話をかけることにはならないが、家主とどの程度接触することになるのか、その界隈の様子、近くにどんな観光スポットがあるかなどを遠慮せずに質問しよう。

やりとりの中では"家主がいるhosted"、"家主がいないunhosted"という単語を耳にするだろう。家主がいるタイプは伝統的なB&Bの宿だ。個人の家で、家主から街についての助言をもらえるし、場合によっては朝食を出してもらえることもある（当てにしないほうがいいが）。

家主のいない宿は、地元の人が使用していない部屋を貸し出した、空室のアパートであることが多い（ニューヨークの厳しいホテル市場が一種の貸別荘産業を生み出し、挑戦好きのニューヨーカーがパートタイムの宿屋経営者に転じたということだ）。

アーバン・ベンチャーズ
Urban Ventures
☎212-594-5650　📠947-9320
🌐www.nyurbanventures.com
室料＄80～125
600室が登録されている。

シティソネット
CitySonnet
☎212-614-3034　📠425-920-2384
🌐www.westvillagebb.com
家主のいる部屋＄80～、ロフト＄100～、ステュディオ＄135～
家主のいる部屋、家主のいないアパート、ロフトを貸し出している。多くはダウンタウンで一番注目のロケーションにある。

マンハッタン・ロッジングス
Manhattan Lodgings
☎212-677-7616　📠253-9395
🌐www.manhattanlodgings.com
家主のいないステュディオ＄105～、B&B＄90～135、寝室1室のアパート＄110～190、寝室2室＄190～350
ステュディオ、寝室1室か2室のアパート、家主のいるB&Bといった物件を取りそろえている。

シティ・ライツ・ベッド＆ブレックファスト
City Lights Bed and Breakfast
☎212-737-7049　📠535-2755
S＄95～、アパート～＄200
マンハッタンとブルックリンの400件近い個人のアパート物件を紹介。家主のいない部屋も扱っている。

ガムット不動産グループ
Gamut Realty Group
☎212-879-4229、800-437-8353
🌐www.gamutnyc.com
ステュディオ＄125～、寝室1室のアパート＄150～、週料金＄800～1450
ヘラルド・スクエア北の短期、長期の貸アパートを多数扱っている。

ア・ホスピタリティ・カンパニー
A Hospitality Company
☎212-965-1102、800-987-1235　📠965-1149
🌐www.hospitalityco.com
ステュディオ＄99～、寝室1室のアパート＄125～
どこの地区の物件でも、家具付きアパートにデータ・ポート、ケーブルテレビなどの設備を付け、キッチン完備で貸し出している。ホームページは6カ国語に対応。

ホテルのディスカウント

安いホテルの部屋を予約しようとして問題にぶつかった大勢の人々に対応するため、ＮＹＣ＆カンパニーNYC & Company（ニューヨーク・シティ会議・観光局）では専用ホットラインを開設している（☎800-692-8474　📠212-245-5943）。ここに電話すれば、＄125以上の部屋のあるホテル100軒が掲載された無料のガイドブックをもらえる。

航空券のように、ホテル業界にも整理業者が進出し、期限ぎりぎりでも売れない部屋をかき集め、割引価格でさばいている。こうした業者を利用する場合、その部屋がホテルのどこにあるのかを必ず尋ねてみよう。ぎりぎりで予約が入るということは、誰も泊まりたがらない部屋である可能性もあるからだ。航空券の整理業者の場合と同じく、支払いは前払いだが、多くの場合、遅くとも24時間前に取り消せば、払い戻しが受けられる。

ホテル予約ネットワーク The Hotel Reservations Network（☎800-715-7666　🌐www.hoteldiscount.com）はアメリカと世界の多数の都市にあるホテルの予約を扱っている。ネットワークを通じて予約すると、100軒近いマンハッタンのホテルの部屋がわずか1泊＄69となる。

ホテル・ディスカウント・ネットワーク Hotel Discounts Network（☎800-869-4986　🌐www.accomodationsexpress.com）は激安価格を提供（最大70％割引をうたっている）、あらゆる価格帯で多数の部屋を扱っている。電話オペレーターは毎日7:00～23:00まで対応。

ホテル

ロウアー・マンハッタン＆トライベッカ（MAP3）
Lower Manhattan & Tribeca

カナル通り以南のホテルはほとんどがビジネス客を相手にしているため、大変魅力的な週末料金を設定にしているのが普通だ。難点は、この地区（特にチェインバーズ通りChambers St以南）は土日に活気をなくすことで、食料やタクシーは調達しにくくなる。

ベスト・ウェスタン・シーポート・イン
Best Western Seaport Inn（#52）
☎212-766-6600、800-468-3569 📠766-6615
🏠33 Peck Slip
Ⓜ A、C、2、3、4、5号線で、フルトン通り／ブロードウェイ・ナッソーFulton St-Broadway Nassau
💲S $179

フロント通りFront Stとウォーター通りWater Stの間、サウス・ストリート・シーポートの端のブルックリン橋Brooklyn Bridgeのたもとにある。眺めのよいテラス・ルームを頼んでみよう。コンチネンタル・ブレックファスト込み。

シーポート・スイーツ
Seaport Suites（#72）
☎/📠212-742-0003、877-777-8483
🏠129 Front St
Ⓜ 1、2号線で、ウォール街Wall St
💲室料 $209〜、スイート $229〜

かなり平凡な内装だが、寝室1室の広いスイートは4人用（$249）で家族向き。大部分の部屋に完備したキッチンは低予算の旅行者に便利。週末には料金が$100安くなる。

リージェント・ウォール・ストリート
Regent Wall Street（#75）
☎212-845-860、800-545-4000 📠845-8601
🌐www.regent hotels.com
🏠55 Wall St
Ⓜ 1号線で、ウォール街Wall St
💲週末 $245〜、平日 $395〜

1842年に建てられたギリシャ復興様式の歴史的建物。自慢のロビーの壁面はウエッジウッド製、ボールルームの床はイタリア大理石製だ。部屋はエグゼクティブの悦楽とでもいうべきスタイル。予算を注ぎ込めるなら、トリニティ教会を臨むテラス・ロフト・スイートをどうぞ。

ウォール・ストリート・イン
Wall Street Inn（#80）
☎212-747-1500、800-695-8284 📠747-1900
🏠9 South William St（ブロード通りとの角at Broad St）

Ⓜ N、R線で、ホワイトホール通りWhitehall St、J、M、Z線で、ブロード通りBroad St
💲W $150〜

ロウアー・マンハッタンではこちらの方がリージェントよりも小さめで、親しみを感じさせる。フィットネス・センターが併設され、どの料金プランにも朝食が含まれている。

ミレニアム・ヒルトン
Millennium Hilton（#61）
☎予約 800-445-8667
🏠55 Church St

世界貿易センター跡地の向かいにあり、2003年に再開予定。最新情報はヒルトンの通話料無料の予約電話で問い合わせを。

コスモポリタン・ホテル
Cosmopolitan Hotel（#43）
☎212-566-1900、888-895-9400 📠566-6909
🌐www.cosmohotel.com
🏠95 West Broadway
Ⓜ 1、2、3号線で、チェインバーズ通りChambers St
💲W $119〜149

チェインバーズ通りに近く、同時テロ以前に改装され一躍人気を集めたが、事件直後はレスキュー隊と清掃員の憩いの場となった。安い料金と清潔な部屋はそのままだ。一等地トライベッカのお得なホテル。

トライベッカ・グランド・ホテル
Tribeca Grand Hotel（#7）
☎212-519-6600、877-519-6600 📠519-6700
🌐www.tribecagrand.com
🏠2 Sixth Ave
Ⓜ 1、2号線で、フランクリン通りFranklin St
💲室料 $259〜549、スイート $549〜999

ホワイト通りWhite St、チャーチ通りChurch St、ウォーカー通りWalker Stに挟まれた三角地帯にある、ニューヨークの真髄ともいえるホテル。つまり高価にして、高級、そして見どころがあるのだ。使えないホームページは見ずに、通話料無料の予約電話を利用するようにしよう。

ソーホー、チャイナタウン＆ロウアー・イースト（MAP4）
SoHo, Chinatown & Lower East Side

ソーホー・グランド・ホテル
SoHo Grand Hotel（#258）
☎212-965-3000、800-965-3000 📠965-3200
🌐www.sohogrand.com
🏠310 West Broadway
Ⓜ A、C、E線で、カナル通りCanal St
💲W $259〜499

トライベッカ・グランドと同じ敏腕の不動産業者の経営するホテル。外観は何の特徴もな

宿泊 - ホテル

いが、367室の室内は、最近もてはやされているアーバン・シック・スタイルの、クールですっきりとしたラインで構成されている。

60トンプソン
60 Thompson（#253）
☎212-431-0400、877-431-0400
W www.60thompson.com
🏠60 Thompson St
Ⓜ C、E線で、スプリング通りSpring St
💰室料＄275〜

スプリング通りとブルーム通りBroome Stの間にある、これもおしゃれなブティック・ホテル。ソーホーのすばらしい立地条件と、眺めがよく豪奢な屋上・テラス、ひっそりした中庭が特徴。ホテル内のトム・レストランも評判。

ホリデイ・イン・ダウンタウン
Holiday Inn Downtown（#244）
☎212-966-8898　FAX 966-3933
W www.holidayinn-nyc.com
🏠138 Lafayette St
Ⓜ J、M、N、R、Z、6号線で、カナル通りCanal St
💰W＄149〜

カナル通りとハワード通りHoward Stの間のにぎやかなチャイナタウンの中にある。標準的なチェーン・モーテルの部屋。

ワールド・ホテル
World Hotel（#232）
☎212-226-5522　FAX 219-9498
🏠101 Bowery
Ⓜ B、D、S、Q線で、グランド通りGrand St、J、M線で、バワリーBowery
💰バス付W＄85、バスなしW＄60

グランド通りとヘスター通りHester Stの間の低料金に徹したホテル。東南アジアで華僑が経営する、ホールに芳香が漂っていたりするホテルにそっくり。このなかなか清潔な短期滞在用のホテルにはごく小さな部屋が130室ある。近隣にも押し入れのような部屋が並ぶ"ホテル"が数軒あるが、簡易宿泊所なので避けたほうがよい。

パイオニア・ホテル
Pioneer Hotel（#236）
☎212-226-1482、800-737-0702　FAX 226-3525
W www.pioneerhotel.com
🏠341 Broome St
Ⓜ B、D、S、Q線で、グランド通りGrand St、J、M線で、バワリーBowery
💰室料＄70〜

バワリー通り近く、チャイナタウンの端のお得なホテル。簡素な部屋だが流しとテレビがある。料金は夏期にやや高くなる。＄10を足せば、窓があり、大きめで少し良い部屋に格

上げできる。

オフ・ソーホー・スイーツ
Off SoHo Suites（#212）
☎212-979-9815、800-633-7646　FAX 279-9801
W www.offsoho.com
🏠11 Rivington St
Ⓜ F、V線で、2番街Second Ave、J、M線で、バワリーBowery
💰室料＄99、スイート＄149

ロウアー・イースト・サイドのクリスティ通りChrystie Stとバワリー通りの間にある割安なホテル（吐き気を催させるインテリアは無視すること）。スイートには簡易キッチンがあり、1週間以上の滞在は10%割引なのでかなりお得。場所もチャイナタウンとロウアー・イースト・サイドの両方にまたがる好立地にある。

ハワード・ジョンソン・エクスプレス・イン
Howard Johnson Express Inn（#170）
☎212-358-8844　FAX 473-3500
W www.hojo.com
🏠135 E Houston
Ⓜ F、V線で、2番街Second Ave
💰S＄129〜139、W＄159〜169

フォーサイス通りForsyth Stの角。活気あふれるロウアー・イースト・サイドの中心で一番新しいホテル。チェーンホテルらしく設備が整っているので、両親を泊めるのも悪くない。

グリニッチ・ヴィレッジ＆イースト・ヴィレッジ (MAP4)
Greenwich Village & East Village

ダウンタウンのホテルとイン（ホテルより簡素な宿）にはゲイ旅行者向きのところが多い。詳しくは、前出のコラム「ゲイにやさしいホテル＆イン」を参照。

インセントラ・ヴィレッジ
Incentra Village（#8）
☎212-206-0007　FAX 604-0625
🏠32 Eighth Ave
Ⓜ A、C、E線で、14丁目14th St、L線で、8番街Eighth Ave
💰室料＄169〜

西12丁目に近い、すてきな12室のイン。ニューヨークに遊びに来た同性愛者に人気のホテルということもあり、週末は完全に満室となる。この静かなインには愛らしい居間があり、部屋によっては暖炉や簡易キッチンもある。

ラーチモント・ホテル
Larchmont Hotel（#52）
☎212-989-9333　FAX 989-9496
W www.larchmonthotel.com
🏠27 W 11th St
Ⓜ F、V線で、14丁目14th St
💰S＄70〜80、W＄90〜100

ホテルというよりくつろげるインのようだ。バスとキッチンは共同。52室の部屋には流しと、ガウンやスリッパといったおまけもある。さらにこのホテルは美しく緑豊かな5番街のブロックにある。当然、満室になるのは早い。

ワシントン・スクエア・ホテル
Washington Square Hotel（#80）
☎212-777-9515、800-222-0418 ℻979-3873
W www.washingtonsquarehotel.com
🏠103 Waverly Pl
Ⓜ A、C、E、F、S、V線で、西4丁目W 4th St
💴 S＄126～、W＄148～

マクドゥーガル通りMacDougal Stと6番街の間。料金と場所（ワシントン・スクエア・パークからすぐ）のせいで評判がよく、予約は難しい。コンチネンタル・ブレックファスト料金込み。

セント・マークス・ホテル
St Marks Hotel（#92）
☎212-674-2192 ℻420-0854
🏠2 St Marks Pl（3番街の角at Third Ave）
Ⓜ 6号線で、アスター・プレイスAstor Pl
💴 S＄80～、W＄90～

昔ながらの粗削りなイースト・ヴィレッジらしいホテル。当然、このブロックは騒がしく（騒音にいらいらするなら内側の部屋を頼もう）、時間制の部屋もあるので、思わず目をそらしたくなるような客がいるかもしれない。

チェルシー、グラマシー・パーク＆フラットアイアン地区（MAP5）
Chelsea, Gramercy Park & Flatiron District

チェルシー・サヴォイ・ホテル
Chelsea Savoy Hotel（#155）
☎212-929-9353 ℻741-6309
🏠204 W 23rd St
Ⓜ 1号線で、23丁目23rd St
💴 室料＄99～195

7番街近くで、チェルシー・ホテルと同じブロックにある、安めのホテル。

チェルシー・イン
Chelsea Inn（#193）
☎212-645-8989、800-640-6469
🏠46 W 17th St
Ⓜ L、N、R、4、5、6号線で、14丁目／ユニオン・スクエア14th St-Union Sq
💴 Wバスなし＄129 バス付＄169、スイート＄199

5番街と6番街の間にある棟続きのタウンハウス。チェルシーでクラブやアートを楽しむのに良い立地。清潔で人気のあるイン。

チェルシー・ホテル
Chelsea Hotel（#153）
☎212-243-3700 ℻675-5531
🏠222 W 23rd St
Ⓜ 1号線で、23丁目23rd St
💴 室料＄135～

7番街と8番街の間の、文化と文学のランドマーク。懐かしのニューヨークの雰囲気と、過去、現在の住人によるアート作品がたっぷり味わえる。著名な滞在客と住人のリストは、ディラン・トーマスからボブ・ディラン、アーサー・ミラーからアーサー・C・クラークへと延々と続く。ここはまた、シド・ヴィシャス（訳注：元セックスピストルズのメンバー）がナンシー・スパンゲン（訳注：彼の恋人）を殺害した現場でもあり、映画「レオン」の撮影場所でもあった。一番安い部屋は共同バス、一番高いスイート（＄385）では居間、ダイニング・エリア、キッチンが分かれている。どの部屋も違いがあり、料金とオプションに幅がある。気さくなスタッフとおしゃべりしながら、自分にぴったりの部屋を見つけよう。

ユニオン・スクエア・イン
Union Square Inn（#176）
☎212-614-0500 ℻614-0512
W www.unionsquareinn.com
🏠209 E 14th St
Ⓜ L線で、3番街Third Ave
💴 W＄99～129

3番街を入ったところ、うるさくてやや感じの悪いブロックにあるが、静かで清潔なイン。部屋は狭いが、テレビ、電話、バス付きと機能的。ハイシーズン中は料金が＄40高くなる。

ホテル17
Hotel 17（#173）
☎212-475-2845 ℻677-8178
🏠225 E 17th St
Ⓜ N、Q、R、4、5、6号線で、14丁目／ユニオン・スクエア14thSt-Union Sq、L線で、3番街Third Ave
💴 S＄70、W＄87、トリプル＄110

2番街と3番街の間。グラマシー・パーク近辺で人気の、ゲイにやさしいホテル。全室とも共同バスを利用。残念ながらこの気さくな宿にはオーバーブッキングの評判があるので、予約を再確認した方が安心だ。

Wニューヨーク・ユニオン・スクエア
W New York - Union Square（#181）
☎212-253-9119、877-946-8357 ℻253-9229
W www.whotels.com
🏠201 Park Ave South
Ⓜ L、N、Q、R、4、5、6号線で、14丁目／ユニオン・スクエア14th St-Union Sq
💴 室料＄319～

東17丁目の角にあり、ブラックタイとプラチナカードが必要。Wホテルらしく、すべてが

宿泊 − ホテル

トップクラスで、快適、そしておしゃれ。ただしこの超人気ホテルに泊まるには早めの予約が必要だ。Wホテルはほかにも、**Wニューヨーク・タスカニー** W New York - Tuscany（#92）🏠東39丁目120番地、レキシントン街との角 120 E 39th St at Lexington Ave)、**Wニューヨーク・タイムズ・スクエア** W New York - Times Square（MAP6, #57 🏠ブロードウェイ1567番地、47丁目との角1567 Broadway at 47th St）など、マンハッタンに数カ所ある。詳しくは通話料無料電話（☎ 877-946-8357）で問い合わせるか、ホームページで確認を。

グラマシー・パーク・ホテル
Gramercy Park Hotel（#168）
☎212-475-4320、800-221-0435 📠505-0535
🌐www.thegramercyparkhotel.com
🏠2 Lexington Ave
Ⓜ6号線で、23丁目23rd St
💵S＄150〜、W＄160〜、寝室1室のスイート＄200〜

東21丁目の角。グラマシー・パークを見下ろすニューヨークの名物ホテル（宿泊客は静かな私有公園グラマシー・パークへの鍵をもらえる）。ロビー脇のバーは必見（「エンターテインメント」のコラム「ホテルのカクテル」を参照）。

マディソン・ホテル
Madison Hotel（#131）
☎212-532-7373、800-962-3476 📠686-0092
🏠21 E 27th St
Ⓜ6号線で、28丁目28th St
💵W＄99〜

マディソン街Madison Aveと5番街の間。一番のおすすめではないが、近くのファンキーで楽しいガーシュウィン・ホテル（前出の「ユースホステル」を参照）に入れなかった場合に、安くてまずまずの選択肢となる。フロントが何を言おうと、滞在日数分の全額を前払いしないことだ。ガーシュウィン・ホテルに部屋が取れないかどうか引き続き当たってみるとよい。

また、グランド・セントラル駅南のパーク街Park Aveには、手頃な料金だがこれといった特徴のないホテルがひしめいている。

ミッドタウン（MAP5）
Midtown

低料金＆中級
ヘラルド・スクエアHerald Squareとマレー・ヒルMurray Hill（さらに東より）近辺は、ペン駅とグランド・セントラル駅へ行くのに便利で、低料金と中程度の料金のホテルが数軒ある。贅沢な宿ではないが、どれを選んでも居心地は悪くないはずだ。

ヘラルド・スクエア・ホテル
Herald Square Hotel（#114）
☎212-279-4017、800-727-1888
🏠19 W 31st St
Ⓜ B、D、F、N、Q、R、V、W線で、34丁目／ヘラルド・スクエア34th St-Herald Sq
💵バスなしW＄60、バス付W＄85

ブロードウェイと5番街の間にある、小さな部屋のシンプルなホテル。料金のわりになかなか価値がある。

マレー・ヒル・イン
Murray Hill Inn（#124）
☎212-683-6900、888-996-6376 📠545-0103
🌐www.murrayhillinn.com
🏠143 E 30th St
Ⓜ6号線で、33丁目33rd St
💵バスなしW＄60、バス付W＄99

レキシントン街Lexington Aveと3番街の間の、あまり良からぬ傾向の場所にありながら、安全で手頃なホテル。さらに2段ベッド2台の共同バスの個室が＄50という、超お得な料金もある。

ホテル31
Hotel 31（#123）
☎212-685-3060 📠532-1232
🏠120 E 31st St
Ⓜ B、D、F、N、Q、R、V、W線で、34丁目／ヘラルド・スクエア34th St-Herald Sq
💵シーズンオフでバス付W＄85、バスなしW＄60

パーク街南Park Ave Southとレキシントン街Lexington Aveの間、エンパイア・ステート・ビルから徒歩すぐ。築80年の建物で小さいが快適な部屋がある。ハイシーズンには料金が＄25ほど上がる。

グラマシー・パーク・ホテル

マンハッタン・イン
Manhattan Inn（#105）
☎212-629-9612 ℻629-9613
🌐www.manhattaninn.com
🏠303 W 30th St
🚇A、C、E線で、34丁目／ペン駅34th St-Penn Station下車
💰W＄89

8番街と9番街の間にある、まさにニューヨークの穴場的な宿。部屋はこぎれいで、バスとディレクTV、エアコン、コンチネンタル・ブレックファスト付き。

ウォルコット・ホテル
Wolcott Hotel（#115）
☎212-268-2900
🏠4 W 31st St
🚇B、D、F、N、Q、R、V、W線で、34丁目／ヘラルド・スクエア34th St-Herald Sq
💰W＄120〜

5番街に近い、280室のボザール様式ホテル。グラント将軍の墓を設計した建築家ジョン・ダンカンの設計。

サーティ・サーティ
ThirtyThirty（#121）
☎212-689-1900 ℻689-0023
🌐www.thirtythirty-ny.com
🏠30 E 30th St
🚇6号線で、33丁目33rd St
💰室料＄125〜175

パーク街Park Aveとマディソン街Madison Aveの間にある、シティライフ・ホテル・グループのホテル。このグループのホテルは、統一したスタイルで、くつろげる、気楽な料金設定の宿として定評がある。

ホテル・メトロ
Hotel Metro（#99）
☎212-947-2500、800-356-3870 ℻279-1310
🏠45 W 35th St
🚇B、D、F、N、Q、R、V、W線で、34丁目／ヘラルド・スクエア34th St-Herald Sq
💰W＄155、スイート＄210

5番街と6番街の間。1930年代のアール・デコ様式（ロビーにはハリウッド黄金時代の映画ポスター）と英国紳士のクラブの雰囲気を組み合わせた、味のあるラウンジと図書コーナーが特徴。上階の部屋のほうはむしろ飾り気がないが、料金、立地条件（モーガン図書館Morgan Library、マディソン・スクエア・ガーデン、ペン駅に近い）と気さくなスタッフゆえに、この160室のホテルを選ぶ価値は高い。

ザ・マンスフィールド
The Mansfield（#76）
☎212-944-6050、877-847-4444 ℻764-4477
🌐www.mansfieldhotel.com
🏠12 W 44th St
🚇B、D、F、V線で、42丁目42ndSt、4、5、6、7号線で、グランド・セントラルGrand Central
💰室料＄149、スイート＄179

5番街と6番街の間。1904年建立のビルを歴史的仕様に従って改装している。最高の立地条件のお得なホテル。EO（エッセンシャル・オイル製品のブランド）の入浴グッズからベルギー製リネンまで、すべてが最高級品。館内のMバーには見事なガラスと鉛製のドーム天井がある。

クラリオン・ホテル
Clarion Hotel（#79）
☎212-447-1500、800-252-7466 ℻213-0972
🌐www.clarionfifthave.com
🏠3 E 40th St
🚇4、5、6、7号線で、グランド・セントラルGrand Central
💰室料＄149〜199

5番街とマディソン街Madison Aveの間、ニューヨーク市立図書館の角を曲がったところにある、186室のビジネスホテル。稼働率が下がる週末には割引がある。

ピックウィック・アームズ・ホテル
Pickwick Arms Hotel（#52）
☎212-355-0300、800-742-5945 ℻755-5029
🏠230 E 51st St
🚇6号線で、51丁目51st St、E、F線で、レキシントン街Lexington Ave
💰室料＄129〜

2番街と3番街の間。家具はすり減り、共同バスの部屋もあるが、ヨーロッパの低予算旅行者には人気。

ソールズベリー・ホテル
Salisbury Hotel（MAP6、#5）
☎212-246-1300、888-692-5757 ℻977-7752
🌐www.nycsalisbury.com
🏠123 W 57th St
🚇N、R、Q、W線で、57丁目57th St
💰室料＄139〜

6番街と7番街の間。高尚でも、低俗でも、お好みのエンターテインメントを観に行くのに良い立地。近所のスパやヘルス＆ラケット・クラブで割引がきく。

ウェストパーク・ホテル
Westpark Hotel（MAP6、#1）
☎212-445-0200、866-937-8727 ℻246-3131
🌐www.westparkhotel.com
🏠308 W 58th St
🚇A、B、C、D、1、2号線で、59丁目／コロンバス・サークル59th St-Columbus Circle
💰室料＄109〜、スイート＄180〜

8番街と9番街の間で、セントラル・パークに近い。部屋ごとに異なる内装と、無料の朝食、

宿泊 － ホテル

カクテルアワー、DVDライブラリー、国際性で人気がある。

高級
値段の張るミッドタウンのホテルの料金はほとんど＄200以上だが、シーズンごとの需要により大幅に変動する。ただしたいていは高くなり、＄200より下がることはめったにない。

モーガンズ
Morgan's（#94）
☎212-686-0300、800-334-3408 🖷 779-8352
W www.ianschragerhotels.com
🏠 237 Madison Ave
Ⓜ 4、5、6、7号線で、グランド・セントラルGrand Central
💲 W＄325〜

37丁目と38丁目の間にあるシュレイジャー氏経営のホテル。金持ちで身なりの整った若者が、美しい内装の凝った部屋に惹かれてくる。ホテル内のモーガン・バーと刺激的なレストラン、アジア・デ・キューバAsia de Cubaは大人気（詳しくは「食事」を参照）。ホームページで宿泊のキャンペーン料金を調べてみるとよい。

ロイヤルトン
Royalton（MAP6、#107）
☎212-869-4400、800-635-9013 🖷 869-8965
W www.ianschragerhotels.com
🏠 44 W 44th St
Ⓜ B、D、F、V線で、42丁目42nd St、4、5、6、7号線で、グランド・セントラルGrand Central
💲 W＄365〜

5番街と6番街の間。ここもイアン・シュレイジャー氏のホテルで、いかにも都会的でシックな雰囲気。部屋は深いバスタブ、暖炉、羽毛の寝具付きと豪華だが、レストランとロビー・ラウンジはやけにうるさく、混んでいる。

アルゴンキン
Algonquin（MAP6、#82）
☎212-840-6800、800-555-8000 🖷 944-1419
🏠 59 W 44th St
Ⓜ B、D、F、V線で、42丁目42nd St、4、5、6、7号線で、グランド・セントラルGrand Central
💲 室料＄149〜349

5番街と6番街の間。伝説の「アルゴンキンの円卓」（訳注：1920年代に文人グループが毎日同ホテルの円卓を囲み昼食を取っていた）で有名。今でも木材とインド更紗の豪華な内装に加えて、24時間営業のフィットネス・センターに惹かれる客が多いが、部屋は手狭かもしれない。1902年に造られた美しいロビーは必見。

ジ・イロコイズ
The Iroquois（#75）
☎212-840-3080、800-332-3220 🖷 398-1754
🏠 49 W 44th St

Ⓜ B、D、F、V線で、42丁目42nd St、4、5、6、7号線で、グランド・セントラルGrand Central
💲 スタンダード＄325〜345、スイート＄550〜625

5番街と6番街の間。1920年代のホテルを隅々まで完璧に改装してある。ジェームズ・ディーンが1950〜1953年にここで暮らした。ジェームズ・ディーン・ラウンジはカクテルを楽しめるクールなスポット。

ウォルドーフ・アストリア
Waldorf-Astoria（#61）
☎212-355-3000、800-925-3673
W www.waldorfastoria.com
🏠 301 Park Ave
Ⓜ 6号線で、51丁目51st St、E、F線で、レキシントン街LexingtonAve
💲 スタンダード＄205〜495、週末特別料金は約＄200

49丁目と50丁目の間の、言わずと知れた伝説のホテル。今はヒルトン・チェーンの傘下に入っている。優美なロビー（思ったほど広くないことに驚くが、トイレは要チェック）と、ウォルドーフの評判にふさわしい料金のレストランとバーがある。ステーキ・レストランのブル＆ベアは中年のエグゼクティブの御用達。ロビー上のカクテル・テラスはピアノの調べを耳にしながらカクテルのマンハッタンを味わうのに最適の場所。

ワーウィック
Warwick（MAP6、#14）
☎212-247-2700、800-223-4099 🖷 247-2725
W www.warwickhotels.com
🏠 65 W 54th St
Ⓜ B、D、F、V線で、47-50丁目／ロックフェラー・センター47th-50th Sts/Rockefeller Center
💲 室料＄295〜370、スイート＄500〜900

6番街近く。ロックフェラー・センターに近い、ミッドタウンで定評あるホテル。数年前に改装された。マンハッタンの標準からすれば広々した部屋が400室以上ある。

ペニンシュラ
Peninsula（#34）
☎212-956-2888、800-262-9467 🖷 903-3949
🏠 700 Fifth Ave（55丁目との角at 55th St）
Ⓜ E、F線で、5番街Fifth Ave
💲 W＄560〜

創業1904年、ミッドタウンの最長老格。全面改装したホテルには、だだっ広いスパとアスレチック・クラブがある。プールは往復練習をこなせる大きさ。

フォー・シーズンズ
Four Seasons（#49）
☎212-758-5700、800-487-3769 🖷 758-5711
W www.fourseasons.com/newyorkfs/index.html

宿泊 – ホテル

🏠 57 E 57th St（パーク街との角 at Park Ave）
🚇 N、R、W線で、5番街 Fifth Ave
📧 週末料金＄535〜、スイート＄2500前後
I・M・ペイの設計。石灰岩の巨大な石柱のようにそびえたつ52階建てのビルには、どれも決して安くない、広々とした部屋が用意されている。

プラザ・ホテル
Plaza Hotel（#7）
☎ 212-759-3000、800-527-4727 📠 759-3167
📧 newyork@fairmont.com
🏠 768 Fifth Ave
🚇 N、R、W線で、5番街 Fifth Ave
📧 室料＄350〜

58丁目と59丁目の間、有名なオーク・バー Oak Barのあるホテル。ビートルズ、ケイリー・グラント、グレース・ケリーなどの著名人に愛されてきた。スイートは料金が最高＄1万5000という贅沢の極み。

　59丁目以北のホテルについては、後出の「アッパー・ウェスト・サイド」と「アッパー・イースト・サイド」を参照。

タイムズ・スクエア＆劇場地区（MAP6）
Times Square & Theater District

低料金＆中級　700室を擁する**ホテル・カーター Hotel Carter**（#113 ☎ 212-944-6000、800-553-3415 📠 398-8541 🏠 250 W 43rd St 🚇 W＄95〜 N、Q、R、S、W、1、2、3、7号線で、タイムズ・スクエア Times Sq）は、7番街と8番街の間にあり、急に宿泊先を探すときに当たってみるとよい。この古いホテルには、1999年夏、フロント係が同僚に刺されて死んだという暗い過去がある。

ミルフォード・プラザ
Milford Plaza（#94）
☎ 212-869-3600、800-221-2690 📠 944-8357
🌐 www.milfordplaza.com
🏠 270 W 45th St
🚇 N、Q、R、S、W、1、2、3、7 号線で、タイムズ・スクエア Times Sq
📧 W＄135〜240

8番街近く。ラマダ・チェーン傘下のきらびやかで忙しげな1300室のホテル。立地条件の良い、手頃なスタンダード・ホテルとして使えるが、ツアー・バスから吐き出される客でいっぱいだ。

ポートランド・スクエア・ホテル
Portland Square Hotel（#52）
☎ 212-382-0600、800-388-8988 📠 382-0684
🌐 www.portlandsquarehotel.com
🏠 132 W 47th St
🚇 B、D、F、V線で、47-50丁目／ロックフェラー・センター 47th-50th Sts/Rockefeller Center
📧 S＄65、W＄75、バス付きS＄110 W＄125 トリプル＄150 4人部屋＄160

6番街と7番街の間、タイムズ・スクエアの中心から数歩の距離。改装を終えた清潔な家族経営のこのホテルは、特にグループには便利。

ホテル・エディソン
Hotel Edison（#59）
☎ 212-840-5000、800-637-7070 📠 596-6850
🌐 www.edisonhotelnyc.com
🏠 228 W 47th St
🚇 1、2号線で、50丁目50th St、N、R、W線で、49丁目49th St
📧 S＄150、W＄170、トリプル＄185

ブロードウェイと8番街の間にあり、かつてはブロードウェイ・スター御用達の高級ホテルだった。今は観光客用のホテル（悪趣味の内装を見よ）だが、劇場関係者は相変わらずコーヒーショップに出入りしている。

デイズ・ホテル・ミッドタウン
Days Hotel Midtown（#44）
☎ 212-581-7000、800-325-2525 📠 974-0291
🏠 790 Eighth Ave（西48丁目との角 at W 48th St）
🚇 N、Q、R、S、W、1、2、3、7号線で、タイムズ・スクエア Times Sq
📧 室料＄99〜399

個性はないが、安い部屋を提供。料金はシーズンと空室状況により変わる。

アメリタニア・ホテル
Ameritania Hotel（#15）
☎ 212-247-5000、800-664-6835 📠 247-3313
🌐 www.nychotels.net
🏠 西54丁目230番地、ブロードウェイとの角 230 W 54th St at Broadway
🚇 B、D、E線で、7番街 Seventh Ave
📧 室料＄125〜

デイヴィッド・レターマン司会の人気テレビトーク番組「レイト・ショー Late Show」の公開録画が行われるエド・サリヴァン劇場に近い。ロビーの客は金持ちと、酔ったヒップホップの若者が混ざり合っている（ホテル内のツイスト・バーものぞいてみよう）。部屋は最近改装されたが、好ましいうさん臭さは残っている。割引についてはホームページを参照。標準タイプの部屋basic roomが＄99にまで下がる可能性がある。

高級　タイムズ・スクエア Times Square（🚇 N、Q、R、S、W、1、2、3、7号線で、タイムズ・スクエア Times Sq）周辺の1泊＄200以上のありふれた高級ホテルは、もっぱら立地条件のためだけに金を支払わせている

宿泊 - ホテル

といってよい。この部類に入るのが、45丁目と46丁目の間の**マリオット・マーキー Marriott Marquis**（#77 ☎212-398-1900、800-843-4898 🏠1535 Broadway）。次いでブロードウェイ近くの**ノヴォテル Novotel**（#29 ☎212-315-0100、800-668-6835 📠765-5333 🏠226 W 52nd St）。こちらの方が国際性があり、眺めの良いテラスとカフェ・ニコル、サンルームもある。そして、贅沢な**ダブルツリー・ゲスト・スイーツ Doubletree Guest Suites**（#55 ☎212-719-1600、800-222-8733 📠921-5212 🏠7番街と47丁目の角cnr Seventh Ave & 47th St）。

パラマウント
Paramount（#60）
☎212-764-5500、800-225-7474 📠354-5237
🌐www.ianschragerhotels.com
🏠235 W 46th St
🚇1、2号線で、50丁目50th St
💰室料＄250〜

ブロードウェイと8番街の間。どうにか個性を出そうと奮闘している宿。ロビーに置かれたひどいミスマッチの椅子とダイヤル式電話はその手始めに過ぎない。それでも丁重なスタッフと様式化された部屋は実に快適。ホテルにはウイスキー・バーがある（詳しくは「エンターテインメント」のコラム「ホテルのカクテル」を参照）。

カサブランカ・ホテル
Casablanca Hotel（#102）
☎212-869-1212、888-922-7225 📠391-7585
🌐www.casablancahotel.com
🏠147 W 43rd St
🚇N、Q、R、S、W、1、2、3、7号線で、タイムズ・スクエアTimes Sq
💰スタンダード＄265、デラックス＄295、スイート＄375

タイムズ・スクエアのすぐ東側。北アフリカのモチーフが基調の、派手さを抑えた高級感ある部屋が48室。朝食、終日のスナック、エスプレッソの無料サービス、無料のワインとオードブルサービス（平日のみ）、さらに生花と贅沢なガウンは気が利いている。

アッパー・ウェスト・サイド（MAP7）
Upper West Side

この地区では中級の良いホテルが見つかる。料金はほとんどが＄90〜200。激安の宿については前出の「ユースホステル」を参照。

ホテル・オルコット
Hotel Olcott（#72）
☎212-877-4200
🏠27 W 72nd St
🚇B、C線で、72丁目72nd St
💰W＄130〜

コロンバス街Columbus Aveとセントラル・パーク・ウェスト通りCentral Park Westの間で、セントラル・パークの西72丁目口からすぐという好立地。部屋が取れれば価値がある。予約は早めに。

メイフラワー
Mayflower（#105）
☎212-265-0060、800-223-4164 📠265-0227
🌐www.mayflowerhotel.com
🏠15 Central Park West
🚇A、B、C、D、1、2号線で、59丁目／コロンバス・サークル59th St-Columbus Circle
💰室料＄189〜

西61丁目近く。やや古くさいが、セントラル・パークに面した立地条件は捨てがたい。「ニューヨーク・タイムズ日曜版*Sunday New York Times*」で特別割引がないか確認を。

アムステルダム・イン
Amsterdam Inn（#61）
☎212-579-7500 📠579-6127
🌐www.amsterdaminn.com
🏠340 Amsterdam Ave
🚇1、2、3号線で、72丁目72nd St
💰共同バスS＄75 W＄95、バス付きS＄115 W＄115

76丁目にある5階建てのホテル。エアコン付きに改装した部屋が25室。

オン・ジ・アーヴ
On The Ave（#59）
☎212-362-1100、800-509-7598 📠787-9521
🌐www.stayinny.com
🏠2178 Broadway
🚇1、2号線で、79丁目79th St
💰室料＄175〜235

西77丁目近くの、これもシティライフ・グループのホテル。温かみのあるアース・カラーとステンレスの組み合わせ、それに大理石のバス付きでオリジナルのアート作品の飾られた陽射しの明るい部屋が自慢。

エクセルシア・ホテル
Excelsior Hotel（#46）
☎212-362-9200 📠580-3792
🌐www.excelsiorhotelny.com
🏠45W 81st St
🚇B、C線で、81丁目／自然史博物館81st St-Museum of Natural History
💰W＄129〜、寝室1室のスイート＄240〜

コロンバス街Columbus Aveに近く、アメリカ自然史博物館を見わたせる169室の古いホテル。

ニュータウン
Newtown（#15）
☎212-678-6500
🌐www.newyorkhotel.com

🏠2528 Broadway
Ⓜ1、2、3号線で、96丁目96th St
💴W＄85〜、簡易キッチン付きスイート＄140〜

94丁目と95丁目の間にある96室のホテル。ウェスト・サイドの大ホテルよりもくつろげるので、代わりとして選べる。

アスター・オン・ザ・パーク
Astor on the Park （#4）
☎212-866-1880 📠316-9555
🌐www.nychotels.com
🏠465 Central Park West
ⓂB、C線で、103丁目103rd St
💴日〜水＄100、木〜土＄135

106丁目と107丁目の間にある、部屋は簡素だが、清潔で気さくなホテル。セントラル・パークを見わたす部屋もある。

アッパー・イースト・サイド（MAP7）
Upper East Side

アッパー・イースト・サイドの5番街とマディソン街近くには、ニューヨーク有数の優美で高額なホテルがある。

ベントレー
The Bentley （#131）
☎212-644-6000、888-664-6835
🌐www.nychotels.com
🏠500 E 62nd St
ⓂF線で、レキシントン街/63丁目Lexington Ave/63rd St
💴室料＄135〜、スイート＄235〜

ヨーク街York Aveに近い、シックなブティック・ホテル。ニューヨークで一、二を争う絶景を楽しめる。宿泊しなくても、せめて屋上のレストランでカクテルを一杯楽しみたい（「エンターテインメント」のコラム「ホテルのカクテル」を参照）。

ロウエル・ホテル
Lowell Hotel （#120）
☎212-838-1400、800-221-4444 📠605-6808
🏠28 E 63rd St
ⓂF線で、レキシントン街/63丁目Lexington Ave/63rd St
💴W＄495〜

パーク街Park Aveとマディソン街Madison Aveの間。静かなくつろいだ雰囲気で、ブラッド・ピットやマドンナなど超有名人お気に入りのニューヨークのホットスポット。だがそれよりも、大部分の部屋に簡易キッチンか暖炉、またはその両方と、テラスが備わっているところがすごい。

グレイシー・イン
Gracie Inn （#34）
☎212-628-1700、800-404-2252 📠628-6420
🏠502 E 81st St
Ⓜ4、5、6号線で、86丁目86th St
💴W＄159〜

ヨーク街York Aveとイースト・エンド街East End Aveの間にある12室のやや安めのホテル。イースト川に近いカントリースタイルの穴場ホテルだ。おいしい朝食込み。

フランクリン
Franklin （#36）
☎212-369-1000、877-847-4444 📠369-8000
🏠164 E 87th St
Ⓜ4、5、6号線で、86丁目86th St
💴スタンダード＄275、スーペリア＄295

3番街とレキシントン街Lexington Aveの間の、気さくな48室のホテル。上質のリネン、生花などのサービスが特徴。

ホテル・ウエールズ
Hotel Wales （#29）
☎212-876-6000、877-847-4444 📠860-7000
🌐www.waleshotel.com
🏠1295 Madison Ave（92丁目との角at 92nd St）
Ⓜ6号線で、96丁目96th St
💴室料＄169〜

築100年、数年前に改装し以前の輝きを取り戻した。室数は100、料金にはしゃれたテラスでいただくコンチネンタル・ブレックファストも含まれている。ロビーにある挑発的な「長靴をはいた猫」の絵をお見逃しなく。

ブルックリン（MAP9）
Brooklyn

ニューヨーク・マリオット・ブルックリン
New York Marriott Brooklyn （#19）
☎718-246-7000、800-436-3759 📠246-0563
🏠333 Adams St
ⓂM、N、R線で、ローレンス通りLawrence St、A、C、F線で、ジェイ通り／ボロー・ホールJay St-Borough Hall
💴室料＄259〜

ティラリー通りTillary Stとウィロビー通りWilloughby Stの間にある、ブルックリン唯一のフルサービスを提供するホテル。レストラン、ヘルス・クラブ、ラウンジ、ビジネス・サービスなど、マリオットらしいサービスがそろっている。週末には料金がかなり下がる。

食事

Places to Eat

本書の題名は「ニューヨークですてきに食べる1万5000軒」としてもいいくらいだ。実際、40年間以上にわたり毎晩、違う店で食べ続けたとしても、まだ行っていないレストランが残る計算になる。ニューヨークの外食店ときたら、贅を尽くしたお高いレストランから、薄汚いただ同然の安食堂まで、まったく恐ろしいほど幅が広い。この街を飛び歩くグルメたちがおいしい料理に事欠くことはないだろう。それでも経験に培われた一般的な常識は存在する。

どの地区にも自慢の＄3のモーニング・サービスがある一方で、たいていはとんでもない値段のついた流行のおしゃれな店やカリスマ・シェフの店、由緒正しい大金持ちの行きつけの店もあるものだ。恥ずかしがらずにウェイター、ウェイトレスに料理の値段を聞いてみよう（本当のおすすめ料理をスラスラ説明しても、値段まですわざわざ教えてくれることはまずない）。また1人前の分量や、材料、おすすめ料理などについても相談してみよう（なかには感じの悪い応対をする相手もいるが、チップが生活の糧なので、普通そういうことはしない）。少しでも節約するには、やや高級な店でおまかせコース tasting menu やコースメニュー prix fixe を検討してみるといい。まさにお得な場合がある。

バー・メニューもお得だ。高級レストラン（オデオン、カフェ・ド・ブリュッセル、グラマシー・タヴァーンなど）は、バーで手頃だがレストラン同様とてもおいしい料理を出すところが多い。ディナーにはとても手を出せなくても、ランチタイムになら行ける店もある。

予算にかかわらず、ランチメニューは要チェックだ。レストランでは一般にワインに信じられないほど割高な値段がついているので、メルローが食事と同じ値段でもショックを受けないように（ワインの持ち込みができる店はもちろん別）。

超緊縮予算の旅行者には、ニューヨークはうってつけの街だ。屋台で軽くジーロ gyro（串焼き肉をピタパンにはさんだギリシャのサンドイッチ）やホットドッグ、プレッツェル、果物、スープを飲み食いしてもいいし（香ばしい匂いのロースト・ナッツだけはやめておこう。味は香りほどではない）、エスニック料理（中華、中東、インド、トルコ、日本、韓国など）も安上がりでそこそこいける。

グルメな人たちはニューヨークで食い道楽に散財するはずだ。この街で食べ甲斐のある料理を我慢しろといってもむだというものだ。でも下準備はしっかりしておきたい。ニューヨークのレストランは、実際の料理の内容よりも、評判や、おしゃれな顧客、有名人オーナー、ファッショナブルな内装などに頼るばかりの店が多すぎるからだ。たいしたことのない料理を高級レストランの価格で出す二流の店も山ほどある。こうした店は絶対に避けたい。

情報集めに一番役立つのが、変わらぬ人気で毎年更新されている「ザガット・サーヴェイ Zagat Survey」だ。街中どこででも手に入る。「タイムアウト Time Out」や「ニューヨーク New York」誌、そして金曜日の「ニューヨーク・タイムズ New York Times」の Weekend（週末）欄にもレストラン評が載っている。

本書はまた「ニューヨークですてきにカクテルを味わえる2055軒」というタイトルにもできそうだ。ニューヨークでは、お酒を飲むのは時間つぶしではなく、ライフスタイルの一つといえる。ディナー前のカクテルはすばらしい夜の火付け役なのだ（もちろん、締めくくりにも役立つ）。「エンターテインメント」の「バー＆ラウンジ」も忘れずに参照を。

HUGH D'ANDRADE

2つ星の値段で5つ星の料理を

ほとんどの低予算旅行者は、ニューヨークの料理の殿堂で食事ができるなど、思いもよらないはずだ。そうした店の多くは1回の食事に1人当たり$50以上の値段をつけ、庶民を締め出しているからだ。だが、ニューヨークのエリート・レストランはこの街の特権階級にうんざりしはじめているにちがいない。"レストラン・ウィークRestaurant Week"という驚くほど民主的なイベントにより庶民にも門戸を開きはじめたのである。開催は毎年2月と6月に1週間ずつ（さらに同時テロ事件後は、手っとり早く収入を上げるため11月にも）。期間中は、その年を値段にして（たとえば$20.03、$20.04など）で、手の込んだ3品のコースランチが出される。参加レストランは、タヴァーン・オン・ザ・グリーン、アクアヴィット、ユニオン・パシフィックといった一流店を含む85軒以上。本物のグルメはこのイベントのためだけにニューヨークを訪れ、期間中は手あかで汚れた「ザガット」のガイドを片手に街中を走り回るのである。レストラン・ウィークには予約を受け付けないという店が多いが、どこか特別の場所で食事できるかどうか電話で聞いてみる価値はある。ただし、店によってはこの時期に手を抜くところもあるので気をつけよう。たとえばいつもの最高級の料理の代わりにややレベルの落ちる農産物や鳥獣肉を使う、出来合いのサラダを出す、サービスがいい加減だったり冷淡だった、といった具合だ。詳しくは、ホームページⓌwww.newyork.citysearch.comを開き、「Restaurant Week」で検索してほしい。

ロウアー・マンハッタン（MAP3）
LOWER MANHATTAN

この地区は、仕事を終えた人たちが帰宅して人けがなくなると食べるものを見つけにくくなるが、ランチの幅は広い。安さ狙いなら、フロント通りFront Stにずらりと並んで、フライドチキンからブリトーまで何でも売っている"ローチ・コーチroach coache"（移動式セルフ・サービス食堂）を試してみよう。

パール・パレス
Pearl Palace（#84）
☎212-482-0771
🏠60 Pearl St
Ⓜ N、R線で、ホワイトホール通りWhitehall St
🍴ランチ・ビュッフェ$7
🕐24時間

ブロード通りBroad Stに近い、サービスより実質本位のインド料理レストラン。近くのウォール街周辺で働く人々向けの店。お得な食べ放題のビュッフェ・ランチ（平日11:00〜14:30）にはサラダ・バーも含まれる。

カバーナ
Cabana（#54）
☎212-406-1155
🏠89 South Street Seaport
Ⓜ J、M、Z、1、2、4、5号線で、フルトン通り／ブロードウェイ・ナッソーFulton St-Broadway Nassau
🍴前菜$4〜11、主菜$13〜19

ピア17にあり、待ちに待ったシーポートのおいしい料理の幕開けを告げる店だ。メニューは"ヌエボ・ラティーノ（新ラテン風）"、つまり料理用バナナ、チリ、米、豆、ジャーク・スパイス（ジャマイカ風バーベキューのスパイス）などの材料を使ったおいしい料理ということだ。量はたっぷりで、ニューヨーク港を見渡す眺めは絶景だ。日没の頃カクテルをどうぞ。

ラジオ・メキシコ
Radio Mexico（#53）
☎212-791-5416 📠267-9564
🏠259 Front St
Ⓜ 4、5、6号線で、ブルックリン橋／シティホールBrooklyn Bridge-City Hall
🍴前菜$3.95〜5.95、主菜$5.95〜11.95

ブルックリン橋のたもとのドーヴァー通りDover St近く。巨大なブリトーやタコスなどを出す楽しい店。$2.50のマルガリータは掘り出し物（平日16:30〜18:30）。

ジェレミーズ
Jeremy's（#51）
☎212-964-3537
🏠254 Front St
Ⓜ 4、5、6号線で、ブルックリン橋／シティホールBrooklyn Bridge-City Hall
🍴前菜$1.95〜3.95、ハンバーガー$3〜4.95

ドーヴァー通りDover Stにあるなんとも形容しがたい店。中に入ると、気の抜けたビールと、フィッシュ&チップス（$6.95）の匂いにむっとなり、梁の至るところからぶら下がっているあらゆる種類のブラジャーや下着に迎えられる。ここでは、建設作業員やすました秘書、魚屋、ミュージシャンなどが木製のテーブルに集まり、袖をまくり上げてたらふく食べるのである。1パイント（約570mℓ）のビールが$2.75から。これで半ダースのカキ（$9.50）を流し込めば最高だ。

ブリッジ・カフェ
Bridge Café（#50）
☎212-227-3344
🏠279 Water St（ドーヴァー通りとの角at Dover St）
Ⓜ 4、5、6号線で、ブルックリン橋／シティホールBrooklyn Bridge-City Hall

食事 － トライベッカ

🍴パスタ、肉とシーフードの主菜＄16前後

多少財布に余裕があれば、わざわざ寄る価値のある店。ブルックリン橋の下にあるくつろげる隠れ家だ。ニューヨーク最古のパブという折り紙付きで、レストランには多彩なワインリストが用意してある。

フラーンシズ・タヴァーン
Fraunces Tavern（#83）
☎212-968-1776、797-1776
🏠54 Pearl St
🚇N、R線で、ホワイトホール通りWhitehall St
🍴サンドイッチ＄16、主菜＄22〜32
🕐月〜土11:30〜21:00

ブロード通りBroad Stの角にあり、ウォール街からウィリアムズバーグあたりの客を魅了している。独立戦争から凱旋したジョージ・ワシントン将軍が部下に送別の言葉を述べたのがこの建物だ（値の張る料理よりもこちらのほうが有名）。

さらに出費に見合う価値があるのは、**ベアーズ Bayard's**（#78 ☎212-514-9454 🏠1 Hanover Sq）。パール通りPearl Stとストーン通りStone Stの間のインディア・ハウスの中にある。かつて綿の取引所だった建物だ。

トライベッカ（MAP3）
TRIBECA

大きく取り上げられてはいないが、トライベッカは同時多発テロ事件以来、苦境に立たされている。レストランも静かに店を閉じたり、引っ越している。この地区がかつての一流のステータスを取り戻すことは疑いないが、食べて遊ぶなら今が狙い目だ。凋落を食い止めようと、下記のレストランの多くはテロ攻撃後に連携して"トライベッカ組合Tribeca Organization"を結成し、場合によっては最大25％の値下げを実施している。それでもどの店が生き残るかはまだ予想がつかない。

バビーズ
Bubby's（#33）
☎212-219-0666
🏠120 Hudson St（N・ムーア通りとの角 at N Moore St）
🚇1、2号線で、フランクリン通りFranklin St
🍴サラダ＄8.95〜9.95、主菜＄10〜16
🕐月8:00〜22:00、火〜木8:00〜23:00、金・土8:00〜24:00、日8:00〜22:00

トライベッカの定番店（特にブランチが有名。ある地元の人に言わせると「今まで飲んだブラディ・メアリーの中で最高！」という逸品をお試しあれ）。広くてすがすがしいレストランでは、ランチとディナーにヘルシーなサラダやサンドイッチ、パスタ、そしてニューヨークともいえるハンバーガーを出す。菜食主義者にも（肉の入っていない主菜がたくさんある）、子供にも（全員にクレヨンをサービス）、うれしい店。

ウォーカーズ
Walker's（#31）
☎212-941-0142
🏠16 N Moore St（ヴァリック通りとの角 at Varick St）
🚇1、2号線で、フランクリン通りFranklin St

うす暗いバーだが、ターキーサンドやハンバーガーなどの定番メニューを＄10足らずでおいしく、おしゃれに仕上げて出している。ゆったりとした、くつろげる雰囲気のダイニング・ルームが3室あり、詩心あふれるトイレは物思いにふけるか、ほくそえむ価値あり。行くなら日曜日が一番だろう。12:00〜16:00に手頃なブランチがあり、20:00には小さなジャズバンドのライブがある（席料なし）。

オベッカ・リー
Obeca Li（#40）
☎212-393-9887
🏠62 Thomas St
🚇A、C、1、2号線で、チェンバー通り Chambers St
🕐火〜木18:00〜23:00、金・土18:00〜24:00

チャーチ通りChurch Stとウェスト・ブロードウェイWest Broadwayの間にあり、目を見張るような広い空間でアジア料理を出す店。日本酒ファンなら定評ある品揃えに加え、大流行のサケ・マティーニを楽しめる。

ヤッファス
Yaffa's（#36）
☎212-274-9403
🏠363 Greenwich St
🚇1、2号線で、フランクリン通りFranklin St

ハリソン通りHarrison Stの角にあり、中東の雰囲気があふれる、ゆったりとした店。＄10以下でお腹いっぱいになれる。おすすめは、自家製のメルゲーズ・ソーセージ（アラブの辛いソーセージ）や、おなじみの品（ホムス〈ヒヨコ豆のペースト〉、タブーラ〈サラダ〉、オリーブなど）が盛り沢山の地中海風盛り合わせ。裏の**ヤッファス・ティールーム Yaffa's Tea Room**では優雅なソファで煎じ茶をいただける。

オデオン
Odeon（#41）
☎212-233-0507
🏠145 West Broadway
🚇A、C、1、2号線で、チェンバー通りChambers St
🍴ディナー主菜＄16〜30
🕐閉店は早くて日〜木 翌2:00、金・土 翌3:00

デュエイン通りDuane Stとトーマス通りThomas Stの間の、いかにもニューヨークらしいエネルギーと気迫のたぎる店。料理はけれんみがなく一流（鴨のグリル・スペシャルや、クロック・ムッシュ〈ハムとチーズのすばらしいグリル〉を試してほしい）。スタッフは有能で、酒類は充実しており、厨房は未明まで開いている。雰囲気は清々しいほど気取りがなくて、オデオンが独創的な注目のビストロとして出発したことを考えれば、なおさら印象的だ。

ブーレー・ベーカリー
Bouley Bakery（#39）
☎212-694-2525
🏠 120 West Broadway
Ⓜ A、C、1、2号線で、チェンバー通りChambers St

デュエイン通りDuane St近く。予約が取りにくいので、凡人はお腹を空かせて店のショウウィンドウに貼りつき、熱い息でガラスを曇らすしかないタイプの店。このデイヴィッド・ブーレーの注目店は、予約を取ろうと頑張ってみるのもいいし、ベーカリーに飛び込んでニューヨークで最高級のパンか上質のスープ、ペストリーを味わってみてもいい。

カプスート・フレール
Capsouto Frères（#1）
☎212-966-4900
🏠 451 Washington St
Ⓜ 1、2号線で、カナル通りCanal St

ワッツ通りWatts Stに近い高級フレンチ・ビストロ。至高のランチ・メニュー（＄20）は、たとえばフワフワのスフレと贅沢な鴨のパテから始まり、メインはチキン・ロースト、クレーム・ブリュレのデザートで終わる。

モンラシェ
Montrachet（#5）
☎212-219-2777
🏠 239 West Broadway
Ⓜ 1、2号線で、フランクリン通りFranklin St
🍽 前菜＄12〜17、主菜＄25〜30

ヴィジー通りVesey Stとウェスト通りWest Stの交差点近く。レストラン業界を牛耳るブラザーズ・ニーポレント（今やノブやトライベッカ・グリルなど多くの店を傘下に収めている）の第1号店。フレンチのメニューにアジアと家庭料理のアクセントを加えた料理が出される。牛薄切り肉のしょうゆ味とエノキダケ添え（＄15）やウサギ肉のブレーズのオリーブとベーコン添え（＄25）など。ランチメニュー（＄30、＄46）はお得。ワインリストは他にはないほどの充実ぶりだ。

シャントレル
Chanterelle（#35）
☎212-966-6960 📠966-6143
🏠 2 Harrison St
Ⓜ 1、2号線で、フランクリンFranklin St
🍽 ランチメニュー＄38、ディナーおまかせコース＄95

ハドソン通りHudson Stに近い。メニューはよく変わるが、絶妙の焼き具合のシーフード・ソーセージが目玉であることが多い。フランス、モロッコ、地中海料理の香りがする（百科事典のようなワインリストもある）。ディナーの最後は至福の味わいのチーズ盛り合わせで締めくくろう。このロマンティックなフレンチ・レストランの予約は数週間から数カ月前でないと取れない。

ノブ
Nobu（#34）
☎212-219-0500
🏠 105 Hudson St
Ⓜ 1、2号線で、フランクリンFranklin St
🍽 前菜＄8〜20、主菜＄22〜25

フランクリン通り角の、うんざりするくらいトレンディな店。おまかせコース*omakase*は＄70のシェフおすすめコース料理。値段に見合う内容だと断言する人もいるが、同じ満足なら3番街から入った東9丁目のもっと安い寿司店でも得られるかもしれない（後出のコラム「各国料理の街角」を参照）。どうしてもこの店で、という人には、**ネクスト・ドア・ノブ Next Door Nobu**（☎212-334-4445）もいいだろう。こちらは予約なしで、同じようにやたらと値の張る生の魚を出す。

体に良い軽食なら、**ベル・ベイツ・ナチュラル・フーズ Bell Bates Natural Foods**（#42 ☎212-267-4300 🏠97 Reade St Ⓜ A、C、1、2号線で、チェンバー通りChambers St）。チャーチ通りChurch Stとウェスト・ブロードウェイWest Broadwayの間。この界隈で評判の店で、ここのヘルシー料理は格別。数年前に改装して以来、特に好調だ。

チャイナタウン（MAP3）
CHINATOWN

世界各地のチャイナタウンに行ったことのある人でも、通りと路地にあらゆるアジア系のレストランや屋台、魚市場がひしめいているニューヨークのチャイナタウンには圧倒されそうになる。チャイナタウンのレストランはほとんどが（本書に紹介している店も含め）、前菜が＄5前後、主菜が＄10程度と、割安な食事を出している。

下記の店のいずれかに行くには、地下鉄でカナル通り駅Canal St（Ⓜ J、M、N、Q、R、W、Z、6号線）に行き、ブロードウェイ

食事 － チャイナタウン

BroadwayかラファイエットLafayette St、センター通りCentre Stに出るといい。

ベジタリアン・パラダイス3
Vegetarian Paradise 3　(#22)
- 212-406-2896
- 33 Mott St
- 前菜、ライス、スープ＄2〜6.95、主菜＄7.50〜10.95
- 月〜木11:00〜22:00、金〜日11:00〜23:00

ペル通りPell Stに近く、"肉もどき"を得意とする。ハムからラムまで、おどろくほど上出来に仕上がった"肉"にベジタリアンは狂喜するだろう。膨大な種類のスープとフレッシュ・ジュースもこの店の自慢。

ベジタリアン・ディム・サム・ハウス
Vegetarian Dim Sum House　(#20)
- 212-577-7176　577-2008
- 24 Pell St

ここにもあらゆる"肉もどき"が揃っている。さらにディム・サムdim sum（飲茶）メニューも充実。どの品も＄2はしない。

ハウス・オブ・ベジタリアン
House of Vegetarian　(#14)
- 212-226-6572
- 68 Mott St

ベイヤード通りBayard St近く。ベジタリアン・ディム・サム・ハウスと同系列で、同じような"肉もどき"がある。＄10を超える品はない。支払いは現金のみ。

ヒー・ウィン・ライ
Hee Win Lai　(#21)
- 212-285-8686
- 28-30 Pell St

ドイヤーズ通りDoyers Stに近い、安くておいしい飲茶の店（ただし素人には正体不明のものもある！）。地元の人でにぎわうテーブルで相席となる。2人で＄15出さずにお腹いっぱいになれる。

ジョーズ・シャンハイ
Joe's Shanghai　(#19)
- 212-233-8888　233-0278
- www.joesshanghai.com
- 9 Pell St
- 前菜＄2.95〜4.95、主菜＄9.95〜13.95
- 11:00〜23:15

古くからの人気店。棒々鶏、牛肉とブロッコリーの炒めもの、エビ焼きそばなどの定番が、周辺の店よりもやや高めの値段で出されている。

最近はチャイナタウンでベトナム料理店が多く見られるようになった。

ニャ・チャン
Nha Trang　(#10)
- 212-233-5948
- 87 Baxter St
- 10:00〜22:00

ベイヤード通りBayard St近くの店で、昼時には近くの裁判所から大勢の警官や陪審員、弁護士が押し寄せる。エビの塩胡椒味などの定番だけなら＄10出さずに済ませられる。＄3.75のあつあつのフォーpho（麺入りのビーフスープ）を試してもいい。締めくくりには、たっぷりとコクがあっておいしいベトナム風コーヒー（＄1.50）を、眠気覚ましにどうぞ。

ニュー・パスター
New Pasteur　(#11)
- 212-608-3656
- 85 Baxter St

ベイヤード通りBayard St近く、ニャ・チャンの隣の店で、メニューもそっくり。コスト削減のため、プリンターを共有しているにちがいない。

フォー・ヴィエト・フオン
Pho Viet Huong　(#9)
- 212-233-8988
- 73 Mulberry St
- 前菜＄3.50〜5、主菜＄8.50〜12.50

カナル通りCanal St近くのすばらしいメニューの店。悪趣味の内装とちゃちな演出の竹の中庭にだまされてはいけない。ベトナム式の土鍋カレーとフォンデュはグツグツ音を立てて出される。野菜はシャキシャキで、つやがよい。

チャイナタウンで北京ダックをのぞき込む地元の人

食事 – リトル・イタリー

タイランド・レストラン
Thailand Restaurant（#12）
☎212-349-3132
🏠106 Bayard St
📖前菜＄4.95〜7.50、主菜＄7.95〜9.95
バクスター通りBaxter Stとマルベリー通りMulberry Stの間。本場バンコク有数の屋台にも負けない料理を出す店。特においしくスパイシーな2人前の野菜スープや辛いパトタイpad thai（焼きそば）がおすすめ。

ナイス・レストラン
Nice Restaurant（#17）
☎212-406-9510 📠571-6827
🏠35 East Broadway
キャサリン通りCatherine Stとマーケット通りMarket Stの間。すばらしい香港スタイルの料理をローカル色丸出しの雰囲気で出す店（英語のメニューを頼もう！）。店内では、にこやかなおばさんたちが中国語で品名を甘くささやきながら、飲茶のカートを押して回っている。注文する前に見せてもらうこともできる。

リトル・イタリー（MAP4）
LITTLE ITALY
リトル・イタリーでは、戸口でカッコいいウェイターに客引きをさせている店は一般に避けたほうがいい。

夏の間、カナル通り北のマルベリー通りMulberry Stの2ブロックは歩行者専用となるので、そこのレストランは屋外にテーブルを出すことができる。"アル・フレスコ（オープン・エア）"で料理を用意している店のほとんどは、主菜が＄15以下で、パスタを頼んでいればあまり失敗はない。けれども請求書はよく調べること。リトル・イタリーのレストランはちょっとした"手数料"を加えることがあるのだ。これはウェイターが、疑うことを知らない観光客に時として25％のサービス料をふっかける手口だ。

ベニート・ワン
Benito One（#239）
☎212-226-9171
🏠174 Mulberry St
Ⓜ6号線で、スプリング通りSpring St、J、M線で、バワリーBowery
📖前菜＄7.50〜10、パスタ＄7〜10
🕐日〜金11:00〜23:00、土11:00〜24:00
グランド通りGrand Stとブルーム通りBroome Stの間の、この界隈で評判の店。リトル・イタリー最後の本格的イタリアン・レストランとして売っているが、向かいの**ベニート・トゥー Benito Two**（#240）のほうがいいという人も多い。 主菜は基本的スパゲッティ（＄7）からエ

ビ、ムール貝、ハマグリなどのシーフード・グリル（＄24）まで。

ロンバルディーズ
Lombardi's（#210）
☎212-941-7994 📠941-4159
🏠32 Spring St
Ⓜ6号線で、スプリング通りSpring St
📖ピザ＄11.50〜13.50、追加トッピング＄3
🕐月〜木11:30〜23:00、金・土11:30〜24:00
モット通りMott Stとマルベリー通りMulberry Stの間にある。間違いなくニューヨーク最古の、そしておそらくは最も伝説的なピザ屋。創業は1905年。レンガ製の窯を備え、出すのはピザパイと、おいしい半月型の生地の中にリコッタ・チーズとハーブを詰めた巨大なカルツォーネだけ。フレッシュ・マッシュルーム・パイは3種類のフンギ（キノコ）入り。

カフェ・ローマ
Caffe Roma（#238）
☎212-226-8413
🏠385 Broome St
Ⓜ6号線で、スプリング通りSpring St、J、M線で、バワリーBowery
マルベリー通り Mulberry Stに近く、しばらく休憩するには断然、最高の店。チャイナタウンでの食事やソーホーでのショッピングを終えてから、けだるい雰囲気の、錫（すず）の天井の店で、カノーリ（シチリアのパイ菓子）とエスプレッソを楽しめる。

リトル・イタリーの古くからの店の多くは、今やほぼ観光客専門の店となっている。つまり、もしかしたら必要以上の金額を払うことになるかもしれないということだ。そうした店の一つが、**ヴィンセンツ Vincent's**（#243
☎212-226-8133 📠226-0713 🏠119 Mott St Ⓜ J、M線で、バワリーBowery、S線で、グランド通りGrand St）。ヘスター通りHester Stの角にあり、＄21のそこそこのランチ・メニューがある。もう少し安いのが**プーリア Puglia**（#242 ☎212-226-8912 🏠189 Hester St Ⓜ J、M線で、カナル通りCanal St、S線で、グランド通りGrand St）、マルベリー通りMulberry Stとモット通りMott Stの間。騒々しい歌声が流れ（観客も参加する！）、ものすごく混雑する店だ。

ロウアー・イースト・サイド（MAP4）
LOWER EAST SIDE

カッツ・デリ
Katz's Deli（#175）
☎212-254-2246
🏠205 E Houston St（ラドロー通りとの角at Ludlow St）

F、V線で、2番街Second Ave
映画「恋人たちの予感」の中でメグ・ライアンがパストラミ・サンドイッチを食べてオーガスムに達するまねをした店がここだが、味覚を刺激するのならコーシャー・ディル・ピクルスとチョコレート・エッグ・クリームのほうがいいかもしれない。どんな味をお好みでも、ニューヨークのデリの定番と言えばここだ。

ヨナ・シメル・ベーカリー
Yonah Shimmel Bakery（#171）
☎212-477-2858
🏠137 E Houston St
Ⓜ F、V線で、2番街 Second Ave
エルドリッジ通りEldridge Stとフォーサイス通りForsyth Stの間にある。92年間、クニッシュknish（ユダヤ風ポテトコロッケ）、ベイグル、ビアリbialy（共にパンの一種）を売り続けている名店。少なくとも8種類のクニッシュと5種類のチーズ・クニッシュがある。腰を落ち着けて地元の人たちとおしゃべりしてみよう。

ベレケット
Bereket（#174）
☎212-475-7700
🏠187 E Houston St（オーチャード通りとの角at Orchard St）
Ⓜ F、V線で、2番街 Second Ave
🍴ケバブ＄5、日替わりスペシャル＄7.50
🕐24時間
トルコのケバブkebab（串焼き）と良質の菜食料理を出す店。年中無休、24時間営業なので、トルコ人のタクシー運転手やクラブ通いの若者、夜勤で帰れない哀れな人たちに人気がある。

新しい今一番の注目の店（ちゃんと訳がある）、2軒を挙げておこう。**71クリントン・フレッシュ・フーズ 71 Clinton Fresh Foods**（#222 ☎212-614-6960 🏠71 Clinton St Ⓜ F線で、デランシー通り Delancey St、J、M、Z線で、エセックス通りEssex St）は、リヴィングトン通りRivington Stとスタントン通りStanton Stの間にあり、新鮮で画期的、手頃な値段の料理で一躍有名になった（当初のシェフ、ウィリー・デュフレーンが同じブロック南のクリントン通り50番地にオープン予定の店、WD50にも期待したい）。**パラダー Paladar**（#216 ☎212-473-3535 🏠161 Ludlow St Ⓜ F線で、デランシー通り Delancey St、J、M、Z線で、エセックス通りEssex St）はスタントン通りStanton Stの角。シェフのアーロン・サンチェスが斬新なやり方でトロピカルな風味を組み合わせている。おまけにこの店、木〜土曜は翌2:00まで営業している。

テイクアウト用ベイグル

ソーホー（MAP4）
SOHO

グルメ・ガレージ
Gourmet Garage（#252）
☎212-941-5850
🏠453 Broome St（マーサー通りとの角at Mercer St）
Ⓜ A、C、E線で、カナル通りCanal St
（#70）
☎212-699-5980
🏠117 Seventh Ave（10丁目との角at 10th St）（MAP7、#128）
☎212-535-6271
🏠301 E 64th St
（MAP7、#11）
☎212-663-0656
🏠2567 Broadway（96丁目との角at 96th St）
ピクニックの準備や、キッチンのあるユースホステルに泊まっている場合に便利。オリーブ・バーと新鮮な果物や野菜、いろいろ選べるチーズとパテ、それにパン、さまざまな高級惣菜が揃っている。

ベンズ・フェイマス・ピッツア
Ben's Famous Pizza（#198）
☎212-966-4494
🏠177 Spring St
Ⓜ C、E線で、スプリング通りSpring St
🕐月〜水11:00〜23:30、木〜土 11:00〜翌0:30、日12:00〜22:30
トンプソン通りThompson Stの角。1切れ（＄2）はかなりの大きさだが、これが一部ニューヨーカーのいうように、ニューヨーク一のピザかどうかは議論の余地あり。だがイタリアン・アイスはいける。

ループス・イースト・LAキッチン
Lupe's East LA Kitchen（#261）
☎212-966-1326
🏠110 Sixth Ave
Ⓜ A、C、E線で、カナル通りCanal St

前菜＄3.95〜4.25、主菜＄7.50〜10.25
日〜火11:30〜23:00、水〜土11:30〜24:00
ワッツ通りWatts Stとブルーム通りBroome Stの間。かなりの大きさのブリトーとエンチラーダを出す、この界隈で人気の店。

ソウエン
Souen（#195）
212-807-7421
219 Sixth Ave（プリンス通りとの角 at Prince St）
C、E線で、スプリング通りSpring St
前菜＄7.50〜8、主菜＄10〜11
月〜金11:00〜23:00、土10:00〜23:00、日10:00〜22:00
ニューヨークで長年、自然食と創造性豊かな菜食料理（魚あり）を提供してきた店。サラダの種類はすばらしい（＄3.50〜7.50）。

スプリング・ストリート・ナチュラル
Spring St Natural（#208）
212-966-0290　966-4254
62 Spring St
6号線で、スプリング通りSpring St
前菜＄6.25〜7.25、主菜＄9〜16.25
ラファイエット通りLafayette Stの角近く。カフェテリアを思わせる広く明るい店だが、料理はおいしい。品揃えの多い菜食メニュー（パスタ、炒め物、サラダ）に加え、ヘルシーな魚、自然飼育の鶏が味わえる。

ファネッリス・カフェ
Fanelli's Café（#203）
212-226-9412
94 Prince St（マーサー通りとの角 at Mercer St）
N、R線で、プリンス通りPrince St
前菜＄5.50〜7.50、主菜＄9.95〜12.95
日〜木10:00〜翌2:00、金・土10:00〜15:00
ソーホーのいぶし銀的な老舗。芸術家の移住や歴史的建物委員会、工業地帯からの脱皮などよりもなお古い存在だ。創業は1872年、ニューヨークで2番目に古いレストランであり、禁酒法時代はもぐり酒場になっていた。暗く、煙のたちこめるバーは、プレス加工の錫（すず）の天井と、赤いチェックのクロスをかけたテーブルが所狭しと並ぶ築百年のダイニング・ルームが特徴。

スープ・キオスク
Soup Kiosk（#204）
212-254-1417
プリンス通りとマーサー通りとの角 cnr Prince & Mercer Sts
N、R線で、マーサー通りMercer St
スープ小＄4.45〜5.90、大＄5.75〜7.75
11:00〜18:00
ファネッリス・カフェに隣接しているが、別系列。日替わりで7種類のスープが飲める店。ムール貝のチャウダーやニンジン・ショウガ・スープなど。菜食主義者が常連で、いつも専用メニューがある。

ラッキー・ストライク
Lucky Strike（#256）
212-941-0479
59 Grand St
A、C、E、1、2号線で、カナル通りCanal St
前菜＄5.50〜8.50、主菜＄16〜21
日〜木12:00〜翌2:00、金・土12:00〜翌4:00
ウェスト・ブロードウェイWest Broadwayとウースター通りWooster Stの間。流行の先端を行く若者たち向けに値段を控えめに設定したフレンチ・ビストロ。メニューに特別なものはないが、夜のDJと、深夜でも食事できることで人気の店。

バルサザール
Balthazar（#207）
212-965-1414
www.balthazarny.com
80 Spring St
6号線で、スプリング通りSpring St
一品料理＄17.50〜27
日〜水12:00〜翌1:00、木〜土12:00〜翌2:00
ブロードウェイBroadwayとクロスビー通りCrosby Stの間の店。このビストロは全盛期は過ぎていてもいい頃なのに、どういうわけかまだスーパースター店としての地位は保っており、ディナーとブランチの予約は難しい。

あなたのスター度をこのスーパースター・レストランでチェック！

食事 – ウェスト・ヴィレッジ

それでもわれわれ普通の人間はランチか早めのディナー（または夜遅く）でテーブルにつくことができる。メニューの目玉は、海鮮バーの生ガキや、川マスのグリル、さらに肉ではロースト・ポークや放し飼いの鶏のローストなど。

キッチン・クラブ
Kitchen Club（#181）
☎212-274-0025
🏠30 Prince St（モット通りとの角at Mott St）
Ⓜ N、R線で、プリンス通りPrince St
🍴前菜＄5.50～10.50、主菜＄19～24
🕐火～金12:00～15:30、18:00～23:30、土・日18:00～23:30

ノリータNolita（リトル・イタリーの北）の落ち着いた店。オーナー・シェフのマージャ・サムソンの姿が客からよく見える。彼女はちょっぴり変わった人物だ。サラダに虫がはっていたとしても、有機栽培食品のすばらしさを客に諭そうとするのだ。マッシュルーム・ダンプリングか、お弁当ディナーを頼んでみよう。

メコン
Mekong（#266）
☎212-343-8169
🏠44 Prince St
Ⓜ N、R線で、プリンス通りPrince St
🍴前菜＄4.95～6.95、主菜＄7.95～13.95

モット通りMott Stの角にあるしっかりしたベトナム料理店。温かみのあるインテリアで上品なバー。菜食主義者でも選べる品はたっぷりある。

ラウルス
Raoul's（#196）
☎212-966-3518
🏠180 Prince St
Ⓜ C、E線で、スプリング通りSpring St
🍴前菜＄12～15、主菜＄17～28

サリヴァン通りSullivan Stとトンプソン通りThompson Stの間の、暗くて狭苦しいビストロ。ソーホーとパリが交差する店。幅広い料金のメニューがたっぷり揃っている。庭で食事ができるのはうれしい。

パン！
Pão!（#264）
☎212-334-5464
🏠322 Spring St
Ⓜ C、E線で、スプリング通りSpring St
🍴主菜＄20前後

グリニッチのやや離れた場所にあり、安くはないが、とてもおいしく家庭的なポルトガル料理を試す価値はある。食後にイアー・インEar Innでビールを飲もう（「エンターテインメント」の「バー＆ラウンジ」を参照）。

ウェスト・ヴィレッジ（MAP4）
WEST VILLAGE

パティッチェリア・ブルーノ
Paticceria Bruno（#151）
☎212-242-4959
🏠245 Bleecker St
Ⓜ A、C、E、F、V、S線で、西4丁目W 4th Stコーネリア通りCornelia St近く。甘いもの好きの人は、ここでチョコレートとカプチーノをどうぞ。

コーンズ
Cones（#153）
☎212-414-1795
🏠272 Bleecker St
Ⓜ A、C、E、F、V、S線で、西4丁目W 4th St
🍴ダブル＄3

7番街南Seventh Ave Southとジョーンズ通りJones Stの間。"アイスクリーム職人"の店というふれこみで、その職人芸を披露している。イタリアン・スタイルのアイスクリームとシャーベットは暑い夏の絶好の清涼剤。

グランジ・ホール
Grange Hall（#155）
☎212-924-5246
🏠50 Commerce St
Ⓜ 1、2号線で、クリストファー通り／シェリダン・スクエアChristopher St-Sheridan Sq
🍴朝食、ランチ＄4.75～8.25、ディナー＄14.50～22.50

ベッドフォード通りBedford Stから1ブロック入ったところにある店。昔この地区にあったもぐり酒場、ブルー・ミルを現代に甦らせた。改装後のタヴァーン（居酒屋）兼レストランの目玉は、詰めもの入り川マスや、馬でも喉に詰まらせそうなほど大きなサーロイン。締めくくりは有機栽培の野菜とロースト・ポテト。騒々しいが、居心地が良く、気さくな地元の人の集う店。バーで一杯やるのには最高だ。

チャウ
Chow（#71）
☎212-633-2212
🏠230 West 4th St
Ⓜ 1、2号線で、クリストファー通りChristopher St駅
🍴前菜＄7～10、主菜＄14～21

西10丁目の角にあるこの店は、1人前の分量の多さと社交的な雰囲気、新鮮で創造性あふれるメニューで有名になりつつある。アサリの酒蒸し（＄10）はおすすめ。食べごたえあるおいしいハウス・チャウ・セレクションズ（＄14～16）は日替わり。喫煙可。奥にもう1つダイニング・ルームがある。スタッフは客を追い立てたりしない。トイレをチェックすれば完

壁だといえる。

リトル・ハバナ
Little Havana（#149）
☎212-255-2212
🏠30 Cornelia St
Ⓜ A、C、E、F、V、S線で、西4丁目W 4th St
📖一品料理＄14〜16

ブリーカー通りBleecker Stと西4丁目にあるこぢんまりしたヴィレッジの名店。気取らず、食べごたえがありながら、繊細な料理を居心地の良い雰囲気で出している。おすすめは、一級のタマルtamale（トウモロコシの粉と挽肉の蒸し焼き）とスパイシーなローストポークのトマティージョtomatillo（オオブドウホウズキ）ソースがけ。

ポー
Pó（#150）
☎212-645-2189
🏠31 Cornelia St
Ⓜ A、C、E、F、V、S線で、西4丁目W 4th St
📖前菜＄8〜9、主菜1＄12.50〜14、主菜2＄16〜18

ブリーカー通りBleecker Stと西4丁目の間にある、有名シェフ、マリオ・バターリの、小さくてとっておきの店。彼の厨房から作り出す現代イタリア料理は恍惚ものだ。6品のおまかせコースメニュー（＄35）を味わってみれば、テーブルから転がり落ちること請け合いだ。必ず予約を。

ドゥ・ホワ
Do Hwa（#158）
☎212-414-2815
🏠55 Carmine St
Ⓜ1、2号線で、ハウストン通りHouston St
📖前菜＄6〜8、主菜＄16〜22

6番街と7番街の間、ベッドフォード通りBedford Stの角近くにある。クエンティン・タランティーノ監督が投資しているという事実が、ヴィレッジの中心にあるこの韓国焼肉店の人気に一役買っていることは確か。ハーベイ・カイテル、ウェズリー・スナイプス、ユマ・サーマンらの映画俳優が訪れ、風味豊かなビーフ・リブとキムチをアジア風のダイニング・ルームで味わっている。主菜は2人前のものが多く、夜はDJの出演がある。

エル・ファロ
El Faro（#7）
☎212-929-8210 📠929-8295
🏠823 Greenwich St
Ⓜ A、C、E線で、14丁目14th St、L線で、8番街Eighth Ave
📖主菜＄16〜23

ホレイショ通りHoratio Stの角にある、昔から定評のあるスペイン料理店。平日は静かだが、金曜と土曜の夜はどうしようもなく混む。内装もウェイターも20年間変わっていない。4種類以上はあるパエリアから選ぼう。1皿で2人食べられる。

カフェ・ド・ブリュッセル
Café de Bruxelles（#11）
☎212-206-1830
🏠118 Greenwich Ave
Ⓜ A、C、E線で、14丁目14th St、L線で、8番街Eighth Ave

ホレイシオ通りHoratio Stの角にある、地元で評判の居心地の良い店。価値と雰囲気は極めつけ。ベルギー・ビールは24種類以上、ムール貝料理は15種類以上（＄15.50でたっぷり2人分はある。著者らはコリアンダーのグリーンソースAu Vertでいただいた）、そして極めつけのバー・メニューが揃っている。数ドル節約し、バーの止まり木で週末担当の浅黒いバーテンダーの腕を味わおう。

フローラン
Florent（#6）
☎212-989-5779
🏠69 Gansevoort St
Ⓜ A、C、E線で、14丁目14th St、L線で、8番街Eighth Ave
🕐月〜金9:00〜翌5:00、金〜日24時間

グリニッチ通りGreenwich Stとワシントン通りWashington Stの間。かつてウェスト・ヴィレッジの西端にあった食肉加工地区meatpacking districtでしばらく前にオープンした。活気ある店ではハンガー・ステーキやハンバーガー、朝食が食べられ、いつでもクラブ客でにぎわっている。見事な血を固めたソーセージやポークチョップがおすすめ。7月14日に一番近い週末には、ガンズヴォート通りGansevoort Stを占拠し、屋外でフランス革命記念日のパーティを開く。壁を飾るすばらしい絵地図は、ニューヨーク有数のオリジナル・アートといってよい。

オールド・ホームステッド
Old Homestead（MAP5、#201）
☎212-242-9040 📠727-1637
🏠56 Ninth Ave
Ⓜ A、C、E線で、14丁目14th St、L線で、8番街Eighth Ave
📖海鮮バー＄1.60〜5.50、ステーキ＄25〜35、コースディナー＄42

リトル・ウェスト12丁目Little West 12th Stの角。かつて、食肉加工地区にまだ解体処理工場がいくつもあり、女装の男娼がミニバンで客をとっていた頃には、ジューシーなステーキを出していた。"キング・オブ・ビーフ" と呼ばれた店も今では競争相手が山ほどあるが、それでもなお極上のポーターハウス（サーロイ

食事 – グリニッチ・ヴィレッジ

ンとリブの間の最上部位)、サーロイン、プライム・リブを出してくれる。

グリニッチ・ヴィレッジ（MAP4）
GREENWICH VILLAGE

フレンチ・ロースト
French Roast（#55）
☎212-533-2233
🏠458 Sixth Ave（西11丁目との角at W 11th St)
Ⓜ️L線で、6番街Sixth Ave、F、V線で、14丁目14th St
🍴朝食＄6.75〜9.50、ランチ＄6.75〜11.50、ディナー＄6.75〜15.50
🕐24時間
またしてもフレンチ・ビストロだが、ここは風通しの良いダイニング・ルームと年中無休、24時間営業が特徴。

サミーズ・ヌードル・ショップ
Sammy's Noodle Shop（#56）
☎212-924-6688
🏠453-461 Sixth Ave
Ⓜ️L線で、6番街Sixth Ave、F、V線で14丁目14th St
🍴ランチ・スペシャル＄4.95、麺類＄8.25以下
西11丁目近く。数軒分の広さがある麺類の店。通りから自家製麺を作っている様子が見える。

ロッコ
Rocco（#165）
☎212-677-0590
🏠181 Thompson St
Ⓜ️1、2号線で、ハウストン通りHouston St
🍴前菜＄7〜10、主菜＄14〜
🕐12:00〜23:00
ブリーカー通りBleecker Stとハウストン通りHouston Stの間の、誰にでも愛されるカラフルな店。多少予算を足してでも行く価値があることは確かだ。親切で気の利くウェイター、ウェイトレスが、メニューになくても喜んでお好みの料理を出してくれるだろう。地元ヴィレッジの変わり者たちのたまり場として60年の歴史がある。

ともえ鮨
Tomoe Sushi（#166）
☎212-777-9346
🏠172 Thompson St
Ⓜ️1、2号線で、ハウストン通りHouston St
🍴寿司1人前＄15〜25
ブリーカー通りBleecker Stとウェスト・ハウストン通りW Houston Stの間にある大人気の寿司店。いつも行列ができているようだ（たぶんニューヨーク一という評判のせいだ)。

以下の2店はテキサスの諺で「帽子ばかりで

リラックスして元気を取り戻すにはこれで完璧

家畜がいない」つまり"見かけ倒し"だが、ピンチを凌ぐことはできる店です。まず**カフェ・ルアー Caffe Lure**（#164 ☎212-473-2842 🏠169 Sullivan St）Ⓜ️1、2号線で、ハウストン通りHouston St)、ブリーカー通りBleecker Stとウェスト・ハウストン通りW Houston Stの間の店。ここではかたくなに炭焼きピザを頼もう。もう1軒は**バー・シックス Bar Six**（#14 ☎212-691-1363 🏠502 Sixth Ave Ⓜ️L線で、6番街Sixth Ave、V線で、14丁目14th St）、12丁目と13丁目の間。この店には流行の最先端を気取りたい人たちが大勢集まり、月並みなのに高価な料理を頼んでいる。だが、厨房が毎晩翌2:00まで（金・土曜は翌3:00まで）開いているのはありがたい。

イースト・ヴィレッジ＆アルファベット・シティ（MAP4）
EAST VILLAGE & ALPHABET CITY

この界隈には、うれしいことにデリ、簡易堂、ランチカウンター、カフェなどがびっしりと並んでいるので、安くておいしく、食べごたえのある店が難なく見つかるはずだ。

インターネット・カフェ
Internet Café（#124）
☎212-614-0747
🏠82 E 3rd St
Ⓜ️F、V線で、2番街Second Ave
1番街と2番街の間。インターネットに接続できて、ジャズの生演奏を聞きながら軽く食べられる気の利いた店。

ほかにこの界隈でJavaとeメールを使える店としておすすめなのは、**ラリータ・ジャヴァ Lalita Java**（#119 ☎212-228-8448 🏠210 E 3rd

各国料理の街角

マンハッタンにはどこかの一国の料理が幅を利かせている地区や区画がたくさんある。有名なリトル・イタリーとチャイナタウンはさておき、それほど知られてはいないが、各国料理がお得な料金で楽しめる街を紹介しよう。

リトル・インディア Little India

1970年代後半から、東6丁目の2番街と1番街の間に20数軒のインド料理店が出現した。(古くさいジョークによると、どのレストランも同じ厨房を使っているという)。一時、これらの店は週末の夜に大勢の客を集めていたが、インド料理店が街中に広がると(そしてインド系住民がクイーンズのジャクソン・ハイツに移っていくと)、客足も落ちるようになった。今ではランチ商戦が激戦化し、4〜5品のコースメニューに飲み物込みで$5という値段を付けている店が多い。

ローズ・オブ・インディア Rose of India (MAP4、#100 ☎212-533-5011 ⌂308 E 6th St)は、キッチュでピカピカの内装と誕生日サービス(その日が誕生日だと告げるのを忘れずに)で昔も今も好まれている店。ウインドウズ・オン・インディア Windows on India (MAP4、#101 ☎212-477-5956 ⌂344 E 6th St)は他よりも雰囲気がある。一般的に、インド音楽の生演奏やワインリストのある店は、アルコールを出さない店よりも結局高くつく。アルコールなしの店へ自分で購入してきたビールを持ち込もう。"リトル・インディア"という名前ではあるが、店を経営している移民の多くは実際にバングラデシュ出身である。

リトル・コリア Little Korea

コリアンの経営するファッションやアクセサリーの店がヘラルド・スクエアHerald Square近くの通りを埋めつくしている。食料品店やレストランはブロードウェイと5番街の間の31丁目から36丁目に集中(リトル・ソウルとか、食事に付きものの漬物からキムチ・アレイとも呼ばれている)。32丁目沿いには、昼夜を問わずいつでも安くお腹いっぱい食べられる店がぎっしり並んでいる(ほとんどが年中無休で24時間営業している)。コリアン・バーベキュー(焼肉のこと。各テーブルのガスか炭火のグリルで焼く)はみんなで楽しめるおいしいごちそうだ。

マンドゥー・バー Mandoo Bar (MAP5、#116 ☎212-279-3075 ⌂2 W 32nd St)では、店頭のウィンドウで包んでいるマンドゥー*mandoo*(コリアン風ギョウザ)の揚げ物や蒸し物をいろいろと選べるこぎれいな店。

クム・ガン・サン Kum Gang San (MAP5、#113 ☎212-967-0909 ⌂49 W 32nd St)はおいしい焼肉を出すけばけばしい店。$6.95のランチ・スペシャルは掘り出し物。もう一軒、コリアンや事情通に人気だが、これも野暮ったいのがカン・スー Kang Suh (MAP5、#111 ☎212-564-6845 ⌂1250 Broadway)。入口は32丁目側。

リトル・トーキョー Little Tokyo

イースト・ヴィレッジの1番街と3番街の間の東9丁目の2ブロックは、ここ数年でこの界隈に越してきた若い日本人が集まる場所となっている。ここには最高の寿司店が並んでいる。

波崎 Hasaki (MAP4、#42 ☎212-473-3327 ⌂210 E 9th St)は2番街と3番街の間にある、一番の評判店。まずこの店を当たり、長い行列ができていたら、通りをはさんで向かいの写楽 Sharaku (MAP4、#40 ☎212-598-0403 ⌂14 Stuyvesant St)へ行こう。こちらは東9丁目に近く、テーブル数が多くて、寿司以外にもたくさんの日本料理を載せた大きなメニューがある。

St ⓕF、V線で、2番街 Second Ave)もいい。B街とC街の間。

カフェ・ピック・ミー・アップ
Cafe Pick Me Up (#35)
☎212-673-7131
⌂145 Ave A
ⓜ6号線で、アスター・プレイスAstor Pl

9丁目の角にある、活気ある地元の店。エスプレッソと、人間観察を楽しむには最高。喫煙者ならここへ。

ヴェセルカ
Veselka (#37)
☎212-228-9682
⌂144 Second Ave

食事 − イースト・ヴィレッジ＆アルファベット・シティ

☞6号線で、アスター・プレイスAstor Pl、N、R線で、8丁目／NYU 8th St-NYU

⌚24時間

9丁目角。地元に根強いファンの多い、ウクライナ料理の食堂。がっかりしたくなければ、7種類の自家製スープのどれかを選びたい（カップで＄2.75、ボウルで＄3）。

セカンド・アヴェニュー・デリ
Second Ave Deli（#38）

☎212-677-0606

🏠156 Second Ave

☞6号線で、アスター・プレイスAstor Pl、N、R線で、8丁目／NYU 8th St-NYU

⌚日〜木7:00〜24:00、金・土7:00〜翌3:00

東10丁目の角。この地区に残る最後のユダヤ系デリの名店の一つ（もう一軒がKatz's。前出の「ロウアー・イースト・サイド」を参照）。アツアツのパストラミやマツァ・ボールmatzo ball（種なしパンの団子）スープがおすすめ。

B＆Hデアリー
B&H Dairy（#95）

☎212-505-8065

🏠127 Second Ave

☞6号線で、アスター・プレイスAstor Pl、N、R線で、8丁目／NYU 8th St-NYU

セント・マークス・プレイスSt Marks Placeと7丁目の間。最もニューヨークらしい食べ物とニューヨーカーの態度を体験できる典型的なランチ・カウンター。全品が自家製、作りたての菜食料理。日替わりの6種類のスープ、おいしいハーラchallah（縄網状の卵パン）などがある。毎朝11:00までのモーニング・スペシャル＄3.50が狙い目。

肉を食べたい人なら、**ステージ・レストラン Stage Restaurant**（MAP4、#96 🏠128 Second Ave）へ。通りをはさんだ向かいにある、似たような雰囲気の店だ。

ヤッファ
Yaffa（#107）

☎212-677-9001

🏠97 St Marks Pl

☞6号線で、アスター・プレイスAstor Pl、N、R線で、8丁目／NYU 8th St-NYU

🍴パスタ、サラダ＄5.95〜8.25、シーフード料理＄10.25

⌚24時間

1番街とA街の間にある、期待を裏切らない料理を出す店。折衷趣味の2つのスペースがあり、そのうち奥のパティオは喫煙可。ヤッファ・サラダ（＄5.95）とディジョン風チキン（＄8.25）が常連客に人気。

ベニーズ・ブリトーズ
Benny's Burritos（#110）

☎212-254-2054

🏠93 Ave A

☞6号線で、アスター・プレイスAstor Pl（#10）

🏠113 Greenwich Ave

6丁目近く。カリフォルニアのタコス通なら失望するかもしれないが、ずっしりと食べごたえのあるブリトーとエンチラーダ（＄8以下、菜食主義者向きのオプション多数）は試す価値がある（ウェスト・ヴィレッジにはもっと大きくて混雑しているベニーズがある）。

サイドウォーク・バー＆レストラン
Sidewalk Bar & Restaurant（#111）

☎212-473-7373

🏠94 Ave A

☞6号線で、アスター・プレイスAstor Pl

🍴ハンバーガー、サラダ、サンドイッチ〜＄8.50

⌚日〜木8:00〜翌5:00、金・土24時間

6丁目角の店。アート作品で飾られた壁、充実した品揃えのビール、ビリヤード台、食べごたえのある料理と夜のライブ演奏（席料なし）で地元に人気の店。ブリトー（＄6）のような手軽な料理のほか、ペッパー・ステーキ（＄15）もまずまず。

トゥー・ブーツ
Two Boots（#122）

☎212-505-2276

🏠37 Ave A

☞F、V線で、2番街Second Ave（MAP4、#61）

☎212-633-9096

🏠201 W 11th St（7番街の角at Seventh Ave）

"2つのブーツ"という店名は、イタリアとルイジアナ州（訳注：どちらもブーツの形）から取られている。両方の料理を実にうまくミックスした店だ。ここのトウモロコシ粉のクラスト・ピザ（小＄6.25、中＄10.25、大＄13.75）をニューヨーク一だと評する人もいる。確かにおいしいが、"一番"は言い過ぎ。それよりプア・ボーイ・サンドイッチpo' boy sandwich（具だくさんの細長いサンドイッチ。＄7.95〜9.25）が絶品だ。子連れにとてもやさしい店。

ストロンボリズ・ピッツア
Stromboli's Pizza（#104）

☎212-673-3691

🏠83 St Marks Pl

歴史あるコーシャー・デリで定番料理をつまもう

M6号線で、アスター・プレイスAstor Pl、N、R線で、8丁目／NYU 8th St-NYU
🍴1切れ＄1.75

1番街の角。本書の調査でパッツィーズ・ピッツェリア（「スパニッシュ・ハーレム」を参照）が発掘されるまでは、ここのピザがニューヨーク一だった（生地は文句のつけようがないほど薄くてパリパリ、ソースは力強く、チーズと油分は適量）。

ママズ・フード・ショップ
Mama's Food Shop（#121）
☎212-777-4425
🏠200 E 3rd St
M F、V線で、2番街Second Ave
🕐月〜土11:00〜22:30

A街とB街の間。家庭的な雰囲気で安くて気取らない料理をたっぷり食べさせる、いかにもこの地区らしい良さのある店。菜食主義者向けの料理が日替わりで山ほどあり、1食分を十分取ることができる（ブロッコリーの焼きニンニク添えやサツマイモのハチミツがけ、各＄5など）。また肉料理もおいしい（チキンのフライ、グリル、ロースト各＄8）。

通りの向かい側の**ステップママ StepMama**（#120 ☎212-228-2663 🏠199 E 3rd St 🕐月〜土11:00〜22:00）は、おいしいサンドイッチ（＄3〜7）とスープ（パイント＄3、クォート＄7）を出す店。

カーサ・アデーラ
Casa Adela（#117）
☎212-473-1882
🏠66 Ave C
M F、V線で、2番街Second Ave

4丁目と5丁目の間。かつてこの地区で主流だったプエルトリコ系*Puertoriqueño*の味を伝えると定評のある店。ロースト・チキン（＄6.75）、バカラオ*bacalao*（塩干しタラ）の野菜蒸し煮（＄8）、マンゴーやトゲバンレイシ*guanabana*（熱帯フルーツの一種）などのバティーダ*batida*（フルーツ・シェーク）（＄3）など、昔からの人気メニューが揃っている。＄1.10でトーストとコーヒーが出るモーニング・スペシャルもある。

ラッキー・チェンズ
Lucky Cheng's（#123）
☎212-473-0516
🏠24 First Ave
M F、V線で、2番街Second Ave
🍴前菜＄6〜9、主菜＄14〜19

1丁目と2丁目の間。女装したオカマのウェイトレスが、そこそこのアジア・フュージョン料理を出すという嗜好の店。でもまあ、カクテル目当てにストリップ・クラブに行くわけがないように、この店だって料理目当てで行く場所

ではない。予約は必要だが、予約しておいても必ずしも席が取れているとは限らない。

シクロ
Cyclo（#25）
☎212-673-3975
🏠203 First Ave
M L線で、1番街First Ave
🍴主菜＄9〜15

12丁目と13丁目の間の有名なベトナム料理店。おいしいフォー*pho*（麺類）や春巻など、本物のアジア料理を楽しめる。

ランザス
Lanza's（#32）
☎212-674-7014 📠674-6181
🏠168 First Ave
M 6号線で、アスター・プレイスAstor Pl、L線で、1番街FirstAve
🍴5品のイタリアン・ディナー＄18.95

10丁目と11丁目の間。プレスした錫（すず）の天井と色あせた塗装が、昔に戻ったような気にさせる店。5品のイタリアン・ディナーには選りすぐりのおいしいデザートも含まれている。

デロベルティス
DeRobertis（#31）
☎212-674-7137
🏠176 First Ave
M 6号線で、アスター・プレイスAstor Pl、L線で、1番街First Ave

10丁目と11丁目の間にある、1904年創業のパスティッチェリーア*pasticceria*（ベーカリー）。エスプレッソとペストリーを味わうのにいい店。スリッパでスタスタ歩き回るイタリア系のおばさんがサービスしてくれる。

タイム・カフェ
Time Cafe（#137）
☎212-533-7000
🏠380 Lafayette St
M 6号線で、ブリーカー通りBleecker St
🍴前菜＄5〜8.50、主菜＄11〜22

東3丁目（グレート・ジョーンズ通りGreat Jones St角）のびっくりするような楽しい店。トレンディなナイト・スポットだが、実際にはおいしいオーガニック料理を出してくれる（ただし洞窟のようなダイニング・ルームは、混みすぎで騒音レベルとサービスが極度に悪化することがある）。メニューは、川マスのグリルからポートベロ・マッシュルームのグリルまでさまざま。主菜は＄11.50のスモーク・チキン・ピザから＄22のブラック・アンガス牛のステーキまである。屋外のパラソルの下でも、ざわついた室内でも食事ができる。ここでの本当の楽しみの一つは、タイム・カフェ階下の**フェズ Fez**だ（詳しくは「エンターテイ

ンメント」の「ジャズ&ブルース」を参照。

アスター・レストラン&ラウンジ
Astor Restaurant & Lounge（#128）
☎212-253-8644
🏠316 Bowery（ブリーカー通りの角at Bleecker St）
Ⓜ6号線で、ブリーカー通りBleecker St駅
📖主菜〜＄20

木をふんだんに使った内装と巨大な鏡が特徴の洗練されたビストロ。古い倉庫が、広くて風通しの良いダイニング・ルームに生まれ変わった。階下のカラフルなラウンジのテーマはモロッコ。キャンドルと楽しげなタイルで飾られている。人気がありすぎて損をしているかもしれない店。

チェルシー、フラットアイアン地区 &グラマシー・パーク（MAP5）
CHELSEA, FLATIRON DISTRICT & GRAMERCY PARK

チェルシーはニューヨークで最も新しいグルメ地区であり、どんな予算でも店の選択肢は驚くほど幅広い。フラットアイアン地区とグラマシー・パーク、ユニオン・スクエアも最近、注目度が高まっている。人気店に行くつもりのグルメなら、もちろん予約は取るべきだ。特に週末の予約は絶対に必要。

低料金

ビッグ・カップ・ティー&コーヒー・ハウス
Big Cup Tea & Coffee House（#151）
☎212-206-0059
🏠228 Eighth Ave
ⓂC、E線で、23丁目23rd St

チェルシーの中心、21丁目と22丁目の角にあり、活気のいい、美しい男の子たちが集う店。ビスコッティ（ビスケットのこと。＄1.50）は最高。

チェルシー・マーケット
Chelsea Market（#203）
☎212-243-6005
🏠75 Ninth Ave
ⓂA、C、E線で、14丁目14th St、L線で、8番街Eighth Ave
🕐月〜金7:30〜22:00、土・日8:00〜20:00

15丁目と16丁目の間には数十軒の店を集めた大きな屋内市場がある。その中の一軒、**マンハッタン・フルーツ・エクスチェンジ** Manhattan Fruit Exchange（☎212-243-6005）は、まさに野菜と果物の宝庫といえる。また、**ファット・ウィッチ・ベーカリー** Fat Witch Bakery（☎212-807-1335）のブラウニー（ナッツ入りのケーキ風チョコ・クッキー）は勲章もの。**エイミーズ・ブレッズ** Amy's Breads（☎212-462-4338）のパンとハニーバン（シナモンと蜂蜜の菓子パン）は幸せになる味だ（＄1.50〜2.50のモーニング・スペシャルは要チェック）。場内にはテーブルと椅子があるので、一休みしておやつを食べることができる。時々ライブ演奏やダンスのパフォーマンスもある。

アンクル・モーズ・ブリトー&タコ・ショップ
Uncle Moe's Burrito & Taco Shop（#191）
☎212-727-9400
🏠14 W 19th St
ⓂF、V線で、23丁目23rd St
📖タコス＄2.75〜3.75、ブリトー＄5〜7
🕐月〜金11:30〜21:30、土12:00〜19:00

5番街と6番街の間にある。サンフランシスコのミッション地区にあるような最高のタコス料理店だ。フィルモア（訳注：60年代の伝説的ライブハウス）のサイケなポスターが古き良きサンフランシスコの雰囲気をぐっと盛り上げている。

リパブリック
Republic（#185）
☎212-627-7168
🏠37Union Sq West
ⓂL、N、Q、R、W、4、5、6号線で、ユニオン・スクエアUnion Sq
📖前菜＄3〜5、汁そば＄6〜8、麺類・ご飯物＄7〜9

16丁目と17丁目の間のずばぬけたヌードルの店。おまけに激安。手始めに数ドル程度のサーモンの刺身サラダやココナッツをまぶしたエビを頼み、豆腐汁うどんか、しょうゆとライムだれのホウレン草麺へと進もう。店内は広くて風通しが良く、客はゆったりと麺をすすることができる。喫煙可。

エンパイア・ダイナー
Empire Diner（#148）
☎212-243-2736
🏠210 Tenth Ave
ⓂC、E線で、23丁目23rd St
📖サンドイッチ＄6.95〜10.95、主菜＄11.95〜13.50
🕐24時間

22丁目と23丁目の間。いつでも開いているのと、しゃれた人間観察ができるのでにぎわっている（ただし、どうして排気ガスで窒息するのを承知のうえで、この店の屋外席で食事をしたがる人がいるのかは謎。でも路上のテーブルはいつも満席だ）。

中級&高級

ユニオン・スクエア・カフェ
Union Square Cafe（#188）
☎212-243-4020 📠627-2673
🏠21 E 16th St

食事 – チェルシー、フラットアイアン地区＆グラマシー・パーク

☎212-243-7969
🏠29 Union Sq West
Ⓜ L、N、Q、R、W、4、5、6号線で、ユニオン・スクエアUnion Sq
🕐7:00～翌6:00
ブラジル料理とアメリカ料理の出会う店。つまりどちらの料理も正当に評価していないということだが、夜遅くまで営業していることや、手頃な価格、路上のテーブル、ライブ演奏や、階下にあるラウンジのおかげで人気店の仲間入りをしている。

タブラ
Tabla （#130）
☎212-889-0667
🏠11 Madison Ave（25丁目の角11at 25th St）
Ⓜ N、6号線で、23丁目23rd St
🍴ディナー・コース・メニュー：ファンシー＄65、ウルトラ・ファンシー＄75、カスタム＄88
インド料理のフュージョン・レストラン。ガンギエイのエビ詰め、グリーン・マンゴー添え（＄25）のようなさわやかな組み合わせのメニューが盛り沢山。すばらしいインテリアのこの店で予約が取れなければ、ぐっとカジュアルな1階の**ブレッド・バー Bread Bar**へ行こう。スープ、パン、さまざまな軽食類が＄4～9。夏期の路上席はうれしいおまけ。

グラマシー・タヴァーン
Gramercy Tavern （#166）
☎212-477-0777
🏠42 E 20th St
Ⓜ L、N、Q、R、W、4、5、6号線で、14丁目／ユニオン・スクエア14th St-Union Sq
🍴前菜＄13～15、主菜＄21～25、ディナー・コース・メニュー＄80
パーク街南Park Ave Southとブロードウェイ Broadwayの間。この店もレストラン界のスーパースター店で、席を確保するのは難しい（早めの予約を）。だが入口近くの、カジュアルで手頃な料金のバーでならいつでも食事ができる。

ユニオン・パシフィック
Union Pacific （#167）
☎212-995-8500
🏠111 E 22nd St
Ⓜ6号線で、23丁目23rd St
🍴コース ランチ＄20、プレシアター（観劇前のディナー）＄45、ディナー＄65
パーク街南Park Ave Southとレキシントン街Lexington Aveの間。至高の食体験ができる店。ただし"仔牛のタンの塩漬、キクヂシャのプレーズ添え"といった料理は、人によっては少々凝り過ぎと感じられるかもしれない（ナスを添えたフグのカレー風味とか、カボチャのコンフィ〈脂肪漬け〉はすごくおいしいと

Ⓜ L、N、Q、R、W、4、5、6号線で、14丁目／ユニオン・スクエア14th St-Union Sq
🍴前菜＄9.75～15、主菜＄12.50～19.50
5番街とユニオン・スクエア・ウェストUnion Square Westの間。この界隈の人気店で、ニューヨーク一ともいわれている。この有名店の売り物は洗練されたアメリカ料理と一流のサービス、そして手頃な価格のメニューだ。キハダマグロyellow-finのバーガーがおすすめで、デザートも、一緒に出されるワインも申し分ない。

ラカジュー
L'Acajou （#162）
☎212-645-1706
🏠53 W 19th St
Ⓜ F、V線で、23丁目23rd St
6番街近く。チェルシーのレストランでは長老格で、その良さが発揮されている。この店のアルザス料理は食べごたえがあり（鴨とフォアグラは傑出）、雰囲気は親しみやすい。特に入口近くの古いマホガニー製のバーがいい。バーのメニューには、上等なペッパー・ステーキsteak au poivre（＄18）と贅沢な自家製パテpâté maison（＄7.50）など。フルコースはもう少し高くなる。

コーヒー・ショップ
Coffee Shop （#186）

定番のレストラン

メトロポリタン美術館やカーネギー・ホールのような歴然とした文化施設のある街で、一握りのレストランが街を代表するランドマークとなっているのは驚きだ。タヴァーン・オン・ザ・グリーンのような有名店に人々が詣でるのは、今では料理そのものよりも、その店で食事をするという体験が目的なのだ（もっとも最近はレストランのほうでも、自分たちが生きるも死ぬも、観光客の落とす金次第だと気づいているので、改めて料理の細かい内容に注意を向けるようになった）。そういってもやはり、有名店で思い出に残る食事をすれば、家に戻ったときのいい話の種にはなる。たとえ、その料理がリトル・コリアで食べたおいしいキムチや緑豆のお好み焼きのような異国情緒たっぷりの味ではなかったとしてもだ。こうした有名店では巨額の請求書を渡されることを覚悟しておこう（節約のためにはランチやレストラン・ウィーク中に食事に行くことを考えたほうがいい。コース・メニューも大体がまともな値段だ）。

フォー・シーズンズ Four Seasons

（MAP5、#49 ☎212-754-9494 ⌂99 E 52nd St Ⓜ6号線で、51丁目51st St）ミッドタウンのパーク街Park Aveとレキシントン街Lexington Aveの間にあり、金色のダイニング・ルームで豪華なコンチネンタル料理を供する最高級レストラン。メニューは新鮮なシーフードの数々や、2人分の選りすぐりの主菜、それに季節のおすすめ料理などがある。たとえば春に味わえるのはニシンと数の子のシャロット添え、グリーンピースとベーコンなど。$55のプレシアター（観劇前）・コースとランチ・コースを試してみれば、この店の厨房がどんなレベルなのかがよくわかるだろう。

ル・シルク2000 Le Cirque 2000

ずらりと並ぶ極上のクリスタルと陶磁器のテーブルセットが、美しい半円筒型のモザイク天井とステンドグラスの光を受けて輝き、おびただしい数の色鮮やかな垂れ幕がところどころに影を作る。この優美なレストランは、50丁目と51丁目の間にあるパレス・ホテルPalace Hotel（MAP5、#65 ☎212-303-7788 ⌂455 Madison Ave Ⓜ6号線で、51丁目51st St）内の歴史的建物ヴィラード邸にある。"クラシック"な定番ディナーだけでなく、アルマニャック風トリップ（牛や羊の胃袋）のような革新的で本格的料理も楽しめる。5品のおまかせメニュー（$90）をいただけば、太るけれど幸せ気分に浸れるだろう。

トゥエンティ・ワン 21

ランチを取るレディたち（とその愛人たち）にとって定番の、クラブのような店（MAP5、#44 ☎212-582-7200 ⌂21 W 52nd St ⓂE、V線で、5番街/53丁目Fifth Ave-53rd St）。ミッドタウンの5番街と6番街の間にあり、皮張りの長椅子を占領したビジネス客と観光客に伝統的な料理とフランベした（強い酒をかけて火をつける）デザートをふるまう。驚くほど手頃なプレシアター・コース・メニュー$33を試してみたい。きちんとした服装が求められる。

タヴァーン・オン・ザ・グリーン Tavern on the Green

全米一儲かるレストラン、タヴァーン・オン・ザ・グリーン（MAP7、#93 ☎212-873-3200、⌂セントラル・パーク・ウェスト通りと西67丁目の角Central Park West at W 67th St ⓂB、C線で、72丁目72nd St）はアッパー・ウェスト・サイドにあり、年間50万人の客から$3400万という驚異の金額を巻き上げて稼いでいる店だ。1999年に新しいシェフが入って好意的な批評も出てきたとはいえ、やはりこの店はまだまだ観光客をだましている。料理は頼まずに、奥の庭園に直行し、風変わりなトピアリー（植木の刈り込み）に囲まれてカクテルを飲んだほうがいい。どうしても食事を取らなければならない場合は、コース・ランチ（$20〜28）かプレシアター・メニュー（$27〜33）にしておこう。

エリン・コリガン

いう話は聞くが)。水が流れ落ちる壁と濃い色調のダイニング・ルームは忘れがたい雰囲気を醸し出す。

ミッドタウン（MAP5）
MIDTOWN

ミッドタウンは、勤め人相手のスープとサラダの店が多すぎて、探す店の当てがなければ失望しかねない。グランド・セントラル駅階下に新しくできた**ダイニング・コンコース dining concourse**はこうしたミッドタウンのレストラン事情を考えるとうれしい空間だ（豆腐カレーからブルーベリー・チーズケーキまで何でもある）。上階の**グランド・セントラル・マーケット Grand Central Market**でも上等な肉料理やチーズ、チョコレート、シーフードが食べられる。

パン・バニャ
Pan Bagnat（MAP6、#13）
☎212-765-7575
🏠54 W 55th St
Ⓜ B、Q線で、57丁目57th St、E、V線で、5番街／53丁目Fifth Ave-53rd St
🕐月～金7:00～18:30、土8:00～16:00
5番街と6番街の間。コーヒーとすばらしいペストリー（＄1.60～3.50）、贅沢なケーキとタルト（＄24～47）を出す店。焼きたてバゲットのサンドイッチもある。

ラ・ボン・スープ
La Bonne Soupe（#38）
☎212-586-7650
🏠48 W 55th St
Ⓜ F線で、57丁目57th St、E、F線で、5番街Fifth Ave
🍴スープ＄13.95

チェック柄のテーブルクロスの、かわいい小さなビストロ。忙しい金曜日の夜には他の客と肘がぶつかりあうほどだ。ここではスープがメインで、パン、サラダ、デザートが付く。各種サラダ（＄11.50）とフォンデュ（チョコレート＄8.75、チーズ＄15.95、ブルギニョン＄19.25）もある。

スープ・キッチン・インターナショナル
Soup Kitchen International（MAP6、#8）
☎212-757-7730
🏠259A W 55th St
Ⓜ B、D、E線で、7番街Seventh Ave
🕐夏期は休業

8番街と9番街の間。100℉（37.8℃）の蒸し暑さの中でスープについて書くのはつらいが、この店は別格。味のあるチキン・チリスープなどおいしいスープを出す店だ。オーナーのアル・イェガネーは角のある人物で、「となりのサインフェルド*Seinfeld*」（訳注：90年代に爆発的人気を呼んだコメディ番組)の出演者から"スープ・ナチ"とあだ名されたのも、あながち的外れではない。この店でのらくらしたり、ぼうっとしていてはいけない。行列の先頭にたどりつくまでに、注文するものをしっかり決めておこう。他の店とは違う特異な営業時間に注意。

カーネギー・デリ
Carnegie Deli（MAP6、#10）
☎212-757-2245、800-334-5606
🏠854 Seventh Ave
Ⓜ B、D、E線で、7街Seventh Ave

西55丁目の角の混みあう店だが、なぜ観光客に人気があるのかは謎だ。たぶん壁に貼られたスターの推薦状のせいか、映画の撮影が次々と行われるせいだろう。1人前はものすごい分量だが、それに見合う値段だ。人の頭より大きなパストラミ・サンドイッチには＄11を払う覚悟を。

カフェ・セント・バーツ
Café St Bart's（#60）
☎212-888-2664
🏠109 E 50th St
Ⓜ 6号線で、51丁目51st St
🍴前菜＄6～9、ランチ主菜＄12～17

パーク街Park Ave角。ロマネスク風のセント・バーソロミュー教会内にあり、ミッドタウンの狂騒を逃れて一息つける、心地良い店。サンドイッチや、極上の天然サーモンのクランベリー・チャツネ添えをつまむのもいい（特に金曜日の午後はジャズのライブ演奏がかすかに聞こえてきてたまらない）。食べ物を持ち込んで中庭のテーブルを拝借するのもいい。

ヴォン
Vong（#21）
☎212-486-9592
🏠200 E 54th St
Ⓜ E、V線で、レキシントン街／53丁目Lexington Ave-53rd St
🍴ランチ・コース・メニュー＄28
🕐ランチ月～金12:00～14:30、ディナー月～木18:00～23:00、金17:30～23:00、土17:30～23:30、日17:30～22:00

3番街の東南の角。フレンチとタイ料理を組み合わせ、たとえば鴨の胸肉に滑らかなタマリンドとゴマのソースの組み合わせとか、蜂蜜と生姜をかけてあぶったひな鳩といった、他にはない料理を出している。優雅なインテリアはバンコク・ホテル風。シェフのジャン＝ジョルジュ・ヴォングリヒテンが修業したホテルだ（彼の最新のクリエイティブなレストランについては後出の「アッパー・ウェスト・サイド」を参照）。不精者に言っておくが、ジーンズ、スニーカーは断わられる。

食事 – ミッドタウン

アジア・ド・キューバ
Asia de Cuba（#94）
☎212-726-7755
🏠237 Madison Ave
Ⓜ6号線で、33丁目33rd St

37丁目と38丁目の間。モーガンズ内にある、こちらもミッドタウンの注目店。人気の原因は相席制（専用のスペースが欲しければ、上階のテーブルを頼もう）、温かい雰囲気、たっぷりした分量、そして枠にとらわれない味の組み合わせだ。アボカドがタイの香辛料と出会い、牛の薄切りかあぶったマグロまたはパリパリの麺の上ではパパイヤがピーナッツ・ソースとせめぎあうのである。

マイケルズ
Michael's（#37）
☎212-767-0555　📠581-6778
🏠24 W 55th St
Ⓜ F線で、57丁目57th St
🍴前菜＄12～18、主菜＄25～35、シェフのおまかせメニュー＄90

5番街と6番街の間の上品で高級な店。壁にはモダンアートが飾られ、庭の見えるダイニング・ルームは軽快で風通しが良い。料理は、爽やかなカリフォルニア・スタイル。天然鮭のポーチ（＄29）やシラーズと仔牛のソースをかけたステーキ（＄35）が傑出している。プレシアター・コース・メニューもある。

マイケル・ジョーダンズ・ステーキハウス
Michael Jordan's Steakhouse（#85）
☎212-655-2300
🏠23 Vanderbilt Ave（43丁目の角at 43rd St）
Ⓜ S、4、5、6、7号線で、グランド・セントラル／42丁目Grand Central-42nd St
🍴ステーキ＄30前後

グランド・セントラル駅のど真ん中、コンコースを見下ろす西バルコニーにある、うれしい驚きの店。ステーキは贅を尽くした内容で、店内は広く、バーでカクテルを飲んでいる間に葉巻を購入したり、吸うことができる。「マイク大好き」の理由はここにもあった。

オイスター・バー
Oyster Bar（#85）
☎212-490-6650
🕐月～金11:30～21:30、土12:00～21:30
Ⓜ S、4、5、6、7号線で、グランド・セントラル／42丁目Grand Central-42nd St

グランド・セントラル駅構内の店。なんという場所だろう。グスタヴィーノのタイルが張られたアーチ型天井、疲れも見せずに次々殻を外していく店員、煙の漂うサロン（葉巻が販売されている）、そしてよだれの出そうな手書きメニュー。この店は1913年以来ずっとこうなのだ。大粒でぷっくりしたロングアイランド産ブルーポイント（1個＄1.45）から、小粒でおいしいカリフォルニア産クマモト・カキ

人種のるつぼで味見を

西38丁目から西40丁目までの9番街はおそらくニューヨークでも独特の界隈だろう。3ブロックの中で少なくとも12カ国の料理が食べられるからだ。タクシー運転手や屋台売りとして働く最近の移民の多くが、勤務時間を終えてこの地区にやって来るために、国際色豊かで夜遅くまで営業するレストランが乱立するようになったのだ。9番街沿いか、通りを外したところでは、イタリア、インド、中国、西アフリカ、ハイチ、フィリピン、パキスタン、メキシコ、キューバ、ケイジャンの料理を選ぶことができる。

この地区の大黒柱と言えば、西39丁目の南東の角にあるカップケーキ・カフェ Cupcake Cafe（MAP6 #122 ☎212-465-1530 🏠522 Ninth Ave）だ。名物のウェディング・ケーキとカップケーキの店。たまらないおいしさのバター・クリームがたっぷり塗られている。"国際色ある"店ではないが、ここのペストリーは地元では当然、有名だ。通りの向かいのシュープリーム・マカロニ・カンパニー・ビルの中のパスタ・レストランガイドズ Guido's（MAP6、#124 ☎212-564-8074 🏠511 Ninth Ave）はイタリアの味。西38丁目近くのマンガナローズ Manganaro's（MAP5、#102 ☎212-563-5331 🏠488 Ninth Ave）も板張りの床のイタリア食料品店。約＄5の安いパスタ料理とヒーロー・サンドイッチheroes（訳注：具だくさんの細長いサンドイッチ。プアーボーイ・サンドイッチともいう）を明るく活気のあるダイニング・ルームで出している。

本格的メキシコ料理（本物の辛いサルサ、ヤギのバーベキュー、バティードスbatidosというフルーツ・シェーク）なら、西38丁目角のエル・ランチェロ・メヒカーノ El Ranchero Mexicano（MAP5、#103 ☎212-868-7780 🏠507 Ninth Ave）に行ってみよう。少し北にいくと、ジャムズ・ジャマイカン Jam's Jamaican（MAP6、#123 ☎212-967-0730 🏠518 Ninth Ave）が西38丁目と西39丁目の間にある。（ほぼ）何でもジャーク（ジャマイカ風のスパイシーなバーベキュー）にして食べさせる店。少し離れた西45丁目と西46丁目の間にあるバリ・ヌサ・インダー Bali Nusa Indah（MAP6、#68 ☎212-974-1875 🏠651 Ninth Ave Ⓜ N、Q、R、S、W、1、2、3、7号線で、タイムズ・スクエア／42丁目Times Sq-42nd St）はジャワ・マレーシア料理の店。定番のレンダンrendang（カレーの一種）やアヤム・オポールayam opor（ココナッツ・チキンカレー）、サンバルsambal（チリ・ソース）、オタックオタックotak otak（ココナッツと魚のスパイスのきいた団子をバナナの葉で包み蒸し焼きにしたもの）が味わえる。＄5.95のランチ・スペシャルは大当たりのメニューだ。

(1個＄2.25)まで、少なくとも24種類のカキが毎日食べられる。また75種類のグラスワインや、許しがたいほど風味のあるパンロースト(＄9.95〜)も要チェックだ。そして、まさしくニューヨークという雰囲気を満喫してほしい。

アクアヴィット
Aquavit（#36）
☎212-307-7311
🏠13 W 54th St
🚇B、D、F、V線で、ロックフェラー・センターRockefeller Center、E、V線で、5番街／53丁目Fifth Ave-53rd St
🍴おまかせメニュー＄58

5番街と6番街の間。至高の料理と思い出に残る雰囲気を結びつけて成功した店。6階分の度肝を抜くガラスのアトリウムと静かに流れ落ちる滝がメイン・ダイニング・ルームを取り囲む。料理は鴨のロースト、フォアグラとマンゴー・ソース添えや、仔羊の首肉のマスタード・クラスト仕上げなど。おまかせメニューの前菜は芸術的な3種スモーク・サーモンの取り合わせ。

ヘルズ・キッチン（MAP5）
Hell's Kitchen

マンソン・ダイナー
Munson Diner（#2）
☎212-246-0964
🏠600 W49th St（11番街との角at Eleventh Ave）
🚇C、E線で、50丁目50th St

ウェイトレスが客のことを「ハンHon（アンタ）」と呼ぶこの店こそ、街一番の安食堂にちがいない。仕事上がりのタクシー運転手が常連客。

ランドマーク・タヴァーン
Landmark Tavern（#3）
☎212-757-8595
🏠626 Eleventh Ave
🚇A、C、E線で、42丁目42nd St
🍴主菜＄18〜

46丁目角。バーというよりもレストランで、ニューヨーク一のフィッシュ＆チップスと、世界一の焼きたてほやほやのアイリッシュ・ソーダ・ブレッドを出す。1868年建設のビルには、かつてこのタヴァーンのオーナー一家が住んでいた（2階の居間を見てほしい）。つまり歴史的な舞台を借りてステーキや魚のグリルを楽しめるということだ。おまけに暖炉と時代物の家具もある。だが、過ぎし時代のせせこましい、冴えないレプリカだと思ってはいけない。この広々したレストランでは、現代マンハッタンのエネルギーがうなりを上げている。

ブリッコ
Bricco（MAP6、#7）
☎212-245-7160
🏠304 West 56th St
🚇A、B、C、D、1、2号線で、59丁目／コロンバス・サークル59th St-Columbus Circle
🍴前菜＄6.95〜8、パスタ＄11〜14.50、肉料理＄13.95〜22.95

8街の角。手頃な価格と上質のサービス、すばらしいイタリア料理でこの界隈では傑出した店。蟹肉を詰めた生ラビオリはこの店の得意料理だが、パスタ・プリマヴェーラpasta primavera（野菜のパスタ）やその他の野菜料理が揃い、菜食主義者向きでもある。

タイムズ・スクエア＆劇場地区（MAP6）
TIMES SQUARE & THEATER DISTRICT

ハンバーガー店と中級のエスニック・レストランがタイムズ・スクエア脇の通りを埋め尽くしている。これらの店の質は実にさまざまなので、定評ある店にこだわったほうがいいかもしれない。9番街は特に各国料理が充実している。

ミー・ヌードル・ショップ
Mee Noodle Shop（#23）
☎212-765-2929
🏠795 Ninth Ave
🚇1、2号線で、50丁目50th St
🍴ほとんどの料理が＄6〜9
（MAP5、#53）
🏠922 Second Ave（東49丁目との角at E 49th St）
（MAP4、#26）
🏠1番街219番地、東13丁目との角219 First Ave at E 13th St

西53丁目に近い店。ニューヨークに数ある安い中華料理店の中でもスター的存在。汁碗にたっぷり入ったスープや麺、肉料理がたった＄6でしかも早い（他の支店でもメニューは同じ）。

アイランド・バーガーズ＆シェークス
Island Burgers and Shakes（#25）
☎212-307-7934
🏠766 Ninth Ave
🚇C、E線で、50丁目50th St

西51丁目と52丁目の間。チュラスコ*churascos*という肉汁たっぷりの鶏胸肉のサンドイッチが50種類以上あり、＄8出さずに味わえる。

ステージ・デリ
Stage Deli（#18）
☎212-245-7850
🏠834 Seventh Ave
🚇B、D、E線で、7番街Seventh Ave

食事 – タイムズ・スクエア＆劇場地区

🍴1人当たり＄5〜12
🕐6:30〜翌1:30
西53丁目と西54丁目の間にあり、観光客だけでなく夜遅く食事をしたい地元の人にも人気の店。料理にはばかげた名前がついている。たとえば"カリスタ・フロックハート（訳注：ドラマ「アリーmyラブ」の主演女優）・サラダ・プラッター"（ここで摂食障害のジョークを言いたいところだがじっと我慢！）とか、"ジョン・ステイモス（誰だ？）・ギリシャ・サラダ"など。魅力を感じるかどうかは、客の気分次第。

バジリカ
Basilica（#65）
☎212-489-0051
🏠676 Ninth Ave
Ⓜ A、C、E線で、42丁目42nd St
🍴前菜＄4.45〜8.95、自家製パスタ＄6.95〜10.95、プレシアター・スペシャル＄20.95
🕐15:30〜24:00
西46丁目と47丁目の間。4品からなるすばらしいイタリアンのプレシアター・コース・メニューがあり、しかもワインが1本付いてくる。

ゼン・パレット
Zen Palate（#66）
☎212-582-1669
🏠663 Ninth Ave
Ⓜ A、C、E線で、42丁目42nd St
🍴一品料理＄6.50〜8.50
（MAP5、#180）
☎212-614-9291
🏠34 Union Sq East（16丁目との角at 16th St）
（MAP7、#60）
☎212-501-7768
🏠2170 Broadway
アジア風の菜食メニュー専門店（メニューには、oodles of noodles〈綿々とつづく麺〉やtons of tofu〈豆腐がどんどん〉とある）。早くて、安い食事ができる。

ジョシュア・ツリー
Joshua Tree（#69）
☎212-489-1920
🏠366 W 46th St
🍴サンドイッチ＄7〜9、パスタ＄9〜12、ステーキ＄15〜18
🕐11:30〜翌4:00
8番街と9番街の間。若者相手のカジュアルなバーとレストラン。ビールの品揃えが充実。ロウソクがともり、厨房は深夜遅くまで開いている。

ジョー・アレン
Joe Allen（#70）
☎212-581-6464
🏠326 W 46th St
🍴前菜＄6〜10、サラダ＄12〜15、主菜＄15〜22
8番街と9番街の間。巨大なチキン・サラダ（＄15）や舌ビラメのパンロースト（＄22）など、おしゃれでシンプルな料理を出す店。ダイニング・ルームのレンガの壁は、毎晩混みあってくるとうるさいほど音が反響する。予約なしのディナーは無理だが、芝居の始まる20:00まで待てば席は確保できる。

オルソ
Orso（#71）
☎212-489-7212
🏠322 W 46th St
🍴主菜＄20〜24程度
この店もジョー・アレン経営だが、こちらが供するのはより高価で奥の深いトスカーナ料理。たとえばソーセージとクルミを詰めたウズラのロースト（＄24）や仔牛のレバー、松の実添え（＄20）など。劇場通いの客に人気で、厨房は23:45まで開いている。

バーベッタ
Barbetta（#63）
☎212-246-9171
🏠321 W 46th St
🍴プレシアター・メニュー＄45

レストラン・ロウ Restaurant Row 正確には8番街と9番街の間の西46丁目のブロックを指すが、一般にレストラン・ロウといえばタイムズ・スクエア西のほぼすべてのレストランのことだ。以下に挙げた店は、いずれも地下鉄（ⓂN、Q、R、S、W、1、2、3、7号線）で、タイムズ・スクエア／42丁目Times Square-42nd St駅。この地区のほとんどのレストランは"劇場時間"に従っている。つまり水・土・日曜日のマチネ前の食事のため11:45前後に営業し、いったん店を閉めてから、17:00前後にディナーのため再び営業を始めるのだ。

歴史の色濃い店。かつてはアスター家が所有したタウンハウスの住居であり、1906年以降は家族経営の店となった。バロック様式のダイニング・ルーム、静かな庭園、完璧なサービスのおかげで（そして言うまでもなく、クレスペッレ・アッラ・サヴォイアルダCrespelle alla Savoiardaという野菜とチーズを詰めた仔牛のエキス入りクレープなどのピエモンテ料理や、白トリュフのような上質の食材を自由に使いこなしていることもあり）、これから100年後もきっとこの店は健在だろう。

アワーグラス・タヴァーン
Hourglass Tavern（#64）
☎212-265-2060
373 W 46th St
日替わりスペシャル＄15.75
8番街と9番街の間。ジョン・グリシャムの小説「法律事務所」（訳注：「ザ・ファーム 法律事務所」として映画化）に登場する、古風な趣があり、上下階に部屋をぎゅっと押しこんだような狭い店。フィレ・ミニヨン（あれは本当にフィレだったのか?!）とカジキマグロのステーキ、アスパラガスとポテト添えのようなおすすめ料理はお腹いっぱいになるが、ジェームズ・ビアード（訳注：「アメリカ料理の父」とされる今は亡き料理研究家）が来店することはもうない。

アッパー・ウェスト・サイド（MAP7）
UPPER WEST SIDE

この地区には、高級マーケットや菜食主義の店からボヘミアン・カフェや本格的シーフード店に至るまで、驚くほど多彩な良い店が揃っている。

低料金

ゼイバーズ
Zabar's（#54）
☎212-787-2000
2245 Broadway（西80丁目との角at W 80th St）
1、2号線で、79丁目79th St
ニューヨークで最も定評ある食品マーケット。スモーク・サーモン、チーズ、その他グルメ食品をかなり手頃な値段で売っている。サーモンの薄切りはここの得意技ともいえる。熟練の薄切り職人は年間＄8万も稼ぐのだ！

フェアウェイ・マーケット
Fairway Market（#63）
☎212-595-1888
2127 Broadway
1、2、3号線で、72丁目72nd St
西74丁目と75丁目の間。巨大な屋根付き市場で、チーズやとても新鮮な農産物、調理済みのサラダを最低価格で売っている。

H＆Hベイグルズ
H&H Bagels（#55）
☎212-595-8000 ⅎ799-6765
2239 Broadway（80丁目との角at 80th St）
1、2号線で79丁目79th St駅（#35）
☎212-734-7441 ⅎ535-6791
1551 Second Ave
24時間
ここのベイグルはニューヨーク一うまいと考えている人が多い（そう、発送もしてくれる！）。

ザニーズ・カフェ
Zanny's Cafef（#3）
☎212-316-6849
975 Columbus Ave
B、C線で、カセドラル・パークウェイ／110丁目Cathedral Pkwy-110th St
月〜金6:00〜20:00、土7:00〜20:00、日9:00〜21:00
107丁目と108丁目の間の愛想のいい地元のカフェ。この界隈でコーヒーといえば、たいてい"We Are Happy to Serve You"と書かれた青と白の紙コップで出されるが、ここは違う。

エンパイア・セチュアン
Empire Szechuan（#64）
☎212-496-8460
251 W 72nd St
1、2、3号線で、72丁目72nd St（#95）
☎212-496-8778
193 Columbus Ave
1、2、3、9号線で、72丁目72nd St
1品料理＄7.95前後
信頼できる中華料理の店。アッパー・ウェスト・サイドに2軒あるほか、街中に点在している。6番街と西10丁目の間にある**ヴィレッジ店The Village outpost**（☎212-691-1535 15 Greenwich Ave）が特にいい。これらの元気な店はおおむねヘルシーな料理を出している。

チベット・シャンバラ
Tibet Shambala（#51）
☎212-721-1270
488 Amsterdam Ave
1、2号線で、86丁目86th St
スープ、サラダ＄3.50〜7.95、主菜＄7.95〜10.95
83丁目と84丁目の間。メニューは肉料理と菜食料理が半々。

アーユールヴェダ・カフェ
Ayurveda Café（#14）
☎212-932-2400
706 Amsterdam Ave（94丁目との角at 94th St）

食事 – アッパー・ウェスト・サイド

M1、2、3号線で、96丁目96th St
¥コース・メニュー ランチ＄6.95、ディナー＄10.95
⏰11:30〜23:30

すべて菜食メニューで、アーユールヴェーダ（訳注：インド伝統医術）食の6つの基本の味、甘い、酸っぱい、塩辛い、苦い、辛い、渋いを味わえる店。毎日のお茶の儀式（＄1）は16:00から17:30まで。朗読会やゲストによる講演が行われることもある。

クインテッセンス
Quintessence（#21）
☎212-501-9700 FAX501-0900
🏠566 Amsterdam Ave
M1、2号線で、86丁目86th St
⏰11:30〜23:00
（MAP4、#33）
☎646-654-1823 FAX654-1804
🏠263 E10th St
¥前菜＄6.50〜8、主菜＄9〜15

100％有機栽培の菜食メニューは、バランスの取れた味と舌触りで、筋金入りの肉食主義者をも喜ばせる。大当たりの"ブッダ・ボウル"を試してみたい。客の好みに合わせて作ってもらえる（基本は＄8）で、ポートベロ・マッシュルームのマリネや松の実などを＄1〜2で追加していく）。

カフェ・ラロ
Cafe Lalo（#49）
☎212-496-6031
🏠201 W 83rd St
M1、2号線で、86丁目86th St

アムステルダム街Amsterdam Ave とブロードウェイBroadwayの間にあるこの界隈のホットスポット。雨の午後はここで数十種類の新聞や雑誌を読んで過ごせるし、14ページにわたる高価なペストリーのメニューを読んで暇つぶしをしてもいい。毎日ブランチ時には外に行列ができる。

カフェ・コン・レッチェ
Cafe con Leche（#13）
☎212-678-7000
🏠726 Amsterdam Ave
M1、2、3号線で、96丁目96th St
¥主菜＄7.95〜10.50

95丁目と96丁目の間にある、本格的な中南米料理を出す店。あらゆる種類の牛、鶏、シーフード料理に米、豆、料理用バナナがついてくる。カジュアルで、子供にもやさしい雰囲気だ。元気の出るパエリアは2人で食べる量。

中級＆高級

ルビー・フーズ
Ruby Foo's（#58）
☎212-724-6700
🏠2182 Broadway
M1、2号線で、79丁目79th St
（MAP6、#37）
☎212-489-5600
🏠1626 Broadway
¥主菜＄10〜20

ディム・サム（飲茶）と寿司が、ドラマチックに、大げさにぶつかりあう店。俗っぽさを全面に打ち出した、赤と黒のアジアのテーマ・パーク・レストランで、席数は400。全アジア料理のメニューは、ベイビー・バック・リブの豆豉ソースから強い風味のグリーン・パパイア・サラダなど。

カフェ・ルクセンブルグ
Cafe Luxembourg（#69）
☎212-873-7411 FAX721-6854
🏠200 W 70th St
M1、2、3号線で、72丁目72nd St
¥コース1品目＄10〜13、2品目＄18〜26

アムステルダム街Amsterdam Aveとウェスト・エンド街 West End Aveの間。リンカーン・センターに向かう観客を、カッスーレcassoulet（肉と白インゲンのシチュー）やエスカルゴ、楽し気なサラダなど、フレンチ風の料理が人気。事前の予約が必要だが、ややカジュアルなカフェ（コース1品目＄8〜11、コース2品目＄11〜15）になら入り込める。

ドックス・オイスター・バー＆シーフード・グリル
Dock's Oyster Bar & Seafood Grill（#20）
☎212-724-5588 FAX769-3514
🏠2427 Broadway
M1、2号線で、86丁目86th St
（MAP5、#91）
☎212-986-8080 FAX490-8551
🏠633 Third Ave（40丁目との角at 40th St）

ニューヨークの典型的なシーフード店。やかましくて、せわしなく、そして新鮮でおいしいシーフードをほおばる幸せそうな客であふれている。魚かステーキの主菜は最低＄25だが、日曜と月曜のニューイングランド・クラムベイクNew England clambakeセット（1ポンド〈約450g〉のロブスター2本、サラダ、デザートとコーヒーで＄28）を試してみよう。

カーマインズ
Carmine's（#19）
☎212-721-5493
🏠2450 Broadway
M1、2号線で、86丁目86th St
¥パスタ・ランチ＄10.50〜12.50、ディナー＄17.50〜20.50
⏰日〜木11:30〜23:00、金・土11:30〜24:00

90丁目近くの動物園のようなイタリアンレストランで、大勢の客に愛されている。ここ

食事 – アッパー・イースト・サイド

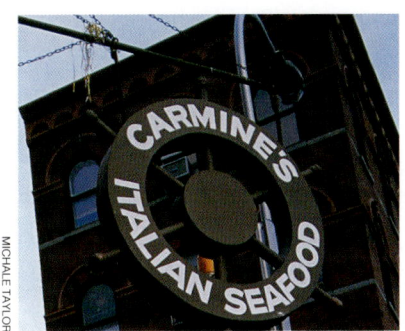

カーマインズで本格的イタリア料理をどうぞ

で出される途方もない分量の、まとめ盛りスタイルのパスタは、数人で取り分けることができる。ヒーロー・サンドイッチ（＄7.50〜9.50）もおすすめ。

カフェ・デ・ザルティスト
Café des Artistes （#94）
☎212-877-3500
W www.cafedesartistesnyc.com
🏠1 W 67th St
Ⓜ B、C線で、72丁目72nd St
主菜＄22〜29、コース・ディナー＄37.50
セントラル・パーク・ウェスト通りCentral Park Westとコロンバス街Columbus Aveの間にある、ロマンティックな店（有名な、裸身ではしゃぎ回るニンフの壁画によるところが大きい）。この店では長年、数えきれないほど結婚のプロポーズが告げられてきた。ビル・クリントン前大統領も何回か来店している。過去の栄光にすがっているだけの店だと考える人もいるが、肉の主菜（オーソ・ブッコosso bucco〈仔牛の骨付き肉の煮込み〉、フェットチーネ添えなど）は質が高いし、菜食メニュー（5品のおまかせコースを含む）もあり、バーではウズラの卵がサービスで出される！18:00以降、男性はジャケット着用。またジーンズ、スニーカー、ショートパンツの人は必ず断られる。

ピショリーン
Picholine （#99）
☎212-724-8585
🏠35 W 64th St
Ⓜ 1、2号線で、66丁目／リンカーン・センター66th St-Lincoln Center
コース・ディナー2品＄57、3品＄63
セントラル・パーク・ウェスト通りCentral Park Westに近い。この一級の地中海料理は有名人を虜にしている（外に続く行列がそれを象徴）。コース・ディナー後にチーズを出す、

ニューヨークでも数少ない店の一つだ。チーズは店内の専用セラーに貯蔵されている。得意料理は、モロッコ風ラムの野菜クスクス添えとロブスターのビスク（魚介類の濃厚なスープ）。

ジャン・ジョルジュ
Jean-Georges （#104）
☎212-299-3900
🏠1 Central Park West
Ⓜ A、B、C、D、1、2号線で、59丁目／コロンバス・サークル59th St-Columbus Circle
60丁目と61丁目の間のトランプ・インターナショナル・ホテルTrump International Hotel内。シェフ、ジャン＝ジョルジュ・ヴォンゲリキテンの頭と心から生まれた最新の刺激的な味の店。この店では2人分のディナーと飲み物であっさり数百ドルを使ってしまうこともありうる。お腹を空かせ、この有名シェフのスタイルで仕上げられた猟鳥や新鮮なシーフード、それに柔らかい肉料理を味わおう。

アッパー・イースト・サイド（MAP7）
UPPER EAST SIDE

上品な界隈であるが、60丁目と86丁目の間の2番街と3番街沿いには料金控えめのレストランが何十軒も見つかる。その多くは＄10を切るランチ・スペシャルを出している。

レキシントン・キャンディ・ショップ
Lexington Candy Shop （#38）
☎212-288-0057
🏠1226 Lexington Ave （東83丁目との角at E 83rd St）
Ⓜ 4、5、6号線で、86丁目86th St
絵に描いたようなランチ・スポット。昔ながらのソーダ・ファウンテンも備わっている。学校の子供が麦芽乳を、地元の人たちがコーヒーか、有名なフレッシュ・レモネードを大事そうに手にしている。なにより、ニューヨーク一物価の高い地区で、ハンバーガーなどの昔からの料理を手頃な価格で売っている店だ。

カフェ・グレコ
Cafe Greco （#82）
☎212-737-4300
🏠1390 Second Ave
Ⓜ 6号線で、68丁目／ハンター・カレッジ68th St-Hunter College
主菜＄12.95〜23.95
⏰12:00〜16:00、17:00〜23:00
東71丁目と72丁目の間。まずまずのギリシャ料理を出す店（カジキやカレイなど新鮮な魚の主菜を試してみよう。どちらも約＄15）。3品のコース・メニューと週末のブランチもある。

食事 － ハーレム

レストラン・予約ゲーム

建前上、ニューヨークは家賃が払える限り誰もが生まれながらに平等な街だとされている。だが注目のレストランの前ではそんな平等はどこへやら。こうしたスノッブな店は用心棒こそいないものの、"名もない"人間を追い返すのに遠慮することはほとんどない。特に混雑時はひどい。

ユニオン・スクエア・カフェやタブラ、ピショリーンといった超人気店で席を確保するには、金曜か土曜の夜であれば1カ月前に予約しなければならない。だが少なくともこれらの店ではどんな客にも同じレベルのサービスを提供することを自負している。他の店では、有名顧客と彼らによる宣伝効果欲しさに、普通の客をぞんざいに扱うこともあるようだ（観光客は傲慢な店にとって格好の餌食なのだ）。値段の高すぎる寿司の巣窟ノブや、スパニッシュ・ハーレムの注目されすぎて対処しきれないレイオス、それからネオ・パリジャン風ソーホーのバルサザールは、そうした無礼な店だ。実際、ノブとバルサザールは公表されている電話番号にかけても絶対に電話に出ないので有名であるし、後者にいたっては、選ばれた3000人の有名人だけが知っている "秘密" の電話があるとして非難を受けた。

超ホットなレストランに関して本書が授けられるアドバイスは、少なくとも1カ月前に予約の電話を入れることと、平日の夜を狙い、22:00以降の席を頼んでみること（17:30の予約もいいが、そんな時間に誰がディナーを食べられるだろう?!）、そんなことぐらいだ。

ファヴィア・ライト
Favia Lite（#127）
☎212-223-9115
⌂1140 Second Ave（東60丁目との角at E 60th St）
Ⓜ4、5、6号線で、59丁目59th St、N、R線で、レキシントン街Lexington Ave

健康指向のイタリア料理店。各メニューのカロリー数の低さと脂肪量の少なさからは想像できないほどおいしいパスタの主菜を出す。大きなチキン・グリルのピザが$15で、スキム・ミルクか大豆のモッツァレラ・チーズの無料サービス付き。

60丁目北のマディソン街Madison Ave沿いとその近辺の通りには、小さな板張り壁のフランス風のレストランがたくさん並んでいる。ちょっぴりパリ気分を（値段の張る$20〜30クラスの主菜と身なりの良い客も含めて）味わえるのは、おしゃれな人の集まる**ラ・グーリュ La Goulue**（#117 ☎212-988-8169 ⌂746 Madison Ave Ⓜ F線で、レキシントン街／63丁目Lexington Ave-63rd St）で64丁目と65丁目の間にある。そして**マダム・ロマーヌ・ド・リヨン Madame Romaine de Lyon**（#123 ☎212-758-2422 ⌂132 E 61st St Ⓜ N、R、W線で、レキシントン街／59丁目Lexington Ave-59th St）は、レキシントン街Lexington Aveとパーク街Park Aveの間。どちらの店でも、前菜だけにしておくか、クレープやオムレツ（マダム・ロマーヌには数百種類ある）などの軽い料理にすれば値段を抑えた食事が楽しめる。

パーク・ヴュー・レストラン・アット・ザ・ボートハウス
Park View Restaurant at the Boathouse（#75）
☎212-517-2233
⌂東72丁目からセントラル・パーク・ドライブを北へE 72nd St at Park Dr North
Ⓜ6号線で、77丁目77th St

🍴ディナーの主菜$30以下

セントラル・パーク内。湖とやさしく歌うゴンドラ漕ぎを眺められる、ロマンティックで景色の美しい店。だが、料理をエサに口説くつもりでも、この店の料理が愛のキューピッド役を果たすこともうない。ここではピクニックの後でケーキとエスプレッソを取るくらいにして、肝心な用事はよそでどうぞ。

ハーレム（MAP8）
HARLEM

ハーレムはもちろんソウル・フード（何でも衣をつけて揚げ、黒くして、付け合わせに栄養ある青い野菜をどっさり添えた料理）で有名なので、旅行者はぜひこの界隈の店でも食欲を満たしてほしい。数ドルでごちそうが食べられるのだから。ハーレムでは、西アフリカ料理や、カリブ海料理、さらにビストロ料理まで幅広く選ぶこともできる。

マナズ・レストラン・トゥー
Manna's Restaurant Too（#23）
☎212-234-4488
⌂486 Malcolm X Blvd
Ⓜ2、3号線で、135丁目135th St

133丁目と134丁目の間。ハーレムでお得な食事を体験するのに格好の店。大きく広がったビュッフェ（温かい料理、冷たい料理に分かれている）で、リブやコラード・グリーンcollard green（青菜の一種）、コーンブレッドをたっぷりすくい、1ポンド（約450g）当たり$3.99で計算してもらおう。ソウル・フードが初めてという人にぴったりの店。なにしろ料理を全部見て確かめられるのだから（たとえ名前がわからなくても！）。

パン・パン
Pan Pan（#22）

一日の始まりはこれに限る！

☎212-926-4900
🏠500 Malcolm X Blvd
Ⓜ2、3号線で、135丁目135th St
135丁目の角にあり、スパイシーなジャマイカ風の肉パツィ（小さな円盤型にまとめたもの）、$1のコーヒーとベイグルの朝食セットなどがある。南部風のフライドチキン（鶏半羽$3.50、1羽$6.75）は大変な売れ行きのようだ。特に日曜は教会帰りの人々でカウンターがいっぱいになる。

M&Gダイナー
M&G Diner（#36）
☎212-864-7326
🏠383 W 125th St
ⓂA、B、C、D線で、125丁目125th St
🍽朝食$3.50〜8.50、ランチ、ディナー$9.75〜12.25
🕐金・土8:45〜11:30、日〜木24時間
モーニングサイド街Morningside Ave近くで、アポロ劇場から歩いてすぐのところにある。昔の雰囲気にどっぷり浸かれる店。祈祷書と巨大な皿に覆いかぶさるようにして、卵と鮭のコロッケ（$8.50）やポーク・チョップのフライ（$10）を食べている地元の人たちの姿が見られる。

スライス・オブ・ハーレムⅡ
Slice of Harlem II（#29）
☎212-426-7400
🏠308 Malcolm X Blvd
Ⓜ2、3号線で、125丁目125th St
🍽ピザ1切れ$1.75
🕐月〜木6:30〜22:00、金・土6:30〜24:00、日12:00〜22:00
125丁目と126丁目の間、レンガ窯で焼くピザに考えつく限りのトッピングを乗せる店。肉とチーズか野菜を詰めたストロンボリ（$4）を選んでもいい。この店と同じ建物にあるのが人気の**バイユー** Bayou（☎212-426-3800）。定評あるクレオール料理の店で、焼いたキャットフィッシュ（ナマズ）やプア・ボーイ・サンドイッチpo' boy sandwichを味わえる（$5.95〜8.95）。

エイミー・ルース・レストラン
Amy Ruth's Restaurant（#51）
☎212-280-8779 📠280-3109
🏠114 W 116th St
Ⓜ2、3号線で、116丁目116th St
🍽ワッフル$4.95〜8.95、肉の主菜$9.50〜16.95
マルコムX大通りMalcolm X Blvdとアダム・クレイトン・パウエル・ジュニア大通りAdam Clayton Powell Jr Blvdの間にある、ワッフル専門のおいしいソウル・フードの店。チョコレート、ストロベリー、ブルーベリー、リンゴのソテーをかけたもの、など頼めば何でも作ってくれる。こんなワッフルに合うのは100%の純粋メープル・シロップだけ。店の自慢でもある。

シルヴィアズ
Sylvia's（#28）
☎212-996-0660
🏠328 Malcolm X Blvd
Ⓜ2、3号線で、125丁目125th St
🍽主菜$8〜16.50、日曜のゴスペル・ランチ$16
西126丁目と127丁目の間。ソウル・フードのマーケットを文字通り、そして象徴的にほぼ独占してしまった（この有名店は今や隣接する3軒に店を広げ、席数を450に増やしている）。オックステールやミートローフといったおいしい名物料理に、カラード・グリーンやササゲ豆などの付け合わせを選べる（$8.75〜9.25）。主菜の分量はたっぷり。日曜には、ごちそうがずらりと並んだ迫力のサンデー・ゴスペル・ブランチを楽しめるが、予約した方がいい。

ハミルトン・ハイツ＆シュガー・ヒル
Hamilton Heights & Sugar Hill

マムズ・イートリー
Mom's Eatery（#14）
🏠513 W 145th St
ブロードウェイBroadwayとアムステルダム街Amsterdam Aveの間にある、食べでのあるカリブ海料理の店。炭水化物たっぷりで、安くてお腹いっぱいになる食事がとれる。ジャーク・チキン（ジャマイカ風チキン・バーベキュー）、揚げバナナ、米と豆で太ってしまおう。

チャールズ・サザン・スタイル・キッチン
Charles' Southern Style Kitchen（#10）

☎212-926-4313
🏠2839 Frederick Douglass Blvd
Ⓜ A、B、C、D線で、145丁目145th St
🍴ランチ・ビュッフェ＄6.99、ディナー・ビュッフェ＄9.99

西151丁目と152丁目の間のシュガー・ヒル地区にある店。フライドチキンはハーレム随一。衣は完璧の域に達している。サーモン・ケーキ（鮭のすり身のパテ）とマカロニ＆チーズも間違いない。びっくりするほどお得な食べ放題のビュッフェには、旺盛な食欲で臨みたい。

コープランズ
Copeland's（#16）
☎212-234-2357
🏠547 W 145th St
Ⓜ 1号線で、145丁目145th St
🍴前菜＄4.50～6.50、主菜＄8.95～17.50、食べ放題のジャズ・ビュッフェ＄14.95

ブロードウェイBroadwayとアムステルダム街Amsterdam Aveの間。シルヴィアズと同じように、ここコープランズにも人気のサンデー・ゴスペル・ブランチがある（予約は1カ月前に）。ヴィネグレット風味のチタリングchitterlings（豚の内臓煮込み）や、食べ放題のジャズ・ビュッフェもある（火～木16:30～22:30）。

スパニッシュ・ハーレム
Spanish Harlem

東へ行くほど魅力を失うとはいえ、スパニッシュ・ハーレムには良いレストランがある。

レイオス・レストラン
Rao's Restaurant（#61）
☎212-722-6709
🏠455 E 114th St
Ⓜ 6号線で、116丁目116th St
🕐月～金

1番街近く、イースト・ハーレムの旧イタリア系居留地にある。こぢんまりした店にはテーブルが12卓しかないので、マーティン・スコセッシ監督など、この店お気に入りのパトロンでない限り、予約に成功するのはほぼ不可能。平日営業で、客の入れ替えはなく、メニューもない。でも失望させられることはないのでご安心を。本格的イタリア料理フルコースで、値段は＄50を超えるだろう。

パッツィーズ・ピッツェリア
Patsy's Pizzeria（#60）
☎212-534-9783
🏠2291 First Ave
Ⓜ 6号線で、116丁目116th St
🍴ピザ1切れ＄1.50、ピザ1枚＄10
🕐11:00～24:00

東117丁目と118丁目の間。他店に先駆けて1930年に炭火窯を使い始めた店。うーん、言ってしまおうか。ここのピザこそニューヨーク一のピザなのだ（悪いね、ストロンボリズさん）。紙のように薄く、油分でしなり、そしてこくのあるソースの上にチーズが申し分なく散らされている。平均的なスライスよりもやや大きめだが、一気に2枚食べてしまいそうだ。創業者の甥、パッツィー・グリマルディがブルックリンでパッツィー・グリマルディズ・ピッツェリアを開業している（後出）。パッツィーズはマンハッタンに4支店あるが、ここアップタウンのオリジナルと肩を並べる店はない。

エミリーズ
Emily's（#58）
☎212-996-1212 📠996-5844
🏠1325 Fifth Ave（111丁目との角at 111th St）
Ⓜ 6号線で、110丁目110th St
🍴前菜＄6.25～9、主菜＄9.95～16.50
🕐月～水・日11:00～24:00、金・土11:00～翌3:00

サザン・ホスピタリティをたっぷり味わえる広い店。ナマズと鶏手羽のグリル、それに濃いジャック・ダニエルがメニューの中心。水曜には騒々しいカラオケがある。

モローンズ・ベイカリー
Morrone's Bakery（#59）
☎212-722-2972
🏠324 E 116th St
Ⓜ 6号線で、116丁目116th St

1番街と2番街の間で、贅沢な田舎風パンを売っている店。

モーニングサイド・ハイツ
Morningside Heights

この地区はコロンビア大学とその関係者がかなり進出しているので、歩いているとカフェや食堂、バーにたくさんぶつかる。その大半は安くて夜遅くまで営業している。この界隈のレストランについてさらに詳しく知りたければ、「観光スポットと楽しみ方」の「コロンビア大学」を参照してほしい。

オリーズ・ヌードル・ショップ＆グリル
Ollie's Noodle Shop & Grille（#40）
☎212-932-3300 📠749-0811
🏠2957 Broadway
Ⓜ 1号線で、116丁目116th St
🍴麺類＄5.50～7.95、主菜＄7.50～9.50
🕐月～金11:00～翌1:45、土11:30～翌1:45、日11:30～24:00

116丁目の角にあり、数百種類の料理を選べるしっかりした店。鶏のカシューナッツ炒めなどの伝統的な中華料理や得意の麺類、さらにハンバーガーとパスタもある。

トモ・スシ＆サケ・バー
Tomo Sushi & Sake Bar（#48）
☎212-665-2916 ℻665-2917
🏠2850 Broadway
Ⓜ1号線で、カセドラル・パークウェイ／110丁目Cathedral Pkwy -110th St
🕐月～土12:00～23:30、日12:00～23:00

カセドラル・パークウェイCathedral Parkwayと111丁目の間。握り寿司と手巻き寿司（＄3～8.75）、刺身（＄2～4.50）、ヌードル・スープ（＄6.95～8.75）そしてもちろんサケ（日本酒）もある。

テラス・イン・ザ・スカイ
Terrace in the Sky（#39）
☎212-666-9490
🏠400 W 119th
Ⓜ1号線で、116丁目／コロンビア大学116th St-Columbia University
🕐ディナーのみ

アムステルダム街 Amsterdam Aveから入ったところにフレンチ・フュージョンのレストランがある。目玉は16階からの眺め。これには泣き出すか、少なくとも膝ががくがくするはず。安くはない（ワイン抜きで1人＄50を見ておきたい）が、値段には代えがたい思い出になる。

トムズ・レストラン
Tom's Restaurant（#45）
☎212-864-6137
🏠2880 Broadway（西112丁目との角at W 112th St）

トムズ・ダイナーTom's Dinerとも呼ばれるありふれた店だが、人気テレビ番組「となりのサインフェルド*Seinfeld*」の登場人物行きつけの店として定期的に店の外観がテレビで放映されるようになると、一躍偽スター店にまつりあげられてしまった。スザンヌ・ヴェガが「トムズ・ダイナー」という曲で歌っているのはこの店なのかという議論も巻き起こっているが、彼女がコーヒーをすすっていたのはブルックリンのトムズで、ここではないとする意見が優勢。

エスプレッソを待つ間に危機意識の強い学生のおしゃべりを盗み聞きしたいなら、無数にあるカフェに行ってみるとよい。たとえば、ランドマークである**ハンガリアン・ベイストリー・ショップ Hungarian Pastry Shop**（#40 ☎212-866-4230 🏠1030 Amsterdam Ave）は西111丁目近く。**ウェスト・エンド West End**（#43 ☎212-662-8830 🏠2911 Broadway）は西113丁目と114丁目の間。この店はビート詩人アレン・ギンズバーグの時代のようにインテリを育む場ではなくなってしまったが、今も安い食べ物が食べられるし週末の夜にはまずまずのジャズを楽しめる。厨房は翌2:00まで開いている。

ブロンクス（MAP13）
THE BRONX

ブロンクスで最も有名なグルメ地区はベルモントBelmont。フォーダム大学の南のアーサー街Arthur Ave周辺のイタリア系住民の住む地区である。ほとんどのレストランは店の外に行列ができているので、イライラせずに待つようにしよう。下記の店やアーサー街周辺に行くには、地下鉄4号線のフォーダム・ロードFordham Rd駅で下車する。

この8ブロックの地区の中には、第1次世界大戦時から開業している店もある。たとえば**マリオズ Mario's**（#13 ☎718-584-1188 🏠2342 Arthur Ave ℻前菜＄6.25～8.75、パスタ＄10～12）はこくのあるナポリ料理の店。また**アン＆トニーズ Ann & Tony's**（#11 ☎718-933-1469 🏠2407 Arthur Ave）は家族経営のナポリ・レストランで、パスタ・スペシャルが＄12以下。

ドミニックス
Dominick's（#12）
☎718-733-2807
🏠2335 Arthur Ave
🕐火を除く

おなじみの赤と白のチェック柄のテーブルクロスのかかった狭苦しい相席のテーブルが大勢の客でにぎわっている。スパゲティ・ミートボール、ラザーニャ、フラ・ディアヴロ*fra diavlo*（スパイシーなトマトソース）などの定番が揃っているが、食べるまでに1時間待つことになっても驚いてはいけない。この店の待ち時間は有名で、待っている客をバーに回し、少し余計に金をもぎとっている。バーの勘定を除いたディナーは1人当たり＄20前後。

ロベルトズ・レストラン
Roberto's Restaurant（#14）
☎718-733-2868
🏠632 E 186th St
℻前菜＄8～14、パスタ＄13～18

この店も待ち時間が長いのが特徴だが、気さくなサービスと温かい雰囲気、おいしいイタリア料理を考えれば待つ甲斐がある。料理はアーティチョークを詰めたラビオリ、ホタテ貝、エビ、ハマグリを乗せたリングイネなど。何よりも、路上にテーブルがあり、席についても早く食べて店を出ろとせかされないのがいい。シェフが厨房から出てきておしゃべりを始めても驚かないように。

ローズ・レストラン
Rhodes Restaurant（#8）
☎718-885-1538
🏠288 City Island Ave
🕐～翌3:00

食事 – ブルックリン

シティ島でも定評ある、地元民行きつけの店。パブ料理とハンバーガーを＄10を切る値段で出している。

トニーズ・ピア
Tony's Pier（#9）
☎718-885-1424
🏠1 City Island Ave
🍴ディナー＄9～12
🕐月～木12:00～23:30、金・土12:00～翌1:00、日12:00～24:00

シティ・アイランド街City Island Aveの一番奥にある、変わったおもしろい店。店を飾る英語とスペイン語の2カ国語の看板を頼りに店内に入り、バーを通り越し（ここで紙傘つきのプラスチック製カップに入ったピーニャ・コラーダpiña colada〈ココナッツミルクとパイナップル・ジュース入りカクテル〉を受け取る）、人の間を縫って揚げ物カウンター（イカ、タイ、ハマグリ、フエダイなど）か海鮮バーの行列にもぐりこもう。混乱が（かろうじて）コントロールされている状態だが、埠頭の先端からの景観はたまらないし、暑い夏の夜には遅くまでパーティが続く。

ジミーズ・ブロンクス・カフェ
Jimmy's Bronx Café
☎718-329-2000
🏠281 W Fordham Rd
🍴席料＄20

メイジャー・ディーガン・エクスプレイウェイMajor Deegan Expresswayにある。ニューヨーク一熱いラテンのリズムでピチピチの女の子たちと盛り上がれる店といえばここ。店内にスポーツ・バーとレストラン、持ち帰り用の売り場が揃っているクラブだが、パティオPatioには行ってみたい（深夜1:00以降が狙い目）。ジェニファー・ロペスも、デレク・ジーター（訳注：NYヤンキース）、LLクールJ（訳注：ラッパー）なども、みんなここをひと巡りした。厳しいドレス・コードがあり、スニーカー、帽子、作業用ブーツはお断わりだ。

以上の場所へ公共交通機関を利用して行くには、「観光スポットと楽しみ方」の「ブロンクス」を参照してほしい。

ブルックリン
BROOKLYN

ブルックリン・ハイツ（MAP9）
Brooklyn Heights

ブルックリンは多くの分野で活気づいており、レストラン分野もその例外ではない。

カズンズ・カフェ
Cousin's Café（#40）
☎718-596-3514
🏠160 Court St
🚇F、G線で、バーゲン通りBergen St
🍴バー・メニュー＄6.95～9.95、ディナー・メニュー＄10.95～14.95

パシフィック通りPacific Stとアミティ通りAmity Stの間にある、おなじみの料理を揃えた定評あるパブ（10種類のビールが樽にある）。週末の夜には小さなジャズ・バンドによるホットなライブが楽しめる。

サムズ・レストラン
Sam's Restaurant（#42）
☎718-596-3458
🏠238 Court St
🚇F、G線で、バーゲン通りBergen St
🍴パスタ＄7.50～10.50、ピザ＄10～12
🕐12:00～22:30

バルティック通りBaltic Stとケイン通りKane Stの間。おそらく50年は変わっていないまじめな店（店の推薦文がその証拠だ。「料理ができないからといって、女房と別れるな。サムズで食べよう」とある）。昔ながらのイタリア風ヒーロー・サンドイッチを試してみたい（＄5～6.25）。

オーサカ
Osaka（#44）
☎718-643-0044
🏠272 Court St
🚇F、G線で、キャロル通りCarroll St
🕐12:00～15:00、17:00～22:45

ダグラス通り Douglass St近く。飛び込みで寿司や刺身（1品＄1.75～4.50）をつまむのにいい店。窓際の席を取ろう。

コート・ペストリー
Court Pastry（#45）
☎718-875-4820
🏠298 Court St
🚇F、G線で、キャロル通りCarroll St

デグロー通りDeGraw St近くのデザートのおいしい店。ボリュームがあることで有名なペストリーは、ロブスター・テールのクリーム詰めなど。

パッツィー・グリマルディズ・ピッツェリア
Patsy Grimaldi's Pizzeria（#6）
☎718-858-4300
🏠19 Old Fulton St
🚇A、C線で、ハイ通りHigh St
🕐月～木11:30～23:00、金11:30～24:00 土12:00～24:00、日12:00～23:00

フロント通りFront Stとウォーター通りWater Stの間のフルトン埠頭Fulton Landingにある、安くておいしいピザの店。主人パッツィー・グリマルディはマンハッタンの草分け的ピザ屋の血を引いている（前出の「ハーレム」の

「パッツィーズ・ピッツェリア」を参照）。彼はおじと同じように炭火窯を使い、パリパリのスーパー・ピザを作っている。気さくな家族経営の店は、子供にぴったり。

ヘンリー・ストリート・エイル・ハウス
Henry St Ale House（#10）
☎718-522-4801
🏠62 Henry St
Ⓜ A、C線で、ハイ通りHigh St、1、2号線で、クラーク通りClark St
オレンジ通りOrange Stとクランベリー通りCranberry Stの間のミニ・ブリューワリー（自家製ビールを飲ませる店）。十数種類の地ビールが揃い、安いサンドイッチとハンバーガー（＄8前後）がいいつまみになる。

ヌードル・プディング
Noodle Pudding（#8）
☎718-625-3737
🏠38 Henry St
Ⓜ A、C線で、ハイ通りHigh St、1、2号線で、クラーク通りClark St
🍴前菜＄4.95〜8.50、主菜＄9〜13.75
🕐火〜木17:30〜22:30、金・土17:30〜23:00、日17:00〜22:00
ミッダ通りMiddagh Stとクランベリー通りCranberry Stの間の、地元で好評の店。とても気さくな雰囲気で定番のイタリア料理を出す。メニューは日替わり。支払いは現金のみ。

テレサズ
Teresa's（#12）
☎718-797-3996
🏠80 Montague St
Ⓜ1、2号線で、クラーク通りClark St
🍴一品料理＄3〜8.95
🕐7:00〜23:00
ヒックス通りHicks St近く。ムードのない店だが、この伝統的なポーランド料理の店に足を運ぶ理由は料理にあるので、問題にならない。ボルシチか、キルバサkielbasa（ソーセージ）またはグーラッシュgoulash（ハンガリーのパプリカ・シチュー）を試してみよう。ピエロギpierogis（ポーランド風餃子）も忘れずに。

ヘイル＆ハーティ・スープ
Hale & Hearty Soups（#14）
☎718-596-5600
🏠32 Court St
Ⓜ M、N、R、1、2、4、5号線で、コート通り／ボロー・ホールCourt St-Borough Hall
"丈夫で元気いっぱい"という店名に恥じないスープづくりで有名になったチェーン店。日替わりのスープが12種類（小＄2.75、中＄3.50、大＄4.50）、その他食べごたえのあるスープとサンドイッチかサラダのセット（＄5.99〜7.29）もある。

クイーン
Queen（#25）
☎718-596-5954 📠254-9247
🏠84 Court St
Ⓜ M、N、R、1、2、4、5号線で、コート通り／ボロー・ホールCourt St-Borough Hall
40年以上も信頼できるイタリア料理を作り続けている店。ボロー・ホール（区役所）地区でワンランク上の味を楽しみたいならここ。いろいろな生パスタと自家製ソースを自分で組み合わせる（＄9〜15）のもいいし、定番の仔牛肉やパルメザンチーズ入りミートボールのサンドイッチ（＄7.25）を選んでもいい。

ダマスカス・ブレッズ＆ペイストリー
Damascus Breads & Pastry（#30）
☎718-625-7070
🏠195 Atlantic Ave
Ⓜ M、N、R、1、2、4、5号線で、コート通り／ボロー・ホールCourt St-Borough Hall
🕐7:00〜19:00
コート通りCourt Stとクリントン通りClinton Stの間。ピタとペストリーがめまいを起こしそうなほどずらりと並んでいる。そのまま腰の贅肉になりそうだ。そのうえ12種類の肉、野菜、チーズのパイがある。薄く何層にも重なったクッション型のパイが温かくておいしい具を包んでいる（＄1.50）。

ファウンテン・カフェ
Fountain Cafe（#32）
☎718-624-6764 📠422-0997
🏠183 Atlantic Ave
Ⓜ M、N、R、1、2、4、5号線で、コート通り／ボロー・ホールCourt St-Borough Hall
🍴菜食料理＄5.50〜7.95、肉料理＄4.65〜9.95
🕐月〜木11:00〜22:30、金・土11:00〜23:00
アトランティック街にある人気の中東料理店。ホムスhummus（ヒヨコ豆のペースト）やフェラフェルfelafel（豆のコロッケ）といった菜食メニューが多いが、肉好きの人向けにもシャウェルマshawerma（肉と野菜のサンドイッチの一種）やケバブなどメニューは豊富。最後は数種類ある搾りたてのフレッシュ・ジュースで締めくくろう（＄2.75〜3.75）。

ラ・ブイヤベース
La Bouillabaisse（#35）
☎718-522-8275
🏠145 Atlantic Ave
Ⓜ M、N、R、1、2、4、5号線で、コート通り／ボロー・ホールCourt St-Borough Hall
🍴前菜＄5.95〜7.95、主菜＄12.95〜20.95
ヘンリー通りHenry Stとクリントン通りClinton Stの間。店名になっているブイヤベースをはじめとするフランス料理を出す店。よく店の外に行列ができている。この包み込むよう

なビストロはこぢんまりと居心地が良いため、厨房で混ぜられている料理が匂いでわかるほどだ。予算を節約するなら、ランチを試そう。

ジュニアズ
Junior's（#20）

☎718-852-5257 📠260-9849

🕐日〜金 6:30〜翌0:30、土6:30〜翌2:00

📍386 Flatbush Ave Extension（デカルブ街との角at DeKalb Ave）

🚇M、N、Q、R線で、デカルブ街DeKalb Ave

🍴ハンバーガー、サンドイッチ＄6.75〜9.50

ブルックリン音楽アカデミーBrooklyn Academy of Musicから近い、ニューヨークでも指折りのチーズケーキ（＄4.25〜5.25）を出す店。他にも半ポンド（約225ｇ）以上の巨大なハンバーガーなど、高カロリーの快楽が揃っている。

ゲイジ&トールナー
Gage & Tollner（#22）

☎718-875-5181

📍372 Fulton St（スミス通りとの角at Smith St）

🚇M、N、R線で、ローレンス通りLawrence St

🍴ランチ・コース・メニュー＄20、前菜＄8.95〜12.95、主菜＄18.95〜25.95

創業1879年。ニューヨーク最古のレストランの一つ。ここでの食事は安くはないが、ロマンティックなガス灯の雰囲気と、大きなハマグリやクラブ・ケーキcrab cake（蟹のパテのフライ）など内容の充実したシーフード料理にお金を出していると思えばいい。

リバー・カフェ
River Cafe（#5）

☎718-522-5200

📍1 Water St

🚇A、C線で、ハイ通りHigh St

🍴コース・ディナー＄70

オールド・フルトン通りOld Fulton Stとフルトン埠頭の角at Fulton Landingに近い、ロマンティックなことで有名なレストラン。マンハッタンのダウンタウンをじっくり眺められる（最近はそれだけで食欲を失くしてしまうが）。それでも、リバーサイドのすばらしい舞台でびっくりするような散財ができる店なのだ（6品のおまかせコース・メニュー＄90と数種類のキャビアのサービス＄60〜75がある）。多少節約をしたいなら、テラス・ルームでカクテルを頼むか、軽めの食事を取ればいいだろう。メイン・ダイニング・ルームでは17:00以降、男性はジャケット着用となるので注意をしよう。

パーク・スロープ（MAP10）
Park Slope

食事を自分で用意するなら、**ロペス・ベーカリ**ー **Lopez Bakery**（#13 ☎718-832-5690 📍423 5th Ave 🚇M、N、R、F線で、4番街／9丁目4th Ave-Ninth St 🕐24時間）のエンパナーダempanadas（肉や野菜を詰めたパイ）（＄1.50）を試してみるか、**バック・トゥー・ザ・ランド Back to the Land**（#17 ☎718-768-565 📍142 7th Ave 🚇1、2号線で、グランド・アーミー・プラザGrand Army Plaza 🕐9:00〜21:00）で販売されているヘルシーで安全な食品を買おう。後者はキャロル通りCarroll Stとガーフィールド通りGarfield Stの間にある、1971年に開業した地元で評判の店だ。

レモングラス・グリル
Lemongrass Grill（#8）

☎718-399-7100

📍61A 7th Ave

🚇1、2号線で、グランド・アーミー・プラザGrand Army Plaza

🍴前菜＄3.95〜6.95、主菜＄7.95〜12.95

リンカーン・プレイスLincoln Plとバークレー・プレイスBerkeley Plの間にあるとても人気の店。スパイシーでたっぷり分量のあるタイ料理を味わうことができる（肉なしの料理が多い）。

ディジーズ
Dizzy's（#22）

☎718-499-1966

📍511 Ninth St

🚇F線で、7番街／パーク・スロープ7th Ave-Park Slope

🕐月〜木7:00〜22:00、金・土9:00〜23:00、日9:00〜22:00

8番街の角にある、注目を集める流行のランチとブランチの店。くたびれた昔ながらの食堂のインテリアと人を誘いこむような路上のテーブルが売り。卵とチーズ入りロールパン（＄1.95）から自家製スープ（カップ＄3.95、ボウル＄4.95）まで何でも揃う。シナモンとスパイスを振ったチョコレート入りフレンチトースト（＄7.50）は絶賛されている。支払いは現金のみ。

パーク・スロープ・ブリューイング・カンパニー
Park Slope Brewing Co（#14）

☎718-788-1756

📍356 6th Ave（5丁目との角at 5th St）

🚇F線で、7番街／パーク・スロープ7th Ave-Park Slope

🍴前菜＄3.50〜7.95、主菜＄7.50〜11.95

🕐厨房は日〜木16:00〜22:30、金・土11:00〜23:30

チリからクラブ・ケーキcrab cake（蟹のパテのフライ）、地ビールまで元気のでるパブ料理を出している。この店ではいつもクールで多種多様な人々がビリヤード台やダーツ、ピン

ボール・マシンで遊んでいる。

チップ・ショップ
Chip Shop (#12)
☎ 718-832-7701
🏠 383 5th Ave
Ⓜ M、N、R、F線で、9番街Ninth St
🍴 フィッシュ＆チップス $7～9

"とんでもなくおいしい"フィッシュ＆チップスを出す店。ハンバーガーとマッシュポテト（$9）やベークド・ビーンズのトースト乗せ（$5）も食べられる。9種類のビールで流し込もう（$4～5）。

トゥー・ブーツ・ブルックリン
Two Boots Brooklyn (#15)
☎ 718-499-3253
🏠 514 Second St
Ⓜ 1、2号線で、グランド・アーミー・プラザ Grand Army Plaza
🍴 前菜 $5.25～7.95、主菜 $9.95～16.95
🕐 日～木17:00～23:00、金・土12:00～24:00

7番街と8番街の間にある、いつも楽しめる店。料理はビッグ・イージー（ニューオーリンズ）風であり、イタリア風でもあり、雰囲気はまさにカーニバル。小さな子供たちはこの店が大好きで、大きな子供たちはバーがお気に入り。

ザ・ミノウ
The Minnow (#23)
☎ 718-832-5500
🏠 442 Ninth St
Ⓜ M、N、R、F号線で、4番街／9丁目4th Ave-Ninth St

シーフード専門店（デザートを食べる余地を残しておいたほうがいい。店を切り盛りする夫婦のうち、ペストリー担当のシェフは奥さんのほうだから）。パーク・スロープ随一のレストランでもある。週末になると店のスタッフの手が回り切らなくなることがあるのも無理はない。

イースタン・パークウェイ (MAP10)
Eastern Parkway

トムズ・レストラン
Tom's Restaurant (#2)
☎ 718-636-9738 782 Washington Ave
Ⓜ 1、2号線で、イースタン・パークウェイ／ブルックリン美術館 Eastern Pkwy-Brooklyn Museum

スターリング・プレイス Sterling Plの角にある。シンプルで心のこもった料理を出すという姿勢を守りながら65年間も生き残ってきた伝説の店。ためらわずにエッグ・クリームとハンバーガー、そして懐かしの安食堂風の朝食を頼もう。

コニー・アイランド (MAP1)
Coney Island

食事をするのに良い店は2、3軒あるが、一番のおすすめはもちろん有名なネイサンズのホットドッグに決まっている（詳しくは「観光スポットと楽しみ方」の「コニー・アイランド」を参照）。

トトノズ
Totonno's
☎ 718-372-8606
🏠 1524 Neptune Ave
Ⓜ F、Q、W線で、コニー・アイランド／スティルウェル街 Coney Island-Stillwell Ave
🕐 水～日12:00～22:30

ボードウォーク（遊歩道）から2ブロック先、ニューヨークでも最高、最古の部類に入るレンガ窯焼きのピザ・レストラン。

ガルジゥロズ
Gargiulo's
☎ 718-266-4891
🏠 2911 W 15th St
Ⓜ F、Q、W線で、コニー・アイランド／スティルウェル街 Coney Island-Stillwell Ave
🍴 一品料理 $15前後

騒々しいファミリースタイルの店。当初は、水族館から盗んできたという噂の、巨大な発泡スチロール製タコで寄席をしていた。残念ながらそのタコはもうないが、食べごたえのある南イタリア料理を目当てに客はまだ集まってくる。

ブライトン・ビーチ (MAP1)
Brighton Beach

ブライトン・ビーチには長年、旧ソ連からの移民が大量に流れ込んできた。彼らの欲求に、数軒の騒がしいナイトクラブ兼レストランが凝ったフロア・ショーで応じてきた。要するに夜明けまでひたすら飲み、踊り、乱痴気騒ぎをする、ウォッカ飲み放題のラスベガスみたいなものだ。下記の店は、いずれもQ線でブライトン・ビーチ Brighton Beach駅下車。

ウィンター・ガーデン
Winter Garden
☎ 718-934-6666
🏠 3152 Brighton（6丁目との角at 6th St）
🍴 コース・ディナー $40
🕐 11:00～24:00

遊歩道に面した店。コース・ディナーはウォッカ2杯とナイトクラブの音楽とダンスのライブショー付きで、ロシア人に人気。

ナショナル
National
☎ 718-646-1225
🏠 273 Brighton Beach Ave

食事 − クイーンズ

🍴ディナー＆ショー＄55、10％のサービス料が加算される

金・土・日曜の夜には、完璧にブッ飛んだバラエティ・ショーとディナーを開催。ウォッカで皆ぐでんぐでんになる。

プリモルスキー
Primorski
☎718-891-3111
🏠282 Brighton Beach Ave
🍴セット・メニュー平日＄22、週末＄25

ナショナルよりもセットメニューは安いが、飲んだウォッカの量がわからなくなると、勘定は絶対に膨れ上がる。ウィンター・ガーデンとナショナルでも同様だが、ディナー料金にはナイトクラブの料金も含まれている。ロシア風ディナーが気に入らなければ、追加料金を払って"フレンチ"ディナーにすることもできる。プリモルスキーの営業時間は「11:00からずっと。うちは朝11:00の開店だが、閉店時間など知るものか」と言われた。

ブライトン・ビーチ街のベーカリーではどこでも1斤＄2ですばらしくおいしいロシア風黒パンを売っている。

ウィリアムズバーグ＆グリーンポイント（MAP1）
Williamsburg & Greenpoint

プラネット・タイランド
Planet Thailand
☎718-599-5758
🏠133 N 7th St
🚇L線で、ベッドフォード街Bedford Ave
🍴大半の主菜＄10〜12
🕐11:30〜翌1:00

ウィリアムズバーグ北部のベリー通りBerry Stの角。注目のタイ料理の店として開業したが、今では寿司とコリアン風焼肉を出している。それでも人気はすごい。夜になると2つの本格的バーとDJが人気を支えている。

タイ・カフェ
Thai Cafe
☎718-383-3560
🏠925 Manhattan Ave
🚇G線で、グリーンポイント街Greenpoint Ave
🍴前菜＄2.95〜3.95、サラダ＄6.50〜7.25、主菜＄5.95〜7.50
🕐月〜水11:30〜22:30、木〜土11:30〜23:00、日13:00〜23:00

グリーンポイントのケントKentの角。プラネット・タイランドが出さなくなったタイ料理を代わりに出している店。パドタイやチリとバジル風味のチキンなど、作りたての、手をかけたタイ料理が出される。ゆったりとした雰囲気で、分量は多い。

ピーター・ルーガー・ステーキハウス
Peter Luger Steakhouse
☎718-387-7400
🏠178 Broadway
🚇J、M、Z線で、マーシー街Marcy Ave
🍴ディナー＆ワイン1人前＄50〜

ベッドフォード街Bedford Aveとドリッグス街Driggs Aveの間の、ニューヨーク一有名なステーキハウス。でも、「なぜ？」と疑問を抱きながら店を出る人もいる。いい日に当たれば、ポーターハウスは肉汁たっぷりで、ホウレン草のクリーム煮は申し分ない。支払いは現金のみ。

クイーンズ
QUEENS

アストリア（MAP11）
Astoria

アストリアは驚くべきグルメ地区だ。もちろん、青っぽい煙をもうもうと立てるギリシャ人たちがいる。そのうえメキシコ、チェコ、アフガニスタンその他のエスニック料理もこの雑多な界隈では食べられるのだ。

ブロードウェイ・ナチュラル
Broadway Natural（#9）
☎718-545-1100
🏠30-11 Broadway
🚇N、W線で、ブロードウェイBroadway 31丁目近く。注文すると65種類もの野菜と果物のジュースを搾りたてで飲める店（＄3〜4.25）。リンゴ・ナシ・マンゴーのようなミックス・ジュースを頼んでもいいし、自分で組み合わせを考えても楽しい。

アンジェロズ・フード・エンポリアム
Angelo's Food Emporium（#2）
☎718-278-0705
🏠31-27 Ditmars Blvd
🚇N、W線で、アストリア／ディットマーズ大通りAstoria-Ditmars Blvd 31丁目と32丁目の間。ピクニックする人には最高の店。山のような各種オリーブや焼きたてパン、ドライ・フルーツ、種類の豊富なクッキーなど、すべてうれしい値段で売られている。

アンクル・ジョージズ
Uncle George's（#12）
☎718-626-0593

🏠33-19 Broadway
Ⓜ N線で、ブロードウェイBroadway、R、V、G線で、スタインウェイ通りSteinway St
🍴全品＄3〜12
🕐24時間

33丁目と34丁目の間。客が臆面もなく投げキスを送ってきたり、仔羊が焼き串でぐるぐる回っていたり、ローストされた山羊の頭がぞっとするような目を向けていたりする店。ウサギ、豚の丸焼き、フエダイもここで食べられる。ザジキtzatziki（ヨーグルトとキュウリのサラダ）やレモン風味のロースト・ポテト（＄3）がおすすめ。

ジーゴズ・タヴェルナ
Zygo's Taverna（#4）
☎718-728-7070
🏠22-55 31st St
Ⓜ N、W線で、アストリア／ディットマーズ大通りAstoria-Ditmars Blvd
🕐11:00〜24:00

23番街近く、家族経営のすごい店。6月でもクリスマスのイルミネーションが光り、壁一面に一族の写真がべたべた貼られている。滋味あるジーロgyros（＄4）とスコルダリアskordalia（ニンニク風味のマッシュポテト）やタラモサラダtaramosalata（キャビアとオリーブ・オイル、レモン汁）といった定番（各＄4.50）がおすすめ。

オモニア・カフェ
Omonia Cafe（#10）
☎718-274-6650
🏠32-20 Broadway
Ⓜ N線で、ブロードウェイBroadway、R、V、G線で、スタインウェイ通りSteinway St
🍴ペストリー＄3.75〜4.75

32丁目と33丁目の間の煙っぽいがこぎれいなケーキ屋。子供がヤヤyaya（オバアチャン）にバクラバbaklava（菓子）をねだっているのが聞こえてきて、まるでギリシャにいるような気がするかもしれない。もっとお腹にたまるものが欲しいなら、サラダかスパナコピタspanakopita（ホウレン草のパイ＄4.50〜8.50）を頼み、本格的バーでデミタスのウーゾ酒ouzoを飲もう。だが個人的にこの通りで一番のペストリーを出すと思えるのは**コロナキKolonaki**（#11 ☎718-932-8222🏠33 02 Broadway）だ。33丁目と34丁目の間にある。

エリアス・コーナー
Elias Corner（#6）
☎718-932-1510
🏠24-02 31st St（24番街との角at 24th Ave）
Ⓜ N、W線で、アストリア大通りAstoria Blvdホイト街北Hoyt Ave North近く。値段はやや高めで不便な場所にあるが、ピチピチで活き

のいい魚のグリルと、元気の出る強いギリシャ・ワイン、レッシナretsinaを味わいにわざわざ訪れる価値のある店。この決して高くはないシーフード専門店は、支払いは現金のみで、メニューがない。その日の朝獲れた魚が調理される。

コート・スクエア・ダイナー
Court Square Diner（#21）
☎718-392-1222
🏠45-30 23rd St
Ⓜ G線で、ロングアイランド・シティ／コート・スクエアLong Island City-Court Sq、7号線で、45ロード／コート・ハウス・スクエア45 Rd-Court House Sq
🕐24時間

極めつけのグリル・チーズ・サンドイッチやその他いかにも食堂らしい料理を出す実質本位の店。

ジャクソン・ハイツ（MAP1）
Jackson Heights

タコス・メヒコ
Tacos Mexico
☎718-899-5800
🏠88-12 Roosevelt Ave
Ⓜ 7号線で、90丁目90th St

エルバートソン通りElbertson St近く。お決まりのタコスやエンチラーダなどを出す、小規模のファストフード・チェーン店。自家製のサルサとトルティーヤ・チップはうれしいおまけ。

ジャクソン・ダイナー
Jackson Diner
☎718-672-1232
🏠37-47 74th St
Ⓜ E、F、R、V、G線で、ジャクソン・ハイツ／ローズヴェルト街Jackson Heights（Hts）-Roosevelt Ave、7号線で、74丁目／ブロードウェイ74th St-Broadway
🍴主菜＄8〜17

37番街とローズヴェルト街Roosevelt Aveの間。ここをニューヨーク一の南インド料理店とみなす人は多い。コーヒーショップが転じてにぎやかな魅力ある店となった。有名なのはマサラ・ドサmasala dosa（ポテト、タマネギ、豆入りクレープ）とシーク・カバブseekh kabab（柔らかいラムから作った長いソーセージ）。ランチ・タイムのごちそうが並ぶビュッフェ（平日＄6、週末＄7.95）を試してみよう。

ラ・ポルテーニャ
La Porteña
☎718-458-8111
🏠74-25 37th Ave
Ⓜ E、F、R、V、G線でジャクソン・ハイツ／

ローズヴェルト街Jackson Hts-Roosevelt Ave、7号線で、74丁目74th St

主菜＄13〜18

74丁目と75丁目の間、ジャクソン・ダイナーから角を曲がったところにある、スパイシーなアルゼンチン料理の店。店先で作っているブエノスアイレス式バーベキューを主菜として出している。料理と一緒にチミチュリchimichurriというニンニク入りオイルと酢のソースが供される。

チブチャ
Chibcha

☎718-429-9033

79-05 Roosevelt Ave

7号線で、82丁目／ジャクソン・ハイツ82nd St-Jackson Hts

78丁目と79丁目の間にある、この界隈のコロンビア人行きつけのレストラン兼ナイトクラブで、皆サルサで踊り明かす（金・土曜の23:00〜）。また批評家の一人が"心臓スペシャルcardiac special"と命名した料理もある。グリルしたソーセージ、牛肉、パリパリの豚の皮の上に卵を乗せ、バナナ、米、豆を添えたものだ（＄10.50）。

インティ・ライミ
Inti Raymi

☎718-424-1938

86-14 37th Ave

7号線で、90丁目／エルムハースト街90th St-Elmhurst Ave

木〜日

86丁目と87丁目の間にあるペルー料理の店。得意の一品は牛の心臓（＄8）で、シーフード料理も特においしい。セヴィーチェceviche（ペルー風マリネ）を試してみたい。これを流し込む酒も一本持ち込もう。

コロナ（**MAP12**）
Corona

中南米系のコミュニティがジャクソン・ハイツとコロナの間にいくつか混在しているので、料理にも中南米の影響が色濃く反映されている。

ブロードウェイ・サンドイッチ・ショップ
Broadway Sandwich Shop

☎718-898-4088

96-01 Roosevelt Ave

7号線で、ジャンクション大通りJunction Blvd

ジャンクション大通りJunction Blvd近く。ニンニク味のキューバ風ポーク・サンドイッチ（＄5未満）と濃いカフェ・コン・レチェcafé con leche（ミルクコーヒー）は、わざわざクイーンズまで出かける甲斐のある逸品だ。

キスケヤ・レストラン
Quisqueya Restaurant

☎718-478-0704

97-03 Roosevelt Ave

97丁目近く、ブロードウェイ・サンドイッチ・ショップから1ブロックのところにある店。甘いバナナの料理や、若ヤギのシチュー＄8のようなドミニカ料理を出している。

ラ・エスピガ
La Espiga（#24）

☎718-779-7898

42-13 102nd St

7号線で、103丁目103rd St

42番街近く。トマス・ゴンサレスが、ベーカリーとタコ・バー、レストラン、食料品店を一つにしたこの店でメキシコの味を届けている。一日に何回か作られる生トルティーヤ（2ポンド〈約900g〉＄1）には行列ができる。

レモン・アイス・キング・オブ・コロナ
Lemon Ice King of Corona（#25）

☎718-699-5133

52-02 108th St

7号線で、103丁目103rd St

年中無休

コロナ街Corona Ave近く。自家製アイスの王者といっていいだろう。店の看板であるレモン・アイスにはかなりの量のレモンが投入され、暑い夏の日にはまたとない清涼剤になる。この店は地下鉄からおよそ1マイル（約1.6km）ある。104丁目を南へ歩き、コロナ街を左に曲がり、2ブロック歩いて52番街に出る。フラッシング・メドウズ・コロナ・パークFlushing Meadows Corona Parkを散策してからアイスクリームを食べ、111丁目駅から7号線に乗ってもよい。

フラッシング（**MAP12**）
Flushing

どうしてもアジア料理が食べたいという人はフラッシングに行こう。中華、日本、ベトナム料理が、手頃な値段で食べられる。下記の店では主菜のほとんどが＄10しない。ただしシーフード・レストランで魚を丸ごと調理する料理は通常＄10〜15の範囲になる。下記の店はいずれも地下鉄7号線の終点のメイン通りMain St駅下車。

ジョーズ・シャンハイ
Joe's Shanghai（#10）

☎718-539-3838

136-21 37th Ave

前菜＄1.95〜5.95、主菜＄7.95〜13.95

日〜木11:00〜22:00、金・土11:00〜22:30

メイン通りMain St近くの店。自家製のほかかの小籠包と麺類で有名だが、酔蟹raw

地元の市場の露店は新鮮な農産物を買うのに最適。

drunken crab（＄7）などの珍しい料理も出している。

シャンハイ・タイド
Shanghai Tide（#13）
☎718-661-0900
⌂135-20 40th Rd
ディム・サム（飲茶）＄1.50〜4.95、一品料理＄6.95〜15.95
ローズヴェルト街Roosevelt Aveと41丁目の間。メニューは数百種類、四川料理Szechuanの別メニューもある（＄3.95〜9.95）。家族向けコースFamily Mealは＄16.95で主菜を3つ選べるのでお得。

KBガーデン
KB Garden（#9）
☎718-961-9088
⌂136-28　39th Ave
一品料理＄3〜8
ディム・サム（飲茶）を満喫したいならここ。鶏の甘酢あんかけ（＄8.95）やフカヒレ・スープ（＄65）などの一品料理もある。

クム・ガン・サン
Kum Gang San（#5）
☎718-461-0909
⌂138-28 Northern Blvd
一品料理＄8.95〜17.95
24時間
ユニオン通りUnion Stとバウン通りBowne Stの間。リトル・コリアの店と同系列（前出のコラム「各国料理の街角」を参照）。こちらの支店には小さな庭と水が流れ落ちる壁、そしてコリアン風焼き肉と日本料理も少しある。

テイ・ドゥー
Tay Do（#14）
☎718-762-1223
⌂135-29 40th Rd
前菜＄2.95〜6.95、主菜＄3.95〜10.95
ロングアイランド鉄道駅の真下にある店。20種類以上のフォー（麺類）と、カエルの足など楽しい食べ物がある。

フォー・バン
Pho Bang（#15）
☎718-939-5520
⌂41-07 Kissena Blvd
10:00〜22:00
（MAP3、#4）
☎212-966-3797
⌂157 Mott St
（MAP3、#24）
☎212-587-0870
⌂6 Chatham Sq
20数種類のフォー（麺類。＄4.25〜6.25）を出すフォーの王様といえる店。食べごたえのある主菜もあるが、1杯のフォーでも十分、食事になる。チャイナタウンにも2店ある。

　エキゾチックな妙薬、シェイクとお茶を味わえる2店を紹介しておこう。**スウィートゥン・タート・カフェ Sweet'n Tart Café**（#11 ☎718-661-3380 ⌂136-11 38th Ave 9:00〜24:00）、そして**サゴ・ティー・カフェ Sago Tea Café**（#12 ☎718-353-2899 ⌂39-02 Main St）。

スタテン島（MAP1）
STATEN ISLAND
フェリー・ターミナル付近はわびしく冴えないが、少し遠くまで行けば、その甲斐のある店が見つかる。

サイドストリート・サルーン
Sidestreet Saloon
☎718-448-6868
⌂11 Schuyler St
フェリーから歩いて数分の場所にある。向かいの区裁判所で働く人々に人気のランチ・スポットだ。おすすめのメニューは種類豊富なパスタ。

食事 － スタテン島

カーゴ・カフェ
Cargo Cafe
☎718-876-0539
⌂120 Bay St（スロッセン・テラスとの角at Slossen Terrace）
フェリー・ターミナルから3ブロック東にある店。おすすめの肉とシーフード料理を社交的な雰囲気で出す。

ザ・レア・オリーヴ
The Rare Olive
☎718-273-5100
⌂981 Bay St
ランチの主菜＄7前後、ディナー＄13〜、ロブスター＄23

イタリア料理と南部のクレオール料理を組み合わせたおもしろい料理を出す店。本格的なバーがある。

ボチェッリ
Bocelli
☎718-420-6150
⌂1250 Hylan Blvd
前菜＄8.50〜12、パスタ＄12.95〜14.95、主菜＄12.95〜23.95
妥協を許さない地元の店。定番の野菜入りパスタと仔牛のフラ・ディアボロ*fra diavlo*風（胡椒をきかせたトマトソース）のほか、強い風味のエビ、ロブスター、ホタテ貝のケバブのライムマリネなど、意外なメニューもある。

エンターテインメント

Entertainment

ニューヨークで行われるイベントすべてを一つの情報源でカバーすることは至難の業だが、週刊「タイム・アウトTime Out」はかなり頑張っている。ハイクラスの文化的イベントについては、「ニューヨーク・タイムズNew York Times」の金曜版と日曜版、「ニューヨークNew York」、「ニューヨーカーNew Yorker」をチェックしよう。それよりも小規模なコンサート会場やダンス・クラブについては、週刊で発行される「ヴィレッジ・ヴォイスVillage Voice」や「ニューヨーク・プレスNew York Press」といった無料のフリーペーパーに多数の広告が載る。クラブ好きならば月刊の「フライヤーFlyer」をぜひ探してみよう。ポケット・サイズの無料誌で毎日のイベントが細かいものまで載っており、バー、ラウンジ、クラブに置いてある。

文化局 The Department of Cultural Affairs（☎212-643-7770）には、主要美術館をはじめとする文化施設のイベントやコンサート情報を流すホットラインがある。また、**NYCオン・ステージ NYC On Stage**（☎212-768-1818）に電話してもよい。音楽とダンスの催し物についての情報が24時間流れている。

演劇

ブロードウェイはマンハッタンの中ほどでタイムズ・スクエアを突き抜けている。タイムズ・スクエアは、ニューヨーク演劇界の中心としての役割を長らく果たしてきた——正統と猥雑、両方の意味合いで。"正統"とは、市当局筋の用語で、劇やミュージカルを、ジュリアーニ前市長が厳しい法規制を敷くまでこの地区に存在していたポルノ劇場と区別するために使われている。といっても、近年はアンドリュー・ロイド＝ウェーバーの「キャッツCats」、「オペラ座の怪人Phantom of the Opera」、「ミス・サイゴンMiss Saigon」といった仰々しい大作や、「ライオンキングThe Lion King」、「美女と野獣Beauty and the Beast」など、ディズニー映画から派生したものが優勢で、ブロードウェイの流行に対する"正統"という言い方に、疑問が投げかけられていた。

そこに革新の波が押し寄せる。「レントRent」、さらに最近では、「ユーリンタウンUrinetown」、「プルーフProof（証拠）」、「コンタクトContact」などのミュージカル作品が登場した。「プロデューサーズThe Producers」、「卒業The Graduate」、「フル・モンティThe Full Monty」といったヒット映画の舞台化が街を魅了し、同時に演劇シーンは少しばかり再評価され、正統なものと認められた。次に「氷人来たるThe Iceman Cometh」、「るつぼThe Crucible」、「セールスマンの死Death of a Salesman」のような数作の古典のリバイバルでは大物映画俳優が主演して、演劇に興味を持ち始めた熱心な人々を惹きつけ、大挙してブロードウェイへ足を運ばせるようになった。続いて、「オクラホマ！Oklahoma」、「シカゴChicago」、「キャバレーCabaret」を含む再演ミュージカルが喝采を浴びた。

こうした出来事の積み重ねで、ブロードウェイは大いなる成功を収めた一時代を築きあげた。しかし9月11日のテロの結果、観光収入は激減し、ブロードウェイのショーや美術館、レストランやホテルの収支は大きな打撃を受ける。客席が空っぽになるというあからさまなプレッシャーのもとで、打ち切りにせざるを得ないショーがある一方、出演者とスタッフがギャラのカットと一時自宅待機に同意するショーもあり、座席を埋めようと大がかりな地元のキャンペーンが打ち出された。反応は圧倒的な好意に満ちており、テロから半年後に、劇場組合は援助寄付金として＄100万を還元することができた。現在のブロードウェイは日増しに活気づいており、それは劇場リスト（「ニューヨーク・タイムズ」の芸術欄に毎日掲載）をいつのぞいてみても明らかだ。

演劇ファンはダウンタウンやオフ・ブロードウェイ（「後出のオフ・ブロードウェイの劇

「国の名所」、有名なラジオ・シティ・ミュージック・ホール

エンターテインメント − 演劇

場」を参照）での上演作品も忘れずチェックしよう。とびきり洗練された最新の舞台が、有名なタイムズ・スクエアよりもかなり南の方でいくつか上演されている。

ブロードウェイの劇場

一般的に"ブロードウェイ"作品とは、タイムズ・スクエアを取り囲む大型劇場のステージのことだ。主な会場はこの後のリストにあるが、ここに掲載していないお目当てのブロードウェイの劇場があれば、本書巻末にあるMAP6を参照のこと。ここに挙げた劇場へはすべて地下鉄（🄼N, Q, R, S, W, 1, 2, 3, 7号線で42丁目／タイムズ・スクエア42nd St-Times Sq）で行くことができる。下記の一覧にある劇場のチケットを購入するには、後出の「チケット」を参照のこと。

ユージン・オニール劇場
Eugene O'Neill Theater（MAP6, #42）
☎212-239-6200
🏠230 W 49th St

ブロードウェイと8番街の間にあり、ニール・サイモンの「ア・サウザンド・クラウンズA Thousand Clowns」、「二番街の囚人Prisoner of Second Avenue（二番街の囚人）」などトップクラスの演劇作品を上演してきた。アーサー・ミラー原作「セールスマンの死Death of a Salesman」は評論で絶賛され、「フル・モンティThe Full Monty」のステージは幅広い人気を誇っている。心地良い劇場で座席数は1100。

マジェスティック劇場
Majestic Theater（MAP6, #92）
🏠247 W 44th St

8番街近くにあり、おそらくブロードウェイでナンバーワンの劇場だろう。マジェスティッ

クはロングランのミュージカル「回転木馬Carousel」、「南太平洋South Pacific」、ジュリー・アンドリュースが主演した「キャメロットCamelot」を上演してきた。現在の上演作品は伝説と化した「オペラ座の怪人Phantom of the Opera」だ。1988年1月の開幕で、空が落ちる日まで演じられる可能性あり。1600ある席のほとんどから、ステージをはっきり見渡すことができる。

ニュー・アムステルダム劇場
New Amsterdam Theatre（MAP6, #118）
☎212-282-2900
🏠214 W 42nd St

7番街近くにある座席数1771の宝石のような劇場。ここは老朽化していたところをディズニー・コーポレーションに救われ、「ライオンキングThe Lion King」のように陽気な子供受けする作品を上演している。ロビー、トイレ、ホールは広々としているが、座席はやや窮屈だ。

ウィンター・ガーデン劇場
Winter Garden Theatre（MAP6, #31）
☎212-239-6200
🏠1634 Broadway

2000年9月、18年という信じがたいロングランののち、ついに「キャッツCats」の幕を下ろした。沈黙が続いていたが最近になって「ママ・ミーア！Mamma Mia!」をひっさげて演劇シーンに復活した。これはドタバタのミュージカル大作で、スウェーデンの人気グループだったアバの音楽を中心に組み立てたものだ。

ニュー・ヴィクトリー劇場
New Victory Theater（MAP6, #111）
☎212-362-4000
🏠209 W 42nd St

ここもやはり、宝石のようにとても貴重だった劇場を、解体用の鉄球から救って改装した。現在は完全に子供向きの作品を上演している。

オフ・ブロードウェイの劇場

"オフ・ブロードウェイ"とは通常200席足らずの狭いスペースで演じられるショーを指し、劇場が町のどこにあるかは問われない。そうはいっても、タイムズ・スクエア地区にもいくつか存在している。"オフ・オフ・ブロードウェイ"（オフ・ブロードウェイよりさらに小規模な公演）のイベントには、100席足らずのスペースで行われる朗読、実験的かつ前衛的なパフォーマンス、即興も含まれる。世界有数の演目が、こうした親密感の高い会場であることは往々にしてあるものだ。最近の傑出した作品には、イヴ・エンスラーの一人芝居「ヴァギナ・モノローグThe Vagina Monologues」、ピューリッツァー賞受賞の「ウィットWit」、幻想的な空中パフォーマンスの「デ・

ブロードウェイはニューヨーク演劇界の中心地

ラ・グアルダ*De La Guarda*」がある。
　オフ・ブロードウェイは単独でビッグ・ビジネスとなっており、今や年間400万人の集客を誇る。優れた劇場のいくつかは下記の通り。

サークル・イン・ザ・スクエア劇場
Circle in the Square Theater（MAP6、#32）
☎212-307-2705
🏠1633 Broadway（50丁目の角at 50th St）
Ⓜ1、2号線で、50丁目 50th St
以前のブリーカー通り159の建物で、ユージン・オニールの「氷人来たる*The Iceman Cometh*」のように草分け的な作品を上演していた。一座はニューヨーク演劇界で積極的な役割を果たしており、シアター・スクールで新人俳優を養成している。

ジョセフ・パップ・パブリック劇場
Joseph Papp Public Theater（MAP4、#89）
☎212-260-2400
🌐www.publictheater.org
🏠425 Lafayette St
ⓂN、R線で、8丁目／NYU 8th St-NYU、6号線で、アスター・プレイスAstor Pl
グリニッチ・ヴィレッジの東4丁目とアスター・プレイスの間にある。毎年夏になると、セントラル・パーク内の野外劇場、デラコルテ・シアターDelacorte Theaterで、風物詩となっているすばらしいシェイクスピア作品を上演する。メリル・ストリープ、ロバート・デ・ニーロ、ケビン・クライン、その他多くのスターが、ニューヨークの最も重要な文化の中心であるパブリック劇場の舞台に立ってきた。

パフォーミング・ガレージ
Performing Garage（MAP4、#255）
☎212-853-9623
🏠33 Wooster St
ⓂA、C、E線で、カナル通りCanal Stブルーム通りBroome Stとグランド通りGrand Stの間にある。1960年代の創立で、首尾一貫してアバンギャルドなパフォーマンス会場の一つとして続いてきた。前衛劇団ウースター・グループのホームであり、この劇団にはウィレム・デフォー、スポルディング・グレイ、スティーヴ・ブシェーミが所属している。

PS 122
PS 122（MAP4、#36）
☎212-477-5288
🌐www.ps122.org
🏠150 First Ave
ⓂN、R線で、8丁目／NYU 8th St-NYU、6号線で、アスター・プレイス Astor Pl
イースト・ヴィレッジの東9丁目近くにある。1979年の創立以来、新しいアーティストやその斬新なアイデアを育成することに力を注いできた。2つのステージでは、メレディス・モ

PS 122―つねに予想もしないステージに会える

ンク、エリック・ボゴシアン、ブルー・マン・グループ（後出）などが演じてきた。

アスター・プレイス劇場
Astor Place Theatre（MAP4、#87）
☎212-254-4370
🏠434 Lafayette St
ⓂN、R線で、8丁目／NYU 8th St-NYU、6号線で、アスター・プレイスAstor Pl
西4丁目とアスター・プレイスの間にあり、奇抜なブルー・マン・グループ（🌐www.blueman.com）で有名だ。このグループはスキンヘッドで身体を青く塗った男性3人組で、小道具やペンキを用いてワイルドに大暴れしつつ、アートに対する群集心理を茶化してみせる。観客の参加が求められる（こちらの意志には関係なく！）。

ダリル・ロス劇場
Daryl Roth Theatre（MAP5、#179）
☎212-239-6200
🏠20 Union Sq East
ⓂL、N、Q、R、W、4、5、6号線で、14丁目／ユニオン・スクエア 14th St-Union Sq
15丁目にあり、ここもまた上演中の革新的な作品のおかげで、チケットの売り切れが続いている。その作品とは「デ・ラ・グアルダ*De La Guarda*」（🌐www.dlgsite.com）。空中高くを飛ぶアルゼンチンのグループが、立ちっぱなしの観客の頭上で表現力とダンスのエクスタシーを追求し、縦横無尽に飛び回る。観客が巻き込まれることもある。

ジャン・コクトー・レパートリー
Jean Cocteau Repertory（MAP4、#130）
☎212-677-0600
⌂330 Bowery
Ⓜ F、V線で、2番街 Second Ave

東2丁目の角にあり、途切れることなく良質の古典をリバイバル上演している。内容にひねりを加えることも多い。長年にわたってヒットを生んできた心地良い劇場である。

トド・コン・ナダ・ショー・ワールド
Todo Con Nada Show World（MAP3、#114）
☎212-586-7829
⌂675 Eighth Ave（42丁目の角at 42nd St）
Ⓜ A、C、E線で、42丁目 42nd St

タイムズ・スクエアのクリーンアップ作戦のため制定された、ジュリアーニ前市長の情け容赦のない法律に応えたもの。市長殿のお達しで、スペースの6割以上を"正統の"劇場に捧げたポルノ劇場には、正統までいかない庶民的な作品に譲るスペースがまだ残されていた。こうして、トド・コン・ナダと既存の劇団、そしてポルノ・ビデオ製作のショー・ワールドとの革新的コラボレーションは大いに当たった。ここでは、高品質のオリジナル作品が3つの劇場（鏡面仕上げの天井、赤いフロック加工の壁紙、かつてストリッパーたちが練り歩いたキャバレー風張り出しステージのしつらえ）で上演されている。劇場内に入場する前に、上階の型破りなピエロを見逃さないように。

チケット

ブロードウェイ・ライン
Broadway Line
☎212-302-4111
🌐www.broadway.org

不夜街ブロードウェイとオフ・ブロードウェイの、演劇とミュージカルの内容を知ることができる。チケット価格の情報がわかり、クレジットカードで購入もできる。

テレチャージ
Telecharge
☎212-239-6200、800-432-7250

ブロードウェイとオフ・ブロードウェイのほとんどのチケットを扱っている。ただし、チケット1枚ごとに手数料がかかる。売り切れとなっているショーの当日立ち見席を購入するには、直接劇場に問い合わせること。$10〜15で、すばらしい眺めと痛む足が手に入るだろう（けれども、休憩時間に空いた席を探すことは容易だ）。

思い切って劇場へ出かけたら、各劇場独自の席配列のどこに座るか、また、より望ましい席かを見極めることが大切。

割引チケット

TKTSブース
TKTS Booth（MAP6、#56）
☎212-768-1818
⌂ブロードウェイと西47丁目の角Broadway & W 47th St

タイムズ・スクエアにあり、当日のブロードウェイとオフ・ブロードウェイのミュージカル、演劇のチケットを扱っている。通常の劇場窓口価格より25％か50％の割引となり、チケット1枚につき$3の手数料がかかる。売り場の電光掲示板に扱っているショーのリストが提示される。入手が可能かどうかは、お目当てのショーの人気に左右される（このブースへ行く前に「ニューヨーク・タイムズ*New York Times*」金曜版と「タイム・アウト*Time Out*」を見て選んでおくとよい。ただし、柔軟な対応は必要）。

水曜日と土曜日は10:00よりマチネーのチケットが販売され、日曜日は午後（昼）の公演のために11:00に窓口が開く。夜の公演のチケットは毎日15:00より販売となり、窓口が開く1時間前から行列が出来始める。TKTSは現金かトラベラーズチェックしか受け付けないので注意。

TKTSアウトレット TKTS Outletは、タイムズ・スクエアのブースほど混んでおらず規模が小さい。ロウアー・マンハッタンの国立アメリカン・インディアン博物館の向かい、ボウリング・グリーン・パーク・プラザにある。ブースと同じ営業時間である。

バー＆ラウンジ

ジュリアーニ前市長が不可解なキャバレー法を復活させたとたん、ラウンジが雨後の筍のように出現し始めた。くだんの法律では、バーはキャバレー・ライセンス──既存のバーには入手が難しいお役所の決まり──を持っていないと音楽を流すことができないと定めていた（ジュークボックスは除く）。この法は各所に影響を与えることになる。単純に店を閉めるところもあれば、ブルックリンに移る店もあった。そこにラウンジが出現した。このバー付きリビング・ルームではDJがレコードを回し（ライセンスに関するお役所のたわごとを巧みに回避して）、飲み物は豊富で、葉巻愛飲家は歓迎される。ラウンジごとに、音楽、照明、人目につかないスペース、ビロード風の調度品、客層など路線が異なり、違った雰囲気が醸し出されている。

つねに新しい店が出現しているので、ラウンジが目当てなら街で尋ねてまわろう。その界隈のイメージがラウンジにもだいたいあて

ホテルのカクテル

ニューヨークでは、どこよりも贅沢なインテリア、息をのむような眺望、そして高級感あふれる雰囲気がホテルのバーやカクテル・ラウンジ、ロビーに隠されていることがある。ここでは"払っただけのものが手に入る"の格言があてはまり、こうした場所に染みこんだ雰囲気を利用するには、かなりの出費を覚悟しなければならない(通常ビールが$10から、カクテルは約$14からである)。また、ドレスコードがあるのでふさわしい服装で出かけること。ここでいくつかおすすめのスポットを紹介しよう。

歴史的な面では、ブルー・バー Blue Bar(MAP6、#82 ☎59 W 44th St)がはずせない。5番街と6番街にはさまれたアルゴンキン・ホテルAlgonquin Hotel内にあり、由緒正しい、紫煙が漂うバーだ。同ホテルにはオーク・ルーム Oak Roomもあり、こちらでは世界有数のフロア・ショーが催される。ほかの定番であれば、ホテル・エリゼーHotel Elysee's内のモンキー・バー Monkey Bar(MAP5、#27 ☎60 E 54th St)がある。5番街とマディソン街の間に位置し、おどけた猿の壁画が見つめるなかで、1936年の創業以来レシピの変わらぬカクテルが注ぎ続けられている。カーライル・ホテルCarlyle Hotel内のベーメルマンス・バー Bemelmen's Bar(MAP7、#78 ☎35 E 76th St)はマディソン街とパーク街の間にあり、格調高いカーライル・ホテルの中でも風変わりな歴史ある店。店名は絵本「マドレーヌ」の作者に由来している(バーの壁はベーメルマンスの絵で覆われている)。ここまで足を運んでさらに手持ちがあって、それなりの服装をしていれば、同ホテルのカフェ・カーライル Cafe Carlyleでボビー・ショートやその他のすばらしいしっとりした歌声を聞いてみたいところだ。歴史的バーの最後として、ナット・キング・コール・バー Nat King Cole Bar(MAP5、#28 ☎2 E 55th St)を紹介しよう。5番街とマディソン街の間にあるセント・レジス・ホテル内にあり、マックスフィールド・パリッシュの見事な壁画と、上質の葉巻をくゆらしながら五感を喜ばせることのできる強いカクテルがある。

次に眺望の面では、リッツ・カールトンRitz-Carlton内の新しいライズ・バー・アンド・テラス Rise bar and terrace(MAP3、#89 ☎14th fl, 2 West St at 1st Pl)がダントツである。ヴェラザノ海峡橋、自由の女神、華麗な夕日とニューヨーク港を一望できる絶景がそこにはある。おまけにアペタイザーと軽食がとてもおいしい。同ホテルのロビー・ラウンジ lobby loungeも格別なバーだ。ピアノとギターのブラジル人デュエットによる演奏が流れるなか、ゆったりしたふかふかのソファで葉巻を吸うことができる。ザ・ビュー The View(MAP6、#77☎1535 Broadway at 45th St)はマリオット・マーキースMarriott Marquisにあり、タイムズ・スクエアの上空、最上階にそびえる回転展望レストランだ。そこでのレストランに行くほうの観光客を避け、カウンターへ直行して、どこよりも都会的な光景を堪能したい。ここから東へ向かうと、49丁目と50丁目の間で1番街とぶつかるところ、49丁目寄りにビークマン・タワー・ホテルBeekman Tower Hotelがある。その中のトップ・オブ・ザ・タワー Top of the Tower(MAP5、#54 ☎26th fl, 3 Mitchell Pl)は、イースト・サイドを見渡すことができる。眺めにはクライスラー・ビルや国連本部が含まれ、イースト川の対岸にはネオンの文字で書かれたレトロなペプシの看板がある。ペントハウスB Penthouse B(MAP7、#131 ☎500 E 62nd St at York Ave)はベントレーBentley内にあり、やはりイースト川対岸を含め、360度見渡せる眺めがよい。

ブティック・ホテルのようなスノッブな粋を求めるならば、豪華なヴィラード・バー・アンド・ラウンジ Villard Bar & Lounge(MAP5、#64 ☎455 Madison Ave at 50th St)をチェックしよう。パレス・ホテルPalace Hotel内にあり、濃い栗色のベルベット、純金の葉の装飾、マホガニーと大理石といったものが並び、ルイ14世時代様式に仕上げられている。いくつもある人目を忍ぶスペースで、葉巻をくゆらすもよし、寄り添って話をするもよし。44(MAP6、#107 ☎44 W 44th)は5番街と6番街の間、ロイヤルトンRoyaltonにある。ニューヨークの気取った面を見せつけようとする店の一つだが、そこはどうでもいい。とにかくマティーニが絶品だ(ロビーのラウンジは無視して、エントランスの右手にある小さなバーをチェックしよう)。

同じくほかの客と眺め合えるタイプの店に、ウイスキー・バー Whiskey Bar(MAP6、#60 ☎245 W 46th St)がある。ブロードウェイと8番街の間にあるパラマウントParamount内にあり、ノートパソコンにへばりつくジャンキー、落ち目のロック・スターを目撃できる興味深いスポットだ。アンダー・バー UnderBar(MAP5、#181 ☎201 Park Ave South at E 17th St)は、ダブル・ニューヨーク・ユニオン・スクエアW New York-Union Square内にあるバー。やはりベルベットのソファと人目を忍ぶためのカーテンがあるきらびやかな店だ。「よそ者」にはクールすぎてついていけないと感じたら、ここまで気取っていないホテルの2階ラウンジへこっそり避難しよう。

はまる。チェルシーはほとんどがゲイの店で、イースト・ヴィレッジとロウアー・イースト・サイドは他の地区より過激、ソーホーは芸術家たちが多く集まり、アップタウンはより高級だ。

けれども、ラウンジを好まない向きもあるだろう。刺激が多すぎ、騒がしく、金がかかり、混んでいるともいえるからだ。この意見に賛成ならば、ニューヨークが手際よく提供する怪しげなバーを探したくなるはず。ニューヨークのおすすめバーをきちんとリストにすると一冊まるごと必要なほどだが、ここではほとんどの夜に2:00まで開いている特におすすめのバーを挙げた (もっとも、バーは4:00までの営業を法律で認められており、たいていの店がその時間まで開けている)。詳細については、ニューヨーク・シティ・ビール・ガイドのホームページ (⋓www.nybeer.org/drinking.html) に集まった、いい意味で主観の入った評価を参照のこと。

未成年者がニューヨークの酒場でどれだけアルコールに強く、どのように酔うか発見できた時代は遠い昔のことだ。今日のニューヨークでは誰でも (たとえ40歳であろうと!) バーとラウンジでは、飲み物を購入する前に写真付き身分証明書の提示が必要とされ、ときには入口で提示を求められるときもある。

ロウアー・マンハッタン (MAP3)
Lower Manhattan

レミー・ラウンジ
Remy Lounge (#76)
☎212-267-4646
⌂104 Greenwich St
Ⓜ N、R線でレクター通りRector St

カーライル通りCarlisle Stとレクター通りRector Stの間にあり、サルサをはじめとするラテンのリズムが毎夜ダンス・フロアを熱くする"ロコloco (熱狂的)"な店。この2階建てのラウンジではDJもレゲエやR&Bをたっぷりかける。よくいわれるように印象づける服装で出かけよう。顧客リストに追加されるために。

おすすめ店の上位にある2店ではあるが、まったく雰囲気が違うマンハッタンのバーが、バッテリー・パークのリッツ・カールトンにある**ライズ** Rise (「ホテルのカクテル」参照) と、サウス・ストリート・シーポートSouth St Seaportの**カバナ** Cabana (#54,「食事」参照) だ。

トライベッカ (MAP3)
Tribeca

バブル・ラウンジ
Bubble Lounge (#30)
☎212-431-3433
⌂228 West Broadway
Ⓜ 1、2号線で、フランクリン通りFranklin Stホワイト通りWhite Stとフランクリン通りFranklin Stの間にある。懐の豊かなウォール街タイプの客がこの店を好み、280種類のシャンペンとスパークリング・ワインで、はめをはずしている。シャンペンのボトル1本に＄2000をぽんと使わされる店だが、グラス1杯を約＄8で注文することもできる。

ラクーン・ロッジ
Raccoon Lodge (#44)
☎212-776-9656
⌂59 Warren St
Ⓜ A、C、1、2号線で、チェンバーズ通りChambers St

チャーチ通りChurch Stとウェスト・ブロードウェイWest Broadwayの間にある。トライベッカ一、飲みに行きたくなる雰囲気の良いバー。強い酒があり、ポップコーンは無料。冬の夜ともなれば、暖炉とビリヤード台がこたえられない魅力となる。仕事帰りの時間帯はスーツ姿が多くやや堅苦しいが、夜が深まるにつれて近くの住民やバイカーといった常連たちが現れる。

リカー・ストア・バー
Liquor Store Bar (#6)
☎212-226-7121
⌂235 West Broadway
Ⓜ A、C、E線で、カナル通りCanal St

気ままに夜を過ごすスポットとして人気がある店。店が入っているフェデラル様式の建物は、1804年からずっと商用に使われてきた歴史を誇る。大きな窓と屋外のテーブルがあるため、ピープル・ウォッチングを楽しめる。店名はこの同じ場所で以前営まれていた商売からついたもの。土地っ子は、近くの道を駆け回る毛のはえた生き物にヒントを得て、この店をネズミ・バーと呼んでいる。

ロウアー・イースト・サイド (MAP4)
Lower East Side

ラドロー通りLudlow Stとその周辺はかつて薄汚れた街はずれで、古株とよそに移動する前の新参者しか棲息していなかった。だが、1990年代の初めに地区全域にバー、ラウンジ、レストラン、ライブ・ハウスが次々と建ち始めた。現在はコンパクトな範囲にさまざまなタイプの店がそろっているため、パブ巡りには手軽で人気のある地区となっている。紙面で紹介可能な数をはるかに上回る店が存在している。——この地区の最新情報を知りたかったら、人に尋ねるか、歩き回ってみよう。

バラマンディ
Barramundi (#217)

エンターテインメント – バー&ラウンジ

☎212-529-6900
🏠147 Ludlow St
Ⓜ F、J、M、Z線で、デランシー通りDelancey Stスタントン通りStantonStとリヴィングトン通りRivington Stの間にある。オーナーはオーストラリア人で、陽気な雰囲気のボックス席を中心にしたアート感覚の店。リーズナブルな価格の飲み物と、照明を落とした愛らしい庭がある。

オーチャード・バー
Orchard Bar（#179）
☎212-673-5350
🏠200 Orchard St
Ⓜ F、V線で、2番街Second Aveスタントン通りStanton Stとイースト・ハウストン通りE Houston Stの間にあり、穴場の店。大部分の客は酔っぱらった洒落た都会人で、長椅子でくつろぎ、DJがかけるディープ・ハウスやテクノ系のビートに合わせて楽しんでいる。

　このほかにどうしてもおすすめしたい2店は、アレン通りAllen Stの**ロリータLolita**（#227 ☎212-966-7223 🏠266 Broome St Ⓜ S線で、グランド通りGrand St、F、J、M、Z線で、デランシー通りDelancey St）と、デランシー通り近くの**モーター・シティ・バーMotor City Bar**（#225 ☎212-358-1595 🏠127 Ludlow St Ⓜ F、J、M、Z線で、デランシー通りDelancey St）だ。

ソーホー（MAP4）
Soho

イアー・イン
The Ear Inn（#265）
☎212-226-9060
🏠326 Spring St
Ⓜ C、E線で、スプリング通りSpring Stハドソン川から1ブロック、グリニッチ通りGreenwich Stとワシントン通りWashington Stの間にある。ここはかつてジェイムズ・ブラウンの家だった（ジョージ・ワシントンを助けたジェイムズ・ブラウンで、有名ソウル・シンガーのほうではない）。家が建てられたのが1817年と歴史ある貴重な酒場で、得意客は下水施設の労働者から会社勤めの堅物や、バイカー、詩人まで幅広い。メニューの目玉はとびきりおいしいシェパード・パイだ。

カフェ・ノワール
Cafe Noir（#259）
☎212-431-7910
🏠32 Grand St
Ⓜ A、C、E線で、カナル通りCanal Stトンプソン通りThompson Stにある。アフリカ北部と地中海料理に影響されたアペタイザーをほおばりながら、オープン・エアのバー

の手すりにもたれ、ソーホーの街を行く人々を眺めることができる。

スイート&ヴィシャス
Sweet & Vicious（#211）
☎212-334-7915
🏠5 Spring St
Ⓜ J、M線で、バワリーBoweryエリザベス通りElizabeth Stとバワリー通りの間にある開放的なバー。フロアは硬木で、ベンチも硬い。じっとしているとお尻が痛くなるので、立ち上がって店内を流れるごきげんな音楽に合わせ身体を揺らそう。

プラウダ
Pravda（#185）
☎212-226-4944
🏠281 Lafayette St
Ⓜ F、V、S線で、ブロードウェイ／ラファイエット通りBroadway-Lafayette Stプリンス通りPrince Stとハウストン通りの間にある。店側は静かに営業するつもりだったが、入口から続く入場待ちの列が街中に秘密をもらしてしまった。入口の服装チェックを通り抜け、葉巻の煙が漂う東ヨーロッパのもぐり酒場をまねた店に入るには、ばっちりドレスアップした十分印象的な格好が必要。それでも、この店のマティーニはそれだけの苦労をする価値がある。カナダのインフェルノ・ペッパーやアメリカのレイン・オーガニックなど2ページにわたるウォッカのリストもある。

グリニッチ・ヴィレッジ（MAP4）
Greenwich Village

ボウルモー・レーンズ
Bowlmor Lanes（#19）
☎212-255-8188
🏠110 University Pl
Ⓜ L、N、Q、R、W、4、5、6号線で、14丁目／ユニオン・スクエア 14th St-Union Sq東12丁目と13丁目の間にある。厳密にはラウンジではないが、ラウンジと同じように21世紀風のヒップな分類に入れられるボウリング場で、常連客でにぎわっている。月曜夜のディスコ音楽のBGMと光るボウリング（照明を落としレーンやピンが光る演出）が、クラブと呼ぶにふさわしいレトロな雰囲気を醸し出している。ジュリア・ロバーツをはじめとするセレブリティたちが顔を見せることも雰囲気づくりに一役買っている。金曜日と土曜日は朝方4:00までゲームができる。

Bバー
B Bar（#132）
☎212-475-2220
🏠40 E 4th St

エンターテインメント ― バー&ラウンジ

M6号線で、ブリーカー通りBleecker Stバワリー通りにあり、さまざまなタイプのリッチな客で混み合う店。屋外のパティオが心地良い安らぎを提供する夏の夜ともなると、なおさらだ。火曜日のBバーは悪名高い「ベージュ・パーティ」という催しで知られ、きらびやかなゲイだけが参加できる（もっとも、超一流の女性なら、同じく一流の男性に同伴されていれば、参加を認められる、かもしれない）。

スウィフツ・ハイバーニアン・ラウンジ
Swift's Hibernian Lounge（#133）
☎212-260-3600
🏠34 E 4th St
M6号線で、ブリーカー通りBleecker Stバワリー通り近くにあり、アイルランド伝統音楽の生演奏と上質のギネス・ビールで大人気のパブ。教会の椅子とキャンドルがこの店のアイルランドらしい雰囲気を盛り上げ、ミュージシャンたちは客と打ち解けている。店にはステージらしいステージがないからだ。

ウェスト・ヴィレッジ（MAP4）
West Village

コーナー・ビストロ
Corner Bistro（#9）
☎212-242-9502
🏠331 W 4th St
M1、2号線で、クリストファー通り／シェリダン・スクエアChristopher St-Sheridan Sqジェーン通りJane Stと西12丁目の間にある。かつてのビート世代で有名。彫りがある木製テーブルで夜中の2:00まで炭焼きハンバーガーを食べることができる。半ポンドある巨大なハンバーガーにはベーコンとタマネギが使われ、街一番と言う人もいる。

ブラインド・タイガー・エール・ハウス
Blind Tiger Ale House（#65）
☎212-675-3848
🏠518 Hudson St
M1、2号線で、クリストファー通り／シェリダン・スクエアChristopher St-Sheridan Sq西10丁目とクリストファー通りの間にある。気さくな客が集う店で、ずらりと並んだ珍しいビールを味見するには他を寄せつけない店だろう。サービスタイムは20:00まで。

バー・ドゥ
Bar d'O（#159）
☎212-627-1580
🏠29 Bedford St
M1、2号線でハウストン通りHouston Stダウニング通りDowning Stに近い、煙草の煙が漂うレトロなラウンジ。週の何日かは女装の日だ（チャージは通常＄3〜7）。ゲイとスト

レート、両方のシックな客を惹きつけている。ただし、月曜日はレズビアン・ナイトだ。

チャムリーズ
Chumley's（#154）
☎212-675-4449
🏠86 Bedford St
M1、2号線で、クリストファー通り／シェリダン・スクエアChristopher St-Sheridan Sqグローヴ通りGrove Stとバロウ通りBarrow Stの間にあるが、見つけるのは難しい。歴史あるナイト・クラブで、そこそこのパブの食事と11種類のドラフト・ビールを出す（この店の歴史に関する詳細は「観光スポットと楽しみ方」の「グリニッチ・ヴィレッジの散策コース」を参照）。白い壁についた何の目印もない茶色の扉を探そう。

イースト・ヴィレッジ＆アルファベット・シティ（MAP4）
East Village & Alphabet City

ザ・スクラッチャー
The Scratcher（#131）
☎212-477-0030
🏠209 E 5th St
M6号線で、アスター・プレイスAstor Pl 3番街近くにある。ダブリンにあるパブの雰囲気そのままなので、アイルランド系の客に人気が高い。昼にコーヒーをすすり、新聞に目を通すのにぴったりの店。しかし、夜には混雑してにぎやかなスポットとなる。

マクソーリーズ・オールド・エール・ハウス
McSorley's Old Ale House（#93）
☎212-473-9148
🏠15 E 7th St
M6号線で、アスター・プレイスAstor Pl 2番街と3番街の間にある。南北戦争前の創業で、近代化の流れに屈しないという称号を授かっているが、異論の余地はあるだろう。1970年代まで女性の立ち入りは禁止だった。この旧式の古いバーは、ジョゼフ・ミッチェルによる「ニューヨーカーNew Yorker」掲載の有名な短編の舞台としてしばしば登場したが、最近では訪れる者はほとんどが観光客となり、窮屈な店では気の抜けたビールが注がれている。

ヴェイザックス
Vazac's（#112）
☎212-473-8840
🏠108 Ave B（東7丁目の角at E 7th St）
ML線で、1番街First Ave、6号線で、アスター・プレイスAstor Pl
トンプキンズ・スクエア・パークTompkins Square Parkの南東の端にある地元の人気店。床はべたべたして蹄鉄型のカウンターがあり、

じっとしていられない人向きにはピンボールがたくさん備えてある。店は別名7ビーズ7B's（住所の東7丁目とB街に由来）ともいい、「評決*The Verdict*」や「クロコダイル・ダンディー*Crocodile Dundee*」をはじめとする数多くの映画に登場した。

トライブ
Tribe（#103）
☎ 212-979-8965
🏠 1番街とセント・マークス・プレイスの角St Marks Pl at First Ave
Ⓜ 6号線で、アスター・プレイスAstor Pl
流行のヒップなイースト・ヴィレッジについて、知っておくべきことがすべてわかる店。以前は歴史のあるセント・マークス・バー＆グリルだった。現在ではDJや照明に凝ったダンス・フロア、高いビールなどが特徴。

WCOUラジオ
WCOU Radio（#102）
🏠 115 First Ave（東7丁目の角at E 7th St）
Ⓜ 6号線で、アスター・プレイスAstor Pl
トレンディなイースト・ヴィレッジのナイト・ライフにうんざりしたときにおすすめの場所。床が古いタイル敷きなので、この目立たない隠れ家はどこか浴室を彷彿とさせる。窓際に腰かけ、クールなジュークボックスのBGMに合わせて人が通り過ぎるのを観察しよう。

バラーザ
Baraza（#114）
☎ 212-539-0811
🏠 133 Ave C
8丁目と9丁目の間にある。バーとラウンジの業界では新参の部類に入るが、あっという間に固定客となった人混みを見たらそんなこと

今でも特別なエリア、イースト・ヴィレッジ

イースト・ヴィレッジ──特にセント・マークス・プレイスとトンプキンス・スクエア・パーク近辺は、長らくニューヨークの典型的な周辺地域として知られてきた。どれだけ高級化しても、イースト・ヴィレッジはつねにはみ出し者たちを引き寄せた。ジャンキーや、近年では郊外を追いだされたホームレス、それにビート詩人のアレン・ギンズバーグや、風変わりでダンディな英国人作家クエンティン・クリスプといったエキセントリックな芸術家たちがその中にいた。こうした風変わりな集まりの特徴をさらに強調したのが、昔からこのエリアに深く根ざしている東ヨーロッパ系の緊密なコミュニティだった。イースト・ヴィレッジは70年代と80年代に、USパンク・ムーブメントの中心地の役割を果たす。バワリー通りの悪名高いナイト・クラブCBGBは、トーキング・ヘッズ、ブロンディー、ラモーンズといった有名なバンドがキャリアのスタートを切るために一役買った。80年代の後半までにトンプキンス・スクエアは、地元のパンク・ロッカーやアナーキストらが文字通り足を踏みならす場所となった。コニー・アイランド・ハイ Coney Island Highは大いに惜しまれながらすでに姿を消したが、セント・マークス・プレイスにあった納屋風のライブ・ハウスだった。それから、今なお繁栄を続ける7ビーズ 7B's（別名ヴェイザックス。「バー＆ラウンジ」を参照）。こうした店にロッカーたちが押し寄せたものだった。

だが90年代初頭になると、イースト・ヴィレッジの危険な街は急速に目覚ましい変化を遂げ始める。悪名高いアルファベット・シティ（A街、B街、C街、そしてD街）やラドロー通り周辺のロウアー・イーストサイドのほうまでその変化が及んでいった。変化は最先端のナイト・シーンにおける新しい動きから始まった。トンプキンス・スクエア近辺でカフェの草分けが次々にオープンしたのだ。セント・マークス・プレイスのカフェ・シーネ Cafe Siné（すでにクローズしているが）はアイルランド移民を惹きつける文学や音楽関係者のたまり場となった。若くして急逝した不遇のシンガー・ソング・ライター、ジェフ・バックリーもそこにいた。GAPがセント・マークス・プレイスと2番街の角にオープンした時は、ニューヨーカーたちは一体この世はどうなっているのだと口々に言い立てた（そのGAPも今はクローズしている）。

イースト・ヴィレッジは前進を続け、3番街から東の区域、東2丁目から東13丁目にわたる地帯の荒れ放題だったアパートメントが改装された。ギネスが振る舞われるアイリッシュ・パブ、**スウィフツ・ハイバーニアン・ラウンジ Swift's Hibernian Lounge**やザ・スクラッチャー The Scratcher（「バー＆ラウンジ」を参照）といったいかした店が出現し、**ヴィレッジ・イディオット Village Idiot**、**バー81 Bar 81**、**ソフィーズ Sophie's**のような酔っぱらいのたまり場と取って代わろうとしている。もっとも、地元の常連客たちは、決してなじみの店を見捨てたり、乗り替えることはないだろう。

イースト・ヴィレッジが意識せず進歩を続けたことが、インターネット・カフェやさらに高級な店のオープンにつながりセレブリティたちを惹きつけていったが、そういった店は偉そうな態度ととくでもない食べ物を提供した。それでも、イースト・ヴィレッジには、やはりグランジな世界が残っている。**コンチネンタル Continental**（「ロック」を参照）には、ピアスだらけの群衆がロック・バンドのライブへとやって来る。**ブラウニーズ Brownie's**では夜ごとロックが鳴り響き、CBGBsが消えることはまずないだろう。

最近ではB街とC街から入った脇道にも、毎夜2:00までオープンしているラウンジが出現し始めた。自分の足で探索してみよう。詳細は「ペーパー*Paper*」や「ダウンタウンマガジン*Downtown magazine*」の一覧表でチェックのこと。

エンターテインメント − バー&ラウンジ

は想像もできないことだろう。熱いラテンのリズムと愉快に過ごせる夜を求めて、大勢の客が集まっている。

　このエリアでほかに紹介したい店は次の通り。流行の先端を行くシーンがよければ**プラント　Plant**（#118 ☎212-375-9066 🏠217 E 3rd St）。B街とC街の間にある。あるいはもう少しインターナショナルな店がよければ、**ツム・シュナイダー　Zum Schneider**（#115 ☎212-598-1098 🏠107-109 Ave C at 7th St）か、**エスペラント　Esperanto**（#113 ☎212-505-6559 🏠145 Ave C at 9th St）がある。

ユニオン・スクエア（MAP5）
Union Square

ピーツ・タヴァーン
Pete's Tavern（#171）
☎212-473-7676
🏠129 E 18th St
Ⓜ L、N、Q、R、W、4、5、6号線で、14丁目／ユニオン・スクエア14th St-Union Sq
アーヴィング・プレイスIrving Pl近くにある、雰囲気の良い薄暗い酒場だ。なかなかいけるハンバーガーとビールが約＄12（この店の歴史に関する詳細は、「観光スポットと楽しみ方」の「グラマシー・パーク」を参照のこと）。

オールド・タウン・バー&グリル
Old Town Bar and Grill（#183）
☎212-529-6732
🏠45 E 18th St
Ⓜ L、N、Q、R、W、4、5、6号線で、14丁目／ユニオン・スクエア14th St-Union Sq
ブロードウェイとパーク街Park Aveの間にある。飲むペースが早く、地元の人々が多い点はピーツ・タヴァーンと似ている。

ベルモント・ラウンジ
Belmont Lounge（#178）
☎212-533-0009
🏠117 E 15th St
Ⓜ L、N、Q、R、W、4、5、6号線で、14丁目／ユニオン・スクエア14th St-Union Sq

アーヴィング・プレイス近くにある。流行の先端を行く店で、奥まった人目につかないスペースがたくさんある。庭で星を眺めるもよし、サンドイッチ、サラダ、アペタイザー等のメニューから選んで夜通し食べるもよし。調理場は夜中の2:00まで開いている。

ビューティ・バー
Beauty Bar（#174）
☎212-539-1389
🏠231 E 14th St
Ⓜ L線で、3番街Third Ave
2番街と3番街の間にある。多くの人にとって、ヒッピー的なイースト・ヴィレッジが真の終わりを告げる始まりとなったバー。郊外の住民や観光客が、美容室の「おかま」の下でマティーニに口をつけているのが目新しい。

ミッドタウン&タイムズ・スクエア
Midtown & Times Square

キャンベル・アパートメント
Campbell Apartment（MAP5、#86）
☎212-953-0409
🏠15 Vanderbilt Ave
Ⓜ S、4、5、6、7号線で、グランド・セントラルGrand Central
グランド・セントラル駅からアクセスしやすい。オイスター・バー横のエレベーターに乗るか、ウェスト・バルコニーへ通じる階段を上り、左手のドアに進もう。カクテルを飲むのにうってつけのスポットで、かつては地主である鉄道界の大立て者の住まいであり、ベルベットとマホガニーと壁画がそれを証明している。葉巻は歓迎されるが、スニーカーとジーンズは御法度。

レインボー・ルーム
Rainbow Room（MAP5）
☎212-632-5100
🏠30 Rockefeller Plaza
Ⓜ B、D、F、V線で、47丁目／50丁目／ロックフェラー・センター47th-50th Sts/Rockefeller Center

夜空に輝くマンハッタンのスカイライン

GEビル65階のレインボー・グリルにある。飲み物は安くないが（あのケトル・ワンのマティーニが＄15するのには恐れ入った）、うっとりするような夜景が眼下に広がり、ニューヨークでも屈指のロマンチックなスポットと位置づけられている（エンパイア・ステート・ビルを見下ろせる）。レインボー・ルームは毎週金曜日の夜と、時折、土曜日にもオープンし、ディナーとダンスを楽しむことができる。ジャケット着用と予約が必要。

ルディーズ・バー＆グリル
Rudy's Bar & Grill（MAP6、#97）
☎212-974-9169
🏠627 Ninth Ave
Ⓜ A、C、E線で、42丁目42nd St
44丁目と45丁目の間にあり、実質的に、いける口のための店として評判。ジョッキ＄2のビールで無料のホットドッグを流し込めば、誰もが同じように病みつきになること請け合いだ。

フィルム・センター・カフェ
Film Center Cafe（MAP6、#96）
☎212-262-2525
🏠635 Ninth Ave
Ⓜ A、C、E線で、42丁目42nd St
44丁目と45丁目の間にある。活気あふれる地元の店で、週末の数量限定なしのシャンペン・ブランチ（＄9.95）や生ガキを出すカウンター、強い酒類がある。調理場は朝方4:00までオープンしている──これ以上欲張ることができるだろうか？

マクヘールズ・バー＆カフェ
McHale's Bar & Cafe（MAP6、#62）
☎212-997-8885
🏠750 Eighth Ave（46丁目の角at 46th St）
Ⓜ A、C、E線で、42丁目42nd St
長年にわたって年配の人々や俳優、俳優の卵のたまり場だった。気取らない店で、そこそこのパブ料理とハンバーガーを提供し、メニューはすべて＄9未満だ。マクヘールズの偉大なネオン・サインを探してみよう。少なくとも60年は時代を逆戻りした気分にさせてくれるはず。

マーキュリー・バー
Mercury Bar（MAP6、#67）
☎212-262-7755
🏠659 Ninth Ave
Ⓜ A、C、E線で、42丁目42nd St
45丁目と46丁目の間にある。ウェスト・サイドのポート・オーソリティーPort Authority近くにある、最近注目の新しい洒落たスポットだ。木曜日と金曜日の夜、それに巨大テレビネットワーク2局が大きなスポーツ・イベントを中継する際は、つねに顧客でぎゅう詰めとなる。そうしたイベント以外では、テレビ中継はかなり邪魔になる。

ブリティッシュ・オープン
British Open（MAP5、#17）
☎212-355-8467
🏠320 E 59th St
Ⓜ 4、5、6号線で、59丁目59th St
1番街と2番街の間にある。アイリッシュ・パブが多いニューヨークで、クイーンボロ橋Queensboro Bridgeの物陰にあるブリティッシュ・オープンはスポーツ・バーという隙間的なニーズを満たしている。ここにやって来て、テレビでフットボールやクリケット、ゴルフを観賞しよう。

アッパー・ウェスト・サイド（MAP7）
Upper West Side

ラクーン・ロッジ
Raccoon Lodge（#50）
☎212-874-9984
🏠480 Amsterdam Ave
Ⓜ 1、2号線で、86丁目86th St
83丁目の角にあり、ダウンタウンの姉妹店と同じくクールな店（前出の「トライベッカ」参照）。ルーマニア人オリンピック選手、ウィスコンシン州の予言者、地元のバイカー、ジャマイカの身分の高い人とさまざまな客がいる。すばらしいジュークボックスとビリヤード台があり、ごきげんなバーテンたちと会話が弾む。

ジ・イヴリン
The Evelyn（#57）
☎212-724-5145
🏠380 Columbus Ave（78丁目の角at 78th St）
Ⓜ 1、2号線で、79丁目79th St
広々とした地下のスペースでカウチがたくさんあり、典型的なシガー・ラウンジと、ディナー・メニュー以上に豊富な選択肢のあるマティーニのリストを備えている。平日はいつも落ち着いた客たちが集まってくるが、週末はにぎやかな学生たちが占領する。

ダブリン・ハウス
Dublin House（#56）
☎212-874-9528
🏠225 W 79th St
Ⓜ 1、2号線で、79丁目79th St
ブロードウェイとアムステルダム街Amsterdam Aveの間にある旧式のアイリッシュ・パブ。本来ならば目立つ店ではないはずだが、この店をひいきにする年配の客と大学生たちの珍しい取り合わせのおかげで、目立っている店だ。

ザ・パーラー
The Parlour（#52）
☎212-580-8923

86丁目86th St
1、2号線で、79丁目79th St
ブロードウェイとウェスト・エンド街West End Aveの間にあり、ここもまた大西洋の向こう、イギリスからやって来た良い店だ。たいていはサッカー・ゲームが進行中で、キルト姿の酒飲みスコットランド人が幅をきかせている。

セインツ
Saints（#1）
☎212-961-0599
992 Amsterdam Ave
1号線で、キャシードラル・パークウェイ／110丁目Cathedral Parkway-110th St
ブロードウェイとアムステルダム街の間にあり、さまざまな客を歓迎する静かなスポット。だが、本当のところはゲイ・バーである。

ブロードウェイ・ダイヴ
Broadway Dive（#7）
☎212-865-2662
2662 Broadway
1号線で、103丁目103rd St
101丁目と102丁目の間にあり、べたつく床とダーツがある普通のバー。姉妹店の**ダイヴ・バーDive Bar**（#12 ☎212-749-4358 732 Amsterdam Ave 1、2、3号線で、96丁目96th St）に足を運んでもよい。95丁目と96丁目の間にあり、少々グレードが高めになっているが、高過ぎるほどではない。

アッパー・イースト・サイド
Upper East Side（MAP7）

サブウェイ・イン
Subway Inn（#125）
☎212-223-8929
143 E 60th St
4、5、6号線で、59丁目59th St
レキシントン街Lexington Aveと3番街の間にある。年配の男たちが集まる、安酒を置いた典型的な酒場。バーテンダーの白いシャツと細身の黒いネクタイが本物を感じさせる。

マーク・ホテル
Mark Hotel（#80）
☎212-744-4300
www.themarkhotel.com
25 E 77th St
6号線で、77丁目77th St
翌1:00まで
マディソン街Madison Aveと5番街の間にある。ホテル内の静かなラウンジで、アッパー・イースト・サイドのエレガンスの縮図である。

キンセール・タヴァーン
Kinsale Tavern（#31）

☎212-348-4370
1672 Third Ave
6号線で、96丁目96th St
93丁目と94丁目の間にあるクラシックなパブ兼スポーツ・バー。衛星放送でヨーロッパの試合を生中継しており、ラグビーとサッカーの熱心なファンを惹きつけている。メニューの中心は20種類以上のドラフト・ビールで、＄4.95でとびきりおいしいハンバーガーとフライド・ポテトをほおばることができ、喫煙も可。

ブルックリン（MAP9）
Brooklyn
"ニュー・マンハッタン"と讃えられるが、ブルックリンはそこまで洗練されてはいない。だが、ビッグ・アップルの良いアイデアを存分に借用しようと確実に努力している。バーやクラブ・シーンは特に橋のブルックリン側で活発だ。

ウォーターフロント・エール・ハウス
Waterfront Ale House（#34）
☎718-522-3794
155 Atlantic Ave
M、N、R、1、2、4、5号線で、コート通り／バーロー・ホールCourt St-Borough Hall
コブル・ヒルCobble Hillにあり、安いジョッキ・ビールとパブ料理（チリ、鶏の手羽など）を出す。ドラフト・ビールが15種類、瓶ビールは多数の種類がそろえてある。夜には生演奏がメインとなり、サービスタイムは16:00～19:00。

ラスト・エグジット
Last Exit（#36）
☎718-222-9198
136 Atlantic Ave
M、N、R、1、2、4、5号線で、コート通り／バーロー・ホールCourt St-Borough Hall
コブル・ヒルにあり、ラウンジ流行のために貢献しているアトランティック街の店。朝方4:00までオープンしている点が遊び人たちに気に入られている。

ヘンリーズ・エンド
Henry's End（#9）
☎718-834-1776
44 Henry St
A、C線で、ハイ通りHigh St、1、2号線で、クラーク通りClark St
ブルックリン・ハイツのクランベリー通りCranberry Stとミッダー通りMiddagh Stの間にある。1杯＄5～8ですばらしい世界各国のビールがそろえてあり、こってりしたパブ料理がある。

バー・タバック
Bar Tabac（#41）

☎718-923-0918
🏠128 Smith St
Ⓜ F、G線で、バージェン通りBergen St

キャロル・ガーデンズCarroll Gardensのディーン通りDean Stの角にある。シックな店で、歩道に面して開いたフランス窓のおかげで、戸外にいるような雰囲気。ゲーム好きのために、ビリヤード台やフーズボール（サッカーゲーム）を備えてある。

ザ・バー
The Bar（#50）
☎718-246-9050
🏠280 Smith St
Ⓜ F、G線で、キャロル通りCarroll St

キャロル・ガーデンズのサケット通りSackett Stの角にある。和気あいあいとしたカラフルなインテリアの酒場で、道行く人を眺めることのできる大きな窓がついている。

エクセルシオール
Excelsior（MAP10、#11）
☎718-832-1599
🏠390 5th Ave
Ⓜ F線で、7番街7th Ave

パーク・スロープPark Slopeの6丁目と7丁目の間にある。もぐり酒場風でもあり、観光客向けスポットでもあるという難しいバランスがうまく取れているのは、クールだけれどクール過ぎないからなのだろう。ゲイも入りやすい店で、裏手に気持ちの良い野外スペースがある。

グレート・レイクス
Great Lakes（MAP10、#10）
☎718-499-3710
🏠284 5th Ave
Ⓜ M、N、R線で、ユニオン通りUnion St

パーク・スロープの1丁目にあり、地元で愛されている酒場。

クラブ

カメレオンのようにニューヨークのクラブ・シーンは絶えず変わり続け、何がホットで何がそうでないかを突き止めようとしても不可能だ。クラブ関係の最新の情報を知りたければ、月刊誌「ペーパーPaper」をチェックしよう。ニュース・スタンドで＄3.50だ。この雑誌は同じくホームページ（Ⓦ www.papermag.com）でもクラブ・リストをこまめに更新している。また、イースト・ヴィレッジを歩く際に、壁や掲示板に張り出されているクラブやバンドのチラシにも目を光らせること。これは電話がなくも広告も出さないクラブを見つけ出すには、最適の方法であることも多い。それからバーやクラブに置いてある無料の「フライヤーFlyer」を探すと、ニューヨーク名物の異なる会場を移動し、場所を代えては出没するパーティやレイヴ（電子音楽系を流す激しいダンス・パーティ）の充実したリストが載っている。

こうしたイベントに23:00以前に行こうなどとは、夢にも思ってはいけない。たとえ平日でも。パーティが本当に盛り上がるのは1:00を回ってからだ。

トライベッカ＆ソーホー（**MAP4**）
Tribeca & Soho

ビニール
Vinyl（MAP3、#2）
☎212-343-1379
🏠6 Hubert St
Ⓜ 1、2号線で、カナル通りCanal St
🎫チャージはイベントにより異なる

トライベッカのハドソン通りHudson Stとグリニッチ通りGreenwich Stの間にある。ビニールは「ボディ＆ソウル」というアルコールなしの激しいダンス・パーティを日曜日の16:00～0:00に行う。たとえ翌日学校でも出かけられるというわけだ。この人気の高いイベントにはさまざまな人が集まり、ハウス・ミュージックに合わせて楽しんでいる。平日もこのホットなスポットをチェックしよう。

ダブル・ハピネス
Double Happiness（#237）
☎212-941-1282
🏠173 Mott St
Ⓜ J、M、N、Q、R、W、Z、6号線で、カナル通りCanal St

チャイナタウンの端、ブルーム通りBroome Stとグランド通りGrand Stの間にある。洞窟のような地下の隠れ家で、いつもファッショナブルな常連でいっぱいだ。早い時間は挨拶をかわし、おしゃべりし、ぶらぶらして過ごし、夜が更けたらハウス・ミュージックに合わせて身体をシェイクしよう。

カルチャー・クラブ
Culture Club（#194）
☎212-243-1999
🏠179 Varick St
Ⓜ 1、2号線で、ハウストン通りHouston St
🎫チャージ＄15

キング通りKing Stとチャールトン通りCharlton Stの間にある。店名とは裏腹に、たいしたカルチャー（文化）は見あたらない。このクラブは郊外からやって来る若いシングル女性のパーティで80年代の曲を流す。

ネイキッド・ランチ
Naked Lunch（#260）
☎212-343-0828

🏠 17 Thompson St at Grand St
Ⓜ A、C、E、1、2号線で、カナル通りCanal St
💰 チャージ 無料〜＄5

ソーホーにある。基本的にバーだが、ノリの良い日は突然ダンス・パーティがぎゅう詰めになって始まることも。本格的なナイト・クラブよりもメロウな雰囲気だ。DJはヒット曲とハウスをほどよくミックスして流しているため、場がかなりゆったりしている間も、元気なスニーカー履きの客たちが飽きて曲を止めさせることはない。

ウェスト・ヴィレッジ＆
ロウアー・イースト・サイド (MAP4)
West Village & Lower East Side

バークツン
Baktun（#1）
☎ 212-206-1590
🏠 418 W 14th St
Ⓜ A、C、E線で、14丁目14th St、L線で、8番街Eighth Ave
💰 チャージ ＄5〜10

9番街とワシントン通りWashington Stの間にある。アンダーグラウンドからハウス、エレクトロニックまで、あらゆるジャンルの曲が流れる幻覚的な空間だ。通常金曜日の夜はハウス・ミュージックのパーティがあり、土曜日にはたまにドラムン・ベース（ベースのリズムを前面に押し出したダンス音楽）の演奏が行われる。月曜日の夜はチャージ無料でトロニック・トリートメント（エレクトロニックのDJらの集まり）のパーティ。ヘビーでディープなサウンドが集中してかかる。

ザ・クーラー
The Cooler（#2）
☎ 212-229-0785
🏠 416 W 14th St
Ⓜ A、C、E線で、14丁目14th St、L線で、8番街Eighth Ave
💰 チャージ 通常＄8〜15

9番街とワシントン通りの間にある。ここはかつてニューヨークの精肉業地帯で食肉貯蔵庫があった場所だが、現在はパンク、ロック、エレクトロニカ、サーフ・ロック、インディーズ・ロック、レゲエ、ヒップホップの演奏が行われている。月曜夜の「フリー・シリーズ」は、無料で地元バンドを見る絶好のチャンス。月曜日以外は、もっと知名度の高いバンドが演奏している（チャージも高くなる）。

サファイア
Sapphire（#173）
☎ 212-777-5153
🏠 249 Eldridge St
Ⓜ F、V線で、2番街Second Ave

東ハウストン通りE Houston Stにある。90年代半ばにラドロー通りのブームに乗った客は消えても、この店は当時のヒップなスピリットそのままに生き残った。ここに来て、人であふれるフロアでセクシーなダンスを踊ろう。

チェルシー (MAP5)
Chelsea

セントロ・フライ
Centro-Fly（#160）
☎ 212-627-7770
🏠 45 W 21st St
Ⓜ F、V、N、R線で、23丁目23rd St
💰 チャージ ＄10〜20

5番街と6番街の間にあり、今なおトレンディな客たちが踊っている。特にGBHパーティは、金曜日はこの店に来るべしといったイベントだ（このパーティの入場許可ゲストのリスト縮小版を見たかったら🌐www.gbh.tvにアクセスのこと）。このクラブは部屋ごとにノリが違う。奥にあるタピオカ・ルームではロックとニュー・ウェイブに合わせ、ピンキー・ルームではヒップホップに合わせよう（軽やかに移動しながら、有名人発見レーダーのチャンネルを合わせておくこと）。

ロキシー
Roxy（#145）
☎ 212-627-0404
🏠 515 W 18th St
Ⓜ A、C、E線で、14丁目14th St、L線で、8番街Eighth Ave
💰 チャージはイベントによって異なる

10番街と11番街の間にある。懐かしのローラ

きらびやかな生活

JON DAVISON

ー・スケート流行時代を再現している店。火曜日と水曜日はチャージ無料で滑ることのできるローラー・ディスコの日だ。最高に盛り上がるには人を集めて行こう（もっとも、店が混んでいる可能性大。頑張ってテーブル席を取ろう）。土曜の夜はこの古めかしい店で、激しいハウスとダンスのリズムに乗って大いに騒ごう。

トワール
Twirl（#157）
- ☎ 212-691-7685
- 🏠 208 W 23rd St
- Ⓜ C、E、1、2号線で、23丁目23rd St
- 🎫 チャージ 上限＄25

7番街と8番街の間にある。広々としたスペースでは筋金入りのクラブ派がお洒落の成果を見せびらかすことができ、またカーテンで仕切られたいくつもの小スペースではラウンジ派が話をしたり、または……？？？　このシックでトレンディなチェルシー注目のスポットはハウス・ミュージックを流し、年間を通じてイベントを催している。

トゥルー
True（#164）
- ☎ 212-254-6117
- 🏠 28 E 23rd St
- Ⓜ N、R、6号線で、23丁目23rd St

マディソン街Madison Aveとパーク街サウスPark Ave Southの間、ユニオン・スクエアの北にある。この親密な1部屋のみのダンス・クラブは、多方面にわたるやや年齢層の高い客を惹きつける。神出鬼没のミストレス・フォーマイカ主催によるキッチュな金曜夜のゲイ・パーティも、フェチ趣味でヘビーなハードゲイの水曜ゲイのパーティも、客たちは大いに楽しんでいる（服装がまともなほど、チャージ料金が高くなる）。

ミッドタウン＆タイムズ・スクエア
Midtown & Times Square

フロート
Float（MAP6、#28）
- ☎ 212-581-0055
- 🏠 240 W 52nd St
- Ⓜ B、D、E線で、7番街Seventh Ave、1、2号線で、50丁目50th St
- 🎫 チャージ ＄15～25

タイムズ・スクエア地区の8番街とブロードウェイの間にある。時が流れても、やはりフロートは華やか。有名クラブの中でも特に人気店だ。ダンス・フロアにライト・アップされた花道があり、大胆なレザーの服装で踊る女性たちが集まっている――これが客を惹きつけるのだろう。入店することができたなら（行

カメはいないが、無料のエンターテインメントがたっぷり（P244 Galapagos）

くなら飛びきりのお洒落を）、レオナルド・ディカプリオやベン・アフレックなど有名人特権で3階を占領しているVIPたちを観察しよう。

エグジット
Exit（MAP5、#1）
- ☎ 212-582-8282
- 🏠 610 W 56th St
- Ⓜ A、B、C、D、1、2号線で、コロンバス・サークルColumbus Circle
- 🎫 チャージ ＄25

ミッドタウンの11番街と12番街の間にある。4階建てであらゆるクラブをミックスしたキングのような存在（後輩たちの目標、あのDJジュニア・バスケスがDJブースに立ったこともある）。各階のテーマ・フロアの迷宮で迷うかもしれない。どのフロアもヒョウ柄のソファが配され、専属DJがそれぞれ特有の音楽をかけている。たとえどんな音楽が好みだろうと、どこかで流れているはずだ。ルーフ・ガーデンのチェックもお忘れなく。

ブルックリン
Brooklyn（MAP9）

最近では、最も刺激のあるパーティがブルックリンで開かれることもある。

ルナタリウム
Lunatarium（#1）
- ☎ 718-813-8404
- 🌐 www.lunatarium.com

エンターテインメント — ゲイ&レズビアン向け

🏠 10 Jay St
🚇 F線で、ヨーク通りYork St、A、C線で、ハイ通りHigh St
💰 チャージ 通常＄10〜20

ダンボのジョン通りJohn St近くにあり、夜遅くまで開いている。巨大な倉庫空間にさまざまな客がいて、専属DJがRun DMCといった典型的な皿を回している良いスポットだ。この店はフル・ムーン・パーティのようなファンキーな行事も催している。

ハルシオン
Halcyon（#46）
☎ 718-260-9299
🏠 227 Smith St
🚇 F、G線で、バージェン通りBergen St
💰 チャージ 無料〜＄7

キャロル・ガーデンズにあり、優れたコンセプトがきっちり効果を上げている。落書きのあるファンキーな雰囲気の中、持参したiMacをインターネットにつなげてブラウズし、いかしたレコードを買い、裏庭でビールを飲むことができる。地元客は気さく。この店は夜にはダンス・パーティ会場へと変身する。金曜日のドラム・ベースの集まりに行ってみるか、日曜日12:00〜19:00のハングオーバー・ヘルパー・パーティに出かけてみよう。

ラックス
Luxx
☎ 718-599-1000
🏠 256 Grand St
🚇 G線で、メトロポリタン街Metropolitan Ave、L線でロリマー通りLorimer St
💰 チャージ 通常＄5〜10

ウィリアムズバーグWilliamsburgのローブリング通りRoebling Stとドリッグズ街Driggs Aveの間にある。土曜日に一大ベルリニアムズバーグ（ウィリアムズバーグの長ったらしい愛称）・パーティを開く。大勢集まる客は陽気で、大部分がゲイだ。

ガラパゴス
Galapagos
☎ 718-782-5188
🏠 70 N 6th St
🚇 G線で、ブロードウェイBroadway

ケント街Kent Aveとウィス街Wythe Aveの間にある。ここもウィリアムズバーグの芸術と音楽のパフォーマンス用スペースだ。ヒップホップのイベントやコンサートがしばしば無料で行われる。そうそう、ここはガラパゴス諸島をテーマにした深海色のインテリアだ。

ゲイ&レズビアン向け

あらゆる好みに応じるゲイのクラブとバーのリストなら、無料のチラシの「HXホモ・エキストラHX/Homo Xtra」（レズビアン向けのリストも掲載している）、「ネクストNext」を手に入れよう。たいていのレストランやバーに置いてある。

一般的に、ゲイが酒を飲む店は男性客を意識している傾向はあるが、有名なゲイ向きダンス・クラブの多くは、どんな嗜好の女性でも歓迎している。これはニューヨークの非ストレートたちの偉大な特性だ。主流のクラブのほとんどで（前出の「クラブ」を参照）、週ごとか、月ごとにゲイ・ナイトを設定しており、どのクラブへ行ってもゲイもストレートもいることがわかるだろう。主にゲイ向きの店は、チェルシーやグリニッチ・ヴィレッジといった昔からのゲイ・コミュニティの中心地に多いが、最近は街全域に進出している。

セイント・アット・ラージ
The Saint at Large
☎ 212-674-8541
🌐 www.saintatlarge.com

ここのブレーン集団は、この10年間におけるニューヨークの最も革新的な激しいゲイ・パーティを仕切ってきて、今では毎年派手なイベントをいくつか催すようになった。その一つがブラック・パーティだ。この年に1度のお祭り騒ぎは、レザーに身を包んだ男たちとパートナーのために毎年3月に行われ（チケット代＄90）、筋金入りのゲイとその後進たちがニューヨークに集まってくる。このパーティをはじめとするセイント・アット・ラージのパーティがある週末はいつも、類似したテーマのイベントがあちこちで催される。

女性向けで、最も長く続き、最も人気のあるパーティはクリット・クラブだ。現在は13丁目と14丁目の間にある**フラミンゴFlamingo**（MAP4、#24 ☎ 212-533-2861 🏠 219 Second Ave 🚇 L線で、3番街Third Ave）で行われている。

ソーホー&ウェスト・ヴィレッジ（MAP4）
Soho & The West Village

ドン・ヒルズ
Don Hill's（#263）
☎ 212-219-2850
🏠 511 Greenwich St
🚇 C、E線で、スプリング通りSpring St

スプリング通り近くにある。ソウルとポップスの生演奏は、わいせつな服装倒錯者のバー

ティに取って代わられた。ゴーゴー・ボーイズ、ドラッグ・ショー（女装ショー）など何でもあり。

ザ・ルア
The Lure（#3）
☎ 212-741-3919
🏠 409 W 13th St
Ⓜ A、C、E線で、14丁目14th St、L線で、8番街Eighth Ave
9番街近くにあり、あらゆる種類の強制事項付きのレザー・バー。ドレスコードはレザー、合皮、デニムか制服。水曜夜のイベントが特にきわどい。ボディ・ペインティングやピアスにタトゥー、その他、ママには教えられないことなど。

ヘル
Hell（#5）
☎ 212-727-1666
🏠 59 Gansevoort St
Ⓜ A、C、E線で、14丁目14th St、L線で、8番街Eighth Ave
グリニッチ通りGreenwich Stとワシントン通りWashington Stの間にある。悪魔のようではあるが、気さくな客が集まっている。平日の夜、観光客より地元民が多いときにチェックしてみよう。このクラブの放蕩の深みに愉快な時間がある。

モンスター
Monster（#69）
☎ 212-924-3558
🏠 80 Grove St
Ⓜ 1、2号線で、クリストファー通り／シェリダン・スクエアChristopher St-Sheridan Sq
西4丁目の角にある、古くからのゲイの店。階下では過激なゴーゴー・ボーイズがダンス・フロアで腰をくねらせ、上ではリッチな客がピアノ弾きにお気に入りの「キャバレー*Cabaret*」の曲をやれと熱弁をふるっている。

ヘンリエッタ・ハドソン
Henrietta Hudson（#156）
☎ 212-924-3347
🏠 438 Hudson St
Ⓜ 1、2号線で、クリストファー通り／シェリダン・スクエアChristopher St-Sheridan Sq
🕓 ～翌4:00
モートン通りMorton St近くにある広々としたレズビアンの酒場。深夜までビリヤードをやり、DJの音楽に合わせて踊ることができる。このクラブは最近ゴーゴー・ガールズ付きのバック・ルーム・ブーティ・フライデー・ナイトを始めた。

ルビーフルート
Rubyfruit（#64）
☎ 212-929-3343
🏠 531 Hudson St
Ⓜ 1、2号線で、クリストファー通り／シェリダン・スクエアChristopher St-Sheridan Sq
西10丁目近くにある洗練されたスポット。年配のレズビアンが多く、温かな常連客がいる。週末には、ピアノ・バーでのセンチメンタルな曲から50年代のビーバップまでが流れている。毎晩しっかりした夕食が提供される（軽いメニューにとどめておき、飲み物に予算を回そう）。

クレイジー・ナニーズ
Crazy Nanny's（#157）
☎ 212-929-8356
🏠 21 Seventh Ave
Ⓜ 1、2号線で、ハウストン通りHouston Stリロイ通りLeroy St近くにある。月曜日はビリヤードのトーナメント、水曜日と日曜日はカラオケ、木曜日にはドラッグ・ショーにワイルドな女性たちが集まってくる。この威勢の良いバーは週末には混雑して騒がしくなる。

マリーズ・クライシス
Marie's Crisis（#68）
☎ 212-243-9323
🏠 59 Grove St
Ⓜ 1、2号線で、クリストファー通り／シェリダン・スクエアChristopher St-Sheridan Sq
7番街近くにある。主に年配の男性たちとそのパートナーを意識した店。このすばらしい酒場はピアノの生演奏と、ミュージカル曲を派手にアレンジしたものをメインにしている。ミュージカル曲はその場にいる全員が歌い出すが、たいてい音がはずれている。

イースト・ヴィレッジ（MAP4）
East Village

ザ・コック
The Cock（#28）
☎ 212-777-6254
🏠 188 Ave A
Ⓜ L線で、1番街First Ave
東12丁目の近くにある。レザーに身を包みピアスをした少年といった、安っぽいゲイ風のロックンローラーに似合いの雰囲気。この酔っぱらいとお相手あさりのクラブには奥の部屋があり、土曜日の夜にはどんちゃん騒ぎのパーティが開かれてDJが入り、ドラッグ・クイーンたちがやってくる。

アージ
Urge（#125）
☎ 212-533-5757
🏠 32 Second Ave
Ⓜ F、V線で、2番街Second Ave
🕓 ～翌4:00
東2丁目の近くにある新しいクラブ。ファッシ

ョナブルなチェルシーの雰囲気を、芸術家ぶったイースト・ヴィレッジに少しばかり運んでミックスし、男たちのために陽気なラウンジの雰囲気を醸し出している。もっとも、女性も歓迎される。

ニャオ・ミックス
Meow Mix（#177）
☎212-254-0688
🏠269 E Houston St
🚇F、V線で、2番街Second Ave

クリントン通りClinton Stとサフォーク通りSuffolk Stの間にある。イースト・ヴィレッジ随一のレズビアンのたまり場で、長年の人気を保っている。インディーズのガール・ロック生演奏が若い客の人気になっているサービスタイムやジャム・セッションやDJが、店を大いに盛り上げている。男性客も歓迎されるが、入場には少々余分に払わなくてはならない。

チェルシー（MAP5）
Chelsea

エス・ビー・エヌ・ワイ
SBNY（#194）
☎212-691-0073
🏠50 W 17th St（6番街の角at Sixth Ave）
🚇L線で、6番街Sixth Ave、F、V線で、14丁目14th St

新しい店名がついているが、元はスプラッシュ・バーとして知られていた。若者も大人もシックで、めぼしい相手をあさり、愉快に大酒を飲むのは以前の店内と変わらないが、ダンス・フロアは広くなり質も良くなった。20:00までの、1杯の値段で2杯のサービスタイムは客にとってお得。

バラクーダ
Barracuda（#156）
☎212-645-8613
🏠275 W 22nd St
🚇C、E、1、2号線で、23丁目23rd St

7番街と8番街の間にあり、ルビー・レッド色で誘っている（看板はないが、鮮やかな赤い球体を探そう）。表の部屋は照明を落としてある。より親密なやり取りをしたいのならば、煙草の煙がけむる奥のラウンジがある。そこでは椅子に沈み込み、しばらくおしゃべりすることができる。この店は女性歓迎だ。

エックスエル
xl（#202）
☎212-995-1400
🏠357 W 16th St
🚇A、C、E線で、14丁目14th St、L線で8番街Eighth Ave

8番街と9番街の間にある。新しいハイテクなバーで、チェルシーの人気店。内装が見事で、立派なしつらえの店だ。トイレを見逃さないように。もっとも、わかりにくい印なので気づかないかもしれない。ベルベットのロープを探してみよう。

ロック

いわゆるスーパー・グループや大物ソロ・シンガーたちがニューヨークという大都会の小ぶりの会場で演奏することもある。だが、そうしたプレミア・チケットを入手するには、こまめな情報収集が必要となる。苦労せずにチケットを入手できるのは、新人やマイナーなバンドのものだ。そうしたミュージシャンの多くは、次々に大きなコンサートで演奏している大物たちよりも、親密感の高い会場での演奏を心得ていることが多い。ロック、ポップス、ソウル向けのニューヨーク郊外のすばらしい会場には**ジョーンズ・ビーチJones Beach**（夏期のみ）、**スティーヴン・トークハウスStephen Talkhouse**がある。どちらもロングアイランドにある（詳細は「近郊に足をのばす」を参照）。

マーキュリー・ラウンジ
Mercury Lounge（MAP4、#176）
☎212-260-4700
🏠217 E Houston St
🚇F、V線で、2番街Second Ave
💰チャージ 通常＄10〜15

ロウアー・イースト・サイドのエセックス通りEssex Stにある。ルー・リードやジョン・ポッパーなどの大物がたまに登場し、その他もたいてい聞く価値のあるミュージシャンが演奏している。この一体感のある心地良い会場には、テーブル席と広々した踊るスペースがあり、正面にステージがある。さらに質の良い音響システムも備えており、こうした特徴は地元住民、ツアー中のインディーズ・バンドや彼らの観客たちにとって、すばらしいコンビネーションだ。

アーリーン・グローサリー
Arlene Grocery（MAP4、#215）
☎212-358-1633
🏠95 Stanton St
🚇F、V線で、2番街Second Ave

オーチャード通りOrchard St近くにある。コンビニをクラブに改装した店だが、ロウアー・イースト・サイドにおける90年代の爆発的勢いを一流に華開かせる十分な役割を果たした。一室だけの活気ある店で、地元の才能あるアーティストたちを育てており、毎夜無料ですばらしいショーが催される。ビールも安い。

エンターテインメント – ロック

バワリー・ボールルーム
Bowery Ballroom（MAP4、#231）
☎212-533-2111
🏠6 Delancey St
Ⓜ J、M線で、バワリーBowery
🎟チケット＄12〜20

バワリー通りにあるごきげんな会場。会場規模、音、雰囲気、すべてがジョナサン・リッチマン、ゼイ・マイト・ビー・ジャイアンツ、ローといった、集中して見るべきアーティストのステージにふさわしい。

ルナ・ラウンジ
Luna Lounge（MAP4、#178）
☎212-260-2323
🏠171 Ludlow St
Ⓜ F、V線で、2番街Second Ave

ロウアー・イースト・サイドのスタントン通りStanton Stの近くにある。ガレージ・バンド、地元ミュージシャン、期待の新人インディーズ・バンドが奥の小さな部屋で演奏している。この心優しいバーはチャージを取ることがないから、今晩のショーが何かチェックに行ってみる価値あり。

ボトム・ライン
Bottom Line（MAP4、#140）
☎212-228-6300
🏠15 W 4th St
Ⓜ 6号線で、アスター・プレイスAstor Pl

ヴィレッジのマーサー通りMercer St近くにある。比較的大物から過去のスターまで、あらゆるジャンルのライブがこのキャバレー・スタイルの大ミュージック・ホールで演じられる。通常どんなアーティストやグループでも、一晩に19:30と22:30の2回、ステージをこなす。

CBGB
CBGB（MAP4、#127）
☎212-982-4052
🏠315 Bowery
Ⓜ 6号線で、ブリカー通りBleecker St

イースト・ヴィレッジの1丁目と2丁目の間にある。オープンから30年近くたつ現在でも人気は変わらない。店名は"カントリー（C）、ブルーグラス（BG）、ブルース（B）"を表しているが、70年代半ばからロックが主流となった。伝説となったセットで汗を流した有名人には、デボラ・ハリー、トーキング・ヘッズ、B52sなどがいる。現在では多くのバンドがロック、モータウン、スラッシュ・メタルほかあらゆるジャンルや、それぞれをミックスしたものを試みている。また、**CBGBs・ダウンステアーズ・ラウンジ CBGBs Downstairs Lounge**もあり、ここでは日曜日に質の高いジャズが演奏される（チャージ＄7〜10）。

ブラウニーズ
Brownie's（MAP4、#30）
☎212-420-8392
🏠169 Avenue A
Ⓜ L線で、1番街First Ave、6号線で、アスター・プレイスAstor Pl
🎟チャージ＄5〜20

10丁目と11丁目の間にある。イースト・ヴィレッジで最新のロックンロールをいち早く聞かせてくれる店。ブッシュ・テトラズといった伝説的バンドから、最先端を行くインディーズ・バンドまでをここで見ることができる。

コンチネンタル
Continental（MAP4、#45）
☎212-529-6924
🏠25 Third Ave
Ⓜ N、R線で、8丁目／NYU 8th St-NYU、6号線で、アスター・プレイスAstor Pl

セント・マークス・プレイスSt Marks Plから入ったところにある。おすすめの安い飲み物と、イギー・ポップやジェイコブ・ディランのようなミュージシャンによる不意打ちのライブで有名。チャージを取らないで質の高いロックンロールを聞かせることで支持者を集めてきた。今でもチャージなしの場合が多い。

アーヴィング・プラザ
Irving Plaza（MAP5、#177）
☎212-777-1224（録音テープインフォメーション）
🏠17 Irving Pl
Ⓜ L、N、Q、R、W、4、5、6号線で、ユニオン・スクエアUnion Sq

ユニオン・スクエア地区の東15丁目近くにある。クラッカーやペイヴメントといったインディーズ・バンドのトップクラスが演奏する規模としては、おそらくベストのクラブだろう。ジョン・スコフィールド・バンドや、対極にあるテスラのような、より洗練された音楽のステージを見るチャンスがある。

マディソン・スクエア・ガーデン
Madison Square Garden（MAP5）
☎212-465-6741
🌐www.thegarden.com
🏠7番街と西33丁目の角Seventh Ave at W 33rd St
Ⓜ 1、2、3号線で、34丁目／ペンシルヴェニア駅34th St-Penn Station

ミッドタウンのペンシルヴェニア駅の上にある。"世界一有名なアリーナ"として知られ、1万9000人のエネルギッシュなファンたちと一流のロック、ポップス、ラップを聴くことができる。チケット代だけの価値がある、忘れられない経験だ。

ラジオ・シティ・ミュージック・ホール
Radio City Music Hall（MAP5）

247

エンターテインメント － ジャズ＆ブルース

☎212-247-4777
🏠6番街と西51丁目の角Sixth Ave at W 51st St
Ⓜ B、D、F、V線で、47丁目／50丁目／ロックフェラー・センター47th-50th Sts-Rockefeller Center

ミッドタウンにある。ハバナ出身のロス・バン・バン、イギリスの地方出身のPJハーヴェイといったミュージシャンが演奏している。アッパー・ウェスト・サイドの74丁目と75丁目の間にある**ビーコン・シアター**Beacon Theater（MAP7、#162）☎212-496-7070 🏠2124 Broadway Ⓜ1、2、3号線で、72丁目72nd St）も同じような雰囲気だが、ジョージ・クリントンとパーラメント・ファンカデリック、あるいはファンキー・ミーターズといった、さらに玄人の面々のステージが主流だ。どちらの会場でもライブの楽しみが伝わってくるが、座席配置が踊りの妨げになることが多い。

ジャズ＆ブルース

ウェスト・ヴィレッジはまさにジャズの密集地で、たくさんのクラブが長いジャム・セッションと安いチャージ料、ジャズのあらゆるフレーバーを盛り込んだホットなビュッフェを提供してくれる。とはいうものの、アップタウンが今なおジャズ・クラブの重鎮的役割を果たしているため、古くからの熱心なファンは地下鉄の1か9番線に乗ってハーレムに足をのばしたいところだろう。

ニッティング・ファクトリー
Knitting Factory（MAP3、#29）
☎212-219-3055
🏠74 Leonard St
Ⓜ1、2号線で、フランクリン通りFranklin Stトライベッカのチャーチ通りChurch Stとブロードウェイ Broadwayの間にある。ニューヨークのジャズ、フォーク、エクスペリメンタル（実験的音楽）、朗読、パフォーマンスの各シーンにおいて影響力のある長い歴史を持つ。4つのステージでは、コズミック・スペース・ジャズから東京のヴィジュアル・ロック、たまのトラッドなステージ（プリザベーション・ホール・ジャズ・バンドがステージに立ったことがある）、さらにロックとヒップホップまで、あらゆるジャンルの音楽が演奏される。メイン・フロアか、バルコニー、階下のバーのラウンジでバンドの音楽に耳を傾けよう。

シカゴ・ブルース
Chicago B.L.U.E.S（MAP4、#4）
☎212-924-9755
🏠73 Eighth Ave（西14丁目の角at W 14th St）
Ⓜ A、C、E線で、14丁目14th St、L線で、8番

ニッティング・ファクトリー（編み物工場）。ここにないのは、毛糸だけ！
ANGUS OBORN

街Eighth Ave

ウェスト・ヴィレッジにある店で、毎晩日替わりでブルースのベテラン勢がステージに立つ。気取りとは無縁のこのクラブでは新人もステージに立ち、月曜夜のブルース・ジャム・セッションでは、ポケットにハーモニカがあれば観客も飛び入りできる。

ヴィレッジ・ヴァンガード
Village Vanguard（MAP4、#60）
☎212-255-4037
🏠178 Seventh Ave（西11丁目の角at W 11th St）
Ⓜ1、2号線で、クリストファー通り／シェリダン・スクエアChristopher St-Sheridan Sq
💲チャージ $15〜20

ウェスト・ヴィレッジにある地下の店。世界一権威のあるジャズ・クラブだろう。文字どおり、過去50年にわたってあらゆるメジャーなスターたちが舞台を踏んできた。最低2杯の飲み物の注文が必要。

スイート・バジルSweet Basilはウェスト・ヴィレッジにあったが2001年4月に閉店となった。だが、この由緒正しいクラブが**スイート・リズムズSweet Rhythms**として生まれ変わる時を楽しみにしていよう。

スモールズ
Smalls（MAP4、#72）
☎212-929-7565
🏠183 W 10th St
Ⓜ1、2号線で、クリストファー通り／シェリダン・スクエアChristopher St-Sheridan Sq
💲チャージ 月〜金 $10、土 $20

7番街近くにある。照明のともった戸口は狭いため見過ごしやすい店だが、見逃さないように。このクラブは毎晩22:00〜翌8:30で喫煙しながらの10時間半のジャズ・マラソンを、催している。階段を降り、カウチを確保したら、持ち込んだ飲み物をポンと開けよう（スモールズはリカー・ライセンスを持たない。つま

り、ステージと観客がほどよく溶け合うことに加え、あらゆる年齢層が混ざり合っていることになる）。そして、カウチにもたれ、正統から前衛まで質の高いジャズを楽しもう。

ブルー・ノート
Blue Note（MAP4、#147）
☎212-475-8592
🏠131 W 3rd St
Ⓜ A、C、E、F、V、S線で、西4丁目W 4th St
ヴィレッジの6番街近くにある。どこよりも有名な（そして料金が高い）ジャズ・クラブ。ビッグ・スターがひしめきあう観光客向きの少ない曲数のステージが披露されるが、演奏を聴くには＄60は必要だろう。

55バー
55 Bar（MAP4、#73）
☎212-929-9883
🏠55 Christopher St
Ⓜ 1、2号線で、クリストファー通り／シェリダン・スクエアChristopher St-Sheridan Sq
💰チャージ ＄3〜15

7番街近くにある、紫煙けむる正統派のウエスト・ヴィレッジの店。毎夜ジャズ、ブルース、フュージョンが演奏され、近くに住む第一級レベルのアーティストや一時的に街を訪れているスターがパフォーマンスを見せる。チャージはないも同然から、約＄15（ただし、飲み物2杯が含まれている）まで。

フェズ
Fez（MAP4、#138）
☎212-533-2680
🏠380 Lafayette St
Ⓜ 6号線で、ブリーカー通りBleecker St
イースト・ヴィレッジの東3丁目の近く、タイム・カフェTime Cafeの下にある。毎週木曜日に、人気のあるミンガス・ビッグ・バンドがステージに立つ（チャージ＄18）。ほかの夜には、ドラッグ・ショー、執筆中の小説朗読、ロック・コンサートを見ることができる。

イリジウム
Iridium（MAP6、#30）
☎212-582-2121
🏠1650 Broadway
Ⓜ 1、2号線で、50丁目50th St

西51丁目の角にある。リンカーン・センターのほうから、現在の場所へ移転したばかりだ。テーブルはとても狭いが、音は良く、ステージもよく見える。ハイ・クオリティでチケット代が高い伝統的なジャズの演奏が、日曜日から木曜日までは1晩に2度、週末は3度行われる。月曜日の夜はこの数十年間、才能あふれる陽気なレス・ポール・トリオと決まっている。日曜日にはサンデー・ジャズ・ブランチもある（＄18.95）。

名前はスモールでも、ジャズではビッグ

クレオパトラズ・ニードル
Cleopatra's Needle（MAP7、#18）
☎212-769-6969
🏠2485 Broadway
Ⓜ 1、2、3号線で、96丁目96th St

西92丁目と93丁目の間にある。アップタウンのジャズ・シーン、期待の新星。深夜のオープン・マイク・ジャム（希望者の客が参加できる）は折り紙付きで、音楽は朝方の4:00まで続く。ステージがよく見える位置にバーがあるので、ドラフト・ビールと地中海風の軽食を取ることができる。チャージはないが、最低＄10の飲み物や食べ物を注文するように。

レノックス・ラウンジ
Lenox Lounge（MAP8、#30）
☎212-427-0253
🏠288 Malcolm X Blvd
Ⓜ 2、3号線で、125丁目125th St
💰チャージ ＄5〜20

西124丁目と125丁目の間にある。古くから地元ジャズ・ファンのお気に入りで、最近さらに元気の良いファンたち（特に在米日本人や日本人旅行者）のレーダーにもひっかかっている。奥にある優雅なゼブラ・ルームを見逃さないようにしよう。

セント・ニックス・パブ
St Nick's Pub（MAP8、#12）
☎212-283-9728
🏠773 St Nicholas Ave
Ⓜ A、B、C、D線で、145丁目145th St
149丁目にある。ミュージシャンのためにミュージシャンが創造する粗削りなジャズを聴ける驚くべき店。月曜日の夜は0:30までオープン・ジャム・セッションがメインとなり、ラ

エンターテインメント − フォーク＆民族音楽

ッパやサックスを持ち込んでいる観光客らが、クリエイティブな挑戦に応じる。夜遅い時間になると、市内で大きなギグを終えた大物ジャズメンたちが、この店で生き生きと演奏を続ける。

ショーマンズ
Showman's（MAP8、#35）
☎212-864-8941
🏠375 W 125th St
Ⓜ A、B、C、D線で、125丁目125th St
モーニングサイド街Morningside Aveとセント・ニコラス街St Nicholas Aveの間にある。ジャズ・コンボとR&Bシンガーがメイン。平日には毎晩3つのショーが、週末には2つのショーがある。

リケティ・スプリット
Lickety Split（MAP8、#18）
☎212-283-9093
🏠2361 Adam Clayton Powell Jr Blvd
Ⓜ 2、3号線で、135丁目135th St
西139丁目近くにある。カリビアン・バンド専門店。

フォーク＆民族音楽

ファスト・フォーク・カフェ
Fast Folk Cafe（MAP3、#32）
☎212-274-1636
🏠41 N Moore St
Ⓜ 1、2号線で、フランクリン通りFranklin Stトライベッカのヴァリック通りVarick Stとハドソン通りHudson Stの間にある。毎週末はアコースティック音楽がメインとなる。

エス・オー・ビーズ
SOBs（MAP4、#193）
☎212-243-4940
🏠204 Varick St
Ⓜ 1、2号線で、ハウストン通りHouston Stソーホーのはずれ、キング通りKing Stとハウストン通りHouston Stの間にある。SOBsとは「サウンズ・オブ・ブラジル」を表しているが、このスポットで聴ける音楽はサンバだけとは限らない。ライブでもレコードでも、アフロ・キューバン音楽やサルサ、レゲエに合わせて、はしゃぐことができる。毎晩ディナー・ショーが開かれているが、本当に熱くなり始めるのは夜中の2:00を回ってから。

ワールド・ミュージック・インスティテュート
World Music Institute
☎212-545-7536
🌐www.worldmusicinstitute.org
アルジェリアの民族音楽歌手、ブラジルの女性歌手、ザイール（現コンゴ）のプレイヤーなど、世界各国から町のさまざまな会場にア

ーティストを招集している。

バック・フェンス
Back Fence（MAP4、#163）
☎212-475-9221
🏠155 Bleecker St
Ⓜ A、C、E、F、V、S線で、西4丁目W 4th Stマクドゥーガル通りMacDougal Stとサリヴァン通りSullivan Stの間にある。グリニッチ・ヴィレッジ中央にある肩肘の張らない店だ。平日はフォークからブルース、週末はクラシック・ロックが演奏される。大学生が大勢集まる店。

クラシック

ニューヨーク・フィルハーモニック
New York Philharmonic（MAP7）
☎212-875-5000
🌐www.newyorkphilharmonic.org
Ⓜ 1、2号線で、66丁目／リンカーン・センター66th St-Lincoln Center
🎫チケット ＄15〜70
ドイツ生まれの指揮者クルト・マズアのもとで絶賛を浴びてきたが、マズアは11シーズンを過ごしたのち2002年に最後のタクトを振った。それでも、この交響楽団の変わりない特徴であるクラシック演目の最高水準は期待してよい。チケットは**センター・チャージ Center Charge**（☎212-721-6500）で購入することができる。コンサートはすべてリンカーン・センターの**エイヴリー・フィッシャー・ホール Avery Fisher Hall**（MAP7 🏠10 Lincoln Center Plaza, Broadway〈西64丁目の角at W 64th St〉）で行われる。

チェンバー・ミュージック・ソサエティ
Chamber Music Society of Lincoln Center（MAP7）
☎212-875-5050
Ⓜ 1、2号線で、66丁目／リンカーン・センター66th St-Lincoln Center
米国内随一の室内楽アンサンブルと格付けされている。主なコンサートの時期は初秋で、リンカーン・センターの**アリス・タリー・ホール Alice Tully Hall**（MAP7 ☎212-721-6500）で行われる。このホールはアメリカン・シンフォニー・オーケストラとリトル・オーケストラ・ソサエティの本拠地でもある。

カーネギー・ホール
Carnegie Hall（MAP6）
☎212-247-7800
🌐www.carnegiehall.org
🏠154 W 57th St（7番街の角at Seventh Ave）
Ⓜ N、R、Q、W線で、57丁目57th St
🎫会員イベント以外のチケット ＄12〜
この地を訪れる交響楽団やニューヨーク・ポ

ップ・オーケストラが演奏している。1891年以来、この歴史的なホールはチャイコフスキー、マーラー、プロコフィエフといった音楽家たちを迎えてきた。

シンフォニー・スペース
Symphony Space（MAP7、#16）
☎212-864-5400
🏠2537 Broadway（西95丁目の角at W 95th St）
Ⓜ1、2、3号線で、96丁目96th St

大規模な化粧直しを済ませたばかりで、新しい斬新な会場にどっと人が押し寄せている。シンフォニー・スペースではクラシック音楽に限らず、ヒップホップ、ジャズ、民族音楽、ダンス・パフォーマンスも催し、"マルチ文化的な"役割を担っている。また、子供向きの健全なプログラムもあり、多くは無料だ。

　クラシック音楽のもっとこぢんまりとした市内の会場には、**マーキン・コンサート・ホール Merkin Concert Hall**（MAP7、#98 ☎212-501-3330 🏠129 W 67th St Ⓜ1、2号線で、66丁目／リンカーン・センター 66th St-Lincoln Center）がある。アッパー・ウェスト・サイドのブロードウェイBroadwayとアムステルダム街Amsterdam Aveの間にあり、451席。**タウン・ホール Town Hall**（MAP6、#103 ☎212-840-2824 🌐www.the-townhall-nyc.org 🏠123 W 43rd St ⓂB、D、F、V線で、42丁目42nd St）はタイムズ・スクエアの6番街近くにある。

オペラ

メトロポリタン・オペラ
Metropolitan Opera（MAP7）
☎212-362-6000
🌐www.metopera.org
Ⓜ1、2号線で、66丁目／リンカーン・センター 66th St-Lincoln Center
🎫チケット オーケストラ席センター $155〜、バルコニー（3階）席 $55〜、立ち見席 $12〜16

ニューヨーク最高峰のオペラ団で、古典作品と初演作品の両方を題目に取り入れた豪華絢爛な舞台を披露している。ジェシー・ノーマン、プラシド・ドミンゴのような大スターを配した第一級のオペラ公演に入り込むことは不可能に近いが、二軍の出演となったとたんチケットは入手可能になる。シーズンは9月から4月で、オペラ団と同名の**メトロポリタン・オペラ・ハウス Metropolitan Opera House**（MAP7 🏠cnr W 64th St & Amsterdam Ave）にて上演される。立ち見席のチケットはニューヨーク最高のお買い得品の一つ。翌週の公演分が土曜日の10:00に販売される。シーズンを通してのスケジュールについては、ホームページを見てみよう。

ニューヨーク・シティ・オペラ
New York City Opera（MAP7）
☎212-870-5630
🌐www.nycopera.com
Ⓜ1、2号線で、66丁目／リンカーン・センター 66th St-Lincoln Center
🎫チケット $25〜

こちらはずっと斬新な低料金のオペラ団だ。新しい作品、取り上げられる機会のなかったオペラ作品、よみがえった昔のスタンダード作品を、フィリップ・ジョンソンが設計したリンカーン・センターの**ニューヨーク州立劇場 New York State Theater**（MAP7 ☎212-870-5570）で上演している。シーズンは初秋に数週間、次に春の初めから終わりまでと分かれている。

ダンス

ニューヨークは半ダースを超える世界的に有名なダンス・カンパニーの本拠地だ。下記カンパニーのシーズンを通じてのスケジュールについては、それぞれのホームページを見てみよう。

ニューヨーク・シティ・バレエ
New York City Ballet
☎212-870-5570
🌐www.nycballet.com
Ⓜ1、2号線で、66丁目／リンカーン・センター 66th St-Lincoln Center

リンカーン・カースティンとジョージ・バランシンが1948年に創立した。初演作品とリバイバル作品を取り上げた多彩な上演演目が特徴で、クリスマス休暇中には毎年「くるみ割り人形*The Nutcracker*」の上演が含まれている。このバレエ団は、アッパー・ウェスト・サイドのリンカーン・センターにある2755席の**ニューヨーク州立劇場 New York State Theater**（MAP7 ブロードウェイと西63丁目の角Broadway at W 63rd St 🎫チケット $28〜66）で公演を行っている。学割チケット（$10）はホームページと公演当日の劇場窓口で購入可能。29歳未満で、全日制の高校生か大学生が対象だ（訳注：日本の学生にも適応）。詳細については、学割チケットのホットライン（☎212-870-7766）まで。

アメリカン・バレエ・シアター
American Ballet Theatre（MAP7）
☎212-477-3030
🌐www.abt.org
Ⓜ1、2号線で、66丁目／リンカーン・センター 66th St-Lincoln Center
🎫チケット $20〜125

エンターテインメント －映画

リンカーン・センターの**メトロポリタン・オペラ・ハウス** Metropolitan Opera House（MAP7）で春の終わりと夏に、主に古典作品のシーズンを展開している。

シティ・センター
City Center（MAP6、#11）
☎212-581-1212
www.citycenter.org
131 W 55th St
N、R、Q、W線で、57丁目57th St

ミッドタウンの6番街と7番街の間にある。毎年12月にエネルギッシュで独創的な**アルヴィン・エイリー・アメリカン・ダンス・シアター Alvin Ailey American Dance Theater**（☎212-767-0590　www.alvinailey.com）が公演を行う。さらに、アムステルダム街Amsterdam Aveとコンヴェント街Convent Aveの間にある、古参のクラシック・バレエ団の**ダンス・シアター・オブ・ハーレム Dance Theatre of Harlem**（MAP8、#9　☎212-690-2800　www.dancetheatreofharlem.org　466 W 152nd St　C線で、155丁目155th St）や、**アメリカン・バレエ・シアター American Ballet Theatre**（上記参照）といった高名なダンス・カンパニーと途切れることなく舞台の契約をしている。劇場窓口は、6番街と7番街の間の55丁目にある。

ジョイス・シアター
Joyce Theater（MAP5、#199）
☎212-242-0800
www.joyce.org
175 Eighth Ave（西19丁目の角at W 19th St）
A、C、E線で、14丁目14th St、L線で、8番街Eighth Ave
チケット $35〜

チェルシーにある。親近感を持てる形式にとらわれない会場だ。非営利のダンス・カンパニーに光輝くチャンスを提供している。マース・カニンガム・ダンス・カンパニー、ピラボラス・ダンス・カンパニーが、この映画館を改装した470席の劇場で、毎年公演を行っている。

映画

映画愛好家は、最新の日本アニメ映画の輸入版から、アメリカ国内の他地域では禁止されたいかがわしいヨーロッパ映画まで、どんな望みでもここニューヨークなら満たすことができる。ニューヨークまで来て映画に出かけるとは奇妙なことに思えるかもしれないが、ニューヨーカーの多くはオペラやブロードウェイの劇と同様に、映画は進化した芸術形式だと考えている。加えて、酷暑で有名なうだるような夏の（殺人が発生しやすくなるともいわれている）時期には、冷房の効いた映画館に勝るものはない。

チケットは少なくとも$10かかり、夜間と週末は長い行列となることが珍しくない。ニューヨーカーがいかに映画を愛し、どれだけの手取り所得が映画関係に飛び交っているかの証というものだ。不幸なことに、アメリカのほかの町で知られている"お得なマチネー"は、事実上ニューヨークでは耳にしない。もっとも、アート・シアターでは2本立て上映を行うところもある。封切り作品はたいていデートの夜（金曜日と土曜日）には30分早く売り切れる。チケットを買うために列に並び、映画館に入るために、別の列に並ばなくてはならないだろうが、列1本を（または、売り切れの表示を）避ける方法がある。☎212-777-FILM（3456）に電話するか、www.moviefone.comにアクセスして、チケット1枚につき$1の追加で選んだ映画のチケットを準備しておくことができるのだ。

インディーズ系＆
リバイバル上映劇場

フィルム・フォーラム
Film Forum（MAP4、#192）
☎212-727-8110
209 W Houston St
1、2号線で、ハウストン通りHouston St
ソーホーのヴァリック通りVarick Stと6番街の間にある。3スクリーンの映画館で、インディーズ映画とリバイバル、追悼上映がメインだ。

アンジェリカ・フィルム・センター
Angelika Film Center（MAP4、#168）
☎212-995-2000
18 W Houston St
F、V、S線で、ブロードウェイ／ラファイエット通りBroadway-Lafayette St
ヴィレッジのマーサー通りMercer St近くにある。外国映画とインディーズ映画専門で、混み合うこともしばしばだ。館内のゆったりしたカフェはおいしいデザートを出す。上映前に時間があれば、この映画館が入っているスタンフォード・ホワイト設計のボザール様式の建物をチェックしよう。かつてケーブル・ビルと呼ばれていた建物で（このビルで何マイルという長さのケーブルが、国内に設置された最初で最後のケーブル・カーを動かしていた）、優美な楕円形の窓と女神柱がブロードウェイ側の正面を飾っている。

スクリーニング・ルーム
Screening Room（MAP3、#3）
☎212-334-2100
54 Varick St
1、2号線で、カナル通りCanal St

ライト通りLaight Stの角にある。恋人を連れて映画を鑑賞し、併設のレストランで食事をするのに心地良い場所。上映スケジュールには、ファンキーな封切り作品、芸術映画、たまに古典作品が入っている。

アンソロジー・フィルム・アーカイブズ
Anthology Film Archives（MAP4、#126）
☎212-505-5181
🏠32 Second Ave
🚇F、V線で、2番街Second Ave

イースト・ヴィレッジの東2丁目近くにある。低予算のヨーロッパ映画や非主流映画、そして「地上より永遠に*From Here to Eternity*」のような古典のリバイバルを上映している。また、"ウェルナーの世界"といった映画祭も催している。チケット価格は大人＄8、学生・シニアが＄5だ。

ウォルター・リード・シアター
Walter Reade Theater（MAP7）
☎212-875-5600
🏠165 W 65th St
🚇1、2号線で、66丁目／リンカーン・センター66th St-Lincoln Center

リンカーン・センターにある。広いスクリーンとゆったりしたシートが自慢。ニューヨーク映画祭が毎年9月にここで開催される。そのほかの時期には、インディーズ映画、追悼上映、テーマ別特集を見ることができる。

リンカーン・プラザ・シネマズ
Lincoln Plaza Cinemas（MAP7、#103）
☎212-757-2280
🏠Broadway
🚇A、B、C、D、1、2号線で、59丁目／コロンバス・サークル59th St-Columbus Circle

アッパー・ウェスト・サイドの西62丁目近くにある。芸術的インディーズ作品を支持する6スクリーンの映画館だ。

このほか、さまざまなインディーズ映画と外国映画を上映する注目すべき映画館は次の通り。**レナード・ニモイ・タリア Leonard Nimoy Thalia**（MAP7、#16 ☎212-864-1414 🏠2537 Broadway 🚇1、2、3号線で、96丁目96th St）は西95丁目角のシンフォニー・スペースSymphony Space内にある。質のよい2本立て上映を行っている（＄9）。**シネマ・クラシックス Cinema Classics**（MAP4、#27 ☎212-677-5368 🏠332 E 12th St 🚇L線で、1番街First Av）は1番街とA街の間にある。ほんの＄6で、「モダン・タイムス*Modern Times*」や「影なき狙撃者*Manchurian Candidate*」といった作品を見ることができる。そして古くても良いのが**シネマ・ヴィレッジ Cinema Village**（MAP4、#51 ☎212-924-3363 🏠22 E 12th St 🚇L、N、Q、R、W、4、5、6号線で、14丁目／ユニオン・スクエア14th St-Union Sq）で、5番街とユニバーシティ・プレイスUniversity Placeの間にある。

マンハッタン以外のエリアの文化

カーネギー・ホールやリンカーン・センターとは橋やトンネルで隔てられているとしても、心配はご無用。ブルックリンは地元でクラシック公演が多数行われることを誇りにしている。マンハッタン以外のハイクラスな文化でまず注目すべきは、ブルックリン・アカデミー・オブ・ミュージック **Brooklyn Academy of Music**（MAP9 ☎718-636-4100 🌐www.bam.org 🏠30 Lafayette Ave 🚇M、N、Q、R、W、1、2、4号線で、アトランティック街Atlantic Ave）だ。一年を通じてマジェスティック劇場 Majestic Theaterとブルックリン・オペラ・ハウス Brooklyn Opera Houseで、コンサート、オペラ、ダンス、劇を上演している。ショーの内容はシェイクスピア作品から前衛音楽のコンサートまでと幅広い。ローズ・シネマRose Cinemaも併設しており、芸術映画を上映している。行事のスケジュールについては、ホームページにアクセスしよう。

　ダンボDumboのセント・アンズ・ウェアハウス **St Ann's Warehouse**（MAP9、#4 ☎718-858-2424 🏠38 Water St 🚇A、C線で、ハイ通りHigh St、F線で、ヨーク通りYork St）も要チェック。約＄25で、最先端の音楽、芝居、ダンス・パフォーマンスが楽しめる。

　フルトン波止場Fulton Landingにある、室内楽およびクラシック・プログラムのバージミュージック **Bargemusic**（☎718-624-4061 🚇A、C線で、ハイ通りHigh St）は、夏の間イースト川のはしけ船で演奏する。

　ブルックリン・センター・フォー・ザ・パフォーミング・アーツ **Brooklyn Center for the Performing Arts**（MAP1 ☎718-951-4500 🌐www.brooklyncenter.com 🏠2900 Campus Rd 🚇2、5号線で、ブルックリン・カレッジ／フラットブッシュ街Brooklyn College-Flatbush Ave 🎫チケット＄20～30）はヒレル・プレイスのブルックリン・カレッジのキャンパスにある。サンタナやルチアーノ・パヴァロッティといった音楽の著名人のコンサートや、ポール・テイラー・ダンス・カンパニーのようなダンス・パフォーマンスを主催している。

　近代美術館（モマ）MoMAがクイーンズのロングアイランド・シティへ一時移転（2005年まで）していることに伴い、このエリアは文化目当てにどん欲な人々が集まってくる。モマ・クイーンズMoMA QNSで世界有数のモダン・アートを鑑賞できるだけではない。イサム・ノグチ庭園美術館で彫刻をじっくり眺めることも、PS1コンテンポラリー・アート・センターで真の前衛作品を見ることも、近くのソクラテス彫刻公園でピクニックをすることもできる（詳細は「観光スポットと楽しみ方」を参照）。

エンターテインメント − コメディ・クラブ

大手系列劇場

ランドマーク・サンシャイン・シネマズ
Landmark Sunshine Cinemas（MAP4、#172）
☎212-358-7709
🏠143 East Houston St
Ⓜ F、V線で、2番街Second Ave
ロウアー・イースト・サイドのヨナ・シンメル・ベーカリーYonah Shimmel Bakeryの隣にある。外国映画と大手の芸術映画を上映し、新規進出をこの界隈から歓迎されている。

ローズ42丁目イーウォーク・シアター
Loews 42nd St E-Walk Theater（MAP6、#112）
☎212-505-6397
🏠W42nd St
Ⓜ N、Q、R、S、W、1、2、3、7号線で、タイムズ・スクエアTimes Sq
タイムズ・スクエアのブロードウェイと8番街の間にある。13スクリーンある巨大映画館。この映画館は最新のハリウッド映画という食事を、最新式の設備で皿によそってくれる。

ソニー・シアターズ・リンカーン・スクエア
Sony Theaters Lincoln Square（MAP7、#96）
☎212-336-5000
🏠ブロードウェイと西68丁目の角Broadway & W 68th St
Ⓜ 1、2、3号線で、72丁目72nd St
アッパー・ウェスト・サイドにある。3Dのアイマックス・シアター、12の大型スクリーンがあり、封切り作品を上映している。ソニーはほかにも、シネプレックス・オデオン Cineplex Odeon（☎212-505-2463）が行っているように、マンハッタンの至る所で複合映画館を経営している。

ブルックリン（MAP9）
Brooklyn

ローズ・シネマ
Rose Cinema
☎718-623-2770
🏠30 Lafayette Ave
Ⓜ Q、1、2、4、5号線で、アトランティック街Atlantic Ave
フォート・グリーンのブルックリン・アカデミー・オブ・ミュージックBrooklyn Academy of Music内にある。インディーズ作品や外国映画を上映している。

ブルックリン・ハイツ・シネマズ
Brooklyn Heights Cinemas（#11）
☎718-369-0838
🏠ヘンリー通りとオレンジ通りの角cnr Henry & Orange Sts
Ⓜ A、C線で、ハイ通りHigh St、1、2号線で、クラーク通りClark St
風変わりでも質の良い映画を上映し、バー兼カフェがある。

封切り作品と大手の映画ならば、コブル・ヒルCobble Hillのユナイテッド・アーティスツ・シネマ United Artists Cinema（#27 🏠ステート通りとコート通りの角cnr State & Court Sts）、同じくコブル・ヒルのクリアビュー・コブル・ヒル・シネマズ Clearview Cobble Hill Cinemas（#43 ☎718-596-9113 🏠コート通りとバトラー通りの角cnr Court & Butler Sts）をチェックしよう。どちらの映画館も、M、N、R、1、2、4、5号線で、コート通り／バーロー・ホールCourt St-Borough Hall下車。

コメディ・クラブ

サーフ・リアリティー
Surf Reality（MAP4、#214）
☎212-673-4182
🏠2nd fl, 172 Allen St
Ⓜ F、V線で、2番街Second Ave
🎫チケット $3〜
スタントン通りStanton Stとリビングトン通りRivington Stの間にある。このコメディ・クラブは毎夜ワイルドで荒々しいショーを開く。ママが見たら固まってしまう内容。日曜日の夜はオープン・マイクだ。

ルナ・ラウンジ
Luna Lounge（MAP4、#178）
☎212-260-2323
🌐www.lunalounge.com
🏠171 Ludlow St
Ⓜ F、V線で、2番街Second Ave
スタントン通りの近くにある。ジャニーヌ・ギャロファやコリン・クインといった辛口気味のコメディアンたちが、月曜夜の無料イベント「イーティング・イット」のショーケースでネタを試す。けれども、出演者が誰か告知されないため、どのコメディアンを見ることができるか事前にはわからない（月曜日以外の夜は、音楽のライブがメインとなる。前出の「ロック」を参照）。

コメディ・セラー
Comedy Cellar（MAP4、#143）
☎212-254-3480
🌐www.comedycellar.com
🏠117 MacDougal St
Ⓜ A、C、E、F、V、S線で、西4丁目W 4th St
🎫チケット $10〜12
グリニッチ・ヴィレッジの3丁目とブリーカー通りBleecker Stの間にある。地下にある歴史のあるクラブで、正統派の演目をメインとしている。この店は、突然現れてびっくりさせるのが好きな注目の喜劇俳優（たとえばジョン・ロビッツ、ジョン・スチュアート）を数

エンターテインメント － スポーツ観戦

ニューヨークを訪れたならメッツ対ヤンキース戦は必見

多く紹介している。ひょっこり顔を出す面々にはスターが名を連ねており、ロビン・ウィリアムズ、ジェリー・サインフェルド、クリス・ロックなども見かける。最低2ドリンクの注文が必要。

キャロライン・オン・ブロードウェイ
Caroline's on Broadway（MAP6、#36）
☎212-757-4100
🏠1626 Broadway
🚇N、R、W線で、49丁目49th St、1、2号線で、50丁目50th St
🎫チケット 平日＄15～、週末＄17～

西50丁目近くにある。ブロードウェイのタイムズ・スクエアにある大きく派手な店だ。コメディーの特別番組がひんぱんに撮影され、優秀なタレントたちによって演じられている。最低2ドリンクの注文が必要。

シカゴ・シティ・リミッツ
Chicago City Limits（MAP7、#129）
☎212-888-5233
🏠1105 First Ave（東61丁目の角at E 61st St）
🚇N、R、W線で、レキシントン街Lexington Ave、4、5、6号線で、59丁目59th St
🎫チケット ＄20、カレッジの学生証があれば＄15

アッパー・イースト・サイドにある。7500回を超えて演じられてきたコメディーのレビュー・ショーが中心で、その即興的なコメディーのスタイルが賞賛されている。

スポーツ観戦

野球
史上初の野球の試合はハドソン川をはさんだニュージャージー州のホーボーケンで行われた。そのため、お高いボストンのレッド・ソックス・ファンは文句を言うが、ニューヨークはもちろん野球の町である。世界中の自分たち以外の人々が（特にメッツのファン）が、ワールド・チャンピオンであるヤンキースを憎みたがるが、この町の野球シーンはたとえ誰をひいきにしてようが満足感を与えてくれる（かっ飛ばせ、ヤンキース！）。

チケットの獲得は難しいが、レギュラー・シーズン（4～10月）中、メッツとヤンキースを合わせるとホーム・ゲームは162試合あるので、観戦できるチャンスはある。チケットは額面で＄8～55するが、スタジアム以外のどこで購入しても、高額の"手数料"をふっかけられることになる（例外はサウス・ストリート・シーポートのヤンキース・クラブハウス）。チケットを探すのによいのは、クレイグズ・リスト（🌐www.craigslist.com）で、ニューヨーカーが不必要なチケットを処分しており、時には破格の安さのこともある。

ニューヨーク・メッツ
New York Mets（MAP12）
☎718-507-8499
🌐www.mets.com
🚇7号線で、ウィレッツ・ポイント／シェイ・スタジアムWillets Point-Shea Stadium

ナショナル・リーグのチーム。クイーンズのフラッシング・メドーズにある、吹きさらしの古いシェイ・スタジアム Shea Stadium（MAP12）がホームだ。ミッドタウンから地下鉄で40分の距離。

ニューヨーク・ヤンキース
New York Yankees（MAP13、#18）
☎718-293-6000

🌐 www.yankees.com
🚇 B、D、4号線で、161丁目／ヤンキー・スタジアム161st St-Yankee Stadium
アメリカン・リーグのチーム。サウス・ブロンクスにある、チームと同名の伝説的なスタジアムがホームだ。ミッドタウンから地下鉄でほんの15分の距離。

町をはさんで反対の位置にあるこの2つのライバルは、レギュラー・シーズン中に行われる限られた数のインター・リーグ（リーグを越えた交流試合）のゲームでしか対戦しない。もちろん、すべてのニューヨーカーは「サブウェイ（地下鉄）・シリーズ」——2000年のワールド・シリーズでこの2チームが1956年以来の初対戦を果たしたときを指す——の再現をつねに夢見ている。ナイト・ゲームは通常19:30開始で、デー・ゲームは13:00にスタートする（スタジアムに関する詳細は、「観光スポットと楽しみ方」の「クイーンズ」と「ブロンクス」を参照）。

ニューヨークの野球界で一番新しいチームは**ブルックリン・サイクロンズ Brooklyn Cyclones**（MAP1 ☎718-449-8497 🌐 www.brooklyncyclones.com 🚇 F、Q、W線で、スティルウェル街Stillwell Ave）だ。コニー・アイランドのサーフ街Surf Aveにある真新しいスタジアムが、このメッツ傘下のファーム・チームのホームだ。チケットは高くても＄10。

バスケットボール＆アイスホッケー

ニューヨークで注目されるバスケットボールとアイスホッケーのチームは、1万9000人収容の有名な**マディソン・スクエア・ガーデン Madison Square Garden**（MAP5 🏢7番街と33丁目の角 Seventh Ave at 33rd St 🚇1、2、3号線で、34丁目／ペンシルヴェニア駅34th St-Penn Station）で初秋から夏の初めまでプレイしている。NBAの**ニューヨーク・ニックス New York Knicks**（☎212-465-6741）とNHLの**ニューヨーク・レンジャーズ New York Rangers**（☎212-465-6741）は多数のシーズン・チケットを売り上げており、したがってビジターはそれぞれのゲームのチケットをチケットマスター、マディソン・スクエア・ガーデンを通じて購入するか、あるいは、ゲームの夜に付近に集まって来るダフ屋と交渉するしかない。

ダフ屋からのチケット購入はかなり高くつく買い物だったものだが、近年ニックスは勝機を逃しているので（ああ、バン・ガンディー・コーチ、戻ってきて！）、試合終了の10分前にマディソン・スクエア・ガーデンに滑り込むこともでき、多くの場合、＄100の席を＄30に値切ることもできる。たとえどのチームの試合であっても、ダフ屋と交渉する際は、19:30の試合開始を過ぎるまで待つのが一番の戦略。その時間に価格は下がる。大きな試合については、すでに額面＄200を超えているチケットにプレミアを払うことになるだろう。注意：厳密にはダフ屋行為は法律で禁じられているため、詐欺に遭わないようチケットは十分チェックしたほうがいい。

ニューヨークのチームが低迷する一方で、ニュージャージーの同業者の勢いは良い。NBAの**ニュージャージー・ネッツ New Jersey Nets**（☎800-765-6387 🌐 www.nba.com/nets 🎫チケット ＄10〜80）とNHLの**ニュージャージー・デビルズ New Jersey Devils**（☎800-653-3845 🌐 www.newjerseydevils.com）がプレイしているのは、**メドウランズ・スポーツ複合施設 Meadowlands Sports Complex**（イースト・ラザフォード、ルート120沿いRoute 120, East Rutherford）の**コンチネンタル・エアラインズ・アリーナ Continental Airlines Arena**。両チームとも、2002年のポスト・シーズンで歓声を上げた。ニュージャージーまで出かけるのはしんどいが、ゲームはエキサイティングなことが多い。どちらのチケットもチケットマスター（☎212-307-7171 🌐 www.ticketmaster.com）を通じて購入できる。メドウランズ・スポーツ複合施設へ行くには、ニュージャージー・ターンパイクNJ Turnpikeに乗り、メドウランズ出口Meadowlands exit（出口 16W）で降りる。ミッドタウンのポート・オーソリティ・バス・ターミナルから公共バスも出ている（往復 窓口購入＄6.50、車内購入＄8）。

タイトルIX（大学のスポーツ計画で、男子と同程度に女子にも財源をつぎ込むよう命じた法律）もWNBAも熱烈に支持したいものだ。女子プロ・バスケットボールは男子のものとはまったく違う（また、慣れるまでとまどう）が、**ニューヨーク・リバティー New York Liberty**（☎212-465-6741）は一見の価値がある。マディソン・スクエア・ガーデンでメモリアル・デー（戦没将兵追悼記念日。5月の最終月曜日）からレイバー・デー（労働者の日。9月の第1月曜日）まで女子がリングにシュートを決める様子を見ることができる。

フットボール

皮肉なことに、ニューヨークのフットボール・チームは両者ともニュージャージーでホーム・ゲームを行っている。**ニューヨーク・ジャイアンツ New York Giants**（☎201-935-8111、チケット情報 ☎201-935-8222 🌐 www.giants.com）と**ニューヨーク・ジェッツ New York Jets**（☎516-560-8200）は、ニュージャージーの**メドウランズ・スポーツ複合施設 Meadowlands Sports Complex**を8月から12月まで共有してい

る。週末を交互に使ってプレイしているが、チケットは高価で数が少ない。実のところ、フットボールはテレビで見たほうが良いが、サードダウンでうなじに吹きかかる熱狂したファンの熱い息を感じたかったら、試合当日にダフ屋のチケット購入を試すか、🅦www.craigslist.com にアクセスしてみよう。

テニス

USTAナショナル・テニス・センター
USTA National Tennis Center（MAP12、#18）
☎718-760-6200
🅼7号線で、ウィレッツ・ポイント／シェイ・スタジアムWillets Point-Shea Stadium
クイーンズのフラッシング・メドウズ・コロナ・パークFlushing Meadows-Corona Parkにある。グランド・スラムの最終イベントとなる**全米オープン US Open**（🅦www.usopen.org）の会場であり、8月の終わりに2週間以上をかけて行われる（レイバー・デーの週末にかかることが多い）。全米オープンの席は企業がブロック単位で買い占めるので、好カードのゲームのチケットはダフ屋を頼らないとならないだろう。メイン・コート（アーサー・アシュ・スタジアム）に近づけば、法外な価格でチケットを売ろうとしているダフ屋の列に会うはずだ。会期前半のゲームやダブルスのチケットに関しては、窓口で問い合わせてみよう。

　USTAは全米オープンの期間を除き、一年を通じてアマチュアにコートを1時間＄25からレンタルしている。プロが練習する同じコートでプレイできるのだ。

競馬

アクアダクト競馬場
Aqueduct Racetrack
☎718-641-4700
🅼A線で、アクアダクトAqueduct
ブルックリンにある。11月から5月まで、冬の競馬シーズンを開いている。場外馬券売り場（OTB）が1970年代に設置された際、ニューヨーク地区の競馬場では、回転ゲートから人影がごっそりいなくなった。今では"王侯貴族のスポーツ"は、葉巻飲みの退職者のスポーツである。

ベルモント・パーク
Belmont Park
☎718-641-4700
クイーンズとの境界線近くのナッソー郡にある。サラブレット・レース三冠の最終戦となるベルモント・ステークスの会場で、このレースは6月の初めに開催される。レース期間中は毎日、**ロングアイランド鉄道 Long Island Rail Road train**（☎718-217-5477 🅦www.lirr.org）の臨時列車がペンシルヴェニア駅からベルモントに向けて1日に数回走る。料金は往復＄9.50。

メドウランズ競馬場
Meadowlands Racetrack
☎201-935-8500
🏠Route 120, East Rutherford
ニュージャージーにある。ハーネス競馬が12月後半から8月まで、サラブレット競馬が労働者の日（9月の第1月曜日）から12月前半まで行われる。

ショッピング

Shopping

ニューヨークで手に入らないものは、たぶんどこに行っても手に入らない。誇張ではなく、市内の全エリアに、有名百貨店から個性あふれる小さな店までさまざまな種類の小売り店が存在する。この街へショッピングに来たのなら、どこよりも高級な5番街のブティックからロウアー・イースト・サイドの格安古着店まで、何日もかけて気ままに見て回りウィンドウ・ショッピングすることができる。

税金カット！

手頃な価格、確かな品質、競争原理、多くの主要通貨に対し比較的ドルが弱いことから、ニューヨークは買い物客のパラダイスとなっている。さらに、状況はますます好転している。ニューヨーク市と州は、$110未満の靴と洋服への税金を免除した。実に価格の8.25％のカットとなる！

何を買うか

アンティーク

2000年の談合スキャンダルにもかかわらず、クリスティーズとサザビーズの世界2大オークション・ハウスは、相変わらずオンラインと会場でのオークションで巨額の利益を生んでいる。「ニューヨーク・タイムズ」金曜版に、セール品の展示についてのお知らせが掲載されている。

クリスティーズ
Christie's（MAP5）
☎212-636-2000
🌐 www.christies.com
🏠 20 Rockefeller Plaza（西49丁目との角at W 49th St）, Midtown
5番街と6番街の間にある。トップ・レベルのオークションを開催。この世界一のオークション・ハウスは、かつてジョン・F・ケネディやマリリン・モンロー、フランク・シナトラの所有物だったアイテムを販売した。

サザビーズ
Sotheby's（MAP7、#83）
☎212-606-7000
🌐 www.sothebys.com
🏠 1334 York Ave, Upper East Side
東72丁目の近くにある。絵画と高級家具専門。

パーク・アヴェニュー・アーモリー
Park Ave Armory（MAP7、#114）
🏠 パーク街と東67丁目の角Park Ave at E 67th St
しばしばアンティークの展示会を開く。

気ままに見て回るのであれば、2番街と3番街に挟まれた59丁目のアンティーク家具店街に向かいたい。ほかに、ブロードウェイのユニオン・スクエアから下ってすぐの場所と、イースト・ヴィレッジの東12丁目沿いにはさらにたくさんの店が並んでいる。

アネックス・アンティーク・フェア
＆フリー・マーケット
Annex Antique Fair & Flea Market（MAP5、#133）
☎212-243-5343
🏠 107-111 W 25th St（6番街との角at Sixth Ave）
Ⓜ F、V、1、2、3号線で、23丁目23rd St
入場料＄1
土・日10:00〜18:00
700以上の出店がある屋外マーケット。おおむね高品質の品で、懐中時計、エステート・ジュエリー（アンティーク〈100年以上たったも

愛国者のためのチェス・セット。グリニッチ・ヴィレッジのトンプソン通りにて

の〉までいかない中古の宝石）、中古カメラ、コイン式のガム・マシーンのように独特なアイテムが販売されている。入場料を払う前に、気に入るものがあるかどうかフェンス越しに見ることができる。このマーケットの人気が追い風となって、**ガレージ・アンティーク・フェア Garage Antique Fair**（MAP5、#135 ☖112 W 25th St Ⓜ F、V、1、2、3号線で、23丁目23rd St）ができた。6番街と7番街の間にある。また、ほかにもいくつかのマーケットが近くの空き駐車場で開かれている。こうしたマーケットは入場無料で、土・日曜の夜明けから日が暮れるまでオープンしている。

チェルシー・アンティークス・ビルディング
Chelsea Antiques Building（MAP5、#134）
☎ 212-929-0909
☖ 110 W 25th St, Chelsea
Ⓜ F、V、1、2、3号線で、23丁目23rd St
🕐 10:00〜18:00

6番街と7番街の間にある。初版本、家具、ランプ類をはじめとする室内で使用するアイテムが主流商品。ここで紹介したマーケットはどれも、のんびりした週末の一日を過ごすのにうってつけだ。

コスメ

セフォラ
Sephora
（MAP5、#67）
☎ 212-245-1633
☖ 636 Fifth Ave
Ⓜ B、D、F、V線で、47-50丁目／ロックフェラー・センター47-50th Sts/Rockefeller Center（MAP6、#78）
☎ 212-944-6789
☖ 1500 Broadway
Ⓜ 1、2号線で、50丁目50th St

50丁目と51丁目の間にある。高品質コスメを豊富に取り揃えた店で、うれしいことに全商品を値引きして販売している。この店に行き、居心地の良い雰囲気の中で、クリニーク、ランコムほか多数のお気に入りのコスメを買い、ぶらぶら商品を見て回ろう。市内に7つの支店が点在している。

キール
Kiehl's（MAP4、#23）
☎ 212-677-3171、800-543-4571
☖ 109 Third Ave
Ⓜ N、Q、R、4、5、6号線で、14丁目／ユニオン・スクエア14th St-Union Sq、L線で、3番街Third Ave

イースト・ヴィレッジの東13丁目と14丁目の間にある。個性的なドラッグ・ストアで、1851年以来オーガニックのスキンケア製品を販売してきた（なかでも、1800年代に開発されたキールのムスク・オイルはベストセラーだ）。コスメ業界の巨人であるロレアルが、2000年半ばに＄1億と伝えられる金額でキールを買収したが、評判の良い顧客サービス、たっぷり入ったサンプルのサイズ、広告を一切行わない方針といった店の性質は変えないことを約束している。約束は守られているから、今でも安心して、最高の化粧水、パック、乳液を買い求めに、あるいは元オーナーの奇抜なコレクションであるアンティークのハーレー・ダビッドソンを鑑賞しに立ち寄ることができる。

本

一般書 5番街と6番街の間にある**ゴサム・ブック・マート Gotham Book Mart**（MAP5、#72）
☎ 212-719-4448 ☖ 41 W 47th St Ⓜ B、D、F、V線で、47-50丁目／ロックフェラー・センター47-50th Sts/Rockefeller Center）は1920年創業だが、現在の店舗は2002年末には移転予定。この極上の書店には最高のクオリティの読み物が詰まっており、圧倒的な物知りのスタッフも控えている。トレードマークの看板（複製。オリジナルは60年代に盗まれた）には、"wise men fish here（賢人はここで魚を釣る〈真実を探り出す〉）" とうたってあり、詩人のW・H・オーデンとマリアン・ムーアが釣り糸をぶら下げている。ギャラリーをお見逃しなく。エドワード・ゴーリーのようなすばらしい作品が入れ替えで展示されている。

シェイクスピア・アンド・カンパニー
Shakespeare & Co
（MAP4、#84）
☎ 212-529-1330
☖ 716 Broadway, Greenwich Village
（MAP3、#85）
☎ 212-742-7025
☖ 1 Whitehall St, Lower Manhattan
（MAP5、#128）
☎ 212-220-5199
☖ 137 E 23rd St
（MAP7、#84）
☎ 212-580-7800
☖ 939 Lexington Ave, Upper East Side

マンハッタンに心地良い店舗が数店あり、一般書と学術対象の書籍を取り揃えている。グリニッチ・ヴィレッジ店はニューヨーク大学ティッシュ・スクール・オブ・アートNew York University's Tisch film schoolの向かいにあり、劇、映画関連本、台本の幅広い品揃えが特徴。

スリー・ライヴズ
Three Lives（MAP4、#74）
☎ 212-741-2069

ショッピング － 何を買うか

🏠154 W 10th St
Ⓜ1、2号線で、クリストファー通り／シェリダン・スクエアChristopher St/Sheridan Sqウェイヴァリー・プレイスWaverly Plと7番街の間にある。グリニッチ・ヴィレッジ名物で、独立系書店販売のお手本になっている。伝說、一流の売れ筋作品を豊富に取り揃えている。壁を埋めつくす木製の書棚が居心地の良い雰囲気を醸し出し、気さくで博識なスタッフがアドバイスしてくれる。

セント・マークス・ブックショップ
St Marks Bookshop（MAP4、#44）
☎212-260-7853
🏠31 Third Ave
Ⓜ6号線で、アスター・プレイスAstor Pl
🕐月～土10:00～24:00、日11:00～24:00
東8丁目と9丁目の間にある。イースト・ヴィレッジの美しい大型書店で、政治学、詩、学術誌を専門に取り扱っている。地元の住民が立ち寄る店として人気だ。

リッツォーリ
Rizzoli
（MAP4、#190）
☎212-674-1616
🏠454 West Broadway, SoHo
ⓂN、R線で、プリンス通りPrince St
（MAP5、#5）
☎212-759-2424
🏠31 W 57th St, Midtown
ⓂF線で、57丁目57th St
芸術、建築、デザイン関係の書籍（一般書もある）を販売している立派な書店。高級感あふれる2店舗で営業している。リッツォーリのソーホー店から角を曲がったところにある**アンタイトルド Untitled**（MAP4、#191 ☎212-982-2088 🏠159 Prince St）もチェックしよう。珍しいヴィンテージ物の変わった絵はがきが驚くほど揃っている。

バーンズ＆ノーブル
Barnes & Noble
（MAP5、#189）
☎212-675-5500
🏠105 Fifth Ave（18丁目の角at 18th St）
ⓂN、R線で、23丁目23rd St
（MAP5、#182）
☎212-253-0810
🏠33 E 17th St, Union Sq
ⓂL、N、Q、R、W、4、5、6号線で、14丁目／ユニオン・スクエア14th St-Union Sq
（MAP4、#85）
☎212-420-1322
🏠4 Astor Pl
Ⓜ6号線で、アスター・プレイスAstor Pl
（MAP5、#159）

☎212-727-1227
🏠675 Sixth Ave, Chelsea
ⓂF、V線で、23丁目23rd St
（MAP7、#53）
☎212-362-8835
🏠2289 Broadway（西82丁目との角at W 82nd St）, Upper West Side
Ⓜ1、2号線で、72丁目72nd St
（MAP9、#28）
☎718-246-4996
🏠106 Court St, Cobble Hill
ⓂM、N、R、1、2、4、5号線で、コート通り／ボロー・ホールCourt St/Borough Hall
ニューヨーク市の至るところに超大型店を持つ。この書店チェーンの本店は5番街にある。どの店舗も20万冊以上の書籍を揃え、音楽部門、ゆったりした椅子、顧客が無料で雑誌を読めるカフェを設けている。

ボーダーズ
Borders
（MAP5、#125）
☎212-481-2913
🏠550 Second Ave（東32丁目との角at E 32nd St）, Midtown
（MAP5、#14）
☎212-980-6785
🏠461 Park Ave, Midtown
歌の文句のように、「チェーン、チェーン、お人好しをチェーンしろ〈つなぎ止めろ〉」とばかりにチェーン店を出し、バーンズ＆ノーブルと張り合っている。上記のほかにも数店舗がある。

旅行書　カナル通りCanal St近くにある**トラベラーズ・チョイス Traveler's Choice**（MAP4、#257 ☎212-941-1535 🏠2 Wooster St, SoHo）は、ガイドブック、会話集、辞書、地図、旅行グッズと、いつでも旅に出たい気持ちにさせるすべてのものを販売している。

ザ・コンプリート・トラベラー
The Complete Traveller（MAP5、#96）
☎212-685-9007
🏠199 Madison Ave（西35丁目との角at W 35th St）, Midtown
Ⓜ6号線で、33丁目33rd St
初版本や古いベデカー旅行書といった魅惑的な取り揃えが特色。それに比較的新しい書籍や地図も少々置いてある。

ハグストローム・マップ＆トラベル・センター
Hagstrom Map & Travel Center
（MAP6、#106）
☎212-398-1222
🏠57 W 43rd St
ⓂS、4、5、6、7号線で、グランド・セントラ

ル・ターミナルGrand Central Terminal
（MAP3、#71）
☎212-785-5343
🏠125 Maiden Lane
Ⓜ1、2号線で、ウォール街Wall St
地図と旅行ガイドを豊富に取り揃えている。

シヴィライズド・トラベラー
Civilized Traveler
（MAP7、#97）
☎212-875-0306
🏠2003 Broadway
Ⓜ1、2号線で、66丁目／リンカーン・センター66th St-Lincoln Center
（MAP7、#115）
☎212-288-9190
🏠864 Lexington Ave
Ⓜ6号線で、68丁目68th St
ここも旅行ガイドと紀行文学を仕入れている良い店。

ゲイ＆レズビアン　今はチェーン店でさえ、そこそこの書店ならゲイ＆レズビアン・コーナーを設けるようになっており、かなり品揃えの良い店もある。チェルシーとアスター・プレイスにあるバーンズ＆ノーブル（前出）の各店をチェックしてみよう。

クリエイティヴ・ヴィジョンズ／ゲイ・プレジャーズ
Creative Visions/Gay Pleasures　（MAP4、#63）
☎212-255-5756
🏠548 Hudson St
Ⓜ1、2号線で、 クリストファー通り／シェリダン・スクエアChristopher St/Sheridan Sq
ヴィレッジのペリー通りPerry Stとチャールズ通りCharles Stの間にある。ゲイ関連の書籍がどっさりあり、雑誌やあらゆる娯楽系の週刊誌を置いている。

オスカー・ワイルド・メモリアル・ブックショップ
Oscar Wilde Memorial Bookshop（MAP4、#76）
☎212-255-8097
🏠15 Christopher St
Ⓜ1、2号線で、クリストファー通り／シェリダン・スクエアChristopher St/Sheridan Sq
ヴィレッジの6番街と7番街の間にある。ニューヨークで最も古いゲイ＆レズビアン専門の書店。この小さな店は床から天井まで関連書籍で埋めつくされ、ゲイの象徴であるレインボー・フラッグをはじめとするみやげ物を販売している。

ブルー・ストッキングズ
Blue Stockings（MAP4、#213）
☎212-777-6028
🏠172 Allen St
ⓂF、V線で、2番街Second Ave
スタントン通りStanton Stとリヴィングトン通りRivington Stの間にある。女性たちがオーナーの独立系書店で、レズビアン文学と評論に強い。人が集うこの店にはカフェがあり、音楽のライブや、レズビアンの慈善裁縫集会、詩の朗読といった年間行事を催している。

専門書　アッパー・ウェスト・サイドのブロードウェイ近くに**アプローズ・ブックス** Applause Books（MAP7、#70 ☎212-496-7511 🏠211 W 71st St Ⓜ1、2、3号線で、72丁目72nd St）がある。台本と映画評論専門。

ドラマ・ブックショップ
Drama Bookshop（MAP6、#121）
☎212-944-0595
🏠250 W 40th St
ⓂA、C、E線で、42丁目42nd St
8番街と9番街の間にある。劇とミュージカルの譜面にかけてはニューヨーク随一の品揃えを誇る。最近この場所に移転したので、さらにゆったりと店内を見て回り、貴重な書物をめくることができるようになった。

ブックス・オブ・ワンダー
Books of Wonder（MAP5、#192）
☎212-989-3270
🏠16 W18th St, Chelsea
ⓂL線で、6番街Sixth Ave、F、V線で、14丁目14th St
5番街と6番街の間にある。児童書とヤングアダルト小説を置いた楽しい雰囲気の店。

イースト・ウェスト・ブックス
East-West Books（MAP4、#15）
☎212-243-5994
🏠78 Fifth Ave
東13丁目と14丁目の間にある。仏教、アジア哲学、一般精神学の書籍を幅広く取り揃えた店。

ミステリアス・ブックショップ
Mysterious Bookshop（MAP6、#6）
☎212-765-0900
🏠129 W 56th St, Midtown
6番街と7番街の間にある。推理小説の愛好家なら気に入るはずだ。著者のサイン本と初版本が豊富に揃っている。

マーダー・インク
Murder Ink（MAP7、#17）
☎212-362-8905
🏠2486 Broadway, Upper West Side
Ⓜ1、2、3号線で、96丁目96th St
西92丁目と93丁目の間にある。ここもミステリー・ファンのための書店。同じくアットホームな雰囲気の**アイヴィーズ・ブックス** Ivy's Books（MAP7、#17 ☎212-362-8905 🏠2488 Broadway）と店がつながっている。こちらは、質の高い新刊本と古書を幅広く扱っている店だ。

ショッピング − 何を買うか

アーバン・センター・ブックス
Urban Center Books（MAP5、#62）
☎212-935-3592
🏠457 Madison Ave（東51丁目との角at E 51st St）
Ⓜ6号線で、51丁目51st St

歴史あるヴィラード・ハウスVillard Housesの中庭にある印象的な店。あらゆる種類の建築関連書籍を販売している。

古書
ハウストン通りHouston Stのすぐ南にある**ユーズド・ブック・カフェ** Used Book Café（MAP4、#186）☎212-334-3324 🏠126 Crosby St ⓂF、V、S線で、ブロードウェイ／ラファイエット通りBroadway-Lafayette St）がある。エスプレッソ片手に読書や書き物、仕事にと腰を落ち着けることのできる大型古書店。週末には地元の人々でごった返すが、人混みを物ともせず4万5000冊を超える古書、稀覯本、新刊を見て回ろう。この店では、ニューヨーク市のHIV感染者とエイズ患者のホームレス・コミュニティを助ける慈善団体、ハウジング・ワークスへの寄付を行っている。

ストランド・ブックストア
Strand Bookstore（MAP4、#21）
☎212-473-1452
🏠828 Broadway

ヴィレッジの東12丁目近くにある。ニューヨークでとても愛されている名物書店で、中を歩き回るのが難しいほど混雑しているが、うたい文句通り、合計8マイル（約13km）の古書と評論本を取り揃えているセールの本がいつでも豊富だ。セントラル・パーク入口のグランド・アーミー・プラザGrand Army Plazaにある**屋外アウトレット店** enplein air outlet（MAP5 🏠5番街と59丁目の角cnr Fifth Ave & 59th St）のほうもチェックしよう。

ジ・アーゴシー
The Argosy（MAP5、#15）
☎212-753-4455
🏠116 E 59th St, Midtown

パーク街Park Aveとレキシントン街Lexington Aveの間にある。遺品本の売却、稀覯本、サイン、古い地図、アート関連モノグラフ、古典、その他さまざまな分野を幅広く扱っている。

ハイツ・ブックス
Heights Books（MAP9、#13）
☎718-624-4876
🏠109 Montague St
ⓂM、N、R線で、コート通りCourt St、1、2号線で、クラーク通りClark St

通路より本棚にスペースが割かれているため見て回るには少々狭いが、魅力的な価格で状態の良い古書が多数ある。

カメラ

ニューヨークではカメラの価格はかなり安いが、優れたサービスは価格に含まれていないことが普通なので、出かける前に自分が欲しい品をはっきり思い描いておこう。実際に、一部（特にミッドタウン）の店はおとり商法の評判が立っている。キヤノンのレンズを買おうと店に入り、販売員が安いノーブランドの類似品のほうが質が良いと勧め始めたら、大いに疑ってかかること。

B&Hフォト・ビデオ
B&H Photo-Video（MAP5、#104）
☎212-444-6344、800-606-6969
🌐www.bhphotovideo.com
🏠420 Ninth Ave, Midtown
ⓂA、C、E線で、34丁目／ペン駅 34 St-Penn Station
🕐日〜金

西33丁目と34丁目の間にある。ニューヨークで一番人気のカメラ・ショップ。けれども動物園並みの人混みと、「支払いが先、商品受け取りはあと」の有無を言わせぬやり方に耐えなくてはならない。15カ国語を話せる語学堪能なスタッフのおかげで、海外からの客に対する売り上げは良い。この店に出かける前には、必ず何を購入したいか決めておこう。

ケン・ハンセン・フォト
Ken Hansen Photo（MAP5、#26）
☎212-317-0923
🏠Suite 1901, 509 Madison Ave（西53丁目との角at W 53rd St), Midtown

ライカをはじめとする最高級品専門店でプロ御用達。たとえ初心者でも、気後れせず訪れよう。販売員はとても親切だ。

葉巻

ニューヨークで世界一の葉巻を手に入れることはできないが（合衆国政府の敵対国との貿易に関する法律でキューバ産葉巻の販売は禁じられている）、最高に近い品質の葉巻を販売する煙草店は数多くある。$2のティパリロを探す時も、高価なパンチを探す時も、市内のいたるところにある喫煙バーを利用しよう。また、葉巻ショップは店内に喫煙ラウンジを設けた店が多い。

バークレー・レックス
Barclay-Rex
（MAP3、#81）
☎212-962-3355
🏠75 Broad St（ウィリアム通りの角at William St）
ⓂJ、M、Z線で、ブロード通りBroad St、N、R線で、ホワイトホール通りWhitehall St（MAP5、#89）

ショッピング－何を買うか

☎212-888-1015
🏠570 Lexington Ave
Ⓜ6号線で、51丁目51st St
（MAP5、#83）

☎212-692-9680
🏠70 E 42nd St
Ⓜ S、4、5、6、7号線で、グランド・セントラル／42丁目Grand Central-42nd St
少々高めの値段設定だが、まずまずの品揃えといえる。

サンチェス・シガーズ
Sanchez Cigars（MAP5、#108）
☎212-239-8861
🏠265 W 30th St

7番街と8番街の間にある。小さいが雰囲気のある店で、家族総出でキューバ種のたばこ葉を手巻きする様子を見学することができる。ここでは1本＄1と安い。

J&Rシガー・エンポリウム
J&R Cigar Emporium（MAP5、#73）
☎212-997-2777
🏠562 Fifth Ave（46丁目の角at 46th St）
Ⓜ S、4、5、6、7号線で、グランド・セントラル／42丁目Grand Central-42nd St
一流ブランドの品を手頃な価格で扱っている。さらに、カッター、ヒュミドール（葉巻保湿ケース）、灰皿、ライターといった付属品も各種揃っている。

リサイクルとレトロ

イースト・ヴィレッジはあらゆる種類のファッションでバッチリ決めた人、お洒落の達人になる見込みはある人、悲しくも見込みはない人、そして流行仕掛け人であふれており、こうした人々はショッピングを地元で済ませていると断言してもよい。無数の慈善中古ショップ、ヴィンテージ物ブティック、中古フリー・マーケットがこの地域と、さらに南や東に行ったロウアー・イースト・サイドの方まで、いたるところで見られる。この界隈の店は11:00まで開店しないことが多く、もっと遅くに開ける場合もあるので、まずはどこかでおいしいブランチをすませておこう。

もちろん、クールな店すべてを紹介するスペースはないが、好都合にも1番街とA街の間の9丁目沿いには店が集中している。また、ハウストン通りHouston Stとデランシー通りDelancey Stの間のラドロー通りLudlow Stにもおすすめの店がある。まず救世軍 Salvation Army（デランシー通りとアレン通りの角cnr Delancey & Allen Sts）から始めてみてはいかがだろう。そこではピンストライプのフレアズボンや、エナメル革の女性物の下着を掘り出すために、がらくたをかきわけなくてはならないが、我慢が大事。ここは宝の山だから。その他のおすすめショップは次の通り。

レザレクション Resurrection（MAP4、#345 ☎212-228-0063 🏠123 E 7th St Ⓜ6号線で、アストア・プレイスAstor Pl）（MAP4、#209 ☎212-625-1374 🏠217 Mott St Ⓜ6号線で、スプリング通りSpring St）は、ハイセンスのヴィンテージの衣類を販売している。ペイズリー、フリンジ、ベルベットのテイストが中心。

ルー・セント・デニス・ヴィンテージ・クローズ Rue St Denis Vintage Clothes（MAP4、#29 ☎212-260-3388 🏠174 Avenue B ⓂL線で、1番街First Ave）広い店で有能なバイヤーがいる。高品質のヴィンテージ物の中古ショップ。

ラグズ・ア・ゴー・ゴー Rags-A-Go-Go（MAP4、#108 ☎212-254-4771 🏠119 St Marks Pl ⓂN、R線で、8丁目／NYU 8th St-NYU、6号線で、アストア・プレイスAstor Pl）（MAP4、#13 ☎646-486-4011 🏠218 W 14th St ⓂA、C、E、L、1、2、3号線で、14丁目14th St）根っからの倹約家にはまさにぴったり。時間をかけて豊富な品々から選び出そう。

フィジカル・グラフィティ Physical Graffiti（MAP4、#106 ☎212-477-7334 🏠96 St Marks Pl ⓂN、R線で、8丁目／NYU 8th St-NYU、6号線で、アストア・プレイスAstor Pl）1番街とA街の間にある。ファンキーでヒップな古着とアクセサリーを販売している。ここにある2つの建物は、レッド・ツェッペリンの同名のアルバムのジャケットに使われた。

アマーコード Amarcord（MAP4、#99 ☎212-614-7133 🏠84 E 7th St ⓂN、R線で、8丁目／NYU 8th St-NYU、6号線で、アストア・プレイスAstor Pl）1番街と2番街の間にある。高品質の（そして季節にぴったりの）ヴィンテージのレディースを販売している。

トキオ7 Tokio 7（MAP4、#98 ☎212-353-8443 🏠64 E 7th St ⓂN、R線で、8丁目／NYU 8th St-NYU、6号線で、アストア・プレイスAstor Pl）1番街と2番街の間にある。デザイナーズ・ブランドを委託販売しているしゃれた店。メンズ、レディースとも取り扱いがある。スニーカーからスーツまでメンズの品揃えが豊富で印象的。値段もほどよい。

ナット・シャーマン
Nat Sherman（MAP5、#78）
☎212-764-5000、800-692-4427
🏠500 Fifth Ave（42丁目の角at 42nd St）
Ⓜ S、4、5、6、7号線で、グランド・セントラル／42丁目Grand Central-42nd St

一般の葉巻に加え、自社ブランドの葉巻を販売している。上階の美しいラウンジには、居心地の良い椅子と5番街を見下ろす窓があり、ゆったりと葉巻を吸うことができる。厳選された葉巻のある洞穴に似たウォークインの葉巻貯蔵庫をお見逃しなく。また、この貯蔵庫は昔のマディソン・スクエア・ガーデンの寄せ木床材から造られている。

ダヴィドフ・オブ・ジュネーヴ
Davidoff of Geneva（MAP5、#24）
☎212-751-9060
🏠535 Madison Ave
Ⓜ E、V線で、5番街／53丁目Fifth Ave-53rd St、6号線で、51丁目51 St

東54丁目近くにある。極上の葉巻、パイプ、煙草、備品を極上の価格で販売している。

洋服

ガーメント地区Garment Districtは、卸値でマイナー・ブランドの衣類を販売する店でひしめきあっている。主に8番街と9番街の間、西37丁目沿いに集中している。しゃれたヴィンテージ物や古着なら、イースト・ヴィレッジへ向かおう（おすすめショップについては前出のコラム「リサイクルとレトロ」を参照）。この界隈にはまた、巨大で厳しいニューヨークのファッション界で、自分の名前を売り込もうとする若手服飾デザイナーの名を冠した店も出現する。週末にショッピングへ出かけるならば、はずせないエリアだ。

エイミー・ダウンズ
Amy Downs（MAP5、#175）
☎212-358-8756
🏠227 E 14th St
Ⓜ L線で、2番街Second Ave

2番街と3番街の間にある。感性に訴えた（だが、十分に機能性に富む）オリジナルのレディースの帽子を専門にしている。

スタッシー
Stüssy（MAP4、#189）
☎212-274-8855
🏠140 Wooster St
Ⓜ F、V、S線で、ブロードウェイ／ラファイエット通りBroadway-Lafayette ハウストン通りHouston Stとプリンス通りPrince Stの間にある。スタイリッシュなスケーターたちでごった返すとびきり上等の店。ここに群がる人々のお目当ては、バギー・ショーツと、腰ばきのパンツ、いかした帽子……まだまだたくさんある。

ジーンズなら、大勢に支持されている**キャナル・ジーン・カンパニー Canal Jean Company**（MAP4、#247 ☎212-226-1130 🏠504 Broadway, SoHo Ⓜ 6号線で、スプリング通りSpring St）がスプリング通りとブルーム通りBroome Stの間にある。膨大な品揃えで、価格もまあまあだ。

アーバン・アウトフィッターズ
Urban Outfitters（MAP4、#169）
☎212-475-0009
🏠628 Broadway
Ⓜ 6号線で、ブリーカー通りBleecker St
（MAP7、#66）
☎212-721-5900
🏠2081 Broadway（西72丁目の角at W 72nd St）
Ⓜ 1、2、3号線で、72丁目72nd St

かつては現代のヒップな新品・中古の店として君臨したが、店舗を拡張してから少々尻すぼみの感がある。それでも、GAPやその他よりはましだ。

デイヴズ・ニューヨーク
Dave's New York（MAP5、#196）
☎212-989-6444
🏠581 Sixth Ave, Chelsea
Ⓜ 1、2号線で、18丁目18th St

西16丁目と17丁目の間にある。＄35でリーヴァイスを放出している。他に作業靴、カーハートや他の丈夫なウェアが目玉。

センチュリー21
Century 21（MAP3、#63）
☎212-227-9092
🏠22 Cortlandt St
Ⓜ 1、2号線で、チェインバーズ通りChambers St
🕐月～水・金7:45～20:00、木7:45～20:30、土10:00～20:00、日11:00～19:00

チャーチ通りChurch Stとブロードウェイ Broadwayの間にある。伝説的なディスカウント・ショップで、ニューヨークの目端の利いた買い物客たちのお気に入りである。デザイナーズ・ブランドの衣類（アルマーニのシャツやダナ・キャランのワンピースを含む）、香水、スポーツウェア、アクセサリーを大幅に値引きしており、レディースだけで

なくメンズの徹底的な品揃えも誇りにしている。センチュリー21は平日朝が早いウォール街の人々に便宜を図っている。ここはワールド・トレード・センター跡地の向かいにあり、2002年3月にようやく店が営業再開を果たした際は街中が祝福した。

　ブルックリンは近年あらゆる領域でマンハッタンと競争してきた。デザイナーやブティックも、そのごたごたの真っ只中にいる。スミス通りSmith St沿いをキャロル・ガーデンズCarroll Gardensからコブル・ヒルCobble Hillまで歩けば（キャロル通りへは地下鉄のF線かG線に乗ろう）、すばらしいウィンドウ・ショッピングができる。一日ぶらぶらと見て回ることができる通りで、この大通りにあるたくさんのバーやレストランで、休憩してカクテルを飲んだり、軽食を取るのもよい。

ハビット
Habit（MAP9、#47）
☎718-923-0303
⌂231 Smith St

ダグラス通りDouglass St近くにある。粋でエレガントなレディースの衣装を棚に揃えており、どんなに退屈な買い物客でも買いたい気持ちにさせられるだろう。けれども、このこぢんまりとしたブティックは安くないので、軍資金をたっぷり持参のこと（気の利いたアクセサリー類は除く。こちらは手頃な価格だ）。

クラッシュ
Crush（MAP9、#48）
☎718-852-7626
⌂244 Smith St（ダグラス通りとの角 at Douglass St）

ウエストが細い人向きのヴィンテージ物カクテル・ドレスがどっさりある。少女趣味の人にはハロー・キティのキャミソール・セットをどうぞ。ここの服はブルックリンの誇りを主張している（たとえば地下鉄F線のTシャツなど）。また、ヒョウ柄の携帯フラスク、スパンコールのプードル型バッグほかクールでキッチュなアクセサリーで身を飾ることができる。

フラート
Flirt（MAP9、#49）
☎718-858-7931
⌂252 Smith St

ドグロー通りDeGraw Stとダグラス通りの間にある。地元のデザイナーと提携しており、店にはファンキーなオリジナルのドレスがぎっしり詰まっている。ちょっぴりセクシーなドレスを見に行こう。盛況のパーティに着て行ったとしても、同じドレスの者はいないだろうと確信できるはず。

朝食は遠慮して、ティファニーで買い物を
(P266 Tiffany & Co)

パソコン＆電化製品

J&R ミュージック＆コンピューター・ワールド
J&R Music & Computer World（MAP3、#55）
☎212-238-9100
⌂15 Park Row
Ⓜ A、C、J、M、Z、1、2、4、5号線で、フルトン通り／ブロードウェイ・ナッソーFulton St-Broadway Nassau

ロウアー・マンハッタンのアン通りAnn Stとビークマン通りBeekman Stの間にある巨大店舗。手頃な価格で品揃えは良いが、サービスは、どんなに良く言っても「ムラがある」。混雑する週末にこの店でショッピングするのは避けよう。

コンプUSA
CompUSA（MAP5、#98）
☎212-764-6224
⌂420 Fifth Ave, Midtown

37丁目と38丁目の間にある。パソコンのソフトウェアと豊富なプリンターが主力商品だ。

ステープルズ
Staples（MAP6、#120）
☎212-944-6744
⌂1075 Sixth Ave

タイムズ・スクエア地区の西40丁目と41丁目の間にある。パソコン周辺機器、プリンター、オフィス・サプライを適切な価格で販売している。ここはどのブロックにも展開しているように思える有名チェーン店の1店舗。他の店舗については電話帳をチェックしよう。

　延長コードやプラグといったちょっとした家電周辺器具を探しているのなら、6番街とバワリー通りBoweryの間、カナル通りCanal St

沿いに並ぶ店へ行ってみよう。この付近では、カメラやステレオ・セットなど、保証書が必要となるものは買わないほうが無難。そうした品の多くが"トラックから落ちた物"（つまり、盗品か灰色のマーケットの深淵に浮かんでいた品）であるからだ。そして移動する道ばたの露店では、絶対に電話やビデオ・カメラを買わないこと――器具が動かないか、箱が空っぽだ。

ジュエリー

露店組合のグループが、ディスカウントしたダイヤモンドやパールその他の宝石を、5番街と6番街の間、西47丁目のダイヤモンド地区Diamond Districtと呼ばれる場所で販売している。露天商たちは「お買い得ですよ、お客さん」と訴えながら、いかに哀れを誘う表情をするか心得ている。たとえ大儲けしていてもだ。とはいっても、たいていここは実際にお買い得で、正規の店舗で買えると予想する値段より、はるかに安い買い物ができる。正統派ユダヤ教徒の店主が多いため、金曜日は早い時間に店はたたまれ、週末は閉店となる。

　チャイナタウンでも、中国人オーナーによる似たような集団がある（9月11日以前に比べると数はずっと減ったが）。バワリー通りBoweryとカナル通りCanal Stの交差点近くに、最も密集している。ここは週末も営業している。

カルティエ
Cartier
（MAP5、#46）
☎212-753-0111
🏠653 Fifth Ave
Ⓜ E、V線で、5番街／53丁目Fifth Ave/53rd St
（MAP7、#89）
☎212-472-6400
🏠828 Madison Ave（69丁目の角at 69th St）
Ⓜ 6号線で、68丁目68th St

一流の宝石を扱う分野で、業界最大手の一つ。目の玉が飛び出るような宝石がついた指輪、時計、眼鏡、バッグ、ブローチを販売している。

ティファニー
Tiffany & Co（MAP5、#29）
☎212-755-8000
🏠727 Fifth Ave（57丁目の角at 57th St）
Ⓜ F線で、57丁目57th St

説明不要。この有名な宝石店は最高級の時計、指輪、ネックレス、その他で多くの人々の心をとらえてきた。本当に豪華な品はショウウィンドウで眺めてから、おもむろに店内へ向かい、手の届く値段の名前入りステーショナリー、キーホルダー、ハンカチなどを見よう。すべて紛れもないあのベイビー・ブルーの箱

に入っている。

キッチン用品

ニューヨークで調理器具をはじめとするつまらない家庭の小物を買うなど、奇妙なことに思えるかもしれない。けれども、エスプレッソ・マシーン、キッチンエイドのミキサー、クイジナートのフード・プロセッサー、シェフ・ナイフ、胡椒挽き、ピザ・ピール（ピザをオーブンに滑り入れる木製のへら）といった品々を、デパートやカタログの価格に比べてかなり安く手に入れることができる。ハウストン通りHouston Stから下ってすぐのバワリー通りBoweryに並ぶ、業務用サプライ・ショップでショッピングすればよい。けれども、土曜日が定休のところもあるので気をつけたい。

バリ
Bari（MAP4、#180）
☎212-925-3845
🏠240 Bowery
Ⓜ F線で、2番街Second Ave
🚫無休

ハウストン通りとスタントン通りStanton Stの間にある。

ゼイバーズ
Zabar's（MAP7、#54）
☎212-787-2000、800-697-6301
🏠2245 Broadway（西80丁目の角at W 80th St）
Ⓜ 1、2号線で、79丁目79th St

大型グルメ・スーパーは、食品だけでなく広々とした2階のキッチン用品売り場でも有名だ。ここではエスプレッソ・マシーンのような品がとてもお買い得。

音楽＆ビデオ
新品

タワー・レコード
Tower Records（MAP4、#139）
☎212-505-1500
🏠692 Broadway（4丁目の角at 4th St）
Ⓜ 6号線で、ブリーカー通りBleecker St

広い本店では品数を多く揃えているが、ジャンルはロックとソウルが主力である。ここにあるチケットマスターTicketMasterの出張所では、コンサートのチケットを購入することができる。1ブロック先には**タワー・ビデオ Tower Video**（MAP4、#135 ☎212-505-1166 🏠383 Lafayette St〈西4丁目の角at W 4th St〉）と、向かいにディスカウント・レコードのアウトレット・ショップがあるので、そちらもチェックできる。

HMV
（MAP5、#74）

☎212-681-6700
🏠565 Fifth Ave（46丁目の角at 46th St）, Midtown
Ⓜ B、D、F、V線で、47-50丁目／ロックフェラー・センター47-50th Sts/Rockefeller Center
（MAP7、#37）
☎212-348-0800
🏠1280 Lexington Ave（東86丁目の角at E 86th St）, Upper East Side
Ⓜ4、5、6号線で、86丁目86th St
（MAP8、#34）
☎212-932-9619
🏠300 W 125th St（フレデリック・ダグラス大通りとの角at Frederick Douglass Blvd）, Harlem
ⓂA、B、C、D線で、125丁目125th St
幅広い品揃え、仕切りのないフロア・プラン、立地の良い店舗と音楽ビジネスのチェーン店で自信満々の経営を行っている。だが、価格はいま一歩。

ヴァージン・メガストア
Virgin Megastore（MAP6、#79）
☎212-921-1020
🏠1540 Broadway
ⓂN、Q、R、S、W、1、2、3、7号線で、タイムズ・スクエア／42丁目Times Sq-42nd St
（MAP4、#20）
☎212-598-4666
🏠52 E 14th St（ブロードウェイの角at Broadway）in Union Sq
ⓂL、N、Q、R、W、4、5、6号線で、14丁目／ユニオン・スクエア14th St-Union Sq
大型店で、おそらく品揃えの斬新さにおいてはタワー・レコードとHMVをしのぐ。サービスに関しては、まちがいなく3店のうちのベスト。延々と広がる店内にはポップスのヒット曲が豊富に並び、ダンス、ジャズ、クラシック、プログレッシブのCDが過不足なく並んでいる。

コロニー
Colony（MAP6、#35）
☎212-265-2050
🏠1619 Broadway（49丁目の角at 49th St）
ⓂN、R、W線で、49丁目49th St、1、2号線で、50丁目50th St
🕐〜翌1:00
半世紀以上にわたり、ゆるぎない経営を続けてきた。レアで変わった物も、あるいはごく普通の音楽も見つかる。この店は楽譜とカラオケ音楽が専門だ。

ディスカウント、中古＆レア
何年もあの入手困難なセブン・シェイズ・オブ・ブラウンのLPを探している、あるいは古いCDを処分するなどの必要があるならば、ニューヨークは希望の街だ。セント・マークス・プレイスSt Mark's Plと3番街周辺、それにサリヴァン通りSullivan Stとクリストファー通りChristopher Stの間のブリーカー通りBleecker Stには数多くの店があり、中古CDやレコードの売買をビジネスにしている。下取りに出すならこのエリアへ向かおう。

ルート66レコーズ
Route 66 Records（MAP4、#146）
☎212-533-2345
🏠99 MacDougal St
ⓂA、C、E、F、V、S線で、西4丁目W 4th St
ブリーカー通りと西3丁目の間にあり、ディスカウントのCDが揃っている（＄10未満）。ブートレグ（海賊盤）や輸入盤もある。

ノーマンズ・サウンド＆ヴィジョン
Norman's Sound & Vision（MAP4、#91）
☎212-473-6599
🏠67 Cooper Sq（3番街沿いon Third Ave）
ⓂN、R線で、8丁目／NYU 8th St-NYU、6号線で、アスター・プレイスAstor Pl
ヴィレッジの人気店。CD、ビデオ、DVDの売り買いができる。それだけではなく、価格が適切で店の対応はフレンドリーで気さく。とりわけ品揃えがよく、特に民族音楽、ジャズ、ブルースが充実している。

アザー・ミュージック
Other Music（MAP4、#136）
☎212-477-8150
🏠15 E 4th St
Ⓜ6号線で、ブリーカー通りBleecker StブロードウェイBroadwayとラファイエット通りLafayette Stの間にある。大胆にも、タワー・レコード本店アウトレット・ショップの向かいで営業しているが、オフビート・ラウンジ（イージーリスニング系音楽）、サイケデリック、エレクトロニカ、インディーズ・レーベルのCDが主流という通好みの品揃えのおかげで盛況だ。

キムズ・ビデオ＆ミュージック
Kim's Video & Music（Mondo Kim's）
（MAP4、#41）
☎212-598-9985
🏠6 St Marks Pl
ⓂN、R線で、8丁目／NYU 8th St-NYU、6号線で、アスター・プレイスAstor Pl
（MAP4、#167）
☎212-260-1010
🏠144 Bleecker St（ラガーディア・プレイスとの角at Laguardia Pl）
Ⓜ6号線で、ブリーカー通りBleecker St
（MAP4、#66）
🏠350 Bleecker St（10丁目の角at 10th St）

ショッピング − 何を買うか

Ⓜ1、2号線で、クリストファー通り／シェリダン・スクエアChristopher St-Sheridan Sq（MAP8、#44）

🏠モーニングサイド・ハイツのブロードウェイBroadway, Morningside Heights
独立系チェーン店。ヴィレッジ店から営業を始めたが、じわじわと羽根を広げつつある。周辺音楽、ブートレグ、アナーキスト系音楽、さらに雑誌、書籍、ビデオを扱っている。

フットライト・レコーズ
Footlight Records（MAP4、#22）
☎212-533-1572
🏠113 E 12th St
Ⓜ N、R線で、8丁目／NYU 8th St-NYU、6号線で、アスター・プレイスAstor Pl
3番街と4番街の間にある。廃盤のLPや、ブロードウェイ演劇の楽譜、外国映画のサウンド・トラックを扱っており、演劇愛好家に絶賛されている。

アカデミー・レコーズ＆CDs
Academy Records & CDs（MAP5、#190）
☎212-242-3000
🏠12 W 18th St
Ⓜ N、R、6号線で、23丁目23rd St
5番街のすぐ西にある。＄1.50のセール品コーナーで質の良いレコードを探す人々や、手頃な価格のロック、ジャズ、クラシックのLPを選んでいる人々で日々ごった返している。程度のいい中古CDとビデオも扱っている。

グリフォン・レコーズ
Gryphon Records（MAP7、#65）
☎212-874-1588
🏠233 W 72nd St
Ⓜ1、2、3号線で、72丁目72nd St
オフ・ブロードウェイにあり、ここにはニューヨークのすべてが詰まっている。一見すると私有住宅のようなドアを通り抜けると、そこは宝物のようなレコードの数々と、豊富なクラシックの品々を熱心に見ているフェドーラ帽をはすにかぶった客たちがいて、火事にでもなれば絶対逃げ道のない空間が広がっている。この店のプロたちに、レア物や廃盤のクラシックLPについて相談しよう。

エヌ・ワイ・シー・ディー
NYCD（MAP7、#47）
☎212-724-4466
🏠426 Amsterdam Ave
Ⓜ1、2号線で、79丁目79th St
西80丁目と81丁目の間にある。いつでも特別キャンペーン中で、CDを4枚買うと、5枚目が無料になる。

楽器
楽器マニアとギター・フリークには物欲を満たすための場所としておなじみなのが、6番街と7番街の間、西48丁目だ（ここへ行くには、地下鉄のN、R、W線で49丁目49th Stか、B、D、F、V線で47-50丁目／ロックフェラー・センター47-50 Sts/Rockefeller Centerへ）。この通りには伝説となった音楽関係のショップや、弦楽器製作所、小売り店舗が並ぶ。その中に、**マニーズ・ミュージック Manny's Music**（MAP6、#49 ☎212-819-0576、800-448-8478 🏠156 W 48th St）と**サム・アッシュ・ミュージック Sam Ash Music**（MAP6、#40 ☎212-719-2299 🏠163 W 48th St）がある。両店とも、新品、中古にかかわらず、演奏したいと思う楽器は何でも扱っている。優良楽器店の多くが、専門取り扱いの金管楽器、弦楽器、木管楽器などを大きな窓にずらりと並べた2階に店を構えている。だから、忘れず道路から上を見上げるようにしよう。

マット・ウマノフ
Matt Umanov（MAP4、#152）
☎212-675-2157
🏠273 Bleecker St
Ⓜ A、C、E、F、V、S線で、西4丁目 W 4th St、1、2号線で、クリストファー通り／シェリダン・スクエア Christopher St-Sheridan Sq
ジョーンズ通りJones Stとコーネリア通りCornelia Stの間にある。ギター愛好家の垂涎の的で、レアなマーチン、ギブソン、スチール・ギターを扱っている。けれども、こうした芸術品1本のためには大枚をはたかなくてはならないだろう。

靴、ハンドバッグ
道ばたの露店で、手の届く価格でコーチのバッグやレザーのバックパックの模造品を販売している。ヴィレッジ周辺におびただしい数の店があるが、他にもハウストン通りHouston Stのすぐ北のブロードウェイBroadway、ブリーカー通りBleecker St、6番街から西4丁目に入ってすぐにもある。うまい模造品と本物とは専門家しか見分けられないと聞いているので、あれこれ手を伸ばしてみよう。

どうしても本物が必要であれば、57丁目近くにある**コーチ・ストア The Coach Store**（MAP5、#13 ☎212-754-0041 🏠595 Madison Ave Ⓜ4、5、6号線で、59丁目59th St）か、マーサー通りMercer Stの角にある**ケイトスペード kate spade**（MAP4、#251 ☎212-274-1991 🏠454 Broome St, SoHo Ⓜ6号線で、スプリング通りSpring St）をチェックしよう。

ザ・ヴィレッジ・スキャンダル
The Village Scandal（MAP4、#94）
☎212-460-9358
🏠19 E 7th St

ショッピング － 何を買うか

2番街と3番街の間にある。個性的な帽子、ハンドバッグ、アクセサリーといったすばらしい品々が揃っている。

ファブ208
Fab 208（MAP4、#97）
☎212-673-7581
🏠77 E 7th St
Ⓜ N、R線で、8丁目／NYU 8th St-NYU、6号線で、アスター・プレイス Astor Pl

1番街と2番街の間にある。高級ハンドバック、靴、カウボーイ・ブーツ（特に、平均より大きいサイズのレディース）が中古で取り揃えてある。オーナー夫婦によるオリジナルのハンドメイドのレディース物は、一見の価値あり。

ドク・マーティンズやほかのごつい靴のファンは、6番街とブロードウェイの間を走る西8丁目界隈に直行するにかぎる。そこでは、およそ30のシューズ・ショップがワーク・シューズ、スニーカー、作業ブーツを手頃な価格で扱っている。上等なハイキング・シューズが狙いなら、ブロードウェイ沿いをハウストン通りとの交差点を中心に5つか6つのブロックをチェックしよう。その他さまざまな専門品は「ヴィレッジ・ヴォイス*Village Voice*」の広告に目を通すこと。

スアレス・ニューヨーク
Suarez New York（MAP5、#22）
☎212-753-3758
🏠450 Park Ave
Ⓜ 4、5、6号線で、59丁目59th St

56丁目と57丁目の間にある。シャネル、エルメス、ヴェネタのコピーを販売している。実に精巧に作られているため、足元が本物でないとは誰も気づかないだろう。価格は適切。

もっとエレガントな靴をチェックしたければ、ソーホーへ向かおう。衣類のブティックにまぎれて高級なシューズ・ショップが見つかるはずだ。

スポーツ用品

パラゴン・アスレチック・グッズ
Paragon Athletic Goods
（MAP5、#184）
☎212-255-8036
🏠867 Broadway
Ⓜ L、N、Q、R、W、4、5、6号線で、14丁目／ユニオン・スクエア14th St-Union Sq

東17丁目と18丁目の間、ユニオン・スクエアのすぐ先にある。スポーツ製品を総合的に取り扱い、チェーン店より価格が手頃だ。特に、シーズン終わりのテニス・ラケットとランニング・シューズのバーゲンが人気。また、市内有数のインライン・スケートの品揃えと専門知識に詳しいスタッフが自慢だ。

テント＆トレイルズ
Tent & Trails（MAP3、#56）
☎212-227-1760、800-237-1760
🏠21 Park Pl
Ⓜ 1、2号線で、パーク・プレイスPark Pl

ブロードウェイとチャーチ通りChurch Stの間にある。すばらしいアウトドア用品店で、どんなに熱心な客でも満足できるトップクラスの品を揃えている。

NBAストア
NBA Store（MAP5、#45）
☎212-515-6221
🏠666 Fifth Ave（52丁目の角at 52nd St）
Ⓜ E、V線で、5番街／53丁目Fifth Ave-53rd St

バスケットボール用品、チームのジャージとバスケットボールをいくらか扱っている。ただ、主力商品は信じられないほど高いみやげ物だ。うれしいのは、店内でリングに向けてシュートできること。

おもちゃ

FAOシュワルツ
FAO Schwarz（MAP5、#10）
☎212-644-9400
🏠767 Fifth Ave
Ⓜ F線で、57丁目57th St、N、R、W線で、5番街／59丁目Fifth Ave/59th St

58丁目と59丁目の間にある。目新しい（批評家は「ぼったくりだ！」と叫ぶ）おもちゃと、混雑と歓声を上げる顧客で有名だ。クリスマスの時期には、ドア前の大蛇の列で店の場所がわかるだろう（待ち時間が30分を超えることはほとんどない。念のため）。奇抜でキッチュなバービーのコーナーは、並んででも見るだけの価値がある。

エンチャンテッド・フォレスト
Enchanted Forest（MAP4、#250）

子供と"心は子供"のためのおもちゃ

☎212-925-6677
🏠85 Mercer St, SoHo
ブルーム通りBroome Stとスプリング通りSpring Stの間にある。小ぶりの店で、ブランド物やコマーシャルとタイアップしたおもちゃ（映画のアクション場面のフィギアや、電池で音が出るような）を避けることができる喜ばしい店。テディ・ベア、指人形、その他、子供の想像力をかきたてるおもちゃを専門に扱っている。

ワーナー・ブラザーズ・スタジオ・ストア
Warner Bros Studio Store (MAP6、#108)
☎212-840-4040
🏠1 Times Sq
Ⓜ N、Q、R、S、W、1、2、3、7号線で、タイムズ・スクエア／42丁目Times Sq-42nd St
ありとあらゆるぬいぐるみやプラスチック成形のシルベスター、バッグス・バニーをはじめとするワーナー・ブラザーズ作品が置いてある。子供向けだけではなく、アニメーションのセル画を＄2500から販売している。ニューヨーク市の小売り店で最も利益を上げるこの店は店舗拡大のために最近移転したが、それでもまだ混雑しているように感じる。

ディズニー・ストア
Disney Store (MAP5、#31)
☎212-702-0702
🏠711 Fifth Ave
Ⓜ E、V線で、5番街／53丁目Fifth Ave-53rd St
55丁目近くにある。ディズニー・ストアを訪れると、3階分の商品を見ている間に、たぶんミッキー・マウスやほかの実物大のキャラクターと親しみのこもった握手をすることになるだろう。

どこで買うか

ニューヨーク式にショッピングしていると破産しかねないが、少しでも節約するためにダフィーズ**Daffy's**、ストロベリーズ**Strawberries**や、エイチ＆エム**H&M**といったディスカウント・ストアをチェックしよう。各店とも市内中に複数の支店を持っており、信じられないほど値引きしたデザイナーズ・ブランド品を置いている。ファッションに興味があれば、レーザー・ショッピングのホームページ（Ⓦwww.lazarshopping.com）にあるサンプル品のセール・リスト（毎週更新）、ショッピングのコツ、秘密のバーゲン情報に喜ぶはず。あとは週刊の「タイム・アウト*Time Out*」で、いま行われているサンプル・セールを調べよう。これが安くシックな服や靴をすかさず入手する一番の方法だ。

執筆の現時点では、ソーホー・パートナーシップが、ソーホー＆トライベッカ・ショッピング・カードSoHo & Tribeca Shopping Cardを提供している。地域の200の店で最高20％の値引きになるカードだ。カードを作りたいなら☎212-274-0550 内線16へ連絡を。似たような仕組みで、ゴー・イースト・カードGo East Cardが、ロウアー・イースト・サイド商業改善地域によって提供されている。カードを手に入れるなら、☎888-825-8374に電話するか、Ⓦwww.lowereastsideny.comにアクセスしよう。

ブルーミングデールズ。ニューヨークの名所

デパート

バーグドーフ・グッドマン
Bergdorf Goodman
（MAP5、#8）
☎212-753-7300
🏠754 Fifth Ave
Ⓜ N、R、W線で、5番街Fifth Ave、F線で、57丁目57th St
57丁目と58丁目の間にある。エレガントな店で、郊外に住む富裕層の御用達。アッパー・イースト・サイドの年配のご婦人方や市外からきた人々が、威厳ある包装紙にラッピングされた高級ギフトを持ち帰ろうと探しに来る。バーグドーフの自慢は最高級のジュエリーとドレスのコレクション、そして細やかな配慮のできるスタッフと多額の売り上げだ。

ブルーミングデールズ
Bloomingdale's (MAP7、#124)
☎212-705-2000
🏠東59丁目とレキシントン街の角cnr E 59th St & Lexington Ave
Ⓜ 4、5、6号線で、59丁目59th St
多くの人々から愛され、また軽蔑されている。その人がなにを重視するかしだい。しゃべり言葉でブルーミーズとして知られるこのデパートは、価格は高すぎて気むずかしいスタッ

フばかりともいえるが、偏りのない目で見れば、高品質の品々が豊富に取り揃えており、店の欠点をカバーする衣類のセールもある。近年では、元気な若手デザイナーらがアパレル部門で勢いを取り戻している。1階の香水売り場は、かなり変わった販売戦術を取り入れている——何十人という自動人形のような店員たちが近づいてきて、セールス・トークを呪文のように口にしながら最新の香りをスプレーしようとするのだ。どなたかガス・マスクをお持ちでは?

ヘンリ・ベンデル
Henri Bendel(MAP5、#35)
☎212-247-1100
🏠712 Fifth Ave(56丁目の角at 56th St)
Ⓜ E、V線で、5番街/53丁目Fifth Ave-53rd St、N、R、W線で、5番街/59丁目Fifth Ave-59th St
高級デパート。独特でスタイリッシュな服、コスメ、アクセサリー専門。ブランドを立ち上げたばかりの現代的なセンスの香り漂うデザイナーらの品々がある。ラリックの手による窓を忘れずに見てこよう。

ロード&テーラー
Lord & Taylor(MAP5、#97)
☎212-391-3344
🏠424 Fifth Ave, Midtown
Ⓜ 7号線で、5番街Fifth Ave、B、D、F、V線で、42丁目42nd St
38丁目と39丁目の間にある。10階建てで、主に保守的で落ち着いたファッションが並ぶ。水着の品揃えも良い。特筆すべきは、ここは気持ち良く買い物できる店だということ。コスメ部門も含め、店員が差し出がましくない。

メイシーズ
Macy's(MAP5、#100)
☎212-695-4400
🏠151 W 34th St(ブロードウェイの角at Broadway)
Ⓜ B、D、F、N、Q、R、V、W線で、34丁目/ヘラルド・スクエア34th St-Herald Sq
世界一広い店ではないにしても、巨大なことは確か。多くのニューヨーカーは、この高層建てデパートを好意的な目で見ており、それは春のフラワー・ショーや、7月4日の花火大会、毎年恒例の感謝祭パレードのスポンサーであることが大きい。メイシーズはここ数年、金融的な問題を抱えているが店の在庫が減らず、有名な水曜日セールを続けている。

サックス・フィフス・アヴェニュー
Saks Fifth Ave(MAP5、#66)
☎212-753-4000
🏠611 Fifth Ave(50丁目の角at 50th St), Midtown

Ⓜ B、D、F、V線で、47-50丁目/ロックフェラー・センター47-50th Sts/Rockefeller Center
1月のセールで有名。顧客に優しい広々とした1階のスペースと、親切なスタッフが自慢。サックスは、メンズとレディースのファッション・アイテムのみ販売している。

高島屋
Takashimaya(MAP5、#32)
☎212-350-0100
🏠693 Fifth Ave
Ⓜ E、V線で、5番街/53丁目Fifth Ave-53rd St 55丁目近くにある。日本人オーナーが、エレガントな東洋スタイルをこのすばらしい店に持ち込んだ。取り扱いは世界中から集めた家具、衣類、家庭用品その他。センスの良い審美眼に見合うように、このデパートは品質の高い匠の技とゴージャスなパッケージに力を入れている。たとえ買い物はしなくても、1階のフラワー部門は歩いてみよう。地下にあるティーボックスは一息つけるアフタヌーン・ティーを提供してくれる。

マディソン街
Madison Avenue
最先端のブティックはソーホー、ノリータ、ロウアー・イースト・サイドにある。だが、マディソン街は何十年にもわたりオートクチュールを扱ってきた。ミッドタウンからアッパー・イースト・サイドに向けてマディソン街をそぞろ歩けば、デザイナーが自分たちのとっておきの店でライバルに負けないよう張り合っており、パリっ子になった気分を味わえる。日曜日ならば比較的空いているだろうが、マディソン街の一級のアート・ギャラリーに立ち寄ることができない。日曜日はギャラリーの定休日だ。

マディソン街を42丁目から北上すると、次に挙げる店が並んでいる。

ブルックス・ブラザーズ
Brooks Brothers(MAP5、#81)
☎212-682-8800
🏠346 Madison Ave
Ⓜ S、4、5、6、7号線で、42丁目/グランド・セントラル42nd St-Grand Central
東44丁目近くの伝説的な店。メンズのトラッドな衣類とフォーマル・ウェアを販売している。小さいがレディース向けの衣類コーナーもある。綿ハンカチは13枚セットで$25と、掘り出し物だ。この店の向かいに出店予定の**アン・テイラー Ann Taylor**の新店舗もチェックしよう。

レデラー・ド・パリ
Lederer de Paris(MAP5、#63)
☎212-355-5515

🏠457 Madison Ave
Ⓜ6号線で、51丁目51st St
東51丁目の近くにある。フランス製の上等な革製品と日記帳を販売している。

カルバン・クライン
Calvin Klein（MAP5、#12）
☎212-292-9000
🏠654 Madison Ave
Ⓜ4、5、6号線で、59丁目59th St
東60丁目と61丁目の間にある。マスコミをよく知るデザイナーによる、エレガンスの結晶。

バーニーズ
Barney's（MAP5、#11）
☎212-826-8900
🏠660 Madison Ave
Ⓜ4、5、6号線で、59丁目59th St
東60丁目と61丁目の間にある。潜在的な顧客を太りすぎ、貧しすぎ、そしてメンズ部門ではストレートすぎだと見なすことで有名になった。バーニーズは高いが、7番街と8番街の間にある**コープ・バーニーズ Co-Op Barney's**（MAP5、#198 ☎212-593-7800 🏠236 W 18th St Ⓜ1、2号線で、18丁目18th St）ならばもっと抑えた価格で質の良いファッションを掘り出すことができる。あるいは、2月と8月に行われる倉庫でのセールを待とう。

シェリー・リーマン
Sherry-Lehman（MAP7、#122）
☎212-838-7500
🏠679 Madison Ave
Ⓜ4、5、6号線で、59丁目59th St
東61丁目と62丁目の間にある。世界中のワインと酒を手頃な価格で扱う店。

ジバンシィ
Givenchy（MAP7、#118）
☎212-772-1040
🏠710 Madison Ave
ⓂF線で、レキシントン街／63丁目Lexington Ave-63rd St、4、5、6号線で、59丁目59th St
東63丁目の近くにある。トラッドなフランスのスーツとアクセサリーを提供。

ウォーターフォード・ウェッジウッド
Waterford-Wedgwood Store（MAP7、#119）
☎212-759-0500
🏠713 Madison Ave
ⓂF線で、レキシントン街／63丁目Lexington Ave-63rd St、4、5、6号線で、59丁目59th St
東63丁目と64丁目の間にある。取扱商品はファイン・ボーンチャイナとクリスタル製品のマディソン街の一流店の一つ。毎年大みそかにワン・タイムズ・スクエアの屋上から、恒例の新年に向けてのカウント・ダウンに合わせて降ろされるクリスタル・ボールの製作を担当している店でもある。

ヴァレンティノ
Valentino（MAP7、#116）
☎212-772-6969
🏠747 Madison Ave
ⓂF線で、レキシントン街／63丁目Lexington Ave-63rd St、4、5、6号線で、59丁目59th St
東64丁目と65丁目の間にある。世界で一、二を争う知名度を誇るデザイナーとスターたちのドレス・メーカーの作品がディスプレイしてある。

ジョルジオ・アルマーニ
Giorgio Armani（MAP7、#113）
☎212-988-9191
🏠760 Madison Ave
ⓂF線で、レキシントン街／63丁目Lexington Ave-63rd St、4、5、6号線で、59丁目59th St
東65丁目と66丁目の間にある。この巨大な店は世界的に有名なデザイナーの負けん気を示している。アルマーニのゴージャスな服が、同じくゴージャスなフロアの4階分にずらりと置いてある。

プラダ
Prada
（MAP7、#88）
☎212-327-4200
🏠841 Madison Ave
Ⓜ6号線で、68丁目68th St
（MAP4、#205）
🏠575 Broadway（プリンス通りの角at Prince St）
（MAP5）
🏠724 Fifth Ave
（MAP5、#23）
🏠45 E 57th St
Prada Sport（MAP4、#200）
🏠116 Wooster St
ミラノの会社の高価でトレンディな作品を並べている。靴は＄300から。

ポロ・ラルフローレン
Polo/Ralph Lauren（MAP7、#87）
☎212-606-2100
🏠867 Madison Ave
Ⓜ6号線で、68丁目68th St
東72丁目近くにあり、古い邸宅を店にしている。広告は目にされたことがあるだろう。さあ、本物を見に行こう。

バング＆オルフセン
Bang & Olufsen（MAP7、#77）
☎212-879-6161
🏠952 Madison Ave
Ⓜ6号線で、77丁目77th St
東75丁目近くにある。世界のどこよりも高価で最高のデザインの電気機器を販売している。卓上AV機器は気品があり、かつ、なまめかし

いデザインで、いくぶん手が届きやすいお値段だ。そうそう、音も良い。

ヴェラ・ワン
Vera Wang（MAP7、#79）
☎212-628-3400
🏠991 Madison Ave
Ⓜ6号線で、77丁目77th St
東77丁目近くにある。ウェディング・ドレスと、ニューヨークのハイソ御用達のオーダー制ドレスを扱っている。スタイリッシュなドレスを試着するには予約が必要。

ミッソーニ
Missoni Boutique（MAP7、#81）
☎212-517-9339
🏠1009 Madison Ave
Ⓜ6号線で、77丁目77th St
東78丁目近くにある。人気のイタリア人デザイナーによる高価な流行のニット製品が中心。

近郊に足をのばす

Excursions

ニューヨーク州
New York State

滞在期間の長短には関係なくニューヨーク・シティにいると、「もう我慢できない！」と悲鳴をあげ始める前に（夏ならなおのこと）、5つの区（ボロー）の先にある、静けさと緑のある場所を求めたくなってくるだろう。幸運なことに、ニューヨーク州の牧歌的なのどけさ、そしてニュージャージー州でさえ（といっていいのだろうか？）、喧噪から車か列車ですぐの距離にある。あなたのビッグ・アップルの充電器を満たす手っ取り早い方法は、フェリーに飛び乗りサンディ・フックのビーチか、列車をつかまえニュージャージーの海岸へ向かうことだ。日射しに包まれる楽しみはジョーンズ・ビーチやファイアー・アイランドにもある。車があれば、思い切ってハンプトンズかロングアイランドのフォーク地区にあるワイナリーへちょっとした旅へ出るのもいいだろう。ニューヨーク・シティの北と西、ハドソン峡谷はとにかく贅沢な場所で、延々と続く森にニューヨークの成金たちの古い邸宅が点在している。紹介するおすすめの場所すべてが公共の交通機関でアクセスできるわけではないが、列車、バス、船でたいていすぐ近くまで行ける。また、自転車を使えば市外のうっとりするような地域を探索する機会がぐっと増す。

ロングアイランド
LONG ISLAND

人口275万3913人

合衆国最大の島（端から端まで120マイル〈約193km〉）は、西の海岸にあるブルックリンBrooklyn（キングズ郡County）とクイーンズQueens（クイーンズ郡County）から始まる。そしてニューヨーク・シティはここから隣接するナッソー郡Nassau Countyとなり郊外の住宅地、ショッピング・モール、労働者階級のヒーローたちに場所を譲る（ナッソーでは北岸、南岸に関する話も耳にするだろう。北がハイカラな地域だ）。ロングアイランドの東端を構成している田舎のサフォーク郡Suffolk Countyに入ると、地形は平坦に、人は少なく、より排他的になる。サフォーク郡自体に2つの半島があり、一般的にノース・フォーク、サウス・フォークと呼ばれており、ペコニック湾で分断されている。

もともとロングアイランド（愛称はストロング・アイランド、またはザ・ロックともいう）は捕鯨港と漁業港が連なったもので、また、北岸沿いの人目につかない入り江に屋敷を建てる大富豪たちの、人を寄せ付けない辺境の住まいであった。第2次世界大戦後の数年に、何千という中流階級の家庭が郊外へ越してきて、ナッソー郡は人口がますます増えていった。多くは1947年にナッソー郡の中心に建設された悪名高いレヴィットタウンに住みついた。この将来性を見込んで計画されたコミュニティは、マンハッタンに通じる主要道路と鉄道近くの広大な地域に、月並みな低コストの家を何千と配置していた。開発業者（レヴィット＆サンズ）にちなんで名がついたこの町は5万5000人の住民を引き寄せ（多くは新妻を従えた帰還兵だった）、国中に無数に出来ることになる、似通ったぱっとしない郊外のコミュティの手本となった。

サフォーク郡の経済発展のあり方は地理的にナッソー郡とは逆だった。ノース・フォークがサラリーマン家庭と小農園所有者の住まいである一方、サウス・フォークはまとめてザ・ハンプトンズthe Hamptonsとして知られるいくつかの上流の集落（ハンプトン・ベイ、

マショマック自然保護区は人混みから遠く離れた静かな聖域

近郊に足をのばす

サウサンプトン、ブリッジハンプトン、イースト・ハンプトン、アマガンセット）によって占められた。俳優、作家、エンターテインメント業界の重役、富裕層がザ・ハンプトンズに集まり、夏期の市内から離れて私有地や高級レストランで雑談に興じた。

ほとんどの観光客にとって、ロングアイランドへの旅はビーチへの旅を意味する。行き先が混雑したジョーンズ・ビーチJones Beachか、静かなシェルター・アイランドShelter Islandか、気取ったハンプトンズの小地域かの違いだ。すべて公共の交通機関で簡単に行ける範囲内なので、道がとてつもなく混んでいる夏の週末には最適の選択だ。けれども、もしロングアイランドの歴史的邸宅の探索や、ノース・フォークのブドウ園でのワイン試飲に興味があるならば、車で行くのが一番。車ならばこの方面へのベスト・ルートは、サウス・フォークのサグ・ハーバーSag Harborとシェルター・アイランドを通り、帰りはノース・フォークの海辺に連なるワイナリー経由にするといいだろう。1日余分にあれば、モントークの海岸をそぞろ歩き、キャンプやサイクリングをするのもいい。

インフォメーション

ロングアイランド・コンベンション&観光案内所 The Long Island Convention and Visitors Bureau
（☎516-951-3440、ext 660、877-368-6654 ext 660 W www.licvb.com）が無料の旅行案内を発行している。地元の商工会議所による地図、レストラン・リスト、宿泊案内を入手できる。

イースト・ハンプトン East Hampton
☎631-324-0362
W www.easthamptonchamber.com

グリーンポート Greenport
☎631-477-1383

ニューヨーク州 — ロングアイランド

🌐 www.greenport.com
モントーク Montauk
☎ 631-668-2428
🌐 montaukchamber.com
ニューヨーク州公園情報 Parks Information
☎ 516-669-1000
🌐 www.nysparks.com
シェルター・アイランド Shelter Island
☎ 631-749-0399
🌐 www.onisland.com/si/chamber
サウサンプトン Southampton
☎ 631-283-0402
🌐 www.southamptonchamber.com

アクセス
バス　ハンプトン・ジットニー Hampton Jitney
（☎631-283-4600、800-936-0440 📧片道＄25、往復＄44）ロングアイランドのサウス・フォーク行きが一日に数便出ている。マンハッタンのイースト・サイドの3カ所からの出発となり、レキシントン街Lexington Aveと3番街の間、41丁目がその一つ。**サンライズ・コーチ・ラインズ Sunrise Coach Lines**（☎800-527-7709、516-477-1200 📧片道＄15、往復＄29）はノース・フォーク行き。ミッドタウンの44丁目と3番街の角で乗車する。ドライバーはたいてい経験豊富で夏の週末の渋滞を避ける方法を知っているので、時には途方もない渋滞の中を自分で運転するより、こうしたバスを利用するのも気の利いた代案だ。

ロングアイランド内には、多くの私営バス会社のバス停がある。ナッソー郡の路線については☎516-766-6722まで、サフォーク郡の路線については☎631-360-5700まで問い合わせを。

列車　ロングアイランド鉄道 Long Island Rail Road（LIRR ☎516-822-5477、718-217-5477 🌐 www.lirr.org）はロングアイランド内の134の駅へ、毎日27万5000人の乗客をニューヨー

ロングアイランド

ク・シティのペンシルヴェニア駅から運んでいる。この鉄道で最も遠い駅まで行くと――ノース・フォークがグリーンポートGreenportで、サウス・フォークがモントークMontaukだ――片道はシーズンオフ＄10.25、ハイシーズン＄15.25かかる。夏になるとロングアイランド鉄道は南岸のビーチへの往復切符を発売する。

車　ロングアイランド高速道路Long Island Expressway（インターステート495 I-495、LIEともいう）が島の中央を走り、終端は2本の小さめの道路に合流している。古くからあるルート25（ジェリコ・ターンパイクJericho Turnpikeともいう）はI-495とほぼ平行に走り、それからノース・フォークの終点オリエント岬Orient Pointへと続く。ルート27（サンライズ・ハイウェイSunrise Hwyともいう）はブルックリンとの境界線からロングアイランドの南端に沿って走ると、おもむろにモントーク・ハイウェイMontauk Hwyと名を変え、サウス・フォークの端、モントーク岬Montauk Pointで終わっている。ロングアイランドへの東端へ行くには最低3時間はかかり、週末には交通渋滞のために6時間の試練になる可能性がある。1010 WINSラジオで最新の交通情報を確認しよう。LIEはとにかくひどい混みようなので（何の理由もないのに車が数珠つなぎになる"LIE効果"があるからなおさらだ）、公共の交通機関を利用するいい理由となっている。

オイスター・ベイ
Oyster Bay

世俗から切り離された小粋なオイスター・ベイをドライブしたら、一攫千金の物語とジャズ・エイジの熱い夜で華やかなりし時代に戻った気がすることだろう。ニューヨーク・シティからほんの1時間。この静かな水辺の村は、大統領から大立て者まで、裕福な層の避難所となっている。海原を眼下に臨む丘が点在し、そこには＄100万の邸宅が隣とほど良い距離を

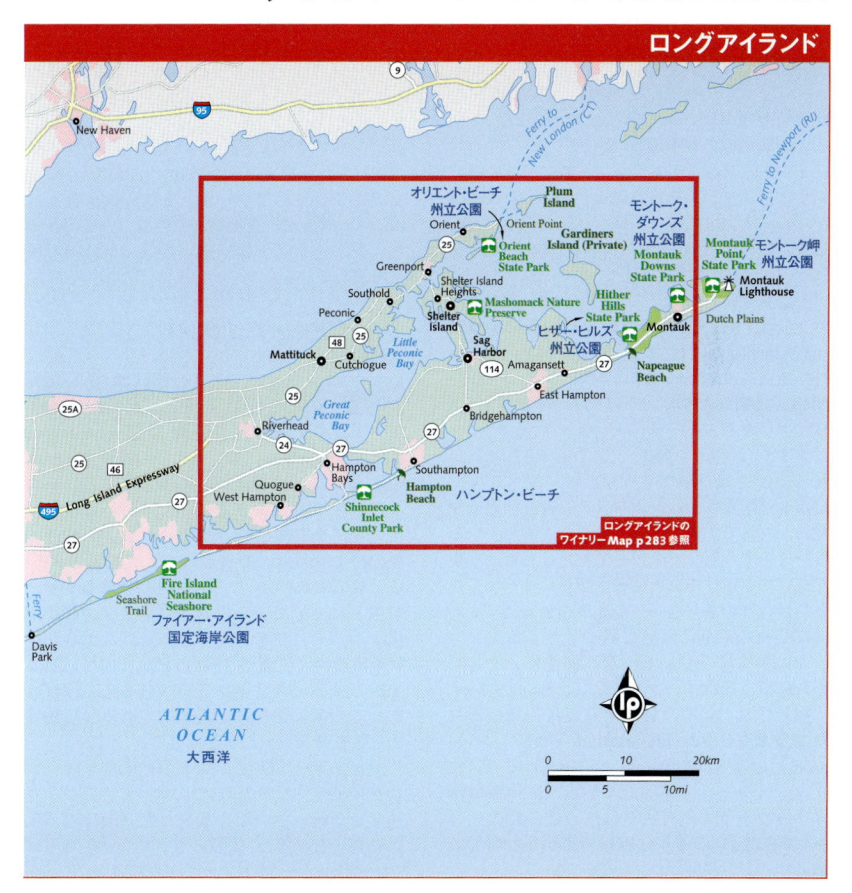

おいて建ち、マーサ・スチュアートもうらやむ光景となっている。1885年に、セオドア・ローズヴェルトが**サガモア・ヒル Sagamore Hill**（☎631-922-4447 🎫大人＄5、シニア＆子供無料 🕐5〜9月9:00〜17:00、10〜4月の水〜日9:00〜17:00）に23部屋ある屋敷を建設。1901年から1909年の任期中、結局は夏のホワイトハウスとして使用されていた。この暗い色調のヴィクトリア様式の屋敷でローズヴェルトは日露戦争の休戦調停を行い、ノーベル平和賞を受賞することになった。

ローズヴェルトは国土を保護するために心を砕く最高責任者であったにもかかわらず、あの時代の人でもあった。数多くの動物の剥製の頭、シカの角やヒョウの毛皮が、サイの足で作ったインク壺といっしょに飾ってあるのを今の動物保護活動者が見たら、青ざめることだろう。

ローズヴェルトは1919年にサガモア・ヒルで死去し、1マイル（約1.6km）離れた墓地に葬られた。地所の赤煉瓦のジョージアン様式の建物には、彼の金のノーベル賞メダルがある。邸宅はのちにセオドア・ローズヴェルト・ジュニアの住まいとなり、現在は第26代大統領セオドア・ローズヴェルトの政治キャリアを解説した博物館となっている。ローズヴェルトの家を巡るツアーは正時に出ている。

サガモア・ヒルへ行くには、LIEの41N出口からルート106に乗り、東メイン通りE Main Stで右折して、コーヴ・ネック・ロードCove Neck Rdの表示に従おう。

センターポート近くに、**ヴァンダービルト・マンション＆プラネタリウム Vanderbilt Mansion and Planetarium**（☎631-854-5579 🌐www.vanderbiltmuseum.org 🏠Route 25A, 180 Little Neck Rd 🎫大人＄8、シニア＄6、子供＄5、プラネタリウム・レーザー・ショー 大人＄7、シニア＄5、子供＄4 🕐火〜日12:00〜17:00）がある。ここは、かつてウィリー・ヴァンダービルトの所有物だった。スタテン島の鉄道王一家の、最後の主要後継者であった人物だ。ウィリーはとてつもなく金持ちであるとともに常軌を逸したタイプで、人生の大部分——そして貯蓄のかなりの部分を——南太平洋とエジプトの海洋生物や珍品の収集に費やした。コレクションの多くは、ウィリーが以前住まいとしていた屋敷、通称イーグル・ネストEagle's Nestに展示されている。1971年に地所に増築された**プラネタリウム Planetarium**（☎631-854-5555）は高さ60フィート（約18m）の"スカイ・シアター"と望遠鏡が目玉だ。屋敷は現在ナッソー郡の所有物となり、この43エーカー（約17ha）の美しい風景の広がる地所で地域のイベントが開かれている。

ジョーンズ・ビーチ
Jones Beach

ジョーンズ・ビーチ（☎631-785-1600）は世界一混んでいる公共のビーチかもしれない。常に混雑しているが、この6.5マイル（約10km）に及ぶビーチの砂と海は大部分はきれいなので、都会の暑さを逃れて楽しく一息つける場所だ。けれども、カリブ海、地中海、太平洋の島々ですっかり甘やかされている人は、ショックなほど異なる経験に心の準備をしておくこと。オイルを塗りたくった身体がうつぶせに寝そべり、ラジカセから音楽が大音量で流れ、太りすぎ、威張りすぎの都会人たちが自然体で過ごしている。それでも、ここは7月4日の豪華絢爛な花火を見物するのに最高の場所だ。

夏期の**コンサート・シリーズ concert series**（☎516-221-1000 🌐www.jonesbeach.com）は、ニューヨーク州、ニュージャージー州、コネティカット州で最高の催し物の一つといえる——音に関しては最高でなくとも、少なくともロケーションは最高だ。楽しみと日射しと、レニー・クラヴィッツやジュエル、グリーン・デイなどのごきげんな音楽を求めてビーチへ行こう。

ロングアイランド鉄道（LIRR）は＄14で市内のペンシルヴェニア駅Penn Stationからロングアイランドのフリーポート駅Freeport stationへの周遊旅行を提供している。片道が40分弱。ジョーンズ・ビーチへのシャトル・バスが含まれている。

ファイアー・アイランド
Fire Island

ロバート・モーゼズ州立公園（☎631-669-0449 🌐www.nysparks.state.ny.us）は、**ファイアー・アイランド国定海岸公園 Fire Island National Seashore**（☎631-289-4810 🌐www.nps.gov/fiis）の最西端に位置しており、ファイアー・アイランドで唯一、車で行ける場所だ。とても簡単に行けるため（ひどい交通渋滞の時を除けば、マンハッタンから車で90分ほど見ておこう）、この公園は隣接するジョーンズ・ビーチにいるのと同じタイプの群衆が集まる。それでも、遠くまで延びた柔らかな砂浜は散歩に快適だ（5月15日から10月11日まではガイド付き徒歩ツアーがある）。だから、もしその気になれば、最悪の人混みから抜け出してそぞろ歩くことができる。

ファイアー・アイランドの他の部分は、ロングアイランド本島の3つの岬から出るフェリーでしか行けない村の集まりだ（後出の「アクセス」を参照）。休暇にうってつけの場所は2カ所で、オーシャン・ビーチOcean Beach

（今風の大学生向け）とザ・パインズThe Pinesがある。観光局は情報が広まらないようにしようと躍起になっているが、一般的にファイアー・アイランド、特にザ・パインズはおそらく国内一ゲイが集まるリゾート地だ。かわいらしくシックなビーチ・ハウスは、豪華なゲイの男性グループがすばらしい夕日を背景にくんずほぐれつしようと前もって借りていることがしばしば。そうした光景は夏の週末にはいささかエスカレートしがちだ。

宿泊・食事 ファイアー・アイランドは国立保護公園なので、現地の宿泊先はほとんど見つけることができない。だからこのスポットは日帰り旅行にするのがベストだ。しかし、泊まりがけで出かけると決めているならば、以下の場所を訪ねてみよう（競争が激しい次のキャンプ場で泊まる場所を確保するならかなり早い時期から計画を）。

ヘクシャー・パーク
Heckscher Park
☎631-581-4433
🏠サザン・ステート・パークウェイ沿いSouthern State Parkway
💴キャンプ・サイト1区画＄15
📅5〜9月
サザン・ステート・パークウェイ最終地のイースト・アイスリップEast Islipにあるキャンプ場。

ウォッチ・ヒル
Watch Hill
☎631-289-9336
💴砂丘のサイト1区画＄20
ファイアー・アイランドにある。ロングアイランド本島パッチューグPatchogueの入り江の向かい側。アクセスは**デイヴィス・パーク・フェリー Davis Park Ferry**（☎631-475-1665）を利用する。この砂丘のキャンプ場は徒歩か船でしか近づけない。そしてキャンプ・サイトを確保するには抽選に申し込まないとだめだ（少なくとも9カ月前には申し込みを始めてみること）。

オーシャン・ビーチ地区Ocean Beach areaはロバート・モーゼズ州立公園とチェリー・グローヴCherry Groveの中ほどにあり、少ないながらもホテルがある。

ハウザー・ホテル・オン・ザ・ベイ
Houser Hotel on the Bay
☎631-583-8900
🏠イースト・ベイ・ウォーク沿いEast Bay Walk
💴室料平日＄50、週末＄75
📅5〜9月
12客室で共同シャワーあり。

オーシャン・ビーチ・ホテル
Ocean Beach Hotel
☎631-583-9600
💴室料上限＄225
📅5〜9月
21客室で、多くの週末や休日は宿泊パックの設定がある。

フォー・シーズンズ・ベッド＆ブレックファスト
Four Seasons Bed & Breakfast
☎631-583-8295
🏠468 Dehnhoff Walk
週末の家庭風にセルフサービスのバーベキューといった良い演出、良いコンチネンタル・ブレックファスト、そして幼児お断りのポリシーがある。週末に2泊（必要とされる）の滞在でダブルルーム＄300。平日は1泊＄125だ。

食事はどの町を探索しているかに大きく左右されるだろう。レストランの大多数がオーシャン・ビーチにあるが、ファイアー・アイランド全域でそれなりの食事をすることができる。また、バーやクラブのシーンは特にザ・パインズとチェリー・グローヴで盛んだ。何曜日の夜でも、なにかおもしろいことを追いかけていけるならば、チェリー・グローヴの**アイス・パレス Ice Palace**（☎631-597-6600 🏠ベイ・ウォーク沿いBay Walk）へ向かおう。ゲイ向けのサンデー・ティー・ダンスやすさまじいドラッグ（女装）・ショーが行われ、屋内と屋外のプールは熱いお誘い合戦が繰り広げられる。

レイチェルズ・ベーカリー＆レストラン
Rachel's Bakery & Restaurant
☎631-583-5953
🏠ベイ・ウォーク沿いBay Walk
ファイアー・アイランドの人気朝食店の一つ。といっても、昼食と夕食も取ることができ、さまざまな種類のペストリーもある。

チャイナ・ビーチ
China Beach
☎631-583-0200
🏠ベイ・ウォーク沿いBay Walk
どうしても中華料理を食べたいならこの店へ行こう。別のマニアを満足させる物もある。寿司だ。どちらもきっちり料理されている。

アイランド・マーメイド
The Island Mermaid
☎631-583-8088
🏠ベイ・ウォーク沿いBay Walk
今年のいかした店ベストの栄誉にあずかることはあり得ないが、食事を取るデッキから眺める海はすばらしく、ディスコ・ダンスで夜を過ごすことができる。シーフード、パスタ、肉料理を取り揃え、メニューは誰もを満足させようと頑張っている。

近郊に足をのばす

ニューヨーク州 － ロングアイランド

アクセス 3つのフェリー・ターミナルは、ベイ・ショアBay Shore、セイヴィルSayville、パッチューグの各ロングアイランド鉄道駅のすぐそばにある。フェリーのシーズンは、5月初めから11月。旅は約20分かかり、平均して料金は往復大人＄15、子供＄7、ディスカウントのシーズン・パスも使える。フェリー出発は普通ニューヨーク・シティからの列車到着予定時刻に合わせている。

ファイアー・アイランド・フェリー・サービス Fire Island Ferry Service（☎631-665-3600 Ⓦwww.Pagelinx.com/sayvferry/fip.shtml ◐9～4月7:00～17:00、5～9月7:00～21:00）はベイ・ショアからサルテールSaltaire、フェア・ハーバーFair Harbor、オーシャン・ビーチOcean Beachへ運航している。**セイヴィル・フェリー・サービス Sayville Ferry Service**（☎631-589-0810）はセイヴィルからチェリー・グローヴCherry Groveとザ・パインズthe Pinesへ運航している。**デイヴィス・パーク・フェリー・カンパニー Davis Park Ferry Company**（☎631-475-1665）は、パッチューグPathogueからデイヴィス・パークDavis Parkとウォッチ・ヒルWatch Hillへ向かう。

ロバート・モーゼズ州立公園へ車で行くには、LIEの53番出口を降り、モーゼズ・コーズウェイMoses Causewayを横切り南へ。

ハンプトンズ
The Hamptons

昔から、著名な芸術家、ミュージシャン、作家は、ハンプトンズの美しい砂浜と素朴なケープ・コッド様式の家に心の安らぎとインスピレーションを求めてきた。だが、80年代のバブル経済のために、ファッション業界やウォール街で楽をして儲けた派手な夏期の訪問者たちがどっと押し寄せることになった。近年ハンプトンズは、ますます憧れの地となっている。西海岸のエンターテインメント業界の大物たちが、スティーヴン・スピルバーグの足取りを追ってこの地の大邸宅を購入した。ドット・コム騒ぎで、さらなるニュー・リッチたちがこのエリアで先を争って家を手に入れ、あるいは周囲とはなじまない邸宅を建てることになった。この見せ物に、一年中ハンプトンズに住んでいる人々は半分腹を立て、半分おもしろがっているようだ——愛と憎しみの関係はマーサス・ヴィンヤード島からモンテレーまで、どんな人気の観光スポットにも共通している。

セレブリティに夢中ならば、ニューヨーク・シティのプラネット・ハリウッドの列に並ぶよりハンプトンズへ来たほうがいい。ここでは、奇抜さが生まれたばかりの赤ん坊のように堂々と見せびらかされている。ハンプトン式の変わった行動を垣間見るなら、かなり奇妙な映画「グレイ・ガーデンズGrey Gardens」を借りてみるといい。ジャクリーン・ケネディの風変わりな年老いた叔母のドキュメンタリーだ。

ハンプトンズに存在する見どころ、レストラン、ホテルの多くは10月の最終週にクローズし、4月遅くまで扉を閉ざしたままにいる。B＆B（ベッド＆ブレックファスト）の料金はレイバー・デイ（9月第1週の月曜日）から2週間ほど後に下がり（そしてモントーク・ハイウェイの交通渋滞は消える）、この方面を冒険するには絶好の時期となる。こうしたロングアイランドの奥まった地域が紅葉に彩られることも、この時期の旅を華々しく思い出深いものにしてくれる。最も紅葉が美しいのは10月最初の週だ。

サウサンプトン Southampton サウサンプトンの村は、東部の近隣地域に比べると派手さは半分に満たないが、歴史と芸術を求めて午後を過ごすには気持ちの良い場所だ。ナイトライフも悪くない。**サウサンプトン商工会議所 Southampton Chamber of Commerce office**（☎631-283-0402 Ⓦwww.southampton-chamber.com ⌂76 Main St）で町の地図とパンフレットを入手しよう。商工会議所は高価で気取ったアート・ショップと慎ましいレストランの一団にはさまれた位置にある。

商工会議所からほんの数歩の場所に**ホールジー・ホームステッド Halsey Homestead**（☎631-283-3527 ▨入場料＄2 ◐6～9月の火～日11:00～17:00、または予約のこと）がある。この地域にヨーロッパから最初の入植者たちが入った8年後の1648年に建てられた、塩入れ型家屋だ。瞑想にふけるにはぴったりの庭がある。

パリッシュ美術館 Parrish Art Museum（☎631-283-2118 Ⓦwww.thehamptons.com ⌂25 Jobs Lane ▨目安＄4 ◐月～木・土11:00～17:00、日13:00～17:00）は、メイン通りMain Stから歩いてすぐ。1898年から一般に開放されており、ギャラリーには、近くに家とアトリエを所有していた故ロイ・リキテンシュタインのような大物アーティストの作品が展示してある。

サグ・ハーバー Sag Harbor この古い捕鯨の町はペニコック湾のブリッジハンプトンから北へ7マイル（約11km）の位置にあり、ハンプトン地区のどの町よりもビーチ志向の少ない町だ。歴史ある家々、見どころが固まっており、ロング・ウォーフLong Wharfのメイン

通りMain Stの端にある**ウィンドミル・インフォメーション・センター Windmill Information Center**（☎631-692-4664）で、史跡を巡る徒歩ツアーの地図を入手することができる。このツアーはすべて回ると約1時間かかり、歴史ある家、記念建造物、教会を20カ所見ることになる。この中には、細部までオリジナルの状態に沿って復元された**税関 Customs House**（🏠メイン通りとガーデン通りの角cnr Main & Garden Sts）も含まれている。ほかにも、サグ・ハーバーには1800年代に遡る墓地や古いインディアンの遺跡があるので、興味のある向きはチェックするといいだろう。

捕鯨博物館 Whaling Museum（☎631-725-0770 🏠メイン通り沿いMain St 🎫大人＄3、子供＄1 🕐5〜9月の月〜土10:00〜17:00、日13:00〜17:00）メイン通り商店街のすぐ西にあるギリシャ復興様式の建物で、サグ・ハーバーの歴史を讃えている。

サグ・ハーバーは歩いて回りやすく古風な趣がある。つまり、駐車は大変という意味だ。できれば、車はどこか町の外にそっと置いて、歩くか自転車を使おう。

イースト・ハンプトン＆アマガンセット East Hampton & Amagansett

流行に敏感なロングアイランドの鼓動はイースト・ハンプトンで脈打っている。コーチのレザー・ショップで買い物ができ、**ギルド・ホール Guild Hall**（☎631-324-0806）での朗読を聞き、アートの展示を見ることができる。ここはロングアイランドの文化的飛び地で、偉大さにふれることができそうな場所だ（たとえば、有名人を見かけたり、気まぐれに邸宅前をドライブしてみたり）。オーシャン街Ocean Ave沿いのメイン・ビーチを車か自転車で通り、海の眺めと大きな塩入れ型家屋の屋敷を見物しよう。右折してリリー・ポンド通りLily Pond Laneに入れば、ほかにも邸宅（公開されていない）を見ることができるので、背の高い植え込みの隙間からのぞいてみよう。

アマガンセットは基本的にイースト・ハンプトンの延長的存在で、モントーク・ハイウェイ中央の大きな旗竿で識別できる。

宿泊 ハンプトンズでは、B&B（ベッド＆ブレックファスト）と名乗る宿泊先と、もっと小さな宿屋とに実質的な料金の差はない。ほとんどが、ハイシーズンには1泊で軽く＄150を超える。各商工会議所のホームページ（前出のアドレスを参照のこと）に、地域の宿泊先が挙げてある。ほかに**サウス・ハンプトン・ベッド＆ブレックファスト予約サービス Bed & Breakfast Reservation Service of South Hampton**（☎631-287-0902）のような独立サービスも利用できる。ここはハンプトンズ一帯の宿泊施設を扱っている。

ミル・ハウス・イン
Mill House Inn
☎631-324-9766
🌐 www.millhouseinn.com
🏠 31 N Main St
💰 室料＄200〜

イースト・ハンプトンにある。改装した施設で、ダンとキャサリンのハートネット夫妻が経営している。全8室（シーズンに関係なく料金は一律）。

シー・ブリーズ・イン
Sea Breeze Inn
☎631-267-3692
🏠 30 Atlantic Ave
💰 室料＄60〜140

アマガンセットにある。1957年以来ファリエル一家が経営している。LIRRの駅からほんの1ブロックで、12の客室（共有バスの部屋あり）はとても清潔だ。平日割引あり。

アメリカン・ホテル
American Hotel
☎631-725-3535
🏠 メイン通り沿いMain St
💰 室料平日＄195、週末＄325

サグ・ハーバーにある。全8室。1階のレストランとバーは、週末にマンハッタンから訪れるマスコミ業界人に人気。

食事 ハンプトンズでは手頃な料金の滞在先よりも、手頃な料金で食事できる店を見つけるほうがたやすい。比較的割安の**シーフード屋台 seafood stands**が、ナピーグ・ビーチNapeague Beachとモントークの間）近くのルート27に立ち並んでいる。こうした屋台は夏の間、フィッシュ・サンドイッチ、蒸した魚、炒めたクラムを＄10以下で提供している。

最も人気のある店は目立つ"ランチ"の看板とおいしいロブスターがある**ロブスター・ロール Lobster Roll**（☎631-267-3740）、それに**クラム・バー Clam Bar**（☎631-267-6348）だ。こちらはTシャツも販売しており、BMWやベンツを運転する顧客に人気。

シリルズ・フィッシュ・ハウス Cyril's Fish House（☎631-267-7993）レストランを始めたのは、カイゼルひげを生やしたおしゃべりな元海兵隊員で、極上のセサミ・シュリンプを客に出す。この界隈きっての名物店だろう。

ランドリー
Laundry
☎631-324-3199

ニューヨーク州 － ロングアイランド

近郊に足をのばす

🏠 31 Race Lane
🍴 アペタイザー＆生ガキ・カウンター＄10〜24、メイン魚料理＄18〜24
イースト・ハンプトンにある。LIRRの駅から1ブロック。ハンプトンズで営業しているレストランの中でも、最初に有名人を見かけるようになった店。ほかの店に比べて偉ぶったところがなく、料理——たいてい新鮮な魚がメイン料理——は、すこぶるおいしい。すばらしいチャウダーを作る店で、つねに菜食主義者用のメイン料理を用意している。

メイドストーン・アームズ
Maidstone Arms
☎ 631-324-5006
🏠 207 Main St
イースト・ハンプトン一、エレガントで高価な店。といっても、4品のコース・ディナーやセット・ディナーはワイン込みで＄40しかしない。

エンターテインメント　イースト・ハンプトンでは、**スティーヴン・トークハウス Stephen Talkhouse**（☎ 631-267-3117 🏠 161 Main St 🎟 チケット＄10〜100）が、とにかく驚くほどのラインナップ評判を得ている。たとえば最近の出演者では、ハンク・ウィリアムズ、ザ・サンプルズ、スザンヌ・ヴェガ、AWBと枚挙にいとまがない。

　さらに、ビリー・ジョエルとジェイムズ・テイラーの2人が、パフォーマンスのない夜に、この25周年になるコンサート会場にひょっこり顔を見せた。

ラウディ・ホール
Rowdy Hall
☎ 631-324-8555
🏠 10 Main St
やはりイースト・ハンプトンにある。夏は混み合う地ビール・レストラン。

サウサンプトン・パブリック・ハウス
Southampton Publick House
☎ 631-283-2800
🏠 40 Bowden Sq
サウサンプトンにある。40種類の地ビールとラガーを出す地ビール・レストラン。

ロングアイランドのワイナリー

現在、ロングアイランドには本格規模のワイナリーがノース・フォークに16、サウス・フォークに3つあり、加えて、総合すると2000エーカー（約809ha）の土地を占めるヴィンヤード（ブドウ園）が50ある。ロングアイランドは白ワインづくりの技術は完成させたようだが、赤は後れを取っている。土壌と気候がより力強いブドウの育成を助けられないからだ（最も、シュナイダー・ヴィンヤーズは赤ワイン専門だが）。ワイナリーをいくつか訪れて自分の舌で判断してみよう——ワイン醸造業者は大喜びで生産品を数杯無料でグラスに注いでくれる。

　主要ワイナリーのほとんどがノース・フォークのルート25沿いにある。リバーヘッドRiverheadを過ぎると突然現れる特徴的なグリーンの"ワイン・トレイルwine trail"の道路標識を探すだけ。9つのヴィンヤードがカッチューグの町の2マイル内に並んでいる。

　施設を全面的に見学させてくれるワイナリーもいくつかある。冬の間はすべてのワイナリーが一般に公開されているわけではないが、10月はこの方面への旅にはもってこいだ。壮観な紅葉だけでなく、たくさんの収穫祭と、リンゴ、イチゴ、カボチャ狩りのチャンスがあるからだ。

　以下のワイナリーはすべて試飲をさせてくれる。通常、夏の間11:00〜18:00の時間帯だ。

ベデル・セラーズ Bedell Cellars（#5 ☎ 631-734-7537 🌐 www.bedellcellars.com）
カステロ・ディ・ボルゲーゼ／ハーグレーヴ・ヴィンヤード Castello di Borghese/Hargrave Vineyard（#8 ☎ 631-734-5158 🌐 www.castellodiborghese.com）
ダック・ウォーク・ヴィンヤーズ Duck Walk Vineyards（#17 ☎ 631-726-7555 🌐 www.duckwalk.com）
レンズ・ワイナリー Lenz Winery（#3 ☎ 631-734-6010 🌐 www.lenzwine.com）
オスプリーズ・ドミニオン・ヴィンヤーズ Osprey's Dominion Vineyards（#1 ☎ 631-765-6188 🌐 www.ospreysdominion.com）
パーマー・ヴィンヤーズ Palmer Vineyards（#13 ☎ 631-722-9463 🌐 www.palmervineyards.com）
ポーマノック・ヴィンヤーズ Paumanok Vineyards（#15 ☎ 631-722-8800 🌐 www.paumanok.com）
ペコニック湾ワイナリー Peconic Bay Winery（#9 ☎ 631-734-7361 🌐 www.peconicbaywinery.com）
ペリグリーニ・ヴィンヤーズ Pellegrini Vineyards（#11 ☎ 631-734-4111）
ピンダー・ヴィンヤーズ Pindar Vineyards（#4 ☎ 631-734-6200 🌐 www.pindar.net）
パグリーズ・ヴィンヤーズ Pugliese Vineyards（#6 ☎ 631-734-4057）
シュナイダー・ヴィンヤーズ Schneider Vineyards（#16 ☎ 631-727-3334 🌐 www.schneidervineyards.com）
ウォルファー・エステート・サガポンド・ヴィンヤーズ Wölffer Estate Sagapond Vineyards（#19 ☎ 631-537-5106 🌐 www.wolffer.com）

ニューヨーク州 － ロングアイランド

近郊に足をのばす

モントーク
Montauk

モントーク、そこはビーチでのんびりし、釣りをして暮らす所だ。アマガンセットから、ルート27で長く平坦な13マイル（約21km）の道のりを走った場所にある。ハンプトンの近隣地区のような華美や虚飾はほとんどなく、特にハイキング、サイクリング、釣りに関しては、モントークはすばらしい保養地となる。とりわけサイクリング愛好家は、**オールド・モントーク・ハイウェイ Old Montauk Hwy**（ルート27から右へ入る）のルートにチャレンジするといい。起伏のある道からは大海を見おろし、いくつものリゾートを通り過ぎることになる。けれども、このルートは用心したほうがいい。道がスパゲッティのように細く、ところどころわかりにくい。またほかの**サイクリングコース cycling route**ならば、オールド・モントーク・ハイウェイからモントーク灯台へ行くルートもいい。健康的な5マイル（約8km）の距離で一部ふくらはぎが震えるような丘もあるが、眼下に広がる海の眺めは価値あるものだ。

ほか、キャンプとハイキングも選択肢にある。足をのばすなら、**ヒザー・ヒルズ州立公園 Hither Hills State Park**の浮世離れした"歩く砂丘Walking dunes"が最適のはずだ。この高さ80フィート（約24m）の砂丘は絶えることなく南東の方角へ移動しており、公式な見解では、年間ざっと3フィート半（約1m）動いているという。砂丘の小道は全長14マイル（約23km）で、ミサゴ、アカオノスリ、数多くの種類のランをはじめとする植物、そして動物を見ることができる（公園入口で沿道地図を探そう）。ナピーグ・ビーチNapeague Beach近くはバード・ウォッチング、また漂着物拾いにもいい。

ビーチではめをはずすことについてだが、ここでは慎みを忘れることはできない。砂は柔らかで、海水は澄み、雲は薄く、ロングアイランドの他のビーチより総じてお行儀が良い。**モントーク岬州立公園 Montauk Point State Park**は、さえぎる物がない日の出、日の入りを見ることができるすばらしい場所だが、8:00

ロングアイランドのワイナリー

ワイナリー巡りの詳しい情報については、**ロングアイランド・ワイン協会 Long Island Wine Council**（☎631-369-5887　www.liwines.com　104 Edwards Ave, Calverton, NY, 11933）に連絡を。

ワイナリーのガイドを頼む場合は、☎800-441-4601に電話しよう。

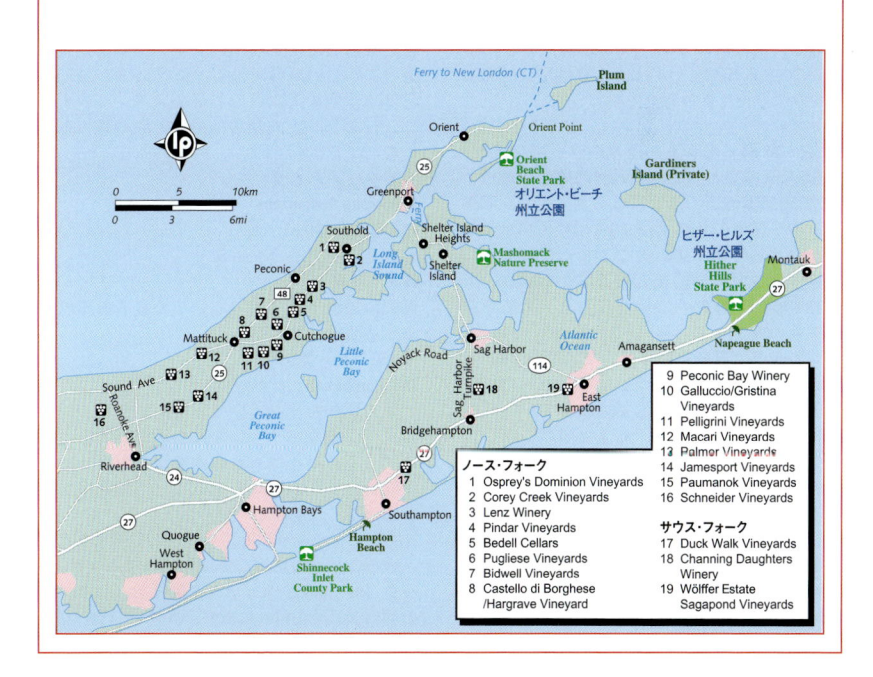

ノース・フォーク
1. Osprey's Dominion Vineyards
2. Corey Creek Vineyards
3. Lenz Winery
4. Pindar Vineyards
5. Bedell Cellars
6. Pugliese Vineyards
7. Bidwell Vineyards
8. Castello di Borghese /Hargrave Vineyard
9. Peconic Bay Winery
10. Galluccio/Gristina Vineyards
11. Pelligrini Vineyards
12. Macari Vineyards
13. Palmer Vineyards
14. Jamesport Vineyards
15. Paumanok Vineyards
16. Schneider Vineyards

サウス・フォーク
17. Duck Walk Vineyards
18. Channing Daughters Winery
19. Wölffer Estate Sagapond Vineyards

〜16:00の間は入場料＄2が必要だ。この料金には、たいして印象に残らない**モントーク灯台博物館 Montauk Lighthouse Museum**の入場料も含まれている。2月遅くから4月までは、灯台の南で高い確率でアザラシを見ることのできるスポットがある。沿岸南部の岬は**ダッチ・プレーンズ Dutch Plains**として知られている**サーフィン surfing**の名所で、東海岸一の波が来ると多くの人が考えている。ほとんどのビーチでは車の乗り入れに料金を徴収するが、自転車と歩きはいつでも無料だ。

モントークには**釣り fishing**の伝統が色濃く残っており、ここでは釣り糸を垂らす機会が数多くある。釣り三昧の一日を過ごすため港でチャーター船の手配ができ、あるいは乗合船に飛び乗ることもできる（半日で1人約＄30）。フレッド・E・バード船長の**フライング・クラウド Flying Cloud**（☎631-668-2026 🏠Viking Dock）は5月から9月の間はカレイ釣り、9月から11月はシーバス、タイ、ストライパー釣りに大いにおすすめ。また、灯台周辺の滑りやすい岩場からすばらしい**磯釣り surf casting**もできる。ただ、これは正しい用具を揃えたベテランの釣り人のみに適している。釣りの達人予備軍は、シーズンの規定、それにサイズ、割り当ての限度のことを、商工会議所（☎631-668-2428）で話を聞いたほうがいい。

モントーク・ダウンズ州立公園
Montauk Downs State Park
☎631-668-5000

上等な公共の**ゴルフ場 golf course**がある。18ホールで1人＄33。けれども、夏はプレイ開始までかなり待たされる覚悟を。

宿泊・食事 モントーク夏のシーズンは4月から8月までで、この時期は宿の確保が難しい（この確保困難と、ほかにも料金、混雑、雰囲気という点から、9月から10月の秋の料金がやや安くなる時期に訪れることを一考しよう）。あらゆることに予約を入れるべきであり、少しでも安いと思われていることは、可能であれば何ヵ月も前に手配しておくべきである。モントークの最も安いホテルで1泊＄125ほどするが、多くはレストランやリゾートで夏の間働く大学生たちの予約で埋まっている。宿泊先リストについては、商工会議所に問い合わせよう。

滞在するホテルにバーベキューの有無を尋ねておこう。いつでも波止場でその日取れた魚を仕入れ、炭に放り込み、新鮮で心温まる夕食を取れるからだ。

ヒザー・ヒルズ州立公園
Hither Hills State Park
☎631-668-2461、800-456-2267

www.nysparks.com
キャンプ・サイト1区画＄16

オールド・モントーク・ハイウェイ沿いにある大西洋に面した吹きさらしの40エーカー（約16ha）のキャンプ場。ハイシーズンのみ営業で、とても人気がある。夏真っ盛りの時期の予約は1年前に取ったほうがいい——冗談抜きで。

モントーク・ヨット・クラブ・リゾート
Montauk Yacht Club Resort
☎888-692-8668
🏠32 Star Island Rd
夏期スイートは最高＄400

モントーク一、高級な宿を提供。3つ以上のプール、いくつものテニス・コート、レストラン、フィットネス・センターが1つある。

ガーニーズ・イン・リゾート
Gurney's Inn Resort
☎631-668-2345、800-848-7639
www.gurneys-inn.com
🏠290 Old Montauk Hwy
客室＄185〜、コテージ＄350〜

トップクラスのホテルの一つ。ただ、人によっては近年輝きが少々失せたと考える意見もある。175の客室とスパがあるが、質のわりに料金が高すぎる。

サーフサイド
Surfside
☎631-668-5958
🏠685 Old Montauk Hwy
通年営業

家族経営の気さくなレストラン。ヘルシーな量のおいしい料理が出る。毎日16:30〜18:00には夜が早い人向きのお得なスペシャル・メニューあり。店内からは美しい海の眺めも臨むことができる。

シャグウォン・レストラン
Shagwong Restaurant
☎631-668-3050
🏠メイン通り沿いMain St
通年営業

値段に見合うパブ風のおいしい食事を提供する店。地元の人気店だ。

ザ・モントーケット
The Montauket

列車の駅から丘を上がった場所にある、地元の人々が集うバー。いかにも酒場風の雰囲気に満ちて、ハイボールの氷をかき混ぜ、あるいはジョッキのビールを飲み干す地元民でいっぱいだ。太陽が水平線の向こうに沈んだら、冷たいビールを手にして客たちと乾杯しよう。

地元のバーの風景が気に入ったならば**ザ・ドック The Dock**もチェックの価値あり。港の端のドック（波止場）にあり、うれしいサービスタイムも設定され、さらにうれしいことに"騒

がしい子供は外へつまみ出せ"という方針がある。

アクセス モントークへはLIRRで行ける（片道オフシーズン＄10.25、ハイシーズン＄15.25）が、駅から町の中心まで徒歩で10分かかる。タクシー利用可。

シェルター・アイランド
Shelter Island

シェルター・アイランドの3分の1近くを**マショマック自然保護区 Mashomack Nature Preserve**が占めている。このため、島はハンプトンズの雑踏から逃れての本当の休息を提供するとても静かな保養地となっている。島の中心はこぢんまりとした魅力的な町でシェルター・アイランド・ハイツという。ヴィクトリア様式の建物の集落や、夏の休暇を過ごしているニューヨーク・シティの家族を多数見かけることだろう。

W ピッコッツィ・インク
W Piccozzi Inc
☎631-749-0045
🏠ブリッジ通り沿いBridge St

何でも修理し、1日＄25でレンタサイクルを行っている。島を横切る過酷な小旅行に耐えうる頑丈な自転車だ。レンタサイクルをフェリーに乗せてグリーンポートへ行き、ノース・フォークとオリエント岬を探索することもできる。夏は事前に連絡して自転車を予約しておこう。

宿泊・食事 これほど小さな島にしては、シェルター・アイランドのB&B（ベッド＆ブレックファスト）の割合は多い。

アザレア・ハウス
Azalea House
☎631-749-4252
🏠1 Thomas Ave
🛏室料 ＄60〜175
📅通年営業

染み一つない、感じの良い客室が5室ある。料金にはコンチネンタル・ブレックファストが込みになっている。おまけに、向かいには**プラネット・ブリス Planet Bliss**（☎631-749-0053 🏠23 N Ferry Rd）がある。オーガニック食品を扱うすばらしい店で、ビストロが併設されている。

シェルター・アイランド B&B
Shelter Island B&B
☎631-749-0842
🏠7 St Mary's Rd
🛏室料 祝日以外の週末 ＄65〜98

趣のあるケープ・コッド様式の家に4客室がある。この宿の料金と雰囲気にかなうものは、そうそうない。

ラムズ・ヘッド・イン
Ram's Head Inn
☎631-749-0811
🏠ラム・アイランド・ドライブ沿いRam Island Dr
🛏室料 オフシーズン＄80、夏期＄225〜

円柱のある大きな宿で海を見おろす場所にある。オフシーズンの室料がすばらしく、さまざまなタイプの客室を選べる（専用浴室付き）。

シェルター・アイランドのレストランはほぼ全部が観光シーズンのみの営業である。

ドリー
Dory
☎631-749-8871

シェルター・アイランド・ハイツ橋近くにある。海辺のパティオで簡単な食事を出す喫煙OKのバー。

オールド・カントリー・イン
Olde Country Inn
☎631-749-1633
🏠11 Stearns Point Rd
📅通年営業

すばらしい店だ。斬新なメニューにはカモの胸肉から子牛のレバーまで何でもあり、オリジナリティあふれる長いワイン・リストもある。セットの冬メニュー（＄22.50）は最高の出来だ。

アクセス　ノース・フェリー・カンパニー North Ferry Company（☎631-749-0139）がノース・フォークの乗り場（グリーンポートのLIRR駅近く）からシェルター・アイランドへ、6:00〜24:00（メモリアル・デイ〈5月最終月曜日〉からレイバー・デイ〈9月第1月曜日〉までは翌1:00まで）の間で15分ごとに運航している。片道の料金は車1台とドライバーで＄7、乗客の追加1人ごとに＄1かかる。自転車は片道＄3、往復＄4。7分間の船旅だ。

サウス・フェリー・インク
South Ferry Inc
☎631-749-1200

サグ・ハーバーから北に3マイル（約5km）の波止場から船を出してる。運航時間は6:00〜翌1:45。料金は車1台とドライバーで＄7、乗客の追加1人ごとに＄1かかる。乗船時間は5分。

グリーンポート
Green port

ノース・フォーク第一の町であるグリーンポートは、かつて農夫やグラマン社（航空機会社）の社員が次々に住み着いた町だったが、

近郊に足をのばす

近郊に足をのばす

80年代の経済変化が町の停滞を余儀なくし、グリーンポートは回復しようと今なおもがいているところである。

けれども近年では、シティから週末の滞在にやって来る人々が先を争ってこのエリアの地所を買い始め、労働者階級の町の性質が変化しつつある。カリフォルニアとヨーロッパのワイン業者が、ロングアイランドに高品質のブドウが育つことを知って、この地にワイナリーを取得したことも、町の多様化に新しい特色を加えることになった。グリーンポートはロングアイランドのフォーク地帯（前出のコラム「ロングアイランドのワイナリー」を参照）を巡るワイナリー・ツアーのすばらしい出発点となる。

このエリアにいる間に、**オリエント Orient**のごく小さな村を忘れず訪れよう。オリエント岬のフェリー・ターミナルから3マイルほど（約5km）の距離にある。ルート25脇にある独立戦争モニュメントの"オリエント・ビジネス・ディストリクト（地区）Orient Business District"の看板に従おう。この17世紀の小村にたいしたビジネス地区はなく、古い木造の郵便局と雑貨店があるだけだが、オリエントの目玉は保存状態のよい白い羽目板の家々とかつての宿屋だ。町の外ならば、メイン通りMain Stのすぐ東にあるオイスター・ポンズ Oyster Ponds横を自転車で走り、オリエント・ビーチ州立公園のビーチを眺めることができる。

宿泊・食事 巨大な石像のライオン2頭で彩りを添えている大きな古い家、**ホワイト・ライオンズ・イン** White Lions Inn (☎631-477-8819 ⌂433 Main St 室料＄65〜110) はグリーンポートで滞在するのにベストである。客室は5室（2室は浴室共有）でシェルター・アイランドのフェリー乗り場とLIRRの駅からほんの4ブロックの距離にある。駐車代は無料。

シーフード・バージ
Seafood Barge
☎631-765-3010
⌂ルート25沿いRoute 25
アペタイザー＄6〜13、パスタ＄17〜21、シーフードのメイン料理＄15〜24

グリーンポートから3マイル（約5km）の距離にある。ペコニック湾の甘みのあるホタテを味わうよう、うってつけの店。ホタテは1994年の"ブラウン・タイド（藻類の異常繁殖）"で打撃を受けたのち、復活した地元の特産品だ。

この店では、地元のワインにも力を入れており、エジプト・マリーナ港を見おろしながらワインの風味を楽しむことができる。

グリーンポートでは、マリーナ近辺にほとんどのレストランが集中している。

クラウディオズ
Claudio's
☎631-477-0715
⌂111 Main St
クラム・バー＄6.95〜11.95、シーフードのメイン料理＄15.95〜21.95
4月中旬〜1月1日

歴史的建造物のレストラン。長い木製のカウンターが大いに賑わい、料理の質に対して少々高い料金を取る（全米レストラン協会から〈経営家族が変わらない合衆国一古いレストラン〉として認知されたからだろうか？）。

アルドズ
Aldo's
☎631-477-1699
⌂103-105 Front St

こちらのレストランのほうがおすすめである。やはり高いが、抜群の料理を提供し、レストラン隣の小さなベーカリーで作るビスコッティで有名だ。予約は必要不可欠。

アクセス クロス・サウンド・フェリー・カンパニー Cross Sound Ferry Company (☎631-323-2525、860-443-5281 www.longislandferry.com) がノース・フォーク先端のオリエント岬から、コネティカット州のニュー・ロンドンへ乗客と車を運んでいる。日に数回運航。予約をおすすめる。車はドライバー込みで＄36、乗客は片道＄10だ。この会社は、車を乗せない高速の"シー・ジェット sea jet"の運航もオリエント岬とニュー・ロンドン間で提供している（コネティカットではフォックスウッド・カジノ＆リゾートへの連絡バスあり）。片道＄15.50、日帰り往復＄25。乗船時間40分。

ハドソン峡谷
THE HUDSON VALLEY

ニューヨーク・シティのすぐ北に位置し、オルバニー以南のハドソン川流域に点在する町村を含むこの地域では、数多くの風光明媚なスポットが見つかるだろう。秋は格別に美しい時期で、たくさんのシティの住民たちがレンタカーで紅葉狩りに出かける。この方面には歴史的名所や堂々とした邸宅も多い。

この地域の町へはグランド・セントラル駅から出ているメトロ・ノース鉄道の通勤列車で簡単に行けるが、列車を降りたが最後、信頼できる公共の交通機関はまず見つからないことを肝に銘じておこう。残念ながら、この地域を隅々まで探索するには車が必要になるだろう。最も、サイクリングをする体力があれば実りの多い旅を計画できる。

ニューヨーク州 − ハドソン峡谷

地域の**ハドソン峡谷観光局**Hudson Valley Tourist Board（☎800-232-4782 Ⓦwww.pojonews.com/enjoy/index.htm）は、見どころとイベント案内を発行している。一般にウェスト・ポイントとして知られる米国陸軍士官学校の所在地、オレンジ郡も案内書を出している（☎800-762-8687 Ⓦwww.orangetourism.org）。ほとんどの観光客向けパンフレットはハリマンの**ニューヨーク州インフォメーション・センター** New York State Tourist Information Center（☎914-786-5003 I-87の16番出口を降り、ニューヨーク・ステート・スルーウェイNew York State Thruwayへ）で入手できる。

アクセス

列車 アムトラック鉄道 Amtrak trains（☎212-582-6875、800-872-7245 Ⓦwww.amtrak.com）が川の全長に沿って走り、東岸の集落いくつかと接続しているが、ニューヨーク・シティからのアクセスに最適で、もっと安くあがるのは**メトロ・ノース通勤列車** Metro-North commuter train（☎212-532-4900、800-638-7646 Ⓦwww.mnr.org）だ。グランド・セントラル駅から出ている（ハドソン線Hudson Lineに乗ろう）。

グランド・セントラル駅からの通常片道運賃は、ハドソン渓谷のどの町に行くかにより＄5.50～＄9.50（片道、オフピーク）と幅がある。メトロ・ノースは夏と秋の週末に特別セット・チケットを売り出す。列車運賃とハイド・パークやヴァンダービルト邸国定史跡といった特定の観光スポットとの往復の交通機関の料金が込みになっている。

船 観光スポットが連なるこの地を旅するなら、最高にゆったりできて心地良い手段のひとつが、**NY ウォーターウェイ NY Waterway**（☎800-533-3779 Ⓦwww.nywaterway.com）から提供されている。ハドソン川をのぼるフェリーの旅だ。1日観光にはワシントン・アーヴィングのサニーサイド・ホーム（「スリーピー・ホロウの伝説Legend of Sleepy Hollow」、「リップ・ヴァン・ウィンクルRip Van Winkle」両方を執筆した場所。🎫大人＄43、子供＄22）、ロックフェラーの夏の別荘キクイト邸Kykuit（🎫大人＄62、子供＄57）、そしてなんといっても、リンドハーストLyndhurst Castle城として知られるジェイ・グールドの地所（🎫大人＄49、子供＄25）が含まれている。

車 どこよりもハドソン川の景観を楽しめる道はルート9で、川の東岸を走っている。西岸の道路はルート9Wと呼ばれている。ほとんどの町には、より速く走ることのできるタコニック・ステート・パークウェイTaconic State Parkwayでもアクセス可能。オシニングOssiningの北が出発点で、秋の紅葉シーズンにはニューヨーク州一美しい道路の一つとされる。ニューヨーク・ステート・スルーウェイはハドソン川の西を走っている。

自転車 ハドソン川東の田舎道はサイクリングに最適だ。詳細についてはジョエル・センデック「ライド・ガイド――マウンテン・バイキング・イン・ザ・NYメトロ・エリアRide Guide:Mountain Biking in the NY Metro Area」（アナカス・プレス）、あるいはピーター・キック「25 マウンテン・バイク・ツアーズ・イン・ザ・ハドソン・ヴァレー25 Mountain Bike Tours in the Hudson Valley」（バックカントリー・ブックス）を読もう。

ウェスト・ポイント
West Point

アメリカの兵士たちは何世代にもわたり、1802年の創立より米国陸軍士官学校で訓練を受けてきた。U・S・グラント、ダグラス・マッカーサー、ドワイト・アイゼンハワーの名もここにある。現代の士官候補生の一団は、印象的な赤煉瓦と灰色火山岩のゴシック様式やフェデラル様式の建物、教会、礼拝堂に暮らす男女から構成されている。

地図とツアー・インフォメーションについては、**ウェスト・ポイント観光案内所** West Point Visitors Center（☎914-938-2638 🕐9:00～16:45）に立ち寄ろう。厳密には、士官学校のセアー・ゲートの南、約100ヤード（約90m）に位置している。

車では、ニューヨーク・ステート・スルーウェイNew York State Thruwayに乗ってルート9W北行きRoute 9W Northに入り、ウェスト・ポイント出口を探し、あとは標識に従おう。マンハッタンのミッドタウンから約1時間の距離だ。あるいは、NYウォーターウェイのフェリーでもウェスト・ポイントに行くことができる。前出の「船」を参照のこと。

ハイド・パーク
Hyde Park

ハドソン川の東端を見おろすハイド・パークの平和な山腹は、3つの重要な名所の故郷である。フランクリン・D・ローズヴェルト博物館と図書館、エレノア・ローズヴェルト国定史跡、それにヴァンダービルト邸国定史跡だ。食欲が出たら、**キュリナリー・インスティテュート・オブ・アメリカ Culinary Institute of America**（料理学校）（☎914-452-9600 📍Route 9）の敷地にある4レストランの一つで詰め込むこと

フランクリン・D・ローズヴェルト博物館と図書館 Franklin D Roosevelt Home and Library
(☎914-229-8114、800-337-8474 ■Route 9, 511 Albany Post Rd ■大人＄7、シニア＄5、子供無料 ◎11～3月9:00～17:00、4～10月9:00～18:00)はアメリカ大統領による初の図書館だ。ローズヴェルト（1882～1945年）は4任期の間に、ハイド・パークを夏のホワイトハウスとした。博物館は古い写真、テープに収めたローズヴェルトの声（有名な暖炉横のおしゃべりや、いくつかのスピーチ）や、エレノア・ローズヴェルト（1884～1962年）を記念した特別棟、車椅子に縛られた大統領が運転できるよう、特別なハンド・コントロールをつけた有名な1936年式フォード・フェートンが見どころだ。大統領と大統領夫人は地所のローズ・ガーデンに埋葬されている。すべての施設で車椅子移動可。

大統領の母親は亡くなる1941年までハイド・パークで暮らしていた。義母とそりがあわなかった（それとも別のもっと私的な理由か）エレノア・ローズヴェルトは、1945年の大統領の死後はオランダ語の"渓流"にちなんだ"ヴァル・キルVal-Kill"と称した自分自身の家で暮らした。その家が現在では**エレノア・ローズヴェルト国定史跡 Eleanor Roosevelt National Historic Site**（☎914-229-9115 ■Route 9, 519 Albany Post Rd ■入場無料 ◎3～12月）となっている。ハイド・パークの東2マイル（約3km）にあり、ルート9Gの入口から舗装されていない道をたどると、このコテージがある。サトウカエデやマツの木が点在している静かな場所だ。

ヴァンダービルト邸国定史跡 Vanderbilt Mansion National Historic Site
(☎914-229-9115 ■Route 9 ■大人＄4、シニア・子供無料 ◎4～11月9:00～17:00、冬期は火・水休館)はハイド・パークの北2マイル（約3km）にある。有名なマッキム、ミード＆ホワイト建築事務所による54室の壮観なボザール様式の邸宅で、オリジナルの家具類が当時のまま数多く残されている。ここは鉄道王国一家が週末と夏に使うだけの別荘だった。驚嘆すべき景観を誇っている。

ニュージャージー
New Jersey

なぜ"ガーデン・ステート"（ニュージャージー州の俗称）はこうもたやすく笑い物にされるのか、考えてみればすぐわかる。自信に満ち、人気があり、パワフルなニューヨーク・シティの陰に位置しているだけでなく、精油所や工場が空気中にいやなにおいの煙を吐き出し、政府公認の最も有毒ガスの多いスーパーファンド（有害廃棄物対策法）対象地域の州でもある。からかわれる対象として、かなり魅力的じゃないか！　ほとんどのニューヨーカーにとってニュージャージーは、ニューアーク国際空港からニューヨーク・シティへ続くニュージャージー・ターンパイク沿いの建て売り住宅、船積み港、汚れた湿地帯がひしめく通路と思われている。

こうして笑い話のオチとあざけりを含んだ内緒話のネタにされるのがニュージャージー州で、同州のうんざりするような地域についていえば、それほどひどくはずれた評価ではない。けれども近年は州政府が多大なる努力を払い、このエリアには127マイル（約204km）のビーチ、広大な保護公園、国の植民地としての歴史と固く結びついた歴史的観光スポットを含むさまざまな楽しみがあることの宣伝に成功している。確かに、観光収入は年に＄300億となった。収入の大部分は週末に太陽の中の楽しみを求めて、あるいは太陽が決して照らない場所に逃げ込もうとする――つまりアトランティック・シティのカジノで運だめしをしようとニュージャージーにやって来る――人々から転がり込んでくる。ニュージャージーのあまり知られていない一面を探索すると、さんざんけなされていた州に対する考え方が急速に変わっていくことに気づくだろう。

リバティ・ステート・パーク
LIBERTY STATE PARK

この1200エーカー（約486ha）の公園（☎201-915-3400 観光案内所 ◎5～11月6:00～18:00、冬期8:00～16:00)は付近一帯を眺めるには最高の場所だ。自由の女神に面しており、マンハッタンの壮観な眺めが視野に入る。この公園発のエリス島、リバティ島行きのフェリーは、同業者らが運営するバッテリー・パーク発のフェリーほど混んでいないのが常だ（ここに名前が挙がった島々についての情報は、「観光スポットと楽しみ方」を参照）。訪れて損はしないリバティ・ステート・パークの呼び物は、ピクニック・エリア、子供の遊び場、散歩・ジョギング・サイクリング・乗馬用の小道で、ボート、水泳、釣りを楽しむ機会もある。

公園に入り、ステート・フラッグ・ロウ StateFlag Row（合衆国に加入した順番に各州の旗を並べている）を車で走ると、前方約1750フィート（約533m）に自由の女神がそび

えている。その向こうにブルックリン橋も目にすることができ、さらに右手にはスタテン島とブルックリンとを結ぶ橋も見える。**リバレーション・モニュメント Liberation Monument**をじっくり眺めよう。"自由を守り、迫害される者を救ったアメリカの役割に捧げられ"ており、アメリカ兵が第2次世界大戦の強制収容所生活を生き延びた人を運ぶ様子を描いた像だ。

自由の女神ツアー

フェリー Ferries（☎201-435-9499）がリバティ・ステート・パークから自由の女神とエリス島へ向けて、クリスマスを除く毎日運航している。この船はロウアー・マンハッタンをたつ船に比べると混んでいないが、両方の島で混雑しているので、朝早くに出発しない限り、2カ所とも回ることはできないだろう。乗船時間はほんの15分で、料金は大人＄8、シニア＄6、子供＄3。

リバティ科学センター
Liberty Science Center

この壮麗でモダンなハイテク博物館（☎201-200-1000 www.lsc.org 大人＄10、シニア・子供＄8 火〜日9:30〜17:30）もリバティ・ステート・パーク内にあり、4階建ての3フロアを創造に捧げた、科学、テクノロジー、自然に親しむための家族向けセンターと自称している。インタラクティブな展示では、レーザー光線で音を伝達させる実験に参加し、3Dではどのように見えるか学習し、100万ワットもの電流がコイルを流れて稲妻を生む様子を見学するなどの体験ができる。"直接手で触れる"がこのセンターの合言葉で、タッチ・トンネル（暗いトンネルで行う感触の実験）、バーチャル・リアリティのスポーツ、虫の展示で指を大いに動かすことになる。言わずもがなだが、子供たちにこのセンターは大人気だ。

博物館の**ショップ shop**、"ツールズ＆トイズ Tools & Toys"は科学関連の製品や、書籍、おもちゃを販売している（ニューアーク国際空港でも支店を探そう）。**レーザー・ライツ・カフェ Laser Lights Cafe**からはハドソン川をはさんで、自由の女神とマンハッタンのスカイラインというすばらしい光景を眺めることができるが、学童たちの騒がしさにむっとすることだろう。

ここにあるアイマックス・ドーム・シアターIMAX Dome theaterは見逃さないようにしよう。ニューヨーク州、ニュージャージー州、コネティカット州で唯一、そして国最大のアイマックス・スクリーンがある（アイマックス用のチケットが別途必要。大人＄9、子供＄7。あるいは博物館の入場チケットと一緒に購入し、割安にすることも可）。

ホーボーケン
HOBOKEN

ホーボーケンは親しみやすい労働者階級の町で、地元の人々が「あんたhon」、「べっぴんさんdoll」、「かあちゃんmami」などと呼びかけてくる。通りには印象的な褐色砂岩の家々が立ち並び、おもしろそうな路地が手招きし、しゃれた教会が写真に撮ってと叫んでいる。特筆すべきは、この町が絶景のスカイラインを眺めることのできるフェリーで、マンハッタンのダウンタウンからほんの数分の距離にあり、パス・トレインを使えばミッドタウンへもそれほど時間がかからない点だ。本当にしてはうますぎる話だ？ そう、将来有望な若い専門職たちも、そう思って安い土地を我れ先に手に入れ、地域に高級化の時代をもたらしたが、それは今もスローダウンする気配がない。とはいっても、この土地には昔からの住民たちが今でも新参者と並んで暮らしており、現在のホーボーケンは、上品一色で統一されているブルックリン・ハイツのような近隣地域には存在しない、文化と階級が新しく混ざり合った町となっている。

ホーボーケンはパーティの町としても知られ、週末には、お得なサービスタイムを最大限に活用する地元の若者と、ちょっとばかりパブ巡りをしようと近隣州一帯から集まった人々でにぎやかになる。パーティ騒ぎの度が過ぎ、警察、酒場のオーナー、住民の間に摩擦が生じたため、どうしたら互いに満足して共存できるか3者間で話し合いが持たれた。その結果として、この町で酒を飲んで楽しくやりたければ、バーに入るために2種類のID（身分証明書）提示が必要になったことを知っておくべきだろう。午前2:00以降はドアを一方通行にするポリシー（バーを去ることはできるが、入ることはできない。本書が読まれる頃には、時刻が午前1:00に繰り上がっている可能性あり）があり、集団でのパブのはしごを違法とすることも検討中だ。セント・パトリックの日（3月17日。アイルランドの守護聖人の祝日）は川のこちら側では大騒ぎになる祭日である。

多くの人が遊びのためだけに訪れる一方で、文化的・歴史的な巡礼のためにホーボーケンを訪れる旅人もいる。最初の組織的な野球の試合、ニューヨーカーズ対ニッカーボッカーズ戦が、1846年6月19日にマンハッタンを見おろすこの平原で行われたことはよく知られている。ワシントン通りと11丁目の角には、

その試合を讃えた記念のプレートがある。ホーボーケンにはほかにも誇りとしていることがある。最も有名な住民、フランク・シナトラである。この"音楽界の取締役"は1915年にこの町で生まれ、地元のクラブでスタートを切った。ホーボーケンはまた、9月11日のテロでどの地区よりも多くの住民を亡くした悲しく痛ましい過去を持っている。50名の住民があの日に命を落としたのだ。

オリエンテーション＆インフォメーション

1平方マイル（約2.6km²）より少々広い程度なのでホーボーケンは徒歩で探索しやすい。通りが碁盤の目になっているため歩き回るのも楽だ。商店やレストランのほとんどは、パス・トレインが停まる古いけれど華麗なエリー・ラッカワナ列車ターミナルErie Lackawanna Train Terminalからほんの数ブロック内か、ワシントン通りWashington St沿いに収まっている。

ホーボーケンで駐車スペースを探すのは厄介だろう。夜間と週末はなおさらだ。駐車違反取り締まりで警察が積極的に違反者をチェックしており、通りに車を置いて違反切符を切られる危険より、駐車場に入れて料金を払うことを考えるべきだろう。もちろん、ホーボーケンで運行されている公共の交通手段は速くて種類も揃っている。フェリー、パス・トレイン、あるいはNJトランジット・トレインといった選択肢がある。

町に観光案内所はないが、毎週発行される無料誌「ホーボーケン・レポーターHoboken Reporter」を入手することができる。地元の芸術や年間行事を掲載しており、バー、商店などいたるところにある。市役所も地元のイベントのチラシを提供している。

ワシントン通り沿いにはATMがたくさんある。大きな**郵便局 post office**（#18 🏠リバー通

り沿いRiver St）はニューアーク通りNewark Stと1丁目の間にある。**バーンズ＆ノーブル Barnes & Noble**（#27 ☎201-653-1165 ♠59 Washington St）のホーボーケン店はニューアーク通りとオブザーバー・ハイウェイObserver Hwyの間にある広い店で、考えつくだけの読み物がすべて揃っている。必要不可欠のカフェも店内に設置されている。

ホーボーケン市庁舎＆博物館
Hoboken City Hall & Museum
1881年に建てられたホーボーケン市庁舎（#24 ☎201-420-2026 ♠1丁目とワシントン通りの角1st & Washington Sts ◯月～金9:00～16:00）は、公式に認められているもののお粗末な州定国定史跡だ。ホーボーケン歴史博物館の内部では地元の歴史に関する埃をかぶった展示ケースを並べており、中にはフランク・シナトラの記念品も含まれている（シナトラの生家は数年前に取り壊されたため、ここが主なフランクの聖地となった）。

食事
ホーボーケンのカフェやレストランの質と多様性はすばらしく向上しており、デートのスタートとしてはぴったりの場所となっている。ワシントン通りに並ぶたくさんの店の一つで食事をし、次に、数多いホーボーケンのホットなスポットでカクテル、ライブ音楽、ダンスを楽しむといい。

ヴィトーズ・イタリアン・デリ
Vito's Italian Deli（#9）
☎201-792-4944
♠806 Washington St
◯月曜定休
8丁目と9丁目の間にある。最高のサブマリン・サンドを作り、あらゆる種類のイタリアンのごちそうを売っている。

ランドマーク・コーヒー
Landmark Coffee（#22）
☎201-222-8400
♠88 Hudson St
◯月～金6:00～18:00、土・日7:00～15:00
和気あいあいとした、かわいらしいカフェ。通常のコーヒー・メニューに加え、数多くのお茶を取り揃え、ホット・サイダーもある。

カーロズ・シティ・ホール・ベイク・ショップ
Carlo's City Hall Bake Shop（#23）
☎201-659-3671
♠95 Washington St
◯月～土6:30～20:00、日6:30～18:00
ニューアーク通りNewark Stと1丁目の間にある。垂涎もののイタリアンの焼き菓子を扱い、この付近ではベストといっていいマツの実入りクッキーもある。通りを眺めながら小さなテーブルでコーヒーとお菓子をいただくことができる。

シュナッケンバーグズ・ランチョネット
Schnackenberg's Luncheonette（#1）
☎201-659-9836
♠1110 Washington St
■サンドイッチ＄1.40～3.50
11丁目と12丁目の間にある。大きな軽食スタンドの伝統を守っている感嘆すべき店。1931年以来エッグ・クリーム、チェリー・コーク、サンドイッチ（昔ながらのクリーム・チーズとゼリーのサンドもあり！）、それに自家製チョコレート・ドリンクを提供し続けている。価格は雰囲気と同じくらい昔風。濃くておいしいミルク・シェイクは正気の沙汰ではない値段で、スモール￠60、ミディアム￠70、ラージ＄1。子供たちに大人気の店だ。

ピッコロズ
Piccolo's（#25）
☎201-653-0564
♠92 Clinton St
ニューアーク通りと1丁目の間にある。ここも軽食スタンドがある店で、大衆食堂の雰囲気が漂う。1955年以来、おいしいチーズ・ステーキ・サンドイッチ（＄6）を出し続けている。

ニュージャージーはニューヨークのダウンタウンからひとっ走りするだけ

近郊に足をのばす

ラ・イスラ・レストラン
La Isla Restaurant（#15）
☎201-659-8197
🏠104 Washington St
🍴アペタイザー＄2.50〜7.95、サンドイッチ＄3.95〜4.95、メイン＄10.95〜15.95
🕐月〜土7:00〜22:00、日11:00〜16:00

あまりに真に迫っているので、実際ハバナにいる気分になりそうな店。ただしパトリア・オ・ムエルテ（祖国か死か）という言葉は聞かれない。ここの料理はヘルシーで、量が多く、音楽は熱く、すべてがキューバ人特有の人なつっこい温かさをもって提供されている。典型的なロパ・ビエハRopa Vieja（細切りステーキ。＄8.95）に挑戦し、持ち込みしたお好みのアルコールで飲みくだそう。甘くて濃いカフェシートCafecito（コーヒー）の分、お腹の余裕を見ておくこと。

クラム・ブロス・ハウス
Clam Broth House（#20）
☎201-659-6767
🏠38 Newark St
🍴アペタイザー＄7.95〜9.95、生ガキ・カウンター＄7.95〜15.95
🕐11:30〜22:00

列車の駅近くにある。1899年創業で、とびきりおいしいシーフードを出すため、何年もマンハッタンから通い続けている熱心な常連たちが集まっている。店内はいかにもマフィア幹部が集いそうな古典的な雰囲気が漂い、たくさんの赤いレザー張りの椅子と、フランク・シナトラを含む有名人のサイン入り写真を飾っている。

ヘルマーズ
Helmer's（#4）
☎201-963-3333
🏠1036 Washington St（11丁目の角at 11th St）
🍴サンドイッチ＄6.95〜9.95、ソーセージ＄10.95〜15.95
🕐月〜木12:00〜22:00、金・土12:00〜23:00

伝統的なドイツ・バー＆レストランで1930年代から営業している。ビールとスコッチを目がくらむほどずらりと取り揃えている。ドイツ名産のナックヴルスト（ソーセージ）・サンドイッチのザウアークラウト添えをはじめとする各種ソーセージが豊富。デザートの分、お腹に隙間を空けておこう。

アマンダズ
Amanda's（#7）
☎201-798-0101
🏠908 Washington St
🍴アペタイザー＄5.50〜12、メイン＄16.50〜29.50

ホーボーケンならではの料理法に貢献している。メニューは週替わりだが、まずは海老のフィロ（薄いパイ生地）包みやロブスター・ビスクに舌鼓を打ち、それからレモン風味マツの実がけラムを味わうことになるだろう。ワインに関しては、とても目端が利いた品揃えを展開している。パリッとしたテーブルクロス類や質の良い食器で高級感を醸し出している店だ。

エンターテインメント

最後に数えた時点では、ホーボーケンにはあらゆる種類の要求に応じる40カ所ほどのクラブとバーがあった。アイルランドの伝統音楽からインディーズ・ロックまで、この町ではおそらく毎夜、何らかの音楽イベントが行われているだろう。ホーボーケンの音楽シーンは2、3のインディーズ・レコードのレーベルを立ち上げることになったほど活発で、偉大なる詩的ラッパーのヨ・ラ・テンゴが誇らしくスタートを切った場所である。マクスウェルズはホーボーケンの伝説的なクラブで、トップクラスのグループがこの店のステージに彩りを添えてきた。もし特定のバンドのファンで、そのバンドがニューヨークを訪れていると聞いたならば、2度見るチャンスがありそうだ。1度はニューヨーク・シティで、そして2度目はマクスウェルズで。

　ホーボーケンにはダンス・クラブもある。その多くは金曜日と土曜日には夜中の3:00までオープンしている。

ライブ・ミュージック　多くの人々がホーボーケンへ向かう理由は**マクスウェルズ Maxwell's**（#5 ☎201-798-0406、ショー情報☎201-653-1703 🏠1039 Washington St〈11丁目の角at 11th St〉🍴チャージ＄10〜20）だ。90年代半ばにマクスウェルズは何を血迷ったか地ビール・レストランに改装したが常連客は遠ざかってしまった。そこで音楽一筋の連中が店を引き継いで、昔ながらの店に作り替えた。バー奥の部屋は1978年以来ステージ・アクト専用に使われ、ここを訪れたバンドにはREM、ソニック・ユース、ニルヴァーナなどがいる。ブルース・スプリングスティーンはマクスウェルズを「グローリー・デイズGlory Days」のビデオ・クリップのセットに使った（町の住民、ジョン・セイルズが監督した）。表のレストランでは、普通のパブの料理をひとひねりしたメニューが主力だ。

ブラス・レイル
Brass Rail（#14）
☎201-659-7074
🏠135 Washington St

木曜日から土曜日までの夜、生のジャズを聴

かせるバー＆レストラン。フランス料理が出される。ここのワイン・リストは間違いなくニュージャージーのトップクラスに入る。

ウイスキー・バー
Whiskey Bar（#13）
☎201-963-4300
W www.whiskey-bar.com
🏠125 Washington St
木曜日から土曜日の夜にロックンロールの生演奏がある。

ダンス 水曜日と木曜日には**ブー・ブー・ファンカデリック・ラウンジ Boo Boo Funkadelic Lounge**（#21 ☎201-659-5527 🏠44 Newark St）に生バンド演奏が入り、週末にはハウスやファンクの皿を回すDJが入る。

バー・ナン
Bar None（#26）
☎201-420-1112
🏠84 Washington St
トップ40の音楽を流し、平日には"定時まで仕事をやっつける"とお得なスペシャル・ドリンク類を提供している。予想はつくだろうが、夜が更けるにつれて客は騒がしくなり、誰もが美人に見えて困るほど酔っぱらう。

バハマ・ママズ
Bahama Mama's（#11）
☎201-217-1642
🏠215 Washington St
22:00まではチャージ無料
金曜日は23:00までマルガリータが＄1だ。

シューターズ
Shooters（#19）
☎201-656-3889
🏠92 River St（ニューアーク通りの角at Newark St）
ホーボーケンのスティーヴンズ工科大学の学生たちに人気。DJはハウスとドラムンベースをかける。

バー 1896年に建てられた**カフェ・イリージャン Cafe Elysian**（#6 ☎201-659-9310 🏠1001 Washington St〈10丁目の角at 10th St〉）は禁酒法時代を、古めかしい美しいバーを美容院とアイスクリーム・パーラーに作り替えて乗り切った。常連客にはバイカーとブルースのファンがいる。金曜日と土曜日の夜にここですばらしいブルースを聴こう。

ルイーズ＆ジェリーズ
Louise & Jerry's（#10）
☎201-656-9698
🏠329 Washington St
3丁目と4丁目の間にある。20世紀の初めから、ジョッキにビールを注いできた。この伝統的な地下の酒場には、コイン投入式のビリヤード台とサービスタイムのお得な飲み物がある。

ブラック・ベア・バー＆グリル
Black Bear Bar & Grill（#12）
☎201-656-5511
🏠205 Washington St
スポーツ・ラウンジ兼シガー・バーでウォール街の人々に人気。低料金でたっぷり食べることができる。ラップロール、サンドイッチ、ハンバーガーは＄6.95～8.95。

マクマホンズ・ブラウンストーン・エール・ハウス
McMahon's Brownstone Ale House（#3）
☎201-798-5650
🏠1034 Willow Ave
アイリッシュ・パブ（必要不可欠のビリヤード台とダートのボード付き）で、サンデー・ビュッフェと、水曜夜のライヴ演奏を提供。

テキサス・アリゾナ
Texas/Arizona（#29）
☎201-420-0304
🏠ハドソン・プレイスとリバー通りの角River St at Hudson Place
列車の駅近くにある。手頃な価格でテックス・メックス料理Tex-Mex food（アメリカナイズされたメキシコ料理）を出すが、特色は何といっても世界中のビール・コレクション。ユニークな地元の人々に会いたかったら、混雑していない時間に訪れてみよう。

スコットランド・ヤード
Scotland Yard（#28）
☎201-222-9273
🏠72 Hudson St
フラーズ、バス、ダブル・ダイヤモンドといったイギリスの輸入ビールを、伝統的なパブ・スタイルで樽から注いで出す。金曜日の夜には、人々がエールをがぶ飲みしている。サービスタイム（16:00～19:30）は食べ放題となる——これはどちらかといえば、ニューヨークの伝統——近隣のバーでも採用してもらいたいところだ。

ゴールドホーク・バー＆ラウンジ
Goldhawk Bar & Lounge（#8）
☎201-420-7989
🏠916 Park Ave（10丁目の角at 10th St）
かなりくつろげる店で、奥にはベルベットのソファーとすり切れたカウチがあり、表では活気のあるバーの風景が繰り広げられるというミスマッチがいい。時折、朗読やライヴ演奏がある。

アクセス

列車 マンハッタンからのパス・トレインPath train（＄1.50）がホーボーケンのエリー・ラッカワナ列車ターミナルErie Lackawanna Train Terminalに停まる。深夜には本数は減るが、24時間運行。

ニュージャージー — アトランティック・シティ

近郊に足をのばす

車 マンハッタンからは、ホーランド・トンネルHolland Tunnelかリンカーン・トンネルLincoln Tunnelを通る。ニュージャージー・ターンパイクNew Jersey Turnpikeの14C出口（ホーランド・トンネル出口）を降り、ランプの下まで行ったら最初の信号を左折し、次にオブザーバー・ハイウェイObserver Hwyのオーバーパスの下を右へ曲がる。ホーボーケンの主だった通りは左手になる。また、次の行き方でもいい。16Eの出口（リンカーン・トンネル出口）を降り、ホーボーケン出口で右折し、最初の信号を直進してランプの下へ向かう。パーク街Park Aveで右折し、次に14丁目で左折する。3ブロック過ぎると右手にワシントン通りWashington Stが見えるはずだ。

船 ホーボーケン（エリー・ラッカワナ列車ターミナルErie Lackawanna Train Terminalと接続）と、ロウアー・マンハッタンのピアA、ピア11間を運航しているのは、**ニューヨーク・ウォーターウェイ** New York Waterway（☎800-533-3779）だ。フェリーはラッシュ時間には6分おきに、混まない時間は10分おきに出ている。乗船時間は8分で片道＄3かかる。

アトランティック・シティ
ATLANTIC CITY

1977年、ニュージャージー海岸のアトランティック・シティ（地元ではACという）にカジノが誕生してから、町は国内有数の観光地となった。年間3300万人が訪れ、12のカジノとおびただしい数のレストランで＄40億を使っている。しかし、カジノ産業が4万5000人の雇用と記録的な利益を次々と生み出しても、この金はアトランティック・シティ自体にはほとんど入ってこない。ホームレスと犯罪は今でも大きな問題で、アトランティック・シティ・エクスプレスウェイの終わりから海岸沿いのカジノに続く4ブロックは、空き地、すさんだ様子のバー、うち捨てられた倉庫と気が滅入る姿が続いている。アトランティック・シティの夢のような海岸沿いの風景は魅惑的な歴史と結びついており、生き生きと活気づいていいはずだから、この実態は実に悲しむべきことだ。

夏のボードウォークは少々ガラが悪くなる。野良猫、質屋、そして大道芸人をはじめとする海辺を刺激的に彩る周辺芸人たちが出没するおかげで、あまり品の良くない怠惰な雰囲気が漂う。夏のビーチは人気がありすぎて、安酒や、さらに安っぽいスリルで酔ったギャンブラーたちで不愉快なほど混雑する。

要するにギャンブラーでないならば、ケープ・メイのリゾート地区やフィラデルフィアへ向かう途中でない限り、アトランティック・シティを訪れる理由はないも同然ということだ。ギャンブルをしないならば、うつろな目をした老人たちがへばりき、ネオンがうずまき、ベルが鳴り続けるずらりと並んだ"片腕のおいはぎ"（スロット・マシーンのこと）の間を通り抜けるときに、カジノはまさしく憂うつな場所に感じられるだろう。反対に、もしギャンブルをやりたいのならば、アトランティック・シティの700台のブラック・ジャックのテーブルと3万台近いスロット・マシーンを見逃すことはできない。カジノへ行くならば、何で運を試すか決めておこう——たとえ＄10か＄15しか使わないつもりでも——そして最高のギャンブラーは勝ってテーブルから去ることを覚えておこう。"引き際を知れ"だ。

インフォメーション
観光案内所 Visitors Information Center（☎609-

トランプ・タージ・マハル・カジノ。無謀とどん欲とエキゾチックな誘惑が入り交じる場所

ニュージャージー － アトランティック・シティ

近郊に足をのばす

449-7130　www.altanticcitynj.com　ガーデン・ステート・パークウェイ沿いGarden State Parkway　11:00～19:00）はガーデン・ステート・パークウェイの中程にできた真新しい複合施設内にあり、町から3マイル半（約5.6km）の距離だ。ここでは地図、パンフレット、クーポン券が手に入り、町の華やかさへ飛び込む前に、行く場所を絞っておくために好都合なスポットとなる。4つのインフォメーション窓口が、北のタージ・マハルTaj Mahalと南のアトランティック・シティ・ヒルトンAtlantic City Hiltonの間で、ボードウォーク沿いに間隔を開けて設置してある。また、**ボードウォーク・ホール** Boardwalk Hall（10:00～18:00）内の受付では、市内ホテルのパンフレットが数多く手に入る。

このエリアでベストの無料観光案内は月刊の「AC・ショアラインAC Shoreline」と週刊の「フートWhoot」、「アット・ザ・ショアAt the Shore」だ。「アット・ザ・ショア」は特にイベントのリストが詳しく、アート、ジャズ、演劇の出し物も掲載している。

驚くことではないが、カジノが集まる賭博エリア近辺にはATMが無数にある。カジノは外貨両替も扱っており、喜んでクレジット・カードで前渡しをしてくれる。

カジノ

アトランティック・シティのカジノは明らかに当地第一の呼び物であり、高額ギャンブラーは各自ひいきのカジノがあるようだが、賭博エリアというものは外観（けばけばしい）も音（うるさい）も似たようになりがちだ。

ACのカジノのほとんどは賭博そのものに捧げられており、タージ・マハルを除けば、ラス・ヴェガスのライバルのような派手さや演出を強調していない。しかしながら、ドナルド・トランプやスティーヴ・ウィンといった大手カジノ開業者の競争が激しくなるにつれて、カジノの雰囲気も変化しつつある。

注意：ギャンブルをする、あるいは賭博場に入るには、21歳以上でなければならない。強い飲み物が好みならば、各種カクテルが豊富で無料のアトランティック・シティを楽しめるだろう。どのカジノも、賭博場にカジノ・コントロール・コミッションの設置が義務づけられている。これはディーラーが不正を働いている、あるいはテーブルについた他の客が手品師もどきのいかさまをしていると疑ったときに、訴えに行くところである。本気で疑ったときのみ、利用しよう。

町の数多いカジノは、次のような顔ぶれになっている。南端のカジノは**アトランティック・シティ・ヒルトン** Atlantic City Hilton（#46 ☎609-340-7100　ボストン街とボードウォークの角Boardwalk at Boston Ave）。500を超えるホテル客室がある。

バリーズ・パーク・プレイス&ワイルド・ウェスト・カジノ Bally's Park Place & Wild West Casino（#34）
☎609-340-2000
パーク・プレイスのボードウォーク沿いPark Place at the Boardwalk
1860年に建てられたデニス・ホテルの敷地内にある。同ホテルは1200の客室がある新館と統合されている。人気のカジノはメイン・ストリートの作り物の前面壁から、バンダナを身につけたスタッフまで、テーマの大西部に徹底してこだわっている。ここではヘヴィー級のボクシングの試合が数多く行われる（窓口☎800-772-7777）。

シーザーズ・アトランティック・シティ Caesar's Atlantic City（#36）
☎609-348-4411
ボードウォークとアーカンソー街の角 Arkansas Ave at the Boardwalk
1000の客室があり、アトランティック・シティのプラネット・ハリウッド・レストランが、賭博場のすぐ外にある。

低額を賭けるシニアたちに人気なのが、**クラリッジ・カジノ・ホテル Claridge Casino Hotel**（#33 ☎609-340-3400　インディアナ街沿いIndiana Ave）だ。パシフィック街Pacific Aveとボードウォークの間にある。一方通行のみ——カジノ行きのみ——操作されている動く歩道で行くことができる。500の客室がある3階建てホテルで、閉所恐怖症になりそうな賭博場がある。

ハラーズ・マリーナ・ホテル・カジノ Harrah's Marina Hotel Casino（#1）
☎609-441-5000
ブリガンティン大通り沿いBrigantine Blvd
2つのタワーに760の客室があり、町一番の親しみやすいカジノといわれている。初心者のギャンブラーはここのカジノでチャレンジするといいだろう。親切に助言してくれるディーラーがいる。

リゾーツ・カジノ・ホテル Resorts Casino Hotel（#19）
☎609-344-6000
ボードウォークとノース・カロライナ街の角 North Carolina Ave at the Boardwalk
670の客室があるヴィクトリア様式のホテル。第2次世界大戦中、病院として使用されていた。

ボードウォークの近くにある**サンズ・ホテル、カジノ&カントリー・クラブ Sands Hotel, Casino & Country Club**（#31 ☎609-441-4000、

ニュージャージー ― アトランティック・シティ

アトランティック・シティ

カジノ
1 Harrah's Marina Hotel Casino
2 Trump's Marina Resort
15 Showboat Casino
18 Trump Taj Mahal; Casbah
19 Resorts Casino Hotel
24 Sands Hotel, Casino & Country Club
33 Claridge Casino Hotel
34 Bally's Park Place & Wild West Casino; Pickles
36 Caesar's Atlantic City; The Bacchanal
38 Trump Plaza Casino Hotel
41 Tropicana Casino & Entertainment Resort; Comedy Stop
46 Atlantic City Hilton

17 観光案内所
20 観光案内所
21 トイレ
22 リプリーズ・ビリーブ・イット・オア・ノット！
26 デジャ・ヴュ
32 観光案内所
35 ATM
37 クラブ・ミラージュ
45 観光案内所

その他
3 ガーディナーズ・ベイスン、海洋生物教育センター
4 アブシーコン灯台
5 アトランティック・シティ・コンベンション・センター
6 タン・タヴァーン
10 バス発着所
11 郵便局
12 スタジオ6
16 アトランティック・シティ歴史博物館、フローレンス・ヴァロール・ミラー・アート・センター

ニュージャージー － アトランティック・シティ

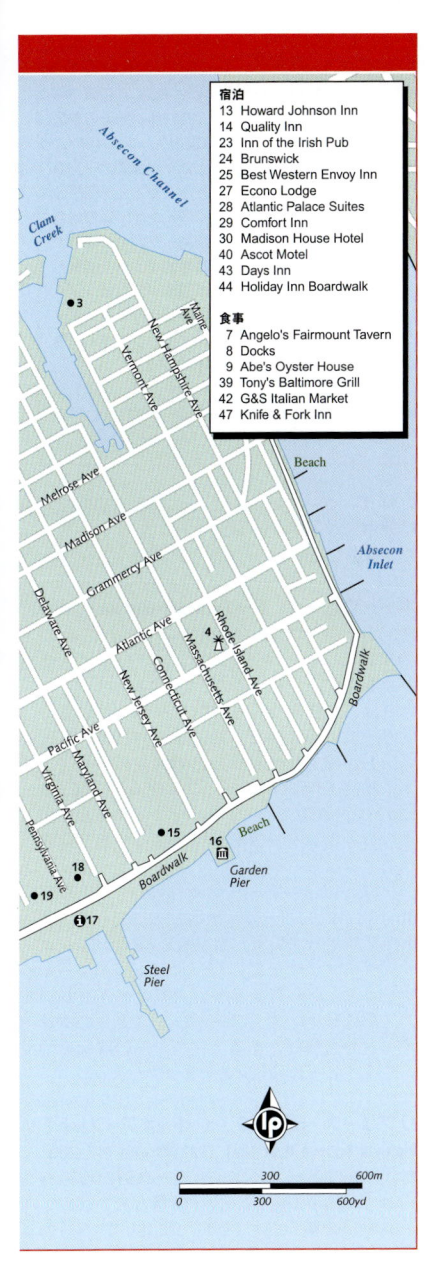

近郊に足をのばす

宿泊
13　Howard Johnson Inn
14　Quality Inn
23　Inn of the Irish Pub
24　Brunswick
25　Best Western Envoy Inn
27　Econo Lodge
28　Atlantic Palace Suites
29　Comfort Inn
30　Madison House Hotel
40　Ascot Motel
43　Days Inn
44　Holiday Inn Boardwalk

食事
7　Angelo's Fairmount Tavern
8　Docks
9　Abe's Oyster House
39　Tony's Baltimore Grill
42　G&S Italian Market
47　Knife & Fork Inn

800-227-2637 ☏www.acsands.com ☎インディアナ街沿いIndiana Ave）は大きな黒いガラスの箱に見える。けれども、ここはアトランティック・シティで最も古くからあるカジノだ。

　宿泊にもっと手頃なカジノとして**ショーボート・カジノ** Showboat Casino（#15 ☎609-343-4000☎デラウェア街とボードウォークの角 Delaware Ave & the Boardwalk）がある。700の客室は川船をテーマにしたインテリアとなっている。

トロピカーナ・カジノ＆エンターテインメント・リゾート
Tropicana Casino & Entertainment Resort（#41）
☎609-340-4000
☎ボードウォークとアイオワ街の角 Iowa Ave at the Boardwalk
町で最大級のカジノの一つ。室内テーマ・パーク（チボリ・ピア Tivoli Pier）、9万平方フィート（約8361m²）のカジノ、1020の客室がある。

トランプス・マリーナ・リゾート
Trump's Marina Resort（#2）
☎609-441-2000
☎ヒューロン街沿い Huron Ave
ブリガンティン大通りの近くにある。ファーリー・ステート・マリーナを見おろし、アール・デコの趣を前面に押し出している。ボードウォークから離れており、この場所にある2つのカジノ・ホテルでは一段とくつろげる雰囲気を感じることができる。

トランプ・プラザ・カジノ・ホテル
Trump Plaza Casino Hotel（#38）
☎609-441-6000
☎ボードウォークとミシシッピ街の角 Mississippi Ave at the Boardwalk
560の客室があり、海が見える部屋もある。

トランプ・タージ・マハル
Trump Taj Mahal（#18）
☎609-449-1000
☎1000 Boardwalk
きらびやかな場所で、かつてはアトランティック・シティ一贅沢なカジノだった。現在はマリーナにある新参のミラージュ・リゾートのほうが贅沢さで上回っている。2トンある石灰岩の象9体が客を迎え、70の光塔が屋根を飾っている。カジノとロビーにあるドイツ製クリスタルのシャンデリアは＄1500万する。だが、インテリアのきらびやかな性質とは裏腹に、室料はもっと地味なホテル並みだ。

ボードウォーク
The Boardwalk
以下に紹介する見どころに加え、シーズンには（3月後半から9月半ばまで）、ミシシッピ街

297

GOを通るな（※1）

ゲーム愛好家はこの街の通り名の多くが、ボード・ゲームのモノポリー Monopolyとまったく同じことに気づくだろう。モノポリーはアトランティック・シティをモデルに作られたのだ。この街には、1904年に地元の教師でありクエーカー教徒であるリジー・J・マギーが、ランドロード（地主）・ゲームという室内ゲームを考案し、家族や友人といった内輪で楽しんだという興味深い逸話が残っている。次に1934年のことだが、無職で一文無しの所帯持ち、チャールズ・ダロウという男性が、かつてアトランティック・シティへ旅をしたことを回想しながら、現代のモノポリーのボード・ゲームを考案した。このゲームにはマギーが最初に考えたゲームの特色と酷似した部分があり、多くの人がダロウはランドロードから基本のアイデアを無断で借用したのではないかと疑った。ランドロードには、現在のモノポリーと似通っている要素の中でもとりわけ特徴的な、公共事業や土地の売買が要求され、"刑務所へ行け"のマスが存在する点があったからだ。パーカーブラザーズ社は、ボード・ゲームとして致命的な52の欠点があるとして最初はモノポリーを拒否したが、ダロウが手作りのゲーム・セット5000個を売りさばいたのち、1935年に折れて版権を買った。このあと数カ月は、パーカーブラザーズ社は週に2万個を売り上げた！ 今日では、モノポリーは80カ国、26の異なる言語で販売されている。

（訳注〈※1〉モノポリーのルールの1つ。刑務所に入る際はGOのマスを通らずに〈つまり、サラリーを受け取らずに〉直行しなければならない。）

Mississippi Aveのパター・ゴルフ（☎609-347-1661）を楽しむことができ、ボードウォークに点在する店でレンタサイクルを借りることもできる。

アトランティック・シティ歴史博物館 Atrantic City Historical Museum
（#16 ☎609-347-5839 ⓦwww.acmuseum.org ⌂ボードウォークとニュージャージー街の角 New Jersey Ave at the Boardwalk 入場無料 ◷10:00〜16:00）は、改修したガーデン・ピア Garden Pierの敷地にある。この博物館は街の華やかな歴史を紹介し、ベニー・グッドマン、フランク・シナトラ、デューク・エリントンといったスターたちがカジノでステージに立ったAC全盛期へと、訪れる者を誘ってくれる。同じ建物に入っているフローレンス・ヴァロール・ミラー・アート・センター Florence Valore Miller Arts Center（☎609-347-5837）は、近隣と地元の芸術作品を入れ替えながら展示している。特にACのアフリカ系アメリカ人コミュニティに力を入れている。博物館とアート・センターは、ガーデン・ピア北端に位置する、海を見渡せる窓がたくさんついた芸術的に興味深い建物を共有している。カジノで負担がかかった五感を休めるにはぴったりの場所。

スティール・ピア Steel Pier
このアミューズメント・ピアはタージ・マハル・カジノの真向かいにあり、ドナルド・トランプの王国に属している。ここはかつて見物客の前で、有名なダイビング・ホース（人間を乗せて飛び込む馬）が見物客の前で大西洋に飛び込んだ場所だったが、現在では小さなアトラクションや、運だめしのゲーム類、キャンディ・ストアが立ち並び、"ニュージャージー南部で最大のゴーカート場"もここにある。子供たちが夢中になるスティール・ピアは、シーズンのみ営業している。

ボードウォーク・ホール Boardwalk Hall
この大型ホール（☎609-449-2000 ⓦwww.boardwalkhall.com）は毎年のミス・アメリカ大会の会場に使用されていた。1929年のオープン当時は、屋根を支える室内柱や飾り柱のない世界一広い公会堂だった。予定されているイベントが何もなければ、世界最大のパイプ・オルガン（3万3000のパイプを使用し、重さは150トン）が置かれているメイン・ホールのすばらしいインテリアを見学できるかどうか確かめてみよう。現在は、アマチュア・ホッケー・チームのボードウォーク・ブリーズ Boardwalk Bulliesの本拠地となっている（後出の「スポーツ観戦」を参照）。また、リングリング・ブラザーズ、バーナム＆ベイリー・サーカスといったショー、フリオ・イグレシアスをはじめとするスーパー・スターのコンサートの会場でもある。イベントの詳細については、ホームページをチェックしよう。

リプリーズ・ビリーブ・イット・オア・ノット！ Ripley's Believe It or Not!
（#22 ☎609-347-2001 ⌂ボードウォークとニューヨーク街の角 New York Ave on the Boardwalk 大人＄10.96、子供＄6.95 ◷5〜8月10:00〜22:00、9〜4月の月〜金11:00〜17:00、土・日10:00〜20:00）はテーマ・パークのような作りになった博物館で、変わったグロテスクな展示を行っている。4つ目の男、弦がないのに音が鳴る魔法のハープ、縮んだ頭部などの展示を見に行こう。少々こっけいだが、小さな子供にはいい気晴らしになる。

アブシーコン灯台
Absecon Lighthouse

この灯台（#4 ☎609-449-1360 ⌂ロードアイランド街とパシフィック街の角cnr Rhode Island & Pacific Aves 大人＄4、子供＄1 9〜6月の木〜月11:00〜16:00、7・8月11:00〜16:00）は1857年に建てられ、高さ171フィート（約52m）とニュージャージーで最ものっぽで、アメリカ国内でも3番目の高さを誇る灯台だ。オリジナルの仕様に修復されており（フレネル・レンズを含む）、頂上まで228段の階段を上がり、息をのむような眺めを一望することができる。

アトランティック・シティ・コンベンション・センター
Atlantic City Convention Center

＄3億をかけたコンベンション・センター（#5 ☎888-222-3838）は、1998年に列車の駅の上にオープンした。客室数1万2000のカジノがないホテル、さらに店舗、劇場、レストランを併設している。このセンターは、ニューヨークで成功したサウス・ストリート・シーポートの複合施設と、ボルティモアのインナー・ハーバーを手がけた企業によって建てられ、現在は毎年9月にミス・アメリカ大会が開催されている。

宿泊

アトランティック・シティの行政は自ら、利用価値の高い**予約サービス reservations service**（☎800-447-6667）を提供し、あらゆる価格帯の部屋と宿泊パックを準備している。市内ホテルの室料は季節によって大幅に異なる。冬はリゾーツ・カジノ・ホテルのような宿泊施設に1泊たった＄50程度で滞在できるが、夏はレートが跳ね上がり、特に7月4日を含む週の週末と、秋のミス・アメリカ大会の週は高い。ギャンブルをする予定で、良い中級ホテルを希望するならば、カジノ・ホテルか旅行会社を通じて宿泊パックを予約しよう。**アメリルーム予約ホットライン AmeriRoom Reservations hotline**（☎800-888-5825）は中級のツアー専門で、通常は食事、ショーのチケット、無料のチップが含まれている。

低料金 予算のきつい旅行者は、アトランティック・シティでは苦労するだろう。ボードウォークから数ブロックにある安いモーテル街は、往々にして売春婦の客引き場所になるからだ。

イン・オブ・ザ・アイリッシュ・パブ
Inn of the Irish Pub（#23）
☎609-344-6093
⌂164 St James Place
室料＄20〜30, 専用浴室付き＄40〜

ボードウォークのすぐ近くだが、街で最も客引きが多いブロックのひとつにある。それでも、バルコニーにはロッキング・チェアが数多く並び、涼しい風にあたることができる。

ブランズウィック
Brunswick（#24）
☎609-344-8098

イン・オブ・ザ・アイリッシュ・パブの隣にあり、室料も似通っている。どちらの宿もシーズンにしか営業していない。

中級 ここに挙げるモーテルはどれもごくありきたりだが、少なくとも眠る分には清潔で安全だ。レートは決まって冬、特に週の半ばにずっと安くなる。

アスコット・モーテル Ascot Motel（#40）
☎609-344-5163、800-225-1476
⌂パシフィック街とアイオワ街の角Iowa at Pacific Ave
冬期S＄79、W＄89

手堅い選択肢の一つ。

ベスト・ウェスタン・エンヴォイ・イン Best Western Envoy Inn（#25）
☎609-344-7117 ℻344-5659
⌂1416 Pacific Ave（ニューヨーク街の角at New York Ave)
日〜木＄45〜、金＄125〜、土＄145〜

コンフォート・イン Comfort Inn（#29）
☎609-348-4000
⌂154 Kentucky Ave
室料＄69〜400

ボードウォークとパシフィック街の間にある。室料は曜日とシーズンによって信じられないほどの幅がある。

デイズ・イン Days Inn（#43）
☎609-344-6101、800-329-7466 ℻348-5335
⌂モリス街とボードウォークの角the Boardwalk at Morris Ave
室料10〜4月＄35〜440、5〜9月＄50〜450

1室の宿泊人数と、部屋が海に面しているかどうかによってレートが変わる。

エコノ・ロッジ Econo Lodge（#27）
☎609-344-9093、800-323-6410
www.econolodge.com
⌂117 S Kentucky Ave
室料＄49〜499

ボードウォークとパシフィック街の間にある。参考までに、上記の最高料金は7月4日泊の一番良い部屋のものだ。

ホリデイ・イン・ボードウォーク Holiday Inn Boardwalk（#44）
☎609-348-2200

ニュージャージー ― アトランティック・シティ

近郊に足をのばす

🏠 チェルシー街とボードウォークの角 the Boardwalk at Chelsea Ave
💰 室料 冬期＄69〜、夏期＄119〜

ハワード・ジョンソン・イン Howard Johnson Inn （#13）
☎ 609-344-4193 📠 348-1263
🏠 パシフィック街とテネシー街の角 Tennessee Ave at Pacific Ave
💰 室料＄45〜165

アトランティック・パレス・ツイーツ Atlantic Palace Suites （#28）
☎ 609-344-1200、800-527-8483 📠 347-6090
🏠 ニューヨーク街とボードウォークの角 the Boardwalk at New York Ave
💰 室料 冬期＄89〜149、夏期＄129〜200
ボードウォークに直結している。

マディソン・ハウス・ホテル Madison House Hotel （#30）
☎ 609-345-1400
🏠 123 Martin Luther King Jr Blvd
💰 室料＄55〜

クオリティ・イン Quality Inn （#14）
☎ 609-345-7070
🏠 パシフィック街とサウス・カロライナ街の角 South Carolina Ave at Pacific Ave
💰 室料 冬期＄55〜、夏期＄85〜

高級 アトランティック・シティのカジノ・ホテル（前出の「カジノ」を参照）が、高級な選択肢を占めている。レートは季節と曜日によって＄150〜450の幅があり、通常は食事とショー、スパの無料使用、カジノのチップが含まれている。冬にはレートを＄50まで下げることもできる──コツは、直接受付へ歩いていき、当日宿泊するかどうか決めかねている態度を取ることだ。カジノで金をたっぷり使うように見えるいい身なりをしていれば、室料に最大限の値引きをしてくれる可能性大だ。

さらに、カジノにはすべて高級なダイニング・ルームがついており、エントランスにメニューが貼り出してある。たいていは"サーフ・アンド・ターフ"つまり、特大のステーキと大きなロブスター専門で、ワイン・リストは大変お粗末というパターンだ。

食事・飲み物

アトランティック・シティやラス・ヴェガスのようなカジノの街は、何でも好きなものを食べられるビュッフェが有名で、大変安くあがるのが普通だ（たった＄6程度だと思っていい）。カジノが料理をそれほど安く提供するとは信じがたいだろうが、ちゃんと筋は通っている。カジノ側は自分の地所の範囲内に客を留めておきたいのだ──だから窓も時計もないのだが──そして、料理はその望みを達成させる大いなる手段である。カジノをぶらぶらして回れば、エピック・ビュッフェ Epic Buffetやサルタンズ・フィースト Sultan's Feastのような、たっぷり腹ごしらえができるレストランがいくつも見つかるだろう。常連客は最高のレストランについて喜んで情報を教えてくれるはず。あるいは単純に、目の前にいる恰幅のよい客のあとをついていってもよい。

アイリッシュ・パブ
Irish Pub （#23）
☎ 609-344-6093
🏠 164 St James Pl
🕐 24時間営業
イン・オブ・ザ・アイリッシュ・パブ（「宿泊」の「低料金」を参照）の中にある格安食堂で（最も高い料理で＄6.95）、日替わり定食とそこそこのビールを出す。世界各地から客が集まるこの人気の店では、テーブルにつくのに、少しばかり待たねばならない時も多い。

トニーズ・ボルティモア・グリル
Tony's Baltimore Grill （#39）
☎ 609-345-5766
🏠 2800 Atlantic Ave（アイオワ街の角 at Iowa Ave）
それに、**アンジェロズ・フェアマウント・タヴァーン** Angelo's Fairmount Tavern （#7 ☎ 609-344-2439 🏠 フェアマウント街とミシシッピ街の角 Mississippi Ave at Fairmount Ave）は、どちらもメイン料理が約＄10からという低料金のイタリアン・レストランだ。

G&S イタリアン・マーケット
G&S Italian Market （#42）
☎ 609-345-0787
🏠 3004 Atlantic Ave
💰 ピザ＄5.50〜9.50、パスタ＄9.50〜13.50
🕐 10:00〜22:00
混雑している家族経営の店で、作りたてのおいしいパスタ（ウォッカ風味ペンネに挑戦しよう）、見事な焼き菓子、たっぷりした量の濃いコーヒーを出す。ワインの持ち込み可。

ピックルズ
Pickles （#34）
☎ 609-340-2000
🏠 ボードウォークとパーク・プレイスの角 Park Place at the Boardwalk
🕐 日〜金11:30〜22:00、土11:30〜24:00
バリーズ・パーク・プレイスの中にある。手頃な値段でボリュームがあり、味が良いので地元の人気店だ。どのテーブルにも、ガーリックで味つけしたピクルスや特別レシピのマスタードなどが入った食べ放題の容器があるという、うれしいおまけ付き。

ザ・バッカナル
The Bacchanal （#36）
☎ 609-348-4411

7品コースで1人＄45
席への案内 水〜土18:00と20:30

シーザーズ・アトランティック・シティ Caesar's Atlantic Cityにあり、いささか、やりすぎなほどの娯楽を提供している。一律料金に、食事、"オーガスタス"による娯楽、そしておそらくは体験したこともない高いレベルのサービスが含まれている。"ワイン・ウェンチズ"があなたの口にピッチャーから直接ワインを注ぐことだろう。

ナイフ＆フォーク・イン
Knife & Fork Inn（#47）
☎609-344-1133
www.knifeandforkinn.com
パシフィック街とアトランティック街の角 cnr Atlantic & Pacific Aves
オルバニー街Albany Aveの近くにある。1927年以来変わらない昔のままのアトランティック・シティの雰囲気を漂わせ、シーフードとステーキを提供している。ドレスコードを続けているこの店では、ワイン抜きでも、食事に少なくとも＄50はかかることを予想しておこう。

街のシーフード・レストランで一、二を争うのが**ドックス** Docks（#8 ☎609-345-0092 2405 Atlantic Ave）と、**エイブズ・オイスター・ハウス** Abe's Oyster House（#9 ☎609-344-7701 アーカンソー街とアトランティック街の角Atlantic Ave at Arkansas Ave）だ。メイン料理は＄25から。

オールド・ウォーターウェイ・イン
Old Waterway Inn
☎609-347-1793
1700 Riverside Dr
おすすめ料理＄12.95〜18.95
他のカジノから離れたヴェニス・パーク Venice Park内にある。海を見おろすデッキとダイニング・ルームのロマンティックな暖炉が呼び物。

タン・タヴァーン
Tun Tavern（#6）
☎609-347-7800
2 Ocean Way
シェラトンに付随している街でただ1つの地ビール・レストラン。屋外の中庭は夕日を眺め、ビールを1杯でも3杯でも傾けるのにいい場所だ。

エンターテインメント

カジノ 各カジノはホテル・ロビーでのラグタイムやジャズ・バンドから、カジノ・ホールでのトップクラスのエンターテイナー・ショーまで、びっしりとスケジュールを埋めた幅広い娯楽を提供している。なかには、やりすぎのものもあるが、ナンセンス度だけは一見の価値がある。スパンコールと羽根を思い浮かべてみよう。シーザーズの豪華絢爛なロビーは特に派手で、大量の赤いベルベットと、輿とクレオパトラのディスプレイがある。カジノの大広間では、ジェイムズ・ブラウンやアース・ウィンド＆ファイアーのようなトップ・アーティストのステージが繰り広げられる。こうしたショーは＄15から＄400でいたるところで見ることができる。小さめのラウンジでは無料で娯楽を提供していることが多い。

コメディー・ストップ
Comedy Stop（#41）
☎609-340-4020
トロピカーナ・カジノにある。アトランティック・シティーのコメディー・クラブだ。

クラブ アトランティック・シティのダンス・クラブは通常週末の夜だけ開き（この街に多いストリップ・クラブとは反対に）、22:00をたっぷり回ってから盛り上がる。

スタジオ6
Studio 6（#12）
☎609-347-7873
12 South Mount Vernon
パシフィック街Pacific Aveとアトランティック街Atlantic Aveの間にある。ゲイもストレートも大勢集まる店。

カスバ
Casbah（#18）
☎609-449-5138
1000 the Boardwalk
トランプ・タージ・マハル内にある。人気の店で、フィラデルフィアとその遠方からの客でごった返している。

デジャ・ヴュ
Déjà Vu（#26）
☎609-348-4313
ボードウォークとニューヨーク街の角New York Ave & the Boardwalk
同業の中でいちばん卑猥な店だろう。服らしい服を着ていないカクテル・ウェイトレスが目玉だ。

クラブ・ミラージュ
Club Mirage（#37）
ボードウォーク沿いThe Boardwalk
ミシシッピ街Mississippi Aveの近く、トランプ・プラザの向かいにある、普通のディスコ。

スポーツ観戦 アトランティック・シティにあるマイナー・リーグのチームのいずれかをチェックするのも楽しいだろう。日帰り観光には手頃。マイナー・リーグのスポーツが未体験ならば、予想以上に楽しめることだろ

う。"アリーナ"は心地良くのんびりできて、チームをすぐそばで見ることができる。

アトランティック・シティ・サーフ
Atlantic City Surf
☎609-344-7873（スケジュール＆チケット）マイナー・リーグの野球チームで、5月から9月までの間、$1500万を投じた新しく立派な**サンドキャッスル・スタジアム Sandcastle Stadium**でプレイしている。上階の席からがよく見える。

ボードウォーク・ブリーズ
Boardwalk Bullies
☎609-348-7825
🌐 www.boardwalkbullies.com
■チケット$8～20
アトランティック・シティのイースタン・ホッケー・リーグ・チーム。印象的なボードウォーク・ホールBoardwalk Hallでプレイしている。

アトランティック・シティ・シーガルズ Atlantic City Seagullsは、あまり高尚ではない空間——**アトランティック・シティ・ハイスクールの体育館 Atlantic City High School gym**（☎609-466-7797）でプレイしているバスケットボール・チームだ。

アクセス

飛行機 **アトランティック・シティ国際空港 Atlantic City International Airport**（☎609-645-7895）は、ポモナPomonaのティルトン・ロードTilton Rdのはずれにあり、カジノ業界に貢献する飛行機会社によって使用されている。

スピリット・エアラインズ Spirit Airlines（☎800-772-7117）と**US エアウェイズ・エクスプレス US Airways Express**（☎800-428-4322）はこの街とボストン、クリーヴランド、デトロイト、ニューアーク、フィラデルフィア、それにいくつかのフロリダ州の都市を結んでいる。

バス NJ トランジットNJ Transitがニューヨーク・シティから、ミシガン街Michigan Aveとオハイオ街Ohio Aveの間のアトランティック街にあるバス発着所までバスを走らせている。もっとお得な料金を望むならば、ニューヨーク発のカジノ・バスをチェックしよう。往復で$20ほどかかるが、食事券とスロット・マシン用のコインが含まれている。

アカデミー Academy（☎800-442-7272）と**グレイハウンド Greyhound**（☎800-231-2222）のバスが毎日ミッドタウンのポート・オーソリティ・バス・ターミナルPort Authority Bus Terminalからアトランティック・シティへ向けて出ている。月曜から木曜までは料金が安めだ。

グレイ・ライン Gray Line（☎212-397-2620）はミッドタウンの西53丁目と54丁目の間、8番街900番地から運行している。

車 アトランティック・シティはガーデン・ステート・パークウェイGarden State Parkwayの38番出口を降りたところにある。アトランティック・シティ・エクスプレスウェイAtlantic City Expresswayはフィラデルフィアからアトランティック・シティまで直行できる道だ。

交通手段

アトランティック・シティ周辺にはカジノとカジノ、あるいは他の要所をつなぐ乗り合いバスjitney（$1.50）がある。路線の一本は、北のショーボート・カジノShowboat Casinoから南のアトランティック・シティ・ヒルトンAtlantic City Hiltonまでパシフィック街Pacific Aveを端から端まで走っている。別の路線はガーディナーズ・ベイスンGardiner's Basinとマリーナへ延び、3番目の路線は各カジノとバス・ターミナル、列車の駅をつないでいる。

ケープ・メイ
CAPE MAY

ケープ・メイはニュージャージー海岸の南端に位置し、アメリカ国内で最も古い海辺のリゾート地の一つだ。600軒を超える華やかなヴィクトリア様式の家が整然と並び、1976年に町全体が国定史跡に指定された。魅力的な建築物、宿泊先（歴史ある家を使用したB&B〈ベッド＆ブレックファスト—朝食付き簡易宿〉が多い）、レストランに加え、美しいビーチと有名な灯台、工芸店、釣り、最高のバード・ウォッチングを自慢にしている。太陽が水平線から昇り沈む、その両方を観賞できるニュージャージーただ一つの場所だ。

ケープ・メイは、ホテル、メイン・ビーチ、ボードウォークを含むケープ・メイ・シティと、灯台、サンセット・ビーチ、鳥獣保護地区を含むケープ・メイ岬州立公園とに分けられる。

ケープ・メイは秋冬に行く場所ではないと聞かされるかもしれないが、ロマンティックな宿や、人影のないビーチでの散歩、上等の食事などがあり、旅する価値はある。

インフォメーション

ケープ・メイ郡の見どころについての総合案内ならば、**ウェルカム・センター Welcome Center**（🌐 www.capemayfun.com 🏠ガーデン・ステート・パークウェイ 11マイルポストmilepost 11, Garden State Parkway）に立ち寄ろう。ほかにケープ・メイのホームページでも情報を入手でき、**ケープ・メイ郡観光局 Cape May**

County Department of Tourism（☎800-227-2297　🌐www.thejerseycape.org）に電話して無料の休暇内案内セットを頼んでもいい。
　地元の**ウェルカム・センター Welcom Center**（#17　☎609-884-9562　🏠405 Lafayette St）も情報入手源になる。「ジス・ウィーク*This Week*」はミッド・アトランティック・センター・フォー・アーツのパンフレットで、町の催し物をすべて載せている。
　郵便局 post office（#27　🏠700 Washington St）で絵はがきを送ることができる。

年中行事
ケープ・メイは年間を通じて祭りや行事を数多く催す。**ミッド・アトランティック・センター・フォー・アーツ Mid-Atlantic Center for the Arts**（☎800-275-4278　🌐www.capemaymac.org）は、この風変わりな町の行事すべてが対象の情報センターで、文化的催し物ならどんな情報でも得られる場所だ。
　ケープ・メイ・ジャズ・フェスティバル Cape May Jazz Festival（☎609-884-7277　🌐www.capemayjazz.com）は4月と11月の年2回催される行事で、一方、**ケープ・メイ・ミュージック・フェスティバル Cape May Music Festival**は毎年5月中旬から6月初旬に行われる、野外のジャズ、クラシック、そして室内楽のコンサートが呼び物である。

観光スポットと楽しみ方
エムレン・フィジック・エステート Emlen Physick Estate（#30　☎609-884-5404　🏠1048 Washington St　🕐1～3月は土・日のみ、4～12月は毎日）は1879年に建てられた18室からなる邸宅で、現在は**ミッド・アトランティック・センター・フォー・アーツ Mid-Atlantic Center for the Arts**が使用している。ここでケープ・メイの史跡家屋、灯台、あるいは近くの史跡コールド・スプリング・ヴィレッジへのツアーを予約することができる。付属のショップで、ヴィクトリア様式風の品物や歴史書も販売している。
　コンクリート・シップ Concrete Shipは第1次世界大戦時、鉄不足を補うため、実験的にコンクリート製の船を12隻建造したときのものだ。アトランティス号は厚さ5インチ（約13cm）のコンクリートを結集した船で、1918年に航海人生を始動させたが、8年後に嵐で破損し、ケープ・メイ岬沖の西側で座礁した。船体の細かな塊が今でも、サンセット大通りの突きあたりにあるサンセット・ビーチの水際から数フィートのところに横たわっている。
　18エーカー（約7ha）広さの**ケープ・メイ自然センター Nature Center of Cape May**（#33　☎609-898-8848　🏠1600 Delaware Ave）はニュージャージー南部を通過するさまざまな野鳥についての情報を得るには最適の場所だ。湿原とビーチに張りだした屋外の観察テラスでバード・ウォッチングができる。

　ケープ・メイ岬州立公園 Cape May Point State Park　この190エーカー（約77ha）の州立公園（☎609-884-2159　🏠707 E Lake Dr　🕐9:00～17:00）はライトハウス街Lighthouse Aveからすぐの場所にある。2マイル（約3km）にわたる散策路があり、さらに有名な**ケープ・メイ灯台 Cape May Lighthouse**（#3　☎609-884-2159　入場料＄3.50　🕐10:00～17:00）もある。1859年に建てられた高さ157フィート（約48m）の灯台は最近＄200万を投じて修復され、完全に修理されたライトは、25マイル（約40km）先の海上からでも見ることができる。夏の期間は199段の階段で頂上まで上ることができる。
　ケープ・メイ半島は毎年、何百万羽もの渡り鳥が羽根を休める場所となる。**ケープ・メイ野鳥観察所 Cape May Bird Observatory**がホットライン（☎609-861-0700）を続けており、最新の観察ポイントについて情報を提供している。ここは渡り鳥の大西洋ルート沿いに位置し、アメリカ国内の野鳥観察ポイントのベスト10に入るといわれている。この地区を訪れる400種のうち、タカ類を含むかなりの姿を観察できる最適な季節は秋だ。けれども、3月から5月も鳴禽類や猛禽類をはじめとするさまざまな種類を見ることができる。野鳥観測所は**リーズ・ビーチ Reed's Beach**へのツアーも催行している。ケープ・メイの北12マイル（約19km）のデラウェア湾にあり、毎年5月には、カブトガニが産んだ何千という卵を餌にしようと、渡り鳥の水鳥が急降下する場面が見られる。
　この地域はまたすばらしい釣りポイントでもある。この方面にやって来た釣り人は3月から12月の間にアキミリ、カレイ、ストライパーなどを釣ることができる。40種類ほどが海水の湿地とあたり一帯の海を泳いでいる。加えて、このエリアは100種を超える蝶と75種のトンボも棲息している。
　この公園へは、サンセット大通りSunset Blvdのケープ・メイから西へ2マイルほど（約3km）運転してライトハウス街へ向かう。左折し、灯台へ向かって半マイルほど（約0.8km）進むといい。

　ケープ・メイ郡動物園 Cape May County Park & Zoo　この動物園（☎609-465-5271　🌐www.capemaycountyzoo.com　入場無料　🕐10:00～16:45）は町の数マイル北にあり、この地区きっての見どころの一つ。整然と手入れされた

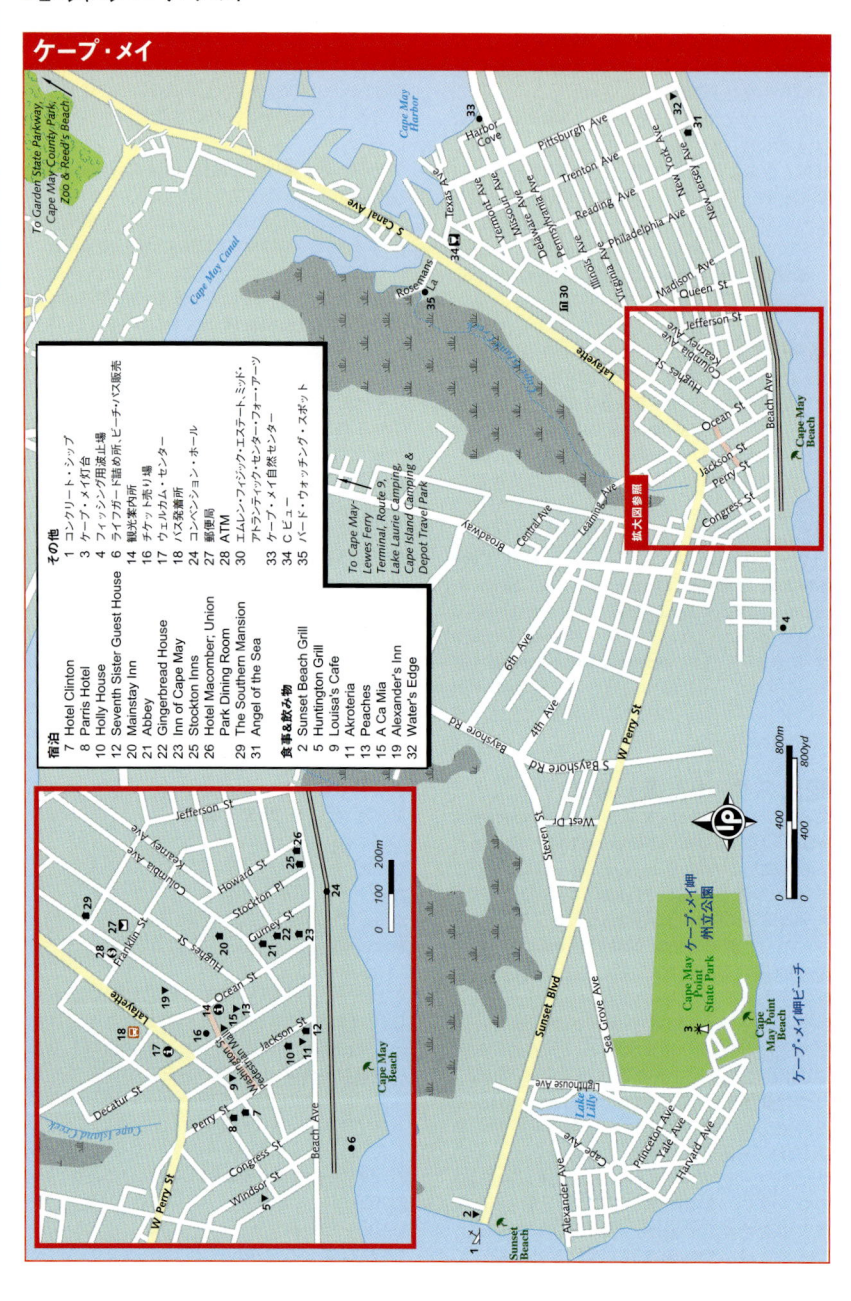

ニュージャージー － ケープ・メイ

ケープ・メイ

近郊に足をのばす

宿泊
7 Hotel Clinton
8 Parris Hotel
10 Holly House
12 Seventh Sister Guest House
21 Mainstay Inn
22 Abbey
23 Gingerbread House
24 Inn of Cape May
25 Stockton Inns
26 Hotel Macomber; Union Park Dining Room
29 The Southern Mansion
31 Angel of the Sea

食事＆飲み物
2 Sunset Beach Grill
5 Huntington Grill
9 Lousa's Cafe
11 Akroteria
13 Peaches
15 A Ca Mia
19 Alexander's Inn
32 Water's Edge

その他
1 コンクリート・シップ
3 ケープ・メイ灯台
4 フィッシング用波止場
6 ライブラリー下篤お所、ビーチ・バス販売
14 観光案内所
16 チケット売り場
17 ウェルカム・センター
18 バス発着所
24 コンベンション・ホール
27 郵便局
28 ATM
30 エムレンフィジック・エステート、ミッド・アトランティック・センター・フォー・アーツ
33 ケープ・メイ自然センター
34 Cビュー
35 バード・ウォッチング・スポット

To Cape May Lewes Ferry Terminal, Route 9, Lake Laurie Camping, Cape Island Camping & Depot Travel Park

拡大図参照

304

広さ200エーカー（約81ha）の動物園には250種の動物がいる。その多くがアフリカのサバンナや他の棲息環境を再現した場所を自由に歩き回っており、高い位置に作ったボードウォークからそうした動きを観察することができる。

動物園はにぎわっているが、夏でも混雑してはいない。散策路、自転車専用路、遊び場、それに釣り用の池もある。ここへ行くには、ガーデン・ステート・パークウェイGarden State Parkwayに乗り、11番出口で降りよう。

ビーチ　狭い**ケープ・メイ・ビーチ Cape May Beach**（☎609-884-9525）1日パス＄4、週パス＄10）ではライフガード詰め所lifeguard stationで売られているパスが必要となる。詰め所はグラント通りGrant Stの突きあたりとボードウォークの角にある。**ケープ・メイ岬ビーチ Cape May Point Beach**（入場無料）は灯台近くのケープ・メイ岬州立公園の駐車場から行ける。

サンセット・ビーチ Sunset Beach（入場無料）はサンセット大通りSunset Blvdの突きあたりにある。100%途切れることのない水平線に沈む夕日を見ることができるスポット。有名なケープ・メイ・ダイヤモンド──波にもまれて磨かれた水晶──を物色する場所でもある。5月から9月の間に訪れたなら、旗を降ろす華やかな式典を見逃さないように。

ツアー

ミッド・アトランティック・センター・フォー・アーツ Mid-Atlantic Center for the Arts（#30）
☎609-884-5404、800-275-4278
www.capemaymac.org
1048 Washington St

徒歩ツアー、トロリー・バス、船旅まで、さまざまな旅を提供している。徒歩ツアーは＄5、特別イベントは＄16未満。チケットは、ディケーター通りDecatur Stのすぐ前、ワシントン通りモールWashington St Mallの西端にあるチケット売り場で買える。

宿泊

キャンプ　車とキャンプ用具があれば、ケープ・メイからそれほど遠くない場所にいくつかキャンプ場がある。最も多くはRV車向けのサイトで混雑している。5月15日から9月30日の間は、下記のキャンプ場にあたってみよう。

ケープ・アイランド・キャンプ場 Cape Island Campground
☎609-884-5777
www.capeisland.com
709 Rte 9

デポ・トラベル・パーク Depot Travel Park
☎609-884-2533
800 Broadway, West Cape May

レイク・ローリー・キャンプ場 Lake Laurie Campground
☎609-884-3567
669 Rte 9

ほかにも多くのキャンプ場がある。ケープ・メイ郡観光局Cape May County Department of Tourism（☎800-227-2297）に電話して完璧なリストを手に入れよう。

B&B（ベッド＆ブレックファスト）　ケープ・メイには高級なB&B（朝食付き簡易宿）とイン（簡素なホテル）が数多くあり、町の中心を50フィート（約15m）歩けば、1軒はその前を通り過ぎることになる。選択範囲を狭めるには、ケープ・メイ郡商工会議所のホームページ（www.capemaycountychamber.com）を見て、空きのある宿のリストをチェックしよう。オフシーズン中にこの町を訪れると閉めている宿が多いだろうが、営業中の宿をお得な料金で選ぶことができる。

古い下宿を低料金のホテルに転用した宿泊先がある。ラファイエット通りLafayette St近くの**ホテル・クリントン Hotel Clinton**（#7 ☎609-884-3993 202 Perry St）と、その隣の**パリス・ホテル Parris Hotel**（#8 ☎609-884-8015 204 Perry St）は質素な選択肢となる2軒。ほとんどの部屋が専用浴室付きで、テレビ付きの部屋もある。

町のホテルの多くは、ハイシーズンに＄150未満で部屋を提供している。

ホーリー・ハウス Holly House（#10）
☎609-884-7365
20 Jackson St

ケープ・メイの元市長が経営する1890年代に建てられたコテージだ。セブン・シスターズと呼ばれる7つの同型の家の1つで、内5軒がジャクソン通りにある。ここは客室が6つで、どの部屋にも窓が3つあり浴室は共同だ。

セブンス・シスター・ゲストハウス Seventh Sister Guest House（#12）
☎609-884-2280
10 Jackson St

ホーリー・ハウスから数軒先にある。

ホテル・マコーマー Hotel Macomber（#26）
☎609-884-3020
727 Beach Ave
室料＄95〜265

ハワード通りHoward Stの角にある。ケープ・

近郊に足をのばす

ニュージャージー － ケープ・メイ

メイで最高クラスのレストランを併設している（後出の「食事・飲み物」を参照）。

ジンジャーブレッド・ハウス
Gingerbread House（#22）
☎609-884-0211
www.gingerbreadinn.com
28 Gurney St
室料 オフシーズン＄90～200、夏期＄110～260
6部屋あるB&B。料金にはケープ・メイ・ビーチのパスとコンチネンタル・ブレックファスト、アフタヌーン・ティー込み。

ストックトン・インズ
Stockton Inns（#25）
☎609-884-4036、800-524-4283
www.stockoninns.com
809 Beach Dr
モーテル室料 ＄100未満
モーテルと"マナー・ハウス"（貴族の邸宅風のホテル）を併設。モーテルには標準的なモーテルの家具が備えられ、プールがある。調理設備を効率よく利用して資金を節約しよう。マナー・ハウスはヴィクトリア様式の家を改造したもので、客室10、スイートが3。全室専用浴室付きで、こちらの客室はやや高い。

イン・オブ・ケープ・メイ
Inn of Cape May（#23）
☎609-884-5555、800-582-5933
オーシャン通り7番地、ビーチ街の角7
Ocean St at Beach Ave
オフシーズン＄65～120、夏期＄115～305
ラベンダー色の縁取りがついた大きな白い木造の建物だ。客室は広さがいろいろあり、総じて天井が高く、白い籐の家具がある。オーシャン・ビューの部屋もあるが、そうでない部屋が安い。

メインステイ・イン
Mainstay Inn（#20）
☎609-884-8690
635 Columbia Ave
室料 オフシーズン＄115～245、夏期＄180～295
1872年に男性専用の賭博場として建てられた。贅沢な濃い茶色の木の家具と大型ベッドが備えてある。全室専用浴室付きで、室料は朝食代込み。

アビー
Abbey（#21）
☎609-884-4506
34 Gurney St
室料＄100～225
コロンビア街Columbia Aveの角にある。町でもかなりエレガントな宿の一つである。前出のメインステイ・インと同じく、アンティーク家具を贅沢に配し天井が高い。お茶付きのツアー（＄5）を行っている。室料は朝食代込み。

エンジェル・オブ・ザ・シー
Angel of the Sea（#31）
☎609-884-3369、800-848-3369
5-7 Trenton Ave
室料 オフシーズン＄135～285、夏期＄175～315
サービスが良いことで有名。全室専用浴室、天井直付け扇風機があり、ホテルを取り囲むポーチへ部屋から出ることができる。室料は朝食代込み。

ザ・サザン・マンション
The Southern Mansion（#29）
☎800-381-3888
www.southernmansion.com
720 Washington St
室料 平日＄185、週末＄200
硬木の家具と、鮮やかな青緑、オレンジ、黄色を配色した豪勢な客室が並ぶゴージャスなホテル。

食事・飲み物

この町には良いレストランがとても多いため、訪れる前に下調べしたほうがいいだろう。ケープ・メイ・ダイニング・アウト（www.capemaydine.com）のホームページを見て、完璧なレストラン・リストをチェックしよう。

アクロテリア
Akroteria（#11）
ビーチ・ドライブ沿いBeach Dr
1品 ＄10未満

ガーデン・ステートの静寂

CHARLES COOK

ジャクソン通りJackson Stとペリー通りPerry Stの間にある。ちょっとしたファストフード店が集まっている。

サンセット・ビーチ・グリル
Sunset Beach Grill（#2）
🏠サンセット大通り沿いSunset Blvd
サンセット・ビーチにあり、沈んだアトランティス号と海を見渡せる。サンドイッチとビールをお腹に入れて、うっとりと海を眺めるには最適の店。

ア・カ・ミア
A Ca Mia（#15）
☎609-884-6661
🏠524 Washington St
ランチのメイン＄6.95〜9.95、ディナーのメイン＄13.95〜28.95
屋外での食事にもってこいの店。この人気店は歩行者天国となっている歩道にテーブルを並べ、正統派のイタリアン・ビストロの料理を出す。酒類の持ち込み可。

ルイーザズ・カフェ
Louisa's Cafe（#9）
☎609-884-5882
🏠104 Jackson St
火〜土ディナー・タイムのみ
極上の小さなレストラン。

ハンティントン・グリル
Huntington Grill（#5）
☎609-884-5868
🏠グラント通りとノース通りの角Grant & North Sts
ビュッフェ＄15
食べ放題のビュッフェを提供。ほかにグリル焼きの魚やステーキもある。

ユニオン・パーク・ダイニング・ルーム
Union Park Dining Room（#26）
☎609-884-8811
🏠727 Beach Ave
ホテル・マコーマー内にある。洗練され、かつ野心的なレストランで、ケープ・メイの名を有名にしている。メニューはアジアン・テイストが入ったフレンチが主流で、デザートはレストラン特製だ。夏は予約が必要不可欠。

アレグザンダーズ・イン
Alexander's Inn（#19）
☎609-884-2555
🏠653 Washington St
メイン＄27〜40
ここもケープ・メイの最高級店の一つ。タキシードに身を包んだウェイターがベルーガ・キャビアやロブスターの切り身といった料理を豪勢なインテリアの中で給仕する。

ウォーターズ・エッジ
Water's Edge（#32）
☎609-884-1717
🏠ピッツバーグ街とビーチ・ドライブの角 Beach Dr at Pittsburgh Ave
コース・ディナーとワインで約＄35
大西洋を見渡す立地で、地中海風のシーフードを出す店。ステーキもおいしい。

ピーチズ
Peaches（#13）
☎609-884-0202
🏠322 Carpenter's Lane
メイン＄15〜25
モダン・アメリカンの料理をこの地区にしてはやや高い料金で出す。

Cビュー
C-View（#34）
☎609-884-4712
🏠1380 Washington St
地元民が喉の渇きを癒す店。通年営業で、くったくのない雰囲気と安くて満腹になる料理を出す（＄7.95を超える料理はない）。金曜日と土曜日は夜中の1:00まで調理場は閉まらない。

アクセス

バス ニューヨーク・シティとの間を往復するバスを**NJ トランジット NJ Transit**（☎201-762-5100、800-772-2222）が運行している。バス発着所は、ラファイエット通りLafayette Stとエルミラ通りElmira Stの角近く、商工会議所Chamber of Commerceの隣にある。

車 ケープ・メイはガーデン・ステート・パークウェイGarden State Parkway南端にあり、この道をたどれば直接町に来ることができる。マンハッタンから車で3時間、アトランティック・シティから約1時間かかる。

船 フェリー ferry（☎800-643-3779 www.capemaylewesferry.com）がノース・ケープ・メイとデラウェア州の海辺の町、ルイスLewesとの間を毎日運航している。ハイシーズンには予約を1日前に入れる必要あり。料金は、11月から4月までは車＄18、乗客＄4。5月から10月までは車＄20、乗客＄6。ドライバー1名の乗船代は車代に含まれている。

デラウェア湾を横切る17マイル（約27km）の旅は約70分なので、ケープ・メイから南に向かい、ワシントンDCや南部を訪れようというニューヨーク起点の旅行者は時間を節約できる。

ノース・ケープ・メイ・フェリー・ターミナル North Cape May ferry terminal（ルート9沿いRoute 9）はガーデン・ステート・パークウェイの西にある。

Index

本文

あ

アーサー街／Arthur Avenue　159
アイスホッケー／hockey　256
アクセサリー地区／Accessories District　126
アクティビティ　68
アスター, ジョン・ジェイコブ／Astor, John Jacob　14
アスター・プレイス／Astor Place　118
アストリア／Astoria　171, **Map11**
アッパー・イースト・サイド／Upper East Side　145, **Map7**
　宿泊　180, 191
　食事　215
　バー&ラウンジ　240
アッパー・ウェスト・サイド／Upper West Side　136, **Map7**
　宿泊　180, 190
　食事　213
　バー&ラウンジ　239
アトランティック・シティ／Atlantic City　294, **296**
　アクセス　302
　エンターテインメント　301
　カジノ　295
　コンベンション・センター　299
　宿泊　299
　食事　300
　ボードウォーク／The Board walk　297
アパート　181
アブシーコン灯台／Absecon Lighthouse　299
アフリカ系アメリカ人／African Americans　20
　博物館　152
　民族問題　21
　歴史　14
アマガンセット／Amagansett　281
アルファベット・シティ／Alphabet City
　食事　202
　バー&ラウンジ　236
アレン, ウディ／Allen, Woody　54
アンティーク　258
イースト・ヴィレッジ／East Village　120
　ゲイ&レズビアン向けクラブ　245
　宿泊　184
　食事　202
　バー&ラウンジ　236
イースト・ハンプトン／East Hampton　281
eメール　49
違法行為　64
医療機関　58
インターネット　49
インターネットの参考サイト　49
インライン・スケート　69
ヴィラード, ヘンリー／Villard, Henry　133
ウィリアムズバーグ／Williamsburg　165
ウールワース・ビル／Woolworth Building　92

ウェスト・ヴィレッジ／West Village
　クラブ　242
　ゲイ&レズビアン向けクラブ&バー　244
　食事　200
　バー&ラウンジ　236
ウェスト・ポイント／West Point　287
ヴェラツァーノ, ジョヴァンニ・ダ／Verrazano, Giovanni da　12
ウォーホル, アンディ／Warhol, Andy　27
ウォール街　97
映画（映画館も参照）　53
映画館（映画も参照）　252
営業時間　64
栄誉の殿堂／Hall of Fame for Great Americans　158
ATM　45
エマヌエル寺院／Temple Emanu-El　145
エリス島／Ellis Island　100
エリントン, デューク／Ellington, Duke　24
演劇　25, 229
　アポロ劇場／Apollo Theater　152
　アスター・プレイス劇場／Astor Place Theatre　231
　ウィンター・ガーデン劇場／Winter Garden Theatre　230
　ウォルター・リード・シアター／Walter Reade Theater　137
　エド・サリバン劇場／Ed Sullivan Theater　125
　NBCスタジオ／NBC Studios　131, 135
　オフ・ブロードウェイの劇場／off-Broadway productions　230
　グッドモーニング・アメリカ・スタジオ／Good Morning America studio　135
　サークル・イン・ザ・スクエア劇場／Circle in the Square Theater　231
　ジャン・コクトー・レパートリー／Jean Cocteau Repertory　232
　ジョセフ・パップ・パブリック劇場／Joseph Papp Public Theater　119, 231
　ダリル・ロス劇場／Daryl Roth Theatre　231
　トド・コン・ナダ・ショー・ワールド／Todo Con Nada Show World　232
　ニュー・アムステルダム劇場／New Amsterdam Theatre　230
　ニュー・ヴィクトリー劇場／New Victory Theater　230
　パフォーミング・ガレージ／Performing Garage　231
　PS122／PS122　231
　マジェスティック劇場／Majestic Theater　230
　ユージン・オニール劇場／Eugene O'Neill Theater　230
　ラジオ・シティ・ミュージック・ホール／Radio City Music Hall　131
エンターテインメント　229
　映画館　252
　演劇　229
　オペラ　251

Index

クラブ　241
ゲイ＆レズビアン向けクラブ＆バー　244
コメディー・クラブ　254
スポーツ観戦　255
ダンス　251
生演奏が聴ける場所　246
バー＆ラウンジ　232
エンパイア・ステート・ビル／Empire State Building　127
オイスター・ベイ／Oyster Bay　277
オーチャード通り／Orchard St　109
オーデュボン・テラス／Audubon Terrace　154
オートバイ　74
お金　43
　ATM　45
　クレジットカード　45
　チップ　46
　トラベラーズチェック　44
オニール, ユージン／O'Neill, Eugene　25
オペラ　251
音楽　22
　クラシック　22, 250
　ジャズ　23, 248
　パンク　24
　フォーク　24, 250
　ラップ　23, 24
　ロック　24, 246

か

カーネギー, アンドルー／Carnegie, Andrew　14
ガーメント地区／Garment District　126
カクテル　233
カジノ　295
カフェ ➡ 食事INDEXを参照
カメラ　262
身体の不自由な旅行者へ　60
環境　18
観光案内所　41
気候　17
キッチン用品　266
ギャラリー
　292ギャラリー／292 Gallery　112
　303ギャラリー／303 Gallery　122
　アート210／Art 210　122
　アート・イン・ジェネラル／Art in General　105
　キューバン・アート・スペース／Cuban Art Space　122
　クーパー・ヒューイット国立デザイン美術館／Cooper-Hewitt National Design Museum　149
　グレイ・アート・ギャラリー／Grey Art Gallery　118
　ディア・センター・フォー・ジ・アーツ／Dia Center for the Arts　122
　ドローイング・センター／The Drawing Center　112
　ハワード・グリーンバーグ・ギャラリー／Howard Greenberg Gallery　112
　PS1コンテンポラリー・アート・センター／PS 1 Contemporary Art Center　172
　フォーブズ・ギャラリーズ／Forbes Galleries　119
　フリック・コレクション／Frick Collection　145
　ブレント・シッケマ・ギャラリー／Brent Sikkema Gallery　122
　ポーラ・クーパー・ギャラリー／Paula Cooper Gallery　122
　マックス・プロテッチ／Max Protetch　122
　ミラー・ギャラリー／Miller Gallery　122
　ヤンシー・リチャードソン・ギャラリー／Yancey Richardson Gallery　122
　ワード・ナス・ギャラリー／Ward-Nasse Gallery　112
旧検認後見裁判所／Surrogate's Court　90
教会
　アビシニアン・バプティスト教会／Abyssinian Baptist Church　152
　オールド・セント・パトリック大聖堂／Old St Patrick's Cathedral　108
　カナン・バプティスト教会／Canaan Baptist Church　153
　グレイス教会／Grace Church　119
　ジャドソン・メモリアル教会／Judson Memorial Church　114, 118
　セイラム・ユナイテッド・メソジスト教会／Salem United Methodist Church　153
　セカンド・プロヴィデンス・バプティスト教会／Second Providence Baptist Church　153
　セント・ジョン・ディヴァイン大聖堂／Cathedral of St John the Divine　139
　セント・パトリック大聖堂／St Patrick's Cathedral　131
　セント・ポール教会／St Paul's Chapel　92
　セント・ポール・バプティスト教会／St Paul Baptist Church　153
　セント・マークス・イン・ザ・バワリー／St Mark's in-the-Bowery　120
　セント・ルーク・イン・ザ・フィールズ／St Luke in the Fields　116
　トリニティ教会／Trinity Church　98
　バプティスト教会／Baptist Temple　153
　変容教会／Church of the Transfiguration　107
　マザー・アフリカン・メソジスト・エピスコパル・ザイオン教会／Mother African Methodist Episcopal Zion Church　153
　メトロポリタン・バプティスト教会／Metropolitan Baptist Church　153
　リヴァーサイド教会／Riverside Church　139
教会での礼拝　152
緊急のとき　64
近郊に足をのばす　274, **275**
　アトランティック・シティ／Atlantic City　294, **296**
　ケープ・メイ／Cape May　302, **304**
　ハドソン峡谷／The Hudson Valley　286
　ホーボーケン／Hoboken　289, **290**

太字はMAPを示す

リバティ・ステート・パーク／Liberty State Park　288
ロングアイランド／Long Island　274, **276**
クイーンズ／Queens　170
　食事　224
クイーンズ植物園／Queens Botanical Gardens　174
クイーン・ラティファ／Queen Latifah　24
グールド, ジェイ／Gould, Jay　13
9月11日　17, 31
クライスラー・ビル／Chrysler Building　129
クラシック音楽　22, 250
クラブ　241
グラマシー・パーク／Gramercy Park　124
　宿泊　185
　食事　206
グラント将軍国定記念館／General US Grant National Memorial　139
グランド・セントラル駅／Grand Central Terminal　128
グランド・プロスペクト・ホール／Grand Prospect Hall　167
グリーンベルト・ネイチャー・ウォーク／Greenbelt Nature Walks　177
グリーンポート／Greenport　285
グリニッチ・ヴィレッジ／Greenwich Village　113
　散策コース　114, **115**
　宿泊　184
　食事　202
　バー＆ラウンジ　235
車　74, 80
　レンタカー　81
グレイシー邸（市長公邸）／Gracie Mansion　148
クレジットカード　45
クロイスターズ美術館／The Cloisters　155
クロックタワー・ギャラリー／Clocktower Gallery　104
ゲイ＆レズビアンの旅行者へ　16, 59
　エンターテインメント　244
　宿泊　180
芸術 ➡ ギャラリー、ミュージアムも参照　22
　絵画　26
　写真　27
　彫刻　27
経済　19
計測単位　58
競馬　257
ケープ・メイ／Cape May　302, **304**
　アクセス　307
　宿泊　305
　食事　306
ケープ・メイ郡動物園／Cape May County Park & Zoo　303
ケープ・メイ岬州立公園／Cape May Point State Park　303
言語　30
健康　58
建築　28
交通手段
　歩いて　83

空港へのアクセス　76
車・オートバイ　74, 80
自転車　83
タクシー　81
地下鉄　79, Maps 15 & 16
鉄道　78
バス　78, **Map 14**
バス　78
飛行機　70
フェリー　82
高齢の旅行者へ　60
国際写真センター／International Center of Photography　136
国連本部／United Nations　129
コスメ　259
コッチ, エド／Koch, Ed　15
子供連れの旅行者へ　53, 60, 138, 166, 168, 174, 176
コニー・アイランド／Coney Island　168
5番街／Fifth Avenue　133
コピーしておくもの　42
コメディー・クラブ　254
コロンバス・パーク／Columbus Park　105, **162**
コロンビア大学／Columbia University　139

さ

サーフィン　284
サイクリング　68, 283, 288
サウサンプトン／Southampton　280
サウス・ストリート・シーポート／South Street Seaport　101
詐欺　63
サグ・ハーバー／Sag Harbor　280
雑誌　55
サットン・プレイス／Sutton Place　130
散策コース
　グリニッチ・ヴィレッジ／Greenwich Village　114, **115**
　セントラル・パーク／Central Park　141, **142**
　チャイナタウン＆リトル・イタリー／Chinatown & Little Italy　105, **106**
　ロウアー・マンハッタン／Lower Manhattan　90, **91**
サン・ビル／Sun Building　92
シェイ・スタジアム／Shea Stadium　255
JFK国際空港／John F Kennedy International Airport　70, 76
ジェファーソン, トーマス／Jefferson, Thomas　13
シェルター・アイランド／Shelter Island　285
時差・時間　57
市庁舎／City Hall　96
シティ島／City Island　160
自転車　83
シナトラ, フランク／Sinatra, Frank　291, 298
社会・風習　29, 84
写真　57
ジャズ　23, 248
宗教　29
自由の女神／Statue of Liberty　99

Index

フェリー 99
住民 20
ジュエリー 266
シュガー・ヒル／Sugar Hill 153
祝日 64
宿泊 ➡ 宿泊INDEXも参照
    アパート 181
    ゲイにやさしい宿 180
    賃貸業者 181
    ディスカウント（割引） 182
    B&B（ベッド＆ブレックファスト） 181
    ホテル 183
    ユースホステル 178
ジュリアーニ, ルドルフ／Guiliani, Rudolph 15, 18
ジョーンズ・ビーチ／Jones Beach 278
女性旅行者へ 59
ショッピング 258
    アンティーク 258
    おもちゃ 269
    音楽（CD、レコード） 266
    楽器 268
    カメラ 262
    キッチン用品 266
    靴 268
    コスメ 259
    ジュエリー 266
    スポーツ用品 269
    デパート 270
    電化製品 265
    パソコン 265
    葉巻 262
    ハンドバッグ 268
    ビデオ 266
    本 259
    洋服 263, 264
ショーンバーグ黒人文化研究センター／Schomburg Center for Research in Black Culture 152
シンガー・ビル／Singer Building 111
新聞 55
スケート 131
スコセッシ, マーティン／Scorcese, Martin 54
スタテン島／Staten Island 175
    食事 227
    フェリー 175
スタンフォード・ホワイト凱旋門／Stanford White Arch 118
ストライヴァーズ・ロウ／Striver's Row 154
スナッグ・ハーバー文化センター／Snug Harbor Cultural Center 176
スパニッシュ・ハーレム／Spanish Harlem 153
スポーツ観戦 255
スポーツジム 68
スュタット・ヒュイス／Stadt Huys 101

太字はMAPを示す

税金 46
政治 18
セオドア・ローズヴェルト生誕の地／Theodore Roosevelt's Birthplace 124
世界貿易センターの展望台／World Trade Center viewing platform 92
セントラル・パーク／Central Park 140
    散策コース 141, **142**
    動物園（ワイルドライフ・センター） 141
    馬車 140
ソーホー／SoHo 111
    クラブ 241
    ゲイ＆レズビアン向けクラブ＆バー 244
    宿泊 183
    食事 198
    バー＆ラウンジ 235
ソクラテス彫刻公園／Socrates Sculpture Park 172

た

大学 62
大使館 43
大乗寺／Mahayana Buddhist Temple 107
タイムズ・スクエア／Times Square 135, **Map 6**
    観光案内所 136
    クラブ 243
    宿泊 179, 189
    食事 211
    バー＆ラウンジ 238
ダウンタウン／Downtown Manhattan **Map 4**
タクシー 81
ダンカン, イサドラ／Duncan, Isadora 22
ダンス 22, 251
ダンボ／Dumbo 165
治安・トラブル 63
チェッカー・キャブ 81
チェルシー／Chelsea 121
    クラブ 242
    ゲイ＆レズビアン向けクラブ＆バー 246
    宿泊 178, 185
    食事 206
チェルシー・ピア／Chelsea Piers 122
地下鉄 79, 171, **Maps 15 & 16**
地図 40
チップ 46
チャイナタウン／Chinatown 104
    散策コース 105, **106**
    宿泊 183
    食事 195
地理 17
賃貸業者 181
ツアー 75, 83
    ケープ・メイ／Cape May 302
    自由の女神ツアー 289
    ハーレム／Harlem 150
    港のツアー 102
通関 43

釣り 69, 284
ティッシュ子供動物園／Tisch Children's Zoo 142
ティン・パン・アレー／Tin Pan Alley 23
鉄道
   市内 78
   地下鉄 79, Maps 15 & 16
   長距離 74
   バス 78
テニス 257
デパート 270
デュシャン, マルセル／Duchamp, Marcel 26
テレビ 57
電圧・電源 57
テンス・ストリート・バス／10th St Baths 121
電話 47
トイレ 58
トゥイード裁判所／Tweed Courthouse 90
同性愛の旅行者へ 16, 59
   エンターテインメント 244
   宿泊 180
灯台 284, 299, 303
東部仏教寺院／Eastern States Buddhist Temple 106
渡航書類 41
図書館 62
ドネル図書館／Donnell Library Center 134
トライベッカ／Tribeca 103
   クラブ 241
   宿泊 183
   食事 194
   バー＆ラウンジ 234
トンプキンズ・スクエア・パーク／Tompkins Square Park 121

な

ナイトクラブ 241
荷物預かり 58
ニューアーク国際空港／Newark International Airport 71, 77
ニュー・アムステルダム／New Amsterdam 13
ニュージャージー／New Jersey 288
ニューヨーク科学館／New York Hall of Science 174
ニューヨーク州立劇場／New York State Theater 137
ニューヨーク商業取引所／New York Mercantile Exchange 97
ニューヨーク証券取引所／New York Stock Exchange 97
ニューヨーク植物園／New York Botanical Garden 158
ニューヨーク市立図書館／New York Public Library 128
ニューヨーク水族館／New York Aquarium 170
ニューヨーク・ニックス／New York Knicks 256
ニューヨーク・メッツ／New York Mets 255
ニューヨーク・ヤンキース／New York Yankees 157, 255
ニューヨーク・レンジャーズ／New York Rangers 256
ネイティヴ・アメリカン（アメリカ先住民） 12
年中行事 64

は

バー 232
パーク・スロープ／Park Slope 167
ハーレム／Harlem 150, Map 8
   宿泊 180
   食事 216
ハーレム・マーケット／Harlem Market 153
バーンスタイン, レナード／Bernstein, Leonard 22
売春 63
ハイド・パーク／Hyde Park 287
ハウアウト・ビル／Haughwout Building 111
バス
   市内 78, Map 14
   長距離 73
   バスでの観光 132
   バスパス 74
バスケットボール 256
パスポート 41
パソコン 265
パック・ビル／Puck Building 108
バッテリー・パーク・シティ／Battery Park City 96
ハドソン峡谷／The Hudson Valley 286
   アクセス 287
ハミルトン邸／Hamilton Grange 154
ハミルトン・ハイツ／Hamilton Heights 153
ハリソン・ストリート・ハウス／Harrison St Houses 103
バルソルディ, フレデリク・オーギュスト／Bartholdi, Frédéric-Auguste 99
バワリー貯蓄銀行／Bowery Savings Bank 107
パンク 24
ハンプトンズ／The Hamptons 280
ピアモント・モーガン図書館／Piermont Morgan Library 127
B&B（ベッド＆ブレックファスト） 181
飛行機 70
   エアバス 72
   空港 70
   航空会社 71
   チケットを買う 71
ビザ 41
「ビッグ・アップル」／'Big Apple' 14
ヒッチハイク 75
ビデオ方式 57
ファイアー・アイランド／Fire Island 278
FAX 49
フェデラル・ホール／Federal Hall 93, 97
フェリー 87
フォーク・ミュージック 24, 250
物価 45
フットボール 256
船 75
   フェリー 82
ブライトン・ビーチ 170
フラッシング／Flushing 173, Map 12
フラッシング墓地／Flushing Cemetery 175

Index

フラットアイアン地区／Flatiron District 123
    宿泊 185
    食事 206
ブリュワリー（地ビール製造所）／breweries 166, 221
ブルース 248
ブルックリン／Brooklyn 160, **Map 9**
    映画館 254
    クラブ 243
    散策コース 162, **163**
    宿泊 181, 191
    食事 220
    バー＆ラウンジ 240
ブルックリン音楽アカデミー／Brooklyn Academy of Music 165
ブルックリン公立図書館／Brooklyn Public Library 167
ブルックリン・サイクロンズ／Brooklyn Cyclones 256
ブルックリン植物園／Brooklyn Botanic Garden 168
ブルックリン橋／Brooklyn Bridge 102
ブロードウェイの劇場／Broadway productions 230
プロスペクト・パーク／Prospect Park 166, **Map 10**
ブロンクス／The Bronx 156, **Map 13**
    食事 219
ブロンクス動物園／Bronx Zoo 158
文学書 51
文化センター 62
ベッドフォード通り75 1/2番地／75 1/2 Bedford St 116
ヘラルド・スクエア／Herald Square 126
ヘルズ・キッチン／Hell's Kitchen 125
    食事 211
ベルモント／Belmont 159
ポーター, コール／Porter, Cole 26
ボート 69
ホーボーケン／Hoboken 289, **290**
    アクセス 293
    エンターテインメント 292
    食事 291
墓地 175, 281
ホテル ➡ 宿泊INDEXも参照 183
ホワイト, スタンフォード／White, Stanford 28
本 50, 259
    回想記 51
    ガイドブック 50
    児童書 53
    文学書 51
    歴史 50

ま

マショマック自然保護区／Mashomack Nature Preserve 285
マディソン・スクエア・ガーデン／Madison Square Garden 123, 247, 256
マディソン・スクエア・パーク／Madison Square Park 123

太字はMAPを示す

マメット, デイヴィッド／Mamet, David 25
麻薬 63
マンハッタン／Manhattan 87, **Map 2**
ミッドタウン／Midtown 125, **Map 5**
    クラブ 243
    宿泊 186
    食事 209
    バー＆ラウンジ 238
ミュージアム（博物館・美術館）
    アトランティック・シティ歴史博物館／Atlantic City Historical Museum 298
    アフリカン・アート美術館／Museum for African Art 112
    アメリカ映像博物館／American Museum of the Moving Image 172
    アメリカ金融史博物館／Museum of American Financial History 94
    アメリカ自然史博物館／American Museum of Natural History 137
    アメリカ・クラフト美術館／American Craft Museum 134
    イサム・ノグチ庭園美術館／Isamu Noguchi Graden Museum 173
    移民博物館／Immigration Museum 100
    イントレピッド海洋航空宇宙博物館／Intrepid Sea-Air-Space Museum 125
    エル・ムセオ・デル・バリオ／El Museo del Barrio 150
    近代美術館（モマ）／Museum of Modern Arts 134
    クイーンズ美術館／Queens Museum of Art 174
    グッゲンハイム美術館／Solomon R Guggenheim Museum 148
    国立アメリカン・インディアン博物館／National Museum of the American Indian 98
    国立デザイン・アカデミー／National Academy of Design 149
    ジャック・マーシェ・チベット美術館／Jacques Marchais Center of Tibetan Art 176
    ダイクマン博物館／Dyckman Farmhouse Museum 155
    チャイニーズ・イン・アメリカ博物館／Museum of Chinese in the Americas 106
    テネメント博物館／Tenement Museum 110
    テレビ＆ラジオ博物館／Museum of Television & Radio 134
    ニュー・ミュージアム・オブ・コンテンポラリー・アート／New Museum of Con t emporary Art 112
    ニューヨーク医学アカデミー／New York Academy of Medicine 149
    ニューヨーク交通博物館／New York Transit Museum 161
    ニューヨーク市消防博物館／New York City Fire Museum 112
    ニューヨーク市立博物館／Museum of the City of New York 149
    ニューヨーク発掘博物館／New York Unearthed 94

313

ニューヨーク歴史協会／New-York Historical Society　137
ハーレム・スタジオ美術館／Studio Museum in Harlem　152
フラーンシズ・タヴァーン博物館／Fraunces Tavern Museum　100
フラッシング文化芸術理事会／Flushing Council on Culture & the Arts　174
ブルックリン子供博物館／Brooklyn Children's Museum　168
ブルックリン美術館／Brooklyn Museum of Art　167
ブルックリン歴史協会／Brooklyn Historical Society　162
ブロンクス美術館／Bronx Museum of the Arts　158
ホイットニー美術館／Whitney Museum of American Art　146
ホーボーケン市庁舎&博物館／Hoboken City Hall & Museum　291
マーチャンツ・ハウス博物館／Merchant's House Museum　119
マウント・ヴァーノン・ホテル・ミュージアム&ガーデン／Mount Vernon Hotel Museum & Garden　145
マンハッタン子供博物館／Children's Museum of Manhattan　138
メトロポリタン美術館／Metropolitan Museum of Art　146
モマ・クイーンズ／MoMA QNS　173
ユダヤ伝統博物館／Museum of Jewish Heritage　98
ユダヤ博物館／Jewish Museum　149
ライト邸／Wright Residence　177
リプリーズ・ビリーブ・イット・オア・ノット！／Ripley's Believe It of Not!　298
レファーツ・ホームステッド子供歴史博物館／Lefferts Homestead Children's Historic House Museum　166
ローズ宇宙センター／Rose Center for Earth & Space　138
割引　126
ミラー、アーサー／Miller, Arthur　25
民族音楽　250
民族問題　21
メドウランズ・スポーツ複合施設／Meadowlands Sports Complex　256
メトロポリタン・オペラハウス／Metropolitan Opera House　131
モーニングサイド・ハイツ／Morningside Heights　139
物乞い　63
モリス・ジュメル邸／Morris-Jumel Mansion　155
モントーク／Montauk　283
モントーク岬州立公園／Montauk Point State Park　283

や

野球　255
ヤンキー・スタジアム／Yankee Stadium　157
USTAナショナル・テニス・センター／USTA National Tennis Center　174

ユースホステル ➡ 宿泊INDEXも参照　178
郵便　46
ユダヤ教会／synagogues　110, 145
ユダヤ人　21
　博物館　98, 149
　墓地　107
　民族問題　21
　ユダヤ教会　110, 145
　歴史　13
ユニオン・スクエア／Union Square　123
　バー＆ラウンジ　238
洋服　263, 264

ら

ライト、フランク・ロイド／Wright, Frank Lloyd　148, 177
ラ・ガーディア空港／La Guardia Airport　70, 77
ラジオ　56
ラップ　23, 24
ラテンアメリカ系　21
ランドリー　58
ランニング　68, 143
リー、スパイク／Lee, Spike　54
リード、ルー／Reed, Lou　25
リヴァーサイド・パーク／Riverside Park　136
リッチモンド・タウン歴史村／Richmond Town, Historic　177
リトル・イタリー／Little Italy　104
　散策コース　105, **106**
　食事　197
リトル・インディア／Little India
　食事　203
リトル・コリア／Little Korea　126
　食事　203
リトル・トーキョー／Little Tokyo
　食事　203
リバティ科学センター／Liberty Science Center　289
リバティ・ステート・パーク／Liberty State Park　288
領事館　43
旅行保険　42
リンカーン、エイブラハム／Lincoln, Abraham　96, 111, 119, 124, 130
リンカーン・センター／Lincoln Center　137
ルース、ベーブ／Ruth, Babe　157
ルメット、シドニー／Lumet, Sydney　55
歴史　12
レストラン ➡ 食事INDEXも参照　192
　各国料理　203
　定番　208
　予約　216
　レストラン・ロウ　212
連邦準備銀行／Federal Reserve Bank　101
ロウアー・イースト・サイド／Lower East Side　109
　クラブ　242
　宿泊　183
　食事　197
　バー＆ラウンジ　234

Index

ロウアー・マンハッタン／Lower Manhattan　88, **Map 3**
　散策コース　90, **91**
　宿泊　183
　食事　193
　バー＆ラウンジ　234
ローズヴェルト, セオドア／Roosevelt, Theodore　124
ローズヴェルト島／Roosevelt Island　145
ロッカウェイ・パーク／Rockaway Park　170
ロック　24, 246
ロックフェラー, ジョン・D／Rockefeller, John D　14
ロックフェラー・センター／Rockefeller Center　130
ロングアイランド／Long Island　274, **276**
　アクセス　276

ワイナリー　282, **283**
ロングアイランド・シティ／Long Island City　172

わ

ワールド・ファイナンシャル・センター／World Financial Center　96
ワイナリー
　ロングアイランド／Long Island　282, **283**
ワシントン, ジョージ／Washington, George　13, 27, 65, 96, 101
ワシントン・スクエア・パーク／Washington Square Park　114, 118
ワシントン・ハイツ／Washington Heights　154

太字はMAPを示す

宿泊

アスター・オン・ザ・パーク／Astor on the Park　191
アムステルダム・イン／Amsterdam Inn　190
アメリタニア・ホテル／Ameritania Hotel　189
アルゴンキン／Algonquin　188
イースト・ヴィレッジB&B／East Village B&B　190
イン・アット・アーヴィング・プレイス／Inn at Irving Place　181
イン・ニューヨーク・シティ／Inn New York City　181
インセントラ・ヴィレッジ／Incentra Village　184
インターナショナル・ステューデント・センター／International Student Center　180
ヴァンダービルトY／Vanderbilt Y　179
ウェストサイドY／West Side Y　179
ウェストパーク・ホテル／Westpark Hotel　187
ウォール・ストリート・イン／Wall Street Inn　183
ウォルコット・ホテル／Wolcott Hotel　187
ウォルドーフ・アストリア／Waldorf-Astoria　188
エクセルシア・ホテル／Excelsior Hotel　190
オフ・ソーホー・スイーツ／Off SoHo Suites　184
オン・ジ・アーヴ／On The Ave　190
ガーシュウィン・ホテル／Gershwin Hotel　179
カサブランカ・ホテル／Casablanca Hotel　190
92丁目Yデ・ハーシ・レジデンス／92nd St Y de Hirsch Residence　179
グラマシー・パーク・ホテル／Gramercy Park Hotel　186
クラリオン・ホテル／Clarion Hotel　187
グランド・ユニオン／Grand Union　180
グレイシー・イン／Gracie Inn　191
コスモポリタン・ホテル／Cosmopolitan Hotel　183
コロニアル・ハウス・イン／Colonial House Inn　180
ザ・マンスフィールド／The Mansfield　187
サーティ・サーティ／ThirtyThirty　187
ジ・イロコイズ／The Iroquois　188
シーポート・スイーツ／Seaport Suites　183
60トンプソン／60 Thompson　184
シュガー・ヒル・インターナショナル・ハウス／Sugar Hill International House　180
セント・マークス・ホテル／St Marks Hotel　185
セントラル・パーク・ホステル／Central Park Hostel　180
ソーホー・グランド・ホテル／SoHo Grand Hotel　183
ソールズベリー・ホテル／Salisbury Hotel　187
Wニューヨーク・タイムズ・スクエア／W New York-Times Square　186
Wニューヨーク・タスカニー／W New York-Tuscany　186
Wニューヨーク・ユニオン・スクエア／W New York-Union Square　185
ダブルツリー・ゲスト・スイーツ／Doubletree Guest Suites　190
チェルシー・イン／Chelsea Inn　185
チェルシー・インターナショナル・ホステル／Chelsea International Hostel　178
チェルシー・サヴォイ・ホテル／Chelsea Savoy Hotel　185
チェルシー・スター・ホテル／Chelsea Star Hotel　178
チェルシー・センター・ホステル／Chelsea Center Hostel　178
チェルシー・パインズ・イン／Chelsea Pines Inn　180
チェルシー・ホテル／Chelsea Hotel　184
デイズ・ホテル・ミッドタウン／Days Hotel Midtown　189
トライベッカ・グランド・ホテル／Tribeca Grand Hotel　183
ニュータウン／Newtown　190
ニューヨーク・コネクション／New York Connection　181
ニューヨーク・マリオット・ブルックリン／New York Marriott Brooklyn　191
ノヴォテル／Novotel　190
パーク・ヴュー・ホテル／Park View Hotel　180
パイオニア・ホテル／Pioneer Hotel　184
パラマウント／Paramount　190
ハワード・ジョンソン・エクスプレス・イン／Howard Johnson Express Inn　184
ビッグ・アップル・ホステル／Big Apple Hostel　179
ピックウィック・アームズ・ホテル／Pickwick Arms Hotel　187
フォー・シーズンズ／Four Seasons　188
プラザ・ホテル／Plaza Hotel　189
フランクリン／Franklin　191
ブロードウェイ・イン／Broadway Inn　181
ベスト・ウェスタン・シーポート・イン／Best Western Seaport Inn　183
ベッド＆ブレックファスト・オン・ザ・パーク／Bed and Breakfast on the Park　181
ペニンシュラ／Peninsula　188
ヘラルド・スクエア・ホテル／Herald Square Hotel　186
ベントレー／The Bentley　190
ポートランド・スクエア・ホテル／Portland Square Hotel　189
ホステリング・インターナショナル・ニューヨーク／Hostelling International-New York　180
ホテル・ウェールズ／Hotel Wales　191
ホテル・エディソン／Hotel Edison　189
ホテル・オルコット／Hotel Olcott　190
ホテル・カーター／Hotel Carter　189
ホテル31／Hotel 31　186
ホテル17／Hotel 17　185
ホテル・メトロ／Hotel Metro　187
ホリデイ・イン・ダウンタウン／Holiday Inn Downtown　184
マクバーニーYMCA／McBurney YMCA　179
マディソン・ホテル／Madison Hotel　186
マリオット・マーキー／Marriott Marquis　190
マレー・ヒル・イン／Murray Hill Inn　186
マンハッタン・イン／Manhattan Inn　187
ミルフォード・プラザ／Milford Plaza　189

Index

ミレニアム・ヒルトン／Millennium Hilton　183
メイフラワー／Mayflower　190
モーガンズ／Morgan's　188
ユニオン・スクエア・イン／Union Square Inn　185
ラーチモント・ホテル／Larchmont Hotel　184
リージェント・ウォール・ストリート／Regent Wall Street　183
ル・ルフュージュ・イン／Le Refuge Inn　181
ロイヤルトン／Royalton　188
ロウエル・ホテル／Lowell Hotel　191
ワーウィック／Warwick　188
ワールド・ホテル／World Hotel　184
ワシントン・スクエア・ホテル／Washington Square Hotel　185

食事

アーユールヴェーダ・カフェ／Ayurveda Café　213
アイランド・バーガーズ＆シェークス／Island Burgers and Shakes　211
アクアヴィット／Aquavit　211
アジア・ド・キューバ／Asia de Cuba　210
アスター・レストラン＆ラウンジ／Astor Restaurant & Lounge　206
アワーグラス・タヴァーン／Hourglass Tavern　213
アン＆トニーズ／Ann & Tony's　219
アンクル・ジョージズ／Uncle George's　224
アンクル・モーズ・ブリトー＆タコ・ショップ／Uncle Moe's Burrito & Taco Shop　206
アンジェロズ・フード・エンポリアム／Angelo's Food Emporium　224
インターネット・カフェ／Internet Café　202
インティ・ライミ／Inti Raymi　226
ヴィンセンツ／Vincent's　197
ウィンター・ガーデン／Winter Garden　223
ウインドウズ・オン・インディア／Windows on India　203
ウェスト・エンド／West End　219
ヴェセルカ／Veselka　203
ウォーカーズ／Walker's　194
ヴォン／Vong　209
H&Hベイグルズ／H&H Bagels　213
エイミー・ルース・レストラン／Amy Ruth's Restaurant　217
エイミーズ・ブレッズ／Amy's Breads　206
エコノミー・キャンディ／Economy Candy　110
エミリーズ／Emily's　218
M&Gダイナー／M&G Diner　217
エリアス・コーナー／Elias Corner　225
エル・ファロ／El Faro　201
エル・ランチェロ・メヒカーノ／El Ranchero Mexicano　210
エンパイア・セチュアン／Empire Szechuan　213
エンパイア・ダイナー／Empire Diner　206
オイスター・バー／Oyster Bar　210
オーサカ／Osaka　220
オールド・ホームステッド／Old Homestead　201
オデオン／Odeon　194
オベッカ・リー／Obeca Li　194
オモニア・カフェ／Omonia Cafe　225
オリーズ・ヌードル・ショップ＆グリル／Ollie's Noodle Shop & Grille　218
オルソ／Orso　212

カーゴ・カフェ／Cargo Café　228
カーサ・アデーラ／Casa Adela　205
カーネギー・デリ／Carnegie Deli　209
カーマインズ／Carmine's　214
カズンズ・カフェ／Cousin's Café　220
カッツ・デリ／Katz's Deli　197
カップケーキ・カフェ／Cupcake Cafe　210
カバーナ／Cabana　193
カフェ・グレコ／Cafe Greco　215
カフェ・コン・レッチェ／Cafe con Leche　214
カフェ・セント・バーツ／Café St Bart's　209
カフェ・デ・ザルティスト／Café des Artistes　215
カフェ・ド・ブリュッセル／Café de Bruxelles　201
カフェ・ピック・ミー・アップ／Cafe Pick Me Up　203
カフェ・ラロ／Cafe Lalo　214
カフェ・ルアー／Caffe Lure　202
カフェ・ルクセンブルグ／Cafe Luxembourg　214
カフェ・レッジオ／Caffe Reggio　114
カフェ・ローマ／Caffe Roma　197
カプスート・フレール／Capsouto Frères　195
ガルジウロズ／Gargiulo's　223
カン・スー／Kang Suh　203
キスケヤ・レストラン／Quisqueya Restaurant　226
キッチン・クラブ／Kitchen Club　200
クイーン／Queen　221
グイドーズ／Guido's　210
クインテッセンス／Quintessence　214
クム・ガン・サン／Kum Gang San　203, 227
グラマシー・タヴァーン／Gramercy Tavern　207
グランジ・ホール／Grange Hall　200
グルメ・ガレージ／Gourmet Garage　198
ゲイジ＆トールナー／Gage & Tollner　222
KBガーデン／KB Garden　227
コート・スクエア・ダイナー／Court Square Diner　225
コート・ペストリー／Court Pastry　220
コーヒー・ショップ／Coffee Shop　207
コープランズ／Copoland's　218
コーンズ／Cones　200
コロナキ／Kolonaki　225
ザ・ミノウ／The Minnow　223
ザ・レア・オリーヴ／The Rare Olive　228
サイドウォーク・バー＆レストラン／Sidewalk Bar & Restaurant　204
サイドストリート・サルーン／Sidestreet Saloon　227

サゴ・ティー・カフェ／Sago Tea Café　227
ザニーズ・カフェ／Zanny's Café　213
サミーズ・ヌードル・ショップ／Sammy's Noodle Shop　202
サムズ・レストラン／Sam's Restaurant　220
ジーゴズ・タヴェルナ／Zygo's Taverna　225
ジェレミーズ／Jeremy's　193
シクロ／Cyclo　205
ジミーズ・ブロンクス・カフェ／Jimmy's Bronx Café　220
ジャクソン・ダイナー／Jackson Diner　225
ジャムズ・ジャマイカン／Jam's Jamaican　210
写楽／Sharaku　203
ジャン・ジョルジュ／Jean-Georges　215
シャントレル／Chanterelle　195
シャンハイ・タイド／Shanghai Tide　227
ジュニアズ／Junior's　222
ジョー・アレン／Joe Allen　212
ジョーズ・シャンハイ／Joe's Shanghai　196, 226
ジョシュア・ツリー／Joshua Tree　212
シルヴィアズ／Sylvia's　217
スウィートゥン・タート・カフェ／Sweet'n Tart Café　227
スープ・キオスク／Soup Kiosk　199
スープ・キッチン・インターナショナル／Soup Kitchen International　209
ステージ・デリ／Stage Deli　211
ステージ・レストラン／Stage Restaurant　204
ステップママ／StepMama　205
ストレイツ・マッツウォ・カンパニー／Streit's Matzoh Company　110
ストロンボリズ・ピッツァ／Stromboli's Pizza　204
スプリング・ストリート・ナチュラル／Spring St Natural　199
スライス・オブ・ハーレムII／Slice of Harlem II　217
ゼイバーズ／Zabar's　213
71クリントン・フレッシュ・フーズ／71 Clinton Fresh Foods　198
セカンド・アヴェニュー・デリ／Second Ave Deli　204
ゼン・パレット／Zen Palate　212
ソウエン／Souen　199
タイ・カフェ／Thai Cafe　224
タイム・カフェ／Time Cafe　205
タイランド・レストラン／Thailand Restaurant　197
タヴァーン・オン・ザ・グリーン／Tavern on the Green　208
タコス・メヒコ／Tacos Mexico　225
タブラ／Tabla　207
ダマスカス・ブレッズ＆ペイストリー／Damascus Breads & Pastry　221
チェルシー・マーケット／Chelsea Market　206
チップ・ショップ／Chip Shop　223
チブチャ／Chibcha　226
チベット・シャンバラ／Tibet Shambala　213
チャールズ・サザン・スタイル・キッチン／Charles' Southern Style Kitchen　217

チャウ／Chow　200
テイ・ドゥー／Tay Do　227
ディジーズ／Dizzy's　222
テラス・イン・ザ・スカイ／Terrace in the Sky　219
テレサズ／Teresa's　221
デロベルティス／DeRobertis　205
ドゥ・ホワ／Do Hwa　201
トゥー・ブーツ／Two Boots　204
トゥー・ブーツ・ブルックリン／Two Boots Brooklyn　223
トゥエンティ・ワン／21　208
ドックス・オイスター・バー＆シーフード・グリル／Dock's Oyster Bar & Seafood Grill　214
トトノズ／Totonno's　223
トニーズ・ピア／Tony's Pier　220
ドミニックス／Dominick's　219
トムズ・レストラン／Tom's Restaurant　219, 223
トモ・スシ＆サケ・バー／Tomo Sushi & Sake Bar　219
ともえ鮨／Tomoe Sushi　202
ナイス・レストラン／Nice Restaurant　197
ナショナル／National　223
ニャ・チャン／Nha Trang　196
ニュー・パスター／New Pasteur　196
ヌードル・プディング／Noodle Pudding　221
ノブ／Nobu　195
バー・シックス／Bar Six　202
パーク・ヴュー・レストラン・アット・ザ・ボートハウス／Park View Restaurant at the Boathouse　216
パーク・スロープ・ブリューイング・カンパニー／Park Slope Brewing Co　222
バーベッタ／Barbetta　212
パール・パレス／Pearl Palace　193
バイユー／Bayou　217
ハウス・オブ・ベジタリアン／House of Vegetarian　196
波崎／Hasaki　203
バジリカ／Basilica　212
バック・トゥー・ザ・ランド／Back to the Land　222
パッツィー・グリマルディズ・ピッツェリア／Patsy Grimaldi's Pizzeria　221
パッツィーズ・ピッツェリア／Patsy's Pizzeria　218
パティッチェリア・ブルーノ／Paticceria Bruno　200
バビーズ／Bubby's　194
パラダー／Paladar　198
バリ・ヌサ・インダー／Bali Nusa Indah　210
バルサザール／Balthazar　199
パン！／Pão!　200
パン・バニャ／Pan Bagnat　209
パン・パン／Pan Pan　216
ハンガリアン・ペイストリー・ショップ／Hungarian Pastry Shop　219
B&Hデアリー／B&H Dairy　204
ヒー・ウィン・ライ／Hee Win Lai　196
ピーター・ルーガー・ステーキハウス／Peter Luger Steakhouse　224
ピショリーン／Picholine　215

Index

ビッグ・カップ・ティー＆コーヒー・ハウス／Big Cup Tea & Coffee House　206
ファヴィア・ライト／Favia Lite　216
ファウンテン・カフェ／Fountain Cafe　221
ファット・ウィッチ・ベーカリー／Fat Witch Bakery　206
ファネリス・カフェ／Fanelli's Café　199
プーリア／Puglia　197
ブーレー・ベーカリー／Bouley Bakery　195
フェアウェイ・マーケット／Fairway Market　213
フォー・ヴィエト・フォン／Pho Viet Huong　196
フォー・シーズンズ／Four Seasons　208
フォー・バン／Pho Bang　227
フランシズ・タヴァーン／Fraunces Tavern　194
プラネット・タイランド／Planet Thailand　224
ブリッコ／Bricco　211
ブリッジ・カフェ／Bridge Café　193
プリモルスキー／Primorski　224
フレンチ・ロースト／French Roast　202
ブロードウェイ・サンドイッチ・ショップ／Broadway Sandwich Shop　226
ブロードウェイ・ナチュラル／Broadway Natural　224
フローラン／Florent　201
ベアーズ／Bayard's　194
ヘイル＆ハーティ・スープ／Hale & Hearty Soups　221
ベジタリアン・ディム・サム・ハウス／Vegetarian Dim Sum House　196
ベジタリアン・パラダイス3／Vegetarian Paradise 3　196
ベニーズ・ブリトーズ／Benny's Burritos　204
ベニート・トゥー／Benito Two　197
ベニート・ワン／Benito One　197
ベル・ベイツ・ナチュラル・フーズ／Bell Bates Natural Foods　195
ベレケット／Bereket　198
ベンズ・フェイマス・ピッツァ／Ben's Famous Pizza　198
ヘンリー・ストリート・エイル・ハウス／Henry St Ale House　221
ポー／Pó　201
ボチェッリ／Bocelli　228
マイケル・ジョーダンズ・ステーキ・ハウス／Michael Jordan's Steakhouse　210
マイケルズ／Michael's　210
マダム・ロマーヌ・ド・リヨン／Madame Romaine de Lyon　216
マナズ・レストラン・トゥー／Manna's Restaurant Too　216
ママズ・フード・ショップ／Mama's Food Shop　205
マムズ・イートリー／Mom's Eatery　217
マリオズ／Mario's　219
マンガナローズ／Manganaro's　210
マンソン・ダイナー／Munson Diner　211
マンドゥー・バー／Mandoo Bar　203
マンハッタン・フルーツ・エクスチェンジ／Manhattan Fruit Exchange　206
ミー・ヌードル・ショップ／Mee Noodle Shop　211
ミネッタ・タヴァーン／Minetta Tavern　115
メコン／Mekong　200
モローンズ・ベイカリー／Morrone's Bakery　218
モンラシェ／Montrachet　195
ヤッファ／Yaffa　204
ヤッファス／Yaffa's　194
ユニオン・スクエア・カフェ／Union Square Cafe　206
ユニオン・パシフィック／Union Pacific　207
ヨナ・シメル・ベーカリー／Yonah Shimmel Bakery　198
ラ・エスピーガ／La Espiga　226
ラ・グーリュ／La Goulue　216
ラ・ブイヤベース／La Bouillabaisse　221
ラ・ポルテーニャ／La Porteña　225
ラ・ボン・スープ／La Bonne Soupe　209
ラウルス／Raoul's　200
ラカジュー／L'Acajou　207
ラジオ・メキシコ／Radio Mexico　193
ラッキー・ストライク／Lucky Strike　199
ラッキー・チェンズ／Lucky Cheng's　205
ラリータ・ジャヴァ／Lalita Java　202
ランザス／Lanza's　205
ランドマーク・タヴァーン／Landmark Tavern　211
リトル・ハバナ／Little Havana　201
リバー・カフェ／River Cafe　222
リパブリック／Republic　206
ル・シルク2000／Le Cirque 2000　208
ル・フィガロ／Le Figaro　114
ループス・イースト・LAキッチン／Lupe's East LA Kitchen　198
ルビー・フーズ／Ruby Foo's　214
レイオス・レストラン／Rao's Restaurant　218
レキシントン・キャンディ・ショップ／Lexington Candy Shop　215
レモン・アイス・キング・オブ・コロナ／Lemon Ice King of Corona　226
レモングラス・グリル／Lemongrass Grill　222
ローズ・オブ・インディア／Rose of India　203
ローズ・レストラン／Rhodes Restaurant　219
ロッコ／Rocco　202
ロペス・ベーカリー／Lopez Bakery　222
ロバルトズ・レストラン／Roberto's Restaurant　219
ロンバルディーズ／Lombardi's　197

コラム

今でも特別なエリア、イースト・ヴィレッジ　237
インターナショナル・エクスプレスの旅　171
運賃を！　79
えっ、ソーホー？　112
エリアの名前の付け方　89
お手頃なバスでのマンハッタン観光　132

各国料理の街角　203
教会作法　153
グリニッチ・ヴィレッジのロックの名所　113
ゲイ＆レズビアンのニューヨーク　16
ゲイにやさしいホテル＆イン（ホテルより簡素な宿）
　180
GOを通るな　298
子供は何したらいいの？　61
周辺地区での密かな楽しみ5つ　156
人種のるつぼで味見を　210
スタンフォード・ホワイトのニューヨーク　28
税金カット！　258
前進開始！　84
セントラル・パークの彫像　144
チェッカーの歴史　81
チェルシーのギャラリー巡り　122
注意　70
ツアーに参加すべきか、否か。　150
定番のレストラン　208

ニューヨーク・サウンド　23, 24
ニューヨーク・ヤンキース：世紀のチーム　157
ニューヨークから生放送！　135
ニューヨークの映画監督3人　54
ひとかじり　14
一人のニューヨーカーとして　38
2つ星の値段で5つ星の料理を　193
物価について　46
ベスト＆ワースト　88
ホテルのカクテル　233
ホテルのディスカウント　182
本の虫へ　51
マンハッタン以外のエリアの文化　253
ミュージアム・バーゲン　126
リサイクルとレトロ　263
レストラン・予約ゲーム　216
ロングアイランドのワイナリー　282
Y（YMCA、YWCA）で遊ぶ＆泊まる　179

MAP 1 ニューヨーク・シティ

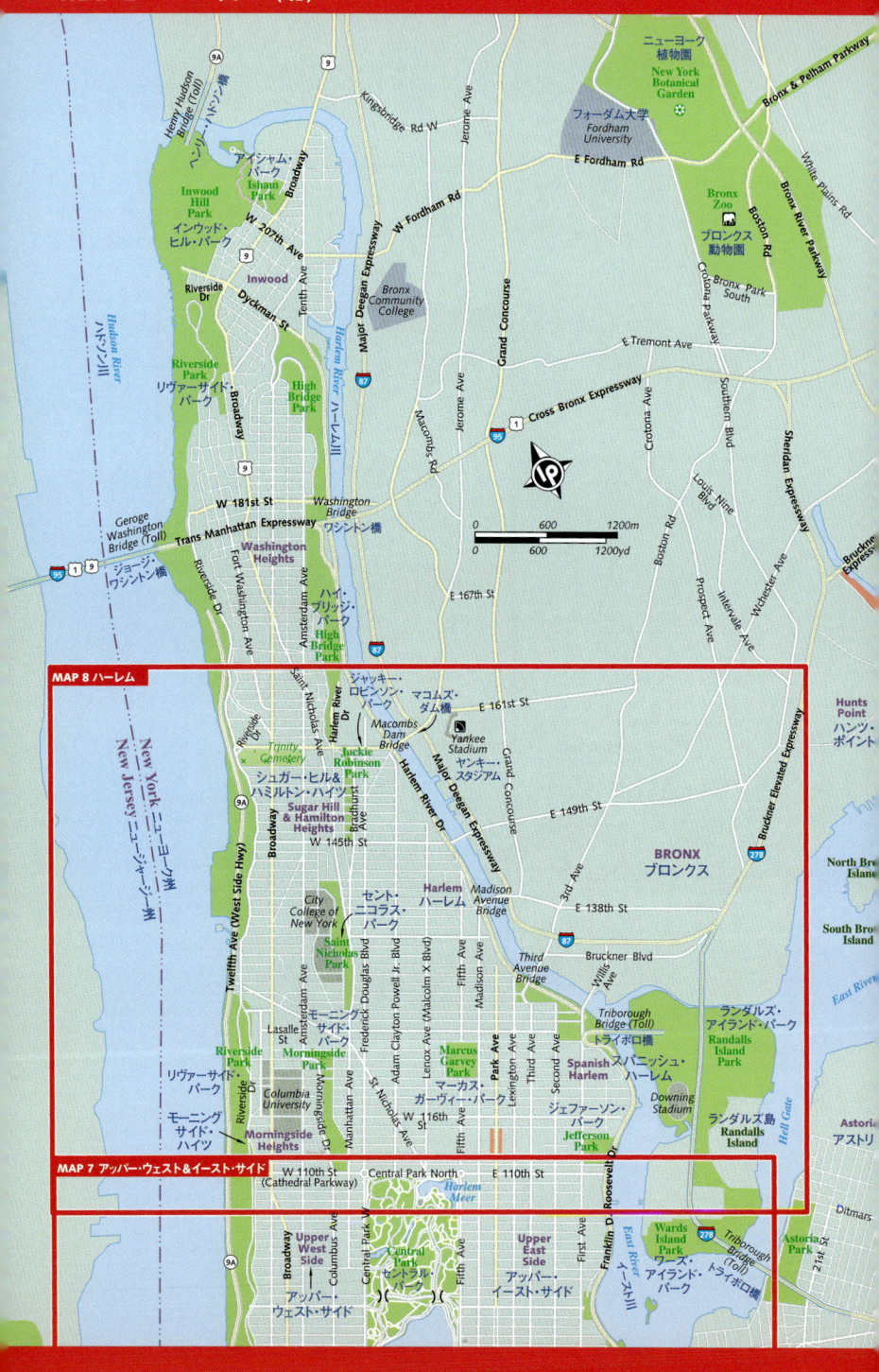

MAP 2 マンハッタン（北）

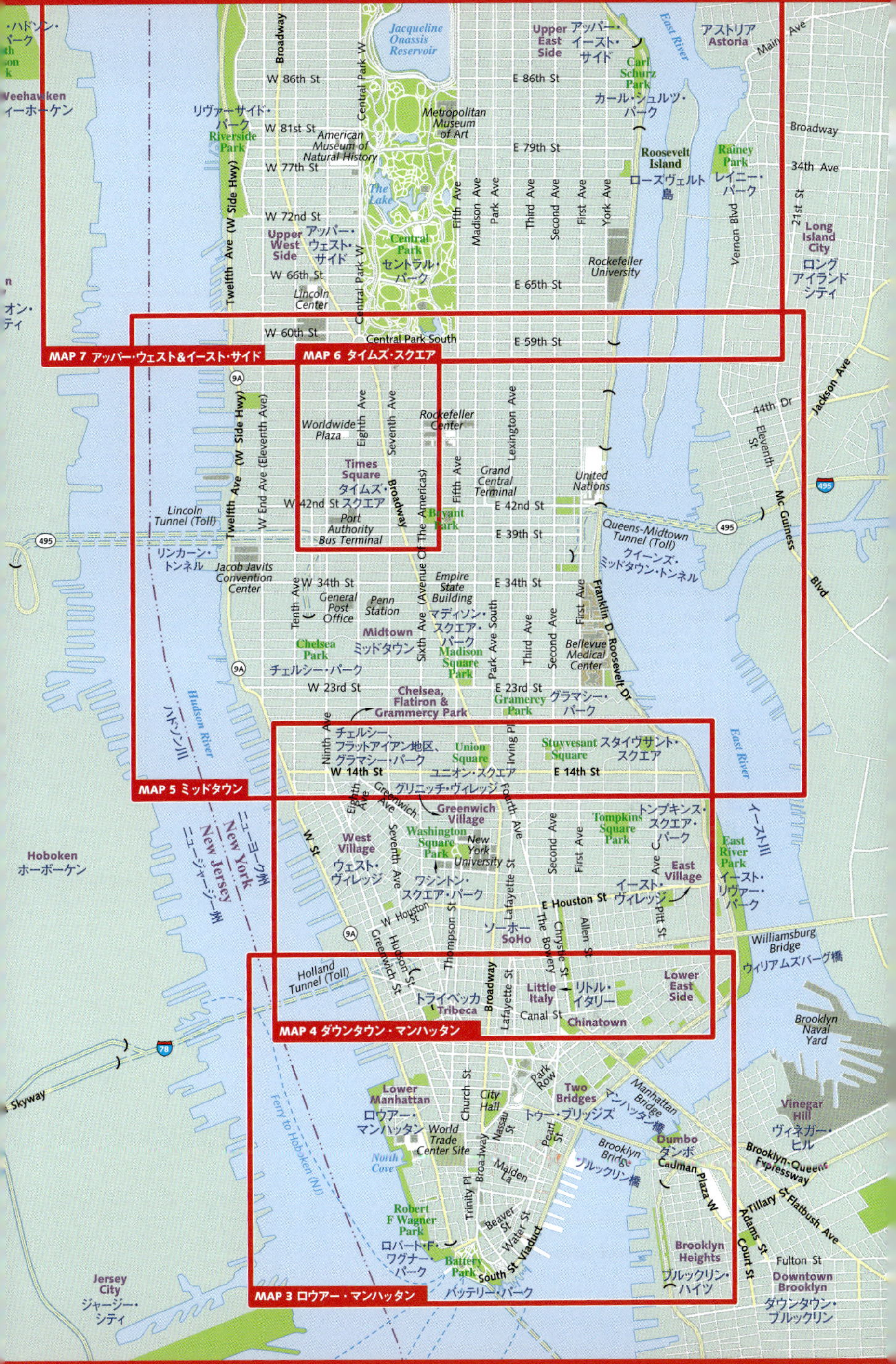

Jacqueline Onassis Reservoir
Upper East Side
アッパー・イースト・サイド
East River
アストリア
Astoria
Main Ave
Broadway
W 86th St
Central Park W
E 86th St
Carl Schurz Park
カール・シュルツ・パーク
リヴァーサイド・パーク
Riverside Park
W 81st St
Metropolitan Museum of Art
American Museum of Natural History
E 79th St
W 77th St
Roosevelt Island
ローズヴェルト島
Rainey Park
レイニー・パーク
34th Ave
The Lake
W 72nd St
Fifth Ave
Madison Ave
Park Ave
Third Ave
Second Ave
First Ave
York Ave
Vernon Blvd
21st St
Upper West Side
アッパー・ウェスト・サイド
Central Park
セントラル・パーク
Twelfth Ave (W Side Hwy)
Long Island City
ロング アイランド シティ
W 66th St
Rockefeller University
Lincoln Center
E 65th St
Weehawken
ウィーホーケン
W 60th St
Central Park South
E 59th St
MAP 7 アッパー・ウェスト&イースト・サイド
MAP 6 タイムズ・スクエア
Rockefeller Center
Lexington Ave
44th Dr
Jackson Ave
Eleventh St
Worldwide Plaza
Eighth Ave
Seventh Ave
W End Ave (Eleventh Ave)
Times Square
タイムズ・スクエア
Broadway
Sixth Ave (Avenue Of The Americas)
Grand Central Terminal
United Nations
W 42nd St
E 42nd St
Lincoln Tunnel (Toll)
Port Authority Bus Terminal
Bryant Park
E 39th St
Queens-Midtown Tunnel (Toll)
クイーンズ・ミッドタウン・トンネル
Mc Guiness Blvd
リンカーン・トンネル
Jacob Javits Convention Center
W 34th St
Tenth Ave
General Post Office
Penn Station
Empire State Building
E 34th St
Franklin D. Roosevelt Dr
Midtown
ミッドタウン
マディソン・スクエア・パーク
Madison Square Park
Park Ave South
Chelsea Park
チェルシー・パーク
Bellevue Medical Center
W 23rd St
E 23rd St
Chelsea, Flatiron & Grammercy Park
Gramercy Park
グラマシー・パーク
Hudson River
ハドソン川
Ninth Ave
チェルシー、フラットアイアン地区、グラマシー・パーク
Irving Pl
Union Square
ユニオン・スクエア
Stuyvesant Square
スタイヴサント・スクエア
East River
W 14th St
E 14th St
MAP 5 ミッドタウン
グリニッチ・ヴィレッジ
Greenwich Village
Greenwich Ave
Fourth Ave
トンプキンス・スクエア・パーク
Tompkins Square Park
イースト川
West Village
ウェスト・ヴィレッジ
Washington Square Park
New York University
East River Park
East Village
イースト・ヴィレッジ
Hoboken
ホーボーケン
ニューヨーク州
New York
New Jersey
ニュージャージー州
W St
Seventh Ave
ワシントン・スクエア・パーク
Lafayette St
E Houston St
イースト・リヴァー・パーク
W Houston St
Hudson St
Greenwich St
Thompson St
ソーホー
SoHo
The Bowery
Chrystie St
Allen St
Pitt St
Williamsburg Bridge
ウィリアムズバーグ橋
Holland Tunnel (Toll)
トライベッカ
Tribeca
Broadway
Little Italy
リトル・イタリー
Canal St
Lower East Side
Chinatown
MAP 4 ダウンタウン・マンハッタン
Brooklyn Naval Yard
Skyway
Lower Manhattan
ロウアー・マンハッタン
Church St
City Hall
Park Row
Two Bridges
トゥー・ブリッジズ
Manhattan Bridge
マンハッタン橋
Vinegar Hill
ヴィネガー・ヒル
World Trade Center Site
Nassau St
Pearl St
Dumbo
ダンボ
Brooklyn-Queens Expressway
North Cove
Ferry to Hoboken (NJ)
Brooklyn Bridge
ブルックリン橋
Cadman Plaza W
Maiden La
Trinity Pl
Tillary St
Flatbush Ave
Robert F Wagner Park
ロバート・F・ワグナー・パーク
Beaver St
Water St
Adams St
Court St
Battery Park
バッテリー・パーク
South St Viaduct
Brooklyn Heights
ブルックリン・ハイツ
Fulton St
Downtown Brooklyn
ダウンタウン・ブルックリン
Jersey City
ジャージー・シティ
MAP 3 ロウアー・マンハッタン

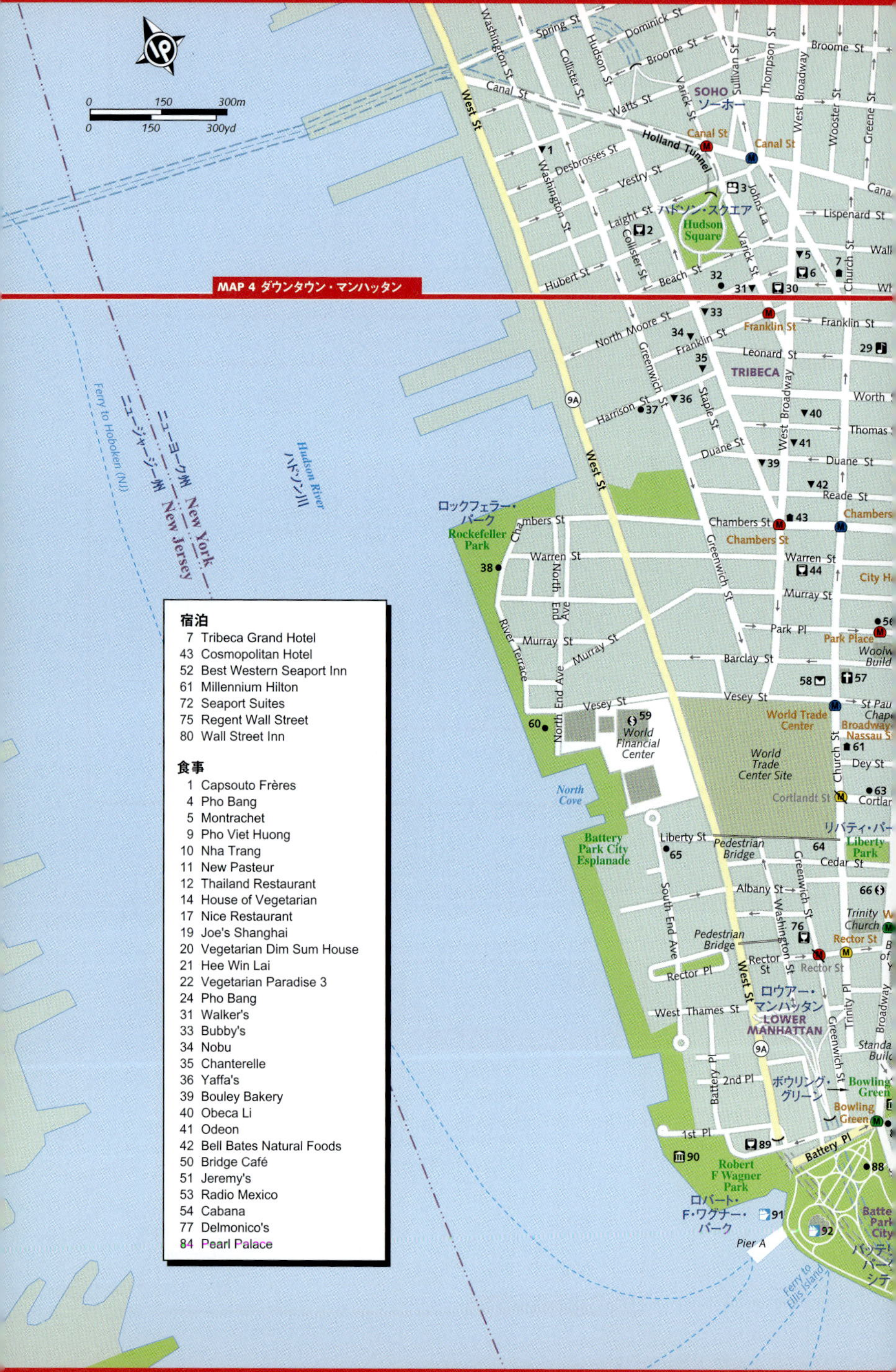

MAP 3 ロウアー・マンハッタン

MAP 4 ダウンタウン・マンハッタン

宿泊
- 7 Tribeca Grand Hotel
- 43 Cosmopolitan Hotel
- 52 Best Western Seaport Inn
- 61 Millennium Hilton
- 72 Seaport Suites
- 75 Regent Wall Street
- 80 Wall Street Inn

食事
- 1 Capsouto Frères
- 4 Pho Bang
- 5 Montrachet
- 9 Pho Viet Huong
- 10 Nha Trang
- 11 New Pasteur
- 12 Thailand Restaurant
- 14 House of Vegetarian
- 17 Nice Restaurant
- 19 Joe's Shanghai
- 20 Vegetarian Dim Sum House
- 21 Hee Win Lai
- 22 Vegetarian Paradise 3
- 24 Pho Bang
- 31 Walker's
- 33 Bubby's
- 34 Nobu
- 35 Chanterelle
- 36 Yaffa's
- 39 Bouley Bakery
- 40 Obeca Li
- 41 Odeon
- 42 Bell Bates Natural Foods
- 50 Bridge Café
- 51 Jeremy's
- 53 Radio Mexico
- 54 Cabana
- 77 Delmonico's
- 84 Pearl Palace

MAP 3 ロウアー・マンハッタン

その他

2 Vinyl
3 スクリーニング・ルーム
6 Liquor Store Bar
9 アート・イン・ジェネラル
13 チャイニーズ・イン・アメリカ博物館
15 東部仏教寺院
16 エルドリッジ・ストリート・シナゴーグ
18 孔子像
23 変容教会
25 ファースト・シェアリス・イスラエル墓地
26 合衆国裁判所
27 ニューヨーク郡裁判所
28 クロックタワー・ギャラリー
29 Knitting Factory
30 Bubble Lounge
32 Fast Folk Cafe
37 ハリソン・ストリート・ハウス
38 パーク・ハウス
44 Raccoon Lodge
45 サン・ビル
46 旧検認後見裁判所
47 公衆トイレ
48 ブルックリン橋歩行者用通路入り口
49 警察本部
55 J&R Music & Computer World
56 Tent & Trails
57 セント・ピーター教会
58 郵便局
59 アメリカン・エキスプレス (両替)
60 ニューヨーク商業取引所
62 サーヴァスServas
63 Century 21
64 世界貿易センター跡地展望エリア
65 ノース・コーヴ・セイリング・スクール
66 アメリカン・エキスプレス (両替)
67 エクイタブル・ビル、アライアンス・フォー・ダウンタウン・ニューヨーク
68 連邦準備銀行
69 チェース銀行 (両替)
70 アメリカン・インターナショナル・ビル
71 Hagstrom Map & Travel Center
73 Kinko's (FAX等)
74 アリアンス・フランセーズ
76 Remy Lounge
78 インディア・ハウス、Bayard's
79 ニューヨーク市警察博物館
81 Barclay-Rex
82 スタット・ヒュイス
83 フランシズ・タヴァーン博物館
85 Shakespeare & Co
86 国立アメリカン・インディアン博物館
87 TKTSブース
88 彫刻「スフィアSphere (球)」
89 Rico Bar & Terrace
90 ユダヤ伝統博物館
91 NYウォーターウェイ・フェリー乗り場
92 「自由の女神」入場券販売所
93 聖エリザベス・セトンの聖地
94 ニューヨーク発掘物博物館
95 リバティ・ヘリコプター・ツアーズ
96 スタテン島行きフェリー乗り場

MAP 4 ダウンタウン・マンハッタン

MAP 4 ダウンタウン・マンハッタン

MAP 4 ダウンタウン・マンハッタン

宿泊

- 8 Incentra Village
- 52 Larchmont Hotel
- 80 Washington Square Hotel
- 92 St Marks Hotel
- 116 East Village B&B
- 170 Howard Johnson Express Inn
- 212 Off SoHo Suites
- 232 World Hotel
- 236 Pioneer Hotel
- 244 Holiday Inn Downtown
- 253 60 Thompson
- 258 SoHo Grand Hotel

食事

- 6 Florent
- 7 El Faro
- 10 Benny's Burritos
- 11 Café de Bruxelles
- 14 Bar Six
- 25 Cyclo
- 26 Mee Noodle Shop
- 31 DeRobertis
- 32 Lanza's
- 33 Quintessence
- 35 Cafe Pick Me Up
- 37 Veselka
- 38 Second Ave Deli
- 40 Sharaku
- 42 Hasaki
- 55 French Roast
- 56 Sammy's Noodle Shop
- 61 Two Boots
- 62 White Horse Tavern
- 70 Gourmet Garage
- 71 Chow
- 95 B&H Dairy
- 96 Stage Restaurant
- 100 Rose of India
- 101 Windows on India
- 104 Stromboli's Pizza
- 107 Yaffa
- 110 Benny's Burritos
- 111 Sidewalk Bar & Restaurant
- 117 Casa Adela
- 119 Lalita Java
- 120 StepMama
- 121 Mama's Food Shop
- 122 Two Boots
- 123 Lucky Cheng's
- 128 Astor Restaurant & Lounge
- 137 Time Cafe
- 142 Caffe Reggio
- 145 Minetta Tavern
- 149 Little Havana
- 150 Pó
- 151 Paticceria Bruno
- 153 Cones
- 155 Grange Hall
- 158 Do Hwa
- 161 Caffé Dante
- 162 Le Figaro
- 164 Caffe Lure
- 165 Rocco
- 166 Tomoe Sushi
- 171 Yonah Shimmel Bakery
- 174 Bereket
- 175 Katz's Deli
- 181 Kitchen Club
- 195 Souen
- 196 Raoul's
- 198 Ben's Famous Pizza
- 203 Fanelli's Café
- 204 Soup Kiosk
- 207 Balthazar
- 208 Spring St Natural
- 210 Lombardi's
- 216 Paladar
- 222 71 Clinton Fresh Foods
- 238 Caffe Roma
- 239 Benito One
- 240 Benito Two
- 242 Puglia
- 243 Vincent's
- 252 Gourmet Garage
- 256 Lucky Strike
- 261 Lupe's East LA Kitchen
- 264 Pão!
- 266 Mekong

バー

- 3 The Lure
- 9 Corner Bistro
- 64 Rubyfruit
- 65 Blind Tiger Ale House
- 68 Marie's Crisis
- 73 55 Bar
- 75 Stonewall Bar
- 88 Joe's Pub
- 93 McSorley's Old Ale House
- 102 WCOU Radio
- 112 Vazac's (7B's)
- 113 Esperanto
- 114 Baraza
- 115 Zum Schneider
- 118 Plant
- 131 The Scratcher
- 132 B Bar
- 133 Swift's Hibernian Lounge
- 143 Comedy Cellar
- 154 Chumley's
- 156 Henrietta Hudson
- 157 Crazy Nanny's
- 159 Bar d'O
- 178 Luna Lounge
- 179 Orchard Bar
- 185 Pravda
- 211 Sweet & Vicious
- 217 Barramundi
- 225 Motor City Bar
- 227 Lolita
- 259 Cafe Noir
- 265 The Ear Inn

クラブ

- 1 Baktun
- 2 The Cooler
- 4 Chicago B.L.U.E.S
- 5 Hell
- 24 Flamingo
- 28 The Cock
- 30 Brownie's
- 45 Continental
- 60 Village Vanguard
- 67 Sweet Basil
- 69 Monster
- 72 Smalls
- 103 Tribe
- 125 Urge
- 127 CBGB
- 138 Fez
- 140 Bottom Line
- 144 Cafe Wha?
- 147 Blue Note
- 148 Washington Square Church
- 163 Back Fence
- 173 Sapphire
- 176 Mercury Lounge
- 177 Meow Mix
- 193 SOBs
- 194 Culture Club
- 214 Surf Reality
- 215 Arlene Grocery
- 231 Bowery Ballroom
- 237 Double Happiness
- 260 Naked Lunch
- 263 Don Hill's

ショップ

- 13 Rags-A-Go-Go
- 15 East-West Books
- 20 Virgin Megastore
- 21 Strand Bookstore
- 22 Footlight Records
- 23 Kiehl's
- 29 Rue St Denis Vintage Clothes
- 41 Kim's Video & Music
- 44 St Mark's Bookshop
- 63 Creative Visions/Gay Pleasures
- 66 Kim's Video & Music
- 74 Three Lives
- 76 Oscar Wilde Memorial Bookshop
- 84 Shakespeare & Co
- 85 Barnes & Noble
- 91 Norman's Sound & Vision
- 94 The Village Scandal
- 97 Fab 208
- 98 Tokio 7
- 99 Amarcord
- 105 Resurrection
- 106 Physical Graffiti
- 108 Rags-A-Go-Go
- 135 Tower Video
- 136 Other Music
- 139 Tower Records
- 146 Route 66 Records
- 152 Matt Umanov
- 167 Kim's Video & Music
- 169 Urban Outfitters
- 180 Bari
- 186 Used Book Café
- 189 Stüssy
- 190 Rizzoli
- 191 Untitled
- 200 Prada Sport
- 205 Prada
- 209 Resurrection
- 213 Blue Stockings
- 218 Toys in Babeland
- 220 Economy Candy
- 221 Streit's Matzoh Company
- 223 Frank's Bike Shop

MAP 4 ダウンタウン・マンハッタン

- 224 Essex Street Retail Market
- 229 Essex Pickles
- 230 救世軍
- 245 Pearl River Mart
- 247 Canal Jean Company
- 250 Enchanted Forest
- 251 kate spade
- 257 Traveler's Choice

ミュージアム＆ギャラリー

- 16 フォーブズ・ギャラリーズ
- 82 グレイ・アート・ギャラリー
- 134 マーチャンツ・ハウス博物館
- 187 ニュー・ミュージアム・オブ・コンテンポラリー・アート
- 188 アフリカン・アート美術館
- 197 ワード・ナス・ギャラリー
- 199 Tony Shafrazi Gallery
- 201 ハワード・グリーンバーグ・ギャラリー、292ギャラリー
- 226 テネメント博物館
- 254 ドローイング・センター
- 262 ニューヨーク市消防博物館

その他

- 12 レズビアン・アンド・ゲイ・コミュニティ・サービス・センター
- 17 パーソンズ・スクール・オブ・デザイン
- 18 Cyberfeld's、Village Copier（FAX等）
- 19 Bowlmor Lanes
- 27 シネマ・クラシックス
- 34 テンス・ストリート・バス
- 36 PS 122
- 39 セント・マークス・イン・ザ・バワリー
- 43 レンウィック・トライアングル
- 46 STAトラベル
- 47 Escape Cyber Café
- 48 グレイス教会
- 49 郵便局
- 50 Kinko's
- 51 シネマ・ヴィレッジ
- 53 アンドルー・ロックウッドの家
- 54 スペイン＆ポルトガル・シナゴーグ第2墓地
- 57 ジェファーソン・マーケット図書館
- 58 パッチン・プレイス
- 59 Suds Cafe and Laundromat（ランドリー）
- 77 ノーザーン診療所
- 78 Duane Reade
- 79 エレクトリック・レディ・スタジオ
- 81 スタンフォード・ホワイト凱旋門
- 83 カウンシル・トラベル
- 86 コロネード・ロウ
- 87 アスター・プレイス劇場
- 89 ジョセフ・パップ・パブリック劇場
- 90 クーパー・ユニオン
- 109 alt. coffee
- 124 Internet Cafe
- 126 アンソロジー・フィルム・アーカイブズ
- 129 プランド・ペアレントフッド
- 130 ジャン・コクトー・レパートリー
- 141 ジャドソン・メモリアル教会
- 160 STAトラベル
- 168 アンジェリカ・フィルム・センター
- 172 ランドマーク・サンシャイン・シネマズ
- 182 オールド・セント・パトリック大聖堂
- 183 パック・ビル
- 184 Cyber Cafe
- 192 フィルム・フォーラム
- 202 Haas（ハース）の壁画
- 206 シンガー・ビル
- 219 ファースト・ルーマニアン・アメリカン教会
- 228 観光案内所
- 233 フン・ワー・トランスポート・バン
- 234 大乗寺
- 235 バワリー貯蓄銀行
- 241 旧警察本部
- 246 ハウアウト・ビル
- 248 セント・ニコラス・ホテル
- 249 スイス・インスティテュート
- 255 パフォーミング・ガレージ

エクササイズはハドソン川沿いで。ジョギングやインライン・スケートに最適の場所

MAP 5 ミッドタウン・マンハッタン

宿泊
- 7 Plaza Hotel
- 34 Peninsula
- 49 Four Seasons
- 52 Pickwick Arms Hotel
- 57 Vanderbilt Y
- 61 Waldorf-Astoria
- 75 The Iroquois
- 76 The Mansfield
- 79 Clarion Hotel
- 92 W New York–The Tuscany
- 94 Morgan's; Asia de Cuba; Morgan's Bar
- 99 Hotel Metro
- 105 Manhattan Inn
- 106 Chelsea Center Hostel
- 107 Chelsea Star Hotel
- 114 Herald Square Hotel
- 115 Wolcott Hotel
- 120 Grand Union
- 121 ThirtyThirty
- 123 Hotel 31
- 124 Murray Hill Inn
- 131 Madison Hotel
- 132 Gershwin Hotel
- 150 Colonial House Inn
- 152 Chelsea International Hostel
- 153 Chelsea Hotel
- 154 McBurney YMCA
- 155 Chelsea Savoy Hotel
- 168 Gramercy Park Hotel
- 172 Inn at Irving Place
- 173 Hotel 17
- 176 Union Square Inn
- 181 W New York-Union Square; UnderBar
- 193 Chelsea Inn
- 200 Chelsea Pines Inn

食事
- 2 Munson Diner
- 3 Landmark Tavern
- 18 Guastavino
- 21 Vong
- 36 Aquavit
- 37 Michael's
- 38 La Bonne Soupe
- 44 21
- 53 Mee Noodle Shop
- 60 Café St Bart's
- 65 Le Cirque 2000
- 85 Michael Jordan's Steakhouse; Oyster Bar
- 91 Dock's Oysters Bar & Seafood Grill
- 102 Manganaro's
- 103 El Ranchero Mexicano
- 111 Kang Suh
- 112 Kang Suh
- 113 Kum Gang San
- 116 Mandoo Bar
- 130 Tabla
- 148 Empire Diner
- 151 Big Cup Tea & Coffee House
- 162 L'Acajou
- 166 Gramercy Tavern
- 167 Union Pacific
- 180 Zen Palate
- 185 Republic
- 186 Coffee Shop
- 188 Union Square Cafe
- 191 Uncle Moe's Burrito & Taco Shop
- 201 Old Homestead
- 203 Chelsea Market

MAP 5 ミッドタウン・マンハッタン

パブ、バー、クラブ
- 1 Exit
- 17 British Open
- 19 PJ Clarke's
- 27 Monkey Bar
- 28 Nat King Cole Bar
- 54 Top of the Tower
- 64 Villard Bar & Lounge
- 86 Campbell Apartment
- 145 Roxy
- 156 Barracuda
- 157 Twirl
- 160 Centro-Fly
- 164 True
- 171 Pete's Tavern
- 174 Beauty Bar
- 177 Irving Plaza
- 178 Belmont Lounge
- 183 Old Town Bar & Grill
- 194 SBNY
- 202 xl

ショップ
- 5 Rizzoli
- 8 Bergdorf Goodman
- 10 FAO Schwartz
- 11 Barney's
- 12 Calvin Klein
- 13 The Coach Store
- 14 Borders
- 15 The Argosy
- 22 Suarez New York
- 23 Prada
- 24 Davidoff of Geneva
- 26 Ken Hansen Photo
- 29 Tiffany & Co
- 30 Trump Tower
- 31 Disney Store
- 32 Takashimaya
- 35 Henri Bendel
- 45 NBA Store
- 46 Cartier
- 62 Urban Center Books
- 63 Lederer de Paris
- 66 Saks Fifth Avenue
- 67 Sephora
- 72 Gotham Book Mart
- 73 J&R Cigar Emporium
- 74 HMV
- 78 Nat Sherman
- 81 Brooks Brothers
- 82 Worth & Worth
- 83 Barclay-Rex
- 89 Barclay-Rex
- 96 The Complete Traveller
- 97 Lord & Taylor
- 98 CompUSA
- 100 Macy's
- 104 B&H Photo-Video
- 108 Sanchez Cigars
- 125 Borders
- 128 Shakespeare & Co
- 133 Annex Antique Fair & Flea Market
- 134 Chelsea Antiques Building
- 135 Garage Antique Fair
- 159 Barnes & Noble
- 175 Amy Downs
- 182 Barnes & Noble
- 184 Paragon Athletic Goods
- 189 Barnes & Noble
- 190 Academy Records & CDs
- 192 Books of Wonder
- 195 Old Navy
- 196 Dave's New York
- 198 Co-Op Barney's

その他
- 4 アエロメヒコ
- 6 チェックポイント (両替)
- 9 シンガポール航空
- 16 スペイン領事館
- 20 郵便局
- 25 エアリンガス (アイルランド国営航空)
- 33 カンタス航空
- 39 アメリカン・フォーク・アート美術館
- 40 テレビ&ラジオ博物館
- 41 近代美術館 (モマ)
- 42 アメリカン・クラフト美術館
- 43 ドネル図書館
- 47 Kinko's (FAX等)
- 48 USエアウェイズ
- 50 Rand McNally Travel Store
- 51 イギリス領事館
- 55 ドイツ領事館
- 56 ジャパン・ソサエティ
- 58 ニュージーランド領事館
- 59 日本国総領事館
- 68 エア・カナダ
- 69 郵便局、GEビル
- 70 アメリカン航空
- 71 Christie's
- 77 英国航空
- 80 トーマス・クック (両替)
- 84 ユナイテッド、デルタ、コンチネンタル、ノースウェスト航空
- 87 フィリップ・モリス・ビル
- 88 アメリカン・エキスプレス
- 90 オーストラリア領事館
- 93 スカンジナビア・ハウス
- 95 ピアモント・モーガン図書館
- 101 NYCゲイ&レズビアン・アンタイ・バイオレンス・プロジェクト
- 109 Catch a Rising Star
- 110 トランスポーテーション・オルターナティヴス
- 117 ルフトハンザ航空
- 118 チェース銀行 (両替)
- 119 Sath (障害者旅行推進協会)
- 122 イタリア領事館
- 126 ニューヨーク大学病院
- 127 スクール・オブ・ヴィジュアル・アーツ
- 129 メトロポリタン・ライフ・タワー
- 136 ゲイ・メンズ・ヘルス・クライシス
- 137 ミラー・ギャラリー
- 138 アート210
- 139 リバティ・ヘリコプター・ツアーズ
- 140 チェルシー・ピア
- 141 ヤンシー・リチャードソン・ギャラリー
- 142 ポーラ・クーパー・ギャラリー
- 143 303ギャラリー
- 144 ディア・センター・フォー・ジ・アーツ
- 146 ブレント・シッケマ・ギャラリー
- 147 マックス・プロテッチ・ギャラリー
- 149 総合神学校
- 158 センター・フォー・キューバン・スタディズ、キューバン・アート・スペース
- 161 Limelight
- 163 フラットアイアン・ビル
- 165 セオドア・ローズヴェルト生誕の地
- 169 ナショナル・アーツ・クラブ
- 170 プレイヤーズ・クラブ
- 179 ダリル・ロス劇場
- 187 ユダヤ歴史センター
- 197 シックス・アヴェニュー・バイシクルズ
- 199 ジョイス・シアター

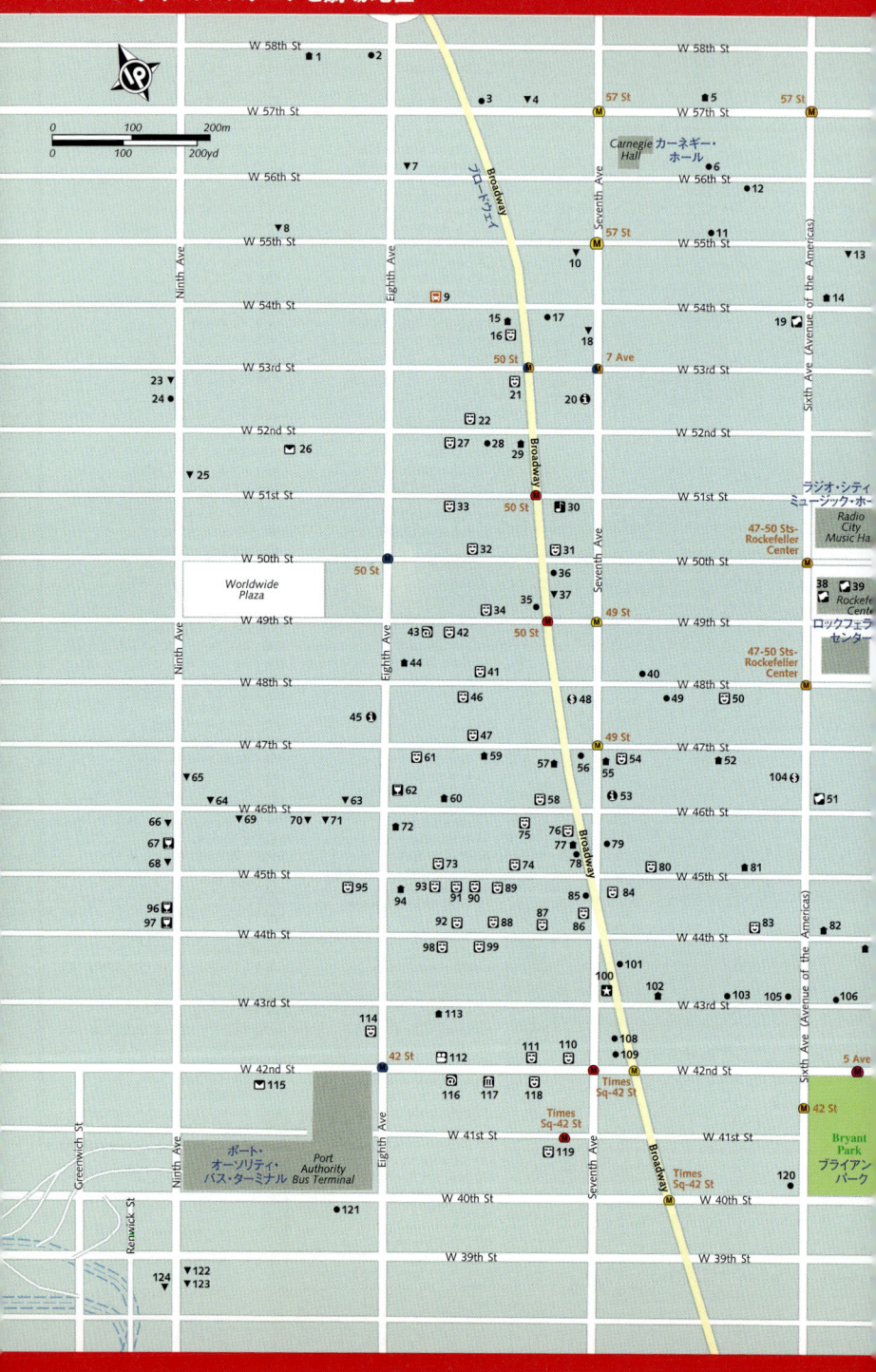

MAP 6　タイムズ・スクエアと劇場地区

MAP 6 タイムズ・スクエアと劇場地区

宿泊
- 1 Westpark Hotel
- 5 Salisbury Hotel
- 14 Warwick
- 15 Ameritania Hotel
- 29 Novotel
- 44 Days Hotel Midtown
- 52 Portland Square Hotel
- 55 Doubletree Guest Suites
- 57 W New York - Times Square; UnderBar
- 59 Hotel Edison
- 60 Paramount
- 72 Broadway Inn
- 77 Marriott Marquis
- 81 Big Apple Hostel
- 82 Algonquin
- 94 Milford Plaza
- 102 Casablanca Hotel
- 107 Royalton
- 113 Hotel Carter

食事
- 4 Hard Rock Cafe
- 7 Bricco
- 8 Soup Kitchen International
- 10 Carnegie Deli
- 13 Pan Bagnat
- 18 Stage Deli
- 23 Mee Noodle Shop
- 25 Island Burgers & Shakes
- 37 Ruby Foo's
- 63 Barbetta
- 64 Hourglass Tavern
- 65 Basilica
- 66 Zen Palate
- 68 Bali Nusa Indah
- 69 Joshua Tree
- 70 Joe Allen
- 71 Orso
- 122 Cupcake Cafe
- 123 Jam's Jamaican
- 124 Guido's

劇場
- 16 エド・サリバン劇場
- 21 Broadway
- 22 Virginia
- 27 Neil Simon
- 31 ウィンター・ガーデン劇場
- 32 サークル・イン・ザ・スクエア劇場
- 33 Gershwin
- 34 Ambassador
- 41 Walter Kerr
- 42 ユージン・オニール劇場
- 46 Longacre
- 47 Ethel Barrymore
- 50 Cort
- 54 Palace
- 58 Lunt-Fontanne
- 61 Brooks Atkinson
- 73 Imperial
- 74 Music Box
- 75 Richard Rodgers
- 76 Marquis
- 80 Lyceum
- 83 Belasco
- 84 Criterion Center Stage Right
- 86 Minskoff
- 87 Shubert
- 88 Broadhurst
- 89 Booth
- 90 Plymouth
- 91 Royale
- 92 マジェスティック劇場
- 93 John Golden
- 95 Martin Beck
- 98 St James
- 99 Helen Hayes
- 110 Ford Center Theater
- 111 ニュー・ヴィクトリー劇場
- 114 トド・コン・ナダ・ショー・ワールド
- 118 ニュー・アムステルダム劇場
- 119 Nederlander

その他
- 2 Gateway Computers
- 3 Duane Reade (薬局)
- 6 Mysterious Bookshop
- 9 グレイ・ライン
- 11 シティ・センター
- 12 エール・フランス
- 17 ゴールズ・ジム
- 19 ベルギー領事館
- 20 NYC&カンパニー観光案内所、ニューヨーク州旅行情報センター
- 24 マンハッタン・バイシクル
- 26 郵便局
- 28 Float
- 30 Iridium
- 35 Colony
- 36 Caroline's on Broadway
- 38 カナダ領事館
- 39 オランダ領事館
- 40 Sam Ash Music
- 43 CyberCafé
- 45 ニューヨーク観光案内所、インターネット
- 48 トーマス・クック(両替)
- 49 Manny's Music
- 51 ブラジル領事館
- 53 タイムズ・スクエア観光案内所
- 56 TKTSブース(チケット販売)
- 62 McHale's Bar & Cafe
- 67 Mercury Bar
- 78 Sephora
- 79 Virgin Megastore
- 85 MTVスタジオ
- 96 Film Center Cafe
- 97 Rudy's Bar & Grill
- 100 警察署
- 101 タイムズ・スクエア・スタジオ
- 103 タウン・ホール
- 104 アメリカン・エキスプレス(両替)
- 105 国際写真センター
- 106 Hagstrom Map & Travel Center
- 108 Warner Bros Studio Store
- 109 ワン・タイムズ・スクエア
- 112 ローズ42丁目イーウォーク・シアター
- 115 郵便局
- 116 easyEverything
- 117 マダム・タッソー蝋人形館
- 120 Staples
- 121 Drama Bookshop

運転には手を出さないこと！ 曲芸的な技が必要だから。ブロードウェイを走るなら、タクシーが一番

DONALD C. & PRISCILLA ALEXANDER EASTMAN

MAP 7 アッパー・ウェスト&イースト・サイド

宿泊
- 2 Park View Hotel
- 4 Astor on the Park
- 5 Hostelling International–New York
- 8 Central Park Hostel
- 15 Newtown
- 22 International Student Center
- 29 Hotel Wales
- 30 92nd Street Y de Hirsch Residence
- 34 Gracie Inn
- 36 Franklin
- 46 Excelsior Hotel
- 59 On The Ave
- 61 Amsterdam Inn
- 67 Inn New York City
- 72 Hotel Olcott
- 101 West Side Y
- 105 Mayflower Hotel
- 120 Lowell Hotel
- 131 The Bentley

食事
- 1 Saints
- 3 Zanny's Cafef
- 7 Broadway Dive
- 11 Gourmet Garage
- 12 Dive Bar
- 13 Café con Leche
- 14 Ayurveda Café
- 19 Carmine's
- 20 Dock's Oyster Bar & Seafood Grill
- 21 Quintessence
- 27 Yara & Company
- 28 Ciao Bella Café
- 31 Kinsale Tavern
- 35 H&H Bagel
- 38 Lexington Candy Shop
- 49 Cafe Lalo
- 50 Raccoon Lodge
- 51 Tibet Shambala
- 52 The Parlour
- 54 Zabar's
- 55 H&H Bagel
- 56 Dublin House
- 57 The Evelyn
- 59 Ruby Foo's
- 60 Zen Palate
- 63 Fairway Market
- 64 Empire Szechuan
- 69 Cafe Luxembourg
- 75 Park View Restaurant at the Boathouse
- 78 Bemelman's Bar
- 80 Mark Hotel
- 82 Cafe Greco
- 93 Tavern on the Green
- 94 Café des Artistes
- 95 Empire Szechuan
- 99 Picholine
- 104 Jean-Georges
- 117 La Goulue
- 123 Madame Romaine de Lyon
- 125 Subway Inn
- 127 Favia Lite
- 128 Gourmet Garage

その他
- 6 カウンシル・トラベル
- 9 ニューヨーク市立博物館
- 10 ニューヨーク医学アカデミー
- 16 シンフォニー・スペース、レナード・ニモイ・タリア
- 17 Ivy's Books; Murder Ink
- 18 Cleopatra's Needle
- 23 ニューヨーク・ロード・ランナーズ・クラブ案内所
- 24 国立デザイン・アカデミー

MAP 7 アッパー・ウェスト&イースト・サイド

その他
- 25 ニューヨーク・ロード・ランナーズ・クラブ
- 26 クーパー・ヒューイット国立デザイン美術館
- 32 イースト・リバー・エクスプレス・フェリー乗り場
- 33 グレイシー邸
- 37 HMV
- 39 チェコ・センター
- 40 子供用遊び場
- 41 ゲーテ・インスティテュート
- 42 ベルヴェディア城
- 43 デラコルテ劇場
- 44 スウィーディッシュ・コテージ
- 45 ローズ宇宙センター
- 47 NYCD
- 48 マンハッタン子供博物館
- 53 Barnes & Noble
- 62 ビーコン・シアター
- 65 Gryphon Records
- 66 Urban Outfitters
- 68 セプトゥウアヘシモ・ウノ公園
- 70 Applause Books
- 71 Blades West
- 73 ストロベリー・フィールズ
- 74 ベセダ・テラス
- 76 フランス領事館
- 77 Bang & Olufsen
- 79 Vera Wang
- 81 Missoni Boutique
- 83 Sotheby's
- 84 Shakespeare & Co
- 85 イタリアン・カルチュラル・インスティテュート
- 86 アジア・ソサエティ
- 87 Polo/Ralph Lauren
- 88 Prada
- 89 Cartier
- 90 フリック・コレクション
- 91 セントラル・パーク・サマー・ステージ、ラムジー・プレイフィールド
- 92 野外音楽堂
- 96 ソニー・シアターズ・リンカーン・スクエア
- 97 Civilized Traveler
- 98 マーキン・コンサート・ホール
- 100 フレデリック・ヘンリー・コシット・ドミトリー
- 102 マクバーニー・スクール
- 103 リンカーン・プラザ・シネマズ
- 106 回転木馬
- 107 コロンブス像
- 108 デアリー
- 109 観光案内所
- 110 セントラル・パーク・ワイルドライフ・センター
- 111 ティッシュ子供動物園
- 112 エマヌエル寺院
- 113 Giorgio Armani
- 114 Park Ave Armory
- 115 Civilized Traveler
- 116 Valentino
- 118 Givenchy
- 119 Waterford-Wedgwood Store
- 121 馬車
- 122 Sherry-Lehman
- 124 Bloomingdale's
- 126 ローズベルト島行きトラムウェイ乗り場
- 129 Chicago City Limits
- 130 マウント・ヴァーノン・ホテル・ミュージアム&ガーデン
- 132 ローズヴェルト島トラムウェイ乗り場

MAP 8 ハーレム

MAP 8　ハーレム

宿泊
13　Sugar Hill International House; Blue Rabbit
15　Hotel Caribe

食事
10　Charles' Southern Style Kitchen
14　Mom's Eatery
16　Copeland's
22　Pan Pan
23　Manna's Restaurant Too
28　Sylvia's
29　Slice of Harlem II; Bayou
36　M&G Diner
39　Terrace in the Sky
40　Ollie's Noodle Shop & Grille
44　West End
45　Tom's Restaurant
48　Tomo Sushi & Sake Bar
49　Hungarian Pastry Shop
51　Amy Ruth's Restaurant
58　Emily's
59　Morrone's Bakery
60　Patsy's Pizzeria
61　Rao's Restaurant

その他
1　ジュメル・テラス16番地
2　モリス・ジュメル邸
3　エッジコム街555番地
4　ラッカー・パーク
5　Sister's Uptown Bookstore
6　アメリカ・ヒスパニック協会
7　アメリカ貨幣協会、アメリカ芸術・文学アカデミー
8　Sugar Hill Art Center
9　ダンス・シアター・オブ・ハーレム
11　ベイリー・ハウス
12　St Nick's Pub
17　ハミルトン邸
18　Lickety Split
19　アビシニアン・バプティスト教会
20　マザー・アフリカン・メソジスト・エピスコパル・ザイオン教会
21　ションバーグ黒人文化研究センター
24　セント・ポール・バプティスト教会
25　セイラム・ユナイテッド・メソジスト教会
26　メトロポリタン・バプティスト教会
27　Time to Compute
30　Lenox Lounge
31　ハーレム・スタジオ美術館
32　アポロ劇場
33　Magic Johnson Theaters
34　ハーレムUSA、HMV
35　Showman's
37　Fairway Market
38　リヴァーサイド教会
41　Village Copier（FAX等）
42　Papyrus Books
43　Kim's Video & Music
46　Kinko's（FAX等）
47　STAトラベル
50　カナン・バプティスト教会
52　マルコム・シャバズ・モスク
53　ハーレム・マーケット
54　メールボックス・エトセトラ（郵便）
55　セカンド・プロヴィデンス・バプティスト教会
56　バプティスト教会
57　デューク・エリントン像

MAP 9　ブルックリン・ハイツと周辺

宿泊・食事

3	Jacques Torres Chocolate
5	River Cafe
6	Patsy Grimaldi's Pizzeria
8	Noodle Pudding
10	Henry St Ale House
12	Teresa's
14	Hale & Hearty Soups
19	New York Marriott Brooklyn
20	Junior's
22	Gage & Tollner
25	Queen
30	Damascus Breads & Pastry
32	Fountain Cafe
35	La Bouillabaisse
40	Cousin's Café
42	Sam's Restaurant
44	Osaka
45	Court Pastry

その他

1	Lunatarium
2	ダンボ・アーツ・センター
4	セント・アンズ・ウェアハウス
7	ブルックリン橋歩行者用通路入り口
9	Henry's End
11	ブルックリン・ハイツ・シネマズ
13	Heights Books
15	セント・アン教会
16	ブルックリン歴史協会
17	郵便局
18	コロンブス像
21	観光案内所
23	プランド・ペアレントフッド
24	ニューヨーク交通博物館
26	PostNet
27	ユナイテッド・アーティスツ・シネマ
28	Barnes & Noble
29	メールボックス・エトセトラ（郵便）
31	Sahadi Importing Co
33	Two for the Pot
34	Waterfront Ale House
36	Last Exit
37	Oriental Pastry & Grocery
38	ATM
39	Bookcourt Book Shop
41	Bar Tabac
43	クリアビュー・コブル・ヒル・シネマズ
46	Halcyon
47	Habit
48	Crush
49	flirt
50	The Bar

MAP 10 プロスペクト・パークと周辺

泊・食事
- Tom's Restaurant
- Farmer's Market
- Lemongrass Grill
- Ozzie's
- Chip Shop
- Lopez Bakery
- Park Slope Brewing Co
- Two Boots Brooklyn
- Back to the Land
- Bed & Breakfast on the Park
- Dizzy's
- The Minnow; Holy Cow!
- Tea Lounge

その他
- Freddy's
- ブルックリン公立図書館
- 兵士と水兵の凱旋門
- 6 ジョン・F・ケネディ記念像
- 7 Hooti Couture
- 10 Great Lakes
- 11 Excelsior
- 16 Microchip Cafe
- 18 Community Bookstore
- 19 ブルックリン美術館
- 20 ドンガン・オーク記念碑
- 25 グランド・プロスペクト・ホール
- 26 Computer Café
- 27 動物園
- 28 レファーツ・ホームステッド 子供歴史博物館
- 29 ケイト・ウールマン・リンク (スケート場)

MAP 11 アストリアと周辺

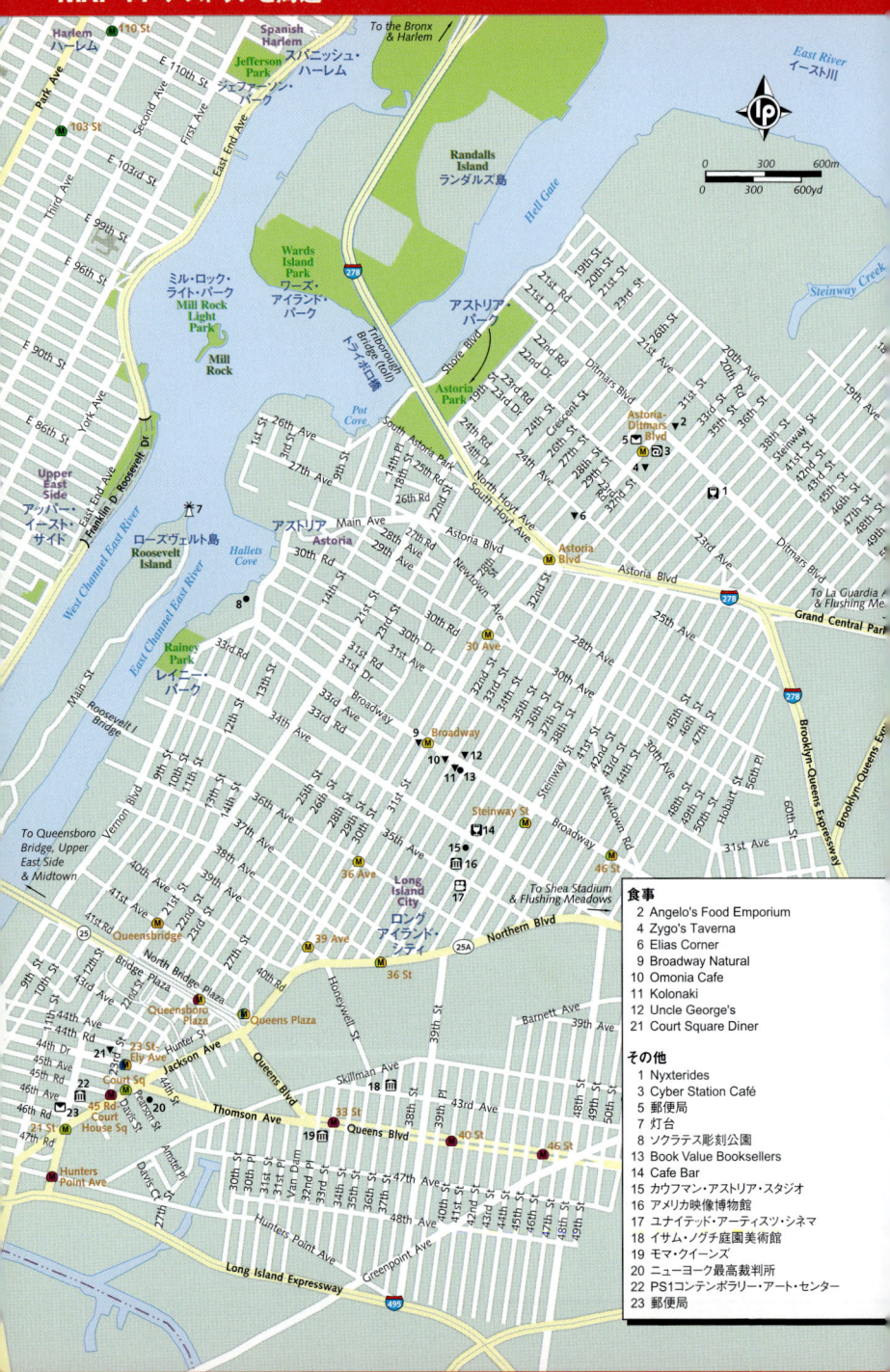

食事
- 2 Angelo's Food Emporium
- 4 Zygo's Taverna
- 6 Elias Corner
- 9 Broadway Natural
- 10 Omonia Cafe
- 11 Kolonaki
- 12 Uncle George's
- 21 Court Square Diner

その他
- 1 Nyxterides
- 3 Cyber Station Café
- 5 郵便局
- 7 灯台
- 8 ソクラテス彫刻公園
- 13 Book Value Booksellers
- 14 Cafe Bar
- 15 カウフマン・アストリア・スタジオ
- 16 アメリカ映像博物館
- 17 ユナイテッド・アーティスツ・シネマ
- 18 イサム・ノグチ庭園美術館
- 19 モマ・クイーンズ
- 20 ニューヨーク最高裁判所
- 22 PS1コンテンポラリー・アート・センター
- 23 郵便局

MAP 12 フラッシング

その他
1. Latimer House
2. タウンホール、フラッシング文化芸術理事会
3. クエーカー教徒礼拝堂
4. Cyber Land
6. キングズランド・ホームステッド、クイーンズ歴史協会
7. John Bowne House
8. 警察署
16. Hindu Temple Society of North America
17. クイーンズ植物園
18. アーサー・アッシュ・スタジアム、USTAナショナル・テニス・センター
19. ユニスフィア
20. クイーンズ美術館
21. クイーンズ・シアター・イン・ザ・パーク
22. ニューヨーク科学館
23. 動物園

食事
5. Kum Gang San
9. KB Garden
10. Joe's Shanghai
11. Sweet 'n Tart Café
12. Sago Tea Café
13. Shanghai Tide
14. Tay Do
15. Pho Bang
24. La Espiga
25. Lemon Ice King of Corona

Van Cortlandt Park
ヴァン・コートランド・パーク
Woodlawn
Mosholu Parkway
Jerome Ave
W Gun Hill Rd
Gun Hill Rd
231 St
Henry Hudson Parkway
Broadway
Marble Hill-225 St
Henry Hudson Bridge
ニュージャージー州
New Jersey
New York
ニューヨーク州
Mosholu Pkwy
Bedford Park Blvd-Lehman College
Grand Concourse
Norwood-205 St
Bronx River Parkway
Burke Ave
Bedford Park Blvd
Inwood Hill Park
インウッド・ヒル・パーク
W 218th St
アイシャム・パーク
Isham Park
Ninth Ave
215 St
Payson Ave
Seaman Ave
Cooper St
Inwood-207 St
Tenth Ave
Major Deegan Expressway
E 194th St
Kingsbridge Rd
Kingsbridge Rd
Dr Theodore Kazimiroff Blvd
Allerton Ave
Hudson River
ハドソン川
Dyckman St
Sherman Ave
Ninth Ave
207 St
W Fordham Rd
Fordham Rd
Fordham Rd
E Fordham Rd
Fordham University
フォーダム大学
リヴァーサイド・パーク
Riverside Park
Ellwood St
W 203rd Ave
Dyckman St
183 St
189th St
3rd Ave
186th St
187th St
Arthur Ave
ブロンクス・パーク
Bronx Park
Henry Hudson Parkway
190 St
Hillside Ave
Cabrini Boulevard
Bennet Ave
Broadway
191 St
High Bridge Park
Harlem River Dr
Dr Martin Luther King Junior Blvd
Burnside Ave
182-183 Sts
Pelham
Southern Blvd
ワシントン・ハイツ
Washington Heights
W 184th St
Amsterdam Ave
Edward L Grant Highway
Jerome Ave
Tremont Ave
Boston Rd
181 St
181 St
W 177th St
176 St
E Tremont Ave
175 St
Audubon Ave
Washington Bridge
Bronx Park South
Crotona Parkway
Fort Washington Ave
W 171st St
Mt Eden Ave
174-175 Sts
Cross Bronx Expressway
95
E 180 St
168 St-Washington Heights
High Bridge Park
Harlem River Dr
ハイ・ブリッジ・パーク
170 St
170 St
Crotona Ave
West Farms Sq-E Tremont St
W 163rd St
Ave
163 St-Amsterdam Ave
E 167th St
BRONX
ブロンクス
174 St
W 160th St
Edgecombe Ave
157 St
167 St
167 St
Major Deegan Expressway
Louis Nine Blvd
Sheridan Expressway
St Lawrence Ave
Morrison-Sound Views Avs
Westchester Ave
155 St
シュガー・ヒル&ハミルトン・ハイツ
Sugar Hill & Hamilton Heights
Jerome Ave
Grand Concourse
Boston Rd
Intervale Ave
Freeman St
Elder Ave
Macombs Pl
161 St-Yankee Stadium
E 161st St
Whitlock Ave
Simpson St
895
145 St
Bradhurst Ave
Frederick Douglas Blvd
Harlem-148 St
145 St
Intervale Ave
Hunts Point Ave
W 144th St
Grand Concourse
Prospect Ave
Edgewater
Halleck St
MANHATTAN
マンハッタン
149 St-Grand Concourse
3Ave-149 St
Jackson Ave
Westchester Ave
Longwood Ave
Prospect Ave
Bruckner Elevated Expressway
Hunts Point Ave
Bronx River
Hunts Point Produce Market
W 133rd St
Lenox Ave (Malcolm X Blvd)
135 St
E 135th St
Madison Avenue Bridge
E 149th St
Southern Blvd
HARLEM
ハーレム
138 St-Grand Concourse
3 Ave-138 St
3rd Ave
E 149 St
Randall Ave
E 143 St-St Mary's St
278
Hunts Point
ハンツ・ポイント
Food Center Dr
Hunts Point Meat Market
Fifth Ave
E 138th St
Brook Ave
125 St
E 128th St
Third Avenue Bridge
Cypress Ave
W 124th St
Madison Ave
Park Ave
125 St
Marcus Garvey Park
East River
イースト川
Willis Ave
Bruckner Blvd
North Brother Island
マーカス・ガーヴィー・パーク

MAP 13 ブロンクス

宿泊・食事
7 Le Refuge Inn
8 Rhodes Restaurant
9 Tony's Pier
11 Ann & Tony's
12 Dominick's
13 Mario's
14 Roberto's Restaurant

その他
1 クロイスターズ美術館
2 ダイクマン博物館
3 Poe Cottage
4 ニューヨーク植物園
5 ペラム・ベイ・パーク
6 オーチャード・ビーチ
10 ブロンクス動物園
15 栄誉の殿堂
16 リトル・レッド灯台
17 ブロンクス美術館
18 ヤンキー・スタジアム

MAP 凡例

都市地図の道路

Freeway	高速道路
Highway	国道、州道
Road	郡道
Street	街路
Lane	小道

	出入口ランプ
	一方通行
	歩行者専用道路
	トンネル
	散策コース

広域地図の道路

	有料、無料高速道路
	国道、州道
	郡道
	その他の道路

地下鉄路線

Ⓜ	1、2、3線
Ⓜ	A、C、E線
Ⓜ	N、Q、R、W線
Ⓜ	B、D、F、V線
Ⓜ	4、5、6号線
Ⓜ	J、M、Z線
Ⓜ	L線
Ⓜ	7号線
Ⓜ	G線
Ⓢ	42丁目シャトル

（個別の路線については地下鉄路線図を参照）

水域

	川
	運河
	湖

境界線

	国境
	州境
	郡境

交通路と駅

	鉄道
	鉄道の地下部分
Ⓜ	地下鉄駅
	フェリー
	遊歩道

エリア区分

	建物
	墓地
	市場

	公園
	広場
	大学キャンパス

道路記号

495	インターステート（州間高速道路）
1	国道
25	州道
46	郡道

都市記号

◎ CAPITAL	首都
◉ CAPITAL	州都
○ CITY	市
○ Town	町
○ Village	村
	市街地

MAP記号

宿泊 / **食事** / **見どころ**

	空港		大使館、領事館		山
	銀行		噴水		ミュージアム、ギャラリー
	野球場		病院		国立公園
	ビーチ		観光案内所		駐車場
	バス停留所／駅		インターネット・カフェ		警察署
	大聖堂／教会		灯台		プール
	映画館		記念建造物		郵便局
	クラブ		モスク（イスラム教寺院）		パブ、バー

	難破船
	大邸宅
	仏教寺院
	劇場
	トイレ
	交通機関
	ワイナリー
	動物園

注：本書に使用しない記号も掲載している。

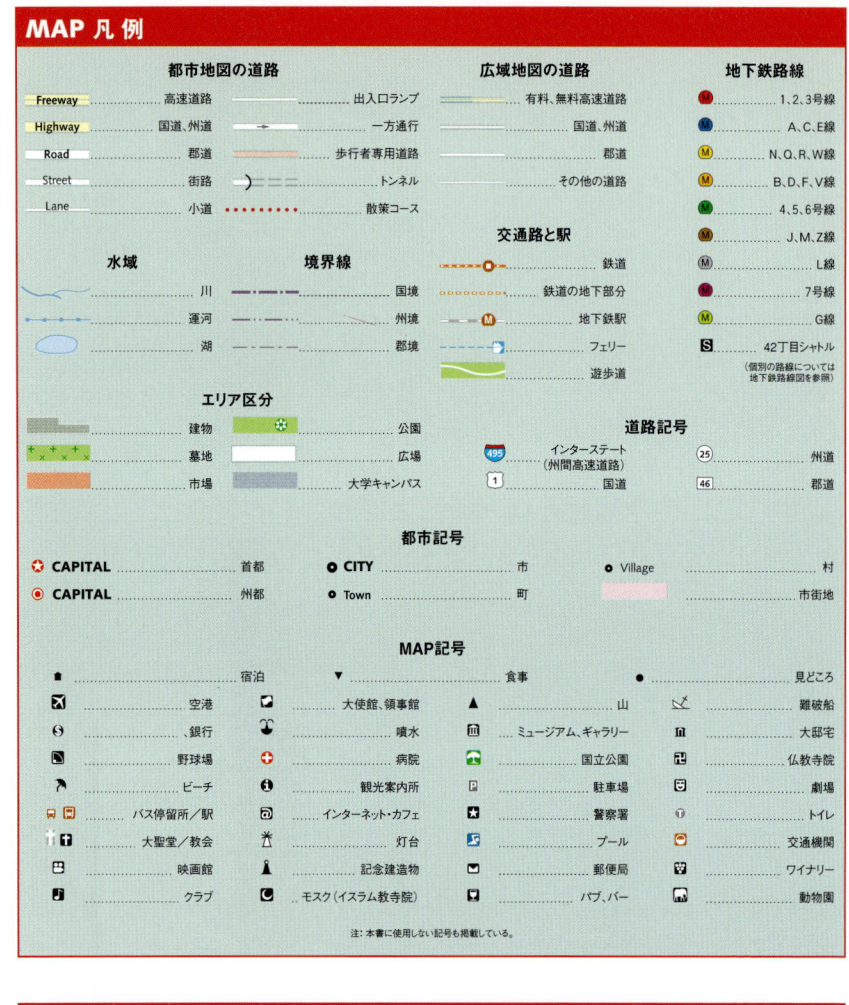

メディアファクトリー・ロンリープラネット

株式会社 メディアファクトリー

〒104-0061
東京都中央区銀座8-4-17
Tel: 0570-002-001
Tel: 03-5469-4740（編集部）
w www.mediafactory.co.jp

Lonely Planet Publications Pty Ltd

本社
Locked Bag 1, Footscray
Victoria 3011
Australia
（他にアメリカ、イギリス、フランス支社）
Tel: 61-3-8379-8000 Fax: 61-3-8379-8111
e talk2us@lonelyplanet.com.au
w www.lonelyplanet.com/japan

何かつまみたい気分？　手押し車の屋台はニューヨークの名物

動くアート――落書きで覆われたソーホーのトラック

エンパイア・ステート・ビルは摩天楼の王様

数千のライトに照らされ、うっとりするほど美しい夜のブルックリン橋

MAP 14 マンハッタン・バス路線図

MAP 14 マンハッタン・バス路線図

THE BRONX
Gun Hill Rd 5
Pelham Pkwy 5
Morris Park 5
Zerega Av 6
Castle Hill Av
Parkchester -E 177 St
St Lawrence Av 6
Morrison-Sound View Avs 6
Elder Av 6
Whitlock Av 6
Hunts Point Av 6
Longwood Av 6
E 149 St 6
E 143 St St Mary's St 6
Cypress Av 6
Brook Av 6
3 Av 138 St 6
Gun Hill Rd 2·5
Burke Av 2·5
Allerton Av 2·5
Pelham Pkwy 2·5
Bronx Park East 2·5
E 180 St 2·5
West Farms Sq E Tremont Av 2·5
174 St 2·5
Freeman St 2·5
Simpson St 2·5
Intervale Av 2·5
Prospect Av 2·5
Jackson Av 2·5
3 Av–149 St 2·5
149 St-Grand Concourse 2·4·5
138 St-Grand Concourse 4·5
135 St 2·3
145 St 3
Harlem 148 St 3
Norwood 205 St D
Bedford Pk Blvd B·D
Kingsbridge Rd B·D
Fordham Rd B·D
182–183 Sts B·D
Tremont Av B·D
174–175 Sts B·D
170 St B·D
167 St B·D
161 St Yankee Stadium B·D·4
155 St B·D
Mosholu Pkwy 4
Bedford Pk Blvd Lehman College 4
Kingsbridge Rd 4
Fordham Rd 4
183 St 4
Burnside Av 4
176 St 4
Mt Eden Av 4
170 St 4
167 St 4
238 St 1
231 St 1
Marble Hill 225 St 1
215 St 1
207 St 1
Dyckman St 1
191 St 1
181 St 1
168 St-Washington Hts 1
157 St 1
145 St 1
137 St City College 1
125 St 1
Inwood 207 St A
Dyckman St A
190 St A
181 St A
175 St A
168 St Washington Hts A·C
163 St Amsterdam Av C
155 St C
145 St A·B·C·D
135 St B·C
125 St A·B·C·D
Harlem River
East River
River
BRONX ZOO
Botanical Garden
Williams Bridge
Fordham
Tremont
Melrose
Morris Heights
University Heights
Marble Hill
Spuyten Duyvil
Metro-North
Amtrak
PARKCHESTER
SOUNDVIEW
HUNTS POINT
MOTT HAVEN
MORRISANIA
FORDHAM
TREMONT
HIGHBRIDGE
KINGSBRIDGE
VAN CORTLANDT PARK
HIGHBRIDGE PARK
THE HUB
RIVERDALE
WASHINGTON HEIGHTS
RIVERBANK STATE PARK
RIVERSIDE PARK
(LENOX AV MALCOLM X B
ADAM CLAYTON POWELL BLVD (7AV)
FREDERICK DOUGLASS BLVD
ST NICHOLAS
BROADWAY
GRAND CONCOURSE
JEROME AV
SOUTHERN BLVD
WESTCHESTER AV
WHITE PLAINS RD
ESPLANADE
EASTCHESTER RD
WILLIAMSBRIDGE RD
E TREMONT AV
UNIONPORT AV
ROSEDALE AV
SOUNDVIEW AV
PROSPECT AV
ST ANNS AV
BRUCKNER EXPWY
WEBSTER AV
THIRD AV
CROTONA AV
CLAREMONT PKWY
GRANT HWY
BAILEY AV
FORDHAM RD
UNIVERSITY HTS BR
WASHINGTON BRIDGE
GEO. WASHINGTON BRIDGE
BROADWAY BRIDGE
HENRY HUDSON PKWY
HENRY HUDSON BRIDGE
INDEPENDENCE AV
PALISADE AV
WALDO AV
IRWIN AV
NAGLE AV
ST NICHOLAS AV
FORT WASHINGTON AV
FT WASH AV
RIVERSIDE DR
10 AV
N

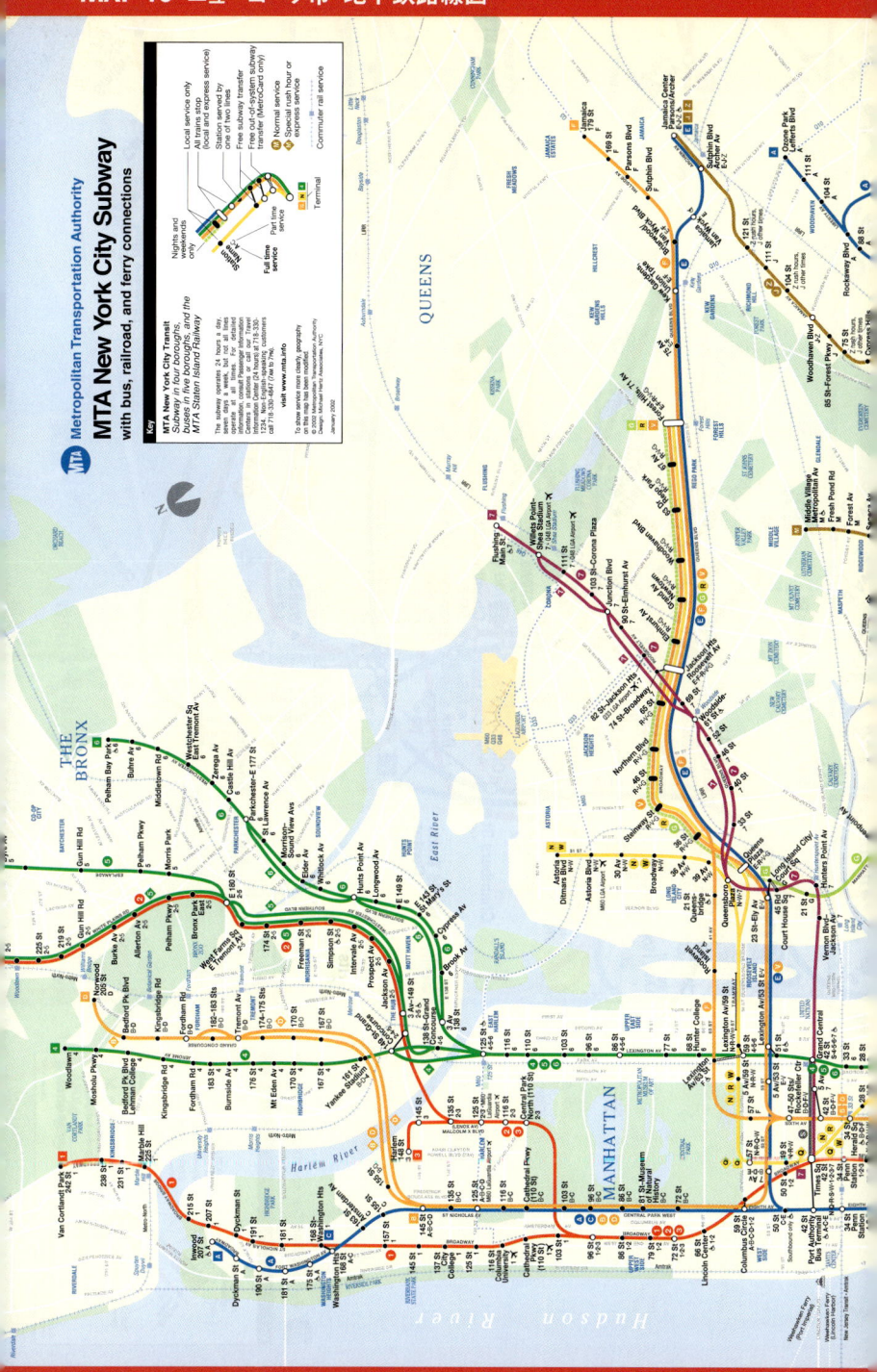

MAP 16 ニューヨーク市・地下鉄路線図

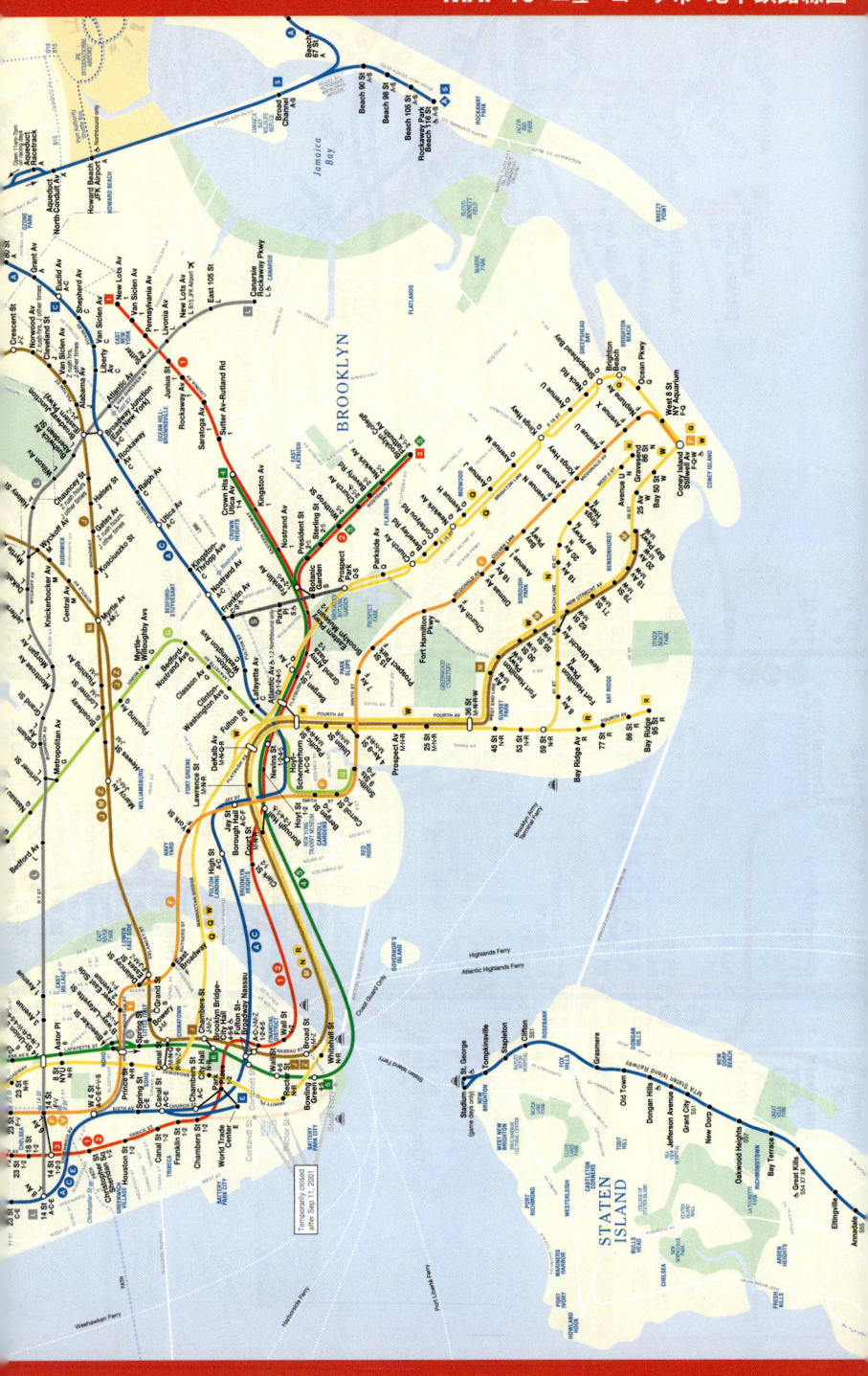

MAP 16　ニューヨーク市・地下鉄路線図

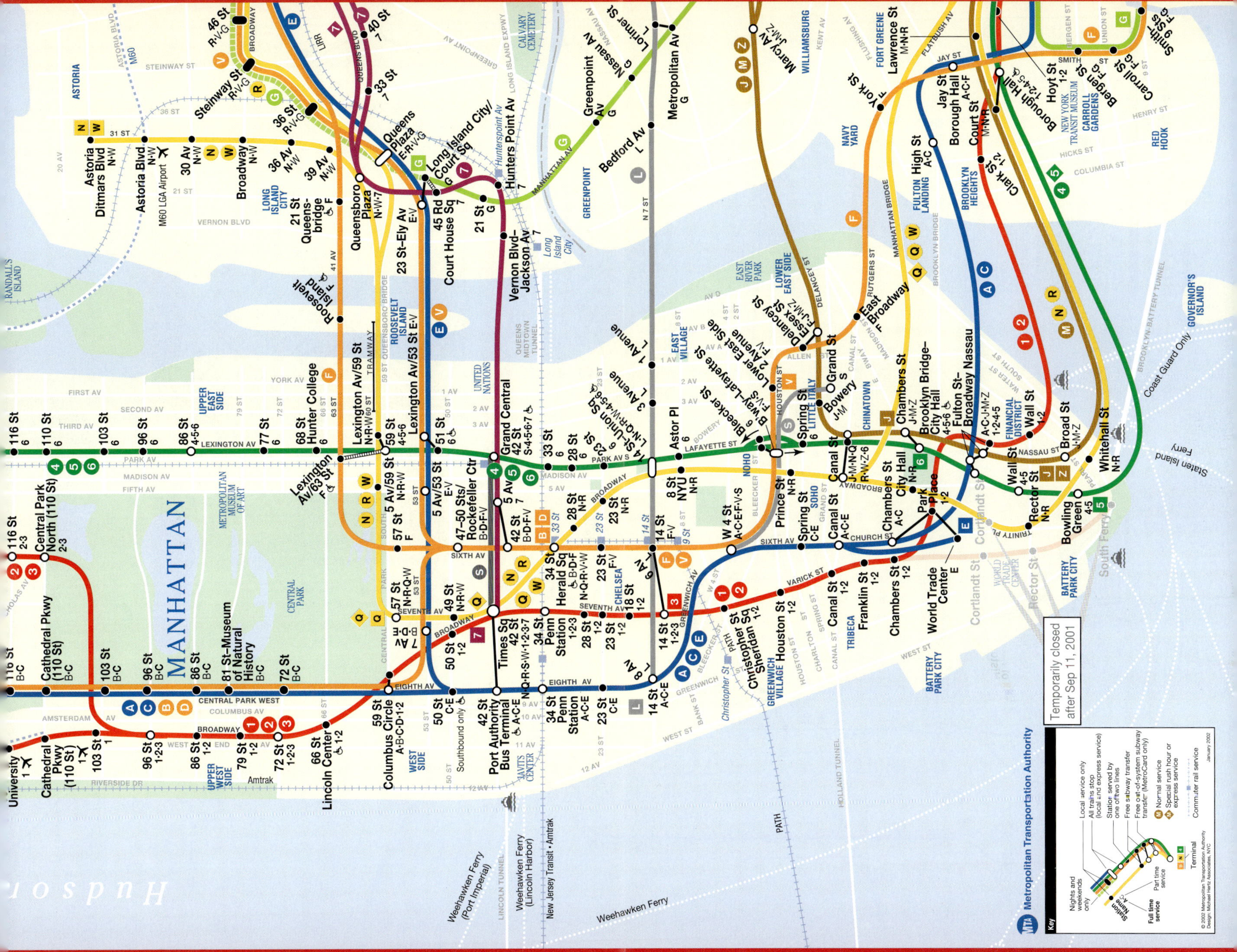
MANHATTAN
ASTORIA
LONG ISLAND CITY
GREENPOINT
WILLIAMSBURG
UPPER EAST SIDE
UPPER WEST SIDE
WEST SIDE
CHELSEA
GREENWICH VILLAGE
EAST VILLAGE
LOWER EAST SIDE
SOHO
NOHO
TRIBECA
LITTLE ITALY
CHINATOWN
FINANCIAL DISTRICT
BATTERY PARK CITY
BROOKLYN HEIGHTS
FULTON LANDING
FORT GREENE
NAVY YARD
CARROLL GARDENS
RED HOOK
ROOSEVELT ISLAND
GOVERNOR'S ISLAND
CENTRAL PARK
METROPOLITAN MUSEUM OF ART
UNITED NATIONS
Times Sq 42 St
Grand Central 42 St
Columbus Circle
Port Authority Bus Terminal
34 St Penn Station
34 St Herald Sq
14 St-Union Sq
Astor Pl
Canal St
Chambers St
World Trade Center
Wall St
Bowling Green
South Ferry
Whitehall St
Fulton St-Broadway Nassau
Brooklyn Bridge-City Hall
Borough Hall
Court St
Jay St Borough Hall
Queensboro Plaza
Queens Plaza
Lexington Av/59 St
Lexington Av/53 St
Temporarily closed after Sep 11, 2001
Staten Island Ferry
Weehawken Ferry
Hudson
Metropolitan Transportation Authority
Key
Local service only
All trains stop (local and express service)
Station served by one of two lines
Free subway transfer
Free out-of-system subway transfer (MetroCard only)
Normal service
Special rush hour or express service
Commuter rail service
Full time service
Part time service
Nights and weekends only
Terminal
© 2002 Metropolitan Transportation Authority
January 2002

MAP 16 ニューヨーク市・地下鉄路線図